INSTITUTES OF THE CHRISTIAN RELIGION

1559년 최종판

기독교 강요 중

옮긴이　　**원광연**

역자는 총신대학 신학과를 졸업하고, 합동신학교를 수학하였으며, 호주 장로
회 신학교(P.T.C.)를 졸업하였다. 호주 장로교회에서 목사 안수를 받고, 시드니
한인교회에서 시무하였으며, 현재 연구와 번역에 힘쓰고 있다. 역서로 칼빈의
『기독교 강요』(전3권), 『구약의 기독론』(헹스텐베르크), 『성경신학』(게할더스
보스), 『바빙크의 개혁교의학 개요』, 『하이델베르크 요리문답 해설』(우르시누
스), 『그리스도인의 전신갑주』(윌리엄 거널) 등이 있다.

세계
기독교
고전

45

INSTITUTES OF THE CHRISTIAN RELIGION

1559년 최종판

기독교 강요 중

존 칼빈 | 원광연 옮김

CH북스
크리스천
다이제스트

세계 기독교 고전을 발행하면서

한국에 기독교가 전해진 지 벌써 100년이 넘었습니다. 그동안 수많은 기독교 서적들이 간행되어 한국의 교회와 성도들에게 많은 공헌을 해 왔습니다. 그러나 기독교 역사 100년을 넘어선 우리의 교회와 성도들에게 더 큰 영적 성숙과 진정한 신앙을 심어주기 위해서는 가치있는 기독교 서적들이 많이 나와야 한다고 생각합니다. 그리하여 영혼의 양식이 될 수 있는 훌륭한 기독교 서적들이 모든 성도들의 가정뿐만 아니라 믿지 아니하는 가정에도 흘러 넘쳐야만 합니다.

믿는 성도들은 신앙의 성장과 영적 유익을 위해서 끊임없이 좋은 신앙 서적들을 읽고 명상해야 하며, 친구와 이웃 사람들의 구원을 위하여 신앙 서적 선물하기를 즐기고 읽도록 권해야 할 것입니다. 이것은 하나님의 백성으로서 살기 원하는 사람은 누구나 마땅히 해야 할 의무라고도 하겠습니다.

존 웨슬리는 "성도들이 책을 읽지 않는다면 은총의 사업은 한 세대도 못 가서 사라져 버릴 것이다. 책을 읽는 그리스도인만이 진리를 아는 그리스도인이다"라고 말했습니다. 우리는 이제 한국에서 최초로 세계의 기독교 고전들을 총망라하여 한국의 교회와 성도들에게 소개하고자 합니다. 전세계의 기독교 고전은 모든 기독교인들에게 영원한 보물이며, 신앙의 성숙과 영혼의 구원을 위하여 이보다 더 귀한 것은 없을 것입니다.

이러한 취지로 어언 2천여 년의 세월이 지나는 동안 세계 각국에서 저술된 가장 뛰어난 신앙의 글과 영속적 가치가 있는 위대한 신앙의 글만을 모아서 세계기독교 고전 전집으로 편찬하고자 합니다.

우리는 이 세계 기독교 고전 전집을 알차고, 품위있게 제작하여 오늘날 한국의 교회와 성도들에게 제공하고 후손들에게도 물려줄 기획을 하고 있습니다. 우리는 다시 한번 다니엘 웹스터가 한 말을 깊이 생각해 보아야 할 것입니다.

"만약 신앙 서적들이 우리 나라 대중들에게 광범위하게 유포되지 않고, 사람들이 신앙적으로 되지 않는다면, 우리나라가 어떤 나라가 될지 걱정스럽다 … 만약 진리가 확산되지 않는다면, 오류가 지배할 것이요, 하나님과 그의 말씀이 전파되고 인정받지 못한다면, 마귀와 그의 궤계가 우세할 것이요, 복음의 서적들이 모든 집에 들어가지 못한다면, 타락하고 음란한 서적들이 거기에 있을 것이요, 우리나라에서 복음의 능력이 나타나지 못한다면, 혼란과 무질서와 부패와 어둠이 끝없이 지배할 것이다."

독자들의 성원과 지도 편달을 바라마지 않습니다.

CH북스
발행인 박명곤

제 3 권

그리스도의 은혜를 받는 길: 그 유익과 효과

INSTITUTES OF THE CHRISTIAN RELIGION

제 3 권

◆

그리스도의 은혜를 받는 길
: 그 유익과 효과

제 1 장

∽◯∽

그리스도의 은혜는 성령의
은밀한 역사로 말미암아 베풀어짐

1. 성령께서 우리를 그리스도와 연합시키는 끈이 되심

이제 우리는 아버지 하나님께서 그의 독생자에게 베푸신 축복들, 곧 그가 자기를 위해 쓰시기 위함이 아니라, 불쌍하고 가련한 사람들을 풍성케 하시기 위하여 아버지께로부터 받으신 그 축복들을 우리가 어떤 방식으로 소유하게 되는지를 살펴보아야 하겠다. 이와 관련하여 첫째로 알아야 할 사실은, 우리가 그리스도 바깥에 있고 그로부터 분리되어 있는 한, 그가 인류의 구원을 위하여 친히 당하시고 행하신 모든 것이 우리에게 아무 소용이 없고 또한 전혀 유익이 되지를 못한다는 점이다. 그리스도께서 우리의 것이 되시고 또한 우리 속에 거하셔야만 비로소 그가 아버지께로부터 받으신 축복들을 우리와 함께 나누실 수 있게 되는 것이다. 그렇기 때문에, 그리스도를 가리켜 "우리의 머리"(엡 4:15)요, 또한 "많은 형제 중의 맏아들"(롬 8:29)이라 부르며, 우리에 대해서는 그에게 "접붙임"이 되었다고 하며(롬 11:17), 또한 "그리스도로 옷 입었다"(갈 3:27)고 말씀하는 것이다.

그러므로, 이미 말했듯이 우리가 그와 하나가 되지 않고서는 그가 소유하시는 모든 것이 우리와 아무런 상관이 없을 수밖에 없다. 그리스도가 소유하시는 그것을 우리가 믿음으로 말미암아 얻게 되는 것은 사실이다. 그러나 복음을 통해서 제시되는 그리스도와의 교제를 모든 사람이 차별 없이 다 받아들이는 것은 아니라는 것이 분명하기 때문에, 우리로서는 한 단계 더 높이 올라가서 성령의 은밀한 역사하심을 살피는 것이 지극히 합당할 것이다. 우리가 그리스도를 누리고, 또한 그가 베푸시는 모든 은택을 누리는 것이 바로 성령의 역사하심으로 말미암는 일이기 때문이다.

성령의 영원한 신성과 그의 본성에 대해서는 이미 앞에서 다룬 바 있으므로,[1] 여기서는 다음과 같은 특별한 사실을 살펴보기로 하자. 곧, 성령께서는 그리스도께서 물과 피로써 임하신 사실을 우리에게 증거하심으로써 우리로 하여금 그가 베푸신 구원의 은택들을 잃어버리지 않도록 하신다는 것이다(요일 5:6-7). 하늘에 세 증인이 ― 곧, 아버지와 말씀과 성령 ― 있다고 말씀하듯이, 또한 땅에도 물과 피와 성령의 세 증인이 있다고 말씀하고 있다(요일 5:7-8). 여기서 "성령의 증거"를 두 번씩이나 언급하는 것은 그럴 만한 이유가 있다. 곧, 성령께서는 마치 인(印)을 치듯이 증거를 우리 마음에 새기시고, 그리하여 그리스도의 깨끗이 씻으심과 희생을 보증하신다는 것이다.

또한 그렇기 때문에 베드로는 신자들이 "성령의 거룩하게 하심으로 순종하고 예수 그리스도의 피 뿌림을 얻기 위하여 택하심을 입"었음을 말하는 것이다(벧전 1:2). 베드로의 이 말에서 우리는, 그리스도께서 흘리신 거룩한 피가 헛되지 않도록 하기 위해서 은밀한 가운데 역사하시는 성령의 깨끗이 씻으심으로 말미암아 우리의 영혼이 씻음을 받는 것임을 알 수가 있다. 그렇기 때문에 사도 바울은 깨끗이 씻음과 의롭다 하심에 대해서, 우리가 "주 예수 그리스도의 이름과 우리 하나님의 성령 안에서 씻음과 거룩함과 의롭다 하심을 받았느니라"(고전 6:11)고 말하는 것이다. 한 마디로 정리하자면, 성령은 그리스도께서 우리를 자기 자신과 효과적으로 연합시키시는 끈이시라는 것이다. 이에 대해서는 앞 권에서 그의 기름 부으심에 대해서 말씀한 내용을 참조할 수 있을 것이다.[2]

2. 그리스도와 성령

그러나, 이 지극히 중요한 문제에 대해서 분명한 생각을 갖기 위해서는 그리스도께서 아주 특별한 목적으로 성령을 받으셨다는 사실을 염두에 두어야 한다. 그리스도께서는 우리를 세상과 분리시키시고 우리를 영원한 기업의 소망으로 연합시키시기 위하여 그가 친히 성령을 받으신 것이다. 그러므로 성령을 가리켜 "거룩하게 하심"의 영이라 부른다(살후 2:13; 벧전 1:2; 롬 1:4). 비단 인류에게서나 생물들에게서 눈에 보이도록 나타나는 일반적인 능력으로 성령께서 우리를 살리시고 양육하실 뿐 아니라, 그가 친히 우리 속에 있는 하늘의 생명의 뿌리와 씨가 되시기 때문에 그를 그렇게 부르는 것이다. 따라서, 선지자들이 그리스도의 나라에 대해 제시하는 최고의 사실은 바로 그 나라에서는 성령께서 더욱 풍성하게 부어지리라는 것이었다. 다른 어떤 구절보다도 요엘서에 나타나 있는 구절이 두드러진다: "그 후에 내가 내 영을 만민에게 부어주리니"(욜 2:28). 여기서 선지자는 물론 성령을 주시는 역사를 선지자 직분에만 제한시키는 것처럼 보이는 것이 사실이지만, 그럼에도 불구하고 이런 비유적인 표현을 통해서 그는, 하나님께서 그의 성령을 임하게 하심으로써 과거에는 하늘의 가르침에 대해 무지몽매하던 자들을 친히 제자들로 삼으시리라는 것을 시사하고 있는 것이다.

더 나아가서, 성부 하나님께서는 그 아들을 위하여 우리에게 성령을 주시지만, 그는 또한 성령을 충만히 아들에게 베풀어 주셔서 아들의 풍성하신 역사를 수종들며 맡아서 담당하도록 하셨다. 그렇기 때문에 성령을 가리켜 때로는 "아버지의 영"이라 부르고, 때로는 "아들의 영"이라 부르는 것이다. 사도 바울은 "만일 너희 속에 하나님의 영이 거하시면 너희가 육신에 있지 아니하고 영에 있나니 누구든지 그리스도의 영이 없으면 그리스도의 사람이 아니라"고 말한다 (롬 8:9). 그리하여 그는 결국 우리로 하여금 완전한 변화에 대한 소망을 갖게 하고 있다: "그리스도 예수를 죽은 자 가운데서 살리신 이가 너희 안에 거하시는 그의 영으로 말미암아 너희 죽을 몸도 살리시리라"(롬 8:11).

아버지께서 주인으로서 베풀어 주신 선물들에 대해서 아버지를 찬송하면서 동시에 그리스도께도 동일한 권세를 인정하고 찬송한다고 해도 전혀 모순이 없다. 왜냐하면 그리스도께서 성령의 선물들을 지니셔서 그의 백성들에게 베풀어 주시는 것이기 때문이다. 그렇기 때문에 주님은 목마른 자들을 향하여 자기에게 와서 마시라고 초청하시며(요 7:37), 또한 바울은 "그리스도의 선물의 분량대로"(엡 4:7) 각 사람에게 성령이 주어진다고 가르치는 것이다.

여기서 또한 우리가 알아야 할 것은 성령을 "그리스도의 영"이라 부르는 것은, 비단 하나님의 영원한 말씀이신 그리스도께서 아버지와 함께 동일한 성령으로 하나가 되시기 때문만이 아니라, 또한 그의 중보자의 직분 때문이기도 하다는 사실이다. 만일 그리스도께서 중보자의 기능을 부여 받지 않으셨다면, 그가 우리에게 임하신 일 자체가 허사가 되고 말았을 것이다. 그런 의미에서 그를 가리켜 "둘째 아담"으로서 "살려 주는 영"(생명을 주는 영)으로 하늘로부터 주어지신 분이라고 하는 것이다(고전 15:45). 바울은 여기서 하나님의 아들께서 자기 백성들에게 불어넣으셔서 그들을 자기와 하나가 되게 하시는 이 독특한 생명을, 악인에게도 공통적으로 있는 자연의 생명과 대조시키고 있는 것이다. 이와 비슷하게 그는 신자들에게 "그리스도의 은혜와 하나님의 사랑"이 있기를 구하면서 동시에 "성령의 교통하심"을 거기에 덧붙이는데(고후 13:13), 그것은 성령의 교통하심이 없이는 아무도 하나님 아버지의 사랑이나 그리스도의 은혜를 절대로 맛볼 수가 없기 때문이다. 그리하여 다른 구절에서 그는 "우리에게 주신 성령으로 말미암아 하나님의 사랑이 우리 마음에 부은 바 되었다"고 말하기도 하는 것이다(롬 5:5).

3. 성경에 나타난 성령의 칭호들

우리의 구원의 시작과 우리를 새롭게 하는 역사 전체를 논의하는 가운데, 여기서 성경이 성령에 대해서 어떤 칭호들을 적용시키는지를 살펴보는 것이 유익할 것이다.

먼저, 성령을 가리켜 "양자의 영"이라 부르는데(롬 8:15) 이는 그가 아버지 하나님께서 그의 사랑하시는 독생자 안에서 우리를 품으셔서 우리에게 아버지가 되신 그 하나님의 값없으신 사랑을 우리에게 증거해 주는 분이시며, 또한 그에게 기도로 가까이 나아갈 수 있도록 우리에게 담대함을 주시기 때문이다. 사실 그는 기도할 말까지도 공급해 주시기 때문에 우리는 두려움 없이 "아바 아버지"라고 외칠 수가 있는 것이다(갈 4:6).

또한 이와 똑같은 이유로 성령을 가리켜 우리가 받을 기업의 "보증이며 인(印)"이라고도 부른다(고후 1:22; 참조. 엡 1:14). 왜냐하면 성령께서 이 세상의 나그네로서 죽은 자와 방불한 우리에게 하늘로서 오는 생명을 베풀어 주셔서 우리의 구원이 절대로 실패가 없는 하나님의 보살피심 속에서 안전이 보장되어 있다는 확신을 갖게 하시기 때문이다. 그리하여 성령을 가리켜 "의로 말미암은 생명"이라 부르기도 하는 것이다(참조. 롬 8:10).

성령께서는 은밀한 가운데 우리에게 물을 대어주심으로써 우리에게서 의(義)의 싹이 돋고 의의 열매를 맺게 하시기 때문에, 그를 가리켜 "물"이라고 부르는 예가 많다. 이사야서의 경우 "너희 목마른 자들아 물로 나아오라"(사 55:1)고도 하고, "나는 목마른 자에게 물을 주며 마른 땅에 시내가 흐르게 하며"(사 44:3)라고도 말씀한다. 이 구절들은 앞에서 인용한 "누구든지 목마르거든 내게로 와서 마시라"는 그리스도의 말씀(요 7:37)과 일치한다. 그러나, 때로는 깨끗이 씻어 정결케 하는 그의 능력 때문에 성령을 가리켜 "물"이라 부르기도 한다. 그리하여 에스겔서에서는 여호와께서 "맑은 물"로 그 백성들의 "모든 더러운 것"을 씻어 정결케 하리라고 약속하시는 것을 볼 수 있다(겔 36:25).

또한 성령께서 사람들에게 은혜를 부으시고 충만한 삶의 힘을 회복시키신다는 사실 때문에, 그를 가리켜 "기름", 또는 "기름 부음"이라고도 부른다(요일 2:20, 27).

또한 반대로, 성령께서는 악하고 규모 없는 정욕들을 억제하시고 제거하시며, 또한 우리의 마음을 하나님을 향한 사랑과 헌신으로 불타게 하시므로, 그를 가리켜 "불"이라고 부르기도 한다(눅 3:16).

성령을 가리켜, 하늘의 모든 풍성한 것들이 우리에게 솟아 나오는 "샘"으로 묘사하기도 하며(요 4:14), 그를 하나님의 권능을 시행하는 "주의 손"으로 묘사하기도 한다(행 11:21). 요컨대, 성령께서는 그의 신적인 감동으로 신적인 생명(divine life)을 우리 속에 불어넣으셔서 우리가 더 이상 우리 스스로 행동하지 않고 그의 역사하심과 자극의 지배를 받도록 하시는 것이다. 그러므로 우리 안에 있는 선한 것은 모두가 그의 은혜의 열매들이며, 그와 상관 없이 우리가 지닌 것들이 있다면 그것들은 모두 정신의 캄캄한 어둠과, 마음의 비뚤어짐에 지나지 않는 것이다(참조. 갈 5:19-21).

이미 분명히 설명한 바와 같이, 우리의 정신이 성령께 몰두하게 되기 전에는, 이를테면 그리스도께서 아무 일도 하지 않으시고 그저 가만히 계시는 것이나 마찬가지일 수밖에 없다. 우리가 그를 마치 아주 멀리 떨어져 계신 분처럼 여겨서 건성으로 차갑게 그를 바라보게 되기 때문이다. 더욱이 우리가 잘 아는 대로, 그리스도께서는 자기가 "머리"가 되시는 자들(엡 4:15)과 자신이 "맏아들"이 되시는 형제들(롬 8:29), 그리고 요컨대 그리스도로 "옷 입은 자들"(갈 3:27)에게만 은택을 베푸시는 것이다. 그러므로 이처럼 우리가 그리스도와 연합되어 있어야만 그가 구주로서 오신 사실이 우리에게 헛되지 않게 된다는 것이 너무나 확실한 것이다. 그리스도와의 신성한 혼인을 통하여 우리가 그의 살 중의 살이요 그의 뼈 중의 뼈가 되어 그와 하나가 되는데(엡 5:30), 이 신성한 혼인이라는 것도 바로 그러한 연합을 지칭하는 것이다. 그러나 그는 오직 성령을 통해서만 우리와 연합을 이루신다. 그 성령의 은혜와 능력으로 말미암아 우리가 그리스도의 지체들이 되어, 그는 우리를 자기 자신 아래 있도록 지키시고, 또한 우리는 그를 소유하는 것이다.

4. 성령의 역사로서의 믿음

그런데 성령의 주된 역사는 바로 믿음이다. 따라서, 성령의 능력과 역사하심을 표현하는 일상적인 용어들은 대개의 경우 믿음과 관련이 있다. 왜냐하면 오직 믿음으로 말미암아서만 그가 우리를 복음의 빛으로 인도하시기 때문이다. 사도 요한이 가르치는 바와 같이, 그리스도를 믿는 자들에게 하나님의 자녀가 되는 권세를 주셨는데 이는 혈통으로나 육정으로나 사람의 뜻으로 나지 아니하고 오직 하나님께로서 난 자들이다(요 1:12-13). 하나님을 혈통 및 육정과 대조시킴으로써, 그는 불신앙 가운데 그냥 남아있을 자들이 믿음으로 그리스도를 영접한다는 것이야말로 초자연적인 선물이라는 것을 선포하는 것이다.

구주 예수께서 베드로에게 하신 대답도 이와 비슷하다: "이를 네게 알게 한 이는 혈육이 아니요 하늘에 계신 내 아버지시니라"(마 16:17). 이 일들에 대해서는 이미 다른 곳에서 길게 다루었으므로[3] 여기서는 이 정도 간단히 언급하고 지나가기로 한다.

또한 에베소 교인들에게 사도 바울은 그들이 "약속의 성령으로 인치심을 받았다"고 말했는데(엡 1:13) 이 역시 이와 비슷하다. 그는 여기서 성령께서 내적인 교사가 되셔서 그의 역사하심으로 구원의 약속이 우리의 마음속에 자리잡게 되는데, 성령의 그러한 역사하심이 없으면 그 약속이 그저 허공을 치고 귀에만 울리고 말 수밖에 없다는 것을 보여 주는 것이다. 또한 그는 데살로니가 교인들에게 말하기를 그들이 "성령의 거룩하게 하심과 진리를 믿음으로" 하나님의 택하심을 받았다고 하는데(살후 2:13), 이는 믿음 자체의 근원이 다름 아닌 바로 성령이시라는 사실을 생각하게 해 주는 것이다.

사도 요한은 이를 더욱 분명하게 설명한다: "우리에게 주신 성령으로 말미암아 그가 우리 안에 거하시는 줄을 우리가 아느니라"(요일 3:24). 또한 "그의 성령을 우리에게 주시므로 우리가 그 안에 거하고 그가 우리 안에 거하시는 줄을 아느니라"(요일 4:13)고도 말씀한다. 그러므로 그리스도께서는 제자들에게 세상이 능히 받아들이지 못하는 "진리의 영"을 주셔서(요 14:17), 그들이 하늘의 지혜를 받아누릴 수 있도록 해 주시겠다고 약속하셨다.

그리고 주님은 그가 친히 입으로 가르치신 내용을 생각나게 하는 임무를 성령의 합당한 임무로 부여하셨다. 분별의 영(욥 20:3)이 마음의 눈을 밝혀 놓지 않은 상태에서는 아무리 빛이 비쳐도 눈먼 맹인처럼 전혀 그 효과를 누릴 수 없기 때문이다. 그러므로 성령을 가리켜 천국의 보화를 여는 열쇠라 부르는 것(참조. 계 3:7)도 합당할 것이며, 또한 그의 조명하심을 가리켜 마음의 눈이라 부르는 것도 합당할 것이다.

바울은 성령의 직분을 높이 기리는데(고후 3:6), 이는 내적인 교사이신 그리스도께서 친히 그의 성령을 통하여, 아버지께서 자기에게 주신 자들을 자기에게로 이끌지 않으시면(요 6:44; 12:32; 참조. 17:6) 인간 교사들이 아무리 외쳐도 전혀 효과가 없기 때문이다. 그러므로, 완전한 구원은 그리스도 자신에게 있다고 말씀했거니와, 그리스도께서는 우리에게 "성령과 불로" 세례를 베푸심으로써(눅 3:16) 우리를 그 구원에 동참하게 하셔서, 그의 복음을 믿는 믿음 속으로 우리를 밝히 이끄시며, 우리를 중생케 하사 새로운 피조물들이 되게 하시며(참조. 고후 5:17), 그리하여 세상의 더러움에서 우리를 깨끗이 씻으시고 우리를 하나님의 성전으로 구별하여 세우시는 것이다(참조. 고전 3:16-17; 6:19; 고후 6:16; 엡 2:21).

주

1. 참조. 1권 13장 14-15절.
2. 참조. 2권 15장 2절.
3. 참조. 2권 2장 18-21절.

제 2 장

믿음 :
그 정의와 특성

(믿음의 대상은 그리스도이심. 1)

1. 성령께서 우리를 그리스도와 연합시키는 끈이 되심

믿음에 대하여 좀 더 분명하게 정리하고 나면 이 모든 문제들을 쉽게 이해할 수 있을 것이고, 독자들로서도 그 본질과 능력에 대해서 잘 깨닫게 될 것이다. 앞에서 설명한 내용을 여기서 다시 떠올리는 것이 좋을 것이다.[1] 첫째로, 하나님께서는 우리를 위하여 율법을 통해서 우리가 행하여야 할 바를 정해 놓으셨기 때문에 그 중에 어느 한 부분이라도 지키지 못할 때에는 그것이 선언하는 그 무서운 영원한 죽음의 선고가 우리 위에 임할 것이라는 사실이다. 둘째로, 그 율법을 문자 그대로 지킨다는 것은 그저 힘든 정도가 아니라 우리의 모든 능력과 힘으로는 도저히 불가능하기 때문에, 만일 우리가 우리 자신만을 바라보고 우리의 현재의 처지를 생각하면, 소망이란 흔적조차 찾을 수가 없고 그저 하나님께 내어 쫓겨서 영원한 죽음 아래 있을 수밖에 없을 것이라는 사실이다. 셋째로 설명했던 사실은 그런 비참한 불행에서 구원받아 자유를 얻을 수 있는 수단은 오직 하나밖에는 없다는 것이었다. 그 수단이란 바로 구속자이신 그리스도께서 등장하시는 것이다. 그런데 천부께서는 그의 무한하신 선하심과 긍휼하심으로 우리를 불쌍히 여기사 그리스도의 손을 통하여 우리를 도우시기를 원하셨다. 그러므로 만일 우리가 든든한 믿음으로 이 긍휼하심을 받아들이며 굳건한 소망으로 그 믿음 안에 거하면 천부의 그러한 도우심을 받을 수가 있는 것이다.

하나님에 의해 그의 양자가 된 자들이 믿음으로 천국을 소유하게 되는데, 바로 그 믿음의 합당한 모습이 어떤 것인지를 여기서 살펴보는 것이 합당할 것이다. 왜냐하면 그저 생각(opinion)이나 신념(persuasion) 같은 것으로는 그러한 위대한 역사를 이룰 수 없다는 것이 분명하기 때문이다. 우리는 믿음의 참된 성격이 어떤 것인지를 아주 조심스럽게 또한 열정을 가지고 궁구하고 조사해야 할 것이다. 왜냐하면 오늘날 바로 이 문제에 대해서 수많은 사람들이 아주 위험스럽게 현혹(眩惑)되고 있기 때문이다. 대개의 사람들은 이 믿음이라는 단어를 들을 때에 복음 역사(歷史)에 대해 그저 일반적으로 동의하는 것 이상으로 깊게 이해하지를 못하고 있다.

사실, 여러 학파들에서도 믿음을 논의하면서, 하나님을 한 마디로 믿음의 대상이라고 부르면서, 다른 곳에서 말했듯이(참조. 2권 6장 4절) 허망한 사색을 늘어놓으면서 비참한 영혼들을 확실한 목표로 이끄는 것이 아니라 오히려 곁길로 가도록 만들고 있는 현실이다. 하나님은 "가까이 가지 못할 빛에 거하시"므로(딤전 6:16), 그리스도께서 우리의 중보자가 되셔야 한다. 그러므로 그는 자기를 가리켜 "세상의 빛"이라고 하시고(요 8:12), 또 다른 곳에서는 "길이요 진리요 생명"이라고 하신다(요 14:6). 그로 말미암지 않고서는 "생명의 원천"이신 아버지께(시 36:9) 나아갈 자가 아무도 없는 것이다. 왜냐하면 오직 그분만이 아버지를 아시며, 그리고 후에는 그가 자신이 원하시는 신자들에게만 아버지를 계시해 주시기 때문이다(눅 10:22).

이러한 근거 위에서 사도 바울은 그리스도 이외에는 아무것도 알 만한 가치가 없다고 생각하노라고 선언하였다(고전 2:2). 사도행전 20장에서 그는 자신이 "주 예수 그리스도께 대한 믿음을" 전했다고 진술하고 있다(21절). 그리고 또 다른 구절에서는 그리스도께서 친히 다음과 같이 말씀하신 것으로 진술하고 있다: "이스라엘과 이방인들에게서 내가 너를 구원하여 그들에게 보내어 … 죄 사함과 나를 믿어 거룩하게 된 무리 가운데서 기업을 얻게 하리라"(행 26:17-18). 사도 바울은 또한 하나님의 영광이 그리스도에게서 눈에 보이게 나타나 있다고 증거하며, 혹은 ― 결국 같은 의미이지만 ― 하나님의 영광을 아는 빛이 그리스도의 얼굴에 비친다고도 증거한다(고후 4:6).

믿음이 한 분 하나님을 바라보는 것이라는 것은 분명히 사실이다. 그러나 여기에 "그의 보내신 자 예수 그리스도를 아는 것"(요 17:3)이라는 사실을 덧붙여야 옳다. 만일 그리스도의 광채가 우리에게 비쳐지지 않았다면, 하나님은 멀리서 감추어진 상태로 남아 계셨을 것이다. 이를 위하여 아버지께서는 자신이 지니신 모든 것을 그의 독생자에게 간직해 두사 그의 안에서 자신을 드러내시고자 하셨고, 그리하여 그리스도께서 아버지의 축복들을 전해 주심으로써 그의 영광의 참 형상을 표현하도록 하신 것이다(참조. 히 1:3). 앞에서 말했거니와(3권 1장 4절), 우리가 그리스도를 찾도록 일깨움을 받으려면 반드시 성령께서 그렇게 이끄셔야 한다. 이와 같이 우리는 눈에 보이지 않으시는 아버지를 보는 길은 오직 그 형상(그리스도)을 추구하는 데 있다는 사실을 기억해야 하는 것이다.

아우구스티누스는 이 점에 대해서 아주 세련된 진술을 하였다. 믿음의 목표를 논하는 중에 그는 "우리가 알아야 할 것은 바로 우리가 어디로 가느냐 하는 것과 어느 길로 그곳에 가느냐 하는 것"이라고 가르친 것이다. 그리고 곧바로 이어서 그는 온갖 오류들을 피하는 가장 확실한 길은 바로, 동시에 하나님이시며 사람이신 그분을 아는 것이라고 했다. 즉, 우리가 지향하는 목적지는 하나님이고, 우리가 가는 길은 사람을 통한 길인데, 이 두 요소가 오직 그리스도 안에서만 발견된다는 것이다.[2] 바울은 하나님을 믿는 믿음을 선포하기는 하지만, 그렇다고 해서 그가 믿음에 대해서 그렇게도 자주 강조하는 내용 ― 즉, 믿음의 모든 견고함이 오직 그리스도 안에 있다는 것 ― 을 다시 거꾸로 뒤집으려는 의도를 갖고 그렇게 한 것이 아닌 것이 분명한 것이다. 사실 베드로도 이 두 요소를 매우 효과적으로 서로 연관시키고 있다. 곧, 우리가 "하나님을 그리스도로 말미암아" 믿는다고 말하는 것이다(벧전 1:21).

(믿음에는 지식이 포함됨; 스콜라 신학의 소위 맹목적 믿음의 개념이 참된 교의를 흐리게 함. 2-5)

2. 믿음은 소위 경건한 무식이 아니라 지식에 근거함

다른 무수한 해악들과 마찬가지로 이것도 신학자들[3]에게서 비롯된 것인데, 이들은 말하자면 그리스도에게 베일을 씌워서 그를 오히려 감추어온 자들이다. 그리스도를 똑바로 바라보지 않는다면 우리는 끝없는 미로(迷路)를 헤매게 될 것이다.

그들은 믿음에 대한 애매한 정의를 가르쳐서 믿음을 손상시키고 거의 말살시키는 것도 모자라서 "맹목적 믿음"(implicit faith)이라는 허구(虛構)를 만들어내기까지 했다. 그들은 극심한 무지(無知)를 이런 용어로 살짝 가리고서는 불쌍하고 비참한 백성들을 치명적으로 속이고 있는 것이다. 한 걸음 더 나아가 사실을 좀 더 정직하게 이야기하자면, 이런 허구는 참된 믿음을 매장시키는 것은 물론 완전히 말살시켜 버린다는 것이다. 아무런 깨달음도 없이 그저 여러분의 느낌을 교회에 맹목적으로 굴복시키기만 하는 것이 과연 믿음이란 말인가? 믿음은 무지(無知)가 아니라 지식에 근거를 두는 것이다. 그리고 여기서 말하는 지식이란 하나님에 관한 지식만이 아니라 신적인 뜻에 대한 지식까지도 포함되는 것이다. 교회가 지정한 내용을 진리로 포용할 준비가 되어 있다고 해서, 아니면 궁구하고 알아야 할 책임을 교회에 떠넘긴다고 해서 그것으로 구원을 얻는 것이 아니다. 그리스도로 말미암아 이루어진 "화목"(고후 5:18-19)으로 인하여, 또한 그리스도께서 의로움과 거룩함과 생명으로서 우리에게 주신 바 된 결과로, 우리가 하나님께서 우리의 자비하신 아버지이심을 알게 될 때에 비로소 구원을 얻는 것이다.

이러한 지식으로 말미암아서 ― 분명히 말하지만, 우리의 느낌을 굴복시킴으로써가 아니라 ― 우리가 천국에 들어감을 얻는 것이다. 사도는 "사람이 마음으로 믿어 의에 이르고 입으로 시인하여 구원에 이르느니라"(롬 10:10)라고 말씀했는데, 이는 곧 사람이 자기가 깨닫지도 못하고 심지어 살펴보지도 않은 것을 그저 맹목적으로 믿는 것만으로는 절대로 부족하다는 것을 시사해 주는 것이다. 하나님의 선하심에 대한 분명한 인식(explicit recognition)이 반드시 필요하다. 우리의 의(義)가 바로 거기에 근거를 두는 것이다.

3. 로마 교회의 소위 "맹목적" 믿음의 교리는 기본적으로 거짓임

사실, 우리 주변이 온통 무지로 둘러싸여 있으므로 대부분의 것들이 우리에게 맹목적이라는 것을 나는 부인하지 않는다. 육체의 짐을 벗고 하나님의 임재에 더 가까이 가기까지 계속 그런 상태일 것이다. 이런 문제들에 있어서 우리로서 할 수 있는 최선은 판단을 유보하고 교회와의 연합을 유지하는 데 힘쓰는 것일 것이다. 그러나 이를 구실로, 겸손한 자세가 있다고 하여 무지(無知)를 "믿음"이라는 이름을 붙여 높인다는 것은 그야말로 어처구니없는 짓일 것이다. 믿음이란 하나님과 그리스도를 아는 지식에 있는 것이지(요 17:3), 교회를 높이는 데 있는 것이 아니기 때문이다. 이 소위 "맹목적 믿음"으로 그들이 어떠한 미로를 만들어 놓았는지를 보라! 무엇이든 "교회"라는 이름을 붙여서 내어 놓으면 무식한 백성들은 전적으로 무차별하게 그것들을 — 심지어 무서운 오류들까지도 — 하나님의 명령인 줄로 알고 무조건 받아들이는 것이다. 이런 생각 없는 어리석음이 오직 한 가지 조건만 맞으면 — 곧 교회가 믿는 것이라면 무엇이든 확실히 믿는다는 조건만 갖추면 — 얼마든지 용납이 된다. 사실은 멸망으로 빠져 들어가는 벼랑 끝에 서 있는 것인데도 말이다. 그리하여 그들은 오류 가운데 있으면서도 자기들이 진리를 소유하고 있다고, 어둠 가운데 있으면서 빛 가운데 있다고, 무지 가운데 있으면서 바른 지식 가운데 있다고 믿고 있는 것이다.

그러나 그들을 반박하는 데 길게 시간을 보낼 생각은 없다. 그저 독자들에게 그들의 가르침들과 우리의 가르침을 서로 비교해 보라고 권면하는 것뿐이다. 진리의 확실성 그 자체가 충분히 그것들을 반박해 주고도 남는다. 그런데도 그들은 온갖 무지의 잔재들 속에 과연 믿음이 들어 있을까 하는 의문은 갖지 않고, 오히려 일반 사람들로서는 알지 못하는 문제들에 대하여 교회의 권위와 판단에 동의하고 따르기만 하면, 무지 속에서 무감각한 상태로 있는 사람이든 그런 무지를 자랑하기까지 하는 자들이든 무조건 참된 신자들로 인정하는 것이다. 마치 믿음이 지식과 이해와 함께하는 것이라는 것이 성경의 정상적인 가르침이 아닌 것처럼 말이다.

4. 바른 믿음이라도 항상 오류와 불신앙에 둘러싸여 있음

우리가 이 세상에 나그네로 거하는 동안 맹목적 믿음이라는 것이 있다는 것은 분명히 인정할 수가 있다. 온갖 것들이 아직 우리에게 감추어져 있기 때문이기도 하거니와, 온갖 오류의 구름들이 둘러싸고 있어서 우리가 모든 것을 다 깨닫고 이해하지를 못하기 때문이기도 하다. 완전한 사람이 최상의 지혜를 가졌다 할지라도 그것은 계속 전진하는 것이며 고요히 겸손히 더 나아가기를 힘쓰는 법이다. 그러므로 사도 바울은 신자들에게 권면하기를, 만일 어떤 문제에 대해서 서로 생각이 다를 경우에는 계시를 기다려야 한다고 하는 것이다(빌 3:15). 육체를 벗어버릴 때까지 바라는 만큼 이루지 못한다는 것을 우리는 일상적인 경험을 통해서도 깨닫게 된다. 그리고 날마다 성경을 읽는 가운데서도 의미가 분명치 않은 구절들을 계속 접하면서 우리의 무지를 책하게 된다. 하나님께서는 이러한 굴레로 우리를 제어하시고 각자에게 자기의 "믿음의 분량"을 정해 주시기 때문에(롬 12:3), 아무리 훌륭한 교사라 할지라도 더 배우고자 하는 자세를 가져야 하는 것이다.

이런 맹목적인 믿음을 보여 주는 분명한 예를, 아직 충만한 각성에 이르지 못했을 당시의 그리스도의 제자들에게서 볼 수 있다. 그들은 주님이 하시는 말씀에 매어달리고 있으면서도 가장 기초적인 진리도 납득하지 못하고 아주 사소한 문제들에 머뭇거리느라 진보가 거의 없었던 것을 보게 된다. 여인들에게서 소식을 듣고 무덤으로 달려갔으나 그들은 주님이 부활하셨다는 것을 마치 꿈같이 여겼다(눅 24:11-12; 참조. 요 20:8). 그리스도께서 이미 그들이 믿음이 있다는 것을 친히 증거하셨으므로, 그들에게 믿음이 전연 없었다고 하는 것은 잘못이다.

그리스도께서 다시 살아나시리라는 말씀을 듣지 못했었다면, 그들은 완전히 실망하여 자포자기하고 말았을 것이다. 또한 여인들이 이미 죽어서 살 소망이 전혀 없는 사람의 시체에 향품을 바른 것도 그들이 미신에 젖어 있었기 때문에 그런 것도 아니다. 그들은 주님이 진실하신 분이라는 것을 알고 있었고, 또한 그의 말씀에 대해서 믿음을 갖고 있기는 했으나, 아직 그들의 마음에 자리잡고 있는 무지(無知)가 그들의 믿음을 어둠 속에 가두어 두고 있었기 때문에 주님의 부활 소식을 접하고 아연실색했던 것이다.

그러므로, 그들은 그리스도의 부활의 확실한 사실을 몸소 접하고서 그리스도의 말씀의 진실성을 발견한 후에야 비로소 확실한 믿음을 갖게 되었다고 말할 수 있을 것이다. 부활의 사실을 접할 그때에 비로소 그들이 믿기 시작하였다는 것이 아니라, 감추어져 있던 — 말하자면 그들의 마음속에서 죽은 상태에 있던 — 믿음의 씨앗이 그때에 새로운 힘으로 터져 나온 것이다! 그들 속에 참되지만 맹목적인 믿음이 이미 있었다. 그렇기 때문에 그들이 그리스도를 자기들의 유일한 스승으로 인정하고 존경하며 따랐던 것이다. 그리고 후에 그에게서 배움을 받아서 그들은 그리스도께서 자기들의 구원의 주인이시라는 것을 납득하게 되었다. 그리고 나중에 가서 비로소 그가 하늘로부터 오셨고, 또한 아버지의 은혜로 말미암아 제자들을 그리로 이끄실 것임을 믿게 되었다. 모든 사람들에게 불신앙이 언제나 믿음과 함께 뒤섞여 있다는 사실을 보여 주는 증거로서 이보다 분명한 것은 없을 것이다.

5. 믿음의 준비로서의 "맹목적" 믿음

아직 엄밀하게 따지면 아직 믿음의 준비에 불과한 상태도 맹목적인 믿음이라 부를 수 있을 것이다. 복음서 기자들이 많은 사람들이 믿었다고 묘사하고 있지만, 실상 그리스도의 이적들을 접하여 그저 놀라움을 금치 못하여 그리스도가 약속하신 메시야라는 사실을 믿게 되었지만 그 이상으로는 한 발자국도 더 나아가지 못하였고, 또한 복음의 가르침에 젖어들었다는 기미가 조금도 없는 사람들이 그 가운데 많은 것을 보게 된다. 그들을 압도하여 기꺼이 그리스도에게 굴복하게 만든 그런 경외감(reverent attention)을 "믿음"이라는 이름을 붙여 높이고는 있지만, 사실 그것은 겨우 믿음의 시작일 뿐이었다.

요한복음에 나타나는 왕의 신하의 경우, 그는 그리스도의 약속을 듣고서 자기 아들의 질병이 나을 것을 믿고는(요 4:50) 집으로 돌아가서 아들이 나은 것을 확인하고 새롭게 믿었다고 요한복음 기자가 증거하고 있는 것이다(요 4:53). 그는 먼저 그리스도의 입에서 나오는 말씀을 하나님의 말씀(oracle)으로 받아들였고, 그리고 후에 그리스도의 권위 아래 굴복하여 그의 가르침을 받은 것이다. 그런데 여기서 우리가 알아야 할 것은, 그가 가르침을 잘 받고 또한 기꺼이 배울 자세가 되어 있었으므로, 앞의 구절에서 그가 그리스도의 약속을 믿음으로 받아들인 것을 하나의 믿음으로 간주하며, 뒤의 구절에서는 그를 그리스도를 따르는 제자들 중의 하나로 인정하고 있다는 점이다.

사도 요한이 제시하는 사마리아 사람들의 예도 이와 비슷하다. 그들은 한 여인의 말을 그대로 믿고서 갈급한 심정으로 그리스도께 달려가서 그의 말씀을 들었는데, 그리고 나서 그들은 그 여인에서 이렇게 말하였다: "이제 우리가 믿는 것은 네 말로 인함이 아니니 이는 우리가 친히 듣고 그가 참으로 세상의 구주신 줄 앎이라"(요 4:42). 이 경우들에서 분명히 드러나는 바와 같이, 아직 믿음의 첫째가는 원리들에 젖지 않은 상태에 있는 자들이라 할지라도 말씀을 들을 자세를 갖고 있으면 그들을 "신자"라고 부른다는 사실이다. 물론 정확한 의미에서 그렇게 부르는 것은 아니고, 하나님께서 그의 자비하심으로 그런 경건한 마음의 자세에 은혜를 베푸사 아주 존귀하게 대하시기 때문에 그렇게 부르는 것이다.

그러나 이처럼 가르침을 받고 배우고자 하는 자세와 열의를 갖는 상태는, 교황주의자들이 만들어낸 일종의 "맹목적 믿음"에 만족하고 게으르게 안주하여 있는 그런 자들의 순전한 무지(無知)와는 전연 다른 것이다. 사도 바울이 "항상 배우나 마침내 끝내 지식에" 이르지 못하는 자들을 극심하게 정죄한다면(딤후 3:7), 하물며 의도적으로 완전한 무지를 조장하는 자들은 과연 얼마나 더 치욕을 당해야 하겠는가!

(믿음과 말씀의 관계와 믿음에 대한 간단한 정의. 6-7)

6. 믿음은 하나님의 말씀에 근거를 둠

그리스도를 아는 참된 지식이란 이것이다. 곧, 아버지께서 주시는 대로의 모습으로, 즉 그의 복음으로 옷 입은 상태로 그를 영접하는 것이 바로 그것이다. 그가 우리의 믿음의 종착점으로 지정되었으므로(우리가 그에게로 나아가야 하는데), 복음의 인도를 받지 않으면 그에게로 나아가는 바른 길을 취할 수가 없는 것이다. 그런데 거기에는 은혜의 보화들이 우리에게 활짝 열려 있다. 만일 그것들이 닫혀 있었다면, 그리스도께서 베푸시는 은혜를 거의 받지 못했을 것이다. 그러므로 사도 바울은 믿음을 가르침과 도저히 뗄 수 없는 동반자로 서로 묶어서 말하고 있는 것이다: "너희는 그리스도를 그같이 배우지 아니하였느니라 진리가 예수 안에 있는 것같이 너희가 참으로 그에게서 듣고 또한 그 안에서 가르침을 받았을진대"(엡 4:20-21).

그러나 믿음을 복음에 국한시킨다고 해서, 믿음을 세우기에 충분한 내용이 모세와 선지자를 통해서 전수되었다는 것을 인정하지 않는 것이 아니다. 그러나 복음 안에서 그리스도께서 더 충만히 계시되셨으므로 바울은 그것을 가리켜 "믿음의 말씀"이라 부른다(참조. 딤전 4:6). 그렇기 때문에 또 다른 구절에서는 믿음이 옴으로 말미암아 율법이 폐지되었다고 말한다(롬 10:4; 참조. 갈 3:25). 그의 이러한 표현들은 그리스도의 새롭고도 특별한 교훈을 의미하는 것이다. 그리스도께서는 우리의 스승이 되신 이후로 그러한 자신의 교훈을 통해서 그가 아버지의 자비하심을 더욱 분명히 세우셨고 또한 우리의 구원을 더욱 확실히 증거하신 것이다.

그러나 여기서 일반적인 원리에서 특수한 사례로 조금씩 내려가면서 살펴보는 것이 더 쉽고 더 적절한 방법이라 여겨진다. 첫째로, 우리는 믿음과 말씀 사이에 영구한 관계가 있다는 점을 상기하여야 한다. 태양과 거기서 나오는 광선을 분리시킬 수 없듯이 믿음과 말씀도 서로 분리시킬 수가 없다. 그러므로 하나님께서는 이사야서에서 "내게로 나아와 들으라 그리하면 너희의 영혼이 살리라"고 외치신다(사 55:3). 그리고 사도 요한은 "이것을 기록함은 너희로 … 믿게 하려 함이라"는 말씀 가운데서(요 20:31) 이러한 믿음의 동일한 근원을 보여 주고 있다. 또한 선지자는 백성들을 권면하여 믿음을 되찾도록 하고자 하는 바람에서 말하기를, "너희가 오늘 그의 음성 듣거든"이라는 표현을 쓴다(시 95:7). "듣는 다"는 말은 일반적으로 믿는다는 뜻으로 이해할 수 있다. 요컨대, 이사야서에서 하나님께서 교회에 속한 자녀들을 외부인들을 바로 이런 표지(標識)로 — 곧, 그의 모든 자녀들을 가르치셔서(사 54:13) 그들로 하여금 하나님에 대하여 배우게 하신다는 사실로(참조. 요 6:45) — 구별하시는 것이 이유가 없는 것이 아니다.

만일 무차별하게 아무에게나 다 은혜가 베풀어진다면, 어째서 하나님께서 그저 몇 사람들에게만 그의 말씀을 주셨겠는가? 복음서 기자들이 흔히 "믿는 자들"(혹은, 신자들)이란 단어와 "제자들"이란 단어를 같은 의미로 혼용하고 있다는 사실도 이 사실과 부합된다. 특히 사도행전에 나타나는 누가의 용례에서 특히 두드러진다. 사도행전 9:36에서 그는 "제자"라는 칭호를 심지어 여인에게까지 확대하여 적용시키는 것이다(행 6:1-2, 7; 9:1, 10, 19, 25-26, 38; 11:26, 29; 13:52; 14:20, 28; 15:10; 또한 16-21장).

그러므로 만일 믿음이 마땅히 지향하여야 할 이러한 목표에서 조금이라도 벗어난다면, 그 본질을 유지하지 못하게 되고 결국 불확실한 것을 무턱대고 믿어버리는 경박한 자세(uncertain credulity)와 흐리멍텅한 정신의 방황으로 전락해버리고 마는 것이다. 말씀이 믿음을 지탱하고 유지시키는 기초이다. 말씀에서 떠나면 믿음은 쓰러지고 마는 것이다. 그러므로 말씀을 없애버리면 남아 있을 믿음이 없는 것이다.

우리는 지금 믿음이 생겨나도록 하나님의 말씀을 심는 일을 위하여 과연 인간의 봉사가 필요한가 하는 문제를 논하고 있는 것이 아니다. 이 문제는 다른 곳에서 논의하게 될 것이다(참조. 4권 1장 5절). 다만 여기서 말하고 싶은 것은, 말씀 그 자체가 — 그것이 어떤 방식으로 우리에게 전해지든 간에 — 마치 거울과도 같아서 믿음이 그 속에서 하나님을 바라본다는 것이다. 그러므로, 사람의 도움을 사용하시든, 아니면 자기 자신의 능력만으로 역사하시든, 하나님께서는 자기에게 이끌기를 원하시는 사람들에게 언제나 그의 말씀을 통해서 자기 자신을 드러내신다는 것이다. 그렇기 때문에 바울은 믿음을 복음에 대한 순종이라고 정의하며(롬 1:5), 또한 빌립보 교인들에게는 그들의 믿음의 봉사를 칭찬하는 것이다(빌 1:3-5;참조. 살전 2:13). 믿음이란 그저 하나님이 존재하신다는 것을 아는 것만이 아니라, 그보다 더 중요하게, 우리를 향하신 하나님의 뜻이 무엇인지를 아는 것이다. 그러므로 우리의 관심사는 하나님 자신이 홀로 어떤 분이신가를 아는 것만이 아니라, 그가 우리를 향하여 자신을 어떤 분으로 드러내기를 기뻐하시는지를 아는 데 있는 것이다.

자, 그러므로 믿음은 하나님의 말씀을 근거로 하여 우리를 향하신 하나님의 뜻을 아는 것이다. 그러나 이 믿음의 기초는 그 이전에 생각을 통하여 얻어진 하나님의 진리에 대한 깨달음(a preconceived conviction of God's truth)에 있는 것이다. 말씀의 확실성에 대해서 여러분의 마음에 의심이 있다면, 그 말씀의 권위가 의심스러워지고 연약해지며, 혹은 아예 없어져 버리기도 할 것이다. 그러므로 심지어 하나님이 신실하신 분이셔서(참조. 롬 3:3) 속이실 수도 없고 속으실 수도 없다는 것을(참조. 딛 1:2) 믿는다 해도 그것만으로는 충분하지 못하다. 하나님께로부터 나오는 것은 무엇이든 침해할 수 없는 신성한 진리라는 사실을 한 치의 의심도 없이 확고하게 붙들어야만 하는 것이다.

7. 믿음은 그리스도 안에 있는 하나님의 은혜의 약속에서 생겨남

그러나 하나님의 말씀 하나하나마다 모두 사람의 마음을 일깨워 믿음을 갖게 하는 것이 아니므로, 여기서 우리는 엄밀하게 말해서 과연 믿음이 말씀 속에서 무엇을 바라보는지를 살펴야 할 것이다. 하나님께서는 아담에게 "네가 … 반드시 죽으리라"는 말씀을 주셨고(창 2:17), 또한 가인에게는 "네 아우의 핏소리가 땅에서부터 내게 호소하느니라"는 말씀을 주셨다(창 4:10). 그러나 이 말씀들은 그 자체로만은 믿음을 세우기는커녕 오히려 흔들어 놓기밖에는 아무것도 하지를 못했다. 물론, 언제든 무엇이든 어떻게든 하나님의 진리가 전해질 때에 그것을 받아들이는 것이 믿음의 기능이라는 것을 부인하는 것은 아니다. 우리는 다만 믿음이 주의 말씀 속에서 발견하여 배우고 또한 근거로 삼는 것이 무엇인가 하는 것을 살펴보고자 하는 것뿐이다. 우리의 양심이 그 말씀 속에서 오로지 하나님의 진노와 복수만을 본다면 어떻게 두려워하며 떨지 않겠는가? 아니면 그 끔찍한 하나님을 피하려 하지 않겠는가? 그러나 믿음이라면 하나님을 피하는 것이 아니라 마땅히 그를 찾고 구하여야 할 것이다.

그러므로 우리가 아직 믿음의 완전한 정의(定義)를 갖지 못한 상태라는 것이 분명하다. 왜냐하면 하나님의 뜻에 대해서 무언가 조금 아는 것만으로는 믿음이라 인정할 수가 없기 때문이다. 하나님의 뜻은 나쁜 소식과 끔찍한 선언을 동반하는 경우도 많은데, 그렇다면 만일 하나님의 뜻 대신 하나님의 자비나 긍휼에 대해서 무언가를 알고 있다면 그럴 경우는 어떠한가? 이럴 경우는 물론 믿음의 본질에 좀 더 가까이 접근하는 것이라 할 수 있다. 우리의 구원이 하나님께 있다는 사실을 배우고 난 후에야 비로소 하나님을 찾는 데 마음이 끌리기 때문이다. 이 사실은 또한 하나님께서 우리의 구원에 관심을 갖고 그것을 염려하신다는 그의 선언에서도 확인된다. 따라서, 우리에게는 아버지께서 자비하시다는 것을 입증해 줄 수 있는 은혜의 약속이 필요하다. 우리가 하나님께 나아갈 수 있는 방도가 달리 있는 것이 아니므로, 오직 하나님의 약속만이 사람의 마음이 의지할 수 있는 유일한 근거인 것이다.

그렇기 때문에 시편은 대개의 경우 긍휼(혹은, 인자)과 진실함(혹은, 진리)을 서로 연관되는 것으로 함께 묶어서 언급하는 것이다(시 89:14, 24; 92:2; 98:3; 100:5; 108:4; 115:1 등). 하나님께서 자비로우심으로 우리를 자기 자신에게로 이끄신다는 것을 모르면, 하나님이 진실하시다는 것을 알아도 우리에게 전혀 도움이 되지 않을 것이다. 또한 만일 하나님께서 그의 말씀과 함께 자비를 베풀어 주시지 않으셨다면 우리의 능력으로는 그의 자비를 포용할 수도 없었을 것이다: "내가 주의 성실과 구원을 선포하였으며 내가 주의 인자와 진리를 … 감추지 아니하였나이다. … 주의 인자와 진리로 나를 항상 보호하소서"(시 40:10-11). 또 다른 구절은, "주의 인자하심이 하늘에 있고 주의 진실하심이 공중에 사무쳤나이다"(시 36:5)라고 한다. 이와 마찬가지로, "여호와의 모든 길은 그 언약과 증거를 지키는 자에게 인자와 진리로다"(시 25:10)라고 말씀하며, 또한 "우리에게 향하신 여호와의 인자하심이 크시고 여호와의 진실하심이 영원함이로다"(시 117:2)라고도 한다. 하나님이 인자하시며 그의 약속들을 반드시 지키신다는 내용의 말씀들이 선지서에도 나타나지만, 그냥 지나가기로 한다.

만일 하나님께서 자기 자신에 대하여 증거해 주시고 우리를 부르셔서 자신의 뜻이 의심스럽거나 희미하지 않다는 것을 분명히 알려 주시지 않으신다면, 우리로서는 하나님께서 우리에 대해 자비로우시다고 단정할 수가 없을 것이다. 그러나 우리는 이미 하나님의 사랑의 유일한 보증이 바로 그리스도시라는 것을 보았다. 그리스도가 없다면 하나님의 미움과 진노의 증표들이 도처에 널려 있는 것이다.

자, 하나님의 선하심을 아는 지식이 있어도 그것이 우리로 하여금 그 선하심을 의지하도록 만들어 주지 못하는 이상, 그런 지식은 중요하다 할 수 없을 것이다. 그러므로 깨달음이 의심과 뒤섞여 있는 상태는 있어서는 안 된다. 든든한 확신 가운데 있지 못하고 스스로 갈등 속에 있기 때문이다. 그렇지만, 사람의 지성(mind)은 어둡고 캄캄한 상태에 있어서 하나님의 뜻을 꿰뚫어 알고 거기에 이르기는커녕 그 뜻을 지각하는 것과는 전연 거리가 멀다. 그리고 사람의 마음 역시 계속 주저하는 가운데 흔들리는 상태에 있기 때문에 하나님의 뜻에 대한 확신 속에서 든든하게 서 있는 것과는 전연 거리가 멀 수밖에 없다. 그러므로 하나님의 말씀이 우리 가운데서 온전한 믿음의 반응을 받으려면, 우리의 지성이 다른 식으로 조명을 받고 우리의 마음이 강화되어야만 하는 것이다. 믿음을 가리켜, 우리를 향하신 하나님의 선하심을 아는 확고하고도 분명한 지식으로서 그리스도 안에서 값없이 주신 약속의 진리에 근거하는 것이며, 성령으로 말미암아 우리의 지성에 계시되고 우리의 마음에 인쳐진 것이라 부른다면, 이제 우리는 믿음에 대한 올바른 정의에 이른 것이라 할 것이다.

("믿음"이란 용어에 대한 용납할 수 없는 갖가지 의미 부여. 8-13)

8. 소위 "유형의" 믿음과 "무형의" 믿음

그러나 더 깊이 들어가기 전에, 독자들에게 거침돌이 될 수 있는 난제들을 미리 해명하기 위해서 예비적으로 몇 마디 말을 해 둘 필요가 있을 것이다. 첫째로, 이런저런 학파들(롬바르드, 아퀴나스)에서 설왕설래하는 바와 같이 소위 "유형의" 믿음(formed faith:사랑을 행하는 믿음)과 "무형의" 믿음(unformed faith:사랑의 행위가 없는 믿음)을 구분하는 쓸데없는 행위를 배격하여야 할 것이다. 그들은 하나님을 두려워하는 일도, 경건에 대한 감각도 전혀 없는 상태에 있으면서도 구원을 위하여 알아야 할 내용들은 모조리 다 믿는 그런 사람이 있다고 상상한다. 마치 성령께서 우리의 마음을 조명하셔서 믿음으로 향하게 하시면서도, 우리가 양자가 되었다는 사실에 대해서는 우리에게 증거해 주지 않으시기라도 하는 것처럼 말이다! 그런데도 그들은 하나님을 두려워하는 것이 전혀 없는 그런 자세를 아주 높여서 "믿음"이라는 말을 거기에 붙이는 것이다. 성경 전체가 그것을 반대하여 외치고 있는데도 말이다. 그들이 붙이는 정의에 대해서는 더 이상 왈가왈부할 필요가 없다. 그저 하나님의 말씀에 분명히 제시되어 있는 바대로 믿음의 본질을 설명하는 것이 우리의 할 일이기 때문이다. 하나님의 말씀을 살펴보면, 그들이 얼마나 무식하고 어리석게 믿음에 대해서 떠드는가 하는 것이 너무도 분명해지는 것이다.

앞에서 이미 부분적으로 다룬 바 있거니와, 그 나머지 부분은 나중에 적절한 곳에서 다룰 것이다. 여기서 말하고 싶은 것은 그들이 만들어낸 허구(虛構)만큼 어리석고 우스꽝스러운 것은 도저히 상상하기 어렵다는 점이다. 그들은 믿음을 하나의 지적인 "동의"(同意)로 만들어 버려서 결과적으로 하나님을 멸시하는 자들도 누구든지 성경에 제시되어 있는 것들을 받을 수 있게끔 만들려고 한다. 그러나 무엇보다 먼저, 과연 누구나 스스로 노력만 하면 믿음을 얻을 수 있는 것인지, 아니면 과연 사람이 양자가 된 사실을 성령께서 믿음을 통해서 증거해 주시는 것인지를 확인했어야 옳았다. 그러나 그들은 그런 것에는 관심도 없고, 그저 믿음에 어떤 것이 붙어서 새롭게 형성되면 그때의 믿음이 과연 동일한 믿음인지, 아니면 전혀 새로운 다른 무엇인지 하는 따위의 어린아이 같은 질문들을 늘어놓는 것이다.

그렇게 떠들어대는 것을 보면, 그들은 성령의 독특한 선물에 대해서는 한 번도 생각해 본 일도 없는 것이 분명한 것 같다. 믿는 일(believing)이 시작되었다는 사실 속에는 이미 사람이 화목(reconciliation)의 역사로 말미암아 하나님께 나아간다는 사실이 포함되는 것이다. 그들이 만일 "사람이 마음으로 믿어 의에 이르고"(롬 10:10)라고 한 바울의 말을 조금이라도 무게 있게 받아들였다면, 그런 냉랭한 믿음을 자기들 멋대로 만들어 내는 일은 당장 그만두었을 것이다.

한 가지 논리만 분명히 갖고 있었어도 충분히 논쟁을 종결짓고도 남았을 것이다. 즉, "동의"(同意: assent)라는 것 그 자체도 — 이미 부분적으로 언급했고, 앞으로도 좀 더 상세하게 다루겠지만 — 머리(brain)보다는 마음(heart)에 속하며, 이해(understanding)보다는 기질(disposition)의 성격이 더 짙다는 사실이다. 그렇기 때문에 그것을 가리켜 "믿음의 순종"(참조. 롬 1:5)이라 부르며, 우리 주님도 다른 순종이 아니라 바로 믿음의 순종을 행하셨는데, 이는 과연 정당한 것이다. 그 자신의 참되심보다 주님께 더 고귀한 것이 없기 때문이다. 세례 요한이 증거하듯이(요 3:33) 신자들은 마치 서명을 하는 것처럼, 이러한 그의 참되심에 인(印)을 치는 것이다. 이 문제는 의심의 여지가 없기 때문에, 우리로서는, "동의"에 경건한 "마음의 끌림"(inclination)이 덧붙여지면 믿음이 "형성되었다"고 이야기하는 그들의 처사가 어리석기 짝이 없다고 한 마디로 잘라 말할 수가 있다. 그들이 말하는 "동의" 그 자체가 이미 경건한 마음의 끌림에 근거하는 것이기 때문이다 — 적어도 성경에서 계시하는 "동의"는 그렇다!

또 한 가지 훨씬 더 분명한 논리가 여기서 드러난다. 믿음이 그리스도를 받아들이되, 아버지께서 우리에게 베풀어 주시는 대로(참조. 요 6:29) — 즉, 그리스도께서는 의와 죄 사함과 화평을 위해서(참조. 고전 1:30)만이 아니라 거룩하게 함을 위하여 생명수의 근원으로(요 7:38; 참조. 4:14) 우리에게 베풀어지시므로 — 의심 없이 받아들이기 때문에, 동시에 성령의 거룩하게 하심을 깨닫는 일이 수반되지 않으면 어느 누구도 그리스도를 정당하게 아는 것이 아니라는 사실이다. 아니면, 좀 더 평이하게 진술한다면, 믿음은 그리스도를 아는 지식에 근거하는 것이며, 또한 그의 성령의 거룩하게 하시는 역사를 함께 알지 않고서는 그리스도를 알 수 없다고 말할 수 있다. 그러므로 믿음은 결코 경건한 기질과 분리될 수가 없는 것이다.

9. 고전 13:2에 근거한 논지에 대한 반박

이들은 사도 바울의 다음의 말씀을 습관적으로 강조하여 인용한다: "산을 옮길 만한 모든 믿음이 있을지라도 사랑이 없으면 내가 아무것도 아니요"(고전 13:2). 그들은 이 말씀을 근거로, 믿음에서 사랑을 제외시켜서 결과적으로 믿음을 망가뜨려 놓는다. 이 구절에서 사도가 말씀하는 "믿음"이 과연 무슨 의미인지에 대해서는 생각도 하지 않고서 말이다. 사도 바울은 앞 장에서 성령의 여러 가지 은사들에 대해서 — 방언과 능력과 예언 등을 포함하여(고전 12:4-10) — 말한 후에, 교회의 몸 전체에 더 큰 유익을 끼칠 수 있도록 "더욱 큰 은사를 사모하라"고 권면하였고, 이어서 "가장 좋은 길"을 보여 주겠노라고 덧붙이고 있다(고전 12:31). 그런 모든 은사들이 그 자체로서 아무리 훌륭하다 할지라도, 사랑을 섬기지 못하면 아무것도 아닌 것이 되어 버린다. 은사들을 주신 것은 교회를 세우기 위함인데, 그 은사들이 이 목적을 이루지 못한다면 그 은혜를 상실해 버리고 말기 때문이다. 그리고 이를 증명하기 위해서, 바울은 앞에서 열거한 그 은사들을 다른 명칭들을 붙여서 반복하여 좀 더 상세히 확충하여 설명한다.

그는 "능력"과 "믿음"이라는 용어들을 똑같은 것을 — 즉, 이적을 행하는 능력을 — 지칭하는 뜻으로 사용하고 있다. 그러므로 이런 능력 혹은 믿음은 하나님의 특별하신 은사로서, 불경한 사람이라 할지라도 끌어다가 악하게 사용할수가 있는 것이다. 방언이나 예언 등 다른 은사들의 경우처럼 말이다. 그렇다면, 그것에 사랑이 없다고 해서 놀랄 일이 아니지 않은가! 이 사람들의 오류는, "믿음"이라는 말의 의미가 아주 다양한데도 그 말에 담긴 그 다양한 의미들을 보지못하고서 이 말이 어디서든 똑같은 의미를 담고 있다고 주장하는 데 있는 것이다. 동일한 오류를 뒷받침하기 위해서 이들은 야고보서의 구절도 제시하는데(약 2:21), 이에 대해서는 다른 곳에서 다루기로 한다.

가르치고자 하는 목적을 위해서, 믿음에 여러 가지 다양한 형식들이 있다는것은 인정할 수 있다. 그러나, 불신자들에게 어떤 식의 하나님에 대한 지식이 있는가를 논증하려 할 때에, 우리는 성경이 가르치는 대로 경건한 자들에게는 오직 한 가지의 믿음밖에는 없다는 사실을 인정하고 선포한다. 물론 대다수의 사람들이, 과거에 일어난 일들에 대한 기록이나 자기들이 직접 목격한 사실들의 진실성을 인정하고 받아들이는 경우처럼, 그런 식으로 하나님이 계시다는 것도 믿고, 복음의 역사와 성경의 나머지 부분들의 진실성도 인정하는 것은 사실이다. 그리고 또 어떤 사람들은 그보다 더 나아가서 하나님의 말씀을 논란의 여지가 없는 명령이라는 것을 받아들이고, 그 계명들을 전적으로 무시하지 않고 그말씀의 경고들과 약속들에서 다소 감동을 받기도 하는 것이 사실이다. 바로 그런 사람들을 믿음이 있다고들 이야기하지만, 그것은 잘못된 것이다. 물론 하나님의 말씀을 노골적인 불경으로 공격하거나 그것을 거부하거나 경멸하지는 않으나, 그들은 믿음이 있는 체하여 그저 순종 비슷한 것을 겉으로 드러내 보이고있을 뿐인 것이다.

10. 거짓 믿음

이런 믿음의 그림자 혹은 형상은 전혀 중요하지도 않고 믿음이라 부를 가치도 없다. 그것이 참된 믿음과 얼마나 다르냐 하는 문제에 대해서는 잠시 후에 충분히 설명하도록 할 것이다. 그러나 여기서도 잠시 그 문제를 언급하고 지나가는 것도 무방할 것이다. 마술사 시몬의 경우도 믿었다고 말씀하는데(행 8:13), 얼마 지나지 않아서 불신앙의 모습을 드러낸 것을 볼 수 있다(행 8:18). 그를 가리켜 "믿었다"고 말씀한 성경의 진술을 어떤 사람들은 그가 마음으로는 믿음이 없으면서 말로 믿음이 있는 척했다고 이해한다. 그러나 우리는, 그런 이해와는 달리, 그가 복음의 위엄에 완전히 압도된 상태에서 일종의 믿음 같은 것을 보였고, 그리하여 그리스도를 생명과 구원의 주인으로 인정하여 기꺼이 자기 자신을 그리스도의 밑에 가져다 놓았다고 이해한다. 이와 마찬가지로, 누가복음에서는 말씀의 씨가 열매를 맺기 전에 기운이 막혀버리거나 심지어 뿌리를 내리기 전에 곧바로 시들어 죽어 버리는 그런 경우에도(눅 8:6-7) 그들이 잠깐 동안 "믿었다"고 말씀하는 것이다(눅 8:13).

그런 사람들의 경우, 말씀에 대해 어떤 맛을 느끼고, 탐욕스럽게 그것을 붙들고, 그 말씀의 신적인 권능을 느끼기 시작하여, 결국 다른 사람들만이 아니라 자기들 자신의 마음까지도 속이는 거짓된 믿음을 겉모양으로 드러내게 되는 것이다. 그들은 자기들이 하나님의 말씀에 대해 보이는 경건한 겉모습이 경건 바로 그 자체라고 스스로를 설득시킨다. 하나님의 말씀을 노골적으로 공박하거나 멸시하거나 부인하지 않는 한, 불경이 아니라고 간주해 버리는 것이다. 그러나 그런 식의 "동의"가 어떤 것이든 간에, 그런 사람들의 경우는 그것이 마음속까지 파고들어가서 거기서 뿌리를 내리지 못한 것이다.

그리고 때로는 뿌리를 내린 것처럼 보이기도 하지만, 살아 있는 뿌리가 아닌 것이다. 인간의 마음에는 허망한 것이 숨어 있을 틈이 너무도 많고, 거짓이 숨어 있을 곳이 너무도 많고, 사기와 외식으로 겉을 감싸고 있을 여지가 너무나 많기 때문에 자기 자신까지도 거기에 속아 넘어가는 경우가 얼마나 많은지 모른다. 그런 그림자 같은 형식의 믿음을 자랑하는 사람들은, 이런 점에서 자기들이 마귀들보다 결코 나을 것이 없다는 것을 깨달아야 할 것이다! 사실 이들은 마귀들보다 훨씬 못하다. 마귀들도 믿고 떠는 사실들(약 2:19)에 대해서 아무런 감정도 없이 그냥 어리석은 자세로 듣고 깨닫는다고 하기 때문이다. 또 이들은 마귀와 마찬가지로, 이런저런 느낌을 갖지만 결국은 두려움과 공포에 빠지고 말 것이다.

11. 유기된 자들에게도 과연 "믿음"이 있는가?

바울은 믿음이 택하심의 결과라고 선언하고 있으므로(참조. 살전 1:4-5), 유기(遺棄)된 자들(the reprobate: 혹은 버림 받은 자들)에게 믿음이 있다는 말을 납득하기에 어려움을 느끼는 사람도 있을 것이라 여겨진다. 그러나 이런 어려움은 쉽게 해결될 수 있다. 물론 구원에 이르도록 예정함을 받은 자들만 믿음의 빛을 받아서 복음의 능력을 진정으로 느끼게 되지만, 주위에서 늘 경험하는 대로, 유기된 자들도 때로는 택함 받은 자들과 거의 동일한 감정과 느낌에 영향을 받아서 심지어 그들 자신의 판단으로는 자기들이 택함 받은 자들과 어떤 면에서도 다를 바 없다고 믿게 되기도 하는 것이다(참조. 행 13:48). 그러므로 사도께서 그들을 가리켜 하늘의 은사를 맛보았다고 하고(히 6:4-6), 또한 그리스도께서 그들을 가리켜 잠시 동안 믿었다고 말씀하신다고 해도(눅 8:13) 전혀 모순이나 이상한 점이 없는 것이다. 그들은 영적 은혜의 능력과 확실한 믿음의 빛을 진정으로 받아서 붙잡는 것이 아니다. 다만 주님께서 그들을 더욱 정죄하고 핑계가 없도록 만드시기 위하여, 양자의 영을 받지 않은 상태에서 그들의 마음속에서 그의 선하심을 어느 정도 맛보도록 만들어 주신 것일 뿐이다.

그렇다면 신자들로서는 자기들의 양자 된 상태에 대하여 확신을 유지해 줄 수 있는 것이 아무것도 없는 것이 아니냐 하는 반론을 제기할 수도 있을 것이다. 이에 대한 나의 답변은 이렇다. 곧, 하나님의 택하신 자들과 일시적인 믿음을 가진 자들과는 아주 비슷하고 유사점이 많지만, 바울의 말씀대로 아바 아버지라고 크게 외치는 그런 확신은(갈 4:6; 참조. 롬 8:15) 오직 택함 받은 자들에게서만 활동한다는 것이다. 그러므로 하나님께서는 택함 받은 자들만을 썩지 않는 씨로 영원토록 거듭나게 하셔서(벧전 1:23) 그들의 마음에 심겨진 생명의 씨가 절대로 죽지 않도록 하시며, 그리하여 그들에게 주신 양자 되게 하시는 선물을 확고히 인(印)치셔서 그것을 굳건하고 안전하게 하시는 것이다. 그러나 그렇다고 해서 이보다 낮은 차원의 성령의 역사가 유기된 자들에게서도 나타나는 일이 방해를 받는 것은 절대로 아니다. 그러므로 신자들은 육체의 신뢰가 살며시 들어와서 믿음의 확신 대신 자리를 차지하지 않도록 조심스럽고도 겸손하게 자신을 살펴야 하는 것이다.

그 이외에도 유기된 자들은 은혜에 대해서 혼동스런 깨달음 이외에는 아무것도 받지를 못하고, 그리하여 은혜의 확실한 실체가 아니라 그 그림자만을 어렴풋하게 깨달을 뿐이다. 왜냐하면 성령께서는 엄밀하게 말해서 택함 받은 자들에게만 죄 용서를 인치셔서 그들로 하여금 특별한 믿음으로 그것을 자기들 자신에게 적용하도록 하시기 때문이다. 유기된 자들의 경우도 하나님이 자기들에게 자비를 베푸신다고 믿는다고 말할 수 있을 것이다. 물론 혼동스럽게 또한 올바른 분별력이 없이 받아들이기는 하지만, 어쨌든 그들도 화목의 선물을 받아들이는 것이다. 그러나 그렇다고 해서 하나님의 자녀들이 소유한 것과 동일한 믿음과 중생을 그들도 받는다는 것은 아니다. 다만, 외식의 가면을 쓰고서 하나님의 자녀들과 똑같이 믿음의 원리를 가진 것처럼 겉모습을 드러낸다는 뜻이다. 또한 하나님께서 그들로 하여금 그의 은혜를 인정하기에 충분할 정도만큼 그들의 마음을 조명하신다는 것은 부인할 수가 없다.

그러나 하나님께서는 택함 받은 자들에게만 주시는 독특한 증거(exclusive testimony)와 유기된 자들에게 주시는 그런 일종의 각성(awareness)을 서로 확연히 구분하시기 때문에, 유기된 자들은 그 각성에서 충만한 효과나 열매를 거두지 못하는 것이다. 하나님은 그들을 사망에서 진정으로 끌어내시고 그의 보살피심을 받도록 하는 정도로는 그들에게 긍휼을 보이지 않으신다. 다만 일정 기간 동안만 자신의 긍휼하심을 그들에게 드러내 보이실 뿐이다. 하나님께서는 오직 그의 택한 자들만 믿음의 살아 있는 뿌리를 박아 끝까지 견디도록 하는 은혜를 받을 가치가 있는 것으로 인정하시는 것이다(마 24:13). 이렇게 해서 우리는, 하나님께서 그의 은혜를 진정으로 보이신다면 그것이 영원토록 견뎌야 한다는 반론에 대해서 답변한 셈이다. 하나님께서 어떤 사람들에게 그의 은혜에 대해서 일시적으로 각성했다가 후에 다시 소멸하도록 그런 식으로 조명하시는 것을 어느 누구도 막을 수가 없는 것이다.

12. 참 믿음과 거짓 믿음

또한 믿음은 우리를 향하신 하나님의 자비하신 은혜를 아는 지식이요 그 진실성을 확고히 붙드는 것이지만, 하나님의 사랑에 대한 각성이 일시적으로 있다가 소멸해 버린다고 해도 이상할 것이 전혀 없다. 그것이 믿음에 아주 가깝게 보인다 해도 실제로는 믿음과 굉장한 차이가 있는 것이다. 하나님의 뜻은 변함이 없고 그의 진리는 언제나 그 자체에 모순이 없는 일관된 모습으로 존재한다는 것을 나는 인정한다. 그러나 유기된 자가, 성경이 택함 받은 자들에게만 보장해 주는 그 은밀한 계시를 꿰뚫어 인식할 정도까지 나아간다는 논리는 받아들일 수 없다. 그러므로 그들이 하나님의 뜻을 불변한 것으로 깨닫는다든가 그 진실성을 꾸준히 받아들인다는 것도 받아들일 수가 없다. 그들은 그저 지나가다가 잠깐 각성이 생겨났다가 사라지는 정도로 그치기 때문이다. 그들은 마치 살아 있는 뿌리를 충분히 내릴 만큼 깊이 심겨지지 않은 나무와도 같다. 몇 년 동안은 꽃도 피고 잎사귀도 생기고 심지어 열매까지도 낼 수가 있다. 그러나 시간이 경과하면서 시들고 마는 것이다.

요컨대, 첫사람 아담이 반역함으로 하나님의 형상이 그의 정신과 영혼에서 지워져 버렸듯이, 하나님께서는 악한 사람에게 그의 은혜의 광선을 조금 내려 쪼이시다가 후에 그 광선이 소멸되도록 허용하신다고 해도 전혀 이상할 것이 없다. 또한 하나님께서 어떤 사람들에게 그의 복음에 대한 지식에 가볍게 접촉하도록 하시고, 또 어떤 이들에게는 그런 지식에 깊이 젖어들게 하신다 해도 그런 하나님을 그 누구도, 그 어떠한 것도 막을 수가 없는 것이다. 그러나 동시에 우리는 이 점을 깨달아야 한다. 곧, 택함 받은 자들의 경우에 아무리 믿음이 연약하고 결점투성이라고 해도, 하나님의 성령께서 그들의 양자 된 사실의 확실한 보증이시요 인침이 되시기 때문에(엡 1:14; 참조. 고후 1:22) 그가 새겨 놓으신 표지가 절대로 그들의 마음에서 지워지는 법이 없다는 사실이다. 그러나 유기된 자들의 경우는 그런 빛이 비쳐도 얼마 후에 다시 사라져 버리는 것이다. 그러나 유기된 자들의 경우는 택함 받은 자들의 경우처럼 성령께서 씨가 썩지 않게 영원토록 유지되도록 하시는 일도 없고, 그것을 위하여 그들의 마음속에 자리잡고 있는 씨에 생명을 주시는 일도 없기 때문에, 성령께서 속이신다고 생각해서는 안 되는 것이다.

더 나아가서, 유기된 자들도 때로는 신적인 은혜를 깨닫고 각성하여 서로서로를 사랑하고자 하는 열심이 그들의 마음속에서 일어나기도 한다는 것이 성경의 가르침에서나 일상 생활에서 분명히 드러난다. 그리하여 사울의 경우에 하나님을 사랑하고자 하는 경건한 충동이 한동안 자리를 잡고 있었던 것을 보게 된다. 그는 하나님이 자기에게 아버지이심을 알고 있었으며, 또한 하나님의 선하심에 대해서 무언가 즐거움을 갖도록 마음이 끌리기도 했다(삼상 9-11장). 그러나 유기된 자들의 경우는 하나님께서 아버지로서 베푸시는 사랑에 대한 깨달음이 깊이 뿌리를 내리지 못하기 때문에 그들은 하나님의 그런 사랑을 아들로서 온전하게 대하지 못하고 마치 돈을 받고 일을 해 주는 사람처럼 그렇게 대하는 것이다. 그 사랑의 영은 그리스도께서 그 영을 자기의 지체들 속에 불어넣어 주시는 조건으로 오직 그리스도께만 주어졌다. 그러므로 다음의 사도 바울의 말은 오직 택함 받은 자들에게만 해당되는 것이다: "우리에게 주신 성령으로 말미암아 하나님의 사랑이 우리 마음에 부은 바 됨이니"(롬 5:5). 곧, 위에서 말한 바와 같이 우리가 하나님을 의지하고 부를 수 있다는 확신을 불러일으키는 그런 사랑이 택함 받은 자들의 마음에 부은 바 되었다는 말이다(참조. 갈 4:6).

그러나, 하나님께서는 그의 자녀들을 끊임없이 사랑하시면서도 다른 한편으로는 아주 놀라울 정도로 그들에 대해 진노하시는 경우를 보게 되는데, 이는 하나님께서 스스로 그들을 미워하실 마음을 갖고 계시기 때문이 아니라, 그의 진노의 감정을 드러내사 그들에게 두려워하는 마음을 갖게 하시고 그들의 육신적인 교만을 낮추고, 그들의 게으름을 떨쳐 버리며 그들을 일깨워 회개하게 하시기 위함인 것이다. 그러므로, 하나님의 자녀들은 하나님께서 그들을 향해서나 혹은 그들의 죄를 향해서 진노하는 동시에 긍휼히 여기기도 하신다는 것을 깨닫는 것이다. 하나님의 진노가 사라지기를 위하여 진심으로 기도하며, 그럼에도 불구하고 동시에 하나님을 피난처로 삼아 그에게로 피하고자 하는 고요한 신뢰가 그들에게 있는 것이다.

이러한 증거는 사실 어떤 사람들은 참된 믿음이 없는 상태에서 믿음이 있는 체 가장하는 것이 아니라 갑작스런 충동이나 열심에 이끌려서 자기 스스로 정말 믿음이 있다고 생각하며 자기 자신들을 속이기도 한다는 것을 드러내 준다. 이런 사람들은 속에 게으름과 나태함이 가득 차 있어서 자기들의 마음을 올바로 살피지를 않는 것이다. 요한복음은 사람들이 그리스도를 믿었으나 그리스도께서는 "그 몸을 저희에게 의탁지 아니하셨으니 이는 친히 모든 사람을 아심이라"(요 2:24-25)고 기록하고 있는데, 이 사람들이 바로 그런 경우에 해당될 것이다. 수많은 사람들이 공통의 믿음(common faith)에서 낙오되는 일이 없었더라면 (여기서 나는 "공통의"라는 말을 썼는데, 이는 일시적인 믿음과 살아 있는 영원한 믿음이 서로 굉장히 비슷하기 때문이다), 그리스도께서는 제자들에게 "너희가 내 말에 거하면 참 내 제자가 되고 진리를 알지니 진리가 너희를 자유롭게 하리라"(요 8:31-32)라는 말씀을 하지 않으셨을 것이다.

그리스도께서는 이미 자기의 가르침을 받아들인 자들에게 이 말씀을 하시면서, 게으름으로 인하여 이미 받은 진리의 빛을 꺼뜨리는 일이 없도록 계속 믿음 안에서 전진하라고 그들을 격려하시는 것이다. 그러므로 바울은 믿음을 오직 택함 받은 자들에게만 있는 것으로 말씀하면서(딛 1:1), 수많은 사람들이 사라지는 것은 그들이 살아 있는 뿌리를 내리지 못했기 때문이라는 뜻을 암시해 준다. 그리스도께서도 마태복음에서 동일한 말씀을 하신다: "심은 것마다 내 하늘 아버지께서 심으시지 않은 것은 뽑힐 것이니"(마 15:13).

부끄러움을 모르고 하나님과 사람들을 조롱하기를 일삼는 자들 가운데서는 이보다 더 엄청난 거짓이 있다. 야고보는 이런 거짓된 것을 구실 삼아서 불경스럽게도 믿음을 욕되게 하는 이런 유의 사람들을 맹렬하게 책망하고 있다(약 2:14-26). 그리고 믿음이 없으면서도 있는 체 뻔뻔스럽게 자랑하며 허망한 겉모양으로 남들을 속이고 심지어 자기 자신들까지도 속이는 그런 사람들이 많지 않았다면, 사도 바울도 하나님의 자녀들에게서 "거짓이 없는 믿음"을 요구하지 않았을 것이다(딤전 1:5). 그러므로, 그는 선한 양심을 믿음이 보존되어 있는 상자에 비유한다. 선한 양심에서 떠나 "그 믿음에 관하여는 파선"한 상태(딤전 1:19; 참조. 딤전 3:9)에 빠지는 사람들이 많기 때문이다.

13. 성경에 나타나는 "믿음"의 다양한 용례

우리는 "믿음"이라는 단어의 의미가 여러 가지라는 사실을 이해하여야 한다. 바로 앞에서 인용한 구절이나, 같은 서신서에서 집사에 대한 사도 바울의 말씀 중에 "깨끗한 양심에 믿음의 비밀을 가진 자라야 할지니"라고 한 부분(딤전 3:9)에서처럼, 믿음이 그저 경건에 관한 건전한 가르침을 의미하는 경우도 많다. 또한 어떤 사람들이 믿음에서 떠났다고 선언하는 부분에서도(딤전 4:1) "믿음"이 동일한 의미로 사용되고 있다. 또한 그는 디모데가 "믿음의 말씀 … 으로 양육을 받으리라"고도 말하며(딤전 4:6), 이와 비슷하게 "망령되고 헛된 말과 거짓된 지식의 반론"이 수많은 사람들이 믿음에서 벗어나는 원인이라고 말한다(딤전 6:20-21; 참조. 딤후 2:16). 그리고 다른 곳에서는 이들을 "믿음에 관하여 버림 받은 자들"이라 부른다(딤후 3:8).

또한 디도에게는 사람들을 엄히 꾸짖어 "믿음을 온전하게 하라"고 말하는데(딛 1:13), 여기서 "온전하다"는 말은 가르침의 순결함을 의미한다. 순결한 가르침이 인간의 변덕스러움으로 부패하고 타락하게 되기가 쉽다는 사실이 암시되고 있는 것이다. 믿음으로 우리가 그리스도를 소유하는데, 그리스도 안에는 "지혜와 지식의 모든 보화가 감취어" 있으므로(골 2:3), 결국 믿음이 하늘의 가르침의 총체를 지칭하는 뜻으로 확대시켜 이해하는 것이 옳을 것이다. 믿음은 가르침과 절대로 분리시킬 수가 없는 것이다.

그러나 때로는 믿음이 구체적인 어떤 대상을 지칭하는 경우도 있다. 마태복음은 그리스도께서 지붕을 뜯고 중풍병자를 달아내린 사람들의 믿음을 보셨다고 말씀한다(마 9:2). 또한 그리스도께서는 백부장이 보인 믿음처럼 큰 믿음은 이스라엘 중에서도 본 일이 없다고 감탄하기도 하셨다(마 8:10). 그런데 그 백부장은 오로지 병든 아들이 낫기만을 생각하고 있었고, 그의 머릿속은 온통 그 생각으로 가득 차 있었을 것으로 여겨진다(요 4:47 이하). 그러나 그가 주님이 아들에게로 가시기를 요청하지 않고 그저 그리스도의 대답과 허락만으로 만족했기 때문에, 주께서는 그의 믿음을 그렇게 크게 칭찬하신 것이다.

바로 조금 앞에서 우리는 사도 바울이 "믿음"을 이적을 행하는 은사를 가리키는 의미로, 즉 하나님의 성령으로 말미암아 중생하지도 않았고 그 하나님을 열심히 섬기지도 않는 그런 사람들도 소유할 수 있는 그런 은사를 가리키는 의미로 말한다는 사실을 살펴보았다(참조. 3권 2장 9절). 또한 다른 구절에서는 우리를 믿음 안에 세워주는 가르침과 믿음을 동일한 것으로 말하기도 한다. "부분적으로 하던 것이 폐하리라"고 말씀할 때에(고전 13:10; 참조. 롬 4:14), 그것은 우리의 연약함을 도와주는 교회의 사역을 지칭하는 것이 분명하다. 이런 식의 어법(語法)은 그 의미가 분명한 것이다.

거짓되게 입으로 고백하는 것이나 겉모양으로 드러내는 것에 대하여 잘못 "믿음"이라는 용어를 붙인다면, 그것은 잘못된 것이 분명하다. 그러나 악한 왜곡된 예배를 가리켜 "하나님을 경외하는 것"이라 부르는 것보다 더 심하지는 않은 것 같다. 성경의 역사에서 자주 나타나는 예지만, 사마리아와 그 인근 지역에 이주한 이방인들이 거짓 신들을 섬기면서 동시에 이스라엘의 하나님도 섬긴 사실을 볼 수 있는데(왕하 17:24-41), 다시 말하면 이것은 하늘이 땅과 뒤섞여지는 것과 마찬가지인 것이다.

믿음이 하나님의 자녀들과 불신자들을 구분해 주며, 또한 믿음으로 말미암아 우리가 하나님을 아버지라 부르고 우리가 사망에서 생명으로 옮기운 바 되며, 또한 믿음으로 말미암아 영원한 구원이시요 생명이신 그리스도께서 우리 속에 거하시는데, 이제는 과연 그 믿음이라는 것이 무엇인지를 살펴보아야 하겠다. 지금까지 믿음의 능력과 본질에 대해서는 간단하나마 분명하게 설명했다고 생각한다.

14. 믿음은 더 높은 지식임

그러면 앞에서 제시한 믿음의 정의(定義)의 개별적인 부분들을 새롭게 살펴 보기로 하자. 지금까지 부지런히 그것을 살폈으니, 이제는 그것에 대해 의심이 없을 것이라 믿는다. 믿음을 "지식"이라 부르지만, 이것은 보통 인간의 감관(感 官)으로 접촉되는 그런 사물들에 관한 일상적인 이해나 파악(comprehension)을 의미하는 것이 아니다. 믿음이란 인간의 감관을 훨씬 뛰어넘는 것이어서 그것 을 얻기 위해서는 사람의 정신이 자기 자신의 한계를 넘어서 더 높이 올라가야 하는 것이다. 그리고 정신이 거기까지 도달했다 할지라도, 거기서 느끼는 바를 그 정신으로 이해하지를 못한다. 그러나 스스로 이해하지 못하는 그것을 정신 이 받아들이고 믿게 된다면, 그 믿는 행위의 확실성으로 인해서, 인간적인 어떤 사실을 순전히 정신적인 능력으로 지각하는 경우보다도 훨씬 더 많은 것을 이 해하게 되는 것이다.

그러므로 사도 바울은 그것을 "지식에 넘치는 그리스도의 사랑"을 아는 것 으로, 또한 "그 너비와 길이와 높이와 깊이가 어떠함을 깨닫는"(엡 3:18-19) 능력 으로 멋지게 묘사하는 것이다. 그의 말씀은 믿음으로 우리의 정신이 받아들이 는 것이 모든 면에서 무한하다는 뜻이요, 또한 이런 유의 지식은 인간의 다른 모 든 이해보다도 훨씬 더 높고 고상한 것이라는 뜻이다. 그러나 주께서는 "만세와 만대로부터" 감추어져 있던 그의 뜻을 "그의 성도들에게 나타내셨"(골 1:26; 참조 2:2)기 때문에, 믿음을 가리켜 성경에서 자주 "깨달음"(recognition)이라 부르고 (엡 1:17; 4:13; 골 1:9; 3:10; 딤전 2:4; 딛 1:1; 몬 6; 벧후 2:21), 또한 사도 요한은 신자들 스 스로 자기들이 하나님의 자녀라는 것을 안다고 선포하면서 믿음을 가리켜 "아 는 것"이라 칭한다는 것이 지극히 정당한 것이다. 과연 신자들은 자기들이 하나 님의 자녀임을 안다. 하지만 이성적인 증거를 통해서 교육을 받아서가 아니라, 하나님의 진실하심을 믿음으로써 더욱 강건하게 되는 것이다. 사도 바울의 다 음의 말씀 역시 이 점을 지적해 준다: "우리가 … 몸으로 있을 때에는 주와 따로 있는 줄을 아노니 이는 우리가 믿음으로 행하고 보는 것으로 하지 아니함이로 라"(고후 5:6-7). 이 말씀은 곧, 우리가 믿음으로 어떤 일들을 알고 있지만 그런 일 들은 눈으로 볼 수도 없고 이성으로 파악할 수도 없다는 사실을 보여 주는 것이 다. 그러므로 우리는 믿음의 지식은 이해에 있는 것이 아니라 확신에 있다고 결론지을 수 있는 것이다.

15. 믿음에는 확실성이 내포됨

우리는 믿음의 견고함과 영속성을 더 잘 표현하기 위하여 "확실하고 든든하다"는 말을 덧붙인다. 믿음은 의심쩍고 가변적인 생각에서 만족하지도 않고, 희미하고 혼란스런 사고로 만족하지도 않으며, 일상생활의 경험을 통해 입증된 그런 것들에서는 얻을 수 없는 완전하고도 확정적인 확실성을 요구하는 것이다. 우리 마음속에 불신앙이 너무도 깊이 뿌리박혀 있고, 우리가 거기에 늘 끌리고 있기 때문에, 모두가 입으로 고백하는 사실을 — 즉, 하나님이 신실하시다는 것을 — 각자가 믿을 수 있도록 되기 위해서는 힘겨운 싸움이 있을 수밖에 없다. 특히 현실에서 그런 문제에 부닥칠 때에는, 누구나 이리저리 흔들려서 감추어져 있던 연약함이 겉으로 드러나는 것이다. 그러므로 성령께서 그토록 두드러진 단어들을 사용하여 하나님의 말씀의 권위를 나타내는 것도 당연한 일이다.

성령께서는 앞에서 언급한 그런 질병을 고치셔서 하나님께서 그의 약속에 대한 온전한 믿음을 우리 가운데서 얻으시기를 바라시는 것이다. 다윗은 "여호와의 말씀은 순결함이여 흙도가니에 일곱 번 단련한 은 같도다"(시 12:6)라고 말하였고, 또한 "여호와의 말씀은 순수하니 그는 자기에게 피하는 모든 자의 방패시로다"(시 18:30)라고도 하였다. 뿐만 아니라 솔로몬도 거의 동일한 표현을 사용하여 이 사상을 확신하고 있다: "하나님의 말씀은 다 순전하며"(잠 30:5). 시편 119편 전체에 이 증거들이 가득 차 있으므로, 이에 관한 증거들을 계속 열거할 필요가 없을 것이다. 여하튼, 하나님께서 그의 말씀을 우리에게 권하실 때마다, 이는 우리의 불신앙에 대한 간접적인 책망이기도 하다. 하나님께서 말씀을 주시는 의도는 다른 것이 아니라, 오직 우리의 마음에서 악한 의심을 뿌리뽑고자 하는 데 있기 때문이다.

또한, 하나님의 긍휼하심을 깊이 생각하면서도 거기서 거의 위로를 받지 못하는 사람들도 매우 많다. 하나님의 긍휼하심을 철저하게 믿는 것 같으면서도 그것을 너무나 좁은 의미로 제한시켜 생각하기 때문에 하나님께서 과연 자기들에게 긍휼을 베푸실까에 대해서 의심하면서 굉장한 근심과 걱정에 시달리는 것이다. 하나님의 긍휼이 과연 크고 풍성하며 수많은 이들에게 베풀어지며 모든 사람들을 위하여 예비된 것이라고 생각은 하면서도, 그 긍휼이 과연 자기들에게 임할 것인지, 혹은 자기들이 그 긍휼에 나아갈 것인지에 대해서는 확신이 없는 것이다. 그리고 이렇게 해서 그들은 그런 생각으로 인해서 중도에서 그냥 멈춰버리고 만다. 든든한 평안 가운데서 심령을 강건하게 하는 것이 아니라, 오히려 불편한 의심으로 괴로움에 싸이게 만드는 것이다.

그러나 이런 것과는 전혀 다른 충만한 확신의 느낌이 있는데, 성경은 이를 언제나 믿음에서 비롯되는 것으로 말씀한다. 바로 이 믿음이 하나님의 선하심이 우리에게 분명히 나타났음을 의심 없이 받아들이도록 해 주는 것이다(골 2:2; 살전 1:5; 참조. 히 6:11; 10:22). 그러나 그런 일에는 반드시 그 감미로움을 진정으로 느끼며 우리들 속에서 그것을 체험하는 일이 반드시 함께 일어나는 것이다. 그렇기 때문에 사도는 믿음에서 확신이 나오며 확신에서 담대함이 생겨난다고 가르친다. 그는 이렇게 말씀하고 있다: "우리가 그 안에서 그를 믿음으로 말미암아 담대함과 확신을 가지고 하나님께 나아감을 얻느니라"(엡 3:12). 이 말씀을 통해서 그는, 하나님 앞에 고요한 심정으로 담대히 서지 못한다면 올바른 믿음이 없는 것임을 보여 준다. 그런데 이런 담대함은 오직 하나님의 자비하심과 구원에 대한 확고한 확신에서 나오는 것이다. 이것이 너무나도 분명하기 때문에, "믿음"이라는 단어가 "확신"의 뜻으로 사용되는 경우가 매우 많은 것이다.

(믿음의 확실성과 두려움. 16-28)

16. 믿음의 확실성

믿음이 움직이는 가장 주된 원리를 말하자면, 곧 하나님께서 베푸시는 긍휼의 약속들을 우리 자신 바깥의 경우들에만 사실로 받아들이는 것이 아니라, 그 약속들을 우리의 속으로 포용하여 우리의 것으로 만든다는 것이다. 이렇게 해서 확신이 생겨나는데 이 확신을 가리켜 사도 바울은 다른 곳에서 "화평"이라 부른다(롬 5:1). 혹은 화평이 확신에서 생겨난다고 말할 사람도 있겠지만 말이다. 자, 이 확신은 하나님의 판단 앞에서 양심을 고요하고 평화롭게 만들어 주는 것이다. 그러므로 확신이 없으면 양심이 곤란을 겪을 수밖에 없고, 무서운 두려움으로 인해서 거의 갈기갈기 찢어진 상태가 될 수밖에 없으며, 혹은 하나님도 자기 자신도 다 잊어버리고 잠시 동안 잠이 든 상태가 되어 버리기도 할 것이다. 그렇게 잠들어 있는 상태도 잠시 동안 뿐이다. 그처럼 망각의 상태를 즐기다가도 얼마 지나지 않아서 하나님의 심판에 대한 기억이 계속해서 떠올라서 격렬하게 그것을 찌르기 때문이다.

간단히 말해서, 참된 신자는 바로 하나님께서 그의 친절하시고 자비하신 아버지시라는 든든한 확신을 갖고서 하나님의 풍성하신 자비하심을 기반으로 삼아서 모든 일을 스스로 약속하는 사람이요, 또한 자기를 향하신 하나님의 자비하신 약속들을 의지하고 아무런 의심 없이 구원을 기대하는 사람인 것이다. 사도께서 지적하듯이, "우리가 시작할 때에 확신한 것을 끝까지 견고히 잡고 있으면 그리스도와 함께 참여한 자가 되리라"(히 3:14). 사도는 곧, 천국의 기업에 참예한다는 사실을 확신하고 그것을 영광으로 삼지 않는다면 어느 누구도 주님께 대하여 소망을 가질 수 없다는 사실을 말하는 것이다. 이러한 구원에 대한 확신을 의지하여 마귀와 사망을 확실하게 이기는 사람이 아니면, 어느 누구도 신자라 할 수가 없는 것이다.

사도 바울이 놀랍게 정리해 주는 바와 같이, "내가 확신하노니 사망이나 생명이나 천사들이나 권세자들이나 현재 일이나 장래 일이나 … 우리를 우리 주 그리스도 예수 안에 있는 하나님의 사랑에서 끊을 수 없느니라"(롬 8:38-39). 또한 이와 비슷하게, 사도는 우리가 부르심을 받은 영원한 기업의 소망이 무엇인지를 분별하지 못하면 우리의 마음의 눈이 밝아졌다고 여기지 않는다(엡 1:18). 그리고 사도는 어디서나, 하나님의 선하심에서 큰 확신의 열매를 거두지 못하면, 달리 그의 선하심을 깨달을 방도가 없다고 가르치고 있는 것이다.

17. 믿음: 시험과 싸워 이김

그러나 여기서 다음과 같이 말하는 사람이 있을 것이다: "신자들은 무언가 훨씬 다른 것을 체험한다. 그들에게 향한 하나님의 은혜를 깨닫는 가운데서도 그들은 자주 불안에 싸이는 것은 물론, 극심한 두려움과 공포에 압도되기까지 한다. 그들의 마음을 어지럽히는 시험거리들이 너무나도 격렬해서 믿음이 확실한 상태와는 전혀 일관성이 없는 것처럼 보이는 것이다." 그러므로 위에서 진술한 가르침이 확고히 서게 하기 위해서는 이 난제를 반드시 해결해야 할 것이다. 분명히 말하지만, 믿음이 확실하고 분명해야 한다고 우리가 가르치는 것은 사실이지만, 한 점도 의심이 없는 확실함이라든가, 근심 걱정에 의해서 조금도 공격을 당하지 않는 그런 확신은 상상할 수가 없다. 오히려 우리는 신자들이 자기들 자신의 불신앙과 끊임없이 싸우는 가운데 있다고 가르친다. 사실 신자들의 양심이 일말의 동요도 없이 완전한 평안의 상태 속에 있다는 것은 우리의 가르침과는 거리가 먼 것이다. 그러나 다시 말하지만, 그들이 어떤 식으로 환난을 당하든지 간에, 그들이 하나님의 긍휼하심으로 받은 특정한 확신에서 벗어난다든지 떠난다든지 하는 일은 없는 것이다.

성경에서 다른 어떤 예보다 더 두드러지고 기억에 남는 믿음의 예를 다윗에게서 볼 수 있다. 특히, 그의 생애의 전 과정을 살펴보면 더욱 그렇다. 그런데 그가 행한 무수한 탄식에서 우리는 그의 마음이 언제나 얼마나 고요하지 못한 상태에 있었는지를 잘 볼 수 있다. 이런 탄식들 가운데서 몇 가지 예만 들어도 족할 것이다. 그가 근심에 싸인 자기 영혼의 상태를 질책하는 것을 보면, 그것이 과연 자기 자신의 불신앙에 대해 스스로 화를 내는 것이 아니면 무엇이란 말인가?: "내 영혼아 네가 어찌하여 낙심하며 어찌하여 내 속에서 불안해 하는가 너는 하나님께 소망을 두라"(시 42:5, 11; 43:5). 과연 이처럼 당황해하는 모습은 노골적인 불신앙의 증표이다. 다윗이 마치 자신이 하나님께 버림을 받았다고 하는 것처럼 보인다.

또 다른 곳에서는 이보다 더 확실한 고백이 나타난다: "내가 놀라서 말하기를 주의 목전에서 끊어졌다 하였사오나"(시 31:22). 또 다른 구절에서는 그가 근심과 아주 비참한 혼란 가운데서 자기 자신과 논쟁을 벌이기도 한다: "주께서 영원히 버리실까? 다시는 은혜를 베풀지 아니하실까? … 하나님이 그가 베푸실 은혜를 잊으셨는가? … 하였나이다"(시 77:7, 9). 그 다음에 이어지는 내용은 이보다 더 심하다: "또 내가 말하기를 이는 나의 잘못이라 지존자의 오른손의 해 … 를 기억하리이다"(시 77:10).

절망 가운데서 그는 자기 자신을 죽음에까지 정죄하며, 스스로 의심 때문에 어려움을 겪고 있음을 고백할 뿐 아니라, 마치 그 싸움에서 자기가 패하기라도 한 것처럼 자기에게는 아무것도 남은 것이 없다는 느낌을 갖기까지 하는 것이다. 하나님께서 그를 버리셨고, 한때는 그를 도우셨던 그의 손이 돌이켜 이제는 그를 멸망시키려 한다는 느낌을 받는다. 그리하여 그는 그의 영혼에게 그 평안함에 돌아가라고 강권한다(시 116:7). 풍랑 이는 파도 위에서 이리저리 밀려다니는 것이 어떤 것인지를 몸소 체험했기 때문이다.

그러나 이런 온갖 공격을 받는 중에서도 — 이것이야말로 굉장한 일이 아닐 수 없다! — 믿음이 경건한 자의 마음을 그대로 유지시켜 주며, 마치 내리 누르는 온갖 무게를 이기고 위를 향하여 뻗어나가는 종려 나무와 같은 효과를 내게 하는 것이다(참조. 92:12). 이와 같이 다윗은 심지어 완전히 압도당한 것 같아 보이는 때에도, 자기 자신을 질책하는 가운데서도 하나님을 향하여 올라가기를 그치지 않았던 것이다. 자기 자신의 연약함과 싸우면서, 걱정이 밀려오는 순간에 믿음을 향하여 전진하는 사람은 이미 상당 부분 승리를 얻은 것과 다를 바 없다.

다음과 같은 진술에서도 이러한 사실을 유추할 수가 있다: "너는 여호와를 기다릴지어다 강하고 담대하며 여호와를 기다릴지어다"(시 27:14). 다윗은 그 스스로 연약한 죄의 모습을 보여 주고 있으며, 또한 같은 생각을 두 번씩 반복하여 자신이 온갖 괴로운 감정에 거듭거듭 눌리고 있다는 것을 고백하고 있다. 그러는 중에도 그는 자기 자신의 이런 연약함에 대해서 싫어하는 것은 물론, 동시에 그것들을 고치기 위하여 진지하게 노력하고 있는 것이다.

여기서 다윗의 경우를 아하스의 경우와 아주 공정하게 무게를 달아보면, 이 둘 사이에 큰 차이가 있는 것을 발견하게 될 것이다. 이 악하고 위선적인 왕의 근심을 치료해 주기 위하여 이사야 선지자가 보냄을 받는다. 선지자는 아하스에게 다음과 같이 말씀한다: "삼가며 조용하라 … 두려워 말며 낙심하지 말라"(사 7:4). 그런데 아하스는 어떻게 했는가? 그 앞 절을 보면 그의 마음이 마치 삼림이 바람에 흔들림 같이 흔들렸다고 했다(사 7:2). 그리하여 그는 이사야 선지자의 약속의 말씀을 듣고도 두려워 떨기를 그치지 않은 것이다. 그러므로 여기서 불신앙에 대한 적절한 보상과 형벌을 볼 수 있다. 곧, 두려워 떠는 나머지 하나님께로부터도 돌아서서 스스로 믿음으로 문을 열지 못하는 것이 바로 그것이다.

그러나 신자들은 시험이 무겁게 짓눌러 거의 깨어질 상황에 이르러서도 일순간에 일어나는 모습을 보여 준다. 물론 거기에 어려움과 고난이 없는 것은 아니지만 말이다. 그리고 자기 자신의 연약한 마음 자세를 알고 있기 때문에, 그들은 선지자와 함께 "진리의 말씀이 내 입에서 조금도 떠나지 말게 하소서"(시 119:43)라고 기도하는 것이다. 이 말씀들을 통해서, 우리는 신자들이 마치 그 믿음이 지쳐서 넘어져 버린 것처럼 때때로 무뎌지기도 하지만, 그러면서도 하나님께 등을 돌리거나 넘어지지 않고 싸우며 인내하며, 또한 최소한 스스로 방종에 빠져 마비되어 버리는 일이 없도록 기도를 통해서 자신의 게으름에 채찍을 가한다는 사실을 배우게 되는 것이다.

18. 신자의 마음속에 있는 갈등

이것을 깨닫기 위해서는, 다른 곳에서 언급한 바 있는 육체와 영을 구분하는 문제로 다시 돌아갈 필요가 있다.[4] 그 문제가 여기서 아주 확실하게 드러나기 때문이다. 경건한 사람은 마음에서 그런 구분을 느낀다. 한 쪽으로는 하나님의 선하심을 깨닫는데서 오는 감미로운 느낌에 젖으면서, 또 다른 쪽으로는 영혼의 재난을 깨닫고서 쓰라린 아픔을 느끼며, 한 부분에서는 복음의 약속을 의지하면서도, 또 다른 한 부분에서는 자신의 죄악의 증거로 인해서 두려워 떨며, 한 편에서는 생명에 대한 기대로 즐거워하면서도, 또 다른 한 편에서는 죽음을 바라보며 전율하는 것이다. 이러한 현상은 믿음이 불완전한 데 기인하는 것이다. 현세의 삶의 여정 동안에는, 불신앙의 질병이 완전히 치유되고 믿음으로 완전히 가득 차고 믿음에 완전무결하게 사로잡히는 그 정도까지 상태가 좋아지는 일은 절대로 있을 수가 없다. 육체의 잔재 속에 자리잡고 있는 불신앙이 솟아 올라와서 속으로 품어온 믿음을 공격하므로, 갈등이 일어나게 되는 것이다.

그러나 만일 신자의 마음에 확실성이 의심과 함께 뒤섞여 있다면, 언제든지 이런 상태로 다시 돌아갈 것이 아닌가? 믿음이 우리를 향하신 하나님의 뜻을 아는 확실하고 분명한 지식에 근거하지 못하고, 그저 희미하고 혼란스런 지식에만 근거하는 그런 상태로 말이다. 아니, 절대로 그렇지 않다. 여러 가지 잡다한 생각들로 산만해진다 할지라도 그 때문에 우리가 믿음과 완전히 결별하는 것이 아니다. 또한 사방에서 불신앙이 뒤흔들어서 곤란 가운데 빠진다 할지라도, 그 때문에 우리가 무저갱의 나락에 빠지는 것이 아니다. 넘어진다 할지라도, 그 때문에 우리가 우리의 위치에서 내쫓김을 당하는 것이 아니다. 그 갈등의 마지막 끝은 언제나 이것이다. 믿음을 포위하고 위험에 빠뜨리는 것 같은 그 어려움들을 결국 믿음이 이기고 승리하는 것이다.

19. 연약한 믿음이라도 참 믿음임

정리해 보면, 아무리 작은 믿음이라 할지라도 그것이 우리의 마음속에 떨어지면 그 즉시 우리를 향하신 하나님의 평화롭고 고요하며 은혜로우신 얼굴을 바라보기 시작한다. 물론 멀리서 그를 바라보는 것이지만, 그러나 그를 분명히 바라보기 때문에 우리가 절대로 속임을 당하는 것이 아님을 아는 것이다. 그리고 나서 계속해서 전진하며 꾸준히 성장해 갈수록, 말하자면 하나님에 대해서 더 가깝고 더 확실하게 바라보게 된다. 그리고 그런 꾸준한 성장으로 말미암아 하나님을 더욱 친근하게 대하게 된다. 처음 하나님을 아는 지식의 조명을 받을 때에 마음을 둘러쌌던 많은 무지가 점점 사라지게 되는 것을 볼 수 있다. 그러나, 아직 무지한 부분도 있고 또한 분별이 다소 희미한 부분도 있지만, 그렇다고 해서 자신을 향한 하나님의 사랑을 아는 분명한 지식을 누리는 데 방해를 받지는 않는다. 왜냐하면 그 사랑을 아는 것이야말로 믿음에 있어서 첫째가는 주요한 부분이기 때문이다. 이는 마치 감옥에 갇혀 있는 사람이 좁은 창문으로 새어 들어오는 희미한 햇빛을 쪼이지만 태양을 온전히 다 바라보지는 못하는 것과도 같다. 그러나 그 사람은 눈으로 그 밝은 햇빛을 바라보며, 거기서 유익을 얻는 것이다. 이와 같이, 흙으로 지은 몸이라는 사슬에 매여 있어서 우리가 사방에서 크나큰 어둠의 그림자에 둘러싸여 있지만, 그럼에도 불구하고 우리에게는 든든한 확신을 얻기에 필요한 만큼 은혜의 햇살이 비치고 있어서 하나님의 긍휼하심을 드러내는 것이다.

20. 믿음의 불완전함과 확실함

사도는 여러 구절에서 이 두 가지 점을 잘 가르치고 있다. 그는 "우리가 부분적으로 알고 부분적으로 예언하니"(고전 13:9)라거나, 또는 "거울로 보는 것같이 희미하나"(고전 13:12)라고 하여, 우리가 현세에서 받는 참된 신적인 지혜가 얼마나 보잘것없는 부분인가를 암시해 준다. 이 말씀은 우리가 육체의 짐에 매여 탄식하는 동안에는 믿음이 불완전하다는 사실만을 암시하는 것이 아니라, 우리 자신의 불완전함 때문에 우리가 끊임없이 배워가야 한다는 사실을 암시하는 것이기도 하다. 그러나 이는 또한 우리의 부적절한 수단과 우리의 좁은 능력으로는 무한한 것을 도저히 깨달을 수가 없다는 것을 암시하기도 한다. 바울은 교회 전체에 대해서도 이 사실을 밝히 증거한다. 곧, 각 개개인이 자기 자신의 무지로 말미암아 방해를 받기 때문에 바라는 만큼 가까이 나아가지를 못한다는 것이다.

반면에 또 다른 구절에서 사도는 지극히 적은 분량의 믿음이라 할지라도 거기서 맛보는 것이 확실하고도 순전하며 절대로 그릇된 것이 아니라는 사실을 가르친다. 그는 복음으로 말미암아 "우리가 다 수건을 벗은 얼굴로 거울을 보는 것같이 주의 영광을 보매 그와 같은 형상으로 변화하여 영광에서 영광에 이르니 곧 주의 영으로 말미암음이니라"(고후 3:18)라고 선포하는 것이다. 아무리 회의와 공포가 크다 할지라도 거기에는 반드시 무지의 껍데기가 뒤섞여 있기 마련이다. 우리의 마음은 본성적으로 불신앙에 끌리는 경향이 있기 때문이다. 게다가 우리에게 무수한 온갖 시험거리들이 격렬하게 항상 공격을 퍼붓고 있다.

그러나 특히 우리의 양심 자체가 엄청난 죄로 인하여 가라앉아서, 불평하고 탄식하기도 하고, 스스로 자책하기도 하고, 은밀하게 중얼거리기도 하고 노골적인 반발이 튀어나오게도 만든다. 그리하여, 어려움과 환난에서 하나님의 진노를 깨닫든지, 혹은 양심이 하나님의 진노의 증거와 근거를 자기 자신에게서 발견하든지 간에, 이로 인하여 불신앙이 믿음을 뒤집어 엎을 무기와 계책을 얻게 되는데, 그 목적은 언제나 우리로 하여금 하나님께서 우리를 대적하시므로 그에게서 도움을 바라서도 안 된다고 생각하도록 만들고, 또한 우리가 마치 철천지 원수인 것처럼 하나님을 두려워하도록 만드는 데 있는 것이다.

21. 시련을 이기는 믿음의 역사

이러한 공격들을 견디기 위해서 믿음은 주의 말씀으로 자신을 무장시키고 방벽을 쌓는다. 그리하여 어떤 시험이 우리를 공격할 때 ─ 하나님께서 우리를 향하여 은혜를 베풀지 않으시니 그는 우리의 원수라고 주장하면서 ─ 믿음은, 하나님은 우리에게 환난을 베푸시면서도 동시에 긍휼을 베푸시는 분이라고 하고, 또한 그의 채찍은 진노보다는 오히려 사랑에서 나오는 것이라고 대답한다. 또한 하나님께서 불의를 복수하시는 분이시라는 생각에 사로잡힐 때면, 믿음은 이에 대응하여, 하나님께서는 죄인이 그의 긍휼하심에 자기를 맡기면 언제라도 모든 불의를 용서하실 준비가 되어 계시다는 사실을 제시한다. 그리하여 경건한 사람은 그 마음이 온갖 이상한 방식으로 곤란과 혼란을 겪지만 결국에 가서는 모든 어려움을 다 이기게 되고, 하나님의 긍휼하심에 대한 확신을 절대로 빼앗기지 않는다. 그 마음을 시험하고 지치게 만드는 온갖 공격들이 오히려 이러한 확신을 더욱 확실하게 세워주는 결과를 가져오는 것이다.

이 사실에 대한 증거는 바로, 성도들이 하나님의 징벌로 인하여 굉장히 눌려 있는 것 같지만 그들이 하나님 앞에 자기들의 심정을 토로하며, 또한 아무리 호소해도 하나님께서 전혀 들으실 것 같지 않은데도 불구하고 그들이 하나님께 부르짖는다는 데 있다. 하나님 안에서 위로를 얻을 소망을 갖지 않았다면, 무엇 때문에 그에게 부르짖겠는가? 하나님께서 자기들을 위하여 도움을 예비해 놓고 계시다는 것을 믿지 않는다면, 그에게 부르짖을 생각이 일어나지도 않을 것이다. 믿음이 적다고 주님에게서 책망을 받은 제자들이 죽겠다고 아우성치는 가운데서도 주님의 도우심을 간구했던 것을 볼 수 있다(마 8:25-26). 사실 주님은 그들의 적은 믿음을 책망하시면서도, 그렇다고 해서 그들을 제자의 반열에서 내쫓으시거나 그들을 불신자로 간주하지 않으시고 오히려 그들에게 그런 부족한 점을 떨쳐 버리라고 강권하신다.

그러므로 앞에서 진술한 내용을 다시 반복하는 말이지만, 믿음은 경건한 자의 가슴속에 든든히 뿌리를 내리고 있어서 절대로 찢겨져 나가는 법이 없다는 것이다. 믿음이 흔들리고 우왕좌왕하는 것처럼 보인다 해도, 심지어 다 타버린 잿더미 속에서라도 그 빛은 절대로 완전히 꺼지지 않고 그 최소한의 광채를 드러내는 것이다. 그리고 여기서 우리는 하나님의 말씀이 썩지 않는 씨앗으로서 자기 자신을 닮아서 그 번식력이 완전히 말라버리거나 죽는 일이 없는 그런 열매를 낸다는 것을 보게 된다. 성도들이 절망을 갖는 궁극적인 원인은 바로 그들의 눈 앞에서 벌어지는 그 황폐한 현실 속에서 하나님의 손길을 느끼는 데 있는 것이다. 그리하여 욥은 하나님께서 그를 죽이신다 할지라도 자신은 하나님을 향한 소망을 포기하지 않을 것이라고 하며 자신의 소망을 선포하는 것을 볼 수 있다(욥 13:15).

그러므로 문제의 요점은 여기에 있다. 곧, 불신앙은 신자들의 마음속에서 역사하는 것이 아니라 바깥에서부터 공격해 온다는 것이다. 불신앙이 그 무기로 신자들을 치명적으로 다치게 하는 일은 없다. 다만 그들을 괴롭게 할 뿐이며, 아무리 최악의 상황에서라도 치유될 수 있는 정도로 밖에는 상처를 입히지 못하는 것이다. 그러므로 바울이 가르치듯이, 믿음은 우리의 방패의 역할을 한다(엡 6:16). 믿음은 공격해 들어오는 무기를 막고 그 힘을 완전히 되돌려 주든가 아니면 최소한 그 힘을 약화시키며, 그리하여 그 무기가 뚫고 들어와 우리를 상하지 못하도록 해 주는 것이다. 그러므로 믿음이 흔들리는 경우는 마치 강한 병사가 격렬한 창의 힘에 눌려서 어쩔 수 없이 발을 뒤로 움츠리다가 잠시 넘어지는 것과도 같다. 그리고 믿음 그 자체가 상처를 입은 경우도, 마치 병사의 방패가 창의 힘에 의해서 일부가 잘려나간 것과도 같다.

그러나 창이 방패를 완전히 뚫어서 치명적인 상처를 입히는 일은 절대로 없는 것이다. 경건한 신자는 언제나 다시 일어나 다윗과 함께 이렇게 선포하는 법

이다: "내가 사망의 음침한 골짜기로 다닐지라도 해를 두려워하지 않을 것은 주께서 나와 함께 하심이라"(시 23:4). 사망의 음침한 골짜기를 다닌다는 것은 그야말로 끔찍스러운 일이다. 그러므로 신자는 믿음이 강하든 약하든 상관없이 그런 상황에서 두려움을 느끼지 않을 수가 없다. 그러나 하나님께서 그들과 함께 하셔서 안전을 위해 친히 보살피신다는 생각이 가득 차게 되어 즉시 두려움이 사라지고 확신이 생겨나는 것이다.

아우구스티누스의 말처럼, 마귀가 우리를 향하여 쏘아대는 계책들이 아무리 크고 위중하다 할지라도 믿음이 거하고 있는 우리의 마음속을 장악하지는 못하며, 그리하여 결국 내쫓기고 마는 것이다.[5] 그러므로, 그 결과로 판단해 보면, 신자는 싸움마다 언제나 안전한 상태로 보전되고, 그리하여 새로운 힘을 얻게 되고, 잠시 후 다시금 싸움터로 내려갈 태세를 갖추게 되며, 동시에 "세상을 이기는 승리는 이것이니 우리의 믿음이니라"(요일 5:4)라고 한 사도 요한의 서신서의 말씀이 또한 그에게 성취되기도 하는 것이다. 요한의 이 말씀은, 우리의 믿음이 한 번의 싸움에서나 혹은 몇 차례의 싸움에서나, 혹은 어떤 특정한 공격에 대해서 승리를 거두게 하는 것이 아니라, 수천 번의 공격을 당하더라도 그 믿음이 온 세상을 이기는 것임을 의미하는 것이다.

22. 정당한 두려움

그런데 또 다른 종류의 "두려움과 떨림"이 있다(빌 2:12). 곧, 믿음의 확신을 흐리게 하는 것이 아니라 오히려 그것을 좀 더 확고하게 세워주는 "두려움과 떨림"이 있다는 말이다. 신자가 불경건한 자들에게 시행되는 하나님의 진노의 실례를 생각하는 가운데 경계를 받아서 똑같은 과실로 하나님의 진노를 촉발시키지 않으려고 특별히 조심할 때에, 혹은 자기들의 비참한 현실을 속으로 성찰하면서 하나님이 계시지 않으면 자기들이 바람(風)보다 더 불안정하고 덧없는 처지가 된다는 것을 생각하고 전적으로 하나님께 의지하는 법을 배울 때에, 그런 "두려움과 떨림"이 그들에게서 생겨나게 된다.

사도 바울이 옛날 이스라엘 백성이 여호와께로부터 징벌을 받은 사실을 말하면서 고린도 교인들로 하여금 그와 같은 범죄에 빠지는 일이 없도록 경계하도록 만들고 있지만(고전 10:11), 그러나 그렇게 해서 그들의 확신을 약화시키는 것이 아니라, 다만 그들의 육체의 게으름을 일깨우는 것뿐이다. 그런 게으름이야말로 믿음을 망가뜨리는 것이다. 그리하여 사도는 유대인들의 패망을 근거로 하여 "선 줄로 생각하는 자는 넘어질까 조심하라"고 권면하고 있는데(고전 10:12; 롬 11:20), 이는 마치 우리의 굳건함이 확실하지 않기라도 하듯이 이리저리 흔들리리라는 뜻은 아니다. 오히려, 이는 우리 자신의 힘을 지나치게 신뢰하는 교만하고 경솔한 자세를 막고자 하는 것이다. 유대인들이 내쫓긴 후에 이방인들이 그들의 자리를 대신 누리게 되었으나, 그로 인해서 이방인들이 경거망동하는 일이 있어서는 안 되는 것이다.

여기서 사도 바울은 신자들만을 상대로 말하는 것이 아니라, 겉모양만 자랑 삼는 외식자들까지도 기도에 포함시켜서 말하고 있다. 그리고 그는 개개인들에게 교훈하는 것이 아니라, 유대인과 이방인들을 전체적으로 비교하면서 유대인들이 그들의 불신앙과 감사할 줄 모르는 자세에 대하여 정당한 형벌을 받아 내쫓김을 당하였다는 것을 보여 주며, 이어서 이방인들을 향하여 그들에게 전해진 양자 삼는 은혜를 교만과 자기 과시의 자세로 잃어버리는 일이 없도록 하라고 권면하는 것이다. 유대인들이 내쫓김을 당할 때에 양자 삼는 언약에서 떨어지지 아니한 자들이 남아 있었던 것처럼, 이방인들 가운데도 참된 믿음이 없이 육체에 대한 어리석은 신뢰로 말미암아 우쭐해져서 스스로 하나님의 자비하심을 악용하다가 멸망에 이르게 될 그런 사람들이 일어날 것이라는 것이다.

그러나 이런 바울의 진술을 택함 받은 자들과 신자들에게 적용시키더라도, 절대로 실망할 이유가 없다. 왜냐하면, 성도들의 경우에 육체의 잔재로부터 때때로 교만이 기어나오기도 하는데 이런 교만을 억제시켜서 헛된 확신 가운데서 방종하게 되는 일이 없도록 막는 일은, 온갖 두려움으로 양심을 실망시켜서 하나님의 긍휼에 대하여 온전한 확신을 가질 수 없도록 만드는 일과는 전연 다른 것이요, 또한 그것과는 아무 상관이 없는 것이기 때문이다.

23. "두려움과 떨림"

그러므로 "두렵고 떨림으로 너희 구원을 이루라"(빌 2:12)는 사도의 가르침이 요구하는 바는 다만 우리 자신을 아주 낮추며 동시에 주님의 권능을 높이는 습관을 들이라는 것이다. 우리 자신을 불신하는 것과 우리의 패망의 처지를 각성함으로 생겨나는 근심만큼 우리를 움직여서 주님 안에서 확신을 갖게 하고 주님을 의지하도록 만들어 주는 것은 없다. "나는 주의 풍성한 사랑을 힘입어 주의 집에 들어가 주를 경외함으로 … 예배하리이다"(시 5:7)라는 선지자의 말씀도 이런 의미로 이해하여야 하는 것이다. 여기서 선지자는 하나님의 긍휼하심에 의지하는 담대한 믿음을 하나님의 위엄 앞에 나아갈 때마다 반드시 체험하는 경건한 두려움과 하나로 묶어서 말씀하고 있다. 우리는 하나님의 위엄의 광채를 통하여 우리 자신의 더럽고 추함이 얼마나 큰가를 깨닫는 것이다.

솔로몬 역시 언제나 마음에 두려움이 있는 자는 마음을 강퍅하게 하지 않아서 악에 빠지는 일이 없으므로 복되다고 선언하는데(잠 28:14), 이 역시 사실이다. 그가 의미하는 두려움이란 우리를 조심성 있게 만들어 주는 두려움 — 우리를 괴롭게 하여 넘어지게 만드는 그런 두려움이 아니라 — 이다. 바로 이런 두려움이 있을 때에, 혼란 중에 있는 마음이 하나님 안에서 회복되며, 쓰러져 있는 마음이 하나님 안에서 일으킴을 받고, 자신에 대해 절망 가운데 있는 마음이 하나님을 신뢰함으로 새롭게 소생함을 입는 것이다.

따라서, 신자들이 두려워하면서도 동시에 가장 확실한 위로를 소유한다는 것은 전혀 모순이 아니다. 자기들의 허망한 처지에 눈을 돌리다가 다시 하나님의 진실하심을 마음에 생각하는 것이다. 그러면, 두려움과 믿음이 어떻게 한 마음속에서 공존할 수가 있는가? 라고 물을 사람이 있겠지만, 그것은 사실 바꾸어 말해서 게으름과 걱정이 서로 공존하는 것과 같은 이치이다. 불경건한 자들은 하나님에 대한 두려움이 그들을 괴롭히지 못하도록 자기들 스스로 고통에서 벗어나려고 힘쓰지만, 하나님의 심판이 그들을 압박하고 있기 때문에 그들이 바라는 바대로 될 수가 없는 것이다. 그러나 하나님의 백성들의 경우는 하나님께서 그들을 낮아짐 가운데서 훈련시키셔서 그들이 결연히 싸우는 가운데 그들 스스로 자기 절제의 고삐 아래 매이도록 만드시는데, 아무것도 이를 막을 수가 없다.

전후의 문맥을 볼 때에, 사도 바울이 말한 의도가 이것이었던 것이 분명하다. 곧, 그는 두려움과 떨림이 하나님의 기뻐하시는 뜻으로 말미암아 생겨난다고 말하는데, 하나님께서는 두려움과 떨림을 통하여 그의 백성에게 바른 뜻을 갖게 하고 또한 그 뜻을 용맹스럽게 실행하는 능력을 주시는 것이다(빌 2:12-13). "여호와를 경외하므로(혹은, 두려움으로) 여호와 그의 은총으로 나아가리라"(호 3:5)라는 선지자의 말씀도 이런 의미로 보는 것이 바른 이해일 것이다. 경건이 하나님을 향한 경외심을 불러일으킬 뿐 아니라, 은혜의 감미로운 매력이 침체 상태에 있는 사람을 감동시켜서 두려움과 감탄으로 가득 차게 하여, 그로 하여금 하나님을 의지하고 겸손하게 하나님의 권능에 굴복하게 하는 것이다.

24. 소망과 두려움에 관한 거짓된 사상

그러나 그렇다고 해서 우리가 특정한 유사 교황주의자들(half-papists)이 현재 간교하게 일구어 내고 있는 지극히 해로운 철학을 용납하는 것이 아니다. 그들은 소위 학자들을 통해서 전수되어온 현저한 의심을 변호할 수가 없자, 다른 허구를 만들어내서 그것을 피난처로 삼고자 한다. 곧, 불신앙과 뒤섞여 있는 확신을 만들려 하는 것이 바로 그것이다. 우리가 그리스도를 바라볼 때마다 선한 소망을 가질 완전한 근거를 그리스도에게서 찾는다는 것은 인정한다. 그러나 그리스도 안에서 베풀어지는 그 모든 은택을 받을 만한 가치와 자격이 우리에게 항상 없기 때문에, 그들은 우리의 그런 무가치한 처지를 보고서 흔들리고 주저하게 만들려 하는 것이다. 요컨대, 그들은 양심을 소망과 두려움 사이에 설정해 놓고 계속해서 이 쪽과 저 쪽을 번갈아가면서 왔다갔다하도록 만드는 것이다. 그들은 소망과 두려움의 상호 관계에 대해서도, 소망이 일어나면 두려움이 억눌림을 당하고, 두려움이 다시 일어나면 소망이 다시 사그러든다는 식의 논리를 편다.

사탄은 믿음의 확신을 깨뜨리기 위해서 과거에 사용했던 노골적인 책략이 전혀 쓸모가 없어졌다는 것을 알고서, 이제는 교묘하고도 은밀한 책략을 사용하여 그것을 무너뜨리려 하고 있는 것이다. 그렇게 계속해서 절망에 빠진다면, 그것이 대체 무슨 확신이란 말인가? 그들은 말하기를, 그리스도를 바라보면 거기에 확실한 구원이 있으나, 나 자신에게로 시선을 다시 돌리면 거기에는 확실한 정죄가 있다고 한다. 그렇기 때문에 불신앙과 선한 소망이 번갈아가며 신자의 마음속을 장악할 수밖에 없다는 것이다. 이것은 마치 그리스도께서 우리 속에 거하시는 것이 아니라 멀리서 계시는 것으로 생각해야 한다는 논리와 무엇이 다르겠는가! 우리가 그리스도께로부터 구원을 바라는 것은 그가 멀리서 우리에게 모습을 보이시기 때문이 아니라 그가 우리로 하여금 그의 몸에 접붙인 바 되어 그의 모든 은혜를 누리는 것만이 아니라 그리스도 자신 안에 참예하도록 만드시기 때문이 아닌가!

그러므로 나는 그들의 논리로 다시 그들을 되받아치고자 한다: 만일 우리가 우리 자신을 바라본다면, 거기에는 분명 정죄밖에는 있을 것이 없다. 그러나 그리스도께서 우리에게 그의 모든 은혜를 베풀어 주사 그의 것이 전부 우리의 것이 되게 하셨고, 그리하여 우리를 그의 지체들로 만드셨고, 과연 자기와 하나가 되게 하셨으므로, 그의 의가 우리의 죄를 압도하며 그의 베푸시는 구원이 우리에 대한 정죄를 깨끗이 씻어내는 것이다. 우리의 추함과 무가치함이 하나님 보시기에 드러나지 않도록 그 귀하신 그리스도께서 친히 간구하시는 것이다. 이것은 과연 그러하다! 그러므로 그리스도를 우리들 자신에게서, 혹은 우리들 자신을 그리스도에게서 분리시켜서는 안 된다. 오히려 우리는 그리스도께서 친히 우리를 자기와 묶어 놓으신 그 교제를 용감하게 두 손으로 든든히 붙들어야 하는 것이다. 그리하여 사도는 다음과 같이 가르친다: "그리스도께서 너희 안에 계시면 몸은 죄로 말미암아 죽은 것이나 영은 의로 말미암아 살아 있는 것이니라"(롬 8:10). 이 사람들의 그 허망한 논리를 따르자면, 사도는 오히려 다음과 같이 말했어야 옳을 것이다: "그리스도 안에는 과연 생명이 있다. 그러나 너희는 죄인들이므로 여전히 사망과 정죄 아래 있는 것이다."

그러나 사도는 전혀 달리 말하고 있지 않은가! 그는 오히려 우리가 받아 마땅한 정죄가 그리스도 안에 있는 구원에 완전히 삼킨 바 되었음을 가르치고 있는 것이다. 또한 사도는 이 점을 확증하기 위하여 내가 앞에서 제시한 것과 동일한 논지를 사용한다. 곧, 그리스도께서 우리 바깥에 계시는 것이 아니라 우리 안에 거하신다는 사실이 바로 그것이다. 절대로 분리되지 않는 끈끈한 교제의 끈으로 그가 우리와 밀착되실 뿐 아니라, 놀라운 연합을 통하여 날마다 그가 점점 더 우리와 한 몸으로 자라나셔서 결국 우리와 완전히 하나가 되신다는 것이다. 그렇다고 해서 위에서 진술한 내용을 다시 부인하자는 것은 아니다. 곧, 믿음을 방해하는 요인들이 이따금 생겨나서 사방에서 그 연약한 부분이 격렬하게 공격을 받아서 시험의 짙은 어둠 속에서 믿음의 등불이 가리워지기도 한다는 사실 말이다. 어떠한 일이 일어나든 간에, 믿음은 하나님을 구하는 간절한 노력을 중단하는 법이 없는 것이다.

25. 믿음의 두 가지 면에 대한 베르나르의 논지

클레르보의 베르나르(Bernard of Clairvaux)는 교회당의 봉헌에 즈음한 다섯 번째의 설교에서 이 문제를 분명하게 다루는 가운데 이와 비슷한 논지를 전개

한다: "하나님의 은혜로 이따금 제 영혼에 대해 생각해 보게 되는데, 그때마다, 이를테면 두 가지 반대되는 면들이 그 속에 있는 것 같습니다. 그 자체로만 생각하면, 영혼은 결국 무(無)로 돌아간다고 말하는 것이 가장 올바른 말일 것입니다. 영혼의 비참한 것들은 여기서 일일이 열거할 필요조차 없을 것입니다. 얼마나 죄에 눌려 있으며, 어둠 속에 싸여 있고, 쾌락의 종이 되어 정욕으로 끓어오르고 격정에 휩싸이며, 온갖 망상으로 가득 차서 항상 악으로 기울고, 온갖 악행을 도모하는지 모릅니다. 한 마디로 말해서 온통 부끄러움과 혼란으로 가득 차 있다는 것입니다. 우리의 모든 행위들이 아무리 의롭다 할지라도 진리의 빛으로 살펴보면 그 의로운 행위들이 더러운 누더기 옷처럼 추하고 더럽다(사 64:6)는 사실이 분명히 드러난다면, 우리의 불의한 행위들은 대체 무엇에 비할 수 있겠습니까? '네게 있는 빛이 어두우면 그 어둠이 얼마나 더하겠느냐'(마 6:23)! 그렇다면 무엇입니까? 의심의 여지도 없이 … 사람이 허망한 것처럼 되어 버린 것이겠지요(시 144:4). 사람이 무(無)가 되어 버린 것입니다. 사람은 아무것도 아닙니다. 그렇지만, 하나님께서 그렇게 귀하게 여기시는 사람이 어떻게 완전히 무(無)일 수가 있습니까? 하나님께서 친히 마음을 쏟으시는 사람이 어떻게 무(無)가 될 수 있단 말입니까?

"형제 여러분, 마음을 일으킵시다. 우리 자신의 마음속으로는 우리가 비록 아무것도 아닐지라도 혹시 우리의 무엇인가가 하나님의 마음속에 숨겨져 있을지도 모릅니다. 오, 자비로운 아버지시여!(고후 1:3) 오, 비참한 자들의 아버지시여! 어찌 주께서 마음을 우리에게 두시겠나이까! … '네 보물 있는 그 곳에는 네 마음도 있느니라'(마 6:21)고 말씀하셨는데, 우리가 아무것도 아니라면 우리가 어떻게 주의 보물이 되겠나이까? '그 앞에는 모든 열방이 아무것도 아니라 그는 그들을 없는 것 같이, 빈 것 같이 여기시느니라'(사 40:17)고 말씀하셨으니, 비록 주 앞에서 그러하오나 주 안에서는 그렇지 않사옵니다. 주의 진리의 심판 가운데서는 그러하오나 주의 신실하신 의도에서는 그렇지 않사옵니다. 주는 과연 '없는 것을 있는 것으로 부르시는 이'(롬 4:17)시옵니다. 그러므로 그들은 없사옵니다. 주께서 없는 것을 부르시니 말이옵니다. 그러나 동시에 그들은 있사옵니다. 주께서 그들을 있는 것으로 부르시니 말이옵니다. 물론 그들 자신으로는 없는 존재들이오나, 주님과 함께 있으므로 그들은 있는 것이옵니다. 그러나 사도께서 말씀한 바와 같이 자기들의 의로운 '행위로 말미암지 않고 오직 부르시는 이로 말미암아' 된 것이옵니다(롬 9:11). 사도는 이어서 이 두 가지 생각이 서로 하나로 연관된다는 사실이 놀랍다고 말씀합니다. 그렇게 서로 연관되어 있는 것들이 서로를 파괴하는 일은 없을 테니까요!"

또한 그는 결론 부분에서 다음과 같은 말씀으로 이를 더 확연하게 드러내고 있다: "이제 이런 두 가지 생각을 갖고서 우리가 어떤 존재인지를 면밀하게 살펴보면, 아니 차라리 한 편으로는 우리가 어떻게 해서 아무것도 아니며, 또한 다른 편으로는 어떻게 해서 우리가 고귀한 존재인지를 살펴보면, … 우리 자신을 자랑하는 일을 억제하게 될 것이라 믿습니다만, 그러면서도 오히려 그런 자랑이 더 커지고 더 확실해질 것이라 생각되기도 합니다. 우리가 우리 자신을 자랑하는 것이 아니라 주님을 자랑하기 때문입니다(고후 10:17). 그러므로 우리가 '주께서 우리를 구원하시기로 작정하셨으면 우리가 즉시 자유함을 얻을 것이라'고 생각하게 되면(참조. 렘 17:14), 그런 생각 속에서 용기를 얻을 수가 있을 것입니다.

"그러나 더 높은 망대 위로 올라가서 하나님의 성(城)을 찾고, 그의 성전을 찾고, 그의 집을 찾고, 그의 신부(新婦)를 찾읍시다. 내가 나를 잊어버린 것이 아닙니다. 다만 두려움과 경외함으로 … 말하고 싶습니다: '우리는 있습니다, 그러나 하나님의 마음속에 있습니다. 우리는 있습니다. 그러나 우리 자신의 존귀함 때문이 아니라 주께서 우리를 존귀하게 여기심으로 말미암아 우리가 있는 것입니다.' "[6]

26. 하나님을 두려워함과 하나님을 공경함

그런데, "여호와를 두려워함"(또는 "여호와를 경외함": 역자주)에 대해서는 모든 성도들이 증거하며 또한 어느 곳에서는 이것을 가리켜 "지혜의 근본"이라 부르고(시 111:10; 잠 1:7), 또 다른 곳에서는 "지혜" 그 자체로 부르기도 하는데(잠 15:33; 욥 28:28), 이것은 사실 하나이지만, 이중적인 의미를 담고 있다. 하나님께서는 아버지로서도, 또한 주(主)로서도 경외를 받을 자격이 있으시기 때문이다. 그러므로 하나님을 정당하게 예배하고자 하는 사람은 순종하는 아들의 자세로, 또한 충성을 다하는 종의 자세로 그에게 나아가고자 할 것이다. 여호와께서는 선지자를 통하여 하나님을 아버지로 대하여 드리는 순종을 "공경함"(honor)이라 칭하시며, 또한 하나님을 주로 대하여 드리는 섬김을 가리켜 "두려워함" 혹은 "경외"라 부르신다. 하나님은, "아들은 그 아비를, 종은 그 주인을 공경하나니 내가 아비일진대 나를 공경함이 어디 있느냐 내가 주인일진대 나를 두려워함이 어디 있느냐?"라고 말씀하신다(말 1:6). 이처럼 두 용어를 서로 구분하시기도 하지만, 하나님께서는 이 두 용어들을 하나로 묶어 놓으시는 것을 보게 되는 것이다.

그러므로, 여호와를 경외한다는 것은 바로 공경과 두려움이 하나로 뭉쳐진 것이라 하겠다. 한 마음에 이 두 가지 면을 모두 포용한다고 해도 전혀 무리가 없는 것이다! 마음속에서 하나님 아버지께서 우리를 향하여 어떤 분이신가를 생각하는 사람은, 설사 지옥 같은 것이 없다 할지라도, 그를 거스르기를 죽음보다도 더 끔찍스럽게 여길 만한 충분한 이유가 있다. 그러나 또한 아무런 거리낌이 없이 죄를 짓고 싶어하는 것이 우리의 육체의 소욕이므로, 모든 수단을 통해서 그것을 제지시키기 위해서는 즉시 이런 생각에 사로잡히지 않을 수가 없다. 곧, 우리가 주님의 권능 아래 살고 있는데, 그 주님께서 모든 불의를 미워하시며, 악한 생활을 통해서 그의 진노를 촉발시키는 자들은 그 주님의 형벌을 피할 수가 없을 것이라는 생각이 바로 그것이다.

27. 신자들의 두려움과 불신자들의 두려움

또한 "사랑 안에 두려움이 없고 온전한 사랑이 두려움을 내쫓나니 두려움에는 형벌이 있음이라"(요일 4:18)는 사도 요한의 말씀도 우리가 말씀한 바와 모순되는 것이 아니다. 그가 말하는 두려움이란 불신앙에서 나오는 것으로 신자들의 두려움과는 전혀 다른 것이기 때문이다. 악인이 하나님을 두려워하는 것은 하나님을 불쾌하게 만들까 염려해서가 아니다. 그들은 형벌만 받지 않는다면 그런 것은 전혀 개의치 않는다. 오히려 그들은 하나님께서 권능으로 자기들에게 복수하실까 무서워서 그가 진노하신다는 말을 듣고는 두려워서 벌벌 떠는 것이다. 그들이 하나님의 진노를 그렇게 겁내는 것은 어느 때든 그것이 자기들의 머리 위에 떨어질 것임을 예상하고 있기 때문이다.

그러나 신자들의 경우는, 이미 말한 대로, 하나님의 징벌보다는 하나님을 거스르는 일 그 자체를 두려워하는 것이요, 징벌이 마치 목을 누르기라도 하는 것처럼 그런 식으로 그것을 두려워하지도 않는다. 그러나 그러면서도 그들은 징벌을 받을 일을 저지르지 않도록 훨씬 더 조심하는 법이다. 그리하여 사도는 신자들을 향하여, "누구든지 … 너희를 속이지 못하게 하라. 이로 말미암아 하나님의 진노가 불순종의 아들들에게 임하나니"(엡 5:6)라고 말씀한다. 그는 하나님의 진노가 그들에게 임할 것이라고 위협하는 것이 아니라, 앞에서 열거한 여러 가지 악행에 대해서 불경한 자들에게 임할 하나님의 진노에 대해서 생각하라고 함으로써 그들에게 그런 일이 닥치는 일이 없도록 그들에게 경계하여 조심시키고 있는 것이다. 그러나 악인들은 위협만으로 각성하는 경우가 거의 없다. 오히려 하나님께서 하늘로부터 말씀으로 우레를 발하셔도 그들은 강퍅한 가운데 더디고 게을러서 오히려 고집을 더 부린다.

그러나 일단 하나님의 손에 맞으면, 원하든 원치 않든 할 수 없이 하나님을 두려워하게 된다. 이러한 두려움을 가리켜 사람들은 보통 노예 기질에서 나오는 "비굴한" 두려움이라 부르는데, 이는 하나님의 자녀들에게서 나타나는 자유롭고 자발적인 두려움과 완전한 대조를 이루는 것이다. 또 어떤 이들은 이를 교묘하게 더 나누어서 둘 사이의 중간적인 두려움을 상정하기도 하는데, 이는 강요된 비굴한 두려움이 때로는 사람들의 마음을 굴복시켜서 하나님을 향하여 합당한 두려움을 갖게 하는 경우도 있기 때문이다.

28. 믿음은 하나님의 자비하심을 보장함

그런데, 믿음은 하나님의 자비하심을 바라보는 것인데, 구원과 영생을 소유하는 것이 거기에 포함된다고 본다. 하나님께서 자비를 베푸시는 동안에 선(善)이 도무지 부족해질 수가 없듯이, 그가 자기의 사랑을 우리에게 확신시키실 때에는 우리가 구원에 대해서 풍족한 확신을 갖게 되는 것이다. 선지자는 말씀하기를, "주의 얼굴 빛을 비추사 우리가 구원을 얻게 하소서"(시 80:3)라고 한다. 그러므로 성경은 그가 모든 적개심을 제거하시고 우리를 은혜 가운데로 영접하셨다는 것, 바로 이것을 우리의 구원의 총체로 제시하며(엡 2:14), 그리하여 하나님께서 우리와 화목하시면 모든 위험은 이미 다 지나간 것이 되고 모든 선한 일이 우리에게 임할 것임을 가르쳐 준다.

그러므로 믿음은 하나님의 사랑을 깨닫고서 현재의 삶과 장차 올 삶에 대하여 약속을 소유하는 것이요(딤전 4:8), 또한 모든 선한 일에 대한 든든한 확신이다. 그러나 물론 여기서 선한 일이 과연 어떤 유의 것인지는 하나님의 말씀을 통해서 확정지어야 할 것이다. 믿음은 이 땅에서 장수(長壽)한다든지, 이 세상의 삶에서 명예와 부귀를 누린다든지 하는 일에 대해서 약속을 해 주는 것이 아니기 때문이다. 주님께서는 이 가운데 그 어떠한 것도 우리에게 지정되도록 하시기를 원치 않으신 것이다. 믿음은 오히려 이 세상의 삶에서 우리가 아무리 초라하다 할지라도 하나님께서 절대로 우리를 버리시지 않으리라는 확신으로 만족하는 것이다.

믿음의 주된 확신은 바로 장차 올 내세에 대한 기대에 있다. 하나님의 말씀을 통해서 의심의 여지 없이 그런 확신이 주어지기 때문이다. 하나님께서 사랑으로 껴안으신 자들에게 이 땅에서 아무리 비극과 재난이 닥친다 해도, 그런 것들이 하나님의 자비하심을 충만히 누리고 그 안에서 행복을 느끼는데 하등의 방해거리가 되지 않는 것이다. 그러므로, 축복의 요체를 한 마디로 표현하자면, 바로 하나님의 은혜라 할 수 있을 것이다. 바로 이 샘에서 온갖 선한 것이 우리에게로 흘러나오는 것이다. 흔히 관찰할 수 있는 사실이지만, 성경은 영원한 구원이나 이 땅에서 누리는 온갖 선한 일에 대해서 말씀할 때마다 항상 주님의 사랑과 연결시키는 것을 보게 된다. 그렇기 때문에, 다윗은 경건한 자의 마음은 하나님의 선하심을 생명 그 자체보다도 오히려 더 감미롭고 더 귀하게 느낀다고 노래하는 것이다(시 63:3).

요컨대, 모든 일이 우리의 소원대로 넘쳐난다 할지라도, 하나님의 사랑 혹은 미움에 대해서 확신이 없다면, 우리가 행복을 느낀다 해도 그것은 저주 받은 행복이요 따라서 불행일 수밖에 없을 것이다. 그러나 만일 하나님께서 아버지로서 우리에게 그의 얼굴 빛을 비추시면, 우리의 불행이 오히려 복이 될 것이다. 왜냐하면 그 불행이 구원을 이루는 데 유익이 될 것이기 때문이다. 그리하여 사도 바울은 온갖 괴로운 사실들을 열거하면서도, 그것들 때문에 우리가 하나님의 사랑에서 끊어지지 않는다는 사실을 자랑하는 동시에(롬 8:35, 39), 기도 때마다 항상 하나님의 은혜로 시작한다. 거기서 모든 축복이 흘러나오기 때문이다. 이와 비슷하게, 다윗은 우리를 괴롭히는 온갖 두려움과 공포를 오직 하나님의 자비하심으로 맞서고 있는 것을 보게 된다: "내가 사망의 음침한 골짜기로 다닐지라도 해를 두려워하지 않을 것은 주께서 나와 함께 하심이라"(시 23:4). 하나님의 은혜로 만족하여 거기서 평안을 찾고 시편의 말씀 ― "여호와로 자기 하나님을 삼은 나라 곧 하나님의 기업으로 선택된 백성은 복이 있도다"(시 33:12) ― 을 깊이 새기지 않으면 언제나 우리 마음이 이리저리 흔들리는 것을 느낄 수밖에 없는 것이다.

29. 값없이 주신 하나님의 약속이 믿음을 지탱함

우리는 값없이 주신 하나님의 약속을 믿음의 기반으로 삼는다. 믿음이 그 위에 세워지기 때문이다. 믿음은 하나님께서 명령하시든, 금지하시든, 약속하시든, 경계하시든, 무엇을 하시든 간에 그가 진실하시다는 것을 확실히 안다. 그리하여 순종하는 자세로 하나님의 명령들을 받아들이고, 그의 금지 사항들을 준수하며, 그의 경계들을 가슴에 새기는 것이다. 그러나 동시에 믿음은 약속과 함께 시작되고, 그 약속에 근거를 두고, 그 약속에서 끝을 맺는다고 말할 수 있다. 믿음은 하나님 안에서 생명을 구하는데, 그 생명은 명령이나 징벌에 대한 선언 등에서는 찾을 수 없고, 다만 긍휼하심에 대한 약속, 오직 값없이 주어진 약속에서만 찾아지는 것이다. 조건적인 약속은 우리를 다시 우리 자신의 행위로 돌려보내기 때문에, 우리 속에서 그 약속이 지켜지고 있다는 것을 확증하지 못하는한 생명을 약속해 주지 못한다. 그러므로 우리의 믿음이 떨리고 흔들리지 않도록 하려면 구원의 약속으로 그 믿음을 받쳐 주어야 하는데, 주님께서는 우리의 가치보다는 우리의 불쌍한 처지를 생각하시고서 기꺼이 값없이 그 약속을 우리에게 베풀어 주셨다.

그러므로 사도 바울은 복음을 가리켜 믿음의 말씀이라고 증거하는 것이다 (롬 10:8). 그는 복음을 율법의 계명들과도, 또한 약속들과도 구별한다. 왜냐하면 하나님께서 자비롭게 사신들을 보내사 이 세상을 자기와 화목시키지(참조. 고후 5:19-20) 않으신다면 그 무엇으로도 믿음을 세울 수가 없기 때문이다. 그리하여 사도는 또한 믿음과 복음을 서로 자주 연관짓는다. 그는 자신이 복음의 사역을 맡은 것은 "믿어 순종하게 하기" 위함이라고 하며(롬 1:5), 복음은 "모든 믿는 자에게 구원을 주시는 하나님의 능력"이며, 또한 복음에는 "하나님의 의가 나타나서 믿음으로 믿음에 이르게" 하는 것이라고 한다(롬 1:16-17). 이것은 전혀 이상한 일이 아니다! 과연 그렇다. 복음이 "화목하게 하는 직분"을 지니고 있기 때문이다(고후 5:18). 우리를 향하신 하나님의 자비하심을 완전하게 증거해 주는 다른 것이 존재하지 않는다. 오직 복음밖에는 없는데, 믿음이 바로 그 복음을 깨닫고 알기를 구하는 것이다.

그러므로, 믿음이 값없이 주어진 약속에 근거한다고 말하지만, 그렇다고 해서 신자가 하나님의 말씀의 모든 것을 받아들이고 깨닫는다는 것을 부인하는 것이 아니고, 오히려 긍휼하신 약속을 믿음이 지향하는 합당한 목표임을 지적하는 것이다. 신자들이 한 편으로는 하나님을 악행을 심판하시며 복수하시는 분으로 인식해야 하지만, 다른 한 편으로는 하나님의 자비하심을 바라보아야 마땅하다. 왜냐하면 성경이 하나님께서 신자들에게 "인자하심이 후하시며"(참조. 시 86:5), "긍휼이 많으시고 은혜로우시며 노하기를 더디 하시고 인자하심이 풍부하시며"(시 103:8), "모든 것을 선대하시며 그 지으신 모든 것에 긍휼을 베푸시는도다"(시 145:9)라고 묘사하고 있기 때문이다.

30. 믿음은 오직 하나님의 긍휼하심에 근거함

여기서 피기우스(Pighius)를 비롯하여 같은 사고를 가진 자들의 미친 반론들을 상대하느라 시간을 오래 끌 마음이 없다. 이들은 마치 믿음을 조각조각 찢어내어 그 중 한 조각만을 잡으려는 것처럼, 믿음에 대한 이러한 논의를 공격한다. 이미 말한 바와 같이, 하나님께서 경계하시든 혹은 은혜의 소망을 갖게 하시든, 그의 진실하심이 믿음의 공통적인 대상이라는 그들의 논지는 인정할 수 있다. 그러므로 사도는 노아가 세상의 멸망이 아직 눈에 보이지 않을 때에 그것을 두려워한 사실이 바로 믿음 때문이라고 말씀하는 것이다(히 11:7). 임박한 형벌에 대한 두려움이 믿음의 산물이었다면, 믿음을 정의하는 데 있어서 경계(threats)도 제외되어서는 안 될 것이다. 과연 그렇다. 그러나 그들은 우리가 마치 믿음이 하나님의 말씀의 모든 부분에 관한 것임을 부인하기라도 하는 것처럼 부당하게 우리를 비방하고 있다.

여기서 다음 두 가지 점만을 지적해 두기로 한다: 첫째는 값없이 주신 약속에 이르기 전에는 믿음이 견고히 섰다고 할 수가 없다는 것이요, 둘째는 믿음이 우리를 그리스도와 연합시켜 주지 않으면, 우리가 절대로 하나님과 화목될 방도가 없다는 것이다. 이 두 가지 점을 유의하는 것이 중요할 것이다. 우리가 구하는 믿음이란 하나님의 자녀들을 악인들과 구별시켜 주며, 또한 신자들을 불신자들과 구별시켜 주는 그런 믿음이다. 혹 어떤 사람이 하나님의 모든 명령이 의로우시며, 그의 경계가 진실하시다는 것을 믿는다고 해서, 그 때문에 그 사람을 신자라고 부를 수가 있을까? 절대로 그럴 수 없다! 하나님의 긍휼하심에 근거한다는 사실 이외에는 믿음을 성립시키는 다른 확고한 조건이 없는 것이다.

그렇다면, 우리가 믿음을 논하는 목적이 무엇인가? 구원의 길을 깨닫기 위함이 아닌가? 그러나, 그 믿음이 우리를 그리스도의 몸에 접붙여 주지 못한다면, 어떻게 그것을 구원 얻는 믿음이라 하겠는가? 그러므로, 믿음을 정의할 때에 그 구체적인 효과를 강조하며, 또한 신자와 불신자를 구별해 주는 특별한 표지를 거기에 덧붙인다 해도 전혀 불합리한 것이 아니다. 요컨대, 악의(惡意)를 갖고 이러한 가르침을 헐뜯는 자들은 동시에 사도 바울까지도 비방하게 되는 것이다. 왜냐하면 사도 바울도 복음을 가리켜 "믿음의 말씀"(롬 10:8)이라 올바르게 부르고 있기 때문이다.

31. 믿음과 하나님의 말씀

그러므로 앞에서 설명한 사실을 여기서 다시 말해야 하겠다(참조. 6절). 곧, 마치 나무에 살아 있는 뿌리가 있어야만 열매가 있을 수 있듯이, 말씀이 있어야만 믿음이 가능하다는 사실이다. 다윗이 증거하듯이, 하나님의 이름을 아는 사람이 아니고서는 누구도 하나님께 소망을 가질 수가 없는 것이다(시 9:10). 그러나 이러한 지식은 사람의 상상력에서 나오는 것이 아니고 오직 하나님께서 친히 그의 선하심을 증거해 주셔야만 얻어지는 법이다. 선지자는 다른 곳에서 이 사실을 확증해 준다: "여호와여 주의 말씀대로 … 주의 구원을 내게 임하게 하소서"(시 119:41). 또한 이와 비슷하게 "나를 구원하소서 … 주의 말씀을 바랐사오며"(시 119:146, 147)라고도 말씀한다. 여기서 우리는 먼저 믿음과 말씀의 관계를 주목해야 하며, 그 다음에 그 결과로서 얻어지는 구원을 살펴야 할 것이다.

그러나 그렇다고 해서 하나님의 능력을 제외시켜서도 안 된다. 믿음이 하나님의 능력을 신뢰하지 못한다면, 절대로 그 믿음이 하나님께 합당한 존귀와 영광을 돌릴 수가 없는 것이다. 아브라함에 대해서 말하는 중에 바울은, 하나님께서 복된 자손을 주시겠다는 하나님의 약속을 받았을 때에 아브라함은 과연 그 약속을 이루실 능력이 그에게 있음을 확신하였다고 말했는데(롬 4:21), 이는 너무도 정상적인 이치일 것이다. 또한 바울은 다른 곳에서 자기 자신에 대해서 이렇게 말하고 있다: "내가 믿는 자를 내가 알고 또한 내가 의탁한 것을 그 날까지 그가 능히 지키실 줄을 확신함이라"(딤후 1:12).

그러나, 하나님의 능력에 대한 수많은 의심들이 끼어 들어오는 경우가 얼마나 많은가 하고 스스로 생각하는 사람이 있다면, 그 사람은 또한 하나님의 능력을 합당하게 높이며 기리는 사람들에게 믿음에 적지 않은 진보가 있었다는 사실을 충분히 인정할 것이다. 하나님께서 원하시는 일은 무엇이든 하실 수 있는 능력이 있으신 분이시라는 것은 우리 모두가 고백하는 사실이다. 그러나 아주 조그마한 시험이라도 닥치면 곧바로 두려움과 공포에 빠지는 것을 볼 때에, 우리가 하나님의 권능을 신뢰하지 못하고 오히려 하나님의 약속을 부인하는 사탄의 위협을 더 믿고 선호한다는 것이 분명히 드러난다.

그렇기 때문에 이사야 선지자는 구원의 확실함을 백성들의 마음에 심어 주고자 할 때에 하나님의 끝없는 능력을 그렇게 당당하게 말씀하는 것이다(사 40:25 이하; 40-45장에서 자주). 또한 이사야 선지자는 죄 사함과 화목에 대한 소망을 말하면서, 그것과는 상관이 없는 것 같은 사실을, 곧 하나님께서 이 천지와 자연의 질서를 얼마나 놀랍게 다스리고 계시는가를 길고 장황하게 말하는 경우가 자주 나타나는 것을 본다. 그러나 그것이 죄 사함과 화목에 대한 소망과 관계가 없는 것이 아니다. 왜냐하면, 모든 일을 행하실 수 있는 능력이 하나님께 있다는 사실이 우리의 눈에 확실해지지 않는다면, 우리의 귀도 말씀을 받을 수가 없고, 또한 그 말씀의 참된 가치를 올바로 깨달을 수도 없는 것이기 때문이다.

뿐만 아니라, 여기서 하나님께 실질적인 능력이 있으시다는 사실을 천명하는 것은, 다른 데서도 말한 것처럼, 경건이 언제나 하나님의 능력을 실제적으로 적용시키기 때문이며, 또한 특별히 하나님의 행하신 일들을 — 그는 이 일들을 통해서 자신이 아버지이심을 증거해오셨다 — 스스로 증거로 삼기 때문이다. 그러므로 성경은 구속을 그렇게도 자주 언급하고 있는 것이다. 이스라엘은 그 구속에 관한 말씀을 통해서 하나님께서 한 번 구원의 주인이 되셨으니 마땅히 영원토록 그 구원을 보존해 주시리라는 사실을 배울 수가 있었던 것이다. 다윗도 그의 모범을 통해서, 하나님께서 각 개개인에게 베풀어 주시는 은택들이 미래에도 그를 믿게끔 믿음을 확증시켜 주는 역할을 한다는 사실을 우리에게 상기시켜 준다. 하나님께서 혹시 우리를 모르시는 것처럼 그냥 내버려 두시는 것 같을 때에도 우리는 우리의 생각들을 더 펼쳐서 그가 과거에 베푸셨던 은택들을 생각하고 다시 마음을 가다듬어야 할 것이다. 다른 시편의 말씀처럼, "내가 옛날을 기억하고 주의 모든 행하신 것을 읊조려"야 마땅하다(시 143:5). 또한 "여호와의 일들을 기억하여 주께서 옛적에 행하신 기이한 일을 기억하리이다"(시 77:11)라고도 말씀한다.

그러나 하나님의 능력과 그의 행하시는 일에 대해서 어떠한 생각을 품든 간에 하나님의 말씀이 없이는 그 모든 것들이 그저 덧없이 사라질 뿐이므로, 우리는 다음과 같이 선언하지 않을 수 없다. 곧, 하나님께서 그의 은혜의 증거로 말미암아 조명해 주시기 전에는 믿음이란 있을 수 없다는 것이다.

여기서 이런 의문이 생겨날 수도 있을 것이다. 곧, 사라와 리브가에 대해서는 어떻게 생각해야 할까 하는 것이 그것이다. 그들은 모두 열심 있는 믿음에 불타서 말씀의 한계를 넘어서는 데까지 나아갔다. 사라는 약속하신 자손을 열정적으로 사모하여, 자기의 하녀를 남편에게 양보하기까지 했다(창 16:2, 5). 사라가 여러 가지로 죄를 범했다는 사실을 부인해서는 안 된다. 그러나 여기서 다루고자 하는 잘못은 그녀가 열심에 사로잡혀서 하나님의 말씀의 한계를 스스로 지키는 데서 벗어났다는 것이다. 그러나 분명한 것은 그런 열심이 믿음에서 생겨났다는 사실이다.

리브가의 경우는 하나님의 분명한 말씀을 통해서 야곱을 택하셨다는 확신을 얻고서, 악한 속임수를 써서 그 아들로 하여금 축복을 받게 만들었다(창 27:9). 하나님의 은혜의 증인이요 은혜를 수종드는 자인 남편을 속인 것이다. 그녀는 아들 야곱을 시켜 거짓말을 하도록 했고, 온갖 속임수와 거짓으로 하나님의 진실하심을 부패시킨 것이다. 요컨대, 하나님의 약속을 조롱하는 가운데 그 약속을 할 수 있는 만큼 깨뜨린 것이다(창 27장).

물론 이런 행위가 악했고 따라서 책망을 받아 마땅한 것이지만, 그럼에도 불구하고 거기에 믿음이 전혀 없는 것은 아니었다는 점은 인정해야 한다. 세상적인 이익을 얻을 소망도 전혀 없고 또한 온갖 어려움과 위험이 가득한 그런 일을 이루고자 하는 강한 열심이 생기기까지 그녀는 여러 가지 장애물들을 극복해야 했다. 이와 마찬가지로, 작은 아들 야곱에게 전해질 축복에 대하여 동일한 말씀의 교훈을 받고서도 여전히 그의 맏아들인 에서를 향하여 마음이 기울어져 있었다는 이유로, 족장 이삭에게 믿음이 전혀 없었다는 식으로 생각해서는 안 된다. 이런 실례들은 과연 믿음에 오류들이 뒤섞이는 경우가 많다는 사실을 가르쳐 준다. 그러나 그렇다 할지라도 그것이 참된 믿음이라면 반드시 이기게 되어 있는 법이다.

리브가에게 이런저런 오류가 있었다고 해서 야곱에게 주어진 축복이 무효가 되지도 않았고, 그리하여 그녀의 마음을 온통 가득 채워서 그런 그릇된 행동의 시작과 원인이 되었던 그런 믿음이 헛 것이 된 것도 아니었다. 그러나 리브가의 경우에서 우리는 인간의 마음이 조금이라도 다스림을 벗어나게 되면 그 움직임이 얼마나 불안정해지는가 하는 것을 잘 볼 수 있다. 그러나 사람의 허물과 연약함이 믿음을 흐리게 만들기는 하지만, 그렇다고 해서 그 믿음이 완전히 소멸되는 것은 아니다. 이 실례들에서 우리는 하나님의 음성을 얼마나 조심스럽게 바라고 기다려야 하는지에 대해서 경계를 받게 된다. 이 실례들은 우리가 지금까지 가르쳐온 사실을 확증해 준다. 곧, 하나님의 말씀의 뒷받침을 받지 않으면 믿음이 사라지고 만다는 사실이 그것이다. 하나님의 은밀하신 다스림과 섭리로 말미암아 하나님의 말씀을 순종하도록 되지 않았다면, 사라와 이삭과 리브가는 악한 인간적인 책략들 속에서 우왕좌왕하다가 완전히 절망에 빠지고 말았을 것이다.

32. 하나님의 약속은 모두 그리스도 안에 포함됨

한편, 모든 약속들을 그리스도 안에 포함시키는 데는 그만한 이유가 있다. 왜냐하면 사도께서 복음 전체를 그리스도를 아는 지식에 포함시키며(참조. 롬 1:17), 또한 "하나님의 약속은 얼마든지 그리스도 안에서 예가 된다"고 가르치고 있기 때문이다(고후 1:20). 이것이 왜 그런지 그 이유는 곧바로 드러난다. 하나님께서 무언가를 약속하셨다면, 그것은 바로 그의 선하심을 증거해 주는 것이다. 그러므로 하나님의 약속 가운데 그의 사랑을 증거해 주지 않는 것이 없는 것이다. 이와 마찬가지로, 악인들에게 하나님께서 큰 은혜를 거듭거듭 베풀어 주시는 것도 사실은 그들에게 더욱 무거운 심판을 가져다주는 것이다. 그들은 이 은혜들이 하나님께로부터 온 것임을 인정하지도 않을 뿐더러, 그것을 인정한다 해도 그것 때문에 하나님의 선하심을 생각하게 되지를 않으며, 그리하여 마치 짐승들이 처지에 따라서 하나님께로부터 온갖 은혜를 받으면서도 그것을 알지 못하는 것처럼, 이들도 하나님의 긍휼하심을 전혀 깨닫지 못하는 것이다. 하나님께서 그들에게 의도하시는 약속들을 습관처럼 거부하여 더 큰 진노의 심판을 쌓고 있으나, 그 무엇도 그것을 막을 수가 없는 것이다.

하나님의 약속들을 믿음으로 받아들여야만 그 효용성이 드러나지만, 우리가 불신앙과 배은망덕의 상태에 있다 할지라도 그 약속들의 독특한 본질과 능력은 절대로 사라지지 않는 것이다. 그러므로, 주께서는 그의 약속들을 통해서 사람들에게 그의 자비하심의 열매들을 받아들이고 그것들을 생각하라고 촉구하시며 또한 동시에 그 약속들을 통해서 그의 사랑을 사람들에게 선포하시므로, 우리는 다시 다음과 같은 사실로 돌아갈 수밖에 없다. 곧, 어떠한 약속이든 그것은 우리를 향하신 하나님의 사랑의 증거라는 사실이다.

그러나, 논란의 여지가 없는 분명한 사실은 그리스도를 떠나서는 그 누구도 하나님께 사랑을 받지 않는다는 사실이다. 그리스도는 "내 사랑하는 아들이요"(마 3:17; 17:5), 또한 그 속에 아버지의 사랑이 거하는 분이시다. 사도 바울이 "그의 사랑하시는 자 안에서 우리에게 거저 주시는 바 그의 은혜"를 말하는 바와 같이(엡 1:6) 사랑이 그리스도에게서 우리에게로 부어지며, 그리스도께서 관여하심으로써 그 사랑이 그에게서 나와 우리에게 이르게 되는 것이다. 그러므로 사도는 한 구절에서 그리스도를 가리켜 "우리의 화평"이라 부르며(엡 2:14), 또 다른 구절에서는 그리스도를 하나님께서 아버지의 사랑으로 우리와 자신을 엮어 놓으시는 끈으로 묘사하고 있는 것이다(롬 8:3). 그러므로 어떠한 약속이든 약속이 우리에게 주어질 때마다 우리는 언제나 눈을 그리스도께로 돌려야 한다. 사도 바울의 가르침과 같이 하나님의 모든 약속들은 그리스도 안에서 확증되며 성취되는 것이다(롬 15:8).

그런데 이와 모순되는 것 같은 경우들이 나타나기도 한다. 예를 들어서, 수리아 사람 나아만이 선지자에게 하나님께 경배하는 올바른 방법을 문의했을 때에 나아만은 중보자에 대해서 아무런 가르침을 받지 못했을 가능성이 높은데, 그럼에도 불구하고 성경은 그의 경건함을 칭송하고 있다(왕하 5:1-14; 눅 4:27). 이방인이요 로마 시민인 고넬료 역시 유대인들이 그저 희미하게 밖에는 모르고 있고 또한 이방인들에게는 전혀 알려져 있지 않은 그것, 곧 중보자이신 그리스도에 대해서 거의 깨닫지를 못했다. 그러나 그의 구제와 기도를 하나님께서 기뻐 받으셨다고 한다(행 10:31). 또한 선지자의 반응을 볼 때에 나아만의 제사도 하나님께서 받으셨음이 분명하다(왕하 5:17-19). 믿음으로 말미암지 않고는 그러한 일들이 일어날 수가 없었다. 빌립이 만난 내시의 경우도 마찬가지다. 그에게 어느 정도의 믿음이 없었다면 예배하기 위하여 그렇게 힘든 여정을 강행하는 수고를 감내하려 하지도 않았을 것이다(행 8:27). 그런데 빌립과의 대화 속에서 중보자에 대한 그의 무지가 드러나는 것을 보게 된다(행 8:31). 여기서 그들의 믿음이 부분적으로 맹목적이었다는 사실을 인정하지 않을 수 없다. 그들은 그리스도 자신에 대해서 뿐 아니라 아버지께서 그리스도께 부여하신 능력과 직분에 대해서도 무지하였던 것이다.

그러나, 여기서 또한 인정해야 할 사실은 아무리 미미하다 할지라도 그들이 그리스도에 대해서 약간의 맛을 볼 수 있을 정도로는 대체로 가르침을 받았다는 것이 분명하다는 것이다. 이 사실을 이상하게 보아서는 안 된다. 왜냐하면 내시의 경우 전혀 알지 못하는 미지(未知)의 신에게 예배하기 위해서 그렇게 먼 지방에서 예루살렘까지 서둘러 가지는 않았을 것이기 때문이다. 그리고 고넬료의 경우도 유대인들의 종교를 받아들였으므로, 참된 가르침의 초보에 대해서는 이미 접한 상태였을 것이었다.

나아만의 경우도, 엘리사가 작은 사소한 일에 대해서 가르치면서 중요한 원리적인 내용에 대해서 침묵을 지켰으리라고 본다는 것은 너무나 이치에 맞지 않는다. 그러므로, 이들의 경우 그리스도에 관한 지식이 희미하기는 했지만, 전혀 없었다고 생각할 수는 없는 것이다. 그들이 율법에 합당한 제사를 드렸으므로, 그 목적부터가 — 그 목적은 바로 그리스도였다 — 이방인들이 행하는 거짓 제사와는 구별되는 것이었던 것이다.

(성령께서 믿음을 우리 마음속에 드러내심. 33-37)

33. 성령의 역사하심과 믿음

우리의 어둡고 악한 상태가 중간에서 가로막지 않았다면, 하나님의 말씀의 이 외형적인 증거만으로도 믿음을 불러일으키기에 전혀 부족함이 없었을 것이다. 그러나 우리의 마음이 헛된 것에 너무나 이끌려 있어서 하나님의 진리를 든든히 붙잡는다는 것이 도저히 불가능하며, 또한 우리가 너무나 우둔하여 하나님의 진리의 빛에 대하여 언제나 맹인일 수밖에 없다. 그러므로 성령님의 조명하심이 없이는 말씀이 아무것도 할 수가 없다. 여기서 분명해지는 것은 믿음은 인간의 이해보다 훨씬 더 높다는 사실이다. 또한 하나님의 성령으로 말미암아 조명을 받는 것과 동시에 그의 능력으로 마음이 강화되고 뒷받침을 받는 역사가 있어야 하는 것이다. 이 점에 있어서 스콜라 신학자들은 완전히 곁길로 나아가 버린다. 그들은 믿음을 그저 지식에서 우러나오는 단순한 동의(assent)로 인식하였고, 동시에 마음의 신뢰와 확신은 믿음과는 관계가 없는 것으로 제외시켜 버리는 것이다.

그러나 믿음은 두 가지 점에서 하나님의 특별하신 선물이다. 곧, 사람의 마음이 깨끗해져서 하나님의 진리를 맛볼 수 있게 된다는 점에서도 그러하고, 또한 그 진리 속에서 세워진다는 점에서도 그러하다. 성령은 믿음을 시작하게 하시는 분이실 뿐 아니라 믿음을 점점 증가하게 하셔서 결국 우리를 천국으로 인도하시는 분이신 것이다. 사도 바울은 "우리 안에 거하시는 성령으로 말미암아 네게 부탁한 아름다운 것을 지키라"고 말씀한다(딤후 1:14). 또한, 듣고 믿음으로 성령을 받는다는 사도 바울의 말(갈 3:2)의 의미도 어렵지 않게 설명할 수가 있다.

만일 성령께서 주시는 은사가 오직 하나뿐이었다면, 성령을 가리켜 믿음의 결과(effect of faith)라고 하는 바울의 논지는 모순이 되고 말았을 것이다. 성령께서 믿음의 근원이시요 원인이시기 때문이다. 그러나 사도 바울은 하나님께서 갖가지 은사들로 교회를 장식하시고, 또한 믿음을 계속 증가시켜서 교회를 온전하게 하신다고 선포하고 있기 때문에, 그가 그 은사들을 받을 수 있도록 우리를 준비시켜 주는 그런 것들을 믿음에 속하는 것으로 본다고 해도 전혀 이상할 것이 없는 것이다. 믿음을 받지 못하면 아무도 그리스도를 믿을 수가 없다(요 6:65)는 말을 어떤 사람들은 지극히 역설적인 것으로 생각한다. 그러나 그들이 그렇게 생각하는 것은 부분적으로는 하늘의 지혜가 얼마나 은밀하며 고귀한가를 생각하지 않기 때문이거나, 너무나 아둔하여 하나님의 비밀을 지각하지 못하기 때문이기도 하고, 부분적으로는 믿음의 가장 중요한 부분인 마음의 확고부동한 상태를 고려하지 않기 때문이기도 한 것이다.

34. 성령의 역사하심의 필수성

그러나 바울이 가르치듯이, "사람의 속에 있는 영 외에"(고전 2:11) 과연 사람의 뜻을 통달할 자가 아무도 없다면, 하나님의 뜻을 확실히 알 사람이 과연 누구겠는가? 그리고 우리 눈에 똑똑히 보이는 일들에서도 하나님의 신실하심을 신뢰하지 못한다면, 하물며 눈으로 보지도 못하고 이해력으로도 가늠할 수 없는 그런 일들을 약속하실 때에야 어떻게 그의 신실하심을 든든하게 믿을 수 있겠는가(참조. 고전 2:9)? 그런데 이 점에 있어서 인간의 분별력은 너무도 결점이 많고 무력하기 때문에, 바로 그 인간의 분별력을 떨쳐버리는 일이 주님의 학교에서 진급하는 첫 과정이 되는 것이다. 그것이 마치 수건처럼 우리를 뒤덮고서, 오직 어린이들에게만 나타내시는 하나님의 비밀(마 11:25; 눅 10:21)에 이르지 못하도록 우리를 가로막고 있기 때문이다.

"이를 네게 알게 한 이는 혈육이 아니요"(마 16:17), "육에 속한 사람은 하나님의 성령의 일을 받지 아니하나니" 이는 하나님의 교훈이 "그에게는 어리석게 보임이요 … 그러한 일은 영적으로 분별되기 때문이라"(고전 2:14)고 말씀한다. 그러므로 성령의 뒷받침이 필요하다. 아니, 오직 성령의 능력만이 유일한 힘이다. "누가 주의 마음을 알았느냐? 누가 그의 모사가 되었느냐?"(롬 11:34)라고 말씀하지만, 또한 "성령은 모든 것 곧 하나님의 깊은 것까지도 통달하시느니라"(고전 2:10)라고도 말씀하고 있다. 우리가 "그리스도의 마음"(고전 2:16)을 깨닫게 되는 것은 오직 성령을 통해서 되는 것이다. 그리스도께서는 "나를 보내신 아버지께서 이끌지 아니하시면 아무도 내게 올 수 없으니 … 아버지께 듣고 배운 사람마다 내게로 오느니라 이는 아버지를 본 자가 있다는 것이 아니니라 오직 하나님에게서 온 자만 아버지를 보았느니라"(요 6:44, 45, 46; 요 1:18; 요 5:37)고 말씀하셨다.

하나님의 성령께서 이끌지 않으시면 우리가 그리스도께 나아올 수 없다고 말했는데, 그렇게 성령의 이끌림을 받게 되면 우리의 마음과 영이 인간이 이해할 수 있는 범주 이상으로 높이 들려올림을 받는 것이다. 성령의 조명하심을 받아 영혼이 말하자면 새로운 눈이 생겨서, 예전에는 어둠 가운데서 보지 못했던 하늘의 비밀들을 바라보게 되는 것이다. 그리고 성령의 빛의 비침을 받아서 드디어 사람이 하나님 나라에 속한 일들을 진정으로 맛보기 시작한다. 예전에는 그렇게 어리석었고 무지하여 그것들을 맛보는 일조차도 불가능했었는데 말이다.

그렇기 때문에, 그리스도께서 하나님 나라의 비밀들을 두 제자에게 자세히 설명해 주시는 중에(눅 24:27) "그들의 마음을 열어 성경을 깨닫게"(눅 24:45) 하실 때에 비로소 그들이 감동을 받은 것이다. 사도들도 그리스도의 입으로 친히 가르침을 받았으나, 진리의 영께서 보내심을 받아 그들이 과거에 귀로 들었던 그 동일한 가르침들을 그들의 마음속에 부어 주셔야 했던 것이다(요 16:13). 하나님의 말씀은 마치 태양과 같아서 그것이 전파되는 모든 자들에게 비취지만, 맹인들에게는 아무런 효과도 없는 것이다. 그런데 우리 모두가 이 점에 있어서는 본성적으로 맹인들이다. 그러므로, 성령께서 속에서 가르치시는 스승이 되셔서 우리를 조명하사 그 말씀이 들어오도록 역사하지 않으시면, 말씀이 우리 마음속에 들어올 수가 없는 것이다.

35. 성령이 없이는 믿음이 불가능함

사람의 본성의 부패에 대해 논의할 때에, 믿는다는 것이 사람에게 얼마나 합당치 않은가 하는 점에 대해 좀 더 자세히 밝혔었다.[7] 그러므로 같은 논의를 되풀이해서 독자들을 괴롭게 할 생각은 없다. 여기서는 다만, 성령께서 우리에게 주시며 또한 본성적으로는 우리가 가질 수 없는 믿음 그 자체를 가리켜 바울이 "믿음의 마음"이라 부른다는 것을(고후 4:13) 지적하는 것으로 충분할 것이다. 그리하여 바울은 데살로니가서에서, "하나님이 … 모든 선을 기뻐함과 믿음의 역사를 능력으로 이루게 하시"(살후 1:11)기를 위하여 기도한다. 여기서 그는 믿음을 가리켜 "하나님의 역사"라 부르며, 또한 그것을 형용사로 구별짓지 않고 "선을 기뻐함"이라 적절히 칭하고 있다. 이렇게 해서 그는 사람 자신이 믿음을 시작한다는 것을 부인할 뿐 아니라, 그것으로 만족하지 않고 믿음이 하나님의 능력으로 이루어지는 것이라는 뜻을 덧붙이는 것이다. 또한 고린도전서에서는 믿음이 사람의 지혜를 의지하는 것이 아니라 성령의 능력에 기초하는 것임을 진술하고 있다(고전 2:4-5).

사실, 그는 겉으로 드러나는 이적에 대해서 말하고 있다. 그러나 악인들이 눈이 어두워 이 이적들을 보지 못하기 때문에, 그는 다른 곳에서 언급하는(엡 1:13; 4:30) 내적인 인침을 거기에 포함시키고 있다. 그리고 하나님께서는 그런 영광스러운 선물을 통해서 그의 풍성하신 자비하심을 더욱 충만히 드러내시기 위하여 그것을 모든 사람에게 차별 없이 다 베푸시지 않고, 오직 원하시는 사람들에게만 특별한 특권으로 주시는 것이다. 이에 대한 성경의 증거들을 위에서 인용한 바 있다.

신실한 성경 해석자인 아우구스티누스는 다음과 같이 말하고 있다: "우리 주님은 그를 믿는 믿음이 인간의 공로가 아니라 하나님의 선물임을 가르치시기 위하여 말씀하시기를, '나를 보내신 아버지께서 이끌지 아니하시면 아무도 내게 올 수 없으니'(요 6:44)라고 하셨고 또한 '내 아버지께서 오게 하여 주지 아니하시면 누구든지 내게 올 수 없다'(요 6:65)고 하셨습니다. 참 이상합니다! 두 사람이 듣는데, 한 사람은 멸시하고 다른 한 사람은 일으킴을 받는다니 말입니다. 멸시하는 사람은 그 책임이 자기에게 있음을 알아야 하고, 일으킴을 받는 사람은 그것이 자기 덕분이라고 생각해서는 안 되는 것입니다."

그리고 또 다른 부분에서는 이렇게 말한다: "어째서 한 사람은 그것을 받고 다른 한 사람은 그것을 받지 못할까요? 나는 조금도 부끄러움 없이 말하렵니다. '이것이 바로 십자가의 깊은 비밀이다'라고 말입니다. 우리로서는 도저히 헤아릴 수 없는 하나님의 깊고 깊은 판단에서 우리의 모든 능력이 나오는 것입니다. … 내가 할 수 있다는 사실은 분명히 보입니다. 그러나 어떻게 해서 그렇게 할 수 있게 되는지는 보이지 않습니다. 다만 분명하게 보이는 것은 바로 그것이 하나님께 속해 있다는 사실입니다. 그런데 어째서 이 사람은 할 수 있고, 저 사람은 할 수 없는 걸까요? 이 사실은 너무나 커서 나로서는 도저히 깨달을 수가 없습니다. 이것이 바로 십자가의 깊은 비밀이요, 끝없이 깊은 심연입니다. 논리적으로 따지고 증명할 수가 없습니다. 그저 놀라움으로 경탄의 소리를 지를 따름입니다."[8] 한 마디로 정리하자면, 그리스도께서는 그의 성령의 능력으로 우리를 조명하셔서 믿음을 갖게 하시며, 동시에 우리를 그의 몸에 접붙이셔서 모든 축복에 참예하게 하신다는 것이다.

36. 믿음은 마음에 뿌리를 내림

그 다음으로 필요한 일은 지성(mind)이 흡수한 것을 마음속에 부어넣는 일이다. 하나님의 말씀이 머리 꼭대기에서만 맴돈다면 그것은 믿음으로 말씀을 받아들이는 것이 아니다. 그러나 그 말씀이 마음의 깊은 곳에 뿌리를 내리게 되면, 그 말씀이 시험의 온갖 궤계들을 저항하고 내쫓을 수 있는 난공불락(難攻不落)의 방벽이 될 수 있는 것이다. 그러나 지성으로 진정 이해하는 일이 하나님의 성령의 조명하심으로 말미암는 것이 사실이라면, 마음으로 확증하는 데서 성령의 능력이 더욱 선명하게 드러난다 할 수 있을 것이다. 왜냐하면 마음의 불신이 지성의 어둠보다 더욱 크기 때문이다. 지성에 지식을 불어넣는 것보다도 마음에 확신을 심어 주는 것이 더욱 어려운 일이다. 그리하여 성령께서 도장(印)의 기능을 발휘하셔서 이미 지성으로 확실하다고 알고 있는 그 약속들을 마음속에 인쳐 주시며, 또한 그가 보증인의 위치를 취하셔서 그 약속들을 확증하시고 든든히 세우시는 것이다.

그리하여 사도는 말씀하기를, "너희도 … 믿어 약속의 성령으로 인치심을 받았으니 이는 우리의 기업의 보증이 되사 …"(엡 1:13-14)라고 한다. 바울은 신자들의 마음이, 말하자면, 성령으로 인침을 받았다고 가르치고 있다. 그리고 성령께서 복음을 우리에게 확고히 세우시기 때문에 그를 가리켜 "약속의 영"이라고 부르고 있다. 이와 비슷하게, 그는 고린도 교인들에게 말하기를, "우리에게 기름을 부으신 이는 하나님이시니 그가 또한 우리에게 인치시고 보증으로 우리 마음에 성령을 주셨느니라"(고후 1:21-22)고 하며, 또 다른 구절에서는 소망의 확신과 담대함에 대해서 말하면서 성령의 보증을 그런 확신과 담대함의 기초로 제시하는 것이다(고후 5:5).

37. 믿음이 의심을 이김

그리고 앞에서 말했지만,[9] 아직도 잊어지지 않고 또한 경험을 통해서 계속 새롭게 기억되는 사실은, 믿음이 온갖 잡다한 의심에 휩싸여 경건한 자들의 마음이 평안할 때가 별로 없으며 적어도 항상 평화로운 상태를 누리지는 못한다는 것이다. 그러나 무엇이 공격하여 흔들어 놓든지 간에 그들은 결국 시험의 소용돌이에서 피해나오거나 아니면 자기 자리를 굳건히 지키는 법이다. 시편 기자는, "하나님은 우리의 피난처시요 힘이시니 환난 중에 만날 큰 도움이시라. 그러므로 땅이 변하든지 산이 흔들려 바다 가운데 빠지든지 바닷물이 솟아나고 뛰놀든지 그것이 넘침으로 산이 흔들릴지라도 우리는 두려워 아니하리로다"(시 46:1-3)라고 말씀했는데, 믿음이 바로 이 말씀에서 안전함과 보호함을 확신하게 되는 것이다.

또 다른 시편도 이러한 평안의 상태를 찬양하고 있다: "내가 누워 자고 깨었으니 여호와께서 나를 붙드심이로다"(시 3:5). 다윗도 언제나 평온하고 복된 상태에 거한 것만은 아니었다! 그러나 그는 믿음의 분량에 따라서 하나님의 은혜를 맛보는 가운데 그의 마음의 평안을 어지럽히는 모든 것을 두려움 없이 멸시한다고 고백하고 있는 것이다. 그렇기 때문에 성경은 우리의 믿음을 북돋고자 하여 우리에게 잠잠하라고 명하는 것이다. 이사야서에서는 "너희가 … 잠잠하고 신뢰하여야 힘을 얻을 것이거늘"(사 30:15)이라고 말씀하고, 시편에서도 "여호와 앞에 잠잠하고 참고 기다리라"(시 37:7)고 말씀한다. 또한 히브리서에서도 사도는 "너희에게 인내가 필요함"을 말씀하는데(히 10:36), 이 역시 이 구절들과 일치하는 것이다.

(이에 대한 스콜라 신학자들의 반론을 반박함. 38-40)

38. 믿음에 관한 스콜라 신학자들의 오류

그러므로 우리는 스콜라 신학자들의 독단적인 가르침(dogma)이 얼마나 위험천만한 것인지를 판단할 수가 있다. 그들의 주장은, 우리를 향하신 하나님의 은혜는 오로지 도덕적인 추측(moral conjecture)에 의해서만 분별할 수가 있는데 그 도덕적인 추측에 의하면 누구나 하나님의 은혜를 받을 만한 자격이 없지 않다는 것이다.[10] 사실 하나님께서 우리에 대해서 어떻게 느끼실지를 우리 자신의 행위로 판단해야 한다면, 나의 경우에는 추측을 통해서는 도저히 은혜에 도달할 방법이 없다는 것을 인정할 수밖에 없다. 그러나 믿음은 단순하고도 값없이 주어진 약속과 일치하는 것이므로, 의심이 끼어들 여지가 없는 것이다. 만일 우리의 삶이 순결하여 하나님의 은혜를 받을 자격을 갖추면 하나님께서 그것을 근거로 우리를 사랑하사 은혜를 베푸실 것이라는 식의 논리를 갖고 있다면, 과연 우리에게 어떠한 유의 확신이 생기겠는가? 이 문제에 대해서는 다른 곳에서 구체적으로 다룰 것이므로(참조. 15장), 여기서는 더 이상 거론하지 않기로 한다. 더욱이, 추측이라든가 아니면 의심에 버금가는 이런저런 느낌만큼 믿음을 대적하는 것이 없다는 사실이 너무도 분명하기 때문에라도, 이 문제는 논란의 여지가 없는 것이다.

이 신학자들은 "사랑을 받을는지 미움을 받을는지 사람이 알지 못"한다는 전도서의 증거를(전 9:1) 계속해서 입에 올리면서도 정말 악독하게도 그 증거를 왜곡시키고 있다. 라틴어 불가타 역본(the Vulgate)이 이 구절을 잘못 번역하고 있다는 사실은 그냥 지나친다 할지라도, 솔로몬이 이 말씀을 통해서 의도한 뜻이 무엇인지는 어린아이라도 놓칠 수가 없는 것이다. 즉, 사람이 자기의 현실을 근거로 하여 하나님께서 어떤 사람을 미워하시고 어떤 사람을 사랑으로 껴안으실지를 판단하려 한다면, 그것은 헛수고요 아무리 애써도 소득이 없는 것이다. 왜냐하면 "모든 사람에게 임하는 그 모든 것이 일반이라 의인과 악인 … 제사를 드리는 자와 제사를 드리지 아니하는 자에게 일어나는 일들이 모두 일반"(전 9:2)이기 때문이다.

여기서 드러나는 사실은 하나님께서 모든 일을 결국 선하게 하시기를 원하시는 그런 자들에게 언제나 계속해서 사랑만을 드러내 보이시는 것이 아니고, 또한 징벌할 자들에게 언제나 미움을 드러내 보이시는 것이 아니라는 것이다.

이는 또한 인간의 본성적인 어리석음을 입증해 주기도 한다. 반드시 알아야 할 가장 중대한 문제에 있어서 인간은 철저한 암매(暗昧) 속에 빠져 있는 것이다. 솔로몬이 기록하고 있는 대로 "인생이 당하는 일을 짐승도 당하"므로(전 3:19) 사람의 영혼이 짐승의 영혼과 어떻게 다른지를 구별하지 못하는 것이다. 그리고 여기서 더 나아가서, 영혼이 불멸하다고 보는 우리의 견해가 오직 추측에 근거한 것일 뿐이라는 식으로 생각하는 사람이 있다면, 그 사람을 정신 나간 사람으로 여겨야 마땅하지 않을까? 현실 속에서 보이는 물질적인 것으로는 도저히 깨달을 수가 없으므로 하나님의 은혜에 대하여 확실한 것이 아무것도 없다는 식으로 생각한다면 과연 그런 사람이 정신이 온전한 사람이겠는가?

39. 그리스도인은 성령의 거하심을 확신함

그러나 그들은, 하나님의 뜻에 대하여 의심 없는 지식을 우리가 소유하고 있다는 논리는 성급한 가정에 불과하다고 주장한다. 만일 이 주장이 우리가 하나님의 헤아릴 길 없는 하나님의 계획을 우리의 보잘것없는 이해력에 굴복시켜서 우리 스스로 그 계획을 판단하려 한다는 뜻이라면, 그들의 주장을 받아들이는 것이 마땅할 것이다. 그러나 만일 우리가 사도 바울의 말씀을 그대로 따라서 그저 "우리가 세상의 영을 받지 아니하고 오직 하나님으로부터 온 영을 받았으니 이는 우리로 하여금 하나님께서 우리에게 은혜로 주신 것들을 알게 하려 하심이라"(고전 2:12)고 이야기한다면, 하나님의 성령을 모욕하지 않고서야 어떻게 우리의 논지를 반대할 수가 있겠는가? 그러나 만일 성령으로 말미암아 주어진 계시를 거짓되다거나 불확실하다거나 애매하다고 하여 비방하는 일이 정말 극심한 신성모독(神聖冒瀆)이라면, 그 계시의 확실함을 주장하는 우리가 어떻게 잘못일 수가 있겠는가?

그런데도 그들은 그리스도의 영을 소유하고 있다고 자랑하는 우리의 태도가 그야말로 무모한 짓이라고 소리를 높이고 있는 것이다. 세상에서 스승들로 인정받고 싶어하는 자들이 기독교의 가장 기본적인 원리들에 대해서 그렇게 수치스럽게 오류를 범하고 있다면, 과연 그 사실을 누가 믿어 주겠는가? 현존하는 그들의 저작들이 증거해 주지 않았다면, 나 역시도 그 사실을 믿지 않았을 것이다. 사도 바울은 누구든지 "하나님의 영으로 인도함을 받는 그들은 곧 하나님의 아들이라"고 말하고 있다(롬 8:14). 그런데 이 사람들은 마치 하나님의 자녀들이 하나님의 영과는 관계 없이 자기들 자신의 영으로 인도함을 받는 것처럼 논리를 펴고 있는 것이다.

바울은 성령께서 그렇게 역사하시기 때문에 우리가 하나님을 "아버지"라고 부른다고 가르친다. 오직 성령만이 "우리의 영과 더불어 우리가 하나님의 자녀인 것을 증언하시"는 것이다(롬 8:16). 이 사람들은 우리에게 하나님을 부르지 말라고는 하지 않지만, 그럼에도 불구하고 성령의 역사하심은 배제시켜 버린다. 성령의 인도하심을 받아야만 우리가 정당하게 하나님을 부를 수가 있는데도 말이다. 바울은 그리스도의 영으로 말미암아 인도함을 받지 않는 자들은 그리스도의 종이 아니라고 가르친다(참조. 롬 8:9). 이 사람들은 그리스도의 영이 필요 없는 전혀 다른 기독교를 만들어 내고 있는 것이다. 사도 바울은 우리가 성령께서 우리 속에 거하심을 느끼지 못하면 복된 부활의 소망도 없다고 가르치는데(롬 8:11), 이 사람들은 그런 성령에 대한 느낌이 없어도 얻을 수 있는 그런 소망을 만들어 내는 것이다.

가령 이 사람들이, 우리가 성령을 받아야 한다는 사실 자체는 부인하지 않으나 다만 성령의 거하심을 확신한다고 자신하지 않는 것이 예의요 겸손이라는 식의 반론을 제기한다고 하자. 그렇다면 사도 바울이 고린도 교인들에게 한 다음과 같은 말씀은 도대체 무슨 의미란 말인가?: "너희는 믿음 안에 있는가 너희 자신을 시험하고 너희 자신을 확증하라 예수 그리스도께서 너희 안에 계신 줄을 너희가 스스로 알지 못하느냐 그렇지 않으면 너희는 버림 받은 자니라"(고후 13:5). 사도 요한도 말하기를, "우리에게 주신 성령으로 말미암아 그가 우리 안에 거하시는 줄을 우리가 아느니라"고 한다(요일 3:24; 4:13). 하나님께서는 자기의 모든 백성들에게 성령을 부어주시겠다고 선포하셨는데(사 44:3; 참조. 욜 2:28), 만일 우리가 하나님의 성령과는 관계 없이 우리 스스로 하나님의 종들로 인정 받기를 원한다면, 그것이야말로 그리스도의 약속들에 대해 의문을 제기하는 것이 아니면 무엇이겠는가? 만일 우리가 성령의 특별하신 역사인 믿음을 성령과 분리시킨다면, 그것이 과연 성령님을 해치려 하는 것이 아니면 무엇이겠는가?

이것은 경건의 가장 기초를 이루는 것이기 때문에, 성령의 임재를 감히 자랑하는 그리스도인들을 교만하다며 비난한다면 그것이야말로 가장 처량한 무지와 오류의 상태에 있다는 증거인 것이다. 이러한 자랑이 없이는 기독교 자체가 성립이 되지를 못하는 것이다! "그는 진리의 영이라 세상은 능히 그를 받지 못하나니 이는 그를 보지도 못하고 알지도 못함이라 그러나 너희는 그를 아나니 그는 너희와 함께 거하심이요 또 너희 속에 계시겠음이라"(요 14:17)는 그리스도의 말씀이 얼마나 확실한지를 그들이 자기들의 실질적인 행위로써 선언하고 있는 것이다.

40. 믿음과 성도의 견인

그들은 한 방면에서 믿음의 견고함을 무시하려고 애쓰는 것으로 만족하지 않고 다른 방면에서도 그것을 공격한다. 그리하여 그들은 우리의 현재의 의로운 상태에 따라서 우리가 과연 하나님의 은혜를 소유하고 있느냐를 스스로 판단할 수가 있기는 하지만, 그렇더라도 끝까지 인내하느냐의 여부에 대한 지식은 여전히 미정(未定)의 상태로 남아 있다고 주장하는 것이다. 지금 이 순간에는 도덕적인 추측을 통해서 우리가 은혜 가운데 있다고 판단하며 구원에 대한 세밀한 확신이 있다고 단정한다 하더라도, 내일은 과연 어떻게 될지 모른다는 것이다! 그러나 사도는 이와는 전연 달리 말하고 있다: "내가 확신하노니 사망이나 생명이나 천사들이나 권세자들이나 현재 일이나 장래 일이나 능력이나 높음이나 깊음이나 다른 어떤 피조물이라도 우리를 우리 주 그리스도 예수 안에 있는 하나님의 사랑에서 끊을 수 없으리라"(롬 8:38-39).

이에 대해서 그들은 사도는 특별 계시를 통해서 확신을 얻었다는 식으로 지껄여대며 하찮은 해결책으로 위기를 모면하려 한다. 그러나 그들은 완전히 붙잡혀 있어서 절대로 도망칠 수가 없다. 사도는 여기서 자기 혼자만의 특별한 체험을 말하는 것이 아니라 모든 신자들이 믿음에서부터 공통적으로 얻는 유익들을 논하고 있는 것이기 때문이다. 그리고 다른 곳에서는 같은 사도가 우리의 연약한 마음과 일관성 없는 태도에 대해서 말하여 우리를 두려움 속에 몰아넣는다: "선 줄로 생각하는 자는 넘어질까 조심하라"(고전 10:12). 이 말씀은 사실이다. 하지만 여기서 의도하는 두려움은 우리를 혼란 속에 몰아 넣는 그런 두려움이 아니라, 베드로가 설명하듯이(벧전 5:6) 우리 자신을 하나님의 권능의 손 아래 겸손히 가져다 놓는 법을 배우도록 만들어 주는 그런 두려움인 것이다.

그렇다면, 믿음의 확실성이 어느 시점에만 제한된다는 식의 주장이 얼마나 어리석은지를 잘 알 수 있다. 믿음이란 그 본질부터가 바로 이 삶이 끝난 이후 미래에 있을 불멸의 상태를 바라보는 것이 아닌가! 그러므로, 신자들이 하나님의 성령의 조명하심을 받아 믿음으로 말미암아 하늘의 생명을 바라본다는 사실부터가 하나님의 은혜로 되는 것이므로, 그런 사실을 자랑한다는 것은 절대로 교만한 것이 아니다. 만일 어떤 사람이 그 사실을 고백하기를 부끄러워한다면, 그것이 그의 예의와 겸손을 보여주는 것이기는커녕, 오히려 바로 그런 행동 자체가 하나님의 선하심을 악의로 억누르는 것으로 극한 배은망덕의 자세를 드러내 보여 주는 것이다.

(믿음과 소망과 사랑의 상호 관계. 41-43)

41. 히 11:1에 나타난 믿음의 정의

믿음의 본질은 그 합당한 기초가 되는 약속의 실체를 통해서 가늠하는 것보다 더 좋고 분명한 것이 없을 것 같다. 따라서 그 약속이 제거되면, 믿음이 완전히 무너질 것이요, 아니면 사라지고 말 것이다. 그러므로, 우리는 이 사실에서 믿음의 정의를 취하였다. 그러나 이 정의는 사도가 제시한 정의, 아니 그가 믿음을 논의하면서 적용시킨 묘사와 전혀 다르지 않다. 사도는 "믿음은 바라는 것들의 실상이요 보이지 않는 것들의 증거"라고 가르치고 있다(히 11:1). 그런데 여기서 그는 "휘포스타시스"라는 헬라어 단어를 사용하는데, 이는 경건한 자의 마음이 기대고 의지하는 일종의 버팀대(support)를 의미한다. 마치 사도는 여기서 믿음 그 자체가 하나님께서 우리에게 약속하신 것들을 확실하고 안전하게 소유하는 것이라고 말씀하려 하는 것 같다. 여기의 "휘포스타시스"를 신뢰의 의미로 이해하지만 않는다면 말이다. 나는 물론 좀 더 일반적인 해석을 취하지만, 그러나 신뢰의 뜻으로 이해한다고 해도 불쾌하지는 않다.

한편, 바울의 의도는[11] "책이 펼쳐질"(단 7:10) 그 마지막 날까지 우리의 구원에 관한 일들이 너무도 높아서 우리의 감각으로 지각할 수가 없고 우리의 눈으로 보거나 우리의 손으로 만질 수가 없다는 사실과, 또한 그 마지막 날까지 우리는 우리의 감각의 모든 한계를 넘어서고 우리의 지각을 이 세상의 만물들의 한계를 넘어서는 데까지 이끌어가지 않고서는 — 한 마디로, 우리 자신을 뛰어넘지 않고서는 — 도저히 소유할 수 없는 그런 상태에 있다는 사실을 말하고자 하는 것이었다. 그러므로 그는 이러한 소유에 대한 확신이 소망 가운데 있는 — 그렇기 때문에 보지 못하는 — 것들에 관한 것임을 덧붙여 진술하고 있는 것이다. 바울이 기록하고 있는 대로, "보이는 소망이 소망이 아니니 보는 것을 누가 바라리요"(롬 8:24)!

바울은 그것을 가리켜 "증거"(proof) 혹은 "암시"(indication)라고 했는데 — 혹은 아우구스티누스가 자주 번역하고 있듯이 "현존하지 않는 것들에 대한 확신"(conviction: 헬라어로는 '엘렝코스'이다: 히 11:1)이라고 할 수도 있겠지만[12] — 이 때에 바울은 말하자면 믿음이 나타나지 않는 것들에 대한 증거(evidence)요, 보이지 않는 것들을 보는 것이요, 희미한 것들이 깨끗해지는 것이요, 없는 것들이 있게 되는 것이요, 감추어진 것들이 드러나는 것이라는 의미로 말하는 것이다. 하나님의 비밀들은, 특히 우리의 구원에 관한 것들은, 그것들 자체로는 분간할 수가 없고, 그 자체의 본질로도 분간할 수가 없는 것이다. 우리는 다만 하나님의 말씀 속에서만, 또한 하나님께서 말씀하시는 것은 무엇이든 이미 행해졌고 성취된 것으로 간주해야 한다고 믿도록 만드는 그의 신실하심을 의지함으로만 그것들을 바라볼 뿐인 것이다.

그러나 마음이 일깨움을 받아 하나님의 선하심을 맛보면서 어찌 하나님을 사랑하는 마음이 동시에 생겨나지 않을 수 있겠는가? 하나님을 경외하는 자들을 위하여 예비해 두신 그 풍성한 기쁨을 알게 되면 그와 동시에 우리가 강하게 감동을 받지 않을 수가 없기 때문이다. 그리고 누구든 일단 그것에 감동을 받게 되면, 그것이 그 사람을 완전히 휘감아서 자기에게로 이끌고 가는 것이다. 그러므로, 불경하고 악한 자들의 마음이 이런 감동을 절대로 체험하지 못한다는 것도 전혀 무리가 아니다. 그러나 우리는 그런 감동으로 말미암아 하늘에까지 이끌려 들어가 거기서 하나님의 감추어진 보배들을 접하고 그의 나라의 가장 거룩한 곳곳을 보게 된다. 그곳은 부정한 마음이 들어가서 더럽힐 수가 없는 곳이다.

사랑이 믿음과 소망에 우선한다는 신학자들의 가르침은 헛된 꿈밖에 아무것도 아니다.[13] 왜냐하면 우리 속에 사랑을 처음 일으키는 것이 오직 믿음이기 때문이다. 베르나르의 다음과 같은 말이 그보다 훨씬 더 바르다 하겠다: "내가 믿기로 바울이 경건한 자들의 '자랑'이라고 부르는 양심의 증거에는(고후 1:12) 세 가지가 있습니다. 첫째로, 하나님의 긍휼하심이 없이는 죄 사함을 받을 수도 없음을 믿고, 둘째로, 하나님께서 주시지 않으면 사람이 선행을 할 수가 없음을 믿으며, 마지막으로, 영생을 값없이 주시지 않으면 그 어떠한 수고로도 영생에 합당한 공로를 이룰 수가 없음을 믿는 것이 필요하다는 것입니다." 그리고 그는 이어서 다시 덧붙이고 있다: "이것들만으로는 부족합니다. 이것들은 그저 믿음의 시작에 불과하지요. 하나님으로 말미암지 않고는 죄 사함을 받을 수 없다는 것을 믿어야 하지만, 그와 동시에 성령의 증거하심으로 말미암아 우리를 위하여 예비되어 있다는 것을 믿게 되기까지는 그 죄들이 사함 받지 못한다는 사실도 알아야 하는 것입니다. 하나님께서 친히 죄를 사하시고, 공로로 인정해 주시고, 그 다음에 상급으로 돌려 주시니, 처음 시작 단계에 그냥 머물러 있을 수가 없는 것입니다."[14]

그러나 이런 등등의 문제들은 적당한 곳에서 다시 논의하게 될 것이므로, 여기서는 그저 믿음이 무엇인가를 이해하는 정도로 만족하기로 하자.

42. 믿음과 소망의 관계

그러나 어디에 있든 이 믿음은 반드시 영원한 구원에 대한 소망을 절대로 떨어지지 않는 반려자(companion)로서 곁에 함께 두고 있는 법이다. 아니, 차라리 믿음이 그 자체에서 소망을 낳고 소망을 드러낸다고 하는 것이 낫겠다. 이 소망이 없다면, 아무리 세련되고 유려하게 믿음을 논한다 할지라도 우리에게 믿음이 없다는 것이 확실한 것이다. 앞에서 말한 대로[15] 만일 믿음이 하나님의 진리를 확고히 믿는 것(a sure persuasion)이라면 ― 그 진리가 우리에게 거짓말을 할 수도, 우리를 속일 수도, 헛될 수도 없다는 것을 믿는 것이라면 ― 이런 확신을 얻은 사람은 동시에 하나님께서 그의 약속들을 이행하실 것을 반드시 기대하게 될 것이다. 그 약속들이 절대로 참되다는 것을 확고히 믿기 때문이다.

그러므로 간단히 말해서, 소망이란 다른 것이 아니라 바로 믿음이 하나님께서 참되이 약속하셨다고 받아들이는 그런 일들을 기대하는 것이다. 그리하여 믿음은 하나님께서 참되심을 믿으며, 소망은 그의 참되심이 드러날 때를 기다리는 것이다. 믿음은 하나님이 우리의 아버지이심을 믿으며, 소망은 그가 스스로 아버지이심을 우리에게 보여 주시기를 바라고 기다리는 것이다. 믿음은 소망이 근거를 두는 기초이며, 소망은 믿음을 자라게 하고 유지시켜 주는 것이다. 하나님의 약속들을 이미 믿고 있는 사람 이외에는 누구도 하나님께로부터 무엇을 구할 수가 없듯이, 우리 믿음의 연약함이 희미해지고 무너지지 않기 위해서는 끈기 있는 소망과 기대를 통해서 자라고 유지되어야 하는 것이다. 그렇기 때문에 사도 바울은 우리의 구원을 소망에 두는 것이다(롬 8:24).

소망은 고요한 중에 주를 기다리면서 믿음이 너무 성급하게 서둘다가 곤두박질치듯 떨어지지 않도록 그 믿음을 통제시켜 준다. 소망이 믿음을 강건하게 하여 하나님의 약속들 속에서 흔들리거나 그 약속들의 진실성에 대해서 의심하지 못하도록 막아 주는 것이다. 소망은 또한 믿음을 새롭게 만들어서 지치지 않도록 해 준다. 믿음을 그 마지막 목표점까지 계속 유지되도록 하며 중간에나 아니면 첫 시발점에서 넘어지는 일이 없도록 해 주는 것이다. 간단히 말해서, 소망은 끊임없이 믿음을 새롭게 하고 회복시킴으로써 계속해서 믿음을 인내로 강화시켜 주는 것이다.

하나님의 말씀을 받은 자들을 공격하고 치고 때리는 시험의 종류가 얼마나 많은가를 생각하면, 믿음을 세워가는 데 소망의 뒷받침이 정말 여러 가지 면에서 필수적이라는 사실을 더욱 깨달을 수 있을 것이다. 첫째로, 주님은 그의 약속들을 이루시기를 지체하심으로써 우리가 원하는 것 이상으로 우리의 마음을 근심 가운데 두시는 경우가 많다. 그런데 이때 "비록 더딜지라도 기다리라"(합 2:3)는 선지자의 말씀을 실행하게 하는 것이 바로 소망의 기능이다. 그리고 때때로 하나님은 우리가 지친 상태에 빠지도록 허용하실 뿐 아니라 노골적으로 우리를 향하여 진노를 드러내시기도 한다. 이때 소망의 도움을 받아야 할 필요성이 더욱 절실해진다. 소망의 도움이 있어야만 다른 선지자의 말씀대로 우리가 "야곱 집에 대하여 얼굴을 가리시는 여호와를 기다릴" 수 있기 때문이다(사 8:17).

베드로가 말씀하는 바와 같이 이때에 기롱하는 자들이 일어나 이렇게 말할 수도 있다: "주의 강림하신다는 약속이 어디 있느냐 조상들이 잔 후로부터 만물이 처음 창조할 때와 같이 그냥 있다"(벧후 3:4). 그리고 육체와 세상도 우리에게 똑같은 말을 속삭이는 것이다. 여기서 우리는 끝까지 인내하는 소망으로 우리의 믿음을 뒷받침하여 계속 유지해 감으로써 천 년을 하루같이 생각할 정도로 영원을 늘 바라보도록 되어야 하는 것이다(시 90:4; 벧후 3:8).

43. 믿음과 소망의 밀접한 연관성

이러한 상호 간의 유사점과 관련성 때문에 성경은 때때로 "믿음"과 "소망"이란 단어들을 서로 같은 의미로 혼용하기도 한다. 베드로는 우리가 "구원을 얻기 위하여 믿음으로 말미암아 하나님의 능력으로 보호하심을 받았"다고 가르치는데(벧전 1:5), 여기의 "믿음"이란 단어는 "소망"에 해당하는 내용이 포함되는 것이다. 그러나 이것은 지극히 합당하다. 왜냐하면 소망이란 다름이 아니라 믿음을 자라게 하고 강건하게 하는 것이라고 이미 가르쳤기 때문이다.

그리고 이 둘이 서로 함께 묶여지는 경우도 있다. 같은 서신서에서 베드로는 "너희 믿음과 소망이 하나님께 있게 하셨느니라"고 말하고 있다(벧전 1:21). 그러나 빌립보서에서 사도 바울은 소망에서 기대(expectation)를 이끌어내기도 한다. 왜냐하면 인내로 소망함으로써 우리가 하나님의 정하신 때가 드러나기까지 우리 자신의 소욕을 억제시키는 것으로 말하기 때문이다(빌 1:20). 이 문제는 앞에서 이미 인용한 바 있는 히브리서 11장에서 더 선명하게 이해할 수 있을 것이다. 다른 곳에서도 바울은 — 물론 똑같이 말하지는 않지만 — 동일한 문제에 대해서 다음과 같이 말하고 있다: "우리가 성령으로 믿음을 따라 의의 소망을 기다리노니"(갈 5:5). 이는 우리가 값없이 주어지는 사랑에 대하여 복음의 증거를 받아들임으로써, 현재는 소망 아래 숨겨져 있는 그것을 하나님께서 활짝 열어 보여주실 때를 기다리기 때문이다.

페테르 롬바르드(Peter Lombard)는 소망의 기초를 두 가지로 — 하나님의 은혜와 행위의 공로로 — 제시하는데, 그것이 얼마나 어리석은가 하는 것이 이제 분명해졌다. 소망이 갖는 목표는 믿음의 목표 이외에 다른 것일 수가 없다. 그리고 지금까지 분명히 설명한 바와 같이, 믿음의 유일한 목표는 바로 하나님의 긍휼하심인 것이다. 우리로서는 두 눈을 밝히 떠서 그 목표를 바라보아야 할 것이다. 그렇지만 여기서 롬바르드가 제시하는 이상야릇한 이유를 주목할 필요가 있다. 그는 말하기를, "아무런 자격도 없는 자가 무엇을 감히 소망한다면, 그것은 '소망'이 아니라 '뻔뻔스러움'이라고 해야 마땅할 것이다"라고 하였다.

사랑하는 독자들이여, 하나님이 참되시다는 것을 신뢰하는 사람을 가리켜 건방지고 뻔뻔스럽게 행동한다고 공언하는 이런 짐승 같은 자들을 정당하게 경멸하지 않을 사람이 어디 있겠는가? 주께서는 우리가 모든 일을 하나님의 선하심에서 나오는 것으로 알고 그것을 바라기를 친히 원하시는데도, 그들은 그것을 의지하고 바라는 것을 뻔뻔스러운 짓이라고 말하고 있으니 이 얼마나 한심한 일인가! 과연 스승은 스승이다! 논쟁을 일삼는 미친 학교의 정신 나간 학생들에게 합당한 놀라운 스승이 아닐 수 없다!

그러나 우리는 구원의 소망을 품으라는 하나님의 명령을 받고 있음을 죄인의 자격으로 바라보고 있으니, 하나님의 참되심을 기꺼이 인정하고, 오직 그의 긍휼하심만을 의지하며, 행위를 의지하는 것을 버리고, 감히 선한 소망을 가져야 하겠다. "너희 믿음대로 되라"(마 9:29)고 말씀하신 그분은 절대로 우리를 속이는 분이 아니신 것이다.

주 _____

1. 참조. 2권 8장 3절.

2. Augustine, *City of God*, XI. ii.

3. 불어판에는 'Theologiens Sorboniques'이라 되어 있는데, 이는 '소르본느의 신학자들'이
   란 의미이다.

4. 참조. 2권 1장 9절; 2권 2장 27절; 2권 3장 1절 등.

5. Augustine, *John's Gospel*, lii. 9. 요 12:31 주해.

6. Bernard of Clairvaux, *St. Bernard's Sermons for the Seasons*, II. 419–426.

7. 참조. 2권 2장 18–25절.

8. Augustine, *Sermons*, cxxxi. 2. 3; clxv. 5.

9. 참조. 2권 2장 8절.

10. 참조. Bonaventura, *Commentary on the Sentences*, IV. xx. 1.

11. 칼빈이 히브리서의 저자를 바울로 보고 있음을 유념하라.

12. Augustine, *John's Gospel*, ixxix. 1; xcv. 2.

13. 참조. Lombard, *Sentences* III. xxiii. 9; xxv. 5.

14. Bernard, *On the Feast of the Annunciation of the Blessed Virgin*, i. 1. 3.

15. 참조. 2권 2장 6절.

제 3 장

〰〰〰

믿음으로 말미암는 중생, 그리고 회개

(회개는 믿음의 열매임: 이에 대한 몇 가지 오류에 대한 논의. 1-4)

1. 회개는 믿음에서 비롯됨

지금까지 어떻게 믿음이 그리스도를 소유하며 또한 믿음을 통해서 그의 은혜들을 누리는지 부분적으로 가르쳤으나, 우리가 느끼는 효과들에 대해서 설명을 덧붙이지 않으면 이 문제가 여전히 희미한 상태로 남아 있을 것이다. 복음의 총체를 회개와 죄 사함에 있는 것으로 보는데(눅 24:47; 행 5:31), 이는 그만한 이유가 있는 것이다. 그러므로 이 두 문제를 제외하고 믿음을 논한다면 그것은 메마르고 골자가 빠져서 거의 소용이 없게 되고 말 것이다. 자, 회개와 죄 사함은 — 즉, 새로운 삶과 값없는 화목은 — 그리스도로 말미암아 우리에게 베풀어지는 것이요, 둘 다 믿음으로 말미암아 얻어지는 것이다. 그러므로 논리적인 순서와 이치로 볼 때에, 여기서 이 두 가지 문제를 논의할 필요가 있는 것이다.

여기서 믿음에서부터 회개로 곧바로 넘어가기로 하자. 이 회개의 문제를 올바로 깨닫게 되면, 사람이 오직 믿음으로만 의롭다 하심을 받는다는 사실이 더 선명하게 드러나며, 또한 실질적인 거룩한 삶이 값없는 의의 전가와 분리시킬 수 없다는 사실도 드러날 것이다. 자, 여기서 논란의 여지가 없는 분명한 사실은 회개가 끊임없이 믿음의 뒤를 따를 뿐 아니라 믿음에서 난다는 점이다. 죄 사함과 용서가 복음을 전함으로 말미암아 베풀어져서 죄인으로 하여금 사탄의 권세와 죄의 멍에와 악의 비참한 굴레에서 자유롭게 되어 하나님 나라로 옮겨가도록 만들어 주는 것이므로, 스스로 과거의 삶의 잘못된 것들을 고치고 올바른 길로 돌이키며 또한 회개를 실행하는 데 온 노력을 기울이게 되지 않고서는 복음의 은혜를 받았다고 말할 수가 없는 것이다. 그런데, 회개가 믿음에서 나오거나, 나무에서 열매가 나듯이 믿음으로 말미암아 만들어지는 것이 아니라, 오히려 믿음보다 선행(先行)한다고 생각하는 사람들도 있다. 그런 사람들은 아직 회개의 능력을 전혀 알지 못하고 있는 것이고, 그릇된 얄팍한 논리에 이끌려 그런 식으로 느끼게 된 것일 뿐이다.

2. 회개와 믿음의 관계

그들의 주장은, 그리스도와 세례 요한이 전도하는 가운데 사람들에게 먼저 회개하라고 촉구한 후에 천국이 가까웠다고 덧붙이셨다는 것이다(마 3:2; 4:17). 사도들이 전하라는 명령을 받고 그대로 시행한 것이 바로 그것이었고, 누가가 보도하는 대로 사도 바울도 그 순서를 따랐다고 한다(행 20:21). 그러나 그들은 단어들이 함께 연결되어 있다는 사실에만 미신적으로 매달리는 나머지 이 단어들이 함께 묶여진 의미를 무시하고 있는 것이다. 그리스도와 세례 요한이 "회개하라 천국이 가까이 왔느니라"(마 3:2)라고 복음을 전하실 때에, 회개할 이유를 하나님의 은혜 그 자체와 또한 구원에 대한 약속에서 이끌어내는 것이 아니면 무엇인가? 그러므로 그들의 말씀은 결국 "천국이 가까이 왔으니, 그러므로 회개하라"라는 뜻과 마찬가지인 것이다.

마태는 세례 요한이 그렇게 복음을 전한다는 사실을 보도하면서, 이사야의 예언이 그에게서 성취되었음을 가르친다: "광야에 외치는 자의 소리가 있어 가로되 너희는 주의 길을 준비하라 그가 오실 길을 곧게 하라"(마 3:3; 사 40:3). 그러나 이사야서에서는 그 소리가 위로와 복된 소식으로 시작할 것임을 말씀하고 있는 것이다(사 40:1-2).

우리가 회개의 근원을 믿음에 두기는 하지만, 그렇다고 해서 믿음이 회개를 낳을 때까지 일정 시간이 경과할 것을 상상하는 것은 아니다. 다만 자신이 하나님께 속하였다는 것을 알지 못하고서는 사람이 진지하게 자신을 가다듬어 회개할 수가 없다는 것을 보여 주고자 하는 것이다. 그런데, 먼저 하나님의 은혜를 깨닫지 않고서는 자신이 하나님께 속하였다는 진정한 믿음을 가질 수가 없다.

이 문제들은 다음에 이어지는 논의에서 좀 더 선명하게 다루게 될 것이다. 어떤 이들은, 은혜를 아는 지식에 젖기도 전에, 아니 그 은혜를 맛보기도 전에, 먼저 양심의 가책에 압도되어 그것 때문에 억지로 순종하게 되는 사람이 많다는 사실 때문에 그릇된 생각을 갖게 되기도 했다. 그런데 이것은 몇몇 사람들이 덕목의 하나로 보는 시초의 두려움(initial fear)에 지나지 않는다. 그들은 그것을 참되고 올바른 순종에 가까운 것으로 판단하는 것이다. 여기서 우리가 관심 갖는 것은 그리스도께서 얼마나 다양한 방식으로 우리를 자기에게로 이끄시며 경건을 추구하도록 우리를 준비시키시느냐 하는 문제가 아니다.

내가 말하고자 하는 것은 다만 그리스도께서 받으셔서 그의 지체들에게 전해 주시는 그 성령께서 다스리시는 곳이 아니면 어디서든 의로움(uprightness)이 있을 수가 없다는 사실이다. 그 다음으로 말하고자 하는 것은, 시편의 진술에 따르면 "사유하심이 주께 있음은 주를 경외하게 하심"(시 130:4)을 위함이므로 하나님이 자기에게 자비하시다는 것을 신뢰하는 사람이 아니고서는 어느 누구도 하나님을 경외하게 되지를 않는다는 사실이다. 하나님께서 자기의 순종을 기뻐하신다는 것을 믿는 자가 아니면 과연 누가 기꺼이 자신을 가다듬어 율법을 지키려 애쓰겠는가? 악을 너그러이 용납하시는 이러한 온유함이야말로 하나님이 아버지와 같은 사랑을 갖고 계시다는 하나의 증표인 것이다.

호세아의 권면 역시 이 점을 잘 보여 준다: "오라 우리가 여호와께로 돌아가자 여호와께서 우리를 찢으셨으나 도로 낫게 하실 것이요 우리를 치셨으나 싸매어 주실 것임이라"(호 6:1). 죄 사함에 대한 소망을 마치 자극제처럼 첨가하셔서 사람으로 하여금 죄 가운데서 게으름을 피우며 누워 있지 않게 만드시는 것이다. 그런데, 처음 회개로부터 출발한 새로운 회심자들에게 특정한 기간을 지정하여 그동안 고해 성사(penance)를 하도록 종용하고, 그 기간이 지나면 그들을 복음의 은혜의 성례에 참예하게 하는 사람들의 미친 짓에는 정말 이성적인 데라곤 하나도 없는 것이다. 이는 수많은 재세례파들, 특히 소위 신령하다고 인정받기를 너무나도 기뻐하는 사람들과 그 동류들인 예수회 사람들과 그 비슷한 쓰레기들을 두고 하는 말이다. 그런 경박스런 자들은 결국 회개를 단 며칠 동안으로 제한하지만, 그리스도인은 평생을 회개의 기간으로 삼아야 마땅한 것이다.

3. "죽이는 일"과 "살리는 일"

그런데, 오래 전 옛날부터 지식이 있는 몇몇 사람들이 성경의 원칙에 따라서 단순하고도 진실하게 말하고자 하는 의도를 갖고서 말하기를, 회개는 두 부분으로 ― 곧, 죽이는 일(mortification)과 살리는 일(vivification) ― 되어 있다고 하였다. 그들은, 여기서 말하는 "죽이는 일"이란 죄를 깨닫고 하나님의 심판을 알게 됨으로써 품게 되는 영혼의 슬픔과 두려움이라고 설명한다. 누구든지 죄에 대한 참된 지식을 갖게 되면, 죄를 진심으로 미워하고 혐오하기 시작하는 법이다. 그리고 이어서 자기 자신을 마음 깊이 불쾌하게 여기며, 스스로 비참한 자요 버림 받은 자라고 고백하게 되고, 자기가 다른 사람이기를 바라게 된다. 더 나아가서, 하나님의 심판에 대해 지각을 얻게 되면 ― 죄와 심판은 곧바로 연결되기 때문이다 ― 충격을 받고 완전히 무너지며, 낮아지고 던져진 상태에서 떨게 된다. 그리고 실망과 절망의 상태에 빠지게 된다. 바로 이것이 회개의 첫 번째 부분으로서 보통 "통회"(contrition)라고 부른다.

또한 "살리는 일"이란 믿음에서 생겨나는 위안과 위로(consolation)를 가리킨다. 즉, 사람이 죄를 의식하여 슬픔을 갖고, 하나님을 두려워하여 완전히 무너져버린 상태에서 다시 하나님의 선하심을 ― 그의 긍휼하심과 은혜와 그리스도로 말미암는 구원 등을 ― 바라보게 되면, 스스로 일어나게 되고 마음을 가다듬게 되며 용기를 갖게 되고, 말하자면 죽음에서 생명으로 되돌아오게 되는 것을 가리킨다는 말이다. 이 두 단어들은 올바로 해석하기만 하면 회개에 담긴 의미를 충분히 잘 표현해준다 하겠다. 그러나 여기서 말하는 "살리는 일"을 불안과 두려움이 진정된 이후에 얻게 되는 마음의 행복감을 의미하는 것으로 이해한다면, 그것에 대해서는 동의할 수가 없다. "살리는 일"이란 오히려 거룩하고 헌신된 삶을 살고자 하는 열심을 의미하며, 거듭남에서 생겨나는 열심을 의미하는 것이다. 마치 사람이 자기 자신에 대해서 죽어서 하나님께 대하여 살기 시작한다는 말처럼 그런 것을 가리키는 것이다.

4. "율법의 회개"와 "복음의 회개"

또 어떤 사람들은 이 단어가 성경에서 여러 가지 다른 의미로 쓰이는 것을 알고는 회개에 두 가지 형태가 있다고 생각하기도 한다. 어떤 두드러진 특징들로 그 둘을 구별하기 위하여, 그 중 하나는 "율법의 회개"(repentance of the law)

라고 불렀다. 죄인은 이 "율법의 회개"로 말미암아 죄의 낙인이 찍혀 상처를 받고 하나님의 진노에 대한 공포에 짓눌려 있는 죄인이 이 "율법의 회개"로 말미암아 그런 불안한 상태에 그대로 붙잡혀서 거기서 스스로 빠져나올 수가 없다고 한다. 또 하나의 회개를 그들은 "복음의 회개"(repentance of the gospel)라 불렀다. 굉장한 고통의 상태에 있는 죄인이 이 "복음의 회개"를 통해서 다시 일어나 그리스도를 그의 상처를 치료하는 약으로, 그의 공포를 없애는 위로로, 그의 비참한 상태를 제거하는 피난처로 여겨서 그를 붙들게 된다는 것이다.

그들은 가인(창 4:13)과 사울(삼상 15:30)과 유다(마 27:4)를 "율법의 회개"의 실례로 제시한다. 성경은 이들의 회개에 대해서 보도하면서, 그들이 그들의 죄의 위중함을 시인하며 하나님의 진노를 두려워한 것으로 묘사하고 있다. 그러나 그들은 하나님을 오로지 복수자요 심판자로만 생각하여 그런 생각에 완전히 압도되어 버린 것이다. 그러므로 그들의 회개는 지옥으로 들어가는 일종의 입구이외에 아무것도 아니었다. 그들은 이생에서 이미 지옥에 들어간 상태였고, 하나님의 위엄의 진노 앞에서 형벌을 받기 시작한 상태였던 것이다.

또한 우리는 죄의 가시에 찔려 상처를 입었으나 다시 일깨워 하나님의 긍휼하심을 신뢰함으로 새로워져서 주께로 돌아온 모든 사람들에게서 "복음의 회개"를 볼 수 있다. 히스기야는 죽음에 대한 말씀을 접하고서 두려움으로 참담한 상태에 빠졌다. 그러나 그는 울며 기도하였고, 하나님의 선하심을 바라봄으로써 신뢰를 회복했다(왕하 20:2; 사 38:2).

니느웨 사람들은 멸망에 대한 무시무시한 경고를 접하여 괴로움을 당했으나 베를 입고 재를 무릅쓰고 기도하여 주께서 그들을 돌아보사 그의 맹렬한 진노를 돌이키시기를 바랐다(욘 3:5, 9). 다윗은 고백하기를, 백성들의 인구를 조사하여 크게 범죄하였음을 고백하였으나, 곧바로 이어서 "종의 죄를 사하여 주옵소서"(삼하 24:10)라고 간구하였다. 나단 선지자가 와서 책망할 때에, 다윗은 자기의 간음 죄를 시인하고서 여호와 앞에 넘어졌으나 동시에 그는 용서를 기다렸다(삼하 12:13, 16). 베드로의 설교를 듣고 마음에 찔림을 받은 자들의 회개도 마찬가지였다. 그러나 그들은 하나님의 선하심을 신뢰하고서 말하기를, "형제들아 우리가 어찌할꼬?"(행 2:37)라고 하였다. 베드로 자신의 회개도 그러했다. 그는 정말 자신의 잘못에 대해서 슬피 울었으나(마 26:75; 눅 22:62), 그러면서도 소망을 버리지 않았던 것이다.

5. 회개의 정의

이 모든 것들이 사실이지만, 그러나 "회개"라는 단어 그 자체는 성경에서 내가 배우는 바로는 이와는 달리 이해해야 할 것이다. 그들은 믿음을 회개 속에다 포함시키지만, 이것은 바울이 사도행전에서 하는 말과 모순을 일으킨다: "유대인과 헬라인들에게 하나님께 대한 회개와 우리 주 예수 그리스도께 대한 믿음을 증언한 것이라"(행 20:21). 여기서 바울은 회개와 믿음을 서로 별개의 것으로 간주하고 있다. 그렇다면 이것은 무슨 뜻인가? 참된 회개가 믿음이 없이도 성립될 수 있다는 뜻인가? 절대로 그렇지 않다. 물론 그 둘을 서로 분리할 수는 없지만, 그럼에도 불구하고 그 둘은 서로 구별해야 하는 것이다. 믿음이 소망이 없이 존재하는 것이 아니지만 믿음과 소망은 서로 다른 것이듯이, 회개와 믿음 역시 그 둘이 서로 영원한 끈으로 함께 묶여 있기는 하지만, 그러나 그렇다고 해서 그 둘을 서로 혼합시킬 수는 없는 것이다.

사실, 하나님께로의 회심 전체를 "회개"라는 용어로 이해하며 또한 믿음이 회심의 중요한 부분이라는 사실을 모르는 바는 아니다. 그러나 회개의 의미와 그 본질을 설명하게 되면 이것이 어떤 의미에서 그런지를 아주 쉽게 알 수 있을 것이다. "회개"를 뜻하는 히브리어 단어는 "전환"(conversion) 또는 "복귀"(return)라는 뜻의 단어에서 파생된 것이다. 그리고 헬라어 단어는 마음의 변화 혹은 의도의 변화를 뜻하는 단어에서 파생되었다. 회개라는 것 그 자체도 이 두 단어의 어원과 아주 밀접하게 일치하고 있다. 그 의미는 곧, 우리가 우리 자신에게서 벗어나서 하나님께로 돌아서는 것이요, 또한 우리의 이전의 마음을 벗어버리고 새 마음을 입는다는 뜻이다. 그렇기 때문에 나의 판단으로는 회개를 다음과 같이 잘 정의할 수가 있다고 여겨진다: 회개란 우리의 삶이 하나님께로 참되게 돌아서는 것(true turning of our life to God) — 이는 하나님께 대한 순전하고 진지한 두려움에서 생겨난다 — 으로서, 우리의 육체와 옛사람을 죽이는 일과 영을 살리는 일로 이루어져 있다.

옛날의 선지자들과 후대의 사도들이 그 시대의 사람들에게 회개하라고 촉구한 모든 설교들의 내용을 우리는 이런 의미로 이해해야 한다. 그들은 이 한 가지를 위하여 전심전력을 기울였다. 곧, 죄로 인하여 혼란에 빠져 있고 하나님의 심판에 대한 두려움으로 인하여 찔림을 받는 상태에 있으므로, 마땅히 자신을 낮추고 과거에 거슬렀던 그 하나님 앞에 엎드리며, 참된 회개와 함께 올바른 길로 돌아서야 한다는 것이 바로 그것이었다. 그러므로, "주께로 돌이키라", "주께로 돌아가라", "회개하라" 등의 말들이 동일한 의미로 서로 혼용되고 있는 것이다(참조. 마 3:2).

그러므로 성경의 역사서에서도, 하나님을 멸시하고 육신의 정욕에 빠져 방종하며 살던 사람이 하나님의 말씀을 순종하기 시작하고 그가 어디로 부르시든 기꺼이 갈 준비를 갖추게 될 때에, 그것을 하나님께 회개하는 것으로 묘사하는 것이다(참조. 삼상 7:2-3). 또한 요한과 바울은 모든 행실에서 이러한 회개를 드러내 보이고 입증하는 삶을 사는 것을 가리켜 "회개에 합당한 열매를 맺는 것"이라고 묘사하고 있다(눅 3:8; 행 26:20; 참조. 롬 6:4).

6. 회개: 하나님께로 돌이킴

그러나 논의를 더 계속하기 전에, 앞에서 제시한 정의를 좀 더 분명하게 설명해 두는 것이 필요할 것이다. 크게 세 가지로 회개를 살펴보아야 하겠다.

첫째로, 회개를 가리켜 "삶을 하나님께로 돌이킴"이라 부른다면, 반드시 거기에 외적인 행위의 변화만이 아니라 영혼 그 자체 속에서 일어나는 변화가 있어야 할 것이다. 옛 본성을 벗어버려야만 비로소 본성이 새로워진 사실에 맞는 행위의 열매들이 생겨나는 법이다. 선지자는 이러한 변화를 표현하고자, 회개하라고 촉구하면서 그들에게 아울러 마음을 새롭게 하라고 명령한다(겔 18:31). 또한 모세는 이스라엘 백성에게 어떻게 회개하고 하나님께 올바로 돌이켜야 하는지를 보여 주기 위하여, "마음을 다하고 성품을 다하여" 그렇게 할 것을 자주 가르치고 있다(신 6:5; 10:12; 30:2, 6, 10). 선지자들도 이 표현을 자주 반복하는 것을 볼 수 있다(참조. 렘 24:7). 모세는 또한 그것을 가리켜 "마음에 할례를 행함"이라 부름으로써 사람의 가장 깊은 감정들까지 파헤친다(신 10:16; 30:6).

그러나 회개의 참된 성격을 드러내 주는 것으로 예레미야 4장의 말씀보다 더 좋은 것은 없을 것이다: "여호와께서 가라사대 이스라엘아 네가 돌아오려거든 내게로 돌아오라. … 너희 묵은 땅을 갈고 가시덤불에 파종하지 말라 … 너희는 스스로 할례를 행하여 너희 마음 가죽을 베고 나 여호와께 속하라"(렘 4:1, 3-4). 선지자는 여기서, 무엇보다 먼저 마음 가장 깊은 곳에서 악독을 제하여 버리지 않고서는 아무리 의를 추구하느라 수고하여도 아무것도 이루지 못할 것임을 선언하고 있는 것이다. 그리고 그들의 마음을 철저히 움직이기 위하여 그는 경고하기를, 그들이 대면해야 할 분이 바로 하나님이신데 그는 두 마음을 미워하시는 분이시므로(참조. 약 1:8) 얄팍한 술책이 아무 소용이 없다고 한다. 그렇기 때문에 또한 이사야 선지자는 의식을 통해서 외형적으로는 열심히 회개의 행위를 보이면서도 가난한 자들에게 부리고 있는 온갖 횡포와 불의의 짐을 내려 놓는 노력은 조금도 기울이지 않는 외식자들의 행위를 통렬히 책망하고 있다(사 58:6). 어떻게 하는 것이 거짓이 없는 참된 회개인가 하는 것이 여기서 멋지게 드러나고 있는 것이다.

7. 회개: 하나님을 두려워하는 데서 생겨남

둘째로 살필 것은 회개가 하나님을 향한 진지한 두려움에서 생겨난다는 것이다. 하나님의 심판을 생각하여 일깨움을 받아야만 비로소 죄인의 마음이 회개할 의향이 생기는 법이기 때문이다. 가련한 죄인에게 이런 생각이 — 언젠가는 하나님께서 심판대에 좌정하셔서 모든 말과 행위에 대해서 판단하실 것이라는 생각이 — 마음속에 깊이 철저하게 자리를 잡게 되면, 편안히 쉴 수도 없고, 한순간도 자유롭게 숨쉬기조차 힘들어지며, 어떻게 살면 그 심판을 견딜 수 있을까 하는 데 대한 생각과 궁리가 항상 짓누르게 될 것이다. 그렇기 때문에 성경은 회개를 촉구할 때에 심판을 함께 언급하는 경우가 많다. 예레미야의 예언에서도, "그리하지 아니하면 너희 악행으로 말미암아 나의 분노가 불같이 일어나 사르리니 그것을 끌 자가 없으리라"(렘 4:4)고 말씀하며, 아덴 사람들에게 전한 바울의 설교에서도, "알지 못하던 시대에는 하나님이 간과하셨거니와 이제는 어디든지 사람에게 다 명하사 회개하라 하셨으니 이는 … 천하를 공의로 심판할 날을 작정하 … 셨음이라"(행 17:30-31)는 말씀을 볼 수 있다. 이 외에도 여러 구절에서 그 사실을 볼 수가 있다.

때로는 성경이 이미 가해진 형벌들을 근거로 하나님께서 심판자이심을 선포하여 죄인들로 하여금 정해진 때에 회개하지 않을 경우 더 큰 형벌이 임할 것임을 생각하도록 만드는 경우도 있다. 신명기 29장에서 이에 대한 실례를 접할 수 있다(19절 이하). 회심이 죄를 무서워하고 싫어하는 것과 함께 시작되므로, 사도는 "하나님의 뜻대로 하는 근심"을 회개의 원인으로 제시하고 있다(고후 7:10). 우리가 심판을 두려워할 뿐 아니라, 하나님께서 죄를 기뻐하지 않으신다는 것을 알기 때문에 죄 그 자체를 싫어하고 처절하게 미워할 때에, 그것을 가리켜 "하나님의 뜻대로 하는 근심"이라 부르는 것이다. 이것은 전혀 이상한 일이 아니다! 예리하게 찔림을 받지 않으면 우리 육체의 게으름을 고칠 수가 없기 때문이다.

사실 하나님께서 그의 지팡이를 들어 더 깊이 찌르지 않으셨다면, 아무리 다른 것으로 찔림을 받아도 무디고 둔한 우리의 육체는 별 영향을 받지 않았을 것이다. 게다가 마치 망치로 내려치듯 하지 않으면 절대로 꺾이지 않는 강퍅함도 있다. 그러므로, 우리의 본성의 부패함 때문에 하나님께서는 혹독한 방도를 사용하셔서 우리를 경계하지 않으실 수가 없게 된 것이다. 잠에 빠져 있는 자들을 부드럽게 달래기만 해서는 아무런 효과가 없을 것이었기 때문이다. 이에 관한 말씀들은 성경 도처에 널려 있으므로 구태여 일일이 열거할 필요가 없을 것이다.

그러나 하나님을 두려워하는 것이 회개의 시작이 되는 또 다른 이유도 있다. 곧, 사람의 삶이 아무리 온갖 덕성으로 가득 차 있다 할지라도 그것들이 하나님을 경배하는 일과 상관이 없다면, 세상에서는 크게 칭송을 받을 수 있지만 하늘에서는 처절하게 가증된 것일 수밖에 없다는 사실이다. 왜냐하면 의(義)의 가장 주된 부분은 바로 하나님께 그의 권세와 존귀를 돌려 드리는 것이며, 따라서 우리 자신을 하나님의 다스림 아래 복속시킬 의향이 없다면 그것이야말로 불경스럽게도 하나님에게서 그의 권세와 존귀를 도둑질하는 일이 되기 때문이다.

8. 회개: "죽이는 일"과 "살리는 일"

셋째로 남은 것은 회개가 두 부분 ─ 곧, 육체를 죽이는 일과 영을 살리는 일 ─ 으로 되어 있다는 우리의 진술을 설명하는 일이다. 물론 일반 백성들의 수준에 맞추느라 단순하기도 하고 거칠기도 하지만, 선지자들의 말씀이 이 사실을 분명하게 표현해 주고 있다. 예를 들어서, "악행을 그치고 선을 행하라"(시 37:27)고 하기도 하며, 또한 "너희는 스스로 씻으며 스스로 깨끗하게 하여 내 목전에서 너희 악한 행실을 버리며 행악을 그치고 선행을 배우며 정의를 구하며 학대 받는 자를 도와주라"(사 1:16-17)고도 말씀한다. 그들은 악에서 돌이키라고 촉구할 때에 육체를 완전히 멸할 것을 요구한다. 육체가 악과 패역으로 가득 차 있기 때문이다. 우리 자신을 벗어버리고 우리의 타고난 성정과 결별한다는 것은 매우 어려운 일이 아닐 수 없다. 뿐만 아니라 우리 자신에게서 나오는 모든 것을 전부 다 씻어내지 않고서는 육체를 완전히 멸했다고 생각할 수도 없다. 따라서, 육체의 모든 감정들이 하나님을 대적하므로(참조. 롬 8:7), 그의 율법을 순종하는 데로 나아가는 첫 걸음은 바로 우리 자신의 본성을 부인하는 데 있는 것이다.

그리고 나서 선지자들은 거기서 이어지는 열매들로 — 곧, 의와 공의와 자비 등 — 말미암아 새롭게 될 것을 말씀한다. 그러나 지성과 마음 그 자체가 먼저 의와 공의와 자비에게로 끌리지 않고서는 그런 의무를 정당하게 시행할 수가 없기 때문에, 성령께서 바로 그 일을 행하신다. 성령께서 그의 거룩하심을 우리의 영혼 속에 불어넣으사 그의 거룩하심 속에서 푹 젖어 새로운 생각과 느낌을 갖도록 하셔서 전적으로 새로워진 상태가 되도록 하시는 것이다. 우리는 본성적으로 하나님께로부터 돌아서 있기 때문에, 자기를 부인하는 일이 선행되지 않고서는 절대로 올바른 것에게로 나아가게 될 수가 없다.

그러므로 성경은 자주 권면하기를, 옛사람을 벗어버리고, 세상과 육체를 포기하고, 우리의 악한 정욕과 작별을 고하며, 심령이 새롭게 되라고 하는 것이다(엡 4:22-23). 사실 "죽이는 일"(mortification)이라는 단어 자체가 우리의 예전 본성을 잊어버린다는 것이 얼마나 어려운 일인지를 경고해 주고 있다. 성령의 검(劍)에 우리 자신이 죽임을 당하여 완전히 무(無)가 되지 않고서는 하나님을 두려워하고 경외하게 되지도 않고, 경건의 기초적인 사실들을 배우게 되지도 않는다는 것을 "죽이는 일"이라는 단어 자체가 시사해 주는 것이다. 마치 우리가 하나님의 자녀의 반열에 들기 위해서는 우리의 일상적인 본성이 죽어야 한다고 하나님께서 선언하기라도 하신 것처럼 말이다.

9. 회개와 중생

"죽이는 일"과 "살리는 일" — 이 두 가지 일은 그리스도 안에 참예함으로써 우리에게 일어난다. 만일 우리가 그리스도의 죽음에 진정으로 참예하면, 우리 옛사람이 그의 능력으로 십자가에 못 박히고 죄의 몸이 멸하여져서(롬 6:6), 우리의 본성의 부패성이 더 이상 활개를 치지 못하게 될 것이다. 그리고 우리가 그의 부활에 참예하면, 그로 말미암아 하나님의 의(義)에 합당한 새로운 생명 속으로 일으킴을 받게 되는 것이다.

그러므로 한 마디로 말해서, 나는 회개를 중생(重生)으로 이해하는데, 그 유일한 목적은 아담의 범죄로 말미암아 일그러지고 거의 지워져버린 하나님의 형상을 우리 속에 회복시키는 것이다. 사도 바울이 바로 그렇게 가르치고 있

다: "우리가 다 수건을 벗은 얼굴로 거울을 보는 것같이 주의 영광을 보매 그와 같은 형상으로 화하여 영광에서 영광에 이르니 곧 주의 영으로 말미암음이니라"(고후 3:18). 또한 다른 구절에서도 이와 비슷하게 가르친다: "오직 너희의 심령이 새롭게 되어 하나님을 따라 의와 진리의 거룩함으로 지으심을 받은 새 사람을 입으라"(엡 4:23, 24). "[너희가] 새 사람을 입었으니 이는 자기를 창조하신 자의 형상을 따라 지식에까지 새롭게 하심을 입은 자니라"(골 3:10).

그러므로 우리는 그리스도의 은혜로 얻는 이 중생으로 말미암아, 첫 사람 아담을 통해서 타락하여 잃어버렸던 하나님의 의를 다시 회복하게 되는 것이다. 주께서는 그가 양자로 삼아 생명을 유업으로 받게 하신 모든 자들을 이렇게 온전히 회복시키기를 기뻐하시는 것이다. 사실 이러한 회복은 한순간에나 하루에, 혹은 일 년에 이루어지는 것이 아니다. 하나님께서는 계속적인 ─ 그리고 때로는 아주 더디기도 한 ─ 과정을 통해서 그의 택한 자들 안에서 육체의 부패성들을 제거하시고, 그 죄책을 깨끗하게 하시며, 그들을 성전(聖殿)으로 거룩히 구별하시며, 참된 순결에게 이끌리는 모든 성향을 회복시켜 가시므로, 하나님의 택한 자들은 평생토록 회개를 실천하며, 또한 이러한 싸움이 죽음에 이르러서야 비로소 종결될 것임을 아는 것이다.

이런 점에서, 저 몹쓸 논쟁가요 배도자(背道者)인 스타필루스(Staphylus)의 부패성은 너무도 극심하다. 내가 사도 바울의 가르침을 근거로 하나님의 형상(고후 4:4)을 "의와 진리의 거룩함"(참조. 엡 4:24)으로 해석하자 그것에 대해서 그는 내가 현세의 삶의 상태를 하늘의 영광의 상태와 혼동하고 있다고 떠벌리는 것이다. 마치 무언가를 정의할 때에 그것을 순전하고도 완전하게 정의할 필요가 없기라도 한 것처럼 말이다. 자, 그렇다고 해서 이런 나의 논지가 성장의 여지를 부인하려는 것은 아니다. 내가 말하고자 하는 것은 오히려, 누구든 하나님을 가까이 닮으면 닮을수록, 하나님의 형상이 그의 안에서 더욱더 빛난다는 것이다. 신자들로 하여금 이 목표에 도달하도록 하시기 위하여, 하나님께서는 그들에게 회개의 경주를 명하시며, 따라서 그들은 평생토록 그 경주를 경주해야 마땅한 것이다.

(신자가 성화를 체험하나, 이생에서는 죄 없는 완전함이란 없음. 10-15)

10. 중생자와 육체의 정욕

이렇듯 하나님의 자녀들은 중생을 통해서 죄의 굴레에서 자유함을 얻는다.

그러나 육체에서 오는 성가심을 전혀 느끼지 않을 정도로 자유함을 완전히 소유하게 되는 것은 아니다. 오히려 그들 속에 여전히 싸워야 할 것이 계속 남아 있어서 그것으로 훈련을 받게 되며, 또한 그것을 통해서 자기들 자신의 연약함을 더 잘 알게 되는 것이다. 건전한 판단력을 지닌 모든 저작자들은 이 문제에 대해서 동의하고 있다. 즉, 중생한 사람에게 여전히 악의 불씨가 남아 있어서 정욕을 끊임없이 분출시켜서 그로 하여금 죄를 짓도록 유혹하고 자극시킨다는 것이다. 그들은 또한 성도들이 정욕(concupiscence)이라는 질병에 얽매여 있기 때문에 충동과 자극을 견디지 못하고 육욕이나 탐심 혹은 야망 같은 악들에 빠지는 경우도 왕왕 있다는 사실에도 동의한다. 이 문제에 대해서 구태여 고대의 저작자들의 논지를 일일이 조사하는 수고를 들일 필요는 없을 것이다. 아우구스티누스 한 사람을 살피는 것으로 충분할 것이다.[1] 그가 모든 다른 이들의 견해들을 성실하고도 부지런히 수집해 놓았기 때문이다. 그러므로 고대 저작자들의 견해에 대해서 분명한 것을 알기를 원하면 아우구스티누스를 조사해 보면 될 것이다.

그러나 아우구스티누스와 우리 사이에 다음과 같은 의견의 차이가 있는 것을 보게 된다. 신자들이 이 죽을 육체 속에 거하고 있는 동안 무질서한 정욕(inordinate desires)에 매여 있어서 무질서하게 욕심을 품지 않을 수가 없다는 사실은 아우구스티누스도 인정한다. 그러나 그는 이러한 질병을 감히 "죄"라고 부르지는 않고, 다만 "연약함"이라 칭하는 것으로 만족한다. 그는 정욕을 느끼는 것이 행동이나 동의로 이어질 때에, 즉 그 강한 충동에 의지가 굴복할 때에, 그것이 죄가 된다고 가르치는 것이다. 그러나 우리는 하나님의 율법에 반(反)하는 어떤 정욕에 충동을 받기만 해도 그것을 "죄"로 간주한다. 사실, 우리는 이런 유의 정욕들을 우리 속에서 생기게 하는 인간의 부패성 그 자체를 "죄"라 칭하는 것이다. 그러므로 우리는 성도가 죽을 육체를 벗을 때까지 언제나 죄가 그들에게 있다고 가르친다. 왜냐하면 그들의 육체 속에 의를 거슬러 싸우는 부패한 정욕이 자리잡고 있기 때문이다.

그리고 아우구스티누스도 "죄"라는 용어를 항상 피하기만 하는 것은 아니다. 예를 들어서, 그는 이렇게 말하기도 한다: "바울은 모든 죄들의 근원이 되는 육체의 정욕을 가리켜 '죄'라고 부른다. 성도들의 경우, 이 땅에서는 이 '죄'가 통치권을 잃어버리며 하늘에서는 그 '죄'가 망하여 사라지는 것이다." 이런 발언을 볼 때에, 그는 신자들이 육체의 무질서한 정욕에 얽매여 있는 한 그들에게 죄의 책임이 있다는 것을 시인하고 있는 것이다.

11. 죄의 법이 제거되었으나 그 흔적은 남아 있음

하나님께서 그의 교회의 모든 죄를 씻으사 거룩하고 흠이 없게 하시며, 또한 세례를 수단으로 하여 그렇게 씻으시겠다고 약속하시고 또한 그의 택한 자들에게서 그 일을 이루신다고 말씀하는데(엡 5:26, 27), 우리는 이것이 죄의 본질 그 자체보다는 죄에 대한 책임을 가리키는 것으로 이해한다. 하나님께서는 자기 백성을 중생시키심으로써 이 일을 참으로 이루셔서 죄의 다스림이 그들 속에서 제거되도록 하신다. 성령께서 능력을 베푸사 그들이 싸움에서 이겨 승리자들이 되도록 하시는 것이다.

그러나 죄가 다스리는 일만을 못하게 될 뿐, 여전히 그들 속에 거하기는 마찬가지인 것이다. 그러므로 우리는 옛사람이 십자가에 못 박혔고(롬 6:6) 하나님의 자녀에게서 죄의 법이 제거되었지만(참조. 롬 8:2), 그 흔적은 여전히 남아 있다고 말한다. 그것이 그들을 지배하지는 못하지만 그들로 하여금 자기들 자신의 연약함을 의식하게 하여 그들을 겸손하게 만든다는 것이다. 우리는 이 흔적들에 대해서 마치 그것들이 존재하지 않은 것처럼 신자들이 전혀 책임 추궁을 받지 않는다는 사실을 인정한다. 그러나 우리는 동시에 이런 일은 오직 하나님의 긍휼하심 덕분에 생겨나는 일이며 성도들이 그 덕분에 죄에 대한 책임에서 자유함을 얻는 것임을 강조하고자 한다. 하나님의 긍휼하심이 아니면 우리는 죄인들이요 하나님 앞에서 죄에 대한 책임을 져야 마땅한 존재들인 것이다.

이런 사실을 성경이 분명히 증거해 주고 있으므로 우리의 견해를 확증하기가 어렵지 않을 것이다. 바울이 로마서 7장에서 외치는 말 이외에 더 무슨 명백한 증거가 필요하겠는가? 바울은 거기서 먼저 거듭난 사람으로서 말을 하고 있다(롬 7:6). 이에 대해서는 다른 곳에서 이미 살펴보았고,[2] 아우구스티누스도 반박의 여지가 없는 확실한 논증으로 이를 입증한 바 있다.[3] 그가 "악"과 "죄"라는 단어들을 사용한다는 사실에 대해서는 아무 말도 할 것이 없다. 물론 우리를 반대하여 소리를 지르기 원하는 자들이 이 단어들을 트집잡을 수도 있을 것이다. 그러나 하나님의 율법에 반대하는 것이 악이라는 사실을 과연 누가 부인하겠는가? 의를 가로막는 것이 죄라는 것을 누가 부인하겠는가? 영적인 비참함이 있는 곳에는 반드시 죄에 대한 책임이 함께 있다는 사실을 누가 인정하지 않겠는가? 그런데, 바울은 이 모든 사실들을 이 질병에 대해서 선언하고 있는 것이다.

그리고 이 문제 전체를 간단히 해결해 줄 수 있는 믿을 만한 증거를 율법이 제공해 주고 있다. 율법은 "마음을 다하고 뜻을 다하고 힘을 다하여 네 하나님 여호와를 사랑하라"(신 6:5; 마 22:37)고 우리에게 명령한다. 우리 영혼 전체가 하나님을 사랑하는 것으로 가득 차 있어야만 그렇게 할 수가 있으니, 하나님의 사랑에서 벗어나 허망한 데로 빠지는 그런 성향이나 생각에 대해서 조금이라도 용납하는 사람들은 이 명령을 실행에 옮길 수가 없는 것이 분명하다. 그렇다면 무슨 뜻인가? 갑작스런 감정의 충동에 자극을 받는 것이나, 감각으로 지각하는 것이나, 마음에 무엇을 품는 것 — 이런 것들이 바로 영혼의 능력이 아니겠는가? 그러므로, 이런 능력들이 허망하고 부패한 생각들에게 문을 열어놓고 있다면, 그것은 바로 그만큼 거기에 하나님의 사랑이 결핍되어 있다는 증거가 아니겠는가? 그렇기 때문에, 육체의 모든 정욕들이 죄라는 것을 인정하지 않고 다만 그 무질서한 정욕이라는 질병을 "불씨"라고 부르면서 그것을 그저 죄의 근원으로만 보는 사람들은 필연적으로 율법을 범하는 것이 죄라는 사실을 부인하게 되어 있는 것이다.

12. 인간의 본성적인 부패

사실 사람이 본성적으로 갖는 모든 욕망들이 자연을 지으신 하나님께서 베푸신 것인데, 그것들을 그렇게 완전하게 정죄한다는 것은 너무 불합리하다고 여길 사람들이 있을 수도 있을 것이다. 그러나 우리는 하나님께서 처음 창조하실 때에 사람의 성품에 새겨 놓으신 그런 성향들을 정죄하는 것이 아니다. 그것들은 인간의 본성이 있는 한 없앨 수가 없는 것이다. 우리는 다만 하나님의 다스림을 반항하는 격렬하고 무법한 충동들을 정죄할 뿐이다.

자, 본성이 부패한 결과로 사람의 모든 기능들이 손상되었고 부패하여 있어서, 무질서와 무절제가 끊임없이 그 모든 행위들에서 나타나고 있다. 절제가 없으니 그런 성향이 겉으로 드러나지 않을 수가 없는 것이다. 그러므로 우리가 그것들이 악하다고 주장하는 것이다. 혹은, 문제를 몇 마디로 정리하자면, 우리는 모든 인간의 욕망들이 악하며 죄악되다고 가르친다. 그 욕망들이 본성적이라는 의미에서가 아니라, 그것들이 무질서하기 때문이다. 더 나아가서, 우리가 그것들이 무질서하다고 주장하는 것은, 곧 부패하고 오염된 본성에서는 순결하거나 순전한 것이 절대로 나올 수가 없기 때문이다.

아우구스티누스의 가르침도 표면상으로는 다른 것처럼 보일 수도 있지만, 실제로는 이것과 다를 것이 없다. 펠라기우스주의자들(the Pelagians)이 자기에게 가하는 비난을 지나치게 두려워하여 그는 이따끔씩 "죄"라는 단어를 사용하기를 삼가기도 했다. 그러나 다만 죄에 대한 책임만 제거되었을 뿐 죄의 법은 성도들에게 그대로 남아 있는 것이라는 그의 발언은 그의 가르침이 우리의 가르침과 별 차이가 없다는 사실을 분명히 시사해 주고도 남는다.[4]

13. 성도들의 죄악성에 대한 아우구스티누스의 논증

여기서 그의 사상이 더 잘 드러나는 다른 몇 가지 진술들을 소개하고자 한다. 「율리아누스에 대한 논박」(*Against Julian*) 제2권에서 그는 이렇게 말한다: "이 죄의 법은 영적 중생으로 말미암아 용서함 받으며, 그러면서도 여전히 죽을 육체 속에 그대로 남아 있다. 신자들로 하여금 중생을 받게 하는 성례 속에서 죄에 대한 책임이 이미 제거되었기 때문에 용서함 받는 것이요, 그것이 신자들이 대적하여 싸우는 욕망들을 부추기기 때문에 그것이 여전히 그대로 남아 있는 것이다." 또 다른 구절에서는 말하기를, "그러므로 죄의 법은 저 위대한 사도 자신의 지체 속에도 그대로 있었는데, 그것은 세례로 말미암아 용서함 받으나, 그렇다고 해서 사라지는 것이 아니다"라고 한다. 또 다른 구절에서는 이렇게 말한다: "암브로시우스(Ambrose)는 죄의 법을 '불법'(iniquity)이라 불렀는데, 그에 대한 책임은 세례 시에 제거되었으나 그 자체는 여전히 남아 있다. '육체의 소욕으로 성령을 거스르는' 것이(갈 5:17) 불법이기 때문이다."[5] 또 다른 구절에서는 이렇게 말하고 있다: "죄는 그 책임으로 우리를 얽어매었으나 그 책임 속에서 죽었다. 그러나 사람이 죽어 장사지낸 바 되어 치료되기까지는 죽었으면서도 여전히 반역을 계속하는 것이다."

제5권의 한 구절은 이보다 더 분명하다: "마음의 눈이 어둡다는 사실은 그 자체가 죄요, 동시에 죄의 형벌이요, 또한 죄의 원인이다. 그로 말미암아 사람이 하나님을 믿지 않기 때문에 죄요, 그로 말미암아 교만한 마음이 그에 합당한 형벌을 받기 때문에 죄의 형벌이요, 눈먼 마음의 오류 때문에 무언가 잘못을 범하게 되면 바로 죄의 원인이 되는 것이다. 이와 마찬가지로, 선한 영이 열망하는 것을 대적하기를 바라고 사모하는 육체의 무질서한 정욕도 죄요, 동시에 죄의 형벌이요, 또한 죄의 원인이다. 영혼의 다스림을 거스르는 불순종이 그 속에 있기 때문에 죄요, 불순종에 대한 값을 치르기 때문에 죄의 형벌이요, 또한 반역함으로 그것을 따르는 자나 오염되어 거기에 휩싸이는 자에게는 그것이 죄의 원인이 되는 것이다."[6]

여기서 그는 전혀 모호한 점이 없이 분명하게 그것을 "죄"라 부르고 있다. 이제 그릇된 가르침이 반박되었고 진리가 확증되었으므로, 비방을 덜 두려워하는 것이다. 그는 또한 요한복음 설교 제41편에서는 논쟁을 벗어나서 자기 자신이 이해하는 바를 진솔하게 가르치고 있다: "만일 여러분이 육체로 죄의 법을 섬기고 있다면, '너희는 죄가 너희 죽을 몸을 지배하지 못하게 하여 몸의 사욕에 순종하지 말라'(롬 6:12)는 사도의 말씀을 그대로 실행하십시오. 그는 '죄가 … 있지 못하게 하라'고 말씀하지 않고 '죄가 … 지배하지 못하게 하라'고 말하고 있습니다. 여러분이 살고 있는 한 언제나 죄가 여러분의 지체 속에 있을 수밖에 없습니다. 그러나 최소한 죄의 다스림과 지배는 제거해야 합니다. 죄가 명령하는 바를 절대로 행하지 말기를 바랍니다."

무질서한 정욕이 죄가 아니라고 주장하는 사람들은 흔히 "욕심이 잉태한즉 죄를 낳고"라는 야고보의 말씀(약 1:15)을 반대의 증거로 인용하곤 한다. 그러나 이런 논리는 별 어려움 없이 금방 반박할 수가 있다. 야고보가 오로지 악한 행실이나 실질적인 죄에 대해서만 말하고 있다고 이해하지 않는다면, 심지어 악한 의도까지도 죄로 생각하지 말아야 할 것이다. 그러나 그가 부끄러운 행실과 악한 행위들을 가리켜 정욕의 열매라고 하고 "죄"라는 단어로 그것들을 지칭한다는 사실로 볼 때에, 무질서한 정욕은 과연 악한 것이며, 따라서 하나님 앞에서 정죄를 받아 마땅한 것이라는 것이 너무도 분명한 것이다.

14. 일부 재세례파의 헛된 망상에 대하여

오늘날 일부의 재세례파 사람들은 모종의 광적(狂的)인 무절제의 상태를 영적 중생으로 오해하는 잘못을 범하고 있다. 그들은 주장하기를, 하나님의 자녀들은 무죄의 상태로 회복되었으므로 육체의 정욕을 억제하려고 애쓸 필요가 없고, 인도자이신 성령을 따르며 그가 주시는 충동 아래 있으면 절대로 곁길로 빠질 수가 없다고 한다. 그들이 자기들의 이런 독단적인 사상을 노골적으로 떠벌리지 않았더라면, 사람의 지성이 그렇게 미친 사상에 빠질 수도 있다는 것을 도저히 믿기가 어려웠을 것이다. 이것이야말로 정말 어처구니없는 짓이다! 하나님의 진리를 거짓으로 만들어버리는 일에 마음이 동한 사람들은 그들의 뻔뻔스런 신성모독에 합당한 형벌을 받는 것이 당연할 것이다. 부정직과 정직, 의와 불의, 선과 악, 그리고 덕행과 악행 사이의 모든 구별이 사라졌다는 것이 과연 사실이란 말인가?

그들은 말하기를, "그것들 사이의 구별은 옛사람 아담의 저주에서 비롯되는 것인데, 우리는 그리스도로 말미암아 거기서 자유함을 받았다"고 한다. 그렇다면, 이제 음란과 정절, 진실함과 간교함, 진리와 거짓, 공평과 횡포 사이의 구별도 없을 것이다. "헛된 두려움일랑 내버려라. 성령께서 일으키시는 충동에 성실하고도 담대하게 너희 자신을 맡기면, 성령께서는 너희에게 그릇된 일을 하라고 명하지 않으실 것이다"라는 것이 재세례파 사람들의 논리이다. 이따위 해괴한 말에 깜짝 놀라지 않을 사람이 어디 있겠는가? 그러나 정신 나간 정욕에 눈이 어두워 상식을 내던져 버린 자들 사이에서는 이런 사상이 아주 당연하게 받아들여지고 있는 것이다.

도대체 이 사람들이 어떤 식의 그리스도를 만들어 내고 있단 말인가? 도대체 어떤 식의 성령을 뿜어내고 있단 말인가? 우리는 한 그리스도와 또한 그리스도의 한 영을 인정한다. 그런데 그분에 대해서 선지자들이 예언했고, 그분이 우리에게 나타나셨음을 복음이 선포하고 있지만, 그분에 대해서 그런 식의 말은 한 번도 들어본 일이 없다. 성경이 말씀하는 성령은 살인이나 간음, 술 취함, 교만, 싸움, 쟁투, 사기 등을 조장하는 분이 아니시며, 사랑과 온유와 근신, 그리고 자비와 화평과 절제와 진실 등을 일으키시는 분이시다. 성령은 경박스런 분이 아니시며 — 옳고 그름에 대한 생각도 없이 무턱대고 역사하는 그런 분이 아니시며 — 지혜와 총명이 가득 하셔서 의와 불의를 올바로 분별하시는 분이시다. 성령은 사람을 무절제한 방종에 빠지도록 자극하시는 분이 아니시고, 합당한 일과 합당치 못한 일을 분별하셔서 사람에게 정도와 절제를 지키도록 가르치시는 것이다. 그러니 이 정신 나간 논리를 반박하느라 더 이상 애쓰고 수고할 이유가 어디 있겠는가? 그리스도인들에게 있어서 주의 성령은 그 사람들이 꿈에서 만들어 냈거나 혹은 다른 이들이 만들어 놓은 것을 받아서 주장하는 것처럼 혼란을 조장하는 유령 같은 분이 결코 아니시다. 오히려 그리스도인들은 그분에 대한 지식을 성경에서 진지하게 찾는다. 성경은 성령에 대해서 다음 두 가지를 가르치고 있다.

첫째, 그분이 우리에게 주어지신 것은 거룩하게 하심(혹은, 성화[聖化]: sanctification)을 위한 것이다. 곧, 우리를 부정(不淨)과 더러움을 깨끗이 씻어 하나님의 의(義)에 순종하는 상태로 이끄시기 위함이다. 그런데 사람들이 고삐를 느슨하게 하여 활동의 여지를 주려고 하는 그 무질서한 정욕들을 누르고 통제하지 않고서는 이런 순종이 있을 수가 없다. 둘째, 우리가 성령의 거룩하게 하심으로 말미암아 깨끗이 씻음 받지만, 우리의 육체의 감옥에 매여 있는 한 우리가 온갖 악행과 많은 연약함에 둘러싸여 있다는 것이다. 그러므로, 우리는 완전과는 거리가 먼 상태에 있기 때문에 꾸준히 전진해야 하며, 온갖 악행에 얽히더라도 날마다 그것들과 싸워야 하는 것이다. 뿐만 아니라, 게으름과 부주의함을 떨쳐 버리고 의도적으로 우리 자신을 살펴서, 무의식 중에 육체의 궤계에 빠져 헤매는 일이 없도록 해야 한다. 사도 바울도 사탄의 사자로 인하여 여전히 고통을 받는 중에(고후 12:7) "능력이 약한 데서 온전하여짐"을 체험하고 있었고(고후 12:9), 또한 자기 속에서 성령과 육체가 서로 갈등을 일으키고 있음을 깨닫고 있었다(참조. 롬 7:6 이하). 우리가 사도 바울보다 더 온전한 전진을 이루지 못한 것이 분명하다면, 우리의 상태는 과연 어떠하겠는가?

15. 고린도후서 7:11이 가르치는 회개

사도께서 회개를 말씀하면서 일곱 가지 원인, 결과, 혹은 회개의 일곱 가지 부분을 열거하고 있는 것은 그럴 만한 이유가 있다. 곧, 간절하게 하며, 변증하게 하며, 분하게 하며, 두렵게 하며, 사모하게 하며, 열심 있게 하며, 벌하게 한다는 것이 그것이다(고후 7:11). 이것들이 원인들인지 아니면 결과들인지 내가 감히 단정하지 않는다고 해서 합당치 못하다 할 수는 없을 것 같다. 원인이냐 결과냐 하는 것은 논란의 여지가 있기 때문이다. 또한 이것들을 회개에 수반되는 성향들로 볼 수도 있을 것이다. 그러나 그런 문제를 제쳐 두어도 바울이 의도한 의미를 이해할 수가 있기 때문에, 여기서는 단순히 내용을 설명하는 것으로 만족하고자 한다.

그는 "하나님의 뜻대로 하는 근심"(고후 7:10)에서 간절함(혹은, 조심함: carefulness)이 생겨난다고 말하고 있다. 하나님께 죄를 범했음을 깨닫고 자기 자신에 대해 생생한 불만을 느끼게 된 사람은 그와 동시에, 사탄의 올무에서 피하며 사탄의 궤계를 미리 대비하며, 다시는 성령의 다스림에서 벗어나지도 않고 헛된 안도감에 빠지지 않도록 부지런히 주의를 기울이는 것이다.

그 다음으로 "변증"을 말씀하는데, 여기서는 죄인이 하나님의 심판을 피하기 위하여 자기가 저지른 잘못을 부인하거나 축소시키고자 하는 일종의 변호(defense)를 의미하는 것이 아니다. 오히려 깨끗이 씻는 것을 의미한다. 곧, 자기 자신의 이유를 변명하기보다 모든 것을 인정하고 용서를 구함으로써 문제를 해결하는 것을 뜻한다. 이는 마치 어린아이들이 자기들이 저지른 잘못들을 시인하고 고백하면서 용서를 구하여 결국 용서를 얻음으로써 자기들이 부모에게 드려야 마땅한 순종과 효도를 절대로 저버린 것이 아니라는 사실을 어떤 방법으로든 증명해 보이는 것과도 같은 것이다. 그들이 자신을 그렇게 변증하는 것은 자기들 스스로 의롭고 무죄하다는 것을 입증하기 위함이 아니라, 다만 용서를 얻기 위함일 뿐이다.

그 다음으로 "분노"가 이어지는데, 이는 죄인이 속으로 자기 자신에 대해서 탄식하며, 자기 자신의 허물을 발견하며, 자기 자신에 대해 화를 내며 자기 자신의 패역함과 하나님을 향한 배은망덕을 깨닫는 상태를 말하는 것이다.

"두려움"이라는 말은, 죄인들을 향하신 하나님의 진노가 얼마나 극심하며 끔찍한가를 생각하고, 또한 우리가 그 진노를 받아 마땅하다는 사실을 생각할 때마다 우리 마음속에 생겨나는 두려움과 떨림을 의미한다. 그런 상태가 되면 굉장한 불안이 오게 되고, 그로 말미암아 겸손을 배우며 또한 이후로 더욱 조심을 기울이게 된다. 첫 번째로 언급한 "간절함"(혹은, 조심함)이 두려움의 결과라면, 이 둘 사이의 연관성이 분명해진다.

"사모함"이란 말을 사용한 것은 의무를 행하는 부지런함과, 또한 우리 죄를 인식할 때에 특별히 생겨나는 순종하고자 하는 자세를 표현하는 것이라 여겨진다. 이것은 또한 그 다음에 바로 이어지는 "열심"과 관계가 있다. 이것은 "내가 도대체 무슨 짓을 했는가? 하나님이 긍휼하심으로 나를 도우시지 않으셨으면 내가 과연 어디에 빠졌을까?"라는 생각들이 일어날 때에, 우리 속에서 생겨나 우리를 일깨우는 그런 열정을 의미하는 것이다.

마지막으로 "벌함"이 있다. 우리가 우리 자신에 대해서 엄격하여 우리 자신의 죄들을 예리하게 살필수록, 하나님이 우리를 향하여 자비하시고 긍휼을 베푸시리라는 소망을 더욱더 가져야 한다. 영혼이 하나님의 심판에 대한 끔찍한 두려움에 사로잡히게 되면, 자기 스스로 형벌 집행자가 되어 자기 자신에게 형벌을 가하게 되지 않을 수 없다는 것이 분명하다. 경건한 자는 부끄러움과 혼란, 탄식, 자기에 대한 불만, 그리고 죄를 생생하게 인식함으로써 생겨나는 이런저런 감정들 속에 형벌이 있다는 것을 느낄 것이다. 그러나 여기서 절제를 발휘해야 한다는 사실을 잊어서는 안 된다. 근심이 우리를 온통 사로잡게 해서는 안 된다. 양심이 두려워할 때에 가장 빠지기 쉬운 위험은 바로 절망인 것이다. 그리고 사탄은 하나님에 대한 두려움에 싸여 있는 사람을 향하여 바로 이런 궤계를 써서 그 사람을 그 깊고 깊은 슬픔과 근심의 소용돌이 속에 집어넣어서 절대로 거기서 헤어나오지 못하도록 만들려 하는 것이다.

결국 자기를 낮추는 데로 이어지고 또한 용서에 대한 소망에서 벗어나지 않는 두려움이라면 그보다 좋은 것은 없을 것이다. 그러나 사도의 교훈에 따라서 (히 12:3), 죄인은 자기 자신에 대한 불만이 지나친 두려움과 근심으로 이어져서 지쳐서 낙심하게 되지 않도록 언제나 경계를 게을리해서는 안 되는 것이다. 그렇게 되면, 우리는 회개를 통해서 우리를 자기에게로 부르시는 그 하나님께로부터 오히려 도망하는 꼴이 되어 버리는 것이다.

이 문제에 대해서 베르나르의 권면이 도움을 준다: "끊임없이 지속되지 않는다면, 죄에 대한 근심은 매우 필요한 것입니다. 여러분, 여러분의 행위를 기억하며 근심과 불안의 상태 속에 있는 데서 이따금씩 걸음을 뒤로 빼어서 하나님의 은혜를 기억하는 그 높고 청명한 대지로 나아가시기를 바랍니다. 쓰디쓴 쑥에 달콤한 꿀을 뒤섞고, 그 꿀의 달콤한 향을 곁들여서 그 쑥을 마셔서 건강을 유지하도록 하십시다. 여러분 자신을 겸손하게 바라보고 생각하는 동시에, 주님의 선하심도 함께 생각하도록 해야 하겠습니다."[7]

(회개의 열매: 거룩한 삶, 죄의 고백과 씻음, 회개는 평생 계속됨. 16-20)

16. 회개의 열매들

이제 우리는 회개의 열매들, 곧 하나님을 향한 경건, 사람을 향한 사랑, 그리고 삶 전체에서 거룩함과 순결함을 이룰 의무들의 본질을 이해할 수가 있다. 요컨대, 누구든지 하나님의 율법을 표준으로 자기의 삶을 진지하게 바라보면 볼수록 회개의 증표들을 더욱더 확실하게 드러내 보이는 법이다. 그러므로 성령께서는 우리를 강권하사 회개하게 하시는 가운데, 율법의 개별적인 규례들을 생각나게 하시고 십계명의 두 번째 돌비에 적힌 의무들을(즉, 제5계명에서 제10계명까지를) 자주 기억나게 하시는 것이다. 그러나 다른 구절들에서는 마음의 근원의 부정함을 먼저 정죄하고 그 다음 진정한 회개의 외적인 증거들을 다루신다. 조금 뒤에 그리스도인의 삶을 다룰 때에 이 문제를 독자들 앞에 명확하게 제시하게 될 것이다.[8)]

선지자들은, 의식을 통해서 하나님을 달래려고 안간 힘을 쓰는 자들의 어리석음을 조롱하기도 하고, 또한 하나님께서 사람의 마음을 들여다보시기 때문에 외형적으로 올바른 삶이 회개의 주요 관건이 되는 것이 아니라는 것을 가르치기도 하는데, 선지자들의 글에서는 증거를 구태여 모을 필요가 없을 것이라 여겨진다. 성경을 어느 정도 아는 사람이라면 다른 사람의 교훈을 받지 않고 혼자서도 얼마든지 이를 깨달을 수가 있을 것이다. 곧, 하나님을 대할 때에 속마음의 상태에서부터 시작하지 않으면 아무것도 얻을 수가 없다는 사실을 말이다. 요엘서의 말씀이 이를 이해하는 데 적지 않은 도움을 준다: "너희는 옷을 찢지 말고 마음을 찢으라"(욜 2:13). 이러한 교훈들은 야고보서에서도 간단하게 표현되고 있다: "죄인들아 손을 깨끗이 하라. 두 마음을 품은 자들아 마음을 성결하게 하라"(약 4:8). 여기서는 부차적인 사항을 먼저 말씀하고("손을 깨끗이 하라"), 그 다음에 그 근원이 되는 내용을 밝히고 있다("마음을 성결하게 하라"). 즉, 사람이 먼저 은밀한 더러움을 깨끗이 해야만, 마음속에 하나님께 제단을 쌓게 된다는 사실이다.

또한, 개인적으로 우리 자신을 낮추기 위해서나 우리 육체를 제어하기 위하여 치유책으로 사용하는 겉으로 드러나는 특정한 행위들이 있는데, 이 행위들은 공적으로는 회개의 증거로 사용되기도 한다. 이 행위들은 바울이 말하는 바 "벌하게 함"(고후 7:11)에서 생겨난다. 탄식과 눈물과, 장식과 화려한 것을 삼가는 것과 쾌락을 버리는 것 등이 그런 행위들인데, 이는 모두 심령이 상할 때에 자연히 생겨나는 것들이다. 그리고 이어서 육체의 배반이 얼마나 악한가를 느끼는 사람은 그것을 제어하기 위하여 모든 치유책을 강구한다. 더욱이, 하나님의 공의를 거슬러 행하는 것이 얼마나 심각한 문제인가를 잘 깨닫는 사람은 스스로 낮아진 상태에서 하나님께 영광을 돌리지 않고서는 도저히 평안히 있을 수가 없는 것이다.

옛 저자들도 회개의 열매를 논하면서 이런 유의 행위들을 자주 언급하고 있다. 물론 그들이 회개 자체를 그런 행위들에 두지는 않지만 — 내 생각을 그대로 말하는 것을 독자들께서 용서해 주기를 바란다 — 내가 보기에 그들은 그런 행위들을 지나치게 의존하는 것 같다. 누구든 이 문제를 지혜롭게 살펴보면, 그들이 두 가지 점에서 정도가 지나쳤다는 나의 생각에 동의할 것이라 믿는다. 첫째로, 그들은 육체를 제어하는 일을 지나칠 정도로 칭송하고 강권함으로써 사람들로 하여금 그런 행위에 더 열심을 갖도록 만드는 데 성공을 거두었으나, 그보다 훨씬 더 중요하게 돌아보아야 할 것들을 다소 흐리게 만든 감이 있다. 둘째로, 다른 곳에서 살펴볼 기회를 갖게 되겠지만,[9] 그런 행위에 열심을 갖지 않을 경우 책벌을 가함으로써 교회의 온유함에 합당한 정도보다 훨씬 더 경직된 자세를 취한 것이다.

17. 회개의 표시인 금식과 애통

성경의 여러 구절들에서, 특히 요엘서(2:12)에서, 슬피 울며, 금식하고 재를 무릅쓰는 행위들을 말씀한다는 사실에서 유추하여 금식과 슬피 우는 것이 회개의 주요 부분이라고 생각하는 사람들이 있는데, 이런 사람들의 헛된 사고도 제거되어야 한다. 요엘서 2:12-13에서 회개의 본질적인 부분에 해당하는 내용은 바로 "마음을 다하여 내게로 돌아오라"는 것과 "옷을 찢지 말고 마음을 찢으라"는 것이다. 그리고 거기의 "금식하고 울며 애통하라"는 말씀은 회개의 불변하는 효과나 필수적인 효과로서가 아니라 특별한 정황적인 조건으로서 거기에 제시되어 있는 것이다. 요엘 선지자는 자신이 앞에서 유대인들에게 엄청난 재난이 올 것을 예언했었기 때문에, 그들에게 또한 하나님의 그러한 진노를 대비하라고 권면하는 것이다. 곧, 속으로 회개하는 것은 물론, 그들의 슬픔을 겉으로 드러내기까지 하라는 것이다.

범죄자로 지목된 자가 재판관의 마음을 움직여 긍휼을 베풀도록 하기 위하여 수염을 기르고 머리를 빗지 않고 곡하는 자의 차림새로 그의 앞에 서는 예를 흔히 볼 수 있듯이, 하나님의 심판대 앞에 정렬하여 용서를 구하는 자들로서도 그런 측은한 모습으로 빌어서 하나님의 극심한 심판을 누그러뜨리는 것이 합당할 것이다. 그러나 베옷이나 재 같은 것들은 그 당시의 관습에 적합한 것들이었을 것이다. 그러나 우리의 경우 주께서 패망이나 재난 같은 것으로 우리를 치시는 것 같은 때에는 언제든지 금식하고 울며 애통하는 것이 합당할 것이다. 주께서는 임박한 재난의 위험을 나타내실 때에, 그가 복수를 위하여 무장을 갖추고 있다는 사실을 선언하시기 때문이다. 그러므로, 선지자는 정죄 받은 사람들의 슬픔을 의식하여 그들에게 울고 금식하라고 권면하는 것이다. 자기가 방금 그들의 악행에 대하여 징벌이 있을 것을 선포했었기 때문이다.

이와 마찬가지로, 오늘날 교회의 목회자들이 혹 교인들에게 멸망이 임박한 것을 보고서 그들에게 금식하고 울며 애통하라고 외친다고 해도 그것을 잘못이라 할 수 없을 것이다. 단, 이때 중요한 사실은 언제나 "옷을 찢지 말고 마음을 찢는"(욜 2:13) 일에 더 깊은 관심을 두고 힘써야 할 것을 반드시 함께 강조해야 한다는 점이다. 회개에 언제나 금식이 함께 병행되는 것이 아니며 금식은 특별히 재난의 때에 행할 것이라는 것은 의심의 여지가 없는 사실이다. 그리스도께서는 사도들에게 슬피 울 필요가 없다고 하시면서 주님을 빼앗기게 되면 그때에는 슬픔에 완전히 압도될 것임을 말씀하셨는데, 여기서 금식과 슬피 우는 것을 연결시키고 계신다(마 9:15). 이는 공적인 금식을 말씀하는 것이다. 경건한 자의 삶은 항상 검소와 절제가 배어 있어서 그 삶의 과정 전체에서 일종의 영구한 금식의 모습을 드러내야 마땅한 것이다. 이 문제에 대해서는 교회의 권징을 논할 때에 다시 상세히 살필 예정이므로[10] 여기서는 그저 간략하게 다루고 지나가기로 하자.

18. 일상적 회개와 특별한 회개

그러나 여기서 한 가지 덧붙일 것이 있다. 곧, "회개"라는 용어를 금식이나 슬피 우는 것 등의 외형적인 행위에 적용시키게 되면, 내가 제시한 회개의 참된 의미에서 이탈하게 된다는 사실이다. 회개란 죄의 책임을 고백하고, 형벌과 정죄를 피하게 해 달라고 하나님께 간구하는 것이라기보다는 오히려 하나님께로 돌아서는 것이기 때문이다. 그러므로 "베옷을 입고 재에 앉아 회개한다"는 것은 (마 11:21; 눅 10:13) 우리의 위중한 범죄 때문에 하나님께서 우리에 대해 진노하실 때에 우리가 우리 자신에 대해 혐오와 회한을 갖고 있다는 증거 이외에 아무것도 아니다. 이런 유의 고백은 사실 공적인 성격을 띤다. 그런 행위를 통해서 천사들과 세상 앞에서 우리 자신을 정죄하며 하나님의 심판을 예상하는 것이다.

바울은 자기 자신의 죄에 대해 무감각한 자들의 게으름을 책망하면서 말하기를, "우리가 우리를 살폈으면 [하나님께로 말미암아] 판단을 받지 아니하려니와"라고 한다(고전 11:31). 우리의 회개를 사람들에게 드러내 보여서 그들을 의식적인 증인들로 삼는 일이 항상 필요한 것은 아니다. 그러나 하나님께 사사로이 죄를 고백하는 것은 절대로 빠뜨려서는 안 될 참된 회개의 필수적인 부분인 것이다. 우리의 죄들이 백일하에 드러날 때까지 그것들을 위선적으로 감추고 우리 스스로 둘러대는데도, 하나님께서 우리의 죄들을 용서하신다면 그것처럼 불합리한 일은 없을 것이 아니겠는가?

날마다 범하는 죄들을 고백하는 것뿐 아니라, 오래 전에 묻혀버린 것 같은 더 위중한 과실들을 마음에 떠올려서 그것까지도 고백하는 것이 합당할 것이다. 다윗은 자신의 모범을 통해서 우리에게 이것을 가르쳐 준다. 최근에 지은 범죄를 부끄러워하면서 그는 어머니의 태 중에 있을 때의 자신의 모습까지도 살피고, 그때부터도 자신이 육체의 더러움과 추함으로 부패하여 있었음을 시인하고 있는 것이다(시 51:3-5). 마치 많은 사람들이 군중 속에 자기를 숨기고 다른 사람들을 끌어들여서 자기들의 범죄에 대해 형벌을 받지 않게 하려고 애쓰는 것처럼, 다윗이 그런 식으로 거기서 자기의 죄의 책임을 완화시키려고 의도적으로 그렇게 하고 있는 것이 아니다. 다윗은 그런 의도와는 전연 달리, 노골적으로 자기의 죄에 대한 책임을 크게 부풀린다. 곧, 유아 시절부터 자기는 부패하여 있어서, 범죄에 범죄를 쉬지 않고 쌓아 올렸다고 고백하는 것이다. 뿐만 아니라 다른 구절에서는 자기의 과거의 삶을 살피면서 소년기에 저지른 범죄에 대해서도 하나님의 긍휼을 간구하기도 한다(시 25:7).

그러므로, 우리가 우리의 짐을 지고 탄식하며 우리의 악행에 대하여 슬피 애통함으로 하나님께로부터 구원을 찾고 구하게 되면, 그때에 비로소 우리가 영적 무감각의 상태에서 벗어났다는 것을 증명해 보이게 되는 것이다.

여기서 주의해야 할 것은, 성경이 계속해서 행하라고 우리에게 명령하는 회개는, 부끄러움 가운데 사망에 빠져 있는 사람들과, 계속해서 무절제한 상태로 악행을 저질러 죄 속에서 허우적거리는 사람들, 혹은 모종의 반역 행위를 통해서 하나님의 멍에를 부러뜨린 자들을 죽음의 상태에서 일으켜내고 살려내는 회개와는 다른 것이다. 왜냐하면 성경이 회개하라고 권면할 때에, 그 회개를 죽음에서 생명으로 옮겨진다는 뜻으로 말씀하는 경우가 많고, 또한 사람들이 "회개했다"고 말씀할 때에도, 그것이 곧 우상 숭배와 기타 위중한 범죄에서 완전히 돌아셨다는 뜻으로 말씀하는 경우도 많은 것이다. 그렇기 때문에 사도 바울은 "더러움과 음란함과 호색함을 회개하지 아니하는" 죄인들에 대해서 자신이 슬퍼울 것이라고 선언하고 있는 것이다(고후 12:21).

우리는 이러한 구별을 조심스럽게 살펴야 한다. 그렇지 않으면, 몇몇 사람이 회개하라는 부름을 받는다는 이야기를 들을 때에 우리가 부주의함에 빠질 염려가 있다. 우리는 이미 회개했으니 더 이상 회개할 필요가 없다고 생각하여, 육체를 죽이는 일에 대해서 전혀 관심을 갖지 않게 될 수도 있기 때문이다. 부패한 정욕이 언제나 우리를 꼬이며, 악행들이 우리 속에서 계속해서 싹을 틔우기 때문에, 절대로 육체를 죽이는 일에 대한 관심을 늦출 수가 없는 것이다. 그러므로, 마귀가 치명적인 함정에 빠뜨려 놓아서 하나님을 두려워하는 데서 멀리 벗어나 있는 그런 사람들에게만 요구되는 **특별한 회개**가 있지만, 동시에 본성의 부패로 인하여 우리가 평생토록 주의를 기울여 행하지 않을 수 없는 **일상적 회개**가 또 있는 것이다.

19. 회개와 죄 사함

또한 회개와 죄 사함이라는 두 주제 속에 복음의 대요(大要)가 포함된다는 것이 만일 사실이라면 — 이것은 너무도 분명한 사실이지만 — 주께서 그에게 속한 자들을 값없이 의롭다 하셔서, 동시에 그의 성령으로 그들을 거룩하게 하사 참된 의로 회복시키신다는 사실이 확연히 드러나지 않는가? 그리스도에 앞서서 그의 길을 예비하기 위해 보내심을 받은 사자 요한은(마 11:10) 선포하였다: "회개하라 천국이 가까이 왔느니라"(마 3:2; 4:17). 그는 백성들을 향하여 회개하라고 촉구함으로써, 그들 자신이 죄인이며 그들의 모든 것이 주 앞에서 정죄 받았음을 깨달으라고 권면하였고, 그리하여 그들이 온 마음으로 육체를 죽이고 성령 안에서 새로이 거듭나기를 사모하게 한 것이다. 하나님 나라, 혹은 천국을 선포함으로써 그는 그들에게 믿음을 갖도록 촉구하였다. 그가 가까이 와 있다고 가르친 그 하나님의 나라는 바로 죄의 용서요, 구원이요 생명을 의미하는 것이고, 우리가 그리스도 안에서 얻는 모든 것을 다 포함하는 것이었던 것이다.

그러므로 우리는 다른 복음서에서 "죄 사함을 받게 하는 회개의 세례를 전파하니"라는 말씀을 접하게 되는 것이다(막 1:4; 눅 3:3). 그렇다면, 이것이 죄짐을 지고 무거워서 지쳐 있는 가련한 백성들에게, 주께로 돌아와서 죄 사함과 구원에 대한 소망을 품으라고 말씀했다는 뜻이 아니면 무엇이겠는가? 그리스도께서도 똑같은 말씀으로 복음 사역을 시작하셨다: "때가 찼고 하나님의 나라가 가까이 왔으니 회개하고 복음을 믿으라"(막 1:15). 그는 먼저 하나님의 긍휼하심의 보고(寶庫)가 자기 자신에게서 열려 있음을 선언하시고, 이어서 회개를 요구하시고, 마지막으로 하나님의 약속을 신뢰하라고 요구하신다. 그러므로, 그는 복음을 간단히 정리하시면서 말씀하기를, "이같이 그리스도가 고난을 받고 제 삼일에 죽은 자 가운데서 살아날 것과 또 그의 이름으로 죄 사함을 받게 하는 회개가 … 전파될 것"이라고 하신 것이다(눅 24:26, 46-47).

그리고 그리스도의 부활 이후, 사도들은 이렇게 전파하였다: "예수를 … 하나님이 살리시고 이스라엘에게 회개함과 죄 사함을 주시려고 그를 오른손으로 높이사 임금과 구주로 삼으셨느니라"(행 5:30-31). 사람들이 복음의 가르침을 통해서, 자기들의 모든 생각과 모든 마음의 성향과 모든 수고들이 부패하고 악하다는 것과, 그렇기 때문에 천국에 들어가려면 반드시 거듭나야 한다는 말씀을 들을 때에 회개가 그리스도의 이름으로 선포되는 것이요, 또한 사람들이 그리스도께서 그들을 위하여 구속과 의와 구원과 생명이 되셨고(고전 1:30), 또한 그의 이름으로 말미암아 그들이 하나님 앞에서 값없이 의롭고 무죄한 자들로 인정함을 받는다는 가르침을 받을 때에 죄 사함이 선포되는 것이다. 이미 다른 곳에서 증명한 바와 같이(참조. 1절) 이 두 가지 은혜가 모두 믿음으로 얻어지는 것이지만, 믿음의 대상은 하나님의 선하심이며, 또한 그 선하심으로 말미암아 죄가 용서함 받는 것이기 때문에 편의상 죄 사함을 회개와 조심스럽게 구분한 것이다.

20. 성도의 회개는 평생토록 계속됨

우리는 죄를 미워함으로써 — 이것이 회개의 시작을 이룬다 — 먼저 그리스도를 아는 지식을 접하게 되는데, 그리스도께서는, 고통 가운데서 탄식하고 수고하며 무거운 짐을 지고 굶주림과 목마름을 당하며 슬픔과 불행에 시달리는 가련한 죄인들에게만 자기 자신을 드러내신다(사 61:1-3; 마 11:5, 28; 눅 4:18). 그러므로 우리가 그리스도 안에 거하기 위해서는 평생토록 회개 자체를 위하여 힘써야 하며, 우리 자신을 거기에 헌신해야 하며, 끝까지 그것을 추구해야 한다. 그리스도께서는 죄인들을 부르기 위하여 오셨으나, 동시에 그들을 불러 회개하게 하고자 하셨다(참조. 마 9:13). 그는 무가치한 자들을 복 주시기 위하여 보내심을 받았으나, 그것은 또한 그들을 모두 악에서 떠나도록 하시기 위함이었다(행 3:26; 참조. 5:31).

성경은 그런 증거들로 가득 차 있다. 그렇기 때문에, 하나님께서 죄 사함을 제시하실 때에 보통 우리에게 회개를 요구하시며, 그리하여 그의 긍휼하심이 사람들로 하여금 회개하도록 만들어야 한다는 것을 시사하시는 것이다. 그는 말씀하시기를, "너희는 정의를 지키며 의를 행하라 이는 나의 구원이 가까이 왔음이라"(사 56:1)고 하시고, 또한 "구속자가 시온에 임하며 야곱의 자손 가운데 죄과를 떠나는 자에게 임하리라"(사 59:20)고도 하시며, 또한 "너희는 여호와를 만날 만한 때에 찾으라 가까이 계실 때에 그를 부르라. 악인은 그의 길을, 불의한 자는 그의 생각을 버리고 여호와께로 돌아오라 그리하면 그가 긍휼히 여기시리라"(사 55:6-7)고도 말씀하신다. 이와 마찬가지로, "회개하고 돌이켜 너희 죄 없이 함을 받으라"(행 3:19)는 말씀도 있다.

그러나 여기서 주의해야 할 것은 이런 조건을 붙인 것은 우리의 회개가 죄를 용서함 받는 우리의 공로가 되기 때문이 아니다. 오히려 주께서 사람으로 하여금 회개하게 하시기를 목적으로 삼으사 그들을 불쌍히 여기시기로 작정하셨으므로, 하나님의 은혜를 얻기를 바라는 자들이 마땅히 목표로 두어야 할 것이 무엇인지를 이로써 보여 주시는 것이다. 따라서, 육체라는 감옥에 거하는 동안, 우리는 끊임없이 우리의 부패한 본성의 악들과 싸워야 하며, 또한 우리의 본성적인 기질과도 싸워야 하는 것이다.

플라톤은 때때로 말하기를, 철학자의 삶은 죽을 때까지 명상하는 삶이라고 했다.[11] 그러나 우리는 더욱 참된 의미에서 그리스도인의 삶은 육체가 완전히 죽임을 당하고 하나님의 영이 우리 속에서 완전히 다스리시기까지 육체를 죽이는 끊임없는 노력의 연속이라고 말할 수 있을 것이다. 그러므로, 자기 자신에 대해 크게 불만을 갖기를 배워서 결국 이 진흙창에 갇혀서 한 걸음도 더 전진하지 못하는 것이 아니라, 하나님께로 달려가고 그를 갈망하게 되고, 그리스도의 살으심과 죽으심에 접붙임을 받아 계속적인 회개에 주의를 기울이게 된 사람이야말로 큰 유익을 얻은 것이라 생각한다. 과연 죄를 정말 혐오하는 사람들은 그렇게 하지 않을 수가 없다. 왜냐하면 의에 대한 사랑에 먼저 붙잡히지 않고서는 어느 누구도 죄를 미워하게 되지 않기 때문이다. 이런 생각은 그야말로 가장 단순한 것으로서, 내가 보기에는 성경의 진리와 가장 일치하는 것이라 여겨진다.

(회개나 용서가 없는 죄들. 21-25)

21. 회개는 하나님의 값없는 선물임

뿐만 아니라, 회개가 하나님의 특별하신 선물이라는 사실은 위의 가르침에서 너무도 분명하게 드러나기 때문에 구태여 길게 설명할 필요가 없다고 믿는다. 그러므로, 하나님께서 "이방인에게도 생명 얻는 회개를 주셨다"(행 11:18; 고후 7:10)는 사실에 대하여 교회가 하나님의 은택을 찬송하고 놀라는 것을 보게 된다. 그리고 바울은 디모데에게 불신자들을 향하여 오래 참고 온유하라고 권면하면서, 혹시 하나님이 저희에게 회개함을 주사 마귀의 올무에서 벗어나게 하실지도 모르기 때문이라고 한다(딤후 2:25-26). 사실 하나님은 그가 모든 사람들의 회심을 바라시며 모든 사람들에게 똑같이 권면하신다고 선포하신다. 그러나 이러한 권면의 효능의 여부는 중생의 성령께 달려 있는 것이다. 우리로서는 사람들을 창조하는 것이 우리 자신의 능력으로 좀 더 훌륭한 본성을 입도록 만드는 것보다 쉬운 일일 것이다.

그러므로, 중생의 전 과정에 있어서 우리를 가리켜 "그의 만드신 바라 … 선한 일을 위하여 지으심을 받은 자니 이 일은 하나님이 전에 예비하사 우리로 그 가운데서 행하게 하려 하심이니라"(엡 2:10)라고 부르는 데에는 그만한 이유가 있는 것이다. 하나님께서 죽음에서 구해내기를 바라시는 자는 누구든지 중생의 성령으로 말미암아 살리심을 받는 것이다. 엄밀히 말해서, 회개가 구원의 원인이 되는 것은 아니다. 다만 회개가 이미 믿음과, 또한 하나님의 긍휼하심과 불가분리의 관계에 있는 것으로 간주되고 있기 때문이다. 이사야 선지자는 이에 대하여 이렇게 증거하고 있다: "구속자가 시온에 임하며 야곱의 자손 가운데 죄과를 떠나는 자에게 임하리라"(사 59:20).

여기서 확고히 서 있는 사실은, 하나님을 향한 두려움과 경외가 왕성하면 성령께서 이미 사람의 구원을 위하여 역사하고 계신 것이라는 것이다. 그러므로 이사야서를 보면, 신자들이 하나님에게서 자기들이 버림받았다고 불평하며 슬퍼하면서, 자기들의 마음이 하나님으로 말미암아 강퍅하게 되었다는 것을 자기들이 버림 받았다는 일종의 표적으로 제시하고 있는 것이다(사 63:17). 사도 역시 배도자들을 구원의 소망에서 제외시키기를 원하고 있는데, 그는 그들을 "다시 새롭게 하여 회개하게 할 수 없다"는 것을 그 이유로 제시하고 있다(히 6:4-6). 하나님께서는 자신이 멸망시키기를 원치 않으시는 자들을 새롭게 하시면서, 자신의 아버지로서의 사랑의 증표를 그들에게 보여 주시며, 또한, 말하자면, 자신의 고요하고도 기쁨에 넘치는 얼굴의 광채로 그들을 자신에게로 이끄신다는 것이 분명하다. 그러나 반대로, 하나님께서는 유기된 자들, 도저히 용서할 수 없는 불경을 범하는 자들을 강퍅하게 하시고 그들을 향하여 진노를 발하시는 것이다.

사도는, 복음을 믿는 믿음에서 타락하여 하나님을 조롱하고 그의 은혜를 비웃으며 경멸하고 그리스도의 피를 욕되게 하고 짓밟는 자들(히 10:29), 곧 자기들에게 그럴 힘만 있다면 그리스도를 다시 십자가에 못 박으려 하는 저 고의적인 배도자들을(히 6:6) 향하여 이러한 징벌이 있을 것을 경고하는 것이다. 일부 엄격한 사람들이 터무니없이 생각하는 것처럼 바울이 자발적으로 죄를 지은 모든 사람들을 사죄의 소망에서 끊어내고 있는 것이 절대로 아니다. 그는 오히려 배도에는 변명이 합당하지 않으며, 따라서 하나님께서 그처럼 불경하게 자신을 능멸하는 자들을 가차없이 맹렬하게 벌하신다는 것이 전혀 이상한 일이 아니라는 것을 가르치고 있는 것이다.

"한 번 빛을 받고 하늘의 은사를 맛보고 성령에 참여한 바 되고 하나님의 선한 말씀과 내세의 능력을 맛보고도 타락한 자들은 다시 새롭게 하여 회개하게 할 수 없나니 이는 그들이 하나님의 아들을 다시 십자가에 못 박아 드러내 놓고 욕되게 함이라"(히 6:4-6). 또 다른 구절에서는 말씀하기를, "우리가 진리를 아는 지식을 받은 후 짐짓 죄를 범한즉 다시 속죄하는 제사가 없고 오직 무서운 마음으로 심판을 기다리는 것과 대적하는 자를 태울 맹렬한 불만 있으리라"(히 10:26-27)고 한다.

오래 전 노바티아누스파(the Novatianists)는 이 구절들을 잘못 오해하여 그들의 이단적 사상의 근거로 삼기도 했다. 이 구절들의 거친 내용이 거슬려서, 일부 선량한 사람들은 이 서신서를 가짜 편지(a spurious letter)로 여기기도 했다. 매 부분마다 사도의 정신이 숨쉬고 있는데도 말이다. 그러나 우리는 지금 이 서신서를 그대로 받아들이는 자들에 대해 반론을 제기하고자 하는 것이므로, 이 진술들이 그들의 오류를 절대로 지지하지 않는다는 사실을 쉽게 증명할 수가 있다. 우선, 사도로서는 그의 주님과 의견이 반드시 일치해야 하는데, 주님은 "사람에 대한 모든 죄와 모독은 사하심을 얻되 성령을 모독하는 것은 사하심을 얻지 못하겠고 … 이 세상과 오는 세상에서도 사하심을 얻지 못하리라"고 선언하시는 것이다(마 12:31-32; 막 3:28-29; 눅 12:10). 분명한 것은 사도가 주님의 이러한 예외적인 선언에 대해서 만족하고 있다는 사실이다. 우리가 사도를 그리스도의 은혜를 대적하는 자로 만들지만 않는다면 그렇게 볼 수밖에 없는 것이다.

이 사실에서 우리는 그 어떠한 개인의 죄도 용서받지 못할 것이 없으나, 단 한 가지, 결사적인 광기(狂氣)에서 나오는 것으로서 도저히 연약함 때문이라고 볼 수 없고, 그 당사자가 마귀에 사로잡혀 있다는 분명한 증거를 드러내 보이는 그런 죄는 절대로 사함 받을 수 없다는 결론을 얻게 되는 것이다.

22. 사함 받지 못하는 죄

그러나 이 문제를 해결하기 위해서는 절대로 사함 받지 못하는 이 망령된 범죄의 본질이 무엇인지를 살펴볼 필요가 있다. 아우구스티누스는 어디선가 이 죄를 정의하기를, 용서를 신뢰하지 않고 죽을 때까지 강퍅한 상태를 지속하는 것이라고 했다.[12] 그러나 이런 정의는 그 죄는 이 세상에서 사하심을 얻지 못한다는 그리스도의 말씀과 완전히 일치하지 않는다(마 12:31-32). 그리스도의 이런 말씀이 헛되거나, 혹은 사함 받지 못하는 죄가 이 세상의 삶 속에서 범해질 수 있거나 둘 중의 하나일 것이기 때문이다. 그런데 아우구스티누스의 정의가 옳다면 죽을 때까지 계속 같은 상태가 이어지지 않으면 그 죄를 범했다 할 수가 없는 것이다. 또 어떤 사람들은, 형제에게 베풀어진 은혜를 시기하는 자가 바로 성령을 훼방하는 죄를 범하는 것이라고도 주장한다. 그러나 도대체 어디서 이런 생각을 갖게 되었는지 나로서는 알 수가 없다.

여기서 참된 정의(定義)를 세우기로 하자. 확실한 증거들의 뒷받침을 받아서 다른 모든 정의들을 쉽게 능가할 수 있는 그런 확고한 정의를 세우자는 말이다. 성령을 훼방하는 죄를 범하는 자들은 곧 진리를 밝히 접하여 결코 진리를 모른다고 말할 수 없는 그런 처지에서 악한 의도를 갖고 하나님의 진리를 저항하는 자들이라고 단언할 수 있다. 그런 저항만으로도 사함 받을 수 없는 죄가 되는 것이다. 그리스도께서는 자신이 방금하신 말씀을 설명하기 위하여 곧바로 다음과 같이 덧붙이고 계시기 때문이다: "말로 인자를 거역하면 사하심을 얻되 누구든지 말로 성령을 거역하면 … 사하심을 얻지 못하리라"(마 12:32; 참조. 눅 12:10; 막 3:29). 여기서 마태는 "성령을 모독함"이라는 단어 대신 "모독의 영"(the spirit of blasphemy)이라는 단어를 사용하고 있다.

그렇지만 과연 어떻게 하나님의 아들을 훼방하면서 동시에 성령을 훼방하지 않을 수가 있단 말인가? 하나님의 진리를 알지 못하여 생각 없이 그 진리를 공격하는 자들은 그렇게 할 수가 있다. 무지(無知)한 상태에서 그리스도를 저주하는 자들은 그렇게 할 수가 있다. 만일 하나님의 진리를 알았다면, 그들은 절대로 그 진리를 의도적으로 훼방하려 하지 않았을 것이요, 또한 주의 기름부으신 자라고 알고 있는 그분을 향하여 한 마디도 상처의 말을 던지지 않았을 것이다. 그런 사람들은 아버지와 아들을 거슬러 죄를 짓는 것이다. 그러므로 오늘날 복음의 가르침을 지독하게 저주하는 자들 중에서, 그것이 과연 복음의 진리라는 것을 알고나면 그 진리를 전심으로 높이고 따를 사람들이 많이 있는 것이다.

그러나, 자기들이 배척하고 공격하는 것이 하나님의 말씀이라는 것을 수긍하면서도 그 양심이 그 공격을 그치지 않는 자들, 바로 이런 사람들을 성령을 모독하는 자들이라고 말한다. 이들은 성령의 조명하시는 역사를 대항하여 애쓰기 때문이다. 스데반을 통하여 성령께서 말씀하시는 것을 견디지 못하면서도 끝까지 그것에 저항하려 했던 일단의 유대인들이 바로 여기에 속한다(행 6:10). 그들 중 많은 사람들이 율법을 향한 열심에서 그렇게 했다는 것은 의심의 여지가 없는 사실이다. 그러나 그들 중에는 하나님을 대적하여 불경한 악심을 품고 그렇게 분을 발한 자들도 있었던 것으로 나타난다. 즉, 분명히 하나님께로부터 왔다는 것을 잘 알고 있는 그런 가르침을 대적하여 그렇게 분을 터뜨린 것이다. 예수님의 준엄한 책망을 받은 바리새인들도 그러했다. 그들은 성령의 능력을 약화시키려는 의도로 주님을 "바알세불"(마 12:24; 혹은 "귀신의 왕", 9:34)이라고 하며 비방하였다.

그러므로 사람이 대담하게 하나님의 이름을 고의적으로 능멸하는 데 빠지는 것이 바로 모독의 영이다. 바울도 자기가 불신앙 가운데서 무지할 때에 그런 잘못을 범하였기 때문에 긍휼하심을 받았다고 증언하고 있는데, 여기서도 이런 점이 암시되고 있는 것이다(딤전 1:13). 그가 알고도 그런 죄를 저질렀다면 주님의 은혜를 받을 수가 없었을 것이다. 무지와 불신앙이 함께 결합하여 그로 하여금 죄 사함을 받게 했다면, 불신앙과 지식이 함께 결합되어 있는 경우에는 죄 사함의 여지가 없다는 것이 당연한 일일 것이다.

23. 사함 받지 못하는 죄를 범하는 자들은 완전한 배도의 상태에 있음

여기서 자세히 주의를 기울여 보면, 사도가 한두 번 잘못에 빠지는 경우를 말하는 것이 아니라, 유기된 자가 전반적인 배역(背逆)을 통해서 구원을 저버리는 현상을 두고 말하는 것임을 깨닫게 될 것이다. 그러므로 사도 요한이 그의 서신서에서, 택한 자들에게서 나갔으나 택한 자들에 속하지 않았다고 말하는 그들을 향해서 하나님께서 용서의 여지를 두지 않으신다는 것이 전혀 이상한 일이 아니다(요일 2:19). 요한은 여기서 기독교 신앙에서 한 번 떠난 상태에 있으나 다시금 그리로 돌아갈 수 있다고 상상하는 자들을 향하여 말하고 있는 것이다. 요한은 이러한 거짓되고 악한 사고를 버리라고 촉구하면서, 아주 진실된 말을 하고 있다. 즉, 그리스도와의 연합의 상태를 알면서 의도적으로 거부한 자들에게는 그리로 돌아갈 기회가 다시 주어지지 않는다는 것이다. 여기서 기독교 신앙을 저버렸다고 말하는 자들은 방탕하고 무절제한 삶으로 그저 하나님의 말씀을 범하는 자들이 아니라, 하나님의 말씀의 가르침 전체에 대해 악의를 품고 의도적으로 거부하는 자들을 가리킨다.

그러므로 "타락"(lapsing)과 "죄 지음"(sinning)이라는 단어들(히 6:6; 10:26)에 대해 잘못 오해할 소지가 다분하다. 노바티아누스파는 여기의 "타락"을, 주의 율법에서 도둑질하지 말고 간음하지 말라는 가르침을 받고서도 도둑질이나 간음 행위를 삼가지 않는 자들의 행위를 의미하는 것으로 잘못 해석하는 것이다. 이와 반대로, 나는 앞에서 진술했던 내용에 반대되는 모든 내용을 다시 정리하여 제시하는 무언의 대조법(對照法: antithesis)이 여기에 있다고 본다. 그러므로 여기서 말하고 있는 것은 이런저런 구체적인 잘못이나 허물이 아니라, 하나님 께로부터 완전히 돌아서 있고, 말하자면 사람이 완전히 배도(背道)에 빠져 있는 상태인 것이다.

그러므로 한 번 빛을 받고 하늘의 은사를 맛보고 성령에 참여한 바 되고 하나님의 선한 말씀과 내세의 능력을 맛본 후에 타락한 자들(히 6:4-5)에 대한 말씀에서 반드시 이해해야 할 것은, 의도적인 불경으로 성령의 빛을 꺼뜨리고 하늘의 은사를 맛보고도 뱉어버리는 자들은 성령의 거룩하게 하심에서 스스로를 잘라내 버리고, 하나님의 말씀과 내세의 능력을 짓밟아 버릴 것이라는 사실이다. 그런 사람들이 고의적으로 의도하는 불경의 자세를 더 분명하게 표현하기 위하여 사도는 나중에 다른 구절에서 "짐짓"(혹은 "악의를 품고," "고의로")이라는 단어를 첨가시키고 있다(히 10:26).

"진리를 아는 지식을 받은 후 짐짓 죄를 범한즉 다시 속죄하는 제사가 없다"(히 10:26)는 사도의 말씀은 그리스도께서 성도들의 불의를 계속하여 속하는 계속적인 희생제물이심을 부인하는 것이 아니다. 오히려 그리스도의 제사장직을 설명하는 가운데 서신서 거의 전체에서 그 사실을 웅변적으로 선포하고 있다. 그의 말씀의 뜻은 곧 그리스도의 제사를 거부한 후에는 다른 제사가 남아 있지를 않다는 것이다. 더욱이 복음의 진리를 명백하게 부인한다는 것은 바로 그리스도의 제사를 거부하는 것이다.

24. 사함 받지 못하는 죄 범하는 자들은 회개의 가능성을 스스로 소멸시킴

누구든 간에 주님의 긍휼을 구하며 피난처를 찾으려 도망하는 자들이 죄 사함의 가능성을 송두리째 빼앗긴다는 것이 이해하기가 너무 어렵고, 또한 하나님의 긍휼하심과도 모순된다고 보는 사람들도 있을 것이다. 그러나 이런 식의 반론에 대해서는 쉽게 답변할 수가 있다. 히브리서의 저자는 그들이 주께로 돌아올 경우에도 죄 사함을 거부당한다고 말씀하지는 않는다. 다만 그들의 회개의 가능성을 철저히 부인하는 것뿐이다. 왜냐하면 그들은 자기들의 불경한 자세로 인하여 하나님의 공의로우신 심판으로 말미암아 영원한 맹인의 상태를 형벌로 받았기 때문이다.

에서의 경우에서도 이 점과 반대되는 사실이 전연 없다. 히브리서 기자는 나중에 이 점을 이렇게 적용시킨다: "혹 한 그릇 음식을 위하여 장자의 명분을 판 에서와 같이 망령된 자가 없도록 살피라. 너희가 아는 바와 같이 그가 그 후에 축복을 이어받으려고 눈물을 흘리며 구하되 버린 바가 되어 회개할 기회를 얻지 못하였느니라"(히 12:16-17). 또한 "그들이 불러도 내가 듣지 아니하리라"는 선지자의 경고(슥 7:13)도 마찬가지다.

여기의 표현은 참된 회심이나 참되게 하나님을 부르는 것을 가리키는 것이 아니라, 불경한 자들이 극심한 곤경 중에 빠져서 과거에 안일하게 무시하던 사실 ─ 곧, 그들의 복이 주의 도우심에 달려 있다는 사실 ─ 을 생각하고 그것을 의지하지 않을 수 없도록 되어서 그런 곤란의 상태를 겉으로 토로하는 것에 지나지 않는 것이다. 선지자가 말씀하는 "부름"(슥 7:13)이나 사도가 말씀하는 "눈물"(히 12:17)은 악인들이 절망 중에서 불태우는 그 처절한 고뇌 외에 아무것도 아닌 것이다.

이 사실은 정말로 깊이 새겨야 할 필요가 있다. 그렇지 않으면 하나님께서 스스로 자가당착(自家撞着)에 빠지시는 격이 되어버리고 말 것이다. 그는 또한 선지자를 통하여, "악인이 만일 그가 행한 모든 죄에서 돌이켜 떠나 내 모든 율례를 지키고 정의와 공의를 행하면 반드시 살고 죽지 아니할 것이라. 그 범죄한 것이 하나도 기억함이 되지 아니하리라"고 선포하시기 때문이다(겔 18:21-22). 이미 앞에서 말한 바와 같이, 하나님의 은혜가 먼저 베풀어지지 않고서는 사람의 마음이 더 나은 상태를 향하여 변하지 않는다는 것이 분명한 것이다. 또한 그를 향하여 부르짖는 자들에게 하신 그의 약속도 절대로 속임이 없다. 그러나 유기된 자들(혹은 버림 받은 자들)이 자기들의 불행을 타개하기 위해서는 하나님을 찾아야겠다고 느끼면서도 정작 하나님께서 다가오시면 도피해 버리는 상태에서 겪는 맹목적인 고뇌를 가리켜 "회심"이라거나 혹은 "기도"라 한다면 그것은 절대로 부당한 처사일 것이다.

25. 거짓 회개를 다루시는 하나님

그러나 여기서 한 가지 문젯거리가 있다. 사도는 하나님께서 거짓된 회개를 받으시지 않는다고 하는데, 그렇다면 아합이 용서함을 받아 자기에게 부과된 형벌을 피한 사실은 어떻게 되는가 하는 것이다. 나중에 그의 삶의 행실을 보면 그의 회개는 갑작스러운 두려움 때문이었다는 것이 드러나지 않는가(왕상 21:28-29)? 그는 스스로 굵은 베를 몸에 두르고 재를 쓰고 땅에 누웠고(27절), 그에 대하여 증거하듯이 그는 하나님 앞에서 스스로 겸비하였다(29절). 그러나 마음이 여전히 악의로 강퍅해져 있고 굳어져 있는 상태라면 의복을 찢는다 한들 무슨 의미가 있겠는가? 그런데도 하나님께서 그에게 긍휼을 베푸시는 것을 보게 되는 것이다.

이에 대해서 나는 다음과 같이 답변하고자 한다: 외식자들이 그런 식으로 얼마 동안 묵인되는 경우들이 더러 있으나 하나님의 진노가 언제나 그들에게 드리워져 있는 것이며, 하나님께서 그렇게 하시는 것은 그들 자신을 위해서가 아니라 모든 이들에게 본을 보이기 위함이라는 것이다. 아합에게 내린 형벌이 완화되긴 했지만, 그렇다고 그것이 그에게 무슨 유익이 되었는가? 이 땅에 살 동안 그 형벌을 느끼지 않는다는 것 이외에는 아무런 유익도 없지 않았는가? 하나님의 저주가 비록 그에게는 감추어졌으나 그의 가문에 항상 자리잡게 되었고, 그는 결국 영원한 멸망에 들어간 것이다.

에서의 경우도 이와 마찬가지다(창 27:38-40). 축복을 거절 당했으나 눈물을 흘리며 구하여 세상적인 축복을 허락받았다. 하나님의 말씀에 따르면 영적 기업은 형제 중 한 사람에게만 주어질 수 있는 것이었으므로, 에서 대신 야곱이 택함을 받아 기업을 받았으므로 에서는 하나님의 긍휼하심에서 제외된 것이었다. 그러나 비천한 인간으로서 누릴 위로는 남아 있었다. 곧, 하늘의 이슬과 땅의 기름짐으로 기름지게 되리라는 것이었다.[13]

앞에서 말한 바와 같이, 이러한 사실들이 다른 사람들을 위한 경계임을 깨달아서, 우리는 진정한 회개를 위하여 마음을 쏟고 힘을 쓰기를 더욱 배워야 할 것이다. 우리가 진정으로 마음을 다하여 회심하면, 아무리 천한 자라도 자기 자신에 대해 불만을 토로할 때에 긍휼을 베푸시는 하나님께서 우리를 기꺼이 용서하실 것이라는 사실에 추호의 의심도 없기 때문이다. 또한 이를 통해서 우리는, 부끄러움 없는 이마와 철(鐵)같이 굳은 마음으로 하나님의 경고를 멸시하고 무시하기를 재미삼아 행하는 모든 강퍅한 자들을 위하여 쌓아둔 그 심판이 얼마나 처절한지를 배우게 된다.

이스라엘 자손들의 부르짖음이 거짓된 것이요, 간사와 거짓이 그들의 마음에 가득하여 시편에서 하나님께서 친히 그들이 자기들의 이전 모습으로 돌아갔다고 안타까워 하시는 정도인데도(시 78:57), 하나님께서는 그들에게 손을 펴사 그들의 재난을 누그러뜨리시는 경우가 자주 있다(시 78:36-37). 하나님께서는 그렇게 자비와 온유하심을 베푸심으로 그들로 하여금 진정으로 하나님께 돌아오기를 원하셨고, 그렇지 않으면 그들로 하여금 핑계하지 못하도록 만들고자 하신 것이다.

그러나 그렇다고 해서 한동안 형벌을 중지하는 것이 하나님의 영구한 법칙은 아니다. 때때로 하나님께서는 외식자들을 향하여 맹렬하게 벌하시고 그들의 형벌을 배가하심으로써 그들의 거짓과 간사를 그가 얼마나 불쾌하게 여기시는지를 확연히 드러내 보이시는 것이다. 그러나 이미 말한 바와 같이, 하나님은 몇 가지 실례들을 통해서 친히 용서하실 준비가 되어 있다는 것을 보여 주시는데, 경건한 자들은 이 실례들을 보고서 격려를 받아 삶을 고치게 되며, 이 실례들을 통해서 가책을 받으면서도 그것을 차버리고 고의로 무시해버리는 교만한 자들은 더욱더 엄하게 정죄를 받게 되는 것이다.

주

1. Augustine, *Against Two Letters of the Pelagians*, IV. x. 27; IV. xi. 31; *Against Julian the Pelagian*, I. i. 2; II. iii. 5-v. 14; II. viii. 23; II. ix. 32.

2. 2권 2장 27절.

3. Augustine, *John's Gospel*, xli. 11; *Sermons*, cliv. 1; *Against Julian*, III. xxvi. 61f.

4. Augustine, *Against Two Letters of the Pelagians*, I. xiii. 27; III. iii. 5.

5. Ambrose, *On Isaac or the Soul*, viii. 65.

6. Augustine, *Against Julian the Pelagian*, II. ix. 32; V. iii. 8.

7. Bernard of Clairvaux, *Sermons on the Song of Songs*, xi. 2.

8. 참조. 2권 6-10장.

9. 참조. 4권 12장 8-13절.

10. 참조. 4권 12장 14-21절.

11. Plato, *Apology of Socrates* 29 A, B; 41 C, D; *Phaedo* 64 A, B; 67 A-E; 81 A.

12. Augustine, *Unfinished Exposition of the Epistle to the Romans*, xxii; Letters, clxxxv. 11. 49.

13. 칼빈은 여기서 헬라어 칠십인역을 따라서, 야곱에게 주어진 축복(창 27:28)을 에서에게 주어진 것으로 간주하고 있다.

제 4 장

스콜라 신학자들의 회개론:
복음의 순결성과는 전혀 다름; 고해와 보속에 대한 논의

(고해와 통회에 관한 스콜라 신학자들의 가르침과 그들이 주장하는 성경적 근거. 1-6)

1. 회개에 대한 스콜라 신학자들의 가르침

자, 이제부터는 스콜라주의의 궤변가들이 회개에 대하여 가르친 내용을 살펴보기로 하자. 모든 것을 다 다루자는 것이 나의 본래의 의도가 아니기 때문에, 이에 대해서는 가능한 한 간결하게 다루고 넘어갈 것이다. 그렇게 하지 않으면 본래 교리를 위한 짧은 안내서로 만들려고 계획한 이 책이 모든 한계를 넘어서 버리고 말 것이다. 그들은 복잡할 것이 없는 이 문제를 그렇게 방대한 책들을 통해서 복잡하게 다루어 놓았기 때문에, 그들이 만들어 놓은 진흙창에 한 번 빠지게 되면 거기서 빠져 나오기가 여간 어렵지 않게 되어 있다.

먼저, 회개에 대한 그들의 정의(定義)만 보더라도, 회개가 무엇인지를 그들이 전혀 이해하지 못했다는 사실이 분명히 드러난다. 그들은 고대의 교부(敎父)들의 책들에서 이런저런 상투 용어들을 취하는데, 그것들이 회개의 의미를 전혀 전달해 주지 못하는 것이다. 예를 들면, "회개한다는 것은 과거에 지은 죄들을 슬퍼하는 것이요, 또한 슬퍼할 죄를 범하지 않는 것이다"[1]라거나, "회개란 과거의 악행에 대해 애통하는 것이요 또한 애통할 악행을 다시는 범하지 않는 것이다"[2]라거나, "스스로 범하였음을 뉘우치는 행위에 대해서 슬퍼함으로 자기 자신에게 보복하는 것이다"[3]라거나, 또는 "스스로 범하였거나 스스로 동의한 악행에 대한 마음의 슬픔이요 영혼의 쓰라림이다"[4] 같은 것들이다.

이런 교부들의 진술들이 매우 합당하다는 것은 인정하기로 하자. 물론 반론(反論)을 제기하고자 하는 마음만 먹으면 얼마든지 어렵지 않게 이를 부인할 수가 있지만 말이다. 그러나 그들은 회개를 정의하고자 하는 의도로 이런 진술들을 한 것이 아니다. 회개하는 자들을 향하여, 범죄를 저질렀다가 구원을 받은 후에 다시 똑같은 범죄에 빠져서는 안 된다고 권면하기 위해서 그런 진술을 한 것이다. 이런 유의 모든 진술들을 정의로 삼고자 한다면, 이것들 외에도 취해야 할 좋은 진술들이 많다. 예를 들어서, 크리소스톰(Chrysostom)의 다음과 같은 진술이 그럴 것이다: "회개란 죄를 제거하는 양약이요, 하늘로부터 주어지는 선물이요, 놀라운 능력이요, 율법의 힘을 능가하는 은혜다."[5]

후대의 스콜라 신학자들이 가르친 교리는 이 교부들의 정의보다 더 못하다. 그들은 겉으로 행하는 행위를 너무나 고집하는 나머지, 그들의 방대한 저서들을 다 읽어 보아도, 회개란 육체를 제어하며 잘못을 책하고 벌하는 역할을 담당하는 징계(discipline)요 고행(austerity)이라는 내용 이외에는 아무것도 없는 것이다. 그들은 내적인 마음의 새로워짐과 삶의 진정한 변화에 대해서는 놀라울 만큼 침묵을 지킨다. 사실, 통회(痛悔: contrition)와 하등통회(attrition)에 대해서는 많은 이야기를 한다. 그리하여 온갖 실수들을 구실로 심령들을 괴롭히고 그들을 근심과 불안의 바다 속에 집어넣는 것이다. 그러나 마음에 그렇게 깊은 상처를 주고서는 몇 가지 의식(儀式)들을 가볍게 뿌려줌으로써 그 쓰라린 상처를 치료하려 하는 것이다.

그들은 회개를 이렇듯 교묘하게 정의하고는, 그것을 다시 "마음의 통회", "입술의 고백", 그리고 "행위를 통한 보속"으로 구분한다. 그들은 자기들이 삼단논법(sylogism)의 체계를 세우는 데 평생을 바친 것처럼 보이기를 바라지만, 그들이 제시해 놓은 회개에 대한 정의나 이런 구분은 그렇게 비논리적일 수가 없다. 그들이 해놓은 정의를 근거로 가령 이런 식으로 생각을 전개한다고 해보자. 곧, 과거에 지은 죄들에 대하여 슬피 울고, 슬피 울 죄를 다시 범하지 않고, 과거의 악행들에 대해 애통하고, 애통할 악행을 저지르지 않고, 스스로 범한 것을 뉘우치는 행위에 대해서 벌을 가하는 등등의 일은 구태여 입으로 고백하지 않아도 누구나 다 할 수 있는 것이라고 말이다. 이런 식의 논리 전개는 사실 변증가들 사이에서 아주 흔히 볼 수 있는 것이었다. 이럴 경우, 그들이 말하는 그 세 가지 구분이 어떻게 유지되겠는가?

사람이 참으로 통회하면서도 고백하지 않는 경우는, 고백이 없이도 회개가 존재하게 될 것이 아닌가? 이에 대해서 그들이, 만일 이런 구분은 성례로서의 회개[6]에 해당되며, 혹은 회개의 정의에는 포함시키지 않았지만 지극히 완전한 형태의 회개에 해당하는 것으로 이해하여야 한다고 답변한다 해도, 회개를 좀 더 상세하고 명확하게 정의하지 않은 책임은 그들에게 있는 것이며, 그들의 정의를 근거로 한 나의 논지를 책할 수는 없을 것이다. 나는 우둔하여 어떤 문제에 대해서든 논쟁이 있을 때마다 항상 문제를 정의 자체에 근거하여 따진다. 사실 정의가 논쟁 전체의 관건이요 근거가 되기 때문이다.

그러나 그런 일은 교사들의 할 일로 접어두고, 여기서는 각 부분들을 차례로 살펴보기로 하자. 그들이 자못 엄숙한 자세로 신비라고 떠벌리는 사소한 내용들은 무시하고 지나치기로 한다. 그러나 그것들을 몰라서 그렇게 하는 것이 아니다. 그들이 아주 기술적으로 교묘하게 논리를 전개한다고 생각하는 그런 내용들을 모두 살피고 조사하려 해도 별로 수고스러운 일이 아닐 것이다. 그러나 그런 사소한 내용들을 꼼꼼히 따지자면 쓸데없이 독자들을 피곤하게 만들 뿐 아무런 소득이 없을 것이다. 그들을 감동시키고 자극시키는 문제들, 그리고 그들이 그토록 비참하게 얽혀 있는 문제들을 보면, 과연 그들이 아무것도 알지 못하면서 이러쿵저러쿵 떠든다는 사실이 금방 드러난다.

예를 들어서, 어느 한 가지 죄에 대해서 회개하면서 동시에 다른 죄들을 계속 고집스럽게 범할 경우 과연 하나님께서 기뻐하시겠느냐 하는 문제나, 하나님께서 가하신 형벌들이 과연 보속을 이룰 수 있느냐 하는 문제나, 한편 날마다 행하는 회개는 오로지 사소한 죄에 대해서만 하는 것이라고 사악하고도 불경스럽게 규정해 놓고는, 치명적인 죄에 대해서는 과연 회개를 여러 번 거듭할 수 있는가 하는 문제들을 따지고 논하는 것이다.

또한 이와 비슷하게, 회개가 "배가 파선된 후에 만나는 두 번째 널빤지"라고 하는 히에로니무스(Jerome)의 진술[7]에 근거하여, 극심한 오류로 자기들 스스로를 크게 괴롭히기도 한다. 이런 논의들을 통해서 그들은 자기들이 처절한 마비 상태에서 각성하여 자기들의 과오의 천 분의 일이라도 느끼고 깨달은 적이 한 번도 없다는 사실을 스스로 입증해 주고 있는 것이다.

2. "마음의 통회"에 대한 그릇된 가르침이 양심을 괴롭힘

그러나, 독자 여러분들은 지금 우리가 다루고 있는 문제가 "나귀의 그늘"에 대한 논쟁[8]이 아니라, 무엇보다 더 심각한 문제, 곧 죄 사함에 대한 문제라는 것을 유념해야 할 것이다. 그들은 회개에 대하여 세 가지를 — "마음의 통회", "입술의 고백", 그리고 "행위를 통한 보속" — 요구하면서, 동시에 죄 사함을 얻기 위해서는 이 세 가지가 필수적이라고 가르친다. 그러나 신앙의 문제 전반에 있어서 우리가 알아야 할 가장 분명한 것이 있다면, 그것은 바로 무슨 이유로, 어떤 법에 의해서, 어떤 조건에서, 어느 정도나 쉽게 혹은 어렵게 죄 사함을 받을 수 있느냐 하는 것이며, 이에 대해서 우리는 가장 확실하게 깨달아야 하는 것이다. 이에 대한 지식이 분명하고 확실해지지 않으면, 양심의 안식도, 하나님과의 화평도, 확신이나 안심도 도저히 얻을 수가 없고, 계속해서 떨며 흔들리고 불안 가운데서 괴로워하고 근심하며, 하나님이 보시는 것을 싫어하고 그것을 피하여 도망하게 되는 것이다.

그런데 죄 사함이 만일 그들이 붙여 놓은 그런 조건들에 달려 있다면, 우리로서는 그보다 더 비참하고 비통한 일이 없을 것이다. 그들은 통회를 죄 사함을 받기 위한 첫 걸음으로 제시하면서, 그것도 합당한 통회, 곧 의롭고 충만한 통회여야 한다고 주장한다. 그러나 그러면서도 사람이 자기가 합당한 정도만큼 충분히 통회했다는 확신을 과연 언제 가질 수 있는지에 대해서는 명확한 해결을 주지 않는 것이다.

우리가 누구나 자기의 죄에 대해 애통하며, 그리하여 그 죄들을 더욱더 싫어하고 미워하게 되도록 자기 자신을 자극해야 한다는 사실을 모든 사람에게 조심스럽고도 선명하게 격려해야 한다는 것은 나도 인정한다. 구원에 이르게 하는 회개를 이루는 근심은 후회할 것이 없기 때문이다(고후 7:10). 그러나, 슬픔의 강도(强度)가 과실의 위중함에 걸맞아야 하고, 또한 저울로 재어서 용서에 대한 확신과 균형을 이룰 정도가 되어야 한다고 요구하게 되면, 이것은 결국 죄에 걸맞는 합당한 통회를 따로 부과하는 것이 되므로, 가련한 양심들은 바로 이 점에서 희한한 방식으로 괴로움을 당하고 근심에 싸이게 되는 것이다. 그 양심들로서는 자기들이 진 빚이 어느 정도인가를 가늠할 수가 없으니, 과연 자기들이 진 빚을 제대로 갚았는지도 스스로 분간할 수가 없는 것이다. 이에 대해서, 그들이 우리 속에 있는 능력에 맞추어서 최선을 다하면 되지 않느냐고 말한다면, 결국 언제나 똑같은 문제로 되돌아가게 되어버리는 것이다. 과연 어느 정도나 해야, 사람이 자기의 죄에 대하여 애통하는데 최선을 다 기울였다고 감히 확신할 수 있게 되겠는가? 그러므로, 아무리 오랫동안 양심이 자기와 씨름하고, 오랫동안 애를 써도, 여전히 편안히 쉴 수 있는 피난처를 찾지 못하기는 마찬가지인 것이다. 그렇기 때문에, 그들은 결국 자기들 스스로 위안을 찾고 싶어서 — 최소한 부분적으로만이라도 — 억지로 슬픔을 자아내며, 눈물을 짜내어 합당한 통회를 이루려고 애를 쓰게 되는 것이다.

3. "통회"는 죄 사함의 원인이 아님

그러나 만일 내가 자기들을 거짓으로 비난한다고 말한다면, 이런 식의 통회의 가르침을 따르다가 절박한 처지에 빠지지 않은 사람이나 아니면 진정한 슬픔이 아닌 겉모양의 슬픔을 가장하여 하나님의 공의를 대하지 않은 사람이 있다면 그런 사람을 실제로 내놓아 보기를 바란다. 어디에선가 앞에서 말한 바와 같이, 회개가 없이는 그 누구에게도 죄 사함이 절대로 있을 수가 없다. 왜냐하면 죄를 깨달아서 괴로움을 당하고 상처를 받은 사람만이 진정으로 하나님의 긍휼을 구할 수가 있기 때문이다. 그러나 이와 동시에, 우리는 회개가 죄 사함의 원인이 아니라는 사실을 덧붙였다. 더욱이 그들은 영혼의 고통을 하나의 의무로서 이행하게 만들려고 하지만, 우리는 그런 고통들도 제거해 버렸다. 죄인은 자기 자신의 뉘우침이나 눈물에 집착하지 말고 두 눈을 오직 하나님의 긍휼하심에 맞추어야 한다고 가르친 것이다.

그러면서, 그리스도께서는 "수고하고 무거운 짐 진 자들"을 부르셨고(마 11:28), 가난한 자들에게 복음을 전하고, 마음이 상한 자들을 고치고, 사로잡힌 자들에게 해방을 선포하고, 갇힌 자들을 놓아주고, 슬피 우는 자들을 위로하시기 위하여 보내심을 받으셨다는 사실을 상기시켜 주었다(사 61:1; 눅 4:18). 그리하여, 자기들 자신의 의(義)를 만끽하면서 자기들의 빈곤을 깨닫지 못하는 바리새인들과, 하나님의 진노를 망각한 채 자기들의 악을 고칠 치유책을 구하지 않는 오만한 자들은 모두 거기서 제외된 것이다. 그런 사람들은 수고하지도 않고, 무거운 짐을 지지도 않으며, 마음이 상한 자들도 아니고 갇혀 있거나 사로잡힌 것도 아니기 때문이다. 그러나, 의롭고 충만한 통회를 행하여 자격을 갖추면 그것으로 말미암아 죄 사함을 받는다고 — 죄인으로서는 절대로 이를 실행할 수가 없다 — 가르치는 것과, 어디서 과연 평안과 안식과 자유를 구해야 할지를 하나님의 긍휼하심이 보여 주시도록 그 긍휼하심에 주리고 목마른 상태가 되어야 한다고 — 자기의 비참한 처지와 이리저리 흔들리며 지쳐 있는 상태와 사로잡혀 있는 상태를 인정함으로써 — 가르치는 것은(결국 겸손하게 하나님께 영광을 돌리라고 가르치는 것은) 서로 엄청난 차이가 있는 것이다.

4. '고백'에 대한 스콜라 신학자들의 헛된 주장

교회법 학자들(canonists)과 스콜라 신학자들 사이에 지금까지 '고백'의 문제에 대해서 항상 큰 논란이 있어왔다. 신학자들은 고백이 신적 권위로 명령된 것이라고 주장하는 반면에, 교회법 학자들은 고백을 명령하는 것은 교회법일 뿐이라고 주장하는 것이다.

이 논쟁에 있어서 신학자들의 뻔뻔스러움이 분명히 드러나고 있다. 이들은 자기들의 목적을 위하여 성경 본문들을 인용하면서 그 본문들을 자기들 멋대로 왜곡시키고 억지로 짜맞춘 것이다. 그리고 이렇게 해서도 원하는 것을 얻을 수 없다는 것을 알게 될 때에는, 그들 중에 다른 사람들보다 똑똑하게 보이고 싶어하는 자들은, 고백은 그 본질에 있어서는 하나님의 법에서 나왔지만 나중에 그 형식을 사회의 적극적인 법령에서 취하였다는 식으로 빠져나가기도 했다. 이 말쟁이들 가운데 아무리 무능한 자들이라도 "아담아 네가 어디 있느냐?"(창 3:9)라는 말씀을 인용하면서 그것을 하나님의 법과 관련짓는 일은 할 수가 있다.

반면에 이에 대한 반론(反論)도 제기할 수가 있다. 왜냐하면 아담은 하나님의 질문에 대하여 "하나님이 주셔서 나와 함께 있게 하신 여자"를 거론하면서(창 3:12) 마치 하나님께 대하여 반론을 제기하는 것처럼 보이기 때문이다. 그러나 두 경우 모두 그 형식은 시민법에서 취하여온 것이라고 하는 것이다. 그러면 여기서 그들이 어떤 증거로 이 고백이 — 형식화된 것이든 되지 않은 것이든 관계 없이 — 하나님의 명령이라는 것을 입증하는지를 살펴보기로 하자.

그들은 주께서 나병환자들을 제사장들에게로 보내셨다는 사실을 거론한다(마 8:4; 막 1:44; 눅 5:14; 17:14). 그런데 무엇이라고? 제사장들에게 가서 고백하라고 그들을 보내셨다니? 레위 지파의 제사장들이 고백을 듣기 위해서 지명된 자들이라는 말을 과연 한 번이라도 들어본 일이 있는가(신 17:8-9)? 여기서 그들은 알레고리(allegories: 혹은 풍유[諷諭])를 도피처로 삼는다. 곧, 모세의 율법에 의하면 제사장들은 나병의 정도를 분별하도록 하는 임무를 받았는데(레 14:2-3), 죄가 곧 영적 나병이므로, 제사장은 이 죄의 문제에 대해서 선언할 의무를 진다는 것이다.

이에 대해서 답하기 전에, 잠깐 물어보고 싶은 말이 있다. 이 구절이 그들을 영적 나병을 판단하는 자로 만들어 준다면, 어째서 그들이 자연적이며 육체적인 나병을 판단하는 일을 맡는단 말인가? 그들은 그런 식의 논리가 전혀 성경을 조롱하는 것이 아닌 것처럼, "율법이 레위 지파의 제사장들에게 나병을 인정하는 임무를 부여했으니, 이 임무를 우리도 취하자. 죄가 곧 영적 나병이니 우리가 또한 죄를 법적으로 판단하는 자들이 되자!"라는 식의 논리를 펴는 것이다.

자, 이제 이에 대해서 답변을 해 보자: "제사 직분이 바꾸어졌은즉 율법도 반드시 바꾸어지리라"(히 7:12). 제사장의 모든 직분들은 그리스도께로 전이(轉移)되었고, 그리스도 안에서 성취되고 완성되는 것이다. 그러므로 제사장의 권리와 특권 전부가 그에게로 전이된 것이다. 그들이 그렇게 알레고리를 만들어내기를 좋아하니, 차라리 그리스도를 그들의 유일한 제사장으로 모시고 모든 일에 대한 무제한의 법적 권한을 그리스도께 드려서 그로 하여금 판단하시게 하면 좋겠다. 그렇게 한다면 우리도 기꺼이 받아들일 것이다. 더욱이 그들의 알레고리에는 모순이 있다. 그저 시민법에 속하는 것을 의식에 속하는 것으로 간주하기 때문이다.

그렇다면 그리스도께서는 어째서 나병환자들을 제사장들에게로 보내셨을까? 그것은 제사장들로부터 율법을 어긴다는 비난을 받지 않기 위함이었다. 율법에 의하면, 나병에 걸렸다가 나은 사람은 반드시 제사장에게 보이고 제물을 드려 속죄하도록 되어 있었던 것이다. 그리하여 그리스도께서는 나병을 고쳐 주시면서 율법의 계명대로 하도록 명령하신 것이다: "가서 제사장들에게 너희 몸을 보이라"(눅 17:14), "제사장에게 네 몸을 보이고 모세가 명한 예물을 드려 그들에게 입증하라"(마 8:4). 이 이적이 제사장들에게는 큰 증거가 되었을 것이었다. 과거에 그들이 나병환자라고 선언한 그 사람들을 이제는 그 병이 나았다고 선언하게 되었으니 말이다. 차마 그렇게 하고 싶지 않았지만, 어쩔 수 없이 그들이 그리스도께서 베푸신 이적의 증인들이 되지 않았는가? 그리스도께서는 그의 이적을 제사장들로 하여금 조사하도록 허용하신 것이다. 그들로서도 그의 이적을 도저히 부인할 수가 없었다. 그런데 그들이 여전히 회피하려 하기 때문에, 이 이적이 그들에게 하나의 증거의 역할을 하는 것이다.

그리하여 다른 구절에서는 "천국 복음이 모든 민족에게 증언되기 위하여 온 세상에 전파되리니"(마 24:14)라고 말씀하며, 또한 "너희가 … 총독들과 임금들 앞에 끌려가리니 … 그들과 이방인들에게 증거가 되게 하려 하심이라"(마 10:18) 고도 말씀하는 것이다. 곧, 그들이 하나님의 심판대 앞에서 더욱 강력하게 정죄 받을 것이라는 것이다.

그러나 그들이 크리소스톰의 견해를 따르기를 원한다면, 그는 또 그리스도 께서는 유대인들 때문에, 곧 율법을 어기는 자로 간주되지 않기 위하여 그 일 을 행하셨다고 가르쳤다는 사실을 알아야 할 것이다.[9] 그러나, 그리스도께서 친 히 제사장들에게, 심지어 입을 막지 않으면 언제나 복음을 거슬러 소리를 질러 대는 그런 공공연한 복음의 원수들에게도 모든 법적인 권리를 맡겨두신 사실을 그렇게 선언하고 계시는데, 그런 분명한 문제에 대해서 사람의 지지를 구한다 는 것은 정말 부끄러운 일이 아닐 수 없을 것이다. 그러므로 교황파의 사제들이 그 제사장의 권리를 보유하려 한다면, 그것은 바로 그리스도를 저주하는 일을 억지로라도 막을 필요가 있는 그런 사람들과 공공연하게 한편이 되는 것이다. 그러나 참된 그리스도의 사역자들은 그런 제사장의 권리와는 아무런 상관이 없 는 것이다.

5. 알레고리의 해석법

그들은 동일한 근거에서 — 즉, 알레고리에서 — 두 번째 논지를 이끌어낸 다. 마치 알레고리가 아니면 교리를 확증할 수가 없기라도 한 것처럼 말이다! 알 레고리가 그렇게 가치가 있는 것이라면, 내가 그들보다도 더 그럴 듯하게 알레 고리를 적용시킬 수 있다는 것을 보여 주겠다. 그들은 주께서 제자들에게 부활 한 나사로를 풀어주어서 다니게 하라고 명령하셨다고 말한다(요 11:44). 첫째로, 그들의 이런 주장은 거짓이다. 주께서 제자들에게 그런 말을 하셨다는 기록이 어디에도 없기 때문이다. 주께서 죽은 자를 몸으로 접촉하지 않고 오직 음성으 로만 다시 살리신 사실을 볼 때 이 말씀은 오히려 유대인들에게 하신 것일 개연 성이 훨씬 더 높다. 주님의 이적이 조작이라는 의심의 여지 없이 입증되고, 그리 하여 그의 크신 능력이 드러나도록 하기 위하여, 그 자리에 유대인들이 많이 와 있었던 것이다.

그러므로 나는 이 사건을, 주께서 유대인들로 하여금 온갖 사악한 의심을 버리도록 하시기 위하여, 그들이 직접 무덤의 돌을 굴려내고, 썩은 시체의 냄새를 맡고, 죽음의 확실한 증표들을 목격하고, 오직 주의 말씀의 능력만으로 그가 살아나오는 것을 보고, 살아나오는 그의 몸을 그들이 맨처음 만지도록 하신 것이라고 해석한다. 크리소스톰의 견해도 이와 동일하다.[10)]

그러나 가령 주님의 그 말씀이 제자들에게 하신 것이라고 생각해 보자. 그러면 우리의 반대자들은 무어라고 하겠는가? 주께서 사도들에게 풀어주는 권한을 주셨다고 하겠는가? 이를 알레고리 방식으로 다룬다 하더라도 이보다 훨씬 더 합당하고도 기술적으로 다룰 수가 있다. 곧, 주께서는 이 비유적인 사실을 통해서 신자들에게 주께서 다시 살리신 자들을 풀어주라고, 즉 이미 잊어버린 죄를 다시 기억나게 하지도 말고, 또한 주께서 이미 용서하신 자들을 죄인으로 정죄하지도 말고, 주께서 이미 용납하신 일들로 그들을 책하지도 말고, 주께서 친히 긍휼을 베푸셔서 기꺼이 용서하신 자들을 거칠게 가혹하게 벌하지도 말라고 가르치셨다는 의미로도 얼마든지 이해할 수가 있는 것이다.

지나치게 가혹하고 비인간적인 자들을 절대로 용납하지 않으리라고 경고하시는 심판주가 계시다는 사실보다, 우리로 하여금 기꺼이 용서할 마음을 갖게 하는 것이 과연 무엇이겠는가! 이제 그들이 알레고리를 떠벌리고 싶은 대로 마음껏 떠벌리게 내버려 두라.

6. 성경이 가르치는 '고백'

그런데 그들은 또다시 자기들의 논지를 명백하게 뒷받침한다고 여겨지는 성경의 증거들로 무장하고서 아주 가까이 다가온다. 곧, 요한에게 세례를 받으러 나아온 자들이 자기들의 죄를 고백했다는 사실과(마 3:6) 또한 "죄를 서로 고백하라"고 한 야고보의 말씀(약 5:16)을 증거로 제시하는 것이다.

세례를 받고자 하는 자들이 자기들의 죄를 고백했다는 사실은 조금도 이상할 것이 없다. 그 앞에서 말하는 대로 "요한이 … 회개의 세례를 전파"하였고(막 1:4), 물로 회개의 세례를 베풀었기 때문이다. 그러니 스스로 죄인임을 고백한 자들 말고 과연 누구에게 세례를 베풀었겠는가? 세례란 죄 사함을 상징하는 것이다. 죄인들과 또한 스스로 죄인임을 인정하는 자들 말고 과연 누가 이런 상징을 받도록 허락받았겠는가? 그러므로 그들은 세례를 받기 위해서 자기들의 죄를 고백한 것이다.

야고보가 우리에게 "죄를 서로 고백하라"(약 5:16)고 말한 것은 분명한 이유가 있다. 그러나 바로 그 다음에 이어지는 말씀을 주의깊게 살펴보았다면, 이 말씀도 그들을 거의 지지하지 않는다는 것을 깨달았을 것이다. 야고보는 말하기를, "너희 죄를 서로 고백하며 … 서로 기도하라"(약 5:16)고 한다. 그는 상호 간의 고백과 상호 간의 기도를 함께 연관지어 말하는 것이다. 만일 우리가 사제들에게만 고백해야 한다면, 또한 오직 그들만을 위해서 기도해야 할 것이다. 그렇다면, 야고보의 말씀을 근거로 하여 오직 사제들만이 고백할 수 있다고도 이야기할 수 있을 것이 아닌가?

사실, 죄를 서로 고백하라는 말씀에서 야고보는 상대방의 고백을 들을 수 있는 자들에게만 그런 말씀을 하고 있는 것이다. 그는 알렐로이스(ἀςλλήλοις)라는 헬라어 단어를 사용하고 있는데, 이는 "서로서로에게", "서로 번갈아 가며", 혹은 "상호 간에"라는 뜻이다. 그러나 자기의 고백을 상대방에게 할 수 있는 사람만이 상대방의 고백을 들을 자격이 있는 것이다. 그런데 그들이 고백을 듣는 특권을 사제들에게만 부여하고 있으니, 고백을 하는 역할도 역시 사제들에게 돌려야 마땅할 것이다.

이런 식의 하찮은 문제는 이제 그만 접어두고, 사도께서 의도하는 단순하고도 명확한 의미를 그대로 취하기로 하자. 그것은 첫째로, 우리의 연약한 점들을 상대방의 가슴에 내어놓고 서로 상호 간에 권면과 동정과 위로를 주고 받으라는 것이며, 둘째로, 형제들의 연약함을 서로 의식하고서 서로 상대방의 그런 점들을 위하여 함께 하나님께 기도하라는 것이다. 우리가 하나님의 긍휼하심을 인정할 것을 그렇게 간절하게 주장하는데, 어째서 그들은 야고보서의 말씀을 인용하여 우리를 반대하는지 모를 일이다. 자기 자신의 비참한 처지를 먼저 고백하지 않고서는 어느 누구도 하나님의 긍휼하심을 고백할 수 없는 법이다. 아니, 차라리 하나님 앞에서, 그의 천사들 앞에서, 교회 앞에서, 요컨대 모든 사람 앞에서, 스스로 죄인임을 고백하지 않은 모든 사람에게 저주를 선언하는 편이 낫겠다. 주께서는 "모든 것을 죄 아래 가두었"고(갈 3:22), 그리하여 "모든 입을 막"으시고(롬 3:19), 모든 육체로 하나님 앞에서 낮아지도록 하셨기 때문이다(참조. 롬 3:20; 고전 1:29). 오직 하나님만 의로우시다 하고(참조. 롬 3:4) 오직 그만이 높임을 받으시는 것이다.

7. '고백'의 법령은 후대에 제정되었음

그런데 우리의 반대자들이 부끄러움도 모르고 자기들이 말하는 고백이 하나님께서 제정하신 것이라고 감히 주장하고 있는 것에 놀라지 않을 수 없다. 물론 고백의 행위가 매우 오래되었다는 사실은 인정한다. 그러나 그런 행위가 자유롭게 시행되던 때가 있었다는 사실은 쉽게 증명할 수가 있다. 사실 그들이 갖고 있는 기록에도 교황 인노켄티우스 3세(Innocent III: 1198-1216 재위)의 시대 이전에는 고백의 행위에 대한 법이 전혀 없었다고 되어 있는 것이다. 만일 그보다 더 오랜 법이 있었다면 그것을 근거로 제시하여, 라테란 공의회(Lateran Council: 1215년)의 포고령에 만족하여 심지어 어린아이들에게까지 웃음거리가 되는 불상사는 막았을 것이다. 다른 문제들에 대해서는 그들은 허위 포고령들을 조작하여 그것들을 가장 오래된 고대의 공의회들에서 제정한 것이라고 둘러댐으로써 고대의 것이라면 무조건 믿고 고개를 숙이는 무지한 일반 백성들을 속이기를 주저하지 않는다. 그런데 이 고백의 문제에 대해서는 그런 거짓된 행위를 도입할 생각을 하지 못한 것 같다. 그러므로 그들 스스로가 증거하듯이, 교황 인노켄티우스 3세가 함정을 파서 고백의 행위를 필수적인 것으로 부과한지 아직 삼백년도 채 되지 않은 것이다.

그러나 연대를 문제삼지 않더라도, 그 포고령에서 사용하는 조잡한 표현들만 보아도 그 법이 얼마나 신빙성이 없느냐 하는 것이 금방 드러난다. 라테란 공의회는 남녀 양성(兩性: utriusque sexus) 모두 일 년에 한 차례씩 자기들의 사제들 앞에서 그동안 지은 모든 죄를 고백하도록 명령하였는데, 농담을 좋아하는 사람들은 이 포고령은 남성이나 여성의 어느 한 쪽에만 속하는 사람에게는 전혀 해당되지 않고 오로지 양성을 다 가진 사람(hermaphrodites)에게만 해당된다는 식으로 이의를 제기하며 익살을 떨기도 한다. 그리고 그들의 제자들은 "자기들의 사제들"(proprius sacerdos)이라는 표현이 정확히 무슨 뜻인지를 설명하지 못하여 그 심각한 어리석음을 스스로 드러내기도 한다.

이 교황의 삯군들이 뭐라고 지껄이든 간에, 죄를 고백하라고 강요하는 이 법이 그리스도께서 제정하신 것이 아니라는 사실은 분명하다. 그리스도의 부활 이후 천이백 년이나 지난 후에야 그런 법이 생겨난 것이다. 경건과 신앙의 참된 가르침이 소멸되고, 목회자 행세를 하는 자들이 모든 권한을 떠맡아서 마음대로 휘두르기 시작하면서 드디어 이런 횡포가 도입된 것이다.

뿐만 아니라, 역사적으로나 기타 고대의 저자들에게서도, 이것이 그리스도나 사도들에 의해서 제정된 법이 아니라 감독들에 의해서 결정된 교회의 질서 유지를 위한 하나의 정책 사안이었다는 사실을 보여 주는 분명한 증언들이 나타난다. 이 수많은 증언들 가운데 이 문제에 대하여 분명한 증거를 제시해 주는 것 한 가지만을 제시하겠다.

소조멘(Sozomen)은 감독들이 결정한 이 법이 서방 교회들에서, 특히 로마에서 아주 부지런히 지켜졌다고 보도하고 있다. 이는 곧 그 법이 모든 교회들에서 보편적으로 지켜진 것이 아니라는 것을 의미하는 것이다. 더욱이 그는 말하기를, 장로(presbyters) 중의 한 사람이 특별히 이 직무를 위해 지명되었다고 한다. 이는 교황주의자들이 거짓으로 증거하는 내용을 완전히 뒤집는 것이 아닐 수 없다. 그들은 이 고백의 임무를 위하여 사제의 직분에게 전반적으로 하늘의 열쇠가 주어졌다고 주장했기 때문이다. 사실 모든 사제들이 공통적으로 그 역할을 담당한 것도 아니었다. 감독이 정하여 세운 특정한 사제가 홀로 그 역할을 담당했기 때문이다. 심지어 오늘날도 각 주교좌 성당에서 일하는 그 사제를 가리켜 "고해 사제"(告解 司祭: penitentiarius)라 부르는데, 그들이 중대 범죄 및 본보기로 책벌할 자들을 심사하는 역할을 행하고 있는 것이다. 그리고 나서 그는 덧붙이기를, 콘스탄티노플(Constantinople)에서도 비밀 고백의 행위가 관습으로 행해지고 있었는데, 어느 부인이 비밀 고백을 행하는 것처럼 가장하고 들어가서 몰래 한 부제(副祭)와 정을 통하다가 그것이 발각되는 사건이 일어나자, 거룩함과 학식으로 존경 받는 그 교회의 감독 넥타리우스(Nectarius)가 고백의 의식을 폐지시켰다고 한다.[11]

이 바보들아, 귀를 세우고 제대로 들으라! 비밀스런 고백의 의식이 하나님의 법이었다면, 넥타리우스가 어떻게 감히 그것을 제쳐두고 폐지하기까지 했겠는가? 넥타리우스를 — 모든 교부들이 인정하고 존경하는 거룩한 하나님의 사람인 그를 — 이단자요 분리주의자라고 비난할 수 있겠는가? 그러나 그를 그렇게 비난하면, 동시에 콘스탄티노플 교회까지도 정죄하는 것이 된다. 왜냐하면 소조멘의 기록에 의하면, 그 교회에서는 고백의 행위가 한동안 소홀히 지켜지다가 결국은 그의 기억에 완전히 폐지되고 말았기 때문이다. 사실, 진실을 이야기하자면, 콘스탄티노플 교회만이 아니라 동방 교회 전부를 이단으로 정죄해야 할 것이다. 동방 교회는 모든 그리스도인들에게 명해진 불가침의 법을 무시해버렸기 때문이다.

8. 크리소스톰의 증거

크리소스톰도 여러 군데에서 고백이 폐지된 사실을 분명히 증거해 주고 있다. 그가 콘스탄티노플 교회의 감독이었는데도, 그 교회가 그와 반대되는 행위를 계속했다는 것은 참으로 기이한 일이다. 그는 다음과 같이 말하고 있다: "여러분의 죄를 이야기해서 씻어 버리십시오. 여러분이 지은 죄를 어느 누구에게도 말하기가 부끄러우면, 여러분 자신의 영혼에게 날마다 반복하여 고하십시오. 여러분의 동료 시종에게 고백하라고도 하지 않습니다. 그들이 여러분을 욕할 수도 있기 때문입니다. 그 죄들을 치료하시는 하나님께 고하십시오. 침상에 누워서 여러분의 죄를 고백하여 여러분의 양심이 날마다 그 잘못한 것들을 시인하게 하십시오."

또 이렇게도 말씀한다: "더 나아가서, 증인들 앞에서 죄를 고백할 필요도 없습니다. 여러분 스스로 생각하여 여러분의 죄를 살피십시오. 이런 여러분의 판단에 대해 증인이 없게 하십시오. 오직 하나님께서 여러분의 고백을 대하시도록 하십시오." 또한: "여러분을 무대 위에 올려 놓고 여러분의 동료 시종들이 다 보도록 만들려는 것이 아닙니다. 사람들에게 억지로 여러분의 죄를 드러내라고 하지도 않습니다. 여러분의 양심을 하나님의 임재로 가져가 그의 앞에 펼쳐 놓으십시오. 여러분의 상처들을 주님께 보여 드리십시오. 그가 가장 훌륭하신 의원이시니, 그에게서 치료약을 구하십시오. 상처들을 그에게 보여 드리십시오. 그는 여러분을 욕하지 않으시고 지극히 부드럽게 치료해 주실 것입니다." 또한: "사람에게 말하지 말아야 합니다. 말을 하면 그 사람에게 욕을 얻을 것이기 때문입니다. 동료 시종에게도 무엇이든 고백하지 말아야 합니다. 그 사람이 그것을 퍼뜨릴 수도 있기 때문입니다. 여러분의 상처들을 주께 보여 드리십시오. 그가 여러분을 보살피시며 여러분의 자비하신 의원이 되어 주실 것입니다."

뒤에 가서 그는 하나님이 하시는 말씀으로 이렇게 말하고 있다: "많은 증인들이 보는 무대 중앙으로 억지로 올라가게 하지 않노라. 너희의 죄를 내게 은밀히 고하여 나로 너희의 상처를 치료하게 하라."[12] 과연 크리소스톰이 하나님의 법으로 매어 놓은 끈들을 자기 멋대로 끊어버리고, 사람의 양심에게 자유를 주는 망동을 부렸다고 말할 수 있겠는가? 절대로 아니다. 그는 그것이 하나님의 말씀에 의해서 제정된 것이 절대로 아니라는 것을 알고 있었고, 따라서 그것을 감히 필수적인 것으로 요구하지 않은 것이다.

(성경이 말씀하는 죄의 고백. 9-13)

9. 하나님 앞에 죄를 고백함

이제 이 문제 전체를 좀 더 명확하게 하기 위해서, 우리는 먼저 하나님의 말씀에서 어떤 식의 고백을 가르치는지를 정직하게 진술하고자 한다. 그리고 그 다음에 그들이 만들어 낸 내용들에 대해서 덧붙일 것이다. 물론 전부를 다 논할 수는 없다. 그처럼 광활한 대양을 누가 과연 다 마실 수가 있단 말인가? 다만 그들의 비밀 고백의 요체를 포괄하는 내용만을 다루기로 하겠다.

여기서 떠올리기 부끄러운 일이지만, 옛 성경 번역자들[13]이 "찬양하다"라는 단어를 "고백하다"로 번역하는 경우가 얼마나 많은지 모른다(참조. 시 7:17; 9:2; 95:2; 100:4; 117:1 등). 지극히 무식한 보통 사람이라도 이런 실수는 하지 않을 텐데 말이다. 여기서 하나님을 찬양하는 일에 대하여 기록된 내용을 그들의 포악한 법을 지칭하는 것으로 뒤바꾸어 놓는 그들의 대담성을 폭로하는 것이 마땅할 것이다. 고백이 마음의 사기를 올려주는 능력이 있다는 것을 입증하기 위하여 그들은 시편의 "기쁨과 고백의[14] 소리"(시 42:4)라는 구절을 끄집어낸다. 그런 식으로 본문의 의미를 변형시키는 것이 타당하다면, 어느 본문에서든 원하는 것을 다 이끌어낼 수 있을 것이다.

그러나 그들이 너무도 뻔뻔스러워졌기 때문에, 경건한 독자들로서는 그들이 하나님의 공의로우신 징벌로 말미암아 버림받은 자들(혹은, 유기된 자들)의 마음을 갖게 되었고, 그리하여 그들의 대담함이 더욱 가증스럽게 되었다는 사실을 기억해야 할 것이다. 그러나 우리가 단순한 성경의 가르침 그대로를 의지하는 자세를 견지한다면, 누구든 그런 거짓된 것으로 우리를 속일 위험이 없어질 것이다.

성경에서는 한 가지 고백의 방법을 다음과 같이 제시하고 있다. 곧, 죄를 용서하시고 잊으시고 씻어 버리시는 분이 주님이시므로, 우리가 그에게 우리 죄를 고백하여 사하심을 받자는 것이다. 그가 의원이시니 우리의 상처를 그에게 드러내 보이도록 하자. 상처를 받으시고 고통을 당하신 것이 바로 주님이시니,

그에게서 화평을 구하도록 하자. 그는 마음을 살피시는 분이시요, 모든 생각을 다 아시는 분이시니(참조. 히 4:12), 우리의 마음을 속히 그 앞에 털어놓도록 하자. 마지막으로, 죄인을 부르시는 것이 바로 하나님이시니, 그에게 나아가기를 지체하지 말자.

다윗은 이렇게 말씀하고 있다: "내가 이르기를 내 허물을 여호와께 자복하리라 하고 주께 내 죄를 아뢰고 내 죄악을 숨기지 아니하였더니 곧 주께서 내 죄의 악을 사하셨나이다"(시 32:5). "하나님이여 주의 인자를 따라 나를 긍휼히 여기소서"(시 51:1)라는 다윗의 또 다른 고백도 이와 비슷하다 하겠다. 또한 다니엘의 진술도 마찬가지다: "우리는 이미 범죄하여 패역하며 행악하며 반역하여 주의 법도와 규례를 떠났사오며"(단 9:5).

성경에는 이런 유의 고백들이 계속해서 나타나는데, 이를 전부 인용하자면 책 한 권을 족히 채우고도 남을 것이다. 요한은 "우리가 우리 죄를 자백하면 그는 미쁘시고 의로우사 우리 죄를 사하"실 것이라고 말한다(요일 1:9). 누구에게 죄를 고백해야 하겠는가? 주님이 아니고 누구에게 고백하겠는가? 괴롭고 낮아진 마음으로 주님 앞에 엎드리고, 주님 앞에서 전심으로 우리 자신을 책하고 정죄하며, 주님의 선하심과 긍휼하심으로 말미암아 용서받기를 구해야 하는 것이다.

10. 사람들 앞에서 죄를 고백함

마음속에서, 그리고 하나님 앞에서, 이런 고백을 행할 자세를 진지하게 갖고 있는 사람은 또한 사람들에게 베푸시는 하나님의 긍휼하심을 선포할 필요가 생길 때마다 언제나 기꺼이 자기 입으로 고백할 자세를 갖추는 법이다. 그리고 한 사람에게 한 번 귓속말로 속삭이듯 마음의 비밀을 이야기하는 것으로 그치는 것이 아니라, 공적으로, 자주, 온 세상이 듣도록, 자기 자신의 불경스러움과 또한 하나님의 위엄과 존귀하심을 꾸밈없이 공개하는 것이다. 다윗도 나단 선지자의 책망을 듣고서 양심에 찔림을 받자, 자기의 죄를 하나님과 사람들 앞에서 고백하였다. 그는 "내가 여호와께 죄를 범하였노라"고 하였다(삼하 12:13). '나는 이제 변명하지 않겠노라. 모든 사람들에게 죄인으로 판정받기를 피하려 하지 않노라. 내가 여호와께 숨기려고 했던 일이 사람들에게까지 드러나도 굳이 피하려 하지 않노라'라는 의미가 여기에 담겨 있는 것이다. 그러므로, 하나님께 은밀한 가운데 고백한 후에는 하나님의 영광을 위해서나 우리의 낮아짐을 위해서 필요할 때마다 사람들 가운데서 기꺼이 고백하는 자세가 이어지는 것이다.

그렇기 때문에, 주께서는 옛 이스라엘 백성들 가운데서, 제사장이 성전에서 말씀을 낭송한 다음 백성들이 자기들의 범죄를 공적으로 고백하는 일을 제정하신 것이다(참조. 레 16:21). 하나님께서는 그의 백성들 한 사람 한 사람이 자기 자신을 더 바르게 바라보도록 하기 위해서는 이러한 돕는 장치가 필요하리라는 것을 미리 보셨던 것이다. 또한 우리 자신의 배은망덕함을 고백함으로써 우리가 우리 자신들 사이에서와 온 세상이 보는 앞에서 하나님의 선하심과 긍휼하심을 드러내 보이는 것이 지극히 합당한 일이기도 하다.

11. 전체적인 죄의 고백

이런 유의 고백은 교회 내에서 일상적으로 있어야 하며, 또한 교인들이 어떤 범죄를 똑같이 저지르는 일이 생길 때마다 특별한 의미로 행해져야 한다. 이러한 두 번째의 고백의 실례를 에스라와 느헤미야의 지도를 받아 온 백성이 행했던 공적인 고백에서 볼 수 있다(느 1:7; 9:1-2). 이스라엘 온 백성의 공통적인 배역에 대한 징벌로서 그 오랜 기간의 유배와, 예루살렘 성과 성전의 파괴와, 신앙의 황폐화가 일어났기 때문에, 그들이 먼저 자기 자신을 책하지 않고서는 해방의 은혜를 올바로 깨달을 수가 없었던 것이다. 이때에 한 회중 가운데 몇 명 순결한 자들이 있다 해도 문제될 것이 없다. 왜냐하면 그렇게 연약하고 병든 몸에 속해 있는 지체들이 건강하다고 자랑할 수가 없는 것이기 때문이다. 조금이라도 전염되지 않을 수가 없을 것이고, 또한 범죄에 일부라도 책임이 없을 수 없는 것이다.

그러므로, 큰 전염병이나 전쟁, 혹은 기근 등 어떤 종류의 큰 재난으로 고통을 당할 때마다, 슬피 울고 금식하는 등 우리의 죄과를 표시하는 것이 우리의 의무일 경우에는, 다른 모든 표시들의 관건이 되는 이러한 공적인 고백을 소홀히 해서는 안 되는 것이다.

주께서 친히 일상적인 고백을 명하셨다는 사실이 굳이 아니더라도, 그 고백의 유익을 잘 아는 건전한 마음을 가진 사람이라면 감히 그것을 부정할 수가 없을 것이다. 거룩한 성회(聖會)로 모일 때마다 우리가 하나님과 천사들 앞에 서는 것이므로, 우리 자신의 무가치함을 인정하는 것 말고 가장 먼저 해야 할 것이 과연 무엇이겠는가? 그러나 기도할 때마다 언제나 그렇게 하고 있지 않느냐고 반문할 사람도 있을 것이다. 죄 사함을 위하여 간구할 때마다 우리의 죄를 고백하기 때문이다. 물론 이런 생각을 인정한다.

그러나 우리의 안일함과 우리의 영적 게으름과 우둔함이 얼마나 큰가를 생각해 보면, 그리스도인들이 이런저런 공적인 고백의 행사를 통해서 자기를 낮추기를 실천한다면 그것이야말로 환영해 마지 않을 규례라고 보는 나의 생각에 함께 동의하게 될 것이다. 하나님께서 이스라엘 백성들을 위하여 제정하신 의식이 물론 율법을 통한 교육의 일환이었지만, 그 이면에 깔려 있는 실재는 어떤 면에서 우리에게도 관계되는 것이다. 그리고 사실, 질서가 잘 잡힌 교회들에서 이런 관례가 좋은 결과를 내는 것을 우리도 보고 있다. 곧, 매 주일마다 목사가 자기의 이름과 교인들의 이름으로 고백의 문구의 틀을 짜서 그것으로 주님 앞에서 자기들의 모든 사악함을 책하고 용서를 간구하는 관례 말이다. 한 마디로 말해서, 이런 열쇠를 통해서 사적(私的)으로는 개개인에게, 그리고 공적(公的)으로는 모든 회중에게 기도의 문이 열리는 것이다.

12. 사적인 고백의 두 가지 형태

더 나아가서 성경은 두 가지 형태의 사적(私的)인 고백을 인정하고 있다: 그 하나는 우리 자신의 죄를 고백하는 것인데, "너희 죄를 서로 고백하라"는 야고보서의 말씀(약 5:16)이 이를 가리키는 것이다. 우리의 연약한 부분들을 서로에게 드러내어, 서로 권면하고 위로하여 서로를 도우라는 의미이기 때문이다. 다른 하나는 우리의 이웃을 위하여 하는 고백인데, 이는 혹 우리의 잘못으로 인하여 그 사람이 상처를 입었을 경우에 그 사람을 진정시키고 우리와 화해시키기 위한 것이다. 첫 번째 종류의 고백의 경우, 물론 야고보는 우리가 과연 어떤 사람을 상대로 고백해야 할 것인가를 분명하게 밝히지 않음으로써 교회의 양 떼들 가운데 가장 적합하다고 여겨지는 상대를 자유로이 선택할 수 있도록 자유를 남겨 두고는 있으나, 목회자들을 택하는 것이 바람직하리라 여겨진다.

그들이야말로 다른 사람들보다 특별히 자격을 갖춘 사람들이기 때문이다. 그들이 다른 사람들보다 그런 일에 더 적합하다고 말하는 것은, 주께서 그들을 목회 사역에 부르심으로 지명하셔서 그들로 하여금 그 입의 말씀으로 우리의 죄를 이기고 교정하게 가르치도록 하셨고, 또한 죄 사함에 대한 확신을 주어 우리를 위로하게 하셨기 때문이다(마 16:19; 18:18; 요 20:23). 서로 권면하고 책망하는 일은 모든 그리스도인들에게 주어진 일이지만, 특별히 목사들이 그에 대하여 명령을 받고 있는 것이다. 물론 우리들 모두가 서로를 위로하고 하나님의 긍휼하심에 대한 확신 가운데 서로서로를 세워가야 하지만, 목사들이 죄 사함에 대하여 우리의 양심에 확신을 주는 일을 위하여 증인들로 또한 보증인들로 세움을 받은 사람들이라는 사실을 볼 수 있으며, 그리하여 목사들이 죄를 사하고 영혼들을 푼다고까지 말하는 것이다(마 16:19; 18:18). 이런 임무가 그들에게 맡겨졌다는 말을 들을 때에, 그것이 바로 여러분의 유익을 위한 것이라는 점을 생각하여야 할 것이다.

그러므로, 신자들 각자 기억해야 할 것은, 혹 죄 의식 때문에 홀로 괴로움과 근심이 있어서 외부의 도움이 없이는 스스로 거기서 헤어나지 못할 때 주께서 그를 치료하시기 위하여 그에게 베풀어 주신 방편들을 소홀히 하지 않는 것이 그의 의무의 일부라는 사실이다. 즉, 죄에서 벗어나기 위해서 자기 교회의 목회자에게 사적으로 고백하는 방법을 사용해야 하며, 위로를 얻기 위해서 사적으로 그의 도움을 구하여야 한다. 공적으로 사적으로 복음을 가르침으로 하나님의 백성들을 위로하는 것이 바로 목사의 임무이기 때문이다.

그러나 이때 반드시 준수해야 할 한 가지 원칙이 있다. 그것은 곧, 하나님께서 명확하게 명령하지 않으시는 사안에 있어서는 우리가 어떤 규례를 확정지어서 양심을 거기에 얽매이게 해서는 안 된다는 것이다. 그러므로, 이런 유의 고백은 모든 사람에게 의무적으로 요구할 것이 아니라 자유로이 이루어져야 하고, 그럴 필요가 있다고 여기는 사람들에게만 권장할 것이다. 자기의 필요에 따라서 그런 고백의 방법을 사용하는 자들은, 죄를 고백하여야 한다는 어떤 규칙에 의해서나 혹은 어떤 술수에 의해서나 억지로 그렇게 하는 것이어서는 안 되는 것이다. 스스로 그렇게 하는 것이 필요하다고 생각하여 하거나, 온전한 위로를 얻으리라는 기대가 있을 때 그렇게 하도록 해야 마땅할 것이다. 신실한 목회자들은 이러한 자유를 교인들에게 남겨두는 것은 물론 그 자유를 보호하고 강력히 수호하여야 마땅하다. 그래야만 그들의 목회 사역에서 횡포를 막고 교인들 가운데 목사에 대해서 미신이 일어나는 것을 피할 수가 있기 때문이다.

13. 화해를 위한 사적인 고백

두 번째 종류의 사적인 고백에 대해서는 그리스도께서 마태복음에서 말씀하신다: "그러므로 예물을 제단에 드리려다가 거기에 네 형제에게 원망 들을 만한 일이 있는 것이 생각나거든 예물을 제단 앞에 두고 먼저 가서 형제와 화목하고 그 후에 와서 예물을 드리라"(마 5:23-24). 우리의 잘못으로 사랑이 깨어졌을 때에, 우리가 잘못을 시인하고 용서를 구함으로써 사랑이 다시 회복되는 것이다.

교회 전체에게 상처를 줄 정도로 위중한 죄를 지은 사람들의 고백도 여기에 해당될 것이다. 어떤 식으로든 형제들에 대하여 죄를 범했을 경우 공정한 배상을 통해서 화해를 이루기까지 그 당사자를 거룩한 예식에 참예하지 못하게 하실 정도로 그리스도께서 한 개인의 사사로운 과실을 심각하게 여기셨다면, 하물며 악한 모범을 보여서 교회 전체에 상처를 주는 사람의 경우는 얼마나 더 심각하겠는가? 그런 사람은 반드시 자기의 과실을 공적으로 시인하여 교회와 화목을 이루어야 마땅할 것이다. 고린도 교회는 그렇게 잘못을 시인하고 교정받는 일에 순종하여 따른 사람을 다시 받아들여 교제한 것이다(고후 2:6).

키프리아누스(Cyprian)가 회고하는 바와 같이, 초대 교회의 고백의 형식도 이러했었다: "그들은 일정 기간 동안 회개를 행하고, 그 후에 나아와 고백을 행하며, 그리고 감독과 목사가 안수함으로써 성찬에 참여할 특권을 받는다."[15] 성경은 이와 다른 고백의 방식이나 형식에 대해서는 전혀 알지 못한다. 새로운 족쇄를 만들어서 그것으로 양심을 얽어매는 일은 우리의 할 일이 아니다. 그것은 그리스도께서도 지엄하게 금하신 일이다.

또한, 양 떼들이 원하는 만큼 자주자주 목자에게 스스로 나아가 성찬에 참예하는 일은 별로 반대하고 싶지 않다. 오히려, 모든 곳에서 이런 일이 시행되기를 진정으로 바라는 마음이다. 양심에 거리낌이 있는 사람들은 그렇게 해서 큰 유익을 얻고, 또한 교훈을 받아야 할 사람들은 그렇게 해서 교훈을 받을 준비를 갖추게 되니 이 얼마나 좋은가! 단 한 가지, 어느 때든지 횡포와 미신이 조장되어서는 절대로 안 될 것이다.

(열쇠의 권세와 사죄. 14-15)

14. 열쇠의 권세의 본질과 기능

다음의 세 종류의 고백 속에 열쇠의 권세가 자리를 잡고 있다. 곧, 교회 전체가 그 과실을 엄숙히 인정하며 사죄를 간구하는 경우나, 개인이 두드러진 범죄를 행하여 공적으로 잘못을 범하고서 공적으로 회개를 선언하는 경우나, 개인이 양심이 괴로워서 목사의 도움을 요청하여 그에게 자기의 연약한 부분을 드러내는 경우에 열쇠의 권세가 개입된다는 것이다. 그러나 이웃의 원망을 제거하여야 할 경우는 문제가 다르다. 그 경우도 양심의 평안이 얻어지는 것은 마찬가지이지만, 그 주요 목적은 사람들의 마음에서 미움을 제거하고 평안의 매는 줄로 서로 하나가 되게 하는 데 있기 때문이다(참조. 엡 4:3).

그러나, 우리가 더욱 흔쾌히 우리의 죄를 고백하게 되려면, 내가 말한 그 유익을 절대로 무시해서는 안 될 것이다. 온 교회가, 이를테면, 하나님의 심판대 앞에 서서 그 죄과를 고백하며 또한 하나님의 긍휼하심을 유일한 피난처로 삼는다 할 때에, 거기에 그리스도의 사신이 화목의 지상 명령으로 무장하여 임석해 있어서(참조. 고후 5:20) 그 사람을 통하여 죄 사함을 선언받는다는 것은 결코 일상적인 가벼운 위로가 아닌 것이다. 목사가 이러한 그리스도의 사신의 직무를 공의롭게, 질서 있게, 그리고 경건하게 수행할 때에, 그 열쇠의 유익을 높이 평가해야 마땅할 것이다. 이와 마찬가지로, 교회와 약간 멀어졌던 사람이 사함을 받아 형제와의 연합이 회복될 때에, "너희가 누구의 죄든지 땅에서 사하면 하늘에서도 사하여질 것이라"(요 20:23. 마 18:18과 뒤섞여서 인용되었음)는 말씀을 그리스도께로부터 받은 사람들에 의해서 자기가 용서받았음을 스스로 깨닫게 된다면, 이 얼마나 큰 유익이겠는가?

또한 한 개인이 자기의 연약한 부분을 특별히 치유할 필요를 느껴서 사적인 사죄를 구하는 경우에도, 그런 사적인 사죄는 공적인 사죄에 못지않게 큰 유익이 된다. 회중 전체를 향한 전반적인 사죄의 약속을 들으면서도 마치 자기는 아직 용서를 받지 못한 것처럼 의심이 남아 있어서 여전히 마음으로 괴로워하는 경우들이 적지 않다. 그럴 경우, 그 당사자가 자기의 마음의 은밀한 것을 목회자에게 내어 놓았을 때에 그 목회자에게서 "안심하라. 네 죄 사함을 받았느니라"(마 9:2)라는 말씀을 직접 자기에게 해당하는 복음의 메시지로 듣는다면, 마음속에 다시 확신을 갖게 되고, 과거에 괴롭히던 마음의 근심에서 벗어나게 될 것이다.

그러나 이런 열쇠의 문제를 다룰 때에는, 복음을 선포하는 일과는 상관 없는 어떤 다른 권세를 꿈꾸지 않도록 언제나 경계를 게을리해서는 안 된다. 이 문제에 대해서는 다른 곳에서 교회의 권징 문제를 다룰 때에 좀 더 충실하게 설명할 것이다.[16] 거기서 분명히 알게 되겠지만, 그리스도께서 그의 교회에 부여하신 매고 푸는 권세는 어떤 것이든 말씀에 매여 있는 것이다. 이러한 사실은 특히 열쇠를 사용하는 데에서 잘 드러난다. 열쇠를 사용하는 권한은 전적으로, 그리스도께서 세우신 자들을 통해서 복음의 은혜가 신자들의 마음속에 공적으로 사적으로 인쳐진다는 사실에 의거한 것이다. 그리고 그런 일은 오직 복음 선포를 통하여 이루어지는 것이다.

15. 고백에 대한 로마교회의 가르침

로마교회의 신학자들은 뭐라고 말하는가? 그들은 다음과 같은 법을 공포해 놓고 있다. 즉, 남녀 "양성"(兩性)의 모든 사람들은 사리를 분별할 수 있는 연령에 이르는 즉시 최소한 매년 한 차례 이상 자기들의 사제에게 모든 죄를 고백해야 하며, 그 죄를 고백하고자 하는 확고한 의도를 갖지 않는 이상 죄가 용서받지 못하며, 또한 기회가 주어질 때에 그런 의도를 실행에 옮기지 않으면 낙원에 들어가는 문이 닫힌다는 것이다. 자, 신학자들은 주장하기를, 사제가 죄인을 매고 풀 수 있는 열쇠의 권세를 갖고 있다고 한다. "무엇이든지 너희가 땅에서 매면" 등등의 그리스도의 말씀이(마 18:18) 헛되지 않기 때문이라는 것이다.

그러나 그들 가운데 이 권세에 대해서 격렬한 분쟁이 있다. 어떤 이들은 근본적으로 열쇠는 하나밖에 없으며 — 즉, 매고 푸는 권세뿐이며 — 그 권세를 선하게 사용하려면 지식이 있어야 하지만, 지식은 일종의 보조 수단이며 열쇠의 권세 자체와 본질상 하나가 아니라고 한다. 그리고 다른 이들은 이것을 지나치게 남용될 소지가 다분한 특권으로 보아서, 두 가지 열쇠를 상정하였다. 곧, 분별(discernment)의 열쇠와 권한(power)의 열쇠가 그것이다. 또 다른 이들은 그런 온건한 장치를 통해서 사제들의 부패가 억제된다고 보아서 다른 열쇠들을 주장하였다. 곧, 선고를 내릴 때에 사용하는 분별의 권세와, 그 선고를 집행할 때에 사용하는 권한, 그리고 거기에 자문의 역할을 담당하는 지식을 덧붙인 것이다.

그러나 그들은 매고 푼다는 것을 감히 우리의 죄를 씻어 제거한다는 의미로 단순하게 해석하지 못한다. 주께서 선지자를 통하여 "나 외에 구원자가 없느니라," "나 곧 나는 나를 위하여 네 허물을 도말하는 자니"(사 43:11, 25)라고 선포하신 말씀을 듣고 있기 때문이다. 그러면서도 그들은, 누구를 매고 누구를 풀어야 할지를 선언하며, 누구의 죄가 씻음 받았고 누구의 죄가 그대로 남아 있는지를 진술하는 것이 바로 사제의 임무라고 말하며, 또한 죄를 사하거나 그대로 남겨 둘 경우에는 고백을 통해서 선언하고, 파문하거나 신자를 다시 받아들여 성례에 참여시키는 경우에는 선고를 통해서 그것을 선언하는 것이라고 말하는 것이다.

마지막으로, 가령 그들이 아직 한 가지 난제를 해결하지 못하고 있고, 거기에 대해 언제나 반론이 제기될 수 있다는 것을 그들 스스로도 알고 있다고 생각해 보자. 곧, 사제들이 무자격자들을 매고 푸는 경우가 자주 있을 텐데, 그런 경우 하늘에서는 그들을 매고 풀지 않을 것이 아니냐 하는 것이다. 여기서 그들의 마지막 보루는 그 열쇠를 주셨을 때에 그리스도께서는 다음과 같은 한 가지 조건을 붙이셨다는 것을 이해해야 한다고 대답하는 것이다. 곧, 사제들이 매이거나 풀리는 사람의 공로에 따라서 공정하게 선고를 시행하면 그리스도께서 그의 심판대 앞에서 그 선고를 승인하실 것이라는 약속을 주셨다는 것이다. 뿐만 아니라 그들은, 그리스도께서 모든 사제들에게 주신 그 열쇠들이 서품을 받을 때에 주교들에 의해서 그들에게 전달되지만, 오직 교회적인 기능을 수행하는 자들만이 그 열쇠를 자유로이 사용할 수 있다고도 말하며, 또한 파문당하거나 책벌 중인 사제의 경우는 그 열쇠가 그대로 남아 있기는 하나 녹이 슬어 있고 묶여 있다고도 말한다. 그러나, 새로운 모루 위에서 새로운 열쇠를 깎아 만들어 놓고는 교회의 보화가 이 열쇠들로 잠겨져 있다고 가르치는 사람들에 비하면, 이 사람들은 그래도 온건하고 비교적 건전한 것 같다. 이 문제들은 후에 적절한 곳에서 다시 논의할 것이다.[17]

(고백과 보속에 관한 로마 교회의 오류와 악행에 대한 반론. 16-25)

16. 지은 죄를 일일이 열거할 수 없음

이제 각 문제들에 대해 몇 마디로 간단히 답변하기로 한다. 그러나 그들이 무슨 권리로 자기들이 만든 법령으로 신자들의 영혼을 얽매어 두느냐 하는 문제는 여기서는 그냥 넘어갈 것이다. 적절한 곳에서 다시 다룰 것이기 때문이다.[18] 그러나 그들이 모든 죄를 일일이 고백해야 한다는 것을 법으로 제정해 놓고서, 고백하고자 하는 확고한 의도를 갖는 경우 이외에는 죄가 용서받지 못한다고 하며, 또한 고백의 의무를 소홀히 하면 낙원에 들어갈 수가 없다고 떠벌리고 있는 것은 도저히 견딜 수가 없다.

과연 모든 죄를 일일이 다 열거하여 고백해야 하는가? 다윗은 죄를 고백하는 문제에 대해 올바로 생각했던 사람인데, 그는 이렇게 외치고 있다: "자기 허물을 능히 깨달을 자 누구리요? 나를 숨은 허물에서 벗어나게 하소서"(시 19:12).

그리고 또 다른 곳에서는 "내 죄악이 내 머리에 넘쳐서 무거운 짐 같으니 내가
감당할 수 없나이다"(시 38:4)라고도 하였다. 우리 죄의 수렁이 얼마나 깊으며,
범죄가 얼마나 많은 얼굴을 하고 있으며, 히드라[19]의 머리가 몇 개나 되며, 끌고
다니는 그 꼬리가 또한 얼마나 긴가를 다윗은 너무나 잘 알고 있었던 것이다. 그
러므로 그는 그 허물들을 일일이 열거하지 않았다. 다만 깊고 깊은 자기의 악행
의 구렁텅이에서 주께 부르짖었을 뿐이다: "내가 죄에 파묻혔고, 숨이 막히나이
다; '스올의 줄이 나를 두르나이다'(시 18:5); 내가 깊은 수렁에 빠져 있나이다(시
69:2-3, 15-16); 내가 연약하여 죽어가오니 주의 손을 내밀어 나를 끌어내소서."
다윗도 자기의 허물의 숫자를 셀 엄두를 내지 못했는데, 과연 누가 자기의 죄를
일일이 셀 생각을 한단 말인가?

17. 고백의 요구가 주는 말할 수 없는 고통

하나님에 대해서 조금이나마 깨달은 사람들의 심령이 지금까지 이 어처구
니없는 절차 때문에 가장 잔인하게 유린당해왔다. 먼저 스스로 자기들의 죄를
열거하고, 교회에서 정해 놓은 형식을 따라서 그 죄들을 큰 가지, 작은 가지, 잎
사귀 등으로 구분하였다. 그리고는 그 죄의 질(質)과 양(量), 그리고 정황들의 무
게를 달았다. 그러면 약간의 진전이 있는 것처럼 느껴지기도 했다. 그러나 더 계
속하다가 온통 하늘과 바다만 보이게 되면, 거기에는 도망할 항구도, 피난처도
없었다. 헤엄을 쳐서 건너려고 애를 쓰면 쓸수록 더욱더 멀어질 뿐이었고, 그것
이 마치 높은 산처럼 솟아올랐다. 온갖 고생을 무릅쓰고 옆길로 돌아가보아도
여전히 피할 소망이 없어 보였다. 그리하여 그들은 칼과 제물 사이에 꼼짝없이
갇혀 버렸고, 그리하여 결국 절망 이외에는 아무것도 찾지 못하고 만 것이다.

그런데 바로 이때에 이 잔인한 살육자들은 자기들이 가해한 상처를 덜어 주
겠다는 것을 빌미로, 이런저런 치료법을 제시하면서 각 사람이 최선을 다하여
그 치료법을 시행해야 한다고 떠벌렸다. 그런데 여기서 다시 고민거리가 생겨
났다. 이 속수무책인 심령들에게 새로운 괴로움이 가중되었다. 시간을 충분히
들이지 못했다거나, 정성이 부족했다거나, 여러 가지를 소홀히 하여 그냥 지나
쳤으니 이런 부주의한 일이 어떻게 용납될까? 라는 등의 온갖 괴로움이 새로이
밀려들어오게 된 것이다.

그리하여 이런 고통을 줄이기 위해서 다른 치료책을 써보았다. 곧, 소홀히

한 것을 회개하라, 완전히 무관심이 아니라면 용서를 받을 것이라는 것이 그것이었다. 그러나 이런 모든 것들이 상처를 덮어 주지는 못했다. 고통을 줄여 주는 약이라기보다 오히려 꿀로 위장한 독(毒)과도 같아서, 처음 맛보기에는 달콤해서 그 독성을 전혀 느끼지 못하지만, 어느새 깊숙이 침투하여 사람을 못쓰게 만드는 것이다. "네 모든 죄를 고백하라"라는 끔찍한 음성이 언제나 귀에 쟁쟁하게 울리는 것이다. 그리고 이런 끔찍한 고통은 확실한 위로가 아니고서는 절대로 진정되지를 않는 것이다.

여기서 독자들은 생각해 보기를 바란다. 일 년 내내 행한 행위들을 모두 기억하고 또한 하루하루 범한 죄들을 다 모아 한꺼번에 열거한다는 것이 어떻게 가능하단 말인가? 밤에 자리에 누워 그날 하루 동안 범한 허물들을 따지려 해도 제대로 다 분명하게 기억하지 못한다는 것을 우리들 각자의 경험으로 잘 알지 않는가? 죄의 종류와 수효가 그 만큼 크고 다양하다는 것이 아니겠는가! 그러나 이것은 그저 서너 가지 심각한 범죄들만 떠올리고서는 자기 의무를 다했다고 생각하는 어리석은 외식자들을 두고 하는 말이 아니다.

자기 자신을 살피면서 자기들의 죄악성을 너무도 안타까워하면서 요한의 말처럼 "우리 마음이 혹 우리를 책망할 일이 있어도 하나님은 우리 마음보다 크시고 모든 것을 아시기 때문이라"(요일 3:20)라고 탄식하며, 지식이 우리의 명철보다 무한히 높으신 심판주를 바라보면서 두려워 떠는 사람들, 곧 하나님을 진정으로 예배하는 자들을 두고 하는 말이다.

18. 완전한 고백으로 말미암는 극심한 폐해

수많은 선한 사람들을 치명적인 독약이 섞인 감언이설로 속여서 다소간 진정시키려 했으나, 그런 아첨의 말이 하나님을 만족시킬 것이라거나 심지어 자기들 자신마저도 진정으로 만족시킬 것이라고 믿게 만들지는 못했다. 오히려, 그 결과는 마치 깊은 바다 한가운데 닻을 내리고 잠시 항해를 중지하고 있는 것과 같거나, 아니면 길을 가는 과객(過客)이 지쳐서 길가에 앉아 쉬는 것과도 같았다. 이 점을 굳이 증명하는 수고는 하지 않겠다. 누구나 이 점에 대해서 스스로 증거할 수 있을 것이다.

이것이 과연 어떤 식의 법인가를 정리해 보자. 첫째로, 그것은 한 마디로 불가능한 법이다. 그러므로 오로지 파괴하고 정죄하고 혼란을 일으키고 황폐하게 하고 절망에 빠뜨리기만 할 뿐이다. 둘째로, 그 법은 죄인들로 하여금 자기들의 죄를 진정으로 깨닫지 못하게 막아 버림으로써, 그들을 하나님에 대해서도 무지하고 자기 자신에 대해서도 무지한 외식자들로 만들어 버린다. 사실 그 법은 죄를 일일이 열거하는 데 전적으로 관심을 기울이게 만듦으로써 마음속에 숨겨진 악들을, 은밀한 범죄들과 내적인 더러움을 완전히 잊게 만드는 것이다. 그것들을 알아야만 죄인이 자기의 비참한 처지를 깨닫게 되는 데 말이다. 그러나 고백을 행하는 가장 확실한 원칙은 바로 우리의 악의 깊고 깊은 것을 우리로서는 도저히 알 수가 없다는 것을 인정하고 고백하는 것이었다. 세리의 고백이 바로 이런 원칙에 따르고 있는 것을 볼 수 있다: "하나님이여 불쌍히 여기소서 나는 죄인이로소이다"(눅 18:13). 이는 마치 이렇게 말하는 것과도 같다: "오, 제가 얼마나 큰 죄인이옵나이까? 저는 전적으로 죄인이요, 제가 지은 죄가 얼마나 위중한지를 제 마음으로 깨달을 수도 없고, 제 입술로 말할 수도 없나이다! 주의 그 깊고 깊으신 긍휼하심으로 저의 이 깊고 깊은 죄를 삼켜 주시옵소서."

혹은 물을 것이다. 하나하나의 죄를 고백하지 말아야 한다고? "나는 죄인이로소이다"라는 이 한 마디가 없으면 하나님께서 그 어떠한 죄의 고백도 받으시지 않는다고? 아마 이런 의문이 일어날 수 있을 것이다. 그렇지 않다. 오히려 우리는 할 수 있는 대로 우리의 온 마음을 주님의 임재 속에 쏟아낼 수 있도록 주의를 기울여야 한다. 그저 한 마디로 우리가 죄인임을 고백하는 것만이 아니라 진정으로 진지함으로 우리 자신들을 죄인으로 인정하여야 하며, 우리의 모든 생각을 동원하여 우리의 죄의 얼룩이 얼마나 심하고 얼마나 다양한지를 깨달아야 하며, 우리가 불결하다는 것을 인식하는 것은 물론 어떤 식으로 얼마나 심하게 얼마나 다양한 방식으로 우리가 불결한지도 인식하여야 하며, 우리가 빚진 자들임을 인정하는 것은 물론 그 빚이 얼마나 크며 또한 우리가 담당해야 할 의무가 얼마나 많은지도 인식하여야 하며, 그저 상처를 입었다는 사실만을 깨닫는 것이 아니라 우리가 얼마나 많이 얼마나 치명적으로 매를 맞아 상처를 입게 되었는지도 깨달아야 하는 것이다.

그리고 이런 사실들을 마음으로 인정하며 자기 자신을 전적으로 하나님 앞에 쏟아낸 다음에도, 그는 죄인으로서 아직도 많은 죄들이 더 남아 있음을 정직하게 생각하여야 하며, 또한 자기들이 지닌 은밀한 악들이 너무나 깊이 잠겨 있어서 도저히 가늠해낼 수 없다는 사실도 생각하여야 한다. 결국, 다윗처럼 "자기

허물을 능히 깨달을 자 누구리요 나를 숨은 허물에서 벗어나게 하소서"(시 19:12)
라고 외쳐야 마땅할 것이다.

고백하고자 하는 확고한 의도를 가질 때에만 죄가 사함 받으며 또한 고백할
기회가 주어지는 데도 그 기회를 소홀히 하는 자에게는 낙원의 문이 닫힌다는
그들의 주장을 절대로 받아들여서는 안 될 것이다. 죄를 사함 받는 길은 예나 지
금이나 전혀 달라진 것이 없다. 사람들이 그리스도께 죄 사함을 받았음을 말씀
하는 성경의 본문들에서는 그들이 사제 같은 자들의 귀에 죄를 고백했다는 내
용은 전혀 볼 수가 없다. 그 사람들로서는 그렇게 할 수 없었을 것이다. 사제들
처럼 고백을 들어 줄 사람도 없었고, 고백 자체도 없었기 때문이다. 그리고 그
이후로 여러 세기 동안도 사람들은 이런 고백에 대해서 들어보지도 못했다. 그
러나 그동안 내내 그런 조건이 없이도 언제나 죄가 사함 받았던 것이다. 그러나
의심적은 사안에 대해서 너무 길게 논란을 벌이지 않도록 하기 위해서, 다음과
같은 하나님의 말씀이 분명하게 영원토록 서 있는 것이다: "악인이 만일 그가 행
한 모든 죄에서 돌이켜 떠나 … 면 … 그 범죄한 것이 하나도 기억함이 되지 아니
하리라"(겔 18:21-22). 이 말씀에 감히 다른 내용을 덧붙이는 자는 죄를 매는 것이
아니라 주님의 긍휼하심을 매어 놓는 것이다.

그들은 또한 사정을 듣지 않고서는 판단을 내릴 수가 없지 않느냐고 주장하
지만, 그들은 자기들 스스로 판단자로 자처하면서 자기들 마음대로 그 일을 맡
은 것이기 때문에, 그들의 주장은 전혀 설득력이 없는 것이다. 더구나 건전한 생
각을 가진 사람으로서는 용인할 수 없을 그런 원칙들을 태연하게 만들어내고
있으니 이 얼마나 어처구니없는 일인가! 그들은 매고 푸는 임무가 마치 일종의
재판권(jurisdiction)처럼 자기들에게 위임되었고, 거기에 조사권(investigation)까
지도 덧붙여졌다고 자랑한다. 게다가 그들의 가르침은, 사도들은 이런 권세를
전연 알지 못했다고 선언하기까지 한다.

그러나 죄인이 사죄를 받느냐 받지 못하느냐의 여부를 확실히하는 것은 사
제가 아니라, 사죄를 주십사 하는 간구를 들으시는 주님이시다. 죄의 고백을 듣
는 사제로서는 고백자가 열거하는 죄목이 정확하고도 완전한지를 절대로 알 수
없기 때문이다. 그렇다면, 재판 받을 당사자의 말만 듣기로 하지 않는 이상, 사
죄가 전혀 있을 수가 없을 것이다. 더구나, 사죄를 베푸는 문제는 믿음과 회개에
달려 있다. 그러나 다른 사람에게 선고를 내리는 사람으로서는 그 두 가지에 대

해서 아무것도 알 수가 없는 것이다. 그러므로, 매고 푸는 일의 확실성은 이 땅에서 사죄 여부를 판단하는 사제의 능력 여하에 달려 있는 것이 결코 아니다. 말씀 사역자가 그의 임무를 정당하게 수행할 때에 오직 조건부로 사죄의 역사가 일어날 수 있기 때문이다. 그러나, 혹시 죄인들이 하나님의 계명과 말씀을 통하여 약속하신 죄 용서가 과연 하늘에서 인정될 것인지에 대해서 의심하지 않도록, 그들을 위하여 "너희가 뉘 죄든지 사하면 사하여질 것이라"는 말씀이(요 20:23) 주어져 있는 것이다.

19. 비밀 고백(고해)의 제도는 폐지되어야 마땅함

그러므로 우리가 이러한 비밀 고백(고해)을 배격하며 그것이 우리 가운데서 사라지기를 바라는 것이 전혀 이상할 것이 없다. 그것은 그야말로 치명적인 악이요, 여러 가지 면에서 교회에 해를 끼치는 것이기 때문이다. 가령 그것이 그 자체로서는 좋고 나쁜 것을 따질 수 없는 것이라손 치더라도, 그것은 전혀 쓸모가 없고 효과가 없을 뿐 아니라 오히려 수많은 불경과 망동과 오류가 생겨나는 계기를 만든 사실을 볼 때에, 과연 그것을 당장 폐지해야 한다고 생각하지 않을 사람이 누구겠는가? 그들은 사실 비밀 고백이 아주 효과가 많다고 떠벌리기도 하지만 그들의 그런 논리는 거짓이거나 전혀 무가치한 것들일 뿐이다. 그들이 아주 칭송해 마지 않는 한 가지 효과를 들면, 곧 죄를 고백하는 자가 부끄러워 얼굴을 붉히게 되는 것인데, 이는 무거운 징벌로서 그로 인하여 죄인이 차후에 더욱 조심하게 되고, 또한 그렇게 자기를 징벌함으로써 하나님의 징벌을 피하게 된다는 것이다. 만일 그렇다면, 우리가 행하는 대로 죄인을 하늘에 계신 하나님의 심판대 앞에 데려가 거기서 심판을 받게 하는 일은 그 사람을 별로 부끄럽게 하지도 못하고 겸손하게 하지도 못하는 것이 되지 않겠는가! 일개 사람 앞에서 갖는 부끄러움 때문에 죄를 짓지 않게 되면서도, 정작 하나님을 우리의 악한 양심의 증인으로 삼는 데 대해서는 전혀 부끄러움을 모른다면, 그 얼마나 굉장한 소득이랴!

그러나 이런 그들의 논리 자체가 철저하게 거짓이다. 죄인이 한 번 사제에게 고백을 행하고 난 다음, '이제는 입을 씻고, 내가 악을 행치 아니하였다(잠 30:20)고 말을 해도 그가 전혀 알아채지 못하겠구나'라는 생각이 들면, 그것보다 죄를 지을 더 큰 자신감을 주고 안도감을 주는 것이 없다는 사실이 잘 드러나기 때문이다. 그렇게 되면 일 년 내내 대담하게 죄를 지을 뿐 아니라 일 년 동안 고백을 해야 할 의무에서 해방되어서 하나님께 한 번도 탄식하지도 않고, 정신을 차리지도 않고, 계속해서 죄 위에 죄를 쌓다가 한꺼번에 모두 다 토해 버리면 된다는 식으로 생각하게 된다. 그리고 더 나아가서, 죄를 토해내고 난 후에는 마치 무거운 짐을 벗어버린 것 같이 여기게 되고, 하나님께서는 이미 심판할 권세를 사제들에게 주셨다고 상상하며, 사제가 고백을 들었으니 하나님은 죄를 잊으신 것이라고 간주해 버리는 것이다.

과연 고백하는 일을 즐겁게 기다릴 사람이 어디 있겠는가? 과연 누가 기쁘고 간절한 마음으로 고백하기를 고대하며 기다리겠는가? 오히려 자기 뜻과는 상관 없이 억지로 마지못해서, 마치 감옥으로 끌려가는 사람의 심정으로 고백의 자리에 나아가지 않겠는가? 어쩌면 사제라 칭하는 무리들은 그렇지 않을지도 모르겠다. 교인들의 이런저런 허물들을 마치 재미있는 이야기를 듣는 것처럼 듣고는 그 이야기를 서로 간에 주고받는 즐거움을 누릴 테니 말이다. 비밀 고백에서 비롯되는 그 무수한 끔찍스럽고 망령된 이야기들로 많은 지면을 더럽히고 싶지는 않다. 한 가지만 말하자면, 저 경건한 하나님의 사람[20]이 간음 사건의 풍문을 접하고서 비밀 고백을 그의 교회에서, 아니 교인들의 기억에서 제거해 버린 것이 지혜로운 처사였다면, 그의 모범에서 우리는, 오늘날처럼 매음과 간음, 근친상간 등 온갖 음행이 무수히 난무하는 현실에서 과연 어떻게 해야 할지에 대해서 큰 경고를 받아 마땅할 것이다.

20. 열쇠의 권한에 대한 헛된 논리

고백을 듣는 "고해 사제들"(confessioners)은 자기들이 열쇠의 권한을 갖고 있다고 주장하면서 그들의 왕국의 핵심을 바로 그 열쇠의 권한에 두는데, 우리로서는 이것이 어떤 힘을 갖는지 알아야 한다. 그들은 이렇게 반문한다: "그러면 아무런 목적도 없이 열쇠를 주셨단 말인가?" "주께서는 '무엇이든지 땅에서 풀면 하늘에서도 풀리리라'(마 18:18)라는 말씀을 아무런 이유도 없이 주셨단 말인가?" "그렇다면 우리가 그리스도의 말씀을 헛되게 만든단 말인가?" 이에 대한 나의 대답은 곧, 열쇠를 주신 데에는 매우 중대한 이유가 있었다는 것이다. 이 사실에 대해서는 조금 전에도 설명을 했고, 또한 후에 출교(黜敎: excommunication, 혹은 파문)의 문제를 논할 때에 좀 더 구체적으로 다시 다루게

될 것이다.[21)]

　그러나 사제들은 사도의 대리자들도 아니요 후계자들도 아니라고 선언하여, 그들의 이런 어리석은 질문들을 단칼에 송두리째 베어버린다면 어떻게 하겠는가? 그러나 이 문제도 후에 다른 곳에서 다시 다루게 될 것이다.[22)] 그런데 이들은 자기들 스스로 방벽을 치려고 막강한 공격 장치를 세웠는데, 그것 때문에 오히려 그들이 만들어낸 모든 것들이 무너지고 마는 것이다. 그리스도께서는 사도들에게 성령을 주시기 전에 그들에게 매고 푸는 권한을 주지 않으셨다. 그러므로, 누구든지 먼저 성령을 받지 않으면 그 열쇠의 권한을 가질 수가 없다. 먼저 성령께서 오셔서 가르치시고 무엇을 할지를 말씀해 주시지 않으면 그 누구도 열쇠를 사용할 수가 없는 것이다. 그들은 자기들이 성령을 소유하고 있다고 떠들어대지만, 사실상 그것을 부정하고 있다. 혹 인정한다 해도, 성령을 무언가 허망한 것으로, 그저 하찮은 것으로 취급해 버린다. 그러니 그들의 말을 누가 믿겠는가? 이 열쇠의 권한이라는 공격 장치로 오히려 그들이 철저하게 무너져 버리는 것이다.

　그러므로 그들이 자기들이 갖고 있는 열쇠로 열 수 있다고 자랑하는 문(門)이 어떤 것이든 간에, 우리는 언제나 과연 그들이 그 열쇠들의 결정권자요 관리자이신 성령을 소유하고 있는지를 물어보아야 한다. 자기들이 성령을 소유하고 있다고 대답하면, 그러면 성령께서 오류를 범하실 수 있는지를 물어야 한다. 이 질문에 대해서는 감히 직설적으로 답변하지 못할 것이다. 물론 이에 대한 답변이 그들의 가르침 가운데서 암시적으로 나타나기는 하지만 말이다. 그러므로 우리는, 주께서 매고자 하신 것을 풀고 주께서 풀고자 하신 것을 매는 일을 아무런 분별력도 없이 계속 반복해오고 있는 사제들 따위에게는 열쇠의 권한이 없다고 결론지을 수밖에 없는 것이다.

21. 무분별하게 사용되는 소위 사제들의 열쇠의 권한

　그들은 또한 자기들이 해당되는 자나 해당되지 않는 자나 가리지 않고 아무렇게나 매고 푼다는 매우 분명한 증거들을 통해서 자기들의 잘못이 드러나는 것을 보면, 그들은 올바른 지식도 없는 상태에서 권한을 휘두른다. 물론 권한을 바르게 사용하기 위해서는 지식이 필요하다는 사실을 감히 부인하지는 못한다. 그러나 시행자들이 악하다 할지라도 그들에게도 권한 자체가 맡겨졌다고 한다. 하지만 그 권한이란 바로 이것이다: "무엇이든지 너희가 땅에서 매면 하늘에서도 매일 것이요 무엇이든지 땅에서 풀면 하늘에서도 풀리리라"(마 16:19 또는 18:18). 그리스도의 이러한 약속이 거짓이든지, 아니면 이 권한을 맡은 자들이 올바르게 매고 풀든지 둘 중의 하나일 것이다.

그들은 또한 그리스도의 그 말씀은 매고 풀림을 받는 당사자의 공로에 따라서 제한을 받는다고 하여 문제를 피하려고 하지만 그것도 소용이 없다. 매이거나 풀리기에 합당한 자들만 매이고 풀릴 수 있다는 것은 우리도 인정한다. 그러나 복음의 사역자들과 교회에게는 그 합당한지의 여부를 측정할 수 있는 말씀이 있다. 이 말씀을 통해서, 복음의 사역자들은 그리스도 안에 있는 모든 자들에게 믿음으로 죄 사함을 약속하며, 또한 그리스도를 받아들이지 않는 모든 자들에 대해서 정죄를 선포할 수가 있는 것이다. "음행하는 자나 … 간음하는 자나 … 도적이나 탐욕을 부리는 자나 … 모욕하는 자나 속여 빼앗는 자들은 하나님의 나라를 유업으로 받지 못하리라"(고전 6:9-10)는 교회의 선언은 말씀을 근거로 하는 것이다. 교회는 이렇듯 확실한 족쇄로 그런 자들을 매는 것이다. 뿐만 아니라 교회는 동일한 말씀을 근거로 회개하는 자들을 풀고 위로하기도 한다.

그런데, 매거나 풀어야 할 것이 무엇인지도 모른다면 그것이 대체 무슨 권한이란 말인가? 그것을 모르고서는 맬 수도 없고 풀 수도 없을 것이 아닌가? 그렇다면 죄 사함의 여부가 확실하지 않은 데도 불구하고 어째서 그들은 자기들에게 주어진 권위로 죄를 사한다고 떠벌리고 있는가? 아무리 권한이 있다 한들 그것이 무용지물이면 그저 상상 속에나 있는 권한이 아니고 무엇이겠는가? 그들이 말하는 권한은 결국 무용지물이든지, 아니면 너무도 불확실하여 아무것도 아닌 것으로 취급할 수밖에 없는 그런 것이라고 말할 수밖에 없다.

수많은 사제들이 열쇠를 올바로 사용하지 않고 있다는 것을 그들이 인정하고 있고, 또한 정당하게 사용하지 않으면 그 권한은 효력이 없다는 것도 그들이 인정하는 사실이니, 그렇다면 나를 풀어 주는 사제가 그 열쇠를 정당하게 사용하는 사람이라는 것을 과연 누가 내게 납득시켜 주겠는가? 그런데 그 사제가 만일 무능하여 열쇠를 바르게 사용할 줄 모르는 사람이라면, 그 사람은 그 열쇠를 헛되이 사용하는 것 외에 달리 무엇을 할 수 있겠는가? 기껏해야 "나는 열쇠를 정당하게 사용할 줄 모르니 당신에게서 무엇을 매거나 풀어야 할지 모르겠소. 그렇지만 당신이 합당하다면, 내가 죄를 사해 주겠소"라고 말하기 밖에 더하겠는가? 그들이 "평신도"만 못하다는 말은 하고 싶지 않다. 그들이 도저히 참고 들을 수가 없을 것이기 때문이다.

그러나 회교도나 마귀도 그런 정도의 일은 얼마든지 할 수 있을 것이다. 그들이 한 말은 바로 이런 뜻이다: "매고 푸는 확실한 표준인 하나님의 말씀은 내게 없소. 하지만 당신의 죄를 사해 줄 권한이 내게 주어졌으니 당신이 합당한 공적이 있으면 사해 주겠소." 그러므로, 그들이 열쇠란 곧 분별하는 권세요 그것을 시행하는 권한이며, 거기에 지식이 자문으로 추가되어 그 권한을 적절히 사용할 수 있도록 돕는다고 설명할 때에 과연 무엇을 목표로 하고 있었는지를 우리는 분명히 볼 수가 있다. 곧, 하나님은 물론 그의 말씀도 없는 상태에서 자기들 욕심대로 마음껏 일반 사람들을 지배하는 것이 그들의 목표였던 것이다.

22. 열쇠의 권한의 왜곡된 사용과 올바른 사용

그런데, 죄 사함이 믿음에 따라 좌우되므로 그 문제가 언제나 애매할 수밖에 없고 그리하여 그리스도의 정당한 목사들도 사제들 못지않게 혼란을 겪지 않느냐고 반론을 제기할 사람도 있을 것이다. 더 나아가서, 목사 자신도 다른 사람의 믿음을 판단할 자격이 없으니 그 사람들의 사죄 여부에 대해서 확신이 없을 것이니 죄인들로서는 위로도 없고, 있다 해도 그저 이름뿐인 위로밖에는 없지 않느냐고 반문할 수도 있을 것이다. 그러나 이에 대해서는 쉽게 답변을 할 수가 있다. 그들은 말하기를, 죄에 대해서 들어서 알아야만 사제가 사죄를 해줄 수가 있다고 한다. 그들의 말에 따르면, 죄의 용서는 사제의 판단에 따라 좌우되며 또한 누가 죄를 사함 받을 자격이 있는지를 사제가 지혜롭게 분별하지 못하면, 그의 모든 행위가 무효가 되어 버리는 것이다. 한 마디로 말해서, 그들이 말하는 권한이란 조사권과 연관되는 재판권이며, 사죄가 이 조사 여부에 따라서 이루어지는 것이다.

이 문제에 대해서는 확실한 근거를 찾을 수가 없다. 사실 거기에 깊고 깊은 수렁이 있다. 우선, 고백이 완전히 이루어지지 않으면, 사죄에 대한 소망 역시 손상을 받게 되어 있다. 그 다음으로, 사제는 죄인이 자기의 범죄 사실을 선한 믿음으로 고백하는지를 분명히 알 수 없으면 판단을 유보할 수밖에 없다. 그리고 마지막으로, 사제들의 무식이 얼마나 심각한지, 그들 중에는 구두 수선공이 밭을 가는 일을 하는 것보다 자기의 직무를 담당할 능력이 없는 사람들이 훨씬 더 많다는 사실이다. 그렇지 않은 사제들도 거의 대부분 자기 스스로 의문을 가져야 할 사람들이다. 그러므로, 교황의 사죄권에 대해서 혼란과 의심이 있을 수밖에 없는 것이다. 그들이 사죄권을 사제의 개인적인 인품에 근거하여 시행하려 하기 때문이다. 그리고 그것만이 아니다. 사제의 지식에 근거하여 시행하려 한다. 그리하여 오로지 보고되고 조사되고 입증된 사안에 대해서만 판단을 하려드는 것이다.

그런데 만일 누가 이 훌륭한 스승들에게, 몇 가지 죄를 사함 받으면 그 죄인이 과연 하나님과 화목하게 되느냐고 물으면 그들이 과연 무엇이라 대답할 수 있을지 모르겠다. 어쩌면, 사제가 고백을 들은 죄에 대해서 뭐라고 선언하든지 간에 다른 죄들이 그대로 남아 있는 한 그 선언은 아무런 소용이 없다는 것을 어쩔 수 없이 인정하는 것 이외에 별다른 수가 없을 것이다. 그리고 고백하는 사람의 입장에서는 양심이 끔찍한 불안에 싸여 있을 수밖에 없을 것이다. 왜냐하면 사제들이 요구하는 대로 사제의 분별력에 모든 것을 맡기고 의지하면서도 하나님의 말씀을 근거로는 아무런 판단도 할 수가 없기 때문이다.

우리가 전하는 가르침은 이런 온갖 어처구니없는 모순들이 전혀 없고 깨끗하다. 왜냐하면 사죄의 문제는 죄인이 그리스도의 희생을 통한 속죄를 진지하게 구하고 그가 베푸시는 은혜에 만족하느냐 하는 것과, 하나님께서 자기에게 긍휼을 베푸신다는 것을 신뢰하느냐의 여부에 따라서 이루어지기 때문이다. 그러므로 그저 전달자의 역할을 담당하는 사람은 하나님의 말씀에서 받은 지시를 그대로 공포하는 것이므로 오류를 범할 수가 없는 것이다. 죄인은 주님께서 친히 제시하신 일반적인 원칙, 곧 "너희 믿음대로 될지라"(마 9:29; 참조. 8:13)라는 원칙에 따라서, 그리스도의 은혜를 받아들이느냐 하는 한 가지 조건에 부합할 때에 참되고 분명한 사죄를 누릴 수가 있는 것이다. 그러나 교황주의자들은 이러한 주님의 원칙을 사악한 의도로 물리쳐 버린 것이다.

23. 열쇠의 권한에 대한 그릇된 주장들

열쇠의 권한에 대한 성경의 가르침을 그들이 얼마나 우스꽝스럽게 뒤섞어 놓는가 하는 문제는 다른 곳에서 다루겠다고 앞에서 약속한 바 있다. 교회의 정치를 다루는 부분에서 함께 논의하는 것이 더 적절하리라 여겨진다.[23] 그러나 독자들은 그들이 그리스도께서 복음을 전하는 일과 출교에 대해서 하신 말씀

(마 16:19; 18:15-18; 요 20:23)을 터무니없이 비밀 고백에 관한 말씀으로 둔갑시켜 버린다는 사실을 기억하기 바란다. 그들은 자기들이 인정하는 대로 사제들이 사죄를 시행함으로써 실행하는 매고 푸는 권한이 사도들에게 주어진 것이라고 하며 반론을 제기하지만, 그들이 말하는 원리는 거짓이고 어리석은 것일 수밖에 없다. 왜냐하면 사적인 사죄의 선포 행위는 믿음을 돕기 위한 것으로서 값없이 주어진 복음의 약속을 근거로 한 죄 용서를 증언하는 것 이외에 아무것도 아니기 때문이다. 그러나 교회의 권징 절차에 따라 이루어지는 다른 종류의 고백은 개인의 은밀한 죄와는 아무런 관계가 없고, 오히려 모범을 세우는 일과 관계되는 것으로서 교회를 향하여 저지른 공적인 과실을 제거하기 위한 것이다.

그러나 그들은 여기저기서 증거들을 끌어모아서 하나님께만 죄를 고백하거나 혹은 평신도에게 죄를 고백하는 것만으로는 안 되고 반드시 사제가 조사자로 개입해야만 한다는 것을 입증하려고 애쓰는데, 이런 수고는 그야말로 가증스럽고 부끄러운 것이다. 혹시 고대의 교부들이 죄인들이 목회자 앞에서 죄 짐을 내려 놓을 것을 권면했다 하더라도, 그것을 그들이 주장하는 식의 죄를 일일이 열거하는 고백과 동일한 것으로 이해해서는 안 된다. 그 당시에는 그런 식의 고백이 행해지지 않았기 때문이다. 그리하여, 롬바르드(Peter Lombard: 1095?-1169)를 비롯해서 그 추종자들은 너무도 패역하여 무식한 사람들을 속이기 위하여 고의적으로 허위 문서들을 이용하기까지 한 것으로 보인다.

사실, 회개가 있으면 반드시 푸는 일이 뒤따르기 때문에 한 개인이 진정으로 회개하면 아직 그것을 고해하지 않았다 할지라도 사죄를 가로막는 장애거리가 전혀 없으며, 따라서 사제는 죄를 사하는 것이 아니고 사죄의 사실을 공포하고 선언하는 것일 뿐이라는 것은 그들도 시인하는 사실이다. 그런데 그들은 간교하게도 여기 "선언하다"라는 용어에 교리(doctrine) 대신 의식(儀式: ceremony)을 집어넣음으로써 터무니없는 오류를 도입시키며, 하나님 앞에서 이미 죄 사함을 받은 사람이 교회가 보는 앞에서 사면을 받는 것이라고 주장한다. 이렇게 해서 그들은, 교회 전체에 다 알려진 심각한 과오를 제거하는 권징을 위하여 마련된 것이라고 앞에서 이미 말한 그것을 개개인이 사적으로 사용하는 것으로 바꾸어 놓는 것이다.

그리고 나서 그들은 곧바로 그 전에 보여 주었던 합리적인 자세를 왜곡시키고 부패시켜서 또 한 가지의 사죄의 방법을 추가시키고 있다. 곧, 형벌(penalty)

과 보속(satisfaction)의 방법이 그것이다.[24] 이렇게 하여 그들은 하나님께서 도처에서 약속하시기를, 나누지 않고 전체로 우리에게 베푸시겠다고 하신 것을 절반씩 나누는 권한이 자기들에게 있다고 주장하는 것이다. 하나님께서 요구하시는 것은 회개와 믿음이 전부인데, 이런 식으로 나누고 또한 예외 조건을 붙인다는 것은 그야말로 가증스러운 일이 아닐 수 없다. 이것은 마치 사제가 호민관(護民官: tribunal)의 직위를 스스로 맡은 다음 하나님께 간구하여, 먼저 호민관 앞에 엎드려 형벌을 받지 않은 죄인에 대해서 하나님께서 그의 자비로 무작정 은혜 가운데 받아들이시는 일이 없도록 조치를 취하는 것과도 같은 것이다.

24. 논지의 정리

이 모든 문제를 정리하자면 다음과 같다. 곧, 그들이 하나님을 이 거짓된 비밀 고해를 제정하신 분으로 만들려 하지만, 그들이 인용하는 몇 가지 구절들을 설명하여 그들의 거짓됨을 보여 준 바와 같이 그 허구성이 여실히 드러난다는 것이다. 그 법은 사람들이 만들어 강요한 것이 분명하기 때문에, 분명히 말하지만, 그 법은 횡포요 또한 하나님을 멸시하는 태도로 공포한 것이다. 하나님은 오히려 양심들을 그의 말씀에 매이게 하시는 분이시요, 그 양심들이 사람의 권세에서 풀리도록 하신 것이다. 하나님께서 자유롭게 하고자 하신 그것을 죄 사함받는 데 필수적인 것으로 규정한다면, 그것은 도저히 용납할 수 없는 가증된 처사라 아니할 수 없다. 죄를 용서하는 일이야말로 하나님만이 담당하시는 고유한 역할이요, 거기에 우리의 구원이 있기 때문이다.

더 나아가서, 나는 이런 횡포가 도입된 것이 세상이 그 부끄러운 무지와 미개함 속에 빠져 있던 시기였다는 사실을 입증하였다. 뿐만 아니라, 나는 그 법은 지독하게 해로운 법이라는 사실을 가르쳤다. 하나님을 경외함이 흥왕한 곳에서는 가련한 영혼들을 절망 가운데 빠뜨리고, 하나님에 대해서 무관심한 곳에서는 사람들을 허망한 아첨으로 부추겨서 더욱더 게으름과 나태에 빠뜨리기 때문이다. 마지막으로, 나는 그들이 겉모양을 부드럽게 보이게 하기 위하여 제시하는 모든 것들은 그들의 불경한 행위들을 위장하기 위한 것일 뿐으로, 순전한 교리를 얽어매고 흐리게 하며 부패시키는 역할밖에는 하지 못한다는 사실을 설명하였다.

25. 보속에 대한 개략적인 반론

그들은 보속(보상)을 회개의 세 번째 요소로 제시한다. 그러나 이에 대한 그들의 모든 허망한 논지를 우리는 단 한 마디로 뒤집어엎을 수가 있다. 그들은 회개하는 자로서는 과거에 지은 악행을 중지하고 행위를 나은 방향으로 변화시키는 것만으로는 부족하며, 자신이 저지른 과실에 대해서 하나님께 보속해야 한다고 말한다. 그러면서 죄를 보속할 수 있는 여러 가지 도움을 주는 방법들이 있다고 한다. 곧, 눈물, 금식, 헌금, 구제 등이 그것이라는 것이다. 이런 것을 가지고 주님의 노여움을 풀어 드려야 한다는 것이다. 이런 것들로 하나님의 의에 대하여 우리가 진 빚을 갚아야 한다는 것이다. 이런 것들로 우리의 과실에 대해서 보속해야 한다는 것이다. 이런 것들로 그의 용서를 받을 만한 공로를 쌓아야 한다는 것이다. 하나님께서는 그의 긍휼의 풍성하심으로 죄책을 용서하셨지만, 그의 공의로우신 징계로 말미암아 형벌은 그대로 지니고 계시기 때문에, 바로 그 형벌을 보속을 통해서 갚아 드려야 한다는 것이다. 그들의 논지의 요점은 이것이다. 곧, 하나님의 자비하심으로 말미암아 우리의 범죄에 대해서 사하심을 받는 것은 분명하지만, 행위의 공로를 통해서 우리 죄의 과실을 갚아서 하나님의 공의를 정당하게 보속해 드려야만 된다는 것이다.

이런 거짓말들에 대해서, 나는 죄 사하심이 값없이 주어진다는 사실을 주장하고자 한다. 성경에서 이것만큼 분명하게 제시되어 있는 것이 없는 것이다(사 52:3; 롬 3:24-25; 5:8; 골 2:13-14; 딤후 1:9; 딛 3:5). 우선, 용서가 순전한 너그러움에서 비롯되는 선물이 아니라면 대체 무엇이란 말인가? 빚을 돌려 받고서 영수증을 써 주는 빚쟁이를 가리켜 용서해 준다고 말하지 않는다. 돈을 하나도 받지 않고 순전히 자신의 자비로운 마음으로 기꺼이 빚을 탕감해 주는 사람이 용서해 주는 사람일 것이다. 보속에 대한 모든 생각을 일소하려는 것이 아니라면 무엇 때문에 "값없이"(gratis)라는 말을 뒤에 덧붙이고 있단 말인가? 마치 벼락을 맞은 것처럼 완전히 무너져버린 그 보속의 교리를 그렇게도 집요하게 다시 세우려 하고 있으니, 대체 무엇을 믿고 그러는가? 그렇다면 무엇인가? 주께서는 이사야 선지자를 통해서 "나 곧 나는 나를 위하여 네 허물을 도말하는 자니 네 죄를 기억지 아니하리라"(사 43:25)고 선포하시는데, 여기서 하나님께서는 죄 사함의 원인과 근거를 오직 하나님의 선하심에서만 찾아야 한다는 것을 확연하게 선언하고 계시지 않는가?

더 나아가서, 모든 성경이 그리스도를 증거하고 있으니 — 그의 이름을 통해서 죄 사함을 받도록 되어 있음을 증거하고 있으니(행 10:43) — 그렇다면 다른 모든 이름들은 완전히 배제되는 것이 아닌가? 그런데 어떻게 해서 그들은 죄 사함을 "보속"이라는 이름을 통해서 얻어지는 것으로 가르친단 말인가? 그들은 물론 보속을 하나의 보조 수단으로 도입하고는 있지만, 결국 자기들이 죄 사함이 보속으로 말미암아 얻어진다고 가르친다는 것을 부인하지 못할 것이다.

성경이 "그리스도의 이름으로"라고 말씀하는 것은 바로 우리로서는 아무것도 내어놓을 것이 없고, 우리 자신에게서는 아무것도 주장할 수가 없고, 오직 그리스도의 사하심만을 의지한다는 의미인 것이다. 사도 바울은, "하나님께서 그리스도 안에 계시사 세상을 자기와 화목하게 하시며 그들의 죄를 그들에게 돌리지 아니하"신다(고후 5:19)고 선포하고 있다. 그리고 그는 바로 이어서 그 이유와 방법을 덧붙이고 있다: "하나님이 죄를 알지도 못하신 이를 우리를 대신하여 죄를 삼으신 것은 우리로 하여금 그 안에서 하나님의 의가 되게 하려 하심이라"(고후 5:21).

(오직 그리스도의 은혜만이 죄를 참되이 보속하며 양심에 평안을 베풀어 줌. 26-27)

26. 그리스도께서 완전한 보속을 이루셨음

그러나 그들은 말하기를, 죄 사함과 화목이 우리가 세례를 받음으로써 그리스도로 말미암아 하나님의 은혜 속에 들어갈 때에 단번에 일어난다고 하고, 세례를 받은 후에 죄를 범하면 다시 보속을 통해서 회복해야 한다고 하며, 교회의 열쇠를 통하지 않고서는 그리스도의 피가 아무런 효력을 발생하지 못한다고 하니, 그들의 패역함이 어느 정도인가를 잘 알 수 있다. 지금 내가 의심의 여지가 있는 문제를 말하고 있는 것이 아니다. 한두 사람 정도가 아니라 스콜라 신학자들 전부가 그들의 저술에서 이런 불경한 가르침을 매우 분명하게 드러내고 있는 것이다. 그들의 스승격인 사람[25]은 베드로의 가르침에 따라서(벧전 2:24) 그리스도께서 나무에 달리셔서 우리의 죄의 형벌을 지불하셨다고 고백해 놓고는, 곧바로 거기에 예외 조건을 붙여 그 말씀을 수정한다. 곧 세례 시에는 이 땅에서 지은 모든 죄의 형벌이 제거되지만, 세례를 받은 후에는 회개의 도움으로 그 형벌이 감면되어 결국 그리스도의 십자가와 우리의 회개가 함께 역사하는 것이라는 것이다.[26]

그러나 사도 요한은 이와는 전연 달리 말하고 있다: "만일 누가 죄를 범하여도 아버지 앞에서 우리에게 대언자가 있으니 곧 의로우신 예수 그리스도시라 그는 우리 죄를 위한 화목 제물이니"(요일 2:1-2), "자녀들아 내가 너희에게 쓰는 것은 너희 죄가 그의 이름으로 말미암아 사함을 얻음이라"(요일 2:12). 그는 신자들을 향하여 말하는 가운데, 그리스도를 죄를 위한 화목 제물로 제시하면서 거역을 당하신 하나님을 진정시킬 수 있는 다른 보속이 없다는 사실을 보여 주고 있는 것이다.

그는 "하나님께서 그리스도로 말미암아 단번에 너희와 화목되셨으니, 이제 너희 스스로 다른 수단을 구하라"고 말하지 않는다. 오히려 그리스도를 영원하신 대언자로 제시하며, 그리스도께서 언제나 우리를 위하여 간구하심으로 우리를 아버지의 사랑에로 회복시키신다는 사실을 말하고 있는 것이다. 그리스도야말로 죄를 사하는 영원하신 화목 제물이시라는 것이다.

세례 요한이 한 말은 언제나 진리이다: "보라 세상 죄를 지고 가는 하나님의 어린양이로다"(요 1:29; 참조. 1:36). 곧, 다름 아닌 오직 그가 죄를 없이하시는 것이요, 그가 홀로 하나님의 어린양이시요, 그가 홀로 유일하신 속죄 제물이시요, 화목 제물이시요, 유일한 보속이시라는 것이다. 죄를 사하는 권세와 능력은 아버지께 속한 것이며, 또한 앞에서 살펴보았듯이, 이런 점에서 그가 아들과 구별되시지만,[27] 그리스도께서는 여기서 또 다른 각도에서 제시되고 있다. 곧, 우리가 지고 있는 형벌을 그 스스로 담당하셔서 하나님의 심판 앞에서 우리의 죄책을 씻어버리셨다는 것이다. 그러므로, 그리스도께서 이루어 놓으신 속죄에 우리가 참예하게 될 것이다. 다만 자기 자신의 보속으로 하나님을 진정시키려 하는 자들이 그리스도께 있는 영광을 빼앗는 일만 없다면 말이다.

27. 보속의 논리는 그리스도의 영광을 빼앗고 양심을 괴롭힘

여기서 우리는 두 가지를 생각해야 한다. 곧, 그리스도의 영광을 순전하게 지키며 그 영광을 흐리게 하지 말아야 한다는 것과, 양심으로 죄 사함을 확신하면 하나님과 화평을 누릴 수 있다는 것이다.

이사야 선지자는 아버지께서 아들에게 우리의 죄악을 담당시키셨고(사 53:6) 그가 맞으신 채찍으로 우리를 낫게 하셨다(사 53:5)고 말씀한다. 베드로는 이를 다른 말로 표현한다: "[그리스도께서] 친히 나무에 달려 그 몸으로 우리 죄를 담당하셨으니"(벧전 2:24). 바울도 말하기를, 하나님께서 죄를 인하여 자기 아들을 죄 있는 육신의 모양으로 보내어 육신에 죄를 정하셨고(롬 8:3) 그리스도께서 우리를 위하여 저주를 받은 바 되셨다(갈 3:13)고 한다. 다시 말해서, 그리스도께서 우리의 모든 죄짐을 ― 그 저주와 그 무서운 하나님의 심판과 사망의 형벌과 함께 ― 친히 담당하시고 제물로 드리신 바 되셨을 때에, 그의 육신 속에서 죄의 권세와 저주가 죽임을 당하였다는 것이다.

처음 죄를 씻은 이후부터는 우리 각자가 회개에 합당한 보속을 드리는 정도만큼만 그리스도의 고난의 효능을 느낄 수 있다는 그들의 거짓된 이론 같은 것은 여기서 도무지 찾아볼 수가 없는 것이다. 오히려 죄를 범할 때마다 그리스도께서 이루신 보속을 의지해야 할 것을 말씀하는 것이다.

이제 그들의 그 흉칙한 거짓 주장들을 생각해 보라. 처음 죄 사함을 받을 때에는 오직 하나님의 은혜만 역사하고, 후에 다시 잘못을 범하면 우리의 행위가 그 은혜에 협력하여야만 다시 사죄를 받을 수 있다는 주장 말이다. 만일 이런 주장들이 일리가 있다면, 과연 앞에서 그리스도께서 담당하신다고 말했던 그 역할들이 전혀 손상을 받지 않고 그대로 남아 있겠는가? 우리의 허물들을 그리스도께서 담당하셔서 그의 안에서 보속이 이루어진다는 말은, 우리의 행위로 말미암아 우리의 허물에 대한 보속이 이루어진다는 말과 얼마나 엄청난 차이가 있는지 모른다. 그리스도께서 우리 죄를 위한 화목 제물이시라는 말도, 우리의 행위로 말미암아 하나님과 화목을 이루어야 한다는 말과는 전혀 다른 것이다.

그리고 양심을 편안하게 하는 면에 있어서도, 과연 보속을 통해서 죗값을 치러야 한다는 말을 들을 때에 과연 그 사람의 양심이 편안해지겠는가? 과연 어느 정도나 보속해야 충분하다는 확신을 얻게 되겠는가? 그렇게 되면, 하나님께서 과연 긍휼하신 분인지에 대해서 항상 의심하게 될 것이고, 언제나 근심에 싸이고 언제나 두려워 떨게 될 것이다. 뒤에 다른 곳에서 말하겠지만,[28] 사소한 인간적인 보속을 의지하는 자들은 하나님의 공의로우신 심판을 가볍게 여기며 죄의 그 큰 짐을 별로 중요하게 여기지 않는다. 그러나 적절한 보속을 통해서 몇 가지 죄를 속한다 치더라도, 나머지 무수한 죄들에 대해서는 어떻게 하겠는가? 그 죄들을 다 보속하자면, 평생을 죄를 보속하는 데 소비한다 해도 수백 번의 인생을 살아도 모자라지 않겠는가?

또한, 죄 사함을 선언하는 그 모든 성경의 말씀들은 세례를 받기 위해 교육

받는 자들(catechumens)을 향한 것이 아니라, 오랫동안 교회의 품에서 양육받은 거듭난 하나님의 자녀들을 향하여 하시는 말씀이다. 사도 바울이 그렇게 높이 기리는 사신의 임무, 즉 "그리스도를 대신하여 간구하노니 너희는 하나님과 화목하라"(고후 5:20)고 선포하는 일은 외인(外人)들에게가 아니라 이미 거듭난 하나님의 백성들을 향하여 행해지는 것이다.

그러나 바울은 보속과는 작별을 고하고, 그들을 그리스도의 십자가에 의탁하고 있다. 골로새의 교인들에게 편지하면서 그는 그리스도께서 "십자가의 피로 ⋯ 만물 곧 땅에 있는 것들이나 하늘에 있는 것들이 ⋯ 자기와 화목하게 되게" 하셨다(골 1:20)고 말하는데, 그 사실은 우리가 세례를 통해서 교회에 받아들여지는 순간에만 국한되는 것이 아니고, 평생토록 지속되는 것이다. 이러한 사실은 주변의 문맥에서도 분명히 드러난다. 그 앞에서 그는 신자들이 그리스도의 피로 말미암아 구속 곧 죄 사함을 얻었다고 말하고 있는 것이다(골 1:14). 그 이외에도 이런 구절들이 계속해서 나타나기 때문에, 구태여 그것을 더 나열할 필요가 없을 것이다.

(갖가지 구분과 반론들을 살핌. 28-39)

28. 소죄(小罪)와 대죄(大罪)

여기서 그들은 어떤 죄는 가볍고(소죄), 어떤 죄는 치명적(대죄)이라는 식으로 어리석게 구분하여 도피 수단으로 삼는다. 치명적인 죄는 무거운 보속을 요하고, 가벼운 죄는 좀 더 손쉬운 보속으로 — 주 기도나 성수(聖水)를 뿌림으로나, 미사를 통하여 베풀어지는 사면 등을 통해서 — 씻을 수 있다는 식이다. 이렇게 해서 그들은 끊임없이 하나님과 장난을 치는 것이다. 그들은 가벼운 죄(소죄)와 치명적인 죄(대죄)에 대해서 늘 이야기하면서도 서로를 분간하지 못하고 있다. 다만 불경과 마음의 부정을 소죄로 볼 뿐이다.

그러나 우리는 의와 불의를 가늠하는 표준인 성경의 말씀에 근거하여, "죄의 삯은 사망이라"(롬 6:23), "범죄하는 그 영혼은 죽을지라"(겔 18:20)고 선언하는 동시에, 신자들의 죄들이 가벼운 것들이라고 선언하기도 한다. 이는 그 죄들이 사망을 받을 만하지 않기 때문이 아니라, 하나님의 긍휼하심으로 말미암아 "그리스도 예수 안에 있는 자에게는 결코 정죄함이 없기" 때문이다(롬 8:1). 죄를 지우지 않기 때문이 아니라, 사하심으로 말미암아 죄가 씻음을 받기 때문이다(참조.

시 32:1-3).

그들이 우리의 이런 가르침을 얼마나 부당하게 비방하는지를 나는 잘 알고 있다. 그들은 우리의 가르침을 모든 죄들이 다 동등하다는 스토아 철학자들의 모순이라고 부르지만, 그런 헛된 논리는 그들 자신이 뱉어 놓은 진술에 의해서 쉽게 무너지고 만다. 그들이 대죄라 부르는 그 죄목들 가운데 차등이 있는지를 — 더 크고 더 작은 것이 있는지를 — 묻고 싶다. 차등이 있다면, 대죄들이 다 동등하다고 말할 수 없는 것은 물론이다. 성경이 "죄의 삯은 사망이요"(롬 6:23), 율법에 순종하는 것이 생명으로 나아가는 길이라고(참조. 레 18:5; 겔 18:9; 20:11, 13; 갈 3:12; 롬 10:5; 눅 10:28) — 율법을 범하면 곧 사망이라고(참조. 롬 6:23; 겔 18:4, 20) — 분명히 지목하여 진술하고 있으니, 이러한 단언은 도저히 피할 수가 없는 것이다.

그렇게 죄들이 엄청나게 쌓여 있으니 과연 어떻게 그것들을 다 보속하겠다는 것인가? 한 가지 죄를 보속하는 데 하루가 걸린다면, 그 보속을 위하여 애쓰는 동안에 또 다른 죄를 범하게 될 것이다. 아무리 의로운 사람이라도 하루에도 여러 번씩 넘어지는 법이기 때문이다(참조. 잠 24:16). 지은 죄를 보속하느라 허리띠를 졸라매는 동안에 다른 죄를 무수히 쌓을 것이다. 자, 이렇게 사람의 죄를 보속할 수 있다는 확신이 끊어져 없어지는데, 어째서 머뭇거린단 말인가? 어떻게 감히 아직도 보속을 할 생각을 한단 말인가?

29. 죄 사함에는 형벌이 면제된다

사실 그들은 스스로 거기서 빠져나오려고 애쓰지만, 옛 속담의 말처럼 "물이 그대로 묻어 있다." 그들은 죄의 형벌(penalty)과 죄의 책임(guilt)을 서로 구분하고는, 죄의 책임은 하나님의 긍휼하심으로 씻음 받지만, 그 책임이 씻음 받은 후에도 죄의 형벌은 그대로 남아 있으며, 하나님의 공의가 그것을 갚기를 요구한다고 가르친다. 그러므로, 보속은 바로 형벌을 면제받는 일을 위한 것이라고 주장하는 것이다.

이 얼마나 어리석고 가벼운 소리인가! 그들은 죄책을 사함 받는 일은 값없이 주어진다고 인정하면서도, 사람들에게 기도와 눈물, 그리고 기타 온갖 준비를 통해서 그것을 받을 만한 자격을 갖추라고 계속해서 가르치고 있다. 그러나 죄 사함에 대한 성경의 모든 가르침은 이런 구분과 정면으로 반대되는 것이다. 이 점에 대해서 이미 충분히 확증한 바 있다고 믿지만, 이 꿈틀거리는 뱀들을 꽉 붙잡아서 다시는 꼬리도 까딱하지 못하도록 해 놓기 위해서 몇 가지 다른 증거들을 더 추가하고자 한다: 하나님께서는 우리 죄를 더 이상 기억도 하지 않으시겠다고 하시는데, 이것은 그가 그리스도 안에서 우리와 맺으신 새 언약이다(렘 31:31, 34). 이 말씀의 의미가 무엇인지는 다른 선지자에게서 배우게 된다. "만일 의인이 돌이켜 그 의에서 떠나서 범죄하 … 면 … 그가 행한 의로운 일은 하나도 기억함이 되지 아니하리니"(겔 18:24); "악인이 만일 그가 행한 모든 죄에서 돌이켜 떠나 … 면 … 그 범죄한 것이 하나도 기억함이 되지 아니하리니"(겔 18:21-22; 참조. 27절).

그가 그들의 의로운 일을 기억하지 않으시리라는 말씀은 결국 이런 의미이다. 그들을 상 주시기 위하여 그들의 행위들을 계속 새겨 두는 일을 하지 않으시겠다는 것이다. 그러므로, 그들의 죄를 기억하지 않으시겠다는 진술은 곧 그가 그 죄들에 대해서 형벌을 요구하지 않으시겠다는 뜻이다. 다른 곳에서도 동일한 사실을 말씀하고 있다: "내 모든 죄를 주의 등 뒤에 던지셨나이다"(사 38:17); "내가 네 허물을 빽빽한 구름 같이 … 없이하였으니"(사 44:22); "우리의 모든 죄를 깊은 바다에 던지시리이다"(미 7:19); "허물의 사함을 받고 자신의 죄가 가려진 자는 복이 있도다"(시 32:1-2).

우리가 주의 깊게 이 말씀들을 들었다면, 이런 표현들을 통해서 성령께서 분명하게 그 의미를 우리에게 설명해 주셨을 것이다. 만일 하나님께서 죄를 벌하신다면 우리에게 그 책임을 지우셨을 것이요, 그것을 되갚으신다면 그것들을 기억하셨을 것이요, 그것들을 심판에 붙이신다면 그것들을 숨기지 않으셨을 것이요, 그것들을 중하게 다루신다면 그것들을 등 뒤로 던지지 않으셨을 것이요, 그것들을 자세히 살피신다면 그것들을 구름의 사라짐 같이 도말하지 않으셨을 것이요, 그것들을 드러내신다면 그것들을 바다에 던지지 않으셨을 것이다.

아우구스티누스도 이를 다음과 같이 분명하게 설명하고 있다: "만일 하나님께서 죄를 덮으셨다면 그것들을 보지 않으시려고 그렇게 하신 것이요, 하나님께서 그것들을 주목하려 하지 않으셨다면 그것들을 벌하려 하지도 않으신 것이다. 그것들을 의식하지 않으시고 차라리 무시하시려 하신 것이다. 그런데 어째서 '죄를 덮으셨다'고 말씀하시는가? 그것은 보이지 않게 하기 위함이었다. 죄들을 벌하시려는 것이 아니면 무엇 때문에 그것들을 보시겠는가?"[29]

그러나 여기서 주께서 어떤 모양으로 죄를 사하시는지를 다른 구절에서 들

어보자: "너희 죄가 주홍 같을지라도 눈과 같이 희어질 것이요 진홍 같이 붉을지라도 양털 같이 되리라"(사 1:18). 예레미야서에는 다음과 같은 말씀이 있다: "그 날 그때에는 이스라엘의 죄악을 찾을지라도 없겠고 유다의 죄를 찾을지라도 찾아내지 못하리니 이는 내가 나의 남긴 자를 용서할 것임이니라"(렘 50:20). 이 말씀들의 의미를 간단하게나마 깨닫고 싶은가?

그러면 다음과 같은 표현들이 무슨 의미인지를 생각해 보라: "내 허물을 주머니에 봉하시고"(욥 14:17), "불의가 봉함되었고 그 죄가 저장되었나니"(호 13:12), "죄를 금강석 끝 철필로 기록하되"(참조. 렘 17:1). 자, 이 표현들이 죄를 갚는다는 의미인 것이 의심의 여지가 없다면, 이와 반대되는 위의 말씀들이 주께서 죄들의 모든 형벌을 면제하신다는 의미임을 의심해서는 안 될 것이다. 여기서 독자 여러분께 부탁하고 싶은 것은, 내가 붙인 설명에 귀를 기울이지 말고, 오직 하나님의 말씀을 존중하고 유념하라는 것이다.

30. 그리스도의 희생 제사가 죄의 책임과 형벌을 제거함

독자 여러분에게 묻고 싶다: 우리의 죄가 아직도 형벌을 요구한다면, 그리스도께서 과연 우리에게 무엇을 베푸셨단 말인가? 그가 친히 나무에 달려 그 몸으로 우리 죄를 담당하셨다고 말씀했는데(벧전 2:24), 이는 그리스도께서 우리의 죄에 해당하는 형벌과 징계를 받으셨다는 뜻이다. "그가 징계를 받음으로 우리가 평화를 누리고"(사 53:5)라는 이사야의 말씀이 이 점을 더욱 의미 깊게 진술해 주고 있다. "우리의 평화를 위한 징계"가, 우리가 하나님과 화목된 상태가 되기 전에 우리가 갚았어야 할 우리의 죄에 합당한 형벌이 아니면 무엇이겠는가? 그리스도께서 자기 백성을 죄의 형벌에서 구하시기 위하여 죄의 형벌을 지셨다는 사실을 분명히 보지 않는가?

사도 바울은 그리스도로 말미암아 구속이 이루어졌음을 언급할 때마다 그는 습관적으로 그것을 '아포루트로시스'라 부른다(롬 3:24; 참조. 고전 1:30; 엡 1:7; 골 1:14). 이 단어를 사용함으로써 그는 보통 일반적으로 이해하는 구속을 의미하는 것이 아니라, 구속의 값과 보속을 의미하는 것이다. 그렇기 때문에 바울은 그리스도께서 우리를 위하여 자기를 속전(贖錢: ransom)으로 주셨다고 기록하고 있는 것이다(딤전 2:6). 아우구스티누스는 이렇게 반문하고 있다: "주 앞에서 화목 제물이란 희생 제물이 아니고 무엇인가? 그 희생 제물이란 그리스도께서 죽으심으로 우리를 위하여 드리신 것이 아니면 무엇인가"[30]

그러나 우리는 죄로 말미암아 생긴 피해를 보속하는 문제에 대하여 모세의 율법에 규정해 놓은 내용이 우리에게 가장 강력한 증거를 제시해 준다. 주께서는 보속을 하는 이런저런 방식을 규정하시는 것이 아니라, 희생 제물로 완전한 대가를 치를 것을 요구하시는 것이다. 그러면서도 다른 면에서는 속죄의 모든 의식들을 지극히 섬세하게, 그리고 지극히 엄격한 규정으로 세우시는 것을 보게 된다(출 30:10; 레 4:1-7:16; 민 15:22 이하). 주께서는 범죄 사실에 대해서 행위로써 보속할 것을 일체 명하지 않으시고 다만 희생 제물들만으로 속죄하라고 명하셨는데, 주께서 자신의 심판을 진정시키는 보속의 방법이 오직 한 가지밖에는 없다는 사실을 입증하려 하지 않으셨다면, 어째서 그렇게 명하셨겠는가?

이스라엘 백성들이 드린 제사는 사람의 행위로 인정된 것이 아니고, 그 실체, 즉 그리스도의 유일무이한 희생 제사에 근거하여 인정을 받았던 것이다. 호세아 선지자는 하나님께서 어떤 유의 보속을 우리에게 요구하시는지를 단 몇 마디 말로 아주 훌륭하게 표현해 주고 있다. 하나님이여, "모든 불의를 제거하소서" — 여기에 죄 사함이 있다. "우리가 수송아지를 대신하여 입술의 열매를 주께 드리리이다"(호 14:2) — 여기에 보속이 있는 것이다.

그들이 또한 영원한 형벌과 일시적인 형벌을 서로 구분하여 더욱 교묘하게 위기를 피해가려 하는 것도 나는 알고 있다. 그들은 일시적인 형벌이란 하나님께서 사람의 육체나 영혼에 가하는 모든 종류의 형벌 — 영원한 사망을 제외하고 — 을 지칭한다고 가르치지만, 이런 것은 거의 도움이 되지 않는다. 위에서 인용한 구절들에서 말씀하는 바가 너무도 분명하기 때문이다. 곧, 하나님께서는 우리를 은혜 가운데로 받으시되, 그가 우리의 죄책을 사하심으로써 우리에게 합당한 모든 형벌들을 면제하신다는 조건으로 그렇게 하신다는 것이다. 다윗이나 다른 선지자들은 죄 사함을 구할 때면 언제나 동시에 죄의 형벌도 도말해 주시기를 간구한다. 하나님의 심판을 의식하게 되므로 그렇게 간구하지 않을 수 없는 것이다.

한편, 주님의 긍휼하심을 약속할 때마다 그들은 거의 언제나 죄의 형벌이 면제받는다는 사실을 확실하게 증거하고 있는 것이다. 주님은 에스겔 선지자를 통하여 바벨론 포로 상태가 종결될 것을 선포하시면서 그것이 유대인들을 위함이 아니라 주님의 거룩하신 이름을 위한 것이라고 말씀하시는데(겔 36:22, 32),

여기서 두 가지 — 죄의 책임을 면하는 것과 죄의 형벌을 면하는 것 — 모두 값 없이 베풀어지는 것임을 확실하게 보여 주시는 것이다. 그리고 그리스도로 말미암아 우리가 죄의 책임에서 구원받으면 거기서 비롯되는 형벌도 그것과 함께 사라지는 것이다.

31. 형벌의 심판과 징계의 심판

그런데 그들도 성경의 증거들로 무장하고 있기 때문에, 그들이 도대체 성경을 근거로 무슨 논리를 펴는지 살펴보기로 하자. 그들은, 다윗은 간음과 살인에 대해서 나단 선지자에게 책망을 들었고 그 죄에 대해서 사함을 받았으나, 나중에 그 간음을 통해서 출생한 아들의 죽음으로 형벌을 받았다(삼하 12:13-14)고 주장한다. 그러면서, 죄의 책임을 씻은 후에도 그런 형벌이 가해지기 때문에 그것을 보속해야 한다고 가르친다. 다니엘도 느부갓네살에게 구제를 통해서 그의 지은 죄를 보속하라고 명하였다고 한다(단 4:27). 그리고 솔로몬도, "인자와 진리로 인하여 죄악이 속하게" 된다고 기록하며(잠 16:6), 그리고 다른 구절에서도, "사랑은 모든 허물을 가리우느니라"고 기록하고 있다(잠 10:12)고 한다. 베드로도 역시 이를 확인한다고 하며(벧전 4:8), 누가복음에서는 죄 지은 여인에 대해서 주님께서 동일한 말씀을 하신다고 한다: "그의 많은 죄가 사하여졌도다 이는 그의 사랑함이 많음이라"(눅 7:47).

어떻게 이렇게도 하나님의 행하심을 항상 패역한 자세로 그릇되게만 판단한단 말인가! 그러나 하나님의 심판에 두 종류가 있다는 것을 살폈더라면, 그들은 다윗이 받은 징계를 형벌을 위한 것이 아닌 전혀 다른 종류의 것으로 보았을 것이다.

그러나 하나님께서 우리의 죄를 징계로써 책망하시는 목적을 — 또한 우리가 받는 징계가 불경한 자들과 버림받은 자들에게 진노로 가하시는 형벌과 얼마나 다른 것인지를 — 깨닫는 일에 우리 모두가 적지 않은 관심이 있기 때문에, 여기서 그에 관한 문제를 간단하게 정리하는 일도 합당하리라 생각된다.

이 둘을 구분하기 위해서, 그 중 하나를 형벌을 위한 심판(judgment of vengeance)이라 부르고, 또 하나를 징계를 위한 심판(judgment of chastisement)이라 부르기로 하자.

그러면, 형벌의 심판이란 하나님께서 그의 원수들을 향하여 복수하시는 심판으로서, 이를 통하여 하나님은 그들을 향하여 그의 진노를 발하시고, 그들을 혼란에 빠뜨리시고, 흩으시고, 완전히 멸절시키신다. 그러므로 이것은 하나님의 복수라고 생각할 수 있다. 형벌에 그의 진노가 합쳐져서 나타나는 것이다.

징계의 심판에서는 하나님께서 노여워하심이 그렇게 심하지 않고, 완전히 멸망시킬 정도로 벌하지 않으신다. 그러므로 이 경우는 형벌 혹은 복수라기보다는 오히려 교정과 훈계로 보아야 할 것이다.

형벌을 위한 심판은 재판관의 행동이요, 징계를 위한 심판은 아버지의 행동이다. 재판관이 악행을 범하는 자를 처벌할 때에는 그 범죄의 경중을 따져서 범죄 그 자체에 형벌을 적용시킨다. 그러나 아버지가 그 아들의 잘못을 교정하는 경우에는 그에게 보복을 한다든가 그를 해치려는 뜻으로 하는 것이 아니라 그를 가르치고 그리하여 더욱 조심하도록 하기 위하여 벌을 주는 것이다. 크리소스톰은 어디선가 이와는 약간 다른 표현을 써서 같은 사실을 말하고 있다: "아들도 채찍으로 맞고 노예도 채찍으로 맞는다. 그러나 노예의 경우는 자기의 과실 때문에 벌을 받는 것이요, 아들의 경우는 자유인이요 아들로서 징계가 필요해서 맞는 것이다. 아들에게는 매를 맞는 것이 시련을 통한 교정의 계기가 되지만, 노예에게는 그저 징벌과 형벌뿐인 것이다."[31]

32. 두 심판의 차이점

이 문제 전체를 분명하게 정리하기 위해서, 이 두 가지 심판의 첫 번째 차이를 살펴보기로 하자. 형벌을 위하여 심판이 가해질 때에는 언제나 하나님의 저주와 진노가 거기에 드러나지만, 신자들의 경우에는 절대로 그런 일이 없다. 반대로, 징계를 위한 심판은 성경이 가르치는 대로 하나님의 축복이요 그의 사랑을 증거하는 것이다(욥 5:17; 잠 3:11-12; 히 12:5-6).

이러한 구분은 하나님의 모든 말씀을 통해서 충분히 지적되고 있다. 불경한 자들이 현재의 삶에서 당하는 모든 괴로움은, 말하자면 지옥으로 들어가는 통로를 보여 주는 것이다. 그들은 그런 괴로움 속에서 멀리서 자기들의 영원한 저주의 상태를 이미 바라보고 있는 것이다. 그러나 그런 괴로움을 당하면서도 그것 때문에 자기 자신을 변화시키고 거기서 유익을 얻기는커녕, 오히려 그런 예비적인 고통거리로 말미암아 마지막에 그들에게 다가올 그 처참한 게헨나의 상태를 준비하는 것이다.

주께서는 그의 종들을 엄하게 징계하시지만 그들을 사망에 내어주시지는 않는다(시 118:18). 그러므로 그들은 주의 채찍에 맞는 것이 그들에게 유익이요 그것을 통해서 참된 교훈을 얻었다고 고백한다(시 119:71). 성도들이 그런 징계를 고요한 마음으로 달게 받는다는 것을 어디서나 읽을 수 있듯이, 그들은 또한 언제나 형벌의 심판을 피하기 위해서 열심히 기도하였다. 예레미야는 말하기를, "여호와여 나를 징계하옵시되 너그러이 하시고 진노로 하지 마옵소서 주께서 내가 없어지게 하실까 두려워하나이다. 주를 알지 못하는 열방과 주의 이름으로 기도하지 아니하는 족속들에게 주의 분노를 부으소서"(렘 10:24-25)라고 하며, 또한 다윗은 "여호와여 주의 분노로 나를 책망하지 마옵시며 주의 진노로 나를 징계하지 마옵소서"(시 6:1; 38:1)라고 말한다.

주께서 성도들의 죄로 인하여 그들에게 채찍을 내리실 때에 그들을 향하여 진노하시는 것으로 말씀하는 경우가 자주 있는데, 이러한 사실은 모순이 아니다. 이사야서에서는 "여호와여 주께서 전에는 내게 노하셨사오나 이제는 주의 진노가 돌아섰고 또 주께서 나를 안위하시오니 내가 주께 감사하겠나이다"(사 12:1)라고 말씀하며, 하박국서에서는 "진노 중에라도 긍휼을 잊지 마옵소서"(합 3:2)라고 말씀하며, 미가서에서도 마찬가지로, "내가 여호와께 범죄하였으니 … 그의 진노를 당하려니와"(미 7:9)라고 말씀하고 있다. 여기서 우리는 정당하게 벌을 받는 자들은 아무리 불평해도 전혀 얻는 것이 없다는 사실도 생각하게 되며, 반면에 신자들은 하나님의 의도를 생각함으로 슬픔에서 안위를 얻는다는 사실도 가르침을 받게 되는 것이다.

같은 이유로, 하나님께서 그의 기업(基業, heritage, 상속자)을 욕되게 하셨다고도 말씀하지만(사 47:6; 참조. 42:24), 우리가 아는 대로 영원토록 그렇게 욕되게 하지는 않으시는 것이다. 그러나 그런 표현은 벌을 내리시는 하나님의 경륜이나 목적을 가리키는 것이 아니라 하나님의 맹렬하신 징계를 당하는 자들이 겪는 극심한 고통을 가리키는 것이다. 그러나, 하나님은 가볍게 신자들을 때리기만 하시는 것이 아니라, 때로는 그들 스스로 자기들이 지옥의 저주에서 멀지 않다고 느낄 정도로 극심하게 상처를 주기도 하신다. 그리하여 그들이 하나님의 진노를 받아 마땅하며, 따라서 자기들의 악행을 역겨워하고, 그리하여 하나님을 진정시키고자 하는 열심으로 더욱 조심하게 되고, 속히 하나님의 용서하심을 간구하도록 되는 것이 합당하다는 사실을 확연히 드러내 보이시는 것이다.

그러나 그런 가운데서도 하나님은 진노보다는 그의 긍휼하심에 대한 증거를 더 분명히 보여 주신다. 우리의 충실한 솔로몬 안에서 하나님께서 우리와 맺으신 언약이 여전히 효력을 발생하고 있기 때문이다(삼하 7:12-13). 속일 수 없는 분이신 하나님께서 친히 그 효력이 절대로 헛되지 않을 것임을 선언하신 것이다: "만일 그의 자손이 내 법을 버리며 내 규례대로 행하지 아니하며 내 율례를 깨뜨리며 내 계명을 지키지 아니하면 내가 회초리로 그들의 죄를 다스리며 채찍으로 그들의 죄악을 벌하리로다. 그러나 나의 인자함을 그에게서 다 거두지는 아니하리라"(시 89:30-33).

또한 그의 긍휼하심을 더 확실히 깨닫도록 하시기 위하여, 주님은 솔로몬의 자손을 징계하실 매가 "사람의 매"와 "인생의 채찍"일 것이라고 하시는 것이다(삼하 7:14). 이런 표현들을 통해서 주님은 징계가 알맞고 부드러움을 뜻하는 동시에, 하나님의 손길이 가해지는 것을 느끼는 자들로서는 극한 죽음의 공포에 휩싸이지 않을 수 없을 것임을 시사하는 것이다. 이사야서에서 하나님은 그의 백성 이스라엘을 징계할 때 이러한 관대함을 얼마나 크게 여기시는지를 보여 주신다: "내가 너를 연단하였으나 은처럼 하지 아니하고"(사 48:10). 은처럼 연단받았다면 완전히 불에 타버렸을 것이다(참조. 사 43:2).

주께서는 징계를 통해서 그의 백성을 깨끗하게 하신다고 가르치시지만, 그러면서도 그의 백성을 향한 징계가 지나치지 않도록 조절하신다고 덧붙이시는 것이다. 이것은 정말로 필요하다. 하나님을 경외하고 경건을 배양하는 데 헌신하는 사람일수록 하나님의 진노하심을 더욱 온유하게 견디는 것이다. 그러나 악인의 경우는 하나님이 때리시는 매를 맞으면서 탄식하지만, 문제를 바로 깨닫지 못하여 자기들의 죄에 대해서는 물론 하나님의 심판에 대해서도 등을 돌리고 무시해 버림으로써 더욱 강퍅해진다. 혹 그렇지 않으면, 불평하며 하나님을 발로 차고, 심판주를 향하여 고함을 지르다가 격해져서 광란의 상태에 빠지기도 한다. 그러나 신자들은 하나님의 채찍에서 교훈을 받으며, 즉시 자기들의 죄를 생각하며 두려움으로 채찍을 맞으면서, 용서해 주시기를 간구하는 것이다. 가련한 영혼들이 이렇게 당하는 괴로움과 슬픔을 하나님께서 위로하여 주지 않으시면, 그들은 하나님의 진노를 슬쩍 보기만 해도 수백 번이라도 정신이 혼미해져 쓰러져 버릴 것이다.

33. 두 심판의 목적 상의 차이

그 다음, 두 번째 차이를 살펴보기로 하자. 악인이 하나님의 채찍에 맞는 경우는 어떤 식으로든 하나님의 심판에 따른 형벌을 이미 당하기 시작하는 것이다. 하나님의 진노의 증거를 생각해 본 일이 없다고 해서 형벌을 면하는 것이 아니다. 그리고 형벌을 당하면서도 정신을 바르게 차리는 일도 없고, 오직 엄청난 괴로움 가운데서 하나님께서 심판자요 처벌자이심을 깨닫게 되는 정도일 뿐이다. 그러나 하나님의 자녀들의 경우는 채찍으로 맞기는 하지만, 하나님께 그들의 죄의 형벌을 갚기 위해서가 아니라 회개에 이르도록 하기 위하여 맞는 것이다. 그러므로, 이런 일들은 과거보다는 오히려 미래와 관계가 있다고 생각할 수 있다.

여기서 나 자신의 말보다는 오히려 크리소스톰의 말로써 이를 표현하고 싶다: "그가 우리에게 벌을 가하시는 것은 과거의 죄를 벌하시기 위함이 아니라 오히려 우리를 교정시키셔서 미래의 죄를 미리 예방하시기 위함이다."[32] 아우구스티누스도 비슷하게 다음과 같이 말한다: "여러분이 당하고, 여러분이 고통을 토로하는 것은 여러분의 형벌이 아니라 여러분의 양약이다. 여러분을 정죄하는 것이 아니라 여러분을 징계하는 것이다. 여러분이 상속인에서 내쫓기기를 바라지 않으면 채찍을 마다하지 말라 …." "형제들이여, 세상이 탄식하고 있는 이 온갖 인류의 비참함은 형벌이 아니라 양약이 주는 고통임을 알아야 한다."[33] 이렇게 이 구절들을 인용한 것은 누구도 내가 사용하는 표현이 새롭다거나 이례적인 것처럼 생각하지 못하도록 하기 위함이다.

또한 하나님께서는 자기 백성들이 모든 징벌을 멸시하는 패역을 보이며 감사하지 않는 태도에 대해서 진노하시고 불만을 토로하시는데, 그 역시 같은 의도를 지니는 것이다. 이사야 선지자는, "너희가 어찌하여 매를 더 맞으려고 패역을 거듭하느냐? … 발바닥에서 머리까지 성한 곳이 없이 … 맞은 흔적뿐이어늘"(사 1:5-6)이라고 말씀한다. 그러나 선지서에는 이와 같은 진술들이 허다하게 나타나기 때문에, 여기서는 그저 간단히 하나님께서 그의 교회를 벌하시는 유일한 목적은 바로 교회를 낮추셔서 회개하게 하시기 위함이라는 사실만을 밝히는 것으로 족할 것이다.

그러므로 하나님께서 사울에게서 나라를 빼앗으셨을 때에, 그는 형벌의 심판을 가하신 것이었다(삼상 15:23). 그러나 다윗의 어린아들을 그에게서 빼앗으셨을 때에는 교정을 위하여 그를 징계하신 것이었다(삼하 12:18). 바울의 다음과 같은 진술은 이런 의미로 이해해야 한다: "우리가 판단을 받는 것은 주께 징계를 받는 것이니 이는 우리로 세상과 함께 정죄함을 받지 않게 하려 하심이라"(고전 11:32). 우리가 하나님의 자녀들로서 하늘 아버지의 손으로 괴로움을 당하는 일이 있지만, 이것은 우리를 혼란시키기 위한 형벌이 아니라 우리를 가르치시기 위한 징계에 불과하다는 것을 알아야 할 것이다.

이 문제에 있어서 아우구스티누스는 분명 우리와 견해를 같이하고 있다. 그는 사람들이 똑같이 하나님께 벌을 받아도 그것을 여러 가지로 구분해서 생각해야 한다고 가르치기 때문이다. 성도들에게는 그 벌이 죄 사함을 받은 후에 분투와 노력의 기회가 되지만, 죄 사함이 없는 악인의 경우는 불의에 대한 처벌 이외에 아무것도 없는 것이다. 여기서 그는 다윗을 비롯하여 여러 경건한 자들에게 가해진 벌들을 열거하면서 말하기를, 그들은 이런 식의 자기들을 낮추는 체험을 통해서 경건을 실천하고 시험하는 일에 관심을 갖는다고 한다.[34]

이사야 선지자가, 유대인들이 하나님의 손에서 충분히 징계를 받았으므로 그 불의가 사해졌다(사 40:2)고 하는데, 이는 죄 사함이 벌을 받는 데 달려 있다는 것을 증명해 주는 것이 아니다. 오히려 이사야 선지자의 말씀은 이런 의미이다: "너희는 이미 충분한 벌을 당하였다. 너희의 죄의 무게와 숫자로 볼 때에도 너희는 이미 오랜 슬픔과 괴로움에 눌려왔으니 이제는 너희가 하나님의 충만한 긍휼하심의 소식을 받고서 마음으로 기뻐하며 나를 너희의 아버지로 느낄 때가 되었느니라."

여기서 하나님께서는 스스로 아버지의 위치에 서시사 그의 공의로운 징벌이 자녀에게 가해져서 자녀가 고통을 당하지 않을 수 없게 된 것에 대해서 안타까이 여기시는 것이다.

34. 징계를 받는 신자의 자세

쓰라린 고통 가운데서 신자는 이런 생각을 가져서 자신을 굳건하게 해야 한다. 곧, 하나님의 이름으로 일컫는(렘 25:29) "하나님 집에서 심판을 시작할 때가 되었다"(벧전 4:17)는 것이다. 하나님의 자녀들이 만일 자기들이 당하는 극심한 괴로움이 하나님의 보복의 형벌이라면 과연 그들은 어찌 하겠는가? 하나님의 손에 맞아서 하나님을 형벌을 내리시는 재판관으로 생각하는 사람은 그를 진노와 적의가 가득한 분으로 밖에는 생각할 수 없고, 하나님의 채찍 그 자체를 저주와 형벌로 극히 혐오하지 않을 수 없을 것이기 때문이다. 간단히 말해서, 하나님이 여전히 자기를 벌하실 의도를 갖고 계시다고 느끼는 자는 절대로 자기가 하나님의 사랑을 받고 있다는 것을 믿게 될 수가 없는 것이다.

그러나 하나님의 채찍에 맞음으로 결국에 가서 유익을 얻는 사람은 하나님께서 자기의 악행에 대해서 진노하신다고 생각하면서도 그가 자기에 대해서 긍휼을 베푸시는 자비하신 분이시라고 여기는 사람이다. 그렇지 않고서는 선지자가 자기가 한 체험에 대해서 행한 다음과 같은 불평이 나오게 되어 있는 것이다: "주의 진노가 내게 넘치고 주의 두려움이 나를 끊었나이다"(시 88:16). 또한 모세도 이렇게 쓰고 있다: "우리는 주의 노에 소멸되며 주의 분내심에 놀라나이다. 주께서 우리의 죄악을 주의 앞에 놓으시며 우리의 은밀한 죄를 주의 얼굴 빛 가운데에 두셨사오니 우리의 모든 날이 주의 분노 중에 지나가며 우리의 평생이 순식간에 다하였나이다"(시 90:7-9).

이와 대조적으로, 다윗은 하나님께서 아버지로서 내리시는 채찍을 맞을 때에, 신자들이 눌림을 받기보다는 도움을 더 많이 받는다는 것을 가르치기 위해서, 이렇게 노래하고 있다: "여호와여 주로부터 징벌을 받으며 주의 법으로 교훈하심을 받는 자가 복이 있나니 이런 사람에게는 환난의 날을 피하게 하사 악인을 위하여 구덩이를 팔 때까지 평안을 주시리이다"(시 94:12-13). 하나님께서 불신자들은 그냥 두시고 그들의 범죄를 돌아보지 않으시면서 자기 백성들에 대해서 더 엄격하고 혹독하신 것처럼 보일 때에 그것은 그야말로 큰 시험거리가 아닐 수 없다.

그러므로 다윗은 그런 처지에 있는 자들을 위로하기 위하여 율법의 교훈을 덧붙이고 있다. 곧, 그들이 올바른 길로 다시 돌아오면 주께서 그들의 구원을 돌아보시지만, 불경한 자들은 그들의 오류 속으로 그냥 돌진해 들어가는 것일 뿐이며 그 결국은 구덩이라는 것을 가르쳐 주는 것이다. 그 형벌이 영원한 것이든 일시적인 것이든 전혀 차이가 없다. 전쟁이나 기근, 온역, 또는 질병도, 악인을 향한 주의 진노와 보복의 도구가 될 목적으로 가해질 때에는 영원한 죽음의 심판에 못지 않은 하나님의 저주인 것이다.

35. 다윗의 예

내가 잘못 알고 있는 것이 아니라면, 하나님께서 다윗을 징벌하신 목적을 이제는 모두가 알 것이다. 그것은 하나님께서 살인과 간음을 극히 노여워하신다는 증거로써 그런 징벌을 가하신 것이다. 하나님은 그의 사랑하는 신실한 종에게 그러한 큰 노여움을 친히 선포하심으로써, 다윗이 다시는 그런 범죄를 감히 범하지 못하도록 확실한 가르침을 받게 하신 것이었지, 지은 범죄에 대해서 하나님께 무슨 보속을 하기 위해서 받는 형벌이 아니었던 것이다. 다윗의 생애에 일어난 다른 교정의 사건에 대해서도 이와 똑같이 판단해야 옳다. 주께서는 다윗이 불순종하여 이스라엘 백성의 인구를 조사하는 잘못을 범하였을 때에 주께서는 격렬한 온역으로 백성들을 괴롭게 하셨다(삼하 24:15). 하나님은 다윗의 죄를 물론 값없이 용서하셨지만, 그 후 오는 모든 세대를 위하여 공적인 모범을 세우시는 것이 합당하다고 여기셨고, 또한 다윗을 낮추셔서 그런 범죄가 처벌을 받지 않고 그냥 지나가는 법이 없다는 것을 깨닫게 하시기 위해서도 채찍으로 그를 매우 격렬하게 치신 것이다.

인류에게 보편적으로 저주를 내리신 일도 이러한 목적을 염두에 두고 이해해야 한다(참조. 창 3:16-19). 우리가 은혜를 받은 후에도 여전히 우리의 시조(始祖)에게 죄의 형벌로 부과된 그 온갖 비참한 상황을 당하고 있지만, 동시에 우리는 그런 시련을 통해서 과연 우리가 하나님의 법을 거스르는 것을 하나님께서 얼마나 크게 노여워하시는가에 대해서 경계를 받는 것이다. 그리하여 우리의 가련한 처지를 생각하며 실망하고 낮아지는 가운데, 참된 복락을 더욱더 간절히 사모하게 되는 것이다.

현재의 삶에서 당하는 온갖 재난들이 우리의 죄에 대한 형벌로 부과되었다고 생각한다면 그것이야말로 어리석은 생각이 아닐 수 없을 것이다. 내 생각에는 크리소스톰이 남긴 다음의 진술이 바로 그런 의미인 것 같다: "하나님께서 이런 목적으로 ― 악행을 계속하는 자들을 부르사 회개하게 하시기 위하여 ― 형벌을 가하시는 것이라면, 회개가 이루어지고 나면 형벌은 이미 필요가 없을 것이다."[35] 하나님께서는 각 사람의 성정(性情)에 알맞다고 여기시는 대로 이 사람에게는 심하게 다루시고, 또 어떤 사람에게는 더 관대하게 다루시는 것이다. 그러므로, 우리를 벌하실 때에 결코 지나치시는 법이 없다는 것을 가르치시기 위하여, 때때로 하나님은 강퍅하고 완고한 백성들을 꾸짖기도 하신다. 왜냐하면 징계를 받아도 그들이 여전히 죄를 범하기 때문이다(렘 5:3).

이런 의미에서 하나님께서는 에브라임이 마치 한 쪽은 타고, 다른 한 쪽은 전혀 익지 않은 떡과도 같다고 꾸짖으신다(호 7:8). 이는 곧, 하나님의 징계의 채찍이 그들의 마음에 와닿지 않으므로, 그들의 잘못을 책망으로 교정시켜 주셔서, 그들로 하여금 잘못을 깨닫고 사하심을 받을 수 있도록 하시기 위함이었던 것이다. 이렇게 말씀으로 책망하시는 하나님께서는 누구든지 회개하면 곧바로 그가 그 사람을 관대하게 받아주신다는 것을 보여 주시며, 또한 그가 우리의 범죄를 격하게 징계하시는 것은 바로 우리의 완고함 때문이며, 우리가 자의로 잘못을 교정하면 그런 격한 징계가 사라질 것이라는 사실도 보여 주시는 것이다. 그러나 우리들 모두에게 완고함과 무지가 있어서 징계가 필요하기 때문에, 지극히 지혜로우신 아버지께서는 한 사람의 예외도 없이 우리들 모두 평생토록 똑같이 채찍으로 훈련을 받는 것이 합당하다고 여기신 것이다.

그러나 참 이상한 일은, 값없는 죄 사함에 대해서 생각하게 할 만한 다른 실례들이 많은데도 불구하고 어째서 그들이 유독 다윗의 예에 대해서만 관심을 집중시키느냐 하는 것이다. 세리가 의롭다 하심을 받고 성전에서 나와 집으로 내려갔다는 기사도 성경에 있다(눅 18:14). 그리고 베드로가 죄를 사함 받은 기사도 있는데(눅 22:61), 암브로시우스(Ambrose)는 이에 대해 말하기를, 그가 눈물을 흘렸다는 내용은 읽을 수 있어도, 그가 보속을 치렀다는 내용은 성경에 없다고 하였다.[36] 그리고 중풍병자는 주님에게서 "안심하라. 네 죄 사함을 받았느니라"(마 9:2)라는 말씀을 들었으나 그에게 벌이 주어졌다는 기록은 없다. 성경에 언급되어 있는 죄 사함에 대한 기록을 보면 모두가 값없이 주어진 것으로 나타나는 것이다. 일관성 있는 어떤 법칙을 도출해내려면, 특별한 성격을 지닌 비범한 한 가지 실례보다는 오히려 이런 빈번하게 나타나는 여러 가지 실례들을 근거로 했어야 옳았을 것이다.

36. 다니엘과 솔로몬의 예

다니엘은 느부갓네살에게 그가 지은 죄와 허물을 위하여 의로운 행위와 가난한 백성을 위하여 구제함으로 속하라고 명하였으나(단 4:27), 그는 의로운 행위와 구제가 하나님의 진노를 누그러뜨리고 형벌을 갚는 것이라는 뜻으로 그렇게 한 것이 아니었다. 그리스도의 피 이외에 다른 속량물이 있다는 생각일랑 떨쳐버려야 한다! 여기서 "죄악을 속하소서"라는 표현은 하나님이 아니라 사람을 향하여 그렇게 해야 한다는 의미이다. 다니엘이 느부갓네살에게 한 말은, 말하자면 이런 뜻이라 하겠다: "오, 왕이시여, 왕께서는 지금까지 불의와 횡포로 군림해 오셨고, 낮고 천한 자들을 압제해 오셨고, 가난한 자들을 수탈해 오셨으며, 왕의 백성을 불의로 가혹하게 대하였사옵니다. 이제 왕의 그 불의한 처사와 횡포와 압제를 긍휼과 공의로 바꾸소서."

이와 비슷하게, 솔로몬은 "사랑은 모든 허물을 가리우느니라"고 말씀하는데 (잠 10:12), 이 역시 하나님 앞에서 그렇다는 것이 아니라 사람들 사이에서 그렇다는 뜻이다. 이 구절 전체를 읽으면, "미움은 다툼을 일으켜도 사랑은 모든 허물을 가리우느니라"라고 되어 있다. 여기서 그는 늘 습관적으로 하는 대로, 대구법 (對句法)을 사용하여 미움에서 나오는 악한 결과를 사랑에서 나오는 열매와 대조시키고 있는 것이다. 곧, 서로 미워하는 자들은 서로를 물어뜯고 괴롭히고 욕하고 해치고 온갖 트집을 잡지만, 서로 사랑하는 자들은 서로서로 많은 것들을 덮어 주며, 눈감아 주고, 서로의 여러 가지 허물들을 용납해 준다는 것이다. 다른 사람의 허물을 잘하는 것으로 인정해 준다는 뜻이 아니고 그 허물들을 용납해 준다는 뜻이며, 욕하여 허물을 부추기기보다 훈계로 그것들을 교정시킨다는 뜻이다. 베드로 역시 이 구절을 같은 의미로 인용하고 있는 것이 분명하다. 만일 그렇지 않다면 그는 성경을 어지럽히고 간교하게 왜곡시킨다는 비난을 면하기 어려울 것이다(참조. 벧전 4:8).

또한 솔로몬이 "인자와 진리로 인하여 죄악이 속하게 되고"라고 가르치고 있는데(잠 16:6), 이는 주님 앞에서 죄를 그런 것으로 보속한다는 의미가 아니다. 하나님께서 그런 보속을 받으시면 누그러지셔서 본래 내리기로 하신 형벌을 돌이키신다는 뜻이 아니다. 오히려, 성경에 친숙하게 늘 나타나는 대로, 과거의 악행과 작별하고 경건하고 진실한 자세로 주께 돌아오는 자들에게 주께서 긍휼을 베푸시리라는 의미로 보아야 한다. 이것은 마치 우리의 범죄가 그치면 주의 진노가 가라앉고 그의 심판도 그친다는 뜻과도 같은 것이다. 솔로몬은 여기서 죄 사함의 원인을 말하는 것이 아니라 진정한 회개의 바른 수단을 말하고 있는 것이다.

이와 마찬가지로 선지자들도, 하나님께서 의로움과 사랑의 실천을 기뻐하시는데도 회개보다는 거짓된 예식을 헛되이 하나님 앞에서 강행하는 외식자들을 향하여 그렇게 자주 책망하고 있는 것이다. 또한 히브리서 기자도 친절과 인정을 베푸는 일을 높이 칭송하면서 그런 제사를 하나님이 기뻐하신다고 말씀하고 있다(히 13:16). 그리스도께서는 바리새인들이 잔과 대접을 깨끗이 씻는 일에만 관심을 기울이고 마음을 깨끗이 하는 일은 무시해 버리는 것을 책망하시면서 구제를 하여 모든 것을 깨끗이 하라고 명하시는데(눅 11:39-41; 참조. 마 23:25), 이는 죄를 보속하라는 의미가 아닌 것이 분명하다. 오히려 주님은 다만 하나님께서 깨끗한 것으로 인정하시는 것이 무엇인가를 가르치시는 것이다. 이 표현에 대해서는 다른 곳에서도 이미 논한 바가 있다.[37]

37. 누가복음에 나타난 한 여인의 예

누가복음의 구절(눅 7:36-50)에 대해서는, 건전한 판단을 갖고 그 부분을 읽은 사람이라면 거기에 대해서 문제를 삼지 않을 것이다. 거기에 나타난 바리새인은 주께서 그 여인이 누구인지도 모르고 그렇게 기꺼이 영접하신 줄로 여겼다. 그 여인이 어떠한 죄인인가를 아셨더라면 그리스도께서 그 여인을 그렇게 받아들이지 않으셨을 것이라고 느낀 것이다. 그리하여 그는 이를 토대로 그리스도께서 선지자가 아니라고 생각하였다. 선지자라면 그렇게 속임을 당하지 않았을 것이기 때문이다.

주께서는 그 여인이 이미 죄를 사함 받았고 죄인이 아니라는 사실을 보여 주시기 위해서 한 가지 비유를 들어 말씀하신다: "빚 주는 사람에게 빚진 자가 둘이 있어 하나는 오백 데나리온을 졌고 하나는 오십 데나리온을 졌는데 갚을 것이 없으므로 둘 다 탕감하여 주었으니 둘 중에 누가 그를 더 사랑하겠느냐?"(눅 7:41-42). 이에 바리새인은 대답하기를, "내 생각에는 많이 탕감함을 받은 자니이다"(43절)라고 하였다. 이때에 주께서는 말씀하시기를, "이러므로 그의 많은 죄가 사하여졌도다 이는 그의 사랑함이 많음이라"고 하셨다(47절).

이 말씀에서 분명히 드러나지만, 주님은 그 여인의 사랑을 죄 사함의 원인이 아니라 죄 사함의 증거로 말씀하고 계시는 것이다. 이 말씀은 오백 데나리온의 빚을 탕감받은 자에 관한 내용에서 취한 것인데, 주님은 그 빚진 자가 빚 주는 사람을 많이 사랑했기 때문에 빚을 탕감받은 것이라고 말씀하지 않고, 그가 빚을 탕감받았기 때문에 많이 사랑한 것이라고 말씀하신 것이다. 이 비유의 내용은 이런 식으로 적용해야 한다: "너는 이 여인이 죄인이라고 생각하지만, 이 여인이 죄인이 아니라는 것을 깨달았어야 옳다. 이 여인의 죄가 이미 사함을 받았기 때문이다. 죄 사함을 받은 은혜에 이렇게 감사를 표시하는 그 여인의 사랑을 보고서 너는 그 여인의 죄가 이미 사함 받은 것을 알았어야 옳다.”

그런데, 이것은 하나의 귀납적 논증(an argument of a posteriori)으로서 나중에 나타나는 증거를 근거로 어떤 것을 증명하는 방식이다. 주께서는 그 여인이 어떤 식으로 죄 사함을 받았는지를 분명하게 증거하고 계신다. 곧, “네 믿음이 너를 구원하였도다”(눅 7:50)라고 말씀하시는 것이다. 그러므로 우리는 믿음으로 죄 사함을 받는다. 그리고 사랑으로 주님의 그 긍휼하심에 감사하고, 또한 그 긍휼하심을 증거하는 것이다.

38. 고대 교부들의 증거

또한 보속에 관한 내용들이 고대의 저작자들의 책들에 무수히 나타나고 있지만, 그렇다 해도 나를 움직일 수는 없을 것이다. 사실 내가 보기에는, 지금까지 남아 있는 책들의 저자들 가운데 거의 대부분이 이 문제에 대해서 오류를 범하고 있거나, 아니면 지나치게 날카롭고도 격하게 논지를 전개하고 있다고 여겨진다. 그러나, 그들이 오늘날 보속설을 주장하는 신세대들이 이해하는 그런 무식하고 저속한 의미로 그 글들을 썼다고는 생각하지 않는다. 크리소스톰은 어디선가 이렇게 쓰고 있다: “긍휼을 간곡히 구하면 조사가 중지되고, 긍휼을 간청하면 심판이 유보되며, 긍휼을 구하면 형벌의 자리가 없어지며, 긍휼이 있으면 심문이 없으며, 긍휼이 있으면 용서를 대답으로 받는다.”[38]

이 진술을 아무리 왜곡시킨다 해도, 스콜라 신학자들의 논지와 일치하도록 만들 수는 없는 것이다. 그러나 아우구스티누스의 작품이라고 일컬어지는 「교회의 교의」(The Dogma of the Church)라는 책에는 이런 구절이 있다: “회개를 통한 보속은 죄의 원인을 끊어내기 위함이지, 그들의 논지들에 빠지는 것을 허용하기 위한 것이 아니다.”[39] 지은 죄에 대해서 보속해야 한다는 식의 보속설이 그 당시에도 흔히 놀림을 받았다는 사실이 이 구절에서 분명히 드러나고 있다. 왜냐하면 여기 나타나는 유일한 보속은 조심하여 차후에 다시는 죄를 범하지 않는 것을 지칭하는 것이기 때문이다.

굳이 인용하고 싶지 않지만, 크리소스톰은 또한 하나님께서는 우리가 그 앞에서 눈물로 우리의 지은 범죄를 고백하는 것 이상 다른 어떠한 것도 요구하지 않으신다고 가르친다.[40] 이런 식의 진술들은 그의 저작이나 다른 사람들의 저작에서 흔히 볼 수 있는 것들이다. 아우구스티누스가 어디선가 자비를 베푸는 일을 가리켜 "죄 사함을 얻기 위한 치료책"이라 부르는 것은 사실이다. 그러나 이 말에 대해서 실족하는 사람이 없도록 하기 위해서, 그는 다른 곳에서 그런 난제를 이렇게 해결해 주고 있다: "그리스도의 육체가 죄를 위한 참되고 유일한 희생이다. 세례를 통해서 완전히 제거된 죄에 대해서 뿐 아니라, 그 후에 연약함 때문에 스며드는 죄들에 대해서도 그러하다. 그렇기 때문에 온 교회는 날마다 '우리 죄를 사하여 주옵시며'(마 6:12)라고 외치며, 그리하여 그 죄가 그 유일무이한 희생을 통하여 사함 받는 것이다."[41]

39. 스콜라 신학자들이 교부들의 가르침을 왜곡시킴

그런데 그들은 보속을 하나님께 드리는 대가라고 말하지 않고, 주로 출교(excommunication: 혹은, 파문)를 선고받은 자들이 다시 교회에 받아들여지기를 원할 때 그들의 회개의 사실을 교회에 확증하기 위하여 행하는 공적인 증언이라고 말해왔다. 그런 회개하는 자들에게 금식 등 기타 의무들을 부과하여 그것들로 그들이 이전의 삶을 진정으로 마음을 다하여 뉘우친다는 것을 증명해 보이며, 그 이전의 과실들에 대한 기억을 말소시키기 원한다는 것을 보여 주도록 하는 것이다. 이를 치르고 나면 그들은 하나님께가 아니라 교회에게 보속했다고 하는 것이다. 아우구스티누스는 라우렌티우스(Laurentius)를 위한 「신앙 지침서」(Enchiridion)에서 바로 그런 표현을 쓰고 있다.[42] 오늘날 성행하고 있는 고해와 보속의 기원이 바로 그 고대의 관습에 있는 것이다. 그 좋은 형식을 그림자도 남아 있지 못하게 해버렸으니, 정말 독사의 자식이 아닐 수 없다!(참조. 마 3:7; 12:34)

고대의 저작자들이 때로는 거친 발언을 하고, 앞에서 이미 말한 대로, 그들도 오류를 범하기도 한다는 사실을 굳이 부인하지 않겠다. 그러나 그들의 저작들이 이곳저곳에 약간의 오점밖에는 없는 상태였는데, 손을 씻지 않은 이 사람들이 다루면서 그것들이 완전히 더럽혀지고 만 것이다. 그리고 교부들의 권위에 근거하여 싸운다 해도, 과연 이들이 우리를 상대로 어느 교부들을 내세우겠는가? 그들의 지도자 격인 롬바르드가 잡동사니 식으로 모아 놓은 저작들은 일단의 수도사들이 지각 없이 무분별하게 수집해 놓은 것으로서, 암브로시우스나 히에로니무스(Jerome), 아우구스티누스, 그리고 크리소스톰의 이름을 붙여서 전해내려 오고 있다.

지금 우리가 논하고 있는 이 문제에 대하여 그가 제시하는 증거는 거의가 아우구스티누스가 지었다는 「회개에 대하여」(On Repentance)라는 책에서 취한 것인데, 그 책은 사실 어떤 문필가가 좋은 작가나 좋지 않은 작가들을 가리지 않고 무조건 발췌하여 이리저리 엮어 놓은 것이다. 그 책에 아우구스티누스의 이름이 붙어있기는 하지만, 학식이 일천한 사람조차도 누구도 그것을 그의 작품이라고 인정하는 황망한 일은 하지 않을 것이다. 그들의 어리석은 짓들을 세세히 따지고 점검하지 않는 것을 독자들께서는 양해해 주기를 바란다. 나로서는 독자들의 짐을 덜어주고 싶기 때문이다. 나로서는 그들이 지금까지 신비한 비밀이라고 자랑해온 것들이 얼마나 어리석은 것인가를 드러내어 그들을 부끄럽게 하는 일이 별로 어려울 것이 없고, 또한 박수를 받는 일이기도 하겠지만, 가르침을 통해서 유익을 주고자 하는 것이 나의 목적이니, 그 일은 그냥 지나가기로 하겠다.

주

1. Gregory the Great, *Homilies on the Gospels*, II. hom. xiv. 15.
2. Pseudo-Ambrose, *Sermons*, xxv.1.
3. Lombard, *Sentences*, IV. xiv. 1.
4. Pseudo-Augustine, *De vera et falsa poenitentia*, viii. 22.
5. Chrysostom, *Homilies on Repentance*, hom. vii. 1.
6. '고해성사'(告解聖事: penance)를 염두에 둔 표현이다.
7. Jerome, *Letters*, lxxxiv. 6; cxxx. 9.
8. 어떤 사람이 나귀를 빌려서 길을 가는데, 나귀 주인이 계속 뒤를 따라오다가 나귀를 빌린 사람이 뜨거운 태양을 피하려고 길을 멈추어 나귀 밑에 들어가 그늘에서 쉬려고 하자, 주인이 그렇게 하지 못하게 하여 두 사람이 싸움을 벌였다는 이솝의 우화에서 비롯된 표현인데, 고대 그리스의 저작들에서 자주 나타난다.
9. Chrysostom, *Homilies on the Canaanite Woman*, hom. ix.
10. Pseudo-Chrysostom, *Contra Juadeos, Gentiles et haereticos*.
11. Sozomen, *Ecclesiastical History*, vii. 16.
12. 여기서 인용하고 있는 네 가지 진술은 칼빈의 시대에는 크리소스톰의 것으로 간주되었었다. 그러나 앞의 두 가지는 현재 위작(虛作)으로 여기지며, 셋째와 넷째는 크리소스톰의 순전한

진술로 인정된다. 참조. Chrysostom, *Incomprehensible Nature of God*, *Against in Anomeans*, hom. v. 7; Discourses on Lazarus, iv. 4.

13. 헬라어 성경은 물론 라틴어 성경 번역자들까지도 여기에 포함된다.

14. 여기서 "고백"은 본래 "찬양"으로 번역해야 옳다.

15. Cyprian, *Letters*, xvi. 2.

16. 참조. 4권 11, 12장.

17. 참조. 3권 5장 2절.

18. 참조. 4권 10장.

19. 히드라(hydra)는 그리스 신화에 나오는 머리가 아홉 개인 큰 뱀으로, 머리를 자르면 그 자리에서 새로 두 개의 머리가 생기는 괴물이다.

20. 7절에서 언급한 넥타리우스를 가리킴.

21. 참조. 4권 12장.

22. 참조. 4권 5장 1-4절; 4권 6장.

23. 참조. 4권 12장 1-13절.

24. Lombard, *Sentences*, IV. xvii. 4, 5; IV. xviii. 6, 7.

25. 롬바르드를 가리킨다.

26. Lombard, *Sentences*, III. xix. 4.

27. 2권 16장 3-5.

28. 참조. 3권 12장 1, 5절.

29. Augustine, *Psalms*, Ps. 32. ii. 9.

30. Augustine, *Psalms*, Ps. 129. 3.

31. Pseudo-Chysostom, *De fide et lege naturae*, iii.

32. Pseudo-Chrysostom, *Sermo de poenitentia et confessione*, V. 514.

33. Augustine, *Psalms*, Ps. 102. 20; Ps. 139. 15.

34. Augustine, *On the Merits and Remission of Sins*, II. xxxiii. 53-xxxiv. 56.

35. Chrysostom, *Homilies on Providence*, to Stagirius, III. xiv.

36. Ambrose, *Exposition of the Gospel of Luke*, X. 88.

37. 칼빈의 공관복음 주석, 마 23:25; 눅 11:34-41 부분을 보라. 참조. 3권 14장 21절.

38. Pseudo-Chrysostom, *Homily on Psalm 50*, hom. ii. 2.

39. Pseudo-Augustine, *De Dogmatibus ecclesiasticis*, xxiv.

40. Chrysostom, *Homilies on Genesis*, hom. x. 2.

41. Augustine, *Enchiridion*, xix. 72; *Against Two Letters of Pelagians*, III. vi. 16.

42. Augustine, *Enchiridion*, xvii. 65.

제 5 장

∽◌◌◌∾

보속설을 보충하기 위한 장치들:
면죄부와 연옥

(면죄부 교리의 오류와 그 악영향. 1-5)

1. 면죄부의 해악

이 보속설에서 면죄부(免罪符:indulgences)가 파생되어 나온다. 우리의 반대자들은 보속을 이루는 데 있어서 우리의 능력이 모자라는 부분을 면죄부가 보충해 준다는 식으로 떠들고, 더 나아가서 면죄부를 그리스도와 순교자들의 공로들을 분배하는 것이라 정의하면서, 교황이 그의 교서(敎書)를 통하여 그 공로들을 분배한다는 극단적인 망언을 서슴지 않는다. 이 사람들을 상대로 논란을 벌이기보다는 차라리 정신병을 고치는 약물로 이들을 치료하는 편이 더 합당할 것이다. 그렇게도 어처구니없는 오류들은 반박할 만한 가치조차도 없다. 이미 수많은 공격을 받아 스스로 노쇠하여 쇠락해가기 시작하고 있는 것이다. 그러나 이에 대해서 잘 모르는 사람들에게는 간략하게나마 반박을 하는 것이 유익할 것이므로, 그 정도는 생략하지 않고 여기서 행하고자 한다.

면죄부가 그렇게 오랫동안 아무런 장애도 없이 버젓이 시행되어왔고, 그런 무질서하고 격렬한 방종이 그렇게 무사히 내려왔다는 사실 자체가 사람들이 수세기 동안 얼마나 캄캄한 무지의 밤 속에 헤매왔는가를 단적으로 증명해 주는 것이다. 사람들은 교황과 그의 교서를 전달하는 자들이 노골적으로 자기들을 우롱하는 것도 보았고, 동전 몇 푼에 구원을 팔아 그들의 영혼 구원의 문제를 돈

벌이 대상으로 만들고, 아무것도 값없이 준 것이 없는 것도 보았다. 또한 자기들에게서 이를 구실삼아 헌금으로 거두어간 돈이 창녀들과 포주들과 술주정뱅이들에게 추하고 더럽게 허비되는 것도 보았다.

가장 앞장서서 면죄부를 선전하는 자들이 가장 추한 괴물들이어서, 날마다 더 떠들썩하고 더 음탕하게 돌아다니면서 날마다 끊임없이 새로운 교서를 발부하고 새로이 돈을 거두어가는 것이었다. 그러나 이렇게 두 눈으로 똑똑히 보면서도 사람들은 그야말로 황송한 마음으로 면죄부를 받아들이고 경배하고 값을 주고 샀다. 심지어 다른 이들보다 지각이 나은 사람들까지도, 그것을 경건한 사기(詐欺)로 여겨서 조금이라도 유익이 되지 않을까 싶어서 거기에 가담하였다. 그러나 세상이 조금 더 지혜를 갖게 되자 면죄부에 대한 관심이 점점 식어져 얼어붙어 버렸고, 결국 마침내 완전히 사라져 버리고 말 것이다.

2. 성경의 가르침과 면죄부의 가르침.

수많은 사람들이 지금까지 면죄부 선전원들이 온갖 추잡한 간계와 속임수와 탐욕으로 우리를 조롱하고 현혹시켜왔다는 것을 깨닫게 되었지만, 아직 그런 불경의 근본 자체는 보지 못하고 있다. 그러므로, 우리로서는 면죄부와 관련된 여러 악습을 보는 것과 아울러 면죄부 자체의 본질을 바로 보는 것이 필요할 것이다. 우리의 반대자들은 그리스도와 거룩한 사도들과 순교자들의 공로를 "교회의 보고"(the treasury of the church)라고 부른다.

바로 앞에서 말한 바 있지만, 그들은 이 보고(寶庫)를 관리할 최고의 책임이 로마의 주교에게 위임되어 있어서 그가 이 큰 혜택들을 분배하는 일을 관장하면서, 그가 스스로도 그것들을 분배하고, 또한 그 분배하는 일을 다른 사람들에게 대리로 관리하도록 맡기기도 한다고 헛된 주장을 펴는 것이다. 예를 들면, 영구적으로 유효한 면죄부나 몇 년 동안 유효한 면죄부는 교황이 발부하고, 백 일 동안 유효한 면죄부는 추기경들이, 사십 일 동안 유효한 면죄부는 주교들이 발부한다는 식이다.

제대로 묘사하자면, 이런 짓들은 그리스도의 피를 욕되게 하는 짓이요 사탄의 조롱으로서, 그리스도인들을 하나님의 은혜에서 떠나게 하고, 그리스도 안에 있는 생명에서 떠나게 하며, 참된 구원의 길에서 벗어나게 만드는 것이다. 그들은 그리스도의 피가 죄 용서와 화목과 보속을 위하여 충족하다는 것을 부인하면서 마치 그 피의 능력이 모자라고 말라버려 없어지기라도 하는 것처럼 다른 무엇으로 공급하고 채워야 한다고 떠드는데, 이보다 그리스도의 피를 더 욕되게 하는 것이 어디 있겠는가?

베드로는 말하기를, "[그리스도]에 대하여 모든 선지자도 증언하되 그를 믿는 사람들이 다 그의 이름을 힘입어 죄 사함을 받는다 하였느니라"(행 10:43)고 한다. 그러나 면죄부는 베드로와 바울과 순교자들을 통하여 죄 사함을 준다고 한다. 사도 요한은 "예수의 피가 우리를 모든 죄에서 깨끗하게 하실 것이라"(요일 1:7)고 말한다. 그러나 면죄부는 순교자들의 피가 죄를 깨끗하게 한다고 한다. 사도 바울은 "하나님이 죄를 알지도 못하신 이(그리스도)를 우리를 대신하여 죄로 삼으신 것은 우리로 하여금 그 안에서 하나님의 의가 되게 하려 하심이라"(고후 5:21)고 말하고 있다. 그러나 면죄부는 순교자들의 피가 죄를 보속시켜 준다고 한다.

바울은 고린도 교인들에게 오직 그리스도만이 그들을 위하여 십자가에 달려 죽으셨음을 선포하고 또한 증언하고 있다(참조. 고전 1:13). 그러나 면죄부는 "바울을 비롯한 여러 사람들이 우리를 위하여 죽었다"고 선언하는 것이다. 다른 곳에서 바울은 그리스도께서 "자기 피로" 교회를 사셨음을 말씀한다(행 20:28). 그러나 면죄부는 순교자들의 피가 교회를 산 또 다른 대가임을 주장한다. 또한 성경은 "그가 거룩하게 된 자들을 한 번의 제사로 영원히 온전하게 하셨느니라"(히 10:14)고 선포한다. 그런데 면죄부는 "거룩하게 하는 일은 순교자들로써 온전하게 되는 것이라"고 선언한다. 사도 요한은 말하기를, 모든 성도들이 "어린양의 피에 그 옷을 씻어 희게 하였"다(계 7:14)고 한다. 그러나 면죄부는 그들이 성인들의 피에 그 옷을 씻는다고 가르치는 것이다.

3. 면죄부와 순교자들의 공로에 대한 반대 증거들

로마의 주교인 레오(Leo I:440-461년 재위)는 팔레스타인 사람들에게 보내는 글에서 이러한 모독 행위를 다음과 같이 매우 분명하게 반대하고 있다: "많은 성도들의 죽음이 주님 보시기에 귀하기는 하지만(시 116:15), 무죄한 사람이 살육당한 일로 말미암아 세상의 화목이 이루어진 일은 없습니다. 의인들은 면류관을 받았을 뿐, 면류관을 주지는 않았습니다. 또한 신자들의 용기가 인내의 모범이 되었지만, 그것이 의를 가져다준 것은 아닙니다. 각자가 자기 자신의 죽음을 죽은 것이지, 자기의 죽음으로 다른 사람의 빚을 갚은 것이 아닙니다. 한 분 그리스도께서 계시고, 그분 안에서 모든 사람이 십자가에 달리며, 그분 안에서 모든 사람이 죽고 장사 지낸 바 되고 다시 살아난 바 된 것입니다." 그는 이런 사실이 기억할 만한 가치가 있다고 여겨서 다른 곳에서도 이를 반복하여 진술하고 있다.[1]

이 불경스러운 독단에 대한 반대 근거로 이보다 더 분명한 것을 바랄 수도 있을 것이다. 자, 아우구스티누스도 이에 못지않게 분명하게 반대의 뜻을 진술하고 있다: "물론 우리가 형제들로서 다른 형제들을 위하여 죽기도 하지만, 순교자가 죄 사함을 위하여 피를 흘리는 일은 없다. 이는 그리스도께서 우리를 위하여 행하시고 우리에게 베푸신 것은 우리가 그를 본받아 행하라는 것이 아니라 그 은혜를 즐거워하라는 의도인 것이다."[2]

이와 동일한 사상이 다른 곳에서도 나타나고 있다: "하나님의 독생자께서 인자가 되셔서 우리를 그와 함께 하나님의 아들들로 삼으시는 것처럼, 그가 홀로 아무런 잘못도 없이 우리를 대신하여 형벌을 받으셔서, 선을 받을 자격이 없는 우리로 하여금 그로 말미암아 합당치 않은 은혜를 받게 하신 것이다."[3]

그들의 모든 가르침이 처절한 모독과 망령된 사상을 꿰매어 붙여 놓은 것이지만, 그 가운데서 이것처럼 끔찍한 모독은 없다. 다음의 진술이 과연 그들의 판단인지 아닌지를 살펴서 인정할 것은 인정해야 할 것이다: "순교자들이 그들의 죽음으로 자기들 자신에게 필요한 것 이상으로 하나님께 드렸고, 더 많은 자격을 갖추었으므로 그들이 다른 사람들에게 전달해 줄 공로가 굉장히 많이 남아 있다. 그러므로 이런 굉장한 유익이 그냥 썩혀 버려지지 않도록 하기 위하여 그들은 자기들의 피를 그리스도의 피와 섞었고, 이 둘의 피를 통해서 교회의 보고가 세워져서 죄 사함과 죄에 대한 보속을 분배해 줄 수 있게 되었다. 그러므로 '그리스도의 남은 고난을 그의 몸된 교회를 위하여 내 육체에 채우노라'(골 1:24)라는 바울의 진술은 이런 의미로 이해하여야 한다."

이것이 그리스도에게 그저 이름만 남겨 놓고, 그를 다른 성인들과 거의 구분할 수 없는 일개 성인 쯤으로 만드는 처사가 아니라면 무엇이란 말인가? 오직 그분만이 전파될 자격이 있으시고, 오직 그분만이 세움을 입으셔야 하고, 오직 그분의 이름만을 불러야 하며, 죄 사함과 화목과 성화의 문제가 있을 때에 오직 그분만을 바라보아야 한다. 그런데 그들의 논지를 들어보자. 순교자들의 피가 무익하게 되지 않도록 그것을 교회의 전체의 유익을 위하여 분배하여야 한다고 한다. 그러나 과연 그런가? 그들이 죽음을 통해서 하나님께 영광을 돌린 것이, 그들의 피로써 하나님의 진리를 증거한 것이, 이 세상의 삶을 버림으로써 더 나은 삶을 구한다는 사실을 친히 증거한 것이, 끝까지 절개를 지킴으로써 교회의 믿음을 강건하게 하고 원수들의 고집을 깨부순 것이 과연 그들에게 무익하단 말인가?

그러나 사실은, 만일 오직 그리스도만이 화목 제물이시요, 오직 그만이 우리 죄를 위하여 죽으셨고, 오직 그만이 우리의 구속을 위하여 내어 준 바 되셨다면, 성인들의 열매는 찾을 것이 없다는 것이다. 그럼에도 불구하고 그들은 이런 식으로 이야기한다: "베드로와 바울은 편안하게 죽음을 맞았더라도 승리의 면류관을 받았을 것인데도 피를 흘리기까지 끝까지 수고했으므로, 그들의 그러한 희생이 아무런 열매 없이 그냥 사라진다면 그것은 하나님의 정의에 맞지 않을 것이다." 마치 하나님께서 그의 종들에게 주신 은사의 분량에 따라 그 종들에게서 그의 영광을 더하실 능력이 없으신 것처럼 말이다. 그러나 그들의 승리로 말미암아 싸우고자 하는 열심이 교회에 일어난다면, 교회 전체가 충분히 유익을 이미 받은 것이다.

4. 바울의 '남은 고난'에 대한 바른 이해

그리스도의 남은 고난을 그의 몸에 채운다는 사도 바울의 말씀(골 1:24)에 대한 그들의 이해는 과연 그 말씀의 의미를 악의로 왜곡시키는 것이라 아니할 수 없다! 바울은 그 "남은 것" 혹은 "보충하는 것"이란 단어를 그리스도의 구속, 보속, 화목의 사역을 가리키는 것이 아니라, 그리스도의 지체들이 — 즉, 모든 신자들이 — 육체 안에서 사는 동안 힘써 견뎌야 할 고난을 가리키는 의미로 사용하는 것이다. 곧, 그리스도의 고난의 일부가 아직 남아 있다는 뜻이다. 다시 말해서, 그리스도께서 단 한 번 당하신 바로 그 고난을 그의 지체들 속에서 날마다 당하고 계신다는 의미인 것이다. 그리고 그리스도께서는 이러한 영광으로써 — 즉, 그가 우리의 고난을 자기 자신의 것으로 간주하시고 또 그렇게 만드신다는 사실로써 — 우리를 구별하시는 것이다.

바울은 여기에 "교회를 위하여"라는 말을 덧붙이는데, 이것은 교회를 위하여 구속이나 화목이나 보속을 이룬다는 의미가 아니라, 교회를 강건하게 세우고 전진하게 한다는 의미인 것이다. 다른 곳에서도 이와 같은 말씀이 나타난다:

"내가 택함 받은 자들을 위하여 모든 것을 참음은 그들도 그리스도 예수 안에 있는 구원을 영원한 영광과 함께 받게 하려 함이라"(딤후 2:10). 또한 고린도 교인들에게 보내는 서신에서는 "우리가 환난 당하는 것도 너희가 위로와 구원을 받게 하려는 것이요 우리가 위로를 받는 것도 너희가 위로를 받게 하려는 것이니"(고후 1:6)라고 말하고 있다.

바울은 앞에서 살핀 골로새서의 말씀 바로 뒤에서, 자기가 교회의 일꾼이 된 것은 구속을 위한 것이 아니라 "하나님이 … 내게 주신 직분을 따라 하나님의 말씀(그리스도의 복음을 전파하는 일)을 이루려 함"(골 1:25; 참조. 롬 15:19)이라고 덧붙이고 있다.

여기서 반대자들이 나 이외에 다른 해석자를 요구한다면, 아우구스티누스의 진술을 들어보도록 하자: "그리스도의 고난은 머리로 보면 오직 그리스도에게만 있는 것이요, 온 몸으로 보면 그리스도와 교회에 있는 것이다. 그리하여 바울은 그 한 지체로서 말하기를, '그리스도의 남은 고난을 내 육체에 채우노라'라고 하는 것이다. 그러므로 만일 여러분이 — 이 말을 듣는 자는 누구든지 — 그리스도의 지체에 속한다면, 그리스도의 지체에 속하지 않는 자들에게서 당하는 온갖 고난이 바로 그리스도의 남은 고난인 것이다."[4] 그러나 다른 곳에서는 사도들이 교회를 위하여 당한 고난의 목적을 이렇게 설명하고 있다: "그리스도는 내가 여러분에게로 들어가는 문이시다(참조. 요 10:7). 여러분이 그리스도의 피로 값주고 사신 그의 양들이기 때문이다. 여러분을 위해 지불한 값을 인정하라. 나는 그 값을 지불한 것이 아니라 그것을 전했을 따름이다."[5] 그리고는 곧바로 이렇게 덧붙인다: "그가 그의 목숨을 버리셨듯이, 우리 역시 우리 형제들을 위하여, 평화를 세우고 믿음을 강건하게 하기 위하여, 우리의 목숨을 버려야 마땅할 것이다." 이것은 아우구스티누스의 말이다.

그러니, 바울이 그리스도의 고난이 의와 구원과 생명의 충만함에 대해서 무언가 모자람이 있다고 생각했다거나, 혹은 그가 그 모자라는 것을 무언가로 보충하려고 생각했다는 식의 생각일랑 깨끗이 버려야 할 것이다. 바울은 오히려 그리스도께서 죄의 모든 권세를 훨씬 능가하고도 남는 그 풍성한 은혜를 넘치도록 부어주셨다고 분명하게 가르치고 있다(참조. 롬 5:15). 베드로가 웅변적으로 증거하고 있듯이(참조. 행 15:11), 그들의 삶이나 죽음의 공로가 아니라, 오직 이 그리스도의 은혜로만 모든 성도들이 구원받은 것이다. 그러므로 어떠한 문제에서든 오직 하나님의 긍휼하심으로 만족하지 않고 그 자리에 성인(聖人)의 가치를 올려 놓는 사람이 있다면, 그 사람은 그야말로 하나님과 그의 기름 부으신 그리스도를 욕되게 하는 것이다. 그러나, 이런 기상천외한 오류는 그냥 발가벗겨 놓기만 해도 무너져 버리는데, 마치 아직도 무언가 미진한 것이 있는 것처럼 여기서 계속 지체할 필요가 어디 있겠는가?

5. 면죄부의 기원

그런 가증스러운 오류들에 대해서는 접어두자. 주께서는 예수 그리스도의 은혜가 복음의 말씀을 통해서 전해지기를 원하셨는데, 누가 교황더러 그의 은혜를 납과 양피지에 봉인해서 분배하라고 가르쳤단 말인가? 하나님의 복음과 면죄부, 둘 중의 하나는 거짓인 것이 분명하다. 바울은 그리스도께서 복음을 통해서 우리에게 전해지신다고 증언하고 있다. 하늘의 모든 풍성한 은혜와 그리스도의 모든 공로와 그의 모든 의와 지혜와 은혜가 하나의 예외도 없이 전부 복음을 통해서 전해진다는 것이다. 그러면서 그는 화목하게 하는 말씀이 일꾼들에게 맡겨졌고 그들은 그리스도의 사신이 되어 행하는 것이므로, 말하자면 그리스도께서 그들을 통하여 간청하시는 것이라고 진술하고 있다(고후 5:18-21). "우리가 … 간청하노니 너희는 하나님과 화목하라. 하나님이 죄를 알지도 못하신 이를 우리를 대신하여 죄로 삼으신 것은 우리로 하여금 그 안에서 하나님의 의가 되게 하려 하심이라"(고후 5:20-21).

모든 신자는 다 그리스도와 함께 누리는 교제(코이노니아:κοινωνία)의 가치를 잘 아는 법인데, 그 교제는 동일한 사도가 증거하듯이 복음 안에서 우리에게 베풀어지는 것이다(참조. 고전 1:9). 그런데, 면죄부는 이와 반대로, 교황의 창고에서 은혜의 적은 분량을 꺼내어 그것을 특정한 장소에서 납과 양피지에 싸서 봉인해 둠으로써, 그 은혜를 하나님의 말씀에서 완전히 찢어내는 것이 아닌가!

대체 그 기원이 어디에 있느냐고 물을 사람이 있을 텐데, 이 악행의 기원은 여기에 있는 것 같다. 옛날에는 참회하는 자들에게 감당할 수 없을 만큼 엄청나게 무거운 보속이 부과되었는데, 그 엄청난 보속 때문에 사람들이 짓눌려 있는 상태에서 그 보속을 다소 완화시켜 주기를 교회에 청하였고, 그렇게 교회의 권위로 보속이 면제되는 것을 가리켜 "indulgence"(면죄:免罪)라고 불렀다. 그러나 보속을 하나님께로 돌리고는 그것이 사람들이 하나님의 심판에서 스스로를 구속시키는 대가(代價)라고 이야기한 것처럼, 똑같은 방식으로 그 면죄 (indulgence) 역시 하나님께 속죄하는 치료책으로 뒤바꾸어 놓고는 그것이 우리가 당해야 할 형벌에서 자유롭게 해 주는 것이라고 가르친 것이다. 그들이 그렇게 부끄러움도 모르고 뻔뻔스럽게, 지금까지 말한 그런 가증스러운 오류들을 꾸며 놓았기 때문에, 도저히 핑계할 수가 없는 것이다.

(연옥 교리에 대한 반론. 6-10)

6. 연옥 교리에 대한 반박의 필요성

그들이 말하는 소위 "연옥"도 더 이상 우리를 괴롭힐 수가 없다. 이미 그것이 도끼에 찍히고 베어져서 송두리째 넘어졌기 때문이다. 어떤 이들은 이 문제가 맹렬한 싸움을 일으킬 뿐 유익이 별로 없다고 하면서 이 연옥에 대해서는 언급하지 않고 그냥 지나치는 것이 좋다는 식으로 생각하지만, 나는 그런 생각에 동의하지 않는다. 만일 그 문제가 심각한 결과들을 일으키지 않았다면 나도 이런 문제를 무시해 버리는 것이 옳다고 생각할 것이다. 그러나 연옥의 교리는 온갖 모독으로 이루어진 것이고, 또한 날마다 새로운 모독을 더하여 그것으로 지탱되고 있고, 게다가 수많은 심각한 오류들을 부추기고 있기 때문에 도저히 그냥 지나칠 수가 없는 것이다.

그 가르침이 하나님의 말씀과는 상관 없이 호기심과 대담한 경솔함으로 꾸며진 것이라는 사실을 한동안은 이렇게 저렇게 감출 수도 있을 것이다. 그리고 사탄이 간교하게 일종의 "계시"를 조작시켜서 그것에 넘어가서 연옥을 믿었다는 사실도, 그리고 성경의 몇몇 구절들이 무지하게도 그 가르침을 확증하도록 왜곡되었다는 사실도 어느 정도는 감출 수 있을지 모른다. 그러나 하나님께서는 그의 판단의 은밀한 곳들을 그렇게 침입하는 사람의 뻔뻔스러움을 절대로 용납하지 않으시며, 또한 그의 말씀을 무시하는 행위와 죽은 자들에게 묻는 행위를 철저하게 금하셨고(신 18:11), 그의 말씀이 그렇게 그릇되이 부패하는 일을 그냥 내버려 두지도 않으시는 것이다.

물론 이런 모든 일들이 한동안 별로 중요하지 않은 문제로 용납되었을 수도 있다는 것은 충분히 인정한다. 하지만, 그리스도의 피 외에 다른 데서 죄 사함을 찾고, 보속이 다른 곳으로 전이(轉移)되고 있는 현실에서 이에 대해 침묵을 지킨다는 것은 매우 위험한 일이 아닐 수 없다. 그러므로, 우리는 우리의 입술만이 아니라 목과 폐에서 우러나오는 큰 소리로 외쳐야 한다. 연옥이란 사탄의 치명적인 허구(虛構)요, 그리스도의 십자가를 무효화(無效化)시키는 것이며, 도저히 견딜 수 없을 만큼 하나님의 긍휼하심을 욕되게 하는 것이요, 우리의 믿음을 뒤집어엎고 파괴시키는 것이라고 말이다.

그들이 말하는 이 연옥의 가르침이 바로 사람이 죽은 후에도 그 죽은 자의 영혼이 죄에 대해 보속을 할 수가 있다는 뜻이 아니고 무엇인가? 그러므로, 보속의 개념이 무너지면, 연옥 그 자체도 곧바로 뿌리째 무너지고 마는 것이다. 그리스도의 피가 신자의 죄에 대한 유일한 보속이요, 유일한 속죄요, 유일한 씻음이라는 것이 앞에서 말한 내용에서 명확해졌다면, 연옥이란 한 마디로 그리스도를 대적하는 치명적인 모독이라는 말 외에 달리 무슨 할 말이 남겠는가? 연옥을 변호하느라 날마다 범하는 그 망령된 짓들이나, 신앙에 대해서 빚어내는 사소한 오류들이나, 그 불경스런 근원에서 나오는 무수한 다른 악행들에 대해서는 구태여 여기서 거론하고 싶지 않다.

7. 연옥에 대한 소위 복음서의 증거에 대한 반론

그러나 그들이 거짓과 오류 속에 사로잡혀서 성경의 구절들을 잘못 이해하고 있으므로, 그들의 손을 비틀어 그것들을 바로잡을 필요가 있다. 그들은 말하기를, 주께서는 "성령을 거역하면 이 세상과 오는 세상에서도 사하심을 얻지 못하리라"(마 12:32; 막 3:28-29; 눅 12:10)고 말씀하심으로써 특정한 죄에 대해서는 오는 세상에서 사함이 있다는 것을 암시하고 계시다고 한다. 그러나 여기서 주님이 말씀하시는 것이 죄의 책임에 대한 내용이라는 것을 깨닫지 못할 사람이 어디 있는가? 만일 그렇다면, 이것이 그들이 말하는 연옥과 무슨 관계가 있겠는가? 그들은 죄의 형벌이 연옥에서 시행된다고 주장하는데, 그렇다면 그 죄의 책임이 이 세상에서 사함 받는다는 사실은 왜 부인하지 않는가? 그러나 우리를 향한 그들의 시끄러운 비난들을 막기 위해서 이보다 더 명확한 반대 증거를 제시하겠다.

주님께서는 성령을 거역하는 그 부끄러운 악행에 대하여 용서받을 소망을 완전히 끊어버리고자 하실 때에, 그저 그 죄가 절대로 용서받지 못하리라고 말씀하시는 것만으로 족하다고 여기지 않으셨다. 오히려 그 점을 한층 더 강조하기 위하여, 주님은 각 사람의 양심이 이 세상의 삶에서 체험하는 심판과 부활 시에 공적으로 이루어질 최후의 심판을 구분하여 말씀하신 것이다. 말하자면, 주님의 말씀의 의도는 이런 뜻이었다: "악의가 있는 고의적인 반역은 지금 당장 파멸을 몰고 오는 것으로 여겨 삼가라. 이 세상에서 죄인들이 죄를 사함 받고 회심에 이르지만, 성령께서 주시는 빛을 고의로 꺼뜨리려 하는 자는 이 세상에서도 사함 받지 못하며, 하나님의 천사들이 양을 염소에게서 분리시켜서 천국에서 그들의 모든 죄를 깨끗이 하게 될 그 마지막 날에도 사함 받지 못할 것이기 때문이라"(참조. 마 25:32-33).

다음으로, 그들은 마태복음의 비유를 증거로 제시한다: "너를 고발하는 자와 함께 길에 있을 때에 급히 사화하라 그 고발하는 자가 너를 재판관에게 내어 주고 재판관이 옥리에게 내어주어 옥에 가둘까 염려하라 … 네가 한 푼이라도 남김이 없이 다 갚기 전에는 결코 거기서 나오지 못하리라"(마 5:25-26). 이 구절에서 만일 재판관이 하나님을 의미하고, 고발하는 자가 마귀를, 옥리가 천사를, 옥은 연옥을 의미한다면, 나도 기꺼이 그들에게 승복하겠다. 그러나 여기서 그리스도께서, 정의와 선에서 우러나오는 행실보다는 율법의 문자적인 요구만을 고집스럽게 따르는 자들이 얼마나 많은 위험과 악을 자초하는지를 보여 주심으로써, 그를 따르는 자들에게 정의와 화평을 추구할 것을 강하게 권면하신다는 것이 누가 보더라도 분명한 사실이다. 그렇다면 묻노니, 과연 이 구절들 가운데 어디서 연옥을 찾을 수 있단 말인가?

8. 빌립보서, 계시록, 그리고 마카베오서의 증거들에 대한 반론

그들은 또한, 하늘에 있는 자들이나 땅에 있는 자들이나 땅 아래 있는 자들로 그리스도께 모두 무릎을 꿇고 경배할 것을 선언하는 사도 바울의 진술(빌 2:10)에서도 연옥에 대한 증거를 찾으려 한다. 그들은 여기 나타나는 "땅 아래 있는 자들"이라는 표현이 영원히 버림 받은 상태에 매여 있는 자들을 의미하는 것으로 이해될 수가 없고, 따라서 이 자들은 연옥에서 고난 받는 영혼들일 수밖에 없다는 것이 당연하다고 주장하는 것이다. 만일 여기서 무릎을 꿇고 경배한다는 사도의 표현이 참되고 경건한 예배를 지칭하는 것이라면 그들의 그런 추리가 별로 나쁘다고 말할 수 없을 것이다. 그러나 바울은 여기서 그저 통치권이 그리스도께 주어져서 모든 피조물들이 전부 거기에 굴복하리라는 것을 가르치는 것일 뿐이다. 이렇게 볼 때에, "땅 아래 있는 자들"이라는 표현을 마귀들을 지칭하는 것으로 이해하지 못할 것이 무엇이란 말인가? 마귀 역시 하나님의 심판대 앞에 불려와서 그들의 심판주를 두렵고 떨림으로 인정하게 될 것이 분명하지 않은가(참조. 약 2:19; 고후 7:15)? 그러므로 바울 스스로도 다른 곳에서 동일한 예언을 이렇게 설명하고 있는 것이다: "우리가 다 하나님의 심판대 앞에 서리라. 기록되었으되, 주께서 이르시되 내가 살았노니 모든 무릎이 내게 꿇을 것이요 … "(롬 14:10-11; 사 45:23).

그러나 계시록에서 말씀하는 다음의 내용은 그런 식으로 해석해서는 안 된다: "내가 또 들으니 하늘 위에와 땅 위에와 땅 아래와 바다 위에와 또 그 가운데 모든 피조물이 이르되 보좌에 앉으신 이와 어린양에게 찬송과 존귀와 영광과 권능을 세세토록 돌릴지어다 하니"(계 5:13). 그 점은 분명히 인정할 수 있다. 그렇지만, 그들이 대체 여기서 말하는 피조물들을 어떤 종류에 속하는 것으로 생각한단 말인가? 여기서 말하는 피조물들이란 이성(理性)이 없고 생명이 없는 것들을 뜻한다는 것이 너무도 분명하지 않은가? 여기의 이 말씀의 의도는 다만 세상의 개별적인 부분부분들이 전부, 하늘 꼭대기에서부터 심지어 땅의 중심에 이르기까지 모두가 제각기 나름대로 자기들을 지으신 창조주의 영광을 선포한다는 사실을 선언하는 것일 뿐이다(참조. 시 19:1).

그들은 또한 마카베오 가문의 역사에서도 증거를 제시하는데(마카베오하 12:43),[6] 이에 대해서는 응답할 가치가 없다고 본다. 내가 마카베오서를 성경의 정경(正經)에 포함시키는 것 같은 인상을 주고 싶지 않기 때문이다. 그러나 이들은 아우구스티누스가 그 책을 정경에 속하는 것으로 보았다고 주장한다. 그러나 그런 주장이 과연 얼마나 확실한지 의문이다. 그는 이렇게 말하고 있다: "유대인들은 마카베오서의 기록을 율법과 선지자들과 시편에 속하는 것으로 여기지 않는데, 이 책들에 대해서 주님은 그것들이 주님을 증거한다는 사실을 이렇게 밝히시고 있다:'율법과 선지자의 글과 시편에 나를 가리켜 기록된 모든 것이 이루어져야 하리라'(눅 24:44). 그러나 그 책을 과장이 없이 읽고 듣는다면 교회가 받아들여도 유익이 없지는 않을 것이다."[7]

그러나 히에로니무스는 서슴지 않고 그 책의 권위는 교리를 증명하는 데는 가치가 없다고 가르치고 있다.[8] 키프리아누스의 저작이라고 알려져 있는 「사도신경 해설」(On the Exposition of the Creed)이라는 책에서도, 마카베오서가 고대 교회에서 전혀 인정되지 않았다는 것이 확실히 드러난다.[9] 그러니 여기서 내가 이런 헛된 논지에 시간을 보낼 이유가 어디 있겠는가? 마치 저자 자신이 스스로 그런 존경을 받는 위치에 있다는 것을 잘 알고 있지 못하기라도 한듯, 마지막 부분에서 그는 자기가 무언가 적절치 못하게 표현한 것이 있다면 양해해 달라고 간청하기까지 하는 것이다(마카베오하 15:39)![10] 과연 자기의 쓴 내용에 양해 받을 것이 있음을 스스로 인정하는 사람이라면 그 사람의 저작이 어떻게 성령의 말씀이라 주장하겠는가! 게다가 유다의 경건함을 칭찬하는 이유도 다른 것이 없고 오로지 그가 마지막 부활에 대한 확고한 소망을 갖고서 죽은 자들을 위한 예물을 예루살렘에 보냈다는 것뿐이다(마카베오하 12:43).

게다가 그 역사를 기록한 저자는 유다가 행한 일을 속죄의 대가를 지불하기 위한 것으로 표현하지 않고, 그저 나라와 신앙을 위하여 죽은 다른 신자들과 함께 그들이 영생에 참여하도록 하기 위한 것으로 간주하고 있다. 사실 이런 행동에는 미신과 그릇된 열심이 얼마든지 끼어들 소지가 있는 것이었다. 더욱이 율법의 제사를 지금 우리에게까지 확대시켜 적용하려 한다는 것은 더더욱 어리석은 짓이다. 그리스도께서 강림하신 이후로 그 이전에 사용되던 제사는 폐하여졌다는 것을 우리가 다 알고 있으니 말이다.

9. 고린도전서 3장의 증거에 대한 반론

그러나 그들은 바울에게서 쉽게 무너질 수 없는 막강한 지지를 받고 있다고 주장한다. 곧 다음의 말씀이다: "만일 누구든지 금이나 은이나 보석이나 나무나 풀이나 짚으로 이 터 위에 세우면 각 사람의 공적이 나타날 터인데 그 날이 공적을 밝히리니 이는 불로 나타내고 그 불이 각 사람의 공적이 어떠한 것을 시험할 것임이라. … 누구든지 그 공적이 불타면 해를 받으리니 그러나 자신은 구원을 받되 불 가운데서 받은 것 같으리라"(고전 3:12-13, 15).

여기서 말하는 불이 죄의 더러운 것을 깨끗이 씻어내어 순결한 사람으로 하나님의 나라에 들어가게 해 주는 연옥의 불이 아니면 무엇이겠냐고 그들은 묻는다. 그러나 대다수의 고대의 저자들은 이 불을 달리, 즉 환난 혹은 십자가로 이해하였다.[11] 주께서 그의 백성으로 하여금 육체의 더러운 것에 끌려다니지 않도록 그것으로 시험하신다는 의미로 이해한 것이다. 이런 해석이 가공으로 꾸며낸 연옥을 상정하는 것보다 훨씬 더 설득력이 있다. 그러나 나는 이 사람들의 해석에 동의하지 않는다. 그보다 더 확실하고 분명한 본문의 의미를 내가 깨달고 있다고 보기 때문이다.

그러나 나의 이해를 제시하기 전에, 나의 반대자들에게 답변을 요구할 것이 있다. 곧, 그들이 과연 모든 사도들과 성도들이 이 연옥의 불을 통과해야 한다고 생각하는가 하는 것이다. 그들은 아니라고 말할 것이다. 왜냐하면 교회의 모든 지체들에게 다 돌아가고도 남을 만큼 공적이 크다고 생각하는 사람들이 깨끗이 씻음을 받아야 한다면 그것은 정말 모순이 아닐 수 없기 때문이다. 그러나 사도 바울은 그렇다고 선언한다. 어느 특정한 사람들의 공적을 밝히겠다고 하지 않고 모든 사람들의 공적을 밝히게 될 것이라고 말씀하는 것이다. 이것은 나의 논지가 아니라 아우구스티누스의 논지다. 그가 이런 논지로 그 해석을 반박하는 것이다.[12]

그런데 더욱더 모순된 것은, 사도 바울이 그들이 자기들의 공적 때문에 불을 통과해야 하리라고 말하지 않고, 그들이 지극히 신실하게 교회를 세우는 일에 수고했다면 그들의 공적을 불로 시험한 연후에 그들에게 상급이 있을 것이라고 말한다는 사실이다.

우선 우리는 사람의 머리로 고안해 낸 가르침들을 사도께서 "나무나 풀이나 짚"이라는 은유적 표현으로 묘사하고 있음을 보게 된다. 뿐만 아니라, 그 은유적 표현의 뜻이 곧바로 설명된다. 즉, 나무에 불을 붙이면 즉시 타서 없어지는 것처럼, 그런 것들도 시험의 때가 오면 견딜 수가 없다는 뜻이다. 그런데 그런 시험이 하나님의 성령께로부터 나온다는 것은 누구나 아는 사실이다. 그러므로, 사도 바울의 은유적 표현의 기조를 지키고, 그 여러 공적들을 서로 간의 적절한 관계 속에 집어넣기 위해서, 사도는 성령의 시험을 가리켜 "불"이라 부르는 것이다. 금이나 은을 불에 가까이 댈수록, 그 순전함과 순수함을 보여 주는 이런저런 증거들이 더욱 확실히 드러나는 것처럼, 주님의 진리 역시 영적으로 살펴서 조심스럽게 시험하면 할수록 그 권위가 더욱 완전하게 확증되는 것이다.

그러나 "나무나 풀이나 짚"을 불에 대면, 곧바로 타서 소멸해 버리는 것처럼, 주의 말씀에 근거를 두지 않은 사람들이 만들어낸 가르침들은 성령께서 행하는 시험을 견딜 수가 없고 즉시 넘어지고 무너지고 마는 것이다. 간단히 말해서, 꾸며낸 가르침들이 "나무나 풀이나 짚"과도 같아서 불에 타서 소멸해 버리기 때문에 그것들을 "나무나 풀이나 짚"에 비유했다면, 그것들이 무너지고 사라지는 것은 오직 주의 성령으로 말미암아서 되는 것이다.

그렇다면 성령께서 바로 그들을 시험하는 불이며, 그 불의 시험을 바울은 "그날"이라 부르는데, 이날은 곧, 성경의 일반적인 용례로 볼 때에 "주의 날"을 의미하는 것이다. 어느 때든 주께서 사람들에게 어떤 식으로든 자기의 임재하심을 드러내시는 때를 가리켜 "주의 날"이라 부르기 때문이다(고전 3:13). 그날에 주의 얼굴이 무엇보다도 밝게 빛날 것이다. 그의 진리가 환하게 드러나기 때문이다. 자, 이제 우리는 바울이 말씀하는 "불"이 다름 아닌 성령의 시험을 의미한다는 것을 입증한 셈이다.

그러면, 공적을 잃어버리는 자들은 과연 그 불을 통해서 어떻게 구원을 받는가(고전 3:15)? 바울이 여기서 어떤 종류의 사람들을 말하는지를 생각해 보면 이 문제는 별로 어렵지 않게 이해할 수 있을 것이다. 그는 여기서 합당한 기초 위에다 부적합한 자료로 교회를 세우는 교회 건축자들을 말하고 있다. 즉, 근본이 되는 필수적인 믿음의 교리에서는 벗어나지 않지만, 그보다 덜 중요하고 덜 위험한 교리에 있어서는 곁길로 빠져서, 자기들 자신이 만들어낸 것과 하나님의 말씀을 뒤섞어 놓는 자들을 말하는 것이다.

그런 사람들은 자기들이 만들어낸 것들이 완전히 사라져서 그 공적을 잃어버리게 되는 것이다. "그러나 자신은 구원을 받되 불 가운데 받은 것 같으리라"(고전 3:15). 즉, 그들의 무지와 잘못된 생각이 주님께 받아들여진다는 것이 아니라, 그들이 성령의 은혜와 능력으로 말미암아 그런 것들에서 깨끗이 씻음을 받는다는 것이다. 따라서 하나님의 말씀의 정금 같은 순결함을 이런 연옥의 더러운 것으로 더럽히는 사람은 누구든지 그의 공적을 잃는 고통을 당하게 되는 것이다.

10. 교부들의 증거에 대한 반론

그러나 그들은 말하기를, 이는 교회가 가장 오래 전부터 지켜내려온 것이라고 한다. 그러나 이러한 반론에 대해서는 바울 자신이 답변을 해 주고 있다. 그는 교회를 세우는 데에 그 기초 위에 적절치 못한 재료를 사용하여 교회를 세우는 자들은 모두 그 공적을 잃어버릴 것이라고 선언하여, 자기 자신의 시대까지도 그 선언에 해당되는 것으로 말하고 있는 것이다(고전 3:11-15).

그러므로, 나의 대적들이 죽은 자들을 위하여 기도하는 일이 지나간 천삼백여 년 동안 관습적으로 시행되어왔다고 반론을 제기하지만, 나는 그들에게 다

시 묻고 싶다: "하나님의 어떤 말씀을 근거로, 어떤 계시와 어떤 선례를 따라서 그 일을 행해왔는가?" 성경에도 이에 대한 증거들이 없을 뿐 아니라, 성경에 나타나는 성도들의 모든 실례들을 읽어보아도 그런 일을 보여 주는 대목은 없다. 죽은 자를 장사지내는 절차에 대해서 성경에서 구체적인 기사들이 많이 나타나지만, 그런 기도에 대해서는 단 한 가지의 예도 찾아볼 수 없는 것이다. 그러나 중요한 문제일수록 더 분명하게 언급되어 있어야 마땅한 것이 아니겠는가? 뿐만 아니라, 죽은 자들을 위해서 행하는 기도에 대해 언급한 고대의 저자들의 경우도 이 점에 대해서는 하나님의 명령도 합당한 전례도 없다는 것을 스스로 알고 있었다.

그렇다면, 그들이 어째서 감히 그런 일을 했단 말인가? 나는 그들이 뭔가 인간의 본성적인 욕구에 굴복하여 그렇게 했다고 본다. 그리고 그렇기 때문에 그들이 행한 일을 모범으로 삼아 그대로 따라해서는 안 된다고 주장하고 싶다. 사도 바울이 가르치듯이(롬 14:23) 신자는 모름지기 양심의 확신이 없이는 아무 일도 해서는 안 되는 것인데, 특별히 기도의 문제에 있어서는 그런 확신이 더더욱 필요한 것이다. 그리고 그밖에 또 한 가지 이유가 있었을 것이라 여겨진다. 곧, 그들은 사람을 여읜 슬픔을 가라앉히고자 위로를 구하였고, 뿐만 아니라 죽은 자들을 극진히 사랑하는 그들의 심정을 하나님 앞에서 뭔가 증거로 내보이지 않는다면 그것이야말로 비인간적인 것처럼 느껴졌을 것이라는 것이다. 사람의 본성이 얼마나 이런 느낌과 감정에 이끌리는지는 모든 사람이 경험으로 잘 알고도 남음이 있는 것이다.

또한 한 가지 풍습이 사람들 사이에 인정되었는데, 그것이 마치 횃불과도 같이 사람의 마음에 불을 질러 놓은 것이다. 이교도들 사이에서는 시대마다 항상 죽은 자들을 위하여 예식을 거행하고, 해마다 죽은 자들의 영혼들을 깨끗이 씻는 예식들을 행하여 오고 있다는 것은 우리도 알고 있는 사실이다. 비록 사탄이 어리석은 인생들을 이런 간계로 속이기는 했지만, 그가 그들을 속일 기회로 삼은 그 원리는 바른 것이었다. 곧, 죽음이 완전한 멸망이 아니라 이생에서 다른 생으로 넘어가는 것이라는 원리 말이다. 그런 미신이 이교도들을 붙잡아서 하나님의 심판대 앞에서 정죄를 받게 만든다는 것은 의심의 여지가 없는 사실이다. 그들은 스스로 믿는다고 입으로는 말하면서도 사실상 다가올 내세의 삶을 대비하기를 소홀히 하였기 때문이다.

그런데 그리스도인들도 그 이교도들보다 못하게 보이지 않기 위하여, 죽은 자들이 마치 완전히 사라지기라도 하는 것처럼 그들을 위해서 아무런 예식도 행하지 않는다는 것을 부끄럽게 여기게 된 것이다. 그들의 오도(誤導)된 열심이 바로 여기에서 생겨난 것이다. 장례식이나 연회, 제사 등에 참석하기를 머뭇거리면 큰 책망을 받게 될 것이라 생각하였기 때문이다. 이렇게 그릇된 경쟁심에서 시작된 일에 새로운 것들이 끊임없이 추가되어, 결국 고통 중에 있는 죽은 자들을 도와주는 일이 교황주의(Papacy)의 거룩성을 드러내는 가장 주된 표지(標識)가 되기에 이른 것이다.

그러나 성경은 이보다 훨씬 더 낫고 훨씬 더 온전한 다른 위로를 제시하고 있다. 곧, "주 안에서 죽는 자들은 복이 있도다"라고 말씀하면서, 거기에 그 이유를 덧붙이고 있는 것이다: "그들이 수고를 그치고 쉬리니"(계 14:13). 죽은 자들에 대한 사랑과 애정으로 말미암아 교회에 그릇된 기도의 행위를 세우는 데에 빠져서는 안 되는 것이다.

최소한의 지혜와 분별력이 있는 사람이라면 이 문제에 대한 고대의 저자들의 기록들은 대중적인 관습과 일반 사람들의 무지한 상태를 감안하여 씌어진 것이라는 사실을 쉽게 알 수 있을 것이다. 교부들 또한 거기에 함께 이끌려 오류 속으로 들어가기도 했다는 것을 나도 인정한다. 생각 없이 무턱대고 아무것이나 믿어버리는 풍조가 대개 판단을 흐리게 만들기 때문이다. 그런데 그들의 저작들을 읽어 보면, 그들이 죽은 자들을 위한 기도 행위를 권하면서 얼마나 주저했는가 하는 것이 잘 드러난다.

아우구스티누스는 그의 「고백록」(Confessions)에서, 그의 어머니 모니카(Monica)가 제단에서 예식을 행할 때 자기를 기억해달라고 강조하여 구했다는 사실을 기록하고 있다. 이것은 물론 나이 많은 여인의 소원이었고, 그 아들은 이 문제를 성경의 표준에 따라서 시험하지 않았고, 다만 다른 사람들이 자기의 지극히 자연스러운 애정의 표현에 대해서 이해해 주기를 바란 것이다.[13] 더욱이 그가 쓴 「죽은 자를 보살피는 일」(The Care to Be Taken for the Dead)이라는 책에서는, 죽은 자들을 위해 간구하기를 원하는 자들의 어리석은 열심의 열기(熱氣)를 꺼뜨려 버릴 만큼 그 문제에 대해서 냉담하게 다루며 온갖 의문을 표현하고 있다.[14] 죽은 자들을 위한 기도 행위에 대해 이 책이 보여 주는 유일한 지지는, 그런 관습이 널리 행해지고 있으니 그것을 멸시해서는 안 될 것이라는 것 뿐이다.

물론 고대 교회의 저자들이 죽은 자들을 그런 식으로 돕는 일을 경건한 행동처럼 보았다는 것은 나도 인정하지만, 우리로서는 항상 절대로 속임이 없는 확실한 원칙을 따라야 하는 것이다. 곧, 기도의 문제에 무엇이든 우리 자신이 만들어낸 것을 끼워넣어서는 안 되며, 오직 우리의 간구하는 바를 하나님의 말씀에 복종시켜야 한다는 것이 바로 그것이다. 자, 율법과 복음 전체에서 죽은 자들을 위하여 기도하라는 여지를 남겨두는 부분이 단 한 군데도 나타나지 않으므로, 하나님께서 우리에게 명하신 그 이상의 것을 시도한다면 그것이야말로 하나님께 드리는 기도를 욕되게 하는 것이다.

그러나 혹 우리의 반대자들이, 고대의 교회가 비록 오류는 범하였다 할지라도 최소한 교회가 자기들의 편이라고 자랑해서는 안 되므로, 나로서는 고대 교회와 그들 사이에 상당한 차이가 있다는 것을 말해야 하겠다. 고대 사람들은 죽은 자를 기념하는 뜻에서, 곧 그들에 대한 관심이 완전히 사라져 버린 것 같은 인상을 주지 않기 위해서 그 일을 행하였다. 그러나 동시에 그들은 죽은 자들의 상태에 대해서는 의심스럽다고 고백하였다. 연옥에 대해서도 그들은 애매한 태도를 취하여 그것을 불확실한 것으로 여기기까지 하였다. 그러나 오늘날 우리의 반대자들은 자기들이 연옥에 대해서 꿈꾸어온 바를 의심하지 말고 신앙의 강령의 하나로 받아들이라고 요구하고 있는 것이다.

고대 교회의 사람들은 성찬에서 죽은 자들을 위해 하나님께 비는 경우가 아주 드물고, 또 있다 해도 그저 마지못해서 그렇게 했을 뿐이다. 그러나 오늘날의 사람들은 죽은 자들을 보살피는 일을 아주 열렬히 강조하며, 뿐만 아니라 그것을 끈질기게 설교하고 가르침으로써 사랑을 베푸는 모든 일보다 오히려 그 일이 더 중요한 것처럼 만들어버린 것이다.

사실, 고대의 저자들이 그 당시 행해지고 있던 죽은 자들을 위한 기도의 행위들을 분명하게 뒤집고 있다는 몇 가지 증거들도 전혀 어렵지 않게 제시할 수 있다. 한 가지 예를 든다면, 아우구스티누스의 진술을 들 수 있을 것이다. 그는 육체의 부활과 영원한 영광을 모든 사람들이 기다리고 있으나, 안식을 누리기에 합당한 사람은 누구든지 죽을 때 죽은 다음에 오는 안식을 누리는 것이며, 따라서 모든 경건한 사람들은 선지자나 사도나 순교자들에 못지않게 죽음을 맞는 즉시 복된 안식을 누리게 된다고 가르치는 것이다.[15] 그들의 처지가 그러하다면 과연 우리의 기도들이 그들에게 무엇을 줄 수 있겠는가?

그들은 유치한 미신들로 단순한 사람들을 미혹시켜왔는데, 이에 대해서는 그냥 지나치기로 한다. 그 수가 무수히 많으나 대부분 너무나 어처구니없는 것들이어서 도저히 예의를 갖추어 대할 수 없을 정도다. 또한 세상의 크나큰 무지를 이용해서 그들이 욕심에 사로잡혀서 행해온 그 비열한 장사꾼의 행위들에 대해서도 여기서는 다루지 않겠다. 도저히 끝이 없을 것이기 때문이다. 그런 것들을 구태여 일일이 열거하지 않아도, 경건한 독자라면 충분히 그들의 양심을 바로 세울 수 있을 것이다.

주

1. Leo I, *Letters*, cxxiv. 4; clxv. 5; *Sermons*, lxv. 3.

2. Augustine, *John's Gospel*, lxxxiv. 2.

3. Augustine, *Against Two Letters of the Pelagians*, IV. iv. 6.

4. Augustine, *Psalms*, Ps 16. 4.

5. Augustine, *John's Gospel*, xlvii. 2.

6. 한글 공동번역 성서(외경 포함본)의 '마카베오하 12:43'은 다음과 같이 되어 있다: "그리고 유다는 각 사람에게서 모금을 하여 은 이천 드라크마를 모아 그것을 속죄의 제사를 위한 비용으로 써 달라고 예루살렘으로 보냈다. 그가 이와 같이 숭고한 일을 한 것은 부활에 대해서 생각하고 있었기 때문이었다."

7. Augustine, *Against Gaudentius*, I. xxxi. 38.

8. Jerome, *Preface to the Books of Samuel and Malachi*.

9. Pseudo-Cyprian, *Commentary on the Apostles' Creed*, xxviii.

10. 한글 공동번역 성서(외경 포함본)의 '마카베오하 15:38'은 다음과 같이 기록하고 있다: "이 이야기가 요령껏 잘 기록되었다면 그것은 내가 바라던 바이고 혹 변변치 못하게 보잘것없이 되었다 하더라도 나로서는 최선을 다한 것이다."

11. Chrysostom, *Holmilies on Repentance*, hom. vi. 3.; Augustine, *Enchiridion*, viii. 68; *City of God*, XXI. xxvi. 1, 2.

12. Augustine, *Enchiridion*, viii. 68.

13. Augustine, *Confessions*, IX. xi. 27; IX. xiii. 37.

14. Augustine, *On Care for the Dead*.

15. Augustine, *John's Gospel*, xlix. 10.

제 6 장

○○○○○

그리스도인의 삶과 이에 대한 성경의 가르침

1. 성경의 가르침과 철학자들의 가르침

이미 말한 바와 같이,[1] 중생(重生)의 목표는 신자로 하여금 하나님의 의(義)와 조화를 이루고 일치하는 삶을 살도록 하며, 그리하여 그들이 하나님의 양자(養子)가 된 사실을 분명히 드러내도록 하는 데 있다(갈 4:5; 참조. 벧후 1:10).

우리 속에 하나님의 형상을 회복시키는 새로운 생명이 하나님의 법 자체 속에 이미 들어 있으나, 우리가 게으르고 더디기 때문에 우리에게는 여러 가지 도움과 자극제가 필요하다. 그러므로 성경 여러 곳에서 참다운 삶의 모습을 보여주는 말씀들을 모아서 살펴보는 것이 매우 유익할 것이다. 그래야만 사람이 진정으로 회개한 다음 참된 삶을 살려고 자기 나름대로 열심을 내다가 잘못 곁길로 빠지는 일이 없을 것이다.

그리스도인의 삶의 모습이 어떠해야 하느냐 하는 문제는 아주 크고 광범위한 주제이기 때문에 이를 세세히 다루려면 엄청난 분량이 소요될 것이다. 옛 스승들의 경우를 보면, 한 가지 덕목(德目)을 설명하는 데만도 아주 많은 분량을 소비하는 것을 보게 되는데, 그래도 그들은 헛된 말은 하지 않았다. 어떤 한 가지 덕목을 설명하려 할 때에 말할 것이 많으면 자연히 그 덕목에 대해서 길게 설명하게 되는 것이 당연할 것이다. 길게 충분히 다루지 않으면 무언가 부족한 것이 있는 것 같은 느낌을 받게 될 것이기 때문이다.

그러나 나의 의도는 삶의 갖가지 덕목들 하나하나에 대해서 장황하게 다루려는 것이 아니다. 나로서는 그저 경건한 사람이 어떻게 올바로 질서 있는 삶을 살아 나갈 수 있는지를 가르쳐주고, 또한 그러기 위해서 지켜야 할 몇 가지 보편적인 원리를 간략하게 제시해 주는 것으로 족하다. 언젠가는 이에 대해서 상세하게 말할 기회가 있을 것이고, 아니면 그런 일을 다른 분이 하도록 남겨두고 싶기도 하다.

나는 천성적으로 간단명료한 것을 좋아하기 때문에, 무엇을 길고 장황하게 설명하고 싶어도 아마 그렇게 잘하지 못할 것이다. 설령 길고 장황하게 다루는 것을 사람들이 좋아한다 해도, 나로서는 그렇게 하는 경우가 거의 없을 것이다. 더구나, 이 책의 성격상 이 문제를 가능한 한 간단하게 말할 수밖에 없는 점도 있으니 더욱 그러하다.

철학자들이 먼저 정의(正義)와 정직(正直)에 대해서 이렇게저렇게 정의(定義)해 놓고 그 정의에 근거해서 개개인의 의무와 온갖 덕목들을 제시하듯이, 성경에도 이 문제에 있어서 논리적인 질서가 나타나고 있다. 그러나 성경이 제시하는 것은 지극히 훌륭한 것이며 철학자들이 제시하는 모든 것보다 훨씬 더 분명하다.

또 한 가지 분명한 차이는, 철학자들은 야망을 가진 자들로서 자기들의 탁월한 지혜를 과시하기 위해서 논지를 제시할 때에 순서나 표현 등을 정확하고도 엄밀하게 하는 데 항상 신경을 쏟지만, 하나님의 성령께서는 다른 어떤 의도가 없이 가르치시므로 어떤 방법론을 끊임없이 정확하게 지켜가지는 않으시면서도 때때로 그런 방법론을 지키셔서 그 가르치시는 내용이 결코 무시해서는 안 될 것이라는 사실을 충분히 보여 주시는 것이다.

2. 거룩한 삶: 하나님과의 연합의 끈

그리스도인의 삶에 대한 성경의 교훈에는 크게 두 가지 면이 있다. 첫째는, 인간의 본성 그대로는 의(義)를 사랑하는 일에 도무지 마음이 끌리지 않으며, 따라서 그처럼 의를 사랑하는 것이 우리 마음속에 주입되고 심어진다는 것이다. 그리고 둘째는, 우리가 의를 추구해 가는 동안 잘못 곁길로 빠지지 않도록 막아 주는 한 가지 원리를 성경이 제시해 준다는 것이다.

성경에는 의를 추구하도록 독려하는 갖가지 놀라운 방법들이 제시되어 있다. 그 가운데 여러 가지를 이미 앞에서 다루었지만, 여기서는 그 가운데 몇 가지를 간단히 말하고 지나가기로 한다. 성경은 "하나님이 거룩하시니" 우리도 거룩해야 한다(레 19:2; 벧전 1:15-16)고 가르치는데, 과연 이보다 더 확실한 근거가 또 어디 있겠는가? 우리가 마치 양 같이 제각기 흩어져서 이 세상의 미궁(迷宮) 속을 헤매고 다녔으나, 하나님이 우리를 부르셔서 다시 그의 울타리 안에 있게 하셨다.

우리가 하나님과 연합하였다는 사실을 들을 때마다 거룩함이 그 연합의 끈이 된다는 사실을 기억하도록 하자. 우리의 거룩함이 공로가 되어 그것을 근거로 하나님과의 교제 속으로 들어간다는 뜻이 아니라 — 먼저 하나님과 연합되어 있어야 그의 거룩함이 우리에게 가득 차게 되고, 그가 부르시는 곳으로 따라가게 된다 — 하나님의 영광이 악이나 부정(不淨)과는 어떠한 교제도 나누지 않는 특징을 지니고 있으므로, 하나님과 교제하는 자는 당연히 거룩해야 한다는 뜻이다.

그리하여 성경은 하나님의 부르심에 응답하는 사람이라면 마땅히 거룩함을 목표로 삼고 바라보아야 한다고 가르치는 것이다(사 35:8 등). 만일 우리가 인생을 사는 동안 줄곧 악과 부패 속에 뒹군다면, 우리를 그 속에서 건져 구원해내신 목적이 도대체 어떻게 되겠는가? 또한 이런 가르침도 있다. 곧, 우리가 주의 백성으로 인정받으려면 거룩한 성(城) 예루살렘에 거해야 하는데(참조. 시 116:19; 122:2-9) 그 성은 주께서 자기를 위해서 친히 거룩하게 구별하셨으므로 거기 거주하는 자들이 부정하여 그 성을 더럽힌다면 그것은 정말 있을 수 없는 일이라는 것이다.

그러므로 성경은 말씀하기를, "여호와여 주의 장막에 유할 자 누구오며 주의 성산에 거할 자 누구오니이까? 정직하게 행하며 공의를 일삼는 자니이다"라고 한다(시 15:1-2; 참조. 24:3-4). 여호와께서 거하시는 성소(聖所)가 마치 더러운 흙이 가득한 마구간처럼 된다면 그것이 과연 온당한 일이겠는가?

3. 그리스도인의 삶: 구속의 은혜에 대한 응답

뿐만 아니라 성경은 우리를 더 잘 일깨우기 위해서, 성부 하나님께서 그리스도 안에서 우리를 자기와 화목시키셨으며, 또한 우리에게 그의 형상을 심어 놓으셔서 우리로 하여금 그 형상에 화합하도록 만드셨다는 사실을 가르쳐 준다

(참조. 고후 5:18). 그러니, 철학자들이 만들어 놓은 도덕 철학만이 질서가 있고 체계가 있다고 생각하는 사람들이 있다면, 이만큼 탁월한 체계가 과연 철학자들에게 있는지 좀 보여 주기를 바란다. 철학자들의 체계가 물론 덕행을 권하기는 하지만, 사실상 그것은 인간의 본연의 모습 그대로 살라고 가르치는 것밖에 아무것도 아니다.

그러나 성경은 참된 근거에 의거하여 권면하고 있다. 우리의 삶의 주인이시요 소유주이신 하나님을 따라서 삶을 이끌어가라고 권면하는 것은 물론, 우리가 우리의 참된 근원과 처음 창조된 때의 상태에서 타락했다고 가르치며, 이어서 우리를 하나님과 화목하게 하신 그리스도께서 몸소 우리에게 모범을 보이셨으므로 우리의 삶 속에서 그의 모범을 따라야 한다고 권면하고 있는 것이다.

이보다 더 효과적인 가르침이 또 어디 있겠는가? 주께서는 오로지 한 가지 조건, 즉 우리의 삶 속에서 그리스도를 드러낸다는 조건으로 우리를 그의 자녀로 받아들이셨다. 그러므로, 만일 우리가 의(義)를 위하여 우리 자신을 드리고 헌신하지 않는다면, 그것은 그야말로 극악무도한 배신(背信)으로 우리의 창조주 하나님을 거역하는 것일 뿐 아니라 우리를 구원하신 그리스도 자신을 저버리는 행위인 것이다.

그리고 성경은 하나님이 우리에게 베푸신 모든 축복을 통해서, 그리고 우리의 구원의 각 부분을 말씀하면서 우리를 권면하고 있다. 하나님이 우리에게 자신을 아버지로 계시하셨으므로 우리는 우리 스스로 그의 자녀임을 드러내어야 마땅하다. 만일 그렇지 못하면 그것이야말로 정말 하나님께 배은망덕한 일일 수밖에 없다(말 1:6; 엡 5:1; 요일 3:1).

그리스도께서 그의 피로 씻으셔서 우리를 정결하게 하셨고, 또한 세례를 통해서 이 정결함을 전달해 주셨으므로, 우리가 다시 우리 자신을 더럽힌다면 그것은 정말 가당치 않은 일이다(엡 5:26; 히 10:10; 고전 6:11; 벧전 1:15, 19). 그리스도께서 우리를 그의 몸에 접붙여 주셔서 우리가 그의 몸의 지체(肢體)들이 되었으니, 흠과 티가 없도록 특별히 주의를 기울여야 마땅하다(엡 5:23-33; 고전 6:15; 요 15:3-6).

우리의 머리 되신 그리스도께서 하늘로 올리우셨으니, 이 땅의 것들에 대한 사랑을 뒤로 제쳐두고 전심으로 하늘을 사모하는 것이 합당하다(골 3:1 이하). 성령께서 우리를 하나님께 성전(聖殿)으로 드리셨으니, 하나님의 영광을 밝히 드러내도록 최선을 다해야 하며, 죄의 더러움에 물들지 않도록 경계해야 마땅하다(고전 3:16; 6:19; 고후 6:16). 우리의 영혼과 육체가 장차 하늘에 속한 썩지 않는 영광에 들어가 쇠하여지지 않는 빛난 면류관을 쓰게 될 것이므로(벧전 5:4), 주의 날까지 우리의 영혼과 육체를 순결하고도 부패하지 않은 상태로 유지하도록 힘써 노력해야 할 것이다(살전 5:23; 참조. 빌 1:10).

분명히 말하지만, 이것들이야말로 올바른 삶을 세우는 가장 확실한 토대가 되는 것이다. 철학자들에게서는 아무리 찾아보아도 이런 것을 찾을 수가 없다. 물론 덕행(德行)을 장려하는 것은 사실이지만, 그들은 인간의 본연의 존엄성에만 호소할 뿐 그 이상으로는 한 치도 더 올라갈 수가 없는 것이다.

4. 거짓 그리스도인의 오류

자, 이제 그리스도의 이름과 겉모양 외에는 아무것도 가진 것이 없으면서도 스스로 "그리스도인"으로 자처하는 자들을 향하여 말할 때가 된 것 같다. 그런 자들이 어떻게 거룩하신 그리스도의 이름을 감히 입에 올릴 수 있단 말인가? 사실, 복음을 통해서 그리스도를 올바로 깨달은 자 외에는 그 어느 누구도 그리스도와 교제할 수가 없다. 사도는, "유혹의 욕심을 따라 썩어져 가는 구습을 따르는 옛 사람을 벗어버리고"(엡 4:22) 그리스도로 옷 입기를 배우지 않은 사람은 그리스도를 진정으로 배운 것이 아니라고 가르치고 있다. 그러므로, 그들이 아무리 복음에 대해서 줄줄 이야기한다 할지라도 사실 그들은 그리스도에 대해 참된 지식이 전혀 없으면서 있는 체하는 죄를 범하고 있는 것이다.

진리에 대한 지식은 말에 있는 것이 아니고 삶에 있는 것이기 때문이다. 그런 지식은 다른 학문의 분야처럼 이해력이나 기억력만으로 파악할 수 있는 것이 아니다. 오직 영혼 전체가 그것에 사로잡히고 내면의 깊은 마음에 그 진리가 자리를 잡아야 비로소 파악할 수 있는 것이다. 그러므로 그리스도인이 아니면서 그리스도인으로 자처하는 사람들은 그런 식으로 하나님을 모욕하기를 중지하든지, 아니면 그들이 진정 우리 주 되신 하나님의 귀한 제자라는 사실을 몸소 삶으로 드러내 보여야 마땅할 것이다.

우리는 우리의 신앙을 포괄하는 교리(敎理)를 가장 중요하게 다루어왔는데, 그것은 우리의 구원이 거기서 시작되기 때문이다. 그러나 교리는 반드시 마음속으로 들어가 우리의 일상 생활에 전해져서 그로 말미암아 우리에게 변화가 일어나야 하고 반드시 열매를 맺어야 하는 것이다. 철학자들도, 삶을 살아가는 예지(叡智)가 있다고 말로만 떠드는 사람들에 대해서 분개하며 그들과 사귀지를 않는다면, 하물며 복음의 진리가 마음 깊은 곳에까지 들어가 마음을 바꾸어 놓아야 하는 데도 불구하고 복음에 대해서 그저 입으로 떠벌리기만 하는 할 일 없는 궤변가들이야 더욱 멀리해야 하지 않겠는가? 복음의 진리야말로 영혼 속에 자리를 잡아서, 철학자들의 얄팍한 가르침보다도 사람의 인격 전체에 백 배나 더 영향을 미치는 것이 아니냐는 말이다.

5. 그리스도인의 불완전한 삶

그러나 그렇다고 해서 그리스도인의 삶이 아무것으로도 말고 오직 완전한 복음만으로 숨쉬어야 한다는 뜻은 아니다. 물론 그렇게 될 수 있다면 그것이야 말로 바람직한 일이요 또한 그렇게 하려고 애를 써야 하겠지만 말이다. 나는 복음 진리의 완전한 실천을 엄격하게 요구하는 것도 아니요, 또한 그런 완전한 상태에 이르지 못했다고 해서 그 사람을 그리스도인으로 인정하지 않는 것도 아니다. 만일 그런 사람을 그리스도인으로 인정하지 않는다면, 교회에 한 사람도 남아 있을 수가 없을 것이다. 우리 모두가 그런 완전한 상태에 전혀 미치지 못하기 때문이다.

그러면 무슨 뜻인가? 그런 완전한 상태를 목표로 설정해 놓고 끊임없이 계속해서 그 상태를 향해서 나아가고 있어야 한다는 말이다. 그 상태를 최종의 목표로 놓고 계속해서 달려가야 한다. 하나님을 향해서 두 마음을 품을 수는 없다. 우리 마음대로 하나님의 말씀 가운데 어떤 부분은 순종하고 어떤 부분은 무시해버릴 수는 없는 것이다. 하나님은 언제나 우리의 온전한 마음을 그를 향한 예배의 가장 중요한 요소로 인정하시고 그것을 찾으시기 때문이다(창 17:1; 시 41:12 등). 곧, 겉치레나 허위가 없는 순전한 마음을 찾으시는데, 이런 마음은 두 마음과는 반대되는 것이다. 마음의 내적인 감정이 온전히 하나님께 드려져서 거룩함과 의(義)가 그 사람에게서 배양(培養)되고 있다면, 그것이야말로 바른 그리스도인의 삶이 영적으로 시작되고 있는 것이라 말할 수 있을 것이다.

그러나 육체를 입고 있는 동안에는 어느 누구도 끊임없는 열심으로 계속해서 전진할 수 있을 만한 힘이 없고, 대부분이 연약함에 눌려서 머뭇거리고 뒷걸음질하고, 심지어 넘어지기까지 하며, 아주 느릿느릿 나아가는 것이 사실이다.

그러므로, 우리가 가진 미약한 힘으로라도 할 수 있는 만큼 최선을 다하여, 기왕에 시작된 나그네의 여정(旅程)을 끝까지 마치도록 하여야겠다. 아무리 연약한 그리스도인이라 할지라도, 매일매일의 여정에서 조금씩은 전진하는 법이다. 그러므로 절대로 포기하지 말고 날마다 주님의 길을 걸으며 전진하도록 하자. 그리고 자꾸 실패한다고 해서 절대로 좌절하지도 말자.

바라는 만큼 성공을 거두지 못한다 할지라도, 우리의 삶이 어제보다 오늘이 더 낫다면, 오직 한 마음으로 목표를 바라보고 있다면, 절대로 우리의 노력이 헛되지 않기 때문이다. 스스로 우쭐한다든지 악행에 빠지지 말고, 참된 선(善) 그 자체에 이르기까지 계속해서 더 나아지는 방향으로 힘써 나아가야 하겠다. 바로 이것이야말로 우리의 삶의 전 과정을 통해서 찾고 추구해야 할 일이다. 이 연약한 육체를 벗고 하나님과의 충만한 교제에 들어갈 그날이 오면 마침내 그 완전한 목표에 도달하게 될 것이다.

주 _____

1. 3장 9절.

제 7 장

〜◎◎〜

그리스도인의 삶의 요체
: 자기를 부인함

(세속을 버리고 자기를 부인하는 일; 우리는 우리의 것이 아니라 하나님의 것임. 1-3)

1. 하나님이 주인이심

신자의 삶에 대한 완전한 규범이 이미 하나님의 율법에 아주 질서정연하게 제시되어 있지만, 우리 주님으로서는 그의 백성들을 좀 더 정확한 방법으로 훈련시켜서 율법에 제시되어 있는 그 규범에 이르게 하는 것이 적절하다고 여기신 것 같다. 그 주요 원리는 바로 "몸을 하나님이 기뻐하시는 거룩한 산 제사로", 곧 영적 예배로 드리는 것이 신자의 의무라는 것이다(롬 12:1). "이 세대를 본받지 말고 오직 마음을 새롭게 함으로 변화를 받아 하나님의 선하시고 기뻐하시고 온전하신 뜻이 무엇인지 분별하도록 하라"(롬 12:2)는 권면의 근거가 바로 거기에 있는 것이다.

자, 그렇다면, 여기 나타나는 중요한 사실은 우리가 구별된 자로서 하나님께 드려졌으므로 이제부터는 하나님의 영광을 위한 것이 아니면 생각하거나 말하지도 말고, 계획하거나 행하지도 말아야 한다는 것이다. 거룩한 것을 세속적인 용도로 사용하면 그것은 하나님을 모욕하는 것이기 때문이다.

그러므로, 우리가 우리 것이 아니고(참조. 고전 6:19) 주의 것이라면, 어떠한 잘못을 삼가야 하며, 또한 우리의 삶이 어떠한 방향으로 나아가며 무엇을 목표로 해야 하느냐 하는 것이 너무나 분명해진다.

우리는 우리 것이 아니다. 그러니, 우리의 생각이나 우리의 뜻이 우리의 계획과 행동을 주장하게 해서는 안 되는 것이다. 우리는 우리 것이 아니다. 그러므로, 우리의 죄악된 육체에 편리한 것을 목표로 삼고 그것을 추구해서는 안 된다. 우리는 우리 것이 아니다. 그러니, 할 수 있는 대로 우리 자신이나 우리에게 속한 모든 것들을 잊어버려야 할 것이다.

반대로 우리는 하나님의 것이다. 그러므로 그를 위하여 살고 그를 위하여 죽어야 한다(롬 14:8). 우리는 하나님의 것이다. 그러니 그의 뜻과 그의 지혜가 우리의 모든 행동을 다스리게 해야 한다. 우리는 하나님의 것이다. 그러므로 하나님을 유일한 목적으로 삼고 우리의 삶의 각 부분마다 그를 향하여 나아가도록 최선을 다하여야 한다(참조. 고전 6:19). 자기가 자기 것이 아니라는 가르침을 받고서 자기 자신을 다스리는 통치권과 경영권을 자기 자신에게서 취하여 온전히 하나님께 드린 사람이 있다면, 그 얼마나 위대한 전진의 모습이겠는가! 사람을 멸망으로 이끄는 가장 확실한 길이 바로 자기 자신에게 복종하는 것이듯이, 유일한 피난처는 다른 의지와 지혜를 다 버리고 오직 주님이 인도하시는 대로 따르고자 하는 의지와 지혜를 갖는 것이다.

그러므로 우리가 취하여야 할 첫 걸음은, 우리 자신을 버리고 우리의 모든 능력과 정력을 하나님을 섬기는 데에 드리는 것이다. 여기서 "섬긴다"는 것은 말로 순종하는 것뿐만 아니라 육체의 정욕을 버리고 성령의 부르심에 절대적으로 순종하는 마음을 갖는 것까지도 포함하는 것이다. 이러한 변화 — 바울은 이를 "심령을 새롭게 하는 것"이라고 표현한다(엡 4:23) — 야말로 생명에 들어가는 첫 관문인데, 철학자들은 이것을 전혀 몰랐다.

그들은 사람을 경영하는 것이 오로지 이성(理性)에 있다고 보았고, 따라서 이성의 소리만 들으면 되는 것으로 생각했다. 한 마디로, 그들은 이성만이 사람의 행동을 주장한다고 본 것이다. 그러나 기독교 철학은 이성 대신 성령을 그 자리를 올려 놓고 그에게 완전히 굴복하고 복종할 것을 명령한다. 그리하여 이제는 사람이 스스로 사는 것이 아니라 그리스도께서 그의 안에서 사시며 통치하시는 것이다(갈 2:20).

2. 하나님께 온전히 드림

그 다음 또 하나의 원리가 이어지는데, 그것은 곧 우리 자신의 뜻이 아니라 주님의 뜻을 구하며 주님을 영화롭게 하고자 하는 일념으로 행동하여야 한다는 것이다. 우리 자신을 거의 잊어버리고 우리의 관심사를 뒤로 제쳐두고서 하나님과 그의 계명에 신실히 순종하고자 애쓰고 있다면, 그것은 정말 귀한 전진의 모습이라 아니할 수 없을 것이다. 성경은 우리 자신에 대한 사사로운 관심을 제쳐두라고 명령하지만, 이것은 부귀나 권력이나 사람의 칭찬을 지나치게 사모하는 그런 마음을 버리라는 뜻일 뿐 아니라 세상의 영광을 향한 모든 야망과 갈망, 그리고 그 외에 더 은밀한 악심까지도 다 제거하라는 뜻이다.

그리스도인은 모름지기 그의 생애 전체를 통틀어서 언제나 하나님을 대하고 있다는 사실을 생각하고 살아가도록 그렇게 훈련받고, 그런 자세를 확고히 해야 하는 것이다. 그처럼 모든 일을 하나님의 처분과 그의 결정에 다 맡기듯이, 그리스도인은 그의 온 마음의 의도를 신실하게 하나님께로 향하는 것이다. 자기가 행하는 모든 일에서 하나님을 우러러 볼 줄 아는 사람이라면 또한 모든 헛된 생각을 피하는 것이다. 그리스도께서는 처음부터 제자들에게 자기를 부인할 것을 그렇게도 강하게 강조하셨는데(참조. 마 16:24), 이것이 바로 그것인 것이다.

이처럼 자기를 부인하는 마음이 완전히 자리를 잡게 되면, 교만이나 허식이나 뽐내고 싶은 것이나 또한 탐욕, 욕심, 화려함을 좋아하는 것이나 기타 자기를 사랑하는 데서 나오는 온갖 악행들의 여지가 없어진다(참조. 딤후 3:2-5). 그러나 반대로 자기를 부인하는 마음이 자리를 잡지 못하면 부끄러움도 모르고 추하기 그지없는 죄악에 빠지든가, 아니면 덕스러운 모습을 나타낸다 하더라도 사람들의 칭찬을 바라는 욕심으로 더럽혀지고 마는 것이다.

주님의 명령을 따라서 자기를 부인하는 일이 전혀 없으면서도 사람들에게 아낌없이 선을 행하는 사람이 있다면 내게 한번 보여 주기를 바란다. 자기 자신을 부인하는 심정이 없는 사람이 선을 행한다면, 그것은 사람의 칭찬을 받고 싶어서 하는 일일 것이다. 철학자들은 덕행 그 자체를 목적으로 삼고 열심으로 행해야 한다고 강하게 주장하지만, 그들은 정말이지 교만으로 가득 차서 자기들의 덕행의 목적이 오로지 자기를 자랑하기 위한 것밖에 아무것도 아니라는 것을 스스로 드러내 보였다.

하나님은 이처럼 사람들의 칭찬을 얻고 싶어서 안달이 나 있는 이런 사람들과는 정말로 아무런 관계가 없으시다. 그렇기 때문에 주님은 그들이 세상에서 자기 상을 이미 받았노라고 하셨고(마 6:2, 5, 16), 또한 창녀와 세리들이 그들보다 천국에 더 가깝다고 선언하신 것이다(마 21:31).

사람이 바른 길을 가는 데에는 정말로 크고 많은 온갖 장애물들이 있기 때문에 자기를 부인하지 않고서는 도저히 그 길을 갈 수가 없지만, 이 점은 아직 충분히 분명하게 다루지를 못했다. 옛 사람들의 말처럼 과연 "무수한 악이 사람의 영혼 속에 숨어 있는 것"이다. 이런 상태를 치료하는 길은 오직 한 가지, 곧 나 자신을 부인하며 나의 생각을 죽이고, 주께서 나에게 요구하시는 일들을 행하는 데 온 마음을 쏟는 것이다. 오로지 하나님을 기쁘시게 하고자 하는 일념(一念)으로 그런 일들을 추구하는 것이다.

3. 디도서 2장의 교훈

또 다른 곳에서 사도 바울은 질서 있는 성도의 삶의 각 부분부분에 대해서 간결하면서도 더 분명한 가르침을 주고 있다. 곧, 디도서 2:11-14의 말씀이 그것이다: "모든 사람에게 구원을 주시는 하나님의 은혜가 나타나 우리를 양육하시되 경건하지 않은 것과 이 세상 정욕을 다 버리고 신중함과 의로움과 경건함으로 이 세상에 살고 복스러운 소망과 우리의 크신 하나님 구주 예수 그리스도의 영광이 나타나심을 기다리게 하셨으니 그가 우리를 대신하여 자신을 주심은 모든 불법에서 우리를 속량하시고 우리를 깨끗하게 하사 선한 일을 열심히 하는 자기 백성이 되게 하려 하심이라."

사도 바울은 우리의 사기를 높여서 하나님께 진정으로 예배하게 하기 위해서 하나님의 은혜를 말한 다음, 그 길을 가로막는 두 가지 큰 장애물을 제거한다. 곧, 우리가 육체의 소욕을 따르다가 쉽게 빠져버리는 "경건하지 않은 것"(불경)과, 또한 그보다 훨씬 더 범위가 넓은 "이 세상 정욕"이 바로 그것이다. "경건하지 않은 것"이란 미신뿐 아니라 하나님을 진정으로 경외하지 않는 것과 이반(離反)하는 모든 것을 다 가리킨다. 그리고 "이 세상 정욕"이란 육체의 욕심과 동일한 뜻을 지닌 말이다(참조. 요일 2:16; 엡 2:3; 벧후 2:18; 갈 5:16 등). 결국 사도 바울의 가르침은, 율법의 두 돌비에 담긴 모든 계명에 대해서 우리 자신의 생각을 뒤로 제쳐두며, 또한 우리의 이성(理性)과 의지(意志)가 주도하는 모든 것을 거부하라는 것이다.

그리고 계속해서 그는 우리의 삶에 속한 모든 행동들을 "신중함", "의로움", "경건함", 이렇게 세 가지로 나누어 말한다. 여기서 "신중함"이란 순결함과 절제, 그리고 세상의 재물을 순전하고도 검소하게 사용하는 것이나 궁핍한 상태를 인내로 견디는 것까지도 포함하는 말이다. "의로움"이란 각 사람을 그 합당한 대로 바르게 대하는 공평의 의무 전체를 다 포괄하는 말이다(참조. 롬 13:7). 그리고 "경건함"은 세상의 부패한 상태에서 우리를 구별시켜 주며, 또한 참된 거룩함 가운데서 우리를 하나님과 연결시켜 주는 것이다. 이것들이 서로 뗄 수 없는 끈으로 함께 연결되면 그때에 완전한 상태가 이루어지는 것이다.

그러나, 육체의 소욕과 완전히 작별을 고하고, 정욕을 죽이고 재갈 먹이며, 우리 자신을 온전히 하나님께와 형제들에게 드리고, 이 부패한 세상 가운데서 천사와도 같은 삶을 사는 것보다 더 어려운 일이 어디 있겠는가? 그리하여 바울은 우리 마음을 모든 올무에서 벗어나도록 하기 위해서 복된 영생에 대한 소망이 우리에게 있음을 말하고, 또한 우리의 싸움이 헛되지 않음을 말하는 것이다(참조. 살전 3:5).

우리를 구속하신 그리스도께서 과거에 나타나신 것처럼 마지막 때에도 반드시 재림하실 것인데, 그때에 그가 이루신 구원의 열매를 보여 주실 것이기 때문이다. 이렇게 해서 사도 바울은, 우리를 흐리게 하여 성도가 마땅히 사모해야 할 하늘의 영광을 사모하지 못하도록 가로막는 온갖 미혹거리들을 완전히 제거하고 있다. 아니, 그는 하늘에 있는 기업을 얻지 못하는 일이 없도록 이 세상에서 나그네의 길을 걸으라고 말하는 것이다.

(이웃과의 관계에 적용되는 자기 부인의 원리. 4-7)

4. 나를 낮추고 남을 높임

자, 이 말에서 우리는 자기를 부인하는 것이 사람들과도 관계되며, 또한 아주 중요하게 하나님과 관계된다는 사실을 보게 된다. 성경은 나보다 남을 낫게 여기며 전심으로 그들의 유익을 위하여 수고하라고 명령하지만(롬 12:10; 빌 2:3), 이런 명령은 본래부터 우리에게 있는 감정을 완전히 비우지 않고서는 절대로 따를 수가 없다. 왜냐하면 우리 모두가 자기를 사랑하는 쪽으로 너무나 맹목적으로 달려가는 나머지 누구나 자기를 높이고 상대적으로 남을 멸시하는 것이 당연하다는 생각을 갖고 있기 때문이다.

하나님이 우리에게 자랑할 만한 어떤 것을 주셨다면 그것이 무엇이든 간에, 그것을 의지하고서 즉시 마음이 부풀어올라 교만으로 거의 터질 지경이 되어버리며, 온갖 악행에 오염되어 있으면서도 그것들을 다른 사람에게 보이지 않으려고 무진 애를 쓰고, 그리고 그것들이 별 것 아니고 사소한 것처럼 보이려고 치장을 하기도 한다. 아니, 어떤 때는 오히려 그것들을 덕(德)으로 위장하여 가슴에 껴안기도 한다. 우리 자신에게 있으면 아주 가슴 뿌듯해 할 그런 어떤 것이 다른 사람에게 있는 것이 보이면, 그들이 우리보다 더 나은 데도 불구하고 그들에게 지는 것이 싫어서 악의(惡意)를 갖고 애써 그런 것을 폄하(貶下)시키고 트집을 잡기 일쑤고, 또한 다른 사람에게서 잘못이 드러날 경우에는 그것을 아주 신랄하게 꾸짖을 뿐 아니라 그 잘못들을 부풀리느라 정신이 없다.

그리하여, 제각기 마치 자기는 다른 사람들이 다 당하는 운명에서 벗어나 있기라도 한 것처럼 이웃보다 자기 자신을 높이고서, 아주 확신 있게 자랑하며 남을 멸시하며 자기보다 열등한 자로 취급해 버리는 오만불손함이 생겨나는 것이다. 가난한 사람들은 부자에게 굴복하고, 평민은 귀족에게, 하인은 주인에게, 무식한 자는 유식한 자에게 굴복하지만, 그러면서도 모두 속으로는 자기가 더 우월하다는 생각을 갖고 있는 것을 보게 되는 것이다.

그리하여 모두들 각자 자기 멋대로 부풀려 생각하며, 가슴속에 자기만의 왕국을 세운다. 교만한 사람은 자기를 만족시키기 위해서 다른 사람들의 생각과 처신을 비난한다. 그리고 남과 경쟁하는 처지가 되면 그 마음의 독(毒)을 남김없이 뿜어댄다. 일이 자기 쪽에 부드럽고 좋게 진행되는 동안 어느 정도 온화하고 너그러운 자세를 보이는 사람은 많다. 그러나 일이 틀어지고 괴로움과 압박을 받게 될 때에도 전과 똑같이 온화한 자세를 계속 유지하는 사람이 과연 얼마나 될까?

이에 대해서는, 자기를 사랑하며 이기기를 사랑하는 그 극악한 질병을 성경의 가르침으로 완전히 뿌리째 뽑아버리는 것 외에는 다른 치료법이 없다. 성경은, 하나님이 우리에게 주신 여러 가지 것들은 우리 것이 아니라 하나님이 값없이 주신 선물이라는 사실을 기억하라고 가르치며, 또한 그런 것들로 인하여 교만에 빠진다면 그것은 자기 자신의 배은망덕을 드러내 보이는 것밖에 아무것도 아니라는 사실을 말씀하는 것이다. 사도 바울은 이렇게 묻고 있다. "누가 너를 남달리 구별하였느냐? 네게 있는 것 중에 받지 아니한 것이 무엇이냐? 네가 받았은즉 어찌하여 받지 아니한 것같이 자랑하느냐?"(고전 4:7).

그러므로, 우리는 우리 자신의 허물을 부지런히 살펴서 우리 스스로 겸손의 상태를 계속 유지해 가야 한다. 그리하여 스스로 교만에 빠질 것이 아무것도 남아 있지 않고, 낙심하게 되는 일이 많이 있을 것이다. 성경은 또한, 다른 사람에게 어떤 하나님의 은사가 있는 것을 보면 그것이 무엇이든간에 그것을 존중하고 높이며, 또한 그 당사자를 존귀하게 여기라고 명령하고 있다. 하나님이 그들에게 베푸신 그런 존귀를 우리가 빼앗아 버린다면 그것이야말로 큰 잘못일 것이다.

그리고, 다른 사람의 허물에 대해서는 그것들을 덮어 주라고 말씀한다. 아첨하는 말로 그것들을 부추겨서도 안 되고, 마땅히 존귀와 선의(善意)로 대해야 할 사람들을 그런 허물이 있다고 해서 비난하고 욕해서도 안 된다는 말이다. 이렇게 하면, 우리가 관계하는 모든 사람들을 온화하고 부드럽게 대하게 되고, 또한 예의바르고 친근하게 대하게 될 것이다. 진정한 온유함에 이를 수 있는 유일한 길은 바로 나 자신을 낮추고 남을 높이고 존중하는 마음을 갖는 것이다.

5. 이웃의 유익을 구함

자, 이렇게 이웃의 유익을 구하는 것이 우리의 의무이지만, 그 의무를 다한다는 것이 얼마나 어려운지 모른다! 자기를 위하는 생각을 완전히 포기하지 않으면, 말하자면 '자기'라는 것에서 벗어나지 않으면 도저히 할 수가 없는 것이다. 자기를 버리고 남을 위해서 자기를 전적으로 드리지 않는다면, 바울이 말하는 사랑의 모습을 과연 어떻게 드러내 보일 수 있겠는가? "사랑은 오래 참고 사랑은 온유하며 시기하지 아니하며 사랑은 자랑하지 아니하며 교만하지 아니하며 무례히 행하지 아니하며 자기의 유익을 구하지 아니하며 성내지 아니하며 … "라고 말한다(고전 13:4-5).

만일 우리가 해야 할 것이 자기의 유익을 구하지 말라는 이 한 가지뿐이라할지라도, 우리의 본성 자체로서는 그 일을 할 능력이 거의 없을 것이다. 우리는 본성적으로 우리 자신만을 사랑하는 쪽으로 너무나 기울어져 있기 때문에, 우리 자신과 우리의 유익을 지나쳐서 자동적으로 다른 사람의 유익을 살피고 구하게 된다는 것은 결코 쉬운 일이 아닐 것이기 때문이다. 우리 자신의 권리를 자발적으로 남에게 양보하고 넘긴다는 것은 거의 불가능한 일일 것이다.

그러나 성경은 우리를 이끌어 이를 행하도록 하기 위해서, 주님이 우리에게 무엇을 주셨든지 간에 그것은 교회의 공통의 유익을 위하여 사용한다는 조건으로 주신 것이며, 따라서 우리가 받은 모든 선물들을 정당하게 사용하는 길은 바로 그것들을 다른 사람들과 아낌없이 기꺼이 나누는 것이라는 사실을 일깨워 준다. 우리가 소유하고 있는 모든 것들은 우리 이웃의 유익을 위하여 나누고자 하는 목적을 위하여 하나님께서 우리에게 맡기신 위탁물이라고 하는데, 이보다 더 확실한 원리가 어디 있으며, 이보다 강력한 권고가 과연 어디 있겠는가?(참조. 벧전 4:10)

그러나 성경은 여기서 한 걸음 더 나아가서, 이를 사람의 몸의 각 지체(肢體)들에게 주어진 기능과 비교하여 말씀하고 있다(고전 12:12). 몸의 지체들 가운데 자기를 위해서 기능을 발휘하거나 사사로운 목적으로 기능을 발휘하는 것은 하나도 없고, 모두가 다른 지체에게 그 능력을 쏟아 붓는다. 그리고 온 몸이 공통적으로 얻는 유익 말고는 그 외에 다른 유익을 자기 홀로 얻지도 않는 것이다.

그러므로, 경건한 사람이 할 수 있는 일이 많지만, 항상 다른 형제들을 위해서 그 일들을 행해야 한다. 교회의 공동의 유익을 위하여 열심히 노력하는 것 외에 다른 관심을 갖거나, 다른 방법을 생각해서는 안 되는 것이다. 그러므로 이것을 우리의 선의(善意)와 친절을 보여 주는 방법으로 삼도록 하자. 이웃을 도울 수 있도록 하나님이 우리에게 베푸신 모든 것들에 대해서, 우리는 하나님의 청지기이며 따라서 청지기로서 우리가 행하는 모든 일에 대해서 하나님께 보고하도록 되어 있으며, 더 나아가서 그 청지기의 임무를 올바로 시행하는 유일한 길은 바로 사랑으로 하는 것이라는 사실을 생각하도록 하자. 그렇게 하면, 이웃의 유익을 구하는 열심을 우리 자신의 유익을 위하는 열심과 합칠 수 있게 되며, 또한 우리 자신에 대한 열심을 이웃의 유익에 대한 열심에 굴복시키게 될 것이다.

또한 하나님께로부터 받은 모든 선물들을 합당하게 운용하는 원리가 바로 이것이라는 사실을 잘 깨닫도록 하기 위해서, 예로부터 하나님께서는 그가 베푸신 지극히 사소한 것들에까지도 그 원리를 적용하셨다. 첫 열매를 드리라고 명하셨는데, 이는 먼저 하나님께 구별하여 드리지 않고 어떤 혜택을 누리려 하는 행위가 불법이라는 사실을 백성들로 하여금 몸소 확증하도록 하신 것이다(출 23:19).

그러므로 하나님이 주신 선물들을 그 본래 주인이신 하나님께 우리 손으로 드려야 비로소 그것들이 거룩하게 된다면, 그처럼 드리는 모습이 없이 그것들을 사용하는 것은 분명 심각한 오용(誤用)일 수밖에 없는 것이다. 그것들을 드린다고 주께서 부자(富者)가 되시겠느냐고 항변할 수도 있겠지만, 그것은 전연 헛된 일이다. 시편 기자의 말씀처럼, 여호와께서 우리의 주가 되시고 나의 선(善)이 주께 미치지 아니하지만 그 선을 "땅에 있는 성도"에게 전해 줄 수가 있기 때문이다(시 16:2, 3). 그러므로 선을 행하고 서로 나누는 것을 구약 율법의 제사에 해당되는 것으로 비교하여 말씀하고 있는 것이다(히 13:16).

6. 이웃을 향한 사랑

더 나아가서, 선(善)을 행하다가 낙심하지 않도록(갈 6:9) 하기 위해서는 — 그렇게 하지 않으면 즉시 낙심하게 되고 말 것이다 — 사도 바울이 말한 다른 요소들을 여기에 첨가시켜야 한다. 곧, "사랑은 오래 참고 … 성내지 아니하며"(고전 13:4-5)라는 말씀이 그것이다. 주님은 우리에게 명하시기를, 한 사람의 예외도 없이 모든 사람에게 "선을 행하라"고 하신다(히 13:16). 물론 그 자신의 행위로 판단해 보면, 사람들 대부분이 그런 선을 우리에게서 받을 자격이 전혀 없지만 말이다.

그러나 성경은 정말 놀라운 이유를 제시해 준다. 곧, 사람들이 어떤 자격이 있는지를 보지 말고, 모든 사람에게 존재하는 하나님의 형상을 — 우리가 존귀와 사랑을 받는 것이 전부 그 하나님의 형상 덕분이다 — 보라고 말씀하는 것이다. 그런데, 믿음의 권속에 속한 자들 안에서는 그 원칙이 더 조심스럽게 지켜져야 한다. 왜냐하면 그 하나님의 형상이 그리스도의 성령으로 말미암아 그 사람들 속에서 새로워지고 회복되기 때문이다. 그러므로 그 누가 여러분에게 나아와 도움을 요청하든지 간에, 여러분은 그 요청을 거절할 근거가 전혀 없다. 가령 낯선 사람이 여러분에게 도움을 요청한다고 하자. 그러나 주님이 그 사람에게 표지(標識)를 주셨기 때문에 여러분은 그 사람을 잘 알아보아야 마땅하다. 그렇기 때문에 주님은 네 골육을 멸시하지 말라고 명하시는 것이다(갈 6:10).

아니면, 비천하고 배우지도 못한 사람이 그런 요청을 한다고 하자. 그러나 주님은 그 사람 속에서도 주님 자신의 아름다운 형상이 빛난다고 말씀하신다(사 58:7). 가령 우리가 그 사람의 그런 궂은 요청을 들어주어야 할 하등의 의무가 없다고 생각한다고 하자. 그러나 주님은 그 사람을 주님 자신의 자리에 세우신 것이다. 그러므로, 주님을 대신해서 그 사람을 힘을 다해 섬겨야 할 큰 의무가 우리에게 있다는 것을 깨달아야 한다.

혹, 그 사람이 우리가 무슨 일을 해 줄 만한 가치가 전혀 없는 사람이라고 하자. 그러나 그는 하나님의 형상을 지닌 자로서 우리 앞에 있는데, 그 하나님의 형상이야말로 우리 자신을 드리며 모든 노력을 다 기울일 만한 가치가 있는 것이다. 심지어 그 사람이 정말 아무런 가치가 없게 보이고 오히려 우리를 해치고 상하게 하는 사람이라 할지라도, 그렇더라도 사랑으로 그 사람을 포용하고 선을 베풀지 말아야 할 합당한 이유는 없는 것이다(마 6:14; 18:35; 눅 17:3).

아마 그 사람은 그런 것과는 전연 다른 대접을 받아야 마땅하다고 말할 수도 있을 것이다. 그러나 주님께라면 어떻게 해야 마땅하겠는가? 그 사람이 여러분에게 무슨 해를 입혔든지 간에 그 사람을 용서하라고 주님이 명하신다는 것은, 주님이 진정 그 사람의 죄를 담당하셨다는 뜻인 것이다.

우리를 미워하는 자를 사랑하고, 악을 선으로 갚아 주며, 저주하는 자에게 축복한다는 것은(마 5:44) 정말 어려운 일일 뿐 아니라 인간의 본성도 완전히 거스르는 일인데, 그런 일을 이룰 수 있는 길은 오직 한 가지밖에는 없다. 곧, 사람의 악한 것에 개의치 않고 그들 속에 있는 하나님의 형상을 바라보는 것이다. 그 하나님의 형상이 그 사람들의 잘못된 점들을 덮어주고 제거시켜 주는 동시에, 그 형상의 아름다움과 위엄으로 우리를 이끌어서 그 사람들을 사랑하고 포용하게 만들어 주는 것이다.

7. 이웃 사랑은 마음에서 우러나와야 함

그러므로, 오직 이러한 사랑의 의무들을 실천할 때에야 비로소 우리 자신을 죽이는 일(mortification)이 이루어지는 것이다. 그러나 그런 외형적인 의무들을 그저 행하기만 하면 사랑의 의무가 실천되는 것이 아니다. 그런 의무들을 하나도 남김없이 다 행했다 하더라도, 순전한 사랑의 마음에서 행한 것이 아니면 아무런 소용이 없는 것이다. 겉으로 드러나는 행동에 있어서는 아무런 모자람이 없이 철저하게 실행했다 하더라도, 사랑의 의무를 진정 올바로 실행하는 것과는 전연 거리가 멀 수도 있기 때문이다.

어떤 사람들은 얼핏 보기에는 아주 자비로운 것 같지만, 실상 무슨 일을 베풀 때마다 언제나 상대방을 깔본다든지 모욕적인 말을 하는 경우를 보게 된다. 불행한 오늘날의 시대에는, 대부분의 사람들이 구제를 할 때마다 언제나 멸시하는 태도를 취하는 형편이 되어 있다. 그런 행동은 심지어 이방인들 가운데서도 용납되지 않았다. 그러니 그리스도인들로서는 얼굴에 미소를 머금고 예의바른 말씨로 그런 구제의 의무를 행하는 것만으로는 안 되는 것이다.

우선, 그리스도인은 자기에게 도움을 요청하는 바로 그 사람의 입장에 자기를 가져다 놓고서, 그 사람의 불행을 마치 자기가 당하는 것처럼 그렇게 안타깝게 여겨야 한다. 그렇게 해야만 비로소 동정심과 인간다운 감정이 일어나서 마치 자기에게 하듯 그렇게 그 사람을 도울 수 있는 것이다. 이런 자세를 가진 사람은 형제를 도울 때에 오만하거나 멸시하는 자세로 그런 도움의 행위를 망쳐 버리지도 않을 뿐 아니라, 그 사람이 자기의 도움을 받는다고 해서 깔보거나 그 사람을 자기 수하에 두려고 함부로 대하지도 않을 것이다.

가령 사람의 몸 가운데 어떤 지체가 병들었다고 하자. 그러면 몸의 나머지 지체들이 그 병든 지체를 낫게 하기 위해서 수고하지만, 어느 한 지체도 아무런 대가도 없는데 많은 수고를 했다고 그 병들었던 지체를 깔보거나 멸시하지 않는 것이다. 이처럼 몸의 지체들 사이에 수고를 나누는 것은 절대로 공짜가 아니다. 오히려 자연의 법칙에 따라서 반드시 대가가 돌아오는 것이다. 그러니 그런 수고를 거부한다는 것은 정말로 어처구니없는 일일 것이다.

그렇기 때문에, 어떤 한 가지 의무를 행했다고 해서 이제 자기는 할 일을 다 했다는 식으로 생각해서는 안 된다. 부자가 자기의 소유 가운데 얼마를 헌납한 다음 이제 자기는 할 일 다했다는 식으로 나머지 부담을 다른 사람들에게 떠넘기는 경우를 얼마나 많이 보는가? 누구든지, 아무리 지체 높고 부유한 사람이라 할지라도, 스스로 이웃에게 빚을 지고 있다고 여겨야 할 것이다. 그리하여 힘이 닿는 한 최대한으로 끝까지 이웃을 도와야 할 것이다.

(하나님과의 관계에 적용되는 자기 부인의 원리. 8-10)

8. 주님의 뜻에 온전히 맡김

자기 부인의 근본적인 면에 대해서는 앞에서 하나님과 관련해서 이미 말한 바 있으나 이에 대해서 좀 더 충분히 살펴보기로 하자. 그러나 이 문제에 대해서 이미 많은 것을 말했으므로, 이제는 자기를 부인하는 일이 어떻게 우리를 침착하게 하고 인내하게 만들어 주는지를 살펴보는 것으로 족할 것이다.

먼저, 성경은 가르치기를, 현재의 삶에서 평온과 평정을 찾기 위해서는 우리 자신과 우리가 가진 모든 소유를 주님의 처분에 내어맡기며, 마음의 열심을 주께 내어놓아서 주께서 그 열심을 길들이시고 주장하시도록 하라고 한다. 우리는 부귀와 명예를 따르고, 권력을 탐하며, 재물을 쌓고, 사치와 영화를 누리는 것 같은 그런 온갖 자질구레한 것들을 모으는 데에는 미친 것 같은 강한 욕심을 가지며, 끝이 없는 소원으로 그런 것들을 추구한다.

그러나 반대로 가난한 생활과 천한 출신 성분과 보잘것없는 처지에 대해서는 정말 끔찍해하고 싫어하며, 그런 처지에 빠지지 않을까 조심하는 데 온갖 열심을 다 보인다. 그렇기 때문에, 자기 자신의 생각대로 삶을 꾸려가는 사람들이 자기의 탐욕이나 야망을 채우기 위해서, 아니면 가난과 비천한 상태를 피하기 위해서, 얼마나 안절부절하며 온갖 계획을 세우고, 또 그것을 이루기 위해서 얼마나 동분서주하며 기진맥진하도록 애를 쓰는지 잘 볼 수 있는 것이다.

그리스도인은 그런 상태에 빠지지 않아야 하며, 그러기 위해서는 다음과 같은 길을 따라야 한다. 첫째로, 하나님이 주시는 축복과는 상관 없는 그런 번영을 누리겠다는 식의 생각을 갖거나, 그런 것을 동경하거나 바라서는 안 된다. 오직 주께서 주시는 복에 자신을 맡겨야 한다. 그래야만 거기서 안정과, 믿고 쉴 수 있는 안식을 얻을 수가 있기 때문이다. 육신의 생각으로 명예와 부귀를 따를 때에는 그런 생각만으로도 충분할 것 같아 보이고, 부지런히 열의를 갖고 노력하면 성공을 얻고 사람들의 칭찬도 받을 것이라고 생각할지 모르지만, 주께서 도우시지 않으면 우리가 아무리 수완이 있고 또 열심히 노력한다 해도 그 모든 것이 허사일 뿐이다. 그러나, 주님이 우리에게 복을 주시면 그것만으로도 모든 장애물을 극복하며 모든 일을 통해서 우리에게 기쁨과 유익이 있는 법이다.

둘째로, 주님이 주시는 축복이 없이도 어느 정도는 명성과 부귀를 얻을 수 있을지도 모른다. 악인들이 명예와 부귀를 누리며 떵떵거리며 사는 것을 날마다 보지 않는가! 그러나 하나님의 저주 아래 있는 사람들은 티끌만큼이라도 참된 행복을 누릴 수가 없다. 그렇기 때문에 주님의 축복과 상관 없이 얻는 것들은 무엇이든 결국 불행을 초래하게 되어 있다. 그러니 우리는 나 자신에게 불행을 더하게 해 줄 그런 것에 절대로 욕심을 내서는 안 될 것이다.

9. 주님 주시는 복을 의지함

그러므로, 모든 일이 잘 되고 바람직한 결과를 얻는 것이 전적으로 하나님의 축복에 달려 있다는 것과, 또한 하나님의 축복이 없이는 온갖 불행과 재난밖에 올 것이 없다는 것을 우리가 믿는다면, 부귀와 명예를 탐하거나, 우리 자신의 수완이나 부지런함을 믿거나, 사람들의 칭찬에 기대거나, 혹시 행운이 오지 않을까 하는 헛된 상상에 빠지지 말고, 언제나 주님을 우러러보며 주님의 인도하심을 따라가며, 주께서 어떤 형편을 베푸시든지 그것에 만족하여야 할 것이다. 그렇게 되면, 우리는 옳고 그름을 따질 겨를도 없이 그저 재물을 취하고 명예를 거머쥐고자 하는 탐욕과 악한 계교에 빠져서 이웃에게 해를 끼치는 일이 없을 것이고, 순결한 상태에서 누릴 수 있는 그런 일만을 추구하게 될 것이다.

사기와 강도짓과 기타 악한 술수가 있는 사람이 어떻게 하나님의 축복과 도움을 기대할 수가 있겠는가? 이런 복은 오직 생각이 순결하고 올바르게 처신하는 사람에게만 임하기 때문에, 그런 복을 바라고 구하는 모든 사람들에게 음흉한 계획과 악한 생각에서 다시 돌아서게 만든다. 그리고 난 다음, 우리에게 재갈을 먹여서 부자가 되거나 명예를 얻고자 하는 야망을 불태우지 못하도록 막아주는 것이다. 하나님의 말씀에 어긋나는 것들을 바라고 추구하면서 하나님의 도우심을 기대한다면 이 얼마나 파렴치한 짓이겠는가? 하나님이 친히 저주를 선포하신 일은 절대로 하나님의 축복으로 이루어질 수가 없는 것이다.

그리고 마지막으로, 우리가 바라는 만큼 일이 되지 않는다 할지라도, 조급해지거나 우리의 처지를 비관해서는 안 된다. 그런 일은 하나님께 불평하는 것이 된다는 것을 우리가 잘 알고 있기 때문이다. 빈부(貧富)와 귀천(貴賤)은 오직 하나님이 그의 기뻐하시는 뜻을 따라 분배하시는 것이다.

정리해서 말하자면, 앞에서 말한 대로 그렇게 하나님이 주시는 복을 의지하는 사람은, 사람들이 그렇게도 욕심을 내는 그런 것들을 얻으려고 악한 짓을 하지 않을 것이다. 그런 것이 자기에게 아주 무익하다는 것을 잘 알기 때문이다. 또한 혹시 일이 잘 될 경우에도 그것을 자기의 공로나 자기의 부지런함, 노력, 혹은 행운의 탓으로 돌리지 않고, 오직 모든 공로를 하나님께 돌릴 것이다. 하나님께서 그 일을 이루셨기 때문이다.

만일 다른 사람의 일은 잘 되는데 자기 일은 부진하거나 혹은 더 나빠질 경우가 생기더라도 그 사람은, 일이 상당한 성공을 했는데도 불구하고 자기가 바라는 만큼 되지 않았다고 해서 불평하는 불경한 사람보다도 오히려 더 마음이 평안하고 안정된 상태에서 자기의 초라한 처지를 잘 견뎌나갈 것이다. 부귀나 권력의 정상(頂上)에서 경험할 수 있는 것보다 더 큰 평안과 안정을 주는 큰 안식처가 그에게 있기 때문이다. 그는 주께서 그의 구원에 가장 유익한 방식으로 그의 모든 일들을 주장해 가시는 것으로 생각하는 것이다.

자, 다윗이 바로 이런 마음을 가졌고 주님의 인도하심에 자기 자신을 맡겼다. 그는 다음과 같이 선포하고 있다: "여호와여 내 마음이 교만하지 아니하고 내 눈이 오만하지 아니하오며 내가 큰 일과 감당하지 못할 놀라운 일을 하려고 힘쓰지 아니하나이다. 실로 내가 내 영혼으로 고요하고 평온하게 하기를 젖 뗀 아이가 그 어머니 품에 있음 같게 하였나니 내 영혼이 젖 뗀 아이와 같도다"(시 131:1-2).

10. 역경을 이기는 힘

그러나 경건한 사람이 갖는 이러한 평안과 인내는 이런 일에서만 드러나는 것이 아니다. 이 세상의 삶에서 당할 수 있는 모든 일에서 그런 평안과 인내가 나타나는 것이다. 그러므로, 자기를 온전히 주께 드리고 자기의 삶의 여정 전체를 주님의 처분에 맡긴 사람만이 온전히 자기를 부인했다 할 것이다. 이렇게 마음에 평안이 있는 사람은 어떠한 일이 일어나도 스스로 낙심하거나, 그런 일이 일어났다고 하나님께 불평을 늘어놓지 않는다.

우리의 삶에 얼마나 많은 사건들이 벌어지는지를 생각해 보면, 이러한 마음의 자세가 정말 절실하다는 것이 금방 드러날 것이다. 각종 질병들이 끊임없이 우리를 공격해 온다. 어떤 때에는 극심한 전염병이 횡포를 부리기도 한다. 또 어떤 때에는 전쟁의 소용돌이에 모두가 휩쓸려 들어가 참화(慘禍)를 입기도 한다. 우박과 서리가 일 년 동안 애써 일구어 놓은 모든 것을 다 빼앗아 가기도 하고, 기근이 들어 모두가 궁핍에 빠지기도 한다. 아내와 부모와 자녀와 친척들을 죽음에 빼앗기기도 하고, 집이 불에 타기도 한다.

이런 일들이 일어나면 사람들은 자기의 삶을 저주하고, 자기의 생일을 혐오하며, 대낮의 태양을 싫어하며, 심지어 하나님을 원망하고, 또한 망령된 말을 잘하는 자들은 하나님이 잔인하며 불의하다고 욕을 해댄다. 그러나 신자는 이런 일들 가운데서도 하나님의 긍휼하심과 진정한 아버지로서의 자비하심을 깊이 생각하는 법이다.

그러므로, 일가친척이 다 죽고 가문에 남은 사람이 오로지 자기 혼자뿐이라 할지라도, 그는 하나님을 찬양하기를 멈추지 않을 것이다. 그런 상황에서도 여전히, 하나님의 은혜가 내 집안에 있으니 집이 결코 황량하지 않으리라고 생각할 것이다. 곡식이 우박과 서리로 못쓰게 되고 그 때문에 기근이 오는 것을 보아도, 신자는 하나님을 원망하거나 불평하지 않고 계속해서 그를 신뢰할 것이다(참조. 시 78:47). "우리는 주의 백성이요 주의 목장의 양이니 우리는 영원히 주께 감사하며 주의 영예를 대대에 전하리이다"(시 79:13). 극심한 기근 속에서라도 주께서 내게 먹을 양식을 공급하실 것임을 믿는 것이다.

혹시 질병에 걸리더라도, 고통이 아무리 극심하다 해도 그는 초조해지거나 하나님을 원망할 정도로 심령이 무너져 버리지는 않는다. 오히려 그러한 징계 속에서 하나님의 공의와 인자하심을 깨닫고 참고 견딜 것이다.

간단히 말해서, 무슨 일이 일어나더라도 신자는 그 일이 하나님이 하시는 일이라는 것을 알고서 고요하고 감사한 마음으로 그 일을 그대로 받아들인다는 것이다. 자기 자신과 자기의 가진 모든 것을 하나님의 처분에 맡겼기 때문에, 하나님의 경영하심을 불손하게 저항할 수가 없는 것이다.

특히 이교도들이 주는 어리석고도 비참하기 그지 없는 위로는 그리스도인의 가슴에서 멀리 사라져야 한다. 강한 정신력으로 역경을 대적하기 위하여, 그들은 그 역경을 운명의 탓으로 돌린다. 운명이란 목적이 없고 지각이 없어서 선한 사람이나 악한 사람이나 똑같이 맹목적으로 상처를 입히기 때문에, 거기에 대해서 분노한다는 것은 어리석은 짓이라고 생각하는 것이다.

그러나 참된 경건자가 갖는 원리는 바로 하나님의 손이 모든 운명을 다스리고 운행하는 것이요, 그러므로 운명에 따라서 생각 없이 마구잡이로 횡포를 부리는 것이 아니라, 지극히 질서 있는 공의로 우리에게 선과 악이 베풀어진다는 사실을 생각하는 것이다.

제 8 장

~~~~

십자가를 지는 일:
자기 부인의 일부

(그리스도를 따르는 자들은 반드시 십자가를 져야 함. 1-2)

1. 그리스도의 십자가와 성도의 고난

그러나 경건한 자의 생각은 그보다 더 높이 올라가야 마땅하다. 곧, 그리스 도께서 제자들 한 사람 한 사람에게 "자기 십자가를 지라"(마 16:24)고 말씀하시 면서 마음에 가지셨던 거기까지 올라가야 한다는 것이다. 주께서 택하셔서 함 께 교제를 나누실 만큼 존귀히 여기신 그런 사람들은 누구든지, 힘들고 수고하 며 어려움을 겪는 삶을 위하여, 온갖 재앙이 가득한 그런 삶을 위하여 대비하여 야 하는 것이다. 이런 식으로 자기 백성을 시험하시고 훈련시키시는 것이 바로 하늘 아버지의 뜻이기 때문이다.

하나님은 이러한 뜻을 장자(長子)이신 그리스도에게 먼저 시행하셨고, 그의 모든 자녀들에게도 적용하시는 것이다. 하나님의 아들이야말로 다른 누구보다 도 하나님이 친애하시는 분이셨고, 그분이야말로 하나님이 진정 "기뻐하시는 자"(마 3:17; 17:15)이셨지만, 그럼에도 불구하고 하나님은 그를 전혀 부드럽게나 너 그럽게 대하지 않으셨다. 오히려 성자(聖子)께서는 이 땅에 계시는 동안 끊임없 는 십자가로 시험을 받으셨을 뿐 아니라 그의 생애 전체가 그야말로 일종의 끊 임없는 십자가였던 사실을 보게 된다. 사도는 이에 대해서 "그가 아들이시면서 도 받으신 고난으로 순종함을 배워서 온전하게 되셨다"고 설명하고 있다(히 5:8).

우리의 머리이신 그리스도께서 그런 악조건에 복종하셨는데, 어째서 우리는 그런 상태를 모면하려 한단 말인가? 특별히 그리스도께서 우리를 위하여 스스로 인내의 모범을 보이기 위해서 그렇게 하신 것이라면, 우리는 더욱더 그의 모범을 따라야 마땅하지 않겠는가? 그렇기 때문에 사도는 하나님이 그의 모든 자녀들이 마지막에는 그리스도의 형상을 본받게 되어 있노라고 가르친다(롬 8:29). 그러므로, 비록 우리가 사람들이 불행이나 재앙으로 여기는 그런 어렵고 힘든 상황 속에 있다 하더라도, 우리가 그리스도의 고난을 함께 나누고 있다고 생각하며, 또한 그리스도께서 온갖 악행의 미궁(迷宮) 속을 통과하여 하늘의 영광 가운데 들어가셨으니, 우리도 마찬가지로 갖가지 환난을 통해서 그리로 옮겨가는 것이로구나 하고 생각하면 우리에게 크나큰 위로가 생기는 것이다.

바울 자신도 말하기를, "우리가 하나님 나라에 들어가려면 많은 환난을 겪어야 할 것이라"(행 14:22)고 하며, 또한 다른 곳에서는 "내가 그리스도와 그 부활의 권능과 그 고난에 참여함을 알고자 하여 그의 죽으심을 본받아 어떻게 해서든지 죽은 자 가운데서 부활에 이르려 하노라"(빌 3:10-11)라고도 말한다. 환난을 당하면 당할수록 그리스도와 함께하는 우리의 교제가 더 확실해진다고 생각하면, 십자가의 쓰라린 고통이 과연 확실히 부드러워지지 않겠는가! 그리스도와 나누는 교제로 말미암아 우리의 고난이 오히려 우리에게 복이 될 뿐만 아니라 우리의 구원을 이루어가는 데에도 큰 도움을 얻게 되는 것이다.

2. 십자가: 신자를 낮추어 하나님의 은혜를 의지하게 함

뿐만 아니라, 우리 주님의 경우는 아버지를 향한 자신의 순종을 증명해 보이려는 목적이 아니면 구태여 십자가를 지실 필요가 없으셨다. 그러나 우리의 경우는 여러 가지 이유로 일생 동안 끊임없이 십자가를 지지 않으면 안 되도록 되어 있다. 첫째로, 우리는 본성적으로 모든 것을 우리의 육체에 돌리려는 습성이 있으므로, 우리의 연약함이 눈에 분명히 드러나지 않는 이상, 반드시 정도 이상으로 지나치게 우리의 덕성(德性)을 높이게 되어 있다. 그리고 동시에 어떤 일이 일어나든 어떠한 어려움이 생기든 그런 우리의 덕성이 깨어지거나 무너지지 않을 것을 믿어 의심하지 않는다. 그리하여 육체를 믿는 어리석고 헛된 믿음에 빠져서 그것을 믿고는 심지어 주님에게까지 교만을 내어 보이게 되는 것이다. 마치 주님의 은혜가 전혀 필요 없고, 오로지 우리 능력만으로도 충분한 것처럼 말이다.

이러한 오만방자함을 누르는 길로서는, 주님께서 우리가 얼마나 연약한 존재이며 또한 얼마나 무능한 존재인지를 우리 스스로 경험으로 깨닫도록 해 주시는 것만큼 좋은 것이 없다. 그리하여 우리에게 치욕과 가난과 죽음과 질병 등 온갖 재난이 다가온다. 그렇게 되면 우리는 도저히 견디지 못하고 거기에 굴복해 버린다. 그렇게 해서 낮아지게 되고, 주님의 능력을 구하기를 배우게 되고, 그리하여 오직 그의 능력으로 그런 어려움 가운데서 견고하게 서게 되는 것이다.

그러나 거룩한 하나님의 사람조차도, 자신의 힘이 아니라 오직 하나님의 은혜로 말미암아 서 있다는 사실을 아무리 잘 알고 있다 하더라도, 십자가의 고난을 통해서 자기의 연약함에 대해 더 철저한 지식을 갖게 되지 않으면 자기의 인내와 한결같은 의지를 과신하여 안일에 빠지게 되는 법이다.

심지어 다윗마저도 이러한 느낌을 가졌었다: "내가 형통할 때에 말하기를 영원히 흔들리지 아니하리라 하였도다. 여호와께서 주의 은혜로 나를 산 같이 굳게 세우셨더니 주의 얼굴을 가리시매 내가 근심하였나이다"(시 30:6-7). 다윗은 오로지 하나님의 은혜만을 의지해야 하는데도 불구하고 모든 일이 잘 되고 형통하게 되자 감각이 무뎌져서 그 은혜를 무시하고 오히려 자기 자신을 의지하면서, 자신이 영원히 흔들리지 않을 것으로 여겼노라고 고백하고 있는 것이다. 이 위대한 선지자 다윗에게 그런 일이 있었다면, 우리 중에 이를 두려워하고 조심할 필요가 없는 사람이 과연 누구겠는가?

그러므로 평화로운 상황에서는 자기들의 큰 인내와 한결같은 의지를 우쭐대며 자랑하였지만, 역경을 통해서 낮아지고 나서는 그런 것이 모두 위선이었다는 것을 깨닫게 되는 것이다. 분명히 말하지만, 신자는 그들의 질병의 상태가 이렇게 드러남으로써 경계를 받아 더욱 겸손해지며, 육체를 믿고 의지하는 행위를 탈피하게 되고, 하나님의 은혜에 의지하게 되는 것이다. 그리고 그렇게 하나님의 은혜에 의지하게 되면, 그들을 온전히 보호하고도 남음이 있는 하나님의 능력의 임재를 바로 거기서 체험하게 되는 것이다.

(십자가를 지는 일은 인내와 순종을 배우기 위해서도 필요함. 3-6)

3. 십자가를 통하여 얻는 유익

"환난은 인내를, 인내는 연단을 이룬다"(롬 5:3-4)는 사도 바울의 말이 바로 그런 사실을 가르쳐 준다. 하나님은 환난 중에 신자와 함께 계시겠다고 약속하셨는데(참조. 고후 1:4), 신자는 하나님의 도우심을 받아 인내로 견디는 동안 ― 이런 인내는 신자 자신의 노력으로는 어림도 없다 ― 이러한 약속이 과연 사실이라는 것을 몸소 느끼고 체험한다. 그러므로, 인내를 통해서 성도는 하나님이 과연 그의 약속하신 도움을 필요로 할 때마다 정말로 주신다는 체험적인 증거를 얻게 되는 것이다. 그리고 그렇게 해서 그들의 믿음이 또한 강건해진다. 하나님의 성실하심이 과거에 이미 보았던 것처럼 미래에도 그렇게 확고하고 변함이 없으리라는 것을 기대하지 않는다면, 그것이야말로 정말로 은혜를 모르는 소치가 아니겠는가?

자, 이제 십자가로 말미암아 우리에게 얼마나 많은 유익이 생기는지를 보게 된다. 십자가는 우리 자신의 덕성에 대해서 갖는 그릇된 생각을 뒤집어엎으며, 우리가 즐겨 쓰고 있는 위선의 껍데기를 여지없이 벗겨내며, 저 위험한 육체에 대한 신뢰를 제거시키며, 또한 우리를 낮춤으로써 우리로 하여금 오직 하나님만 의지하도록 가르쳐서 넘어지거나 낙심하지 않도록 만들어 주는 것이다.

그리고 승리에 이어서 소망이 생겨난다. 주께서 과거에 약속하신 바를 이제 실행하셨으니 미래에도 그렇게 성실하시리라는 신뢰가 견고하게 세워지기 때문이다. 이런 이유만으로도 우리가 십자가를 지는 일이 과연 얼마나 절실한 일이냐 하는 것이 너무나도 분명하다.

또한 우리 자신에 대한 맹목적인 사랑을 버리고 우리의 무능력을 온전히 의식하는 것이 정말로 중요하다. 그렇게 해서 우리 자신의 무능력을 깨달으면 우리 자신을 불신하게 되고, 또 그렇게 되면 그 대신 우리의 신뢰를 하나님께로 전환시키게 되고, 전적인 신뢰로 그를 바라보며 그의 도우심에 의지할 수 있게 되는 것이다. 그러면 하나님의 은혜로 우리는 마지막까지 견고하게 서게 될 것이다. 하나님께서 자신의 약속을 신실히 지키시는 분이심을 깨닫고서 우리가 소망 가운데서 강해질 수 있음을 확신하게 되는 것이다.

4. 십자가의 연단

주께서 그의 백성에게 고난을 주시는 또 한 가지 목적은 그들의 인내를 시험하며, 그들을 훈련하사 순종하게 하는 데 있다. 물론 하나님이 순종할 수 있도록 해 주셔야만 비로소 그들이 순종할 수가 있다. 그러나 주님은 성도들에게 베푸신 은혜들을 명명백백한 증거들을 통해서 드러내시기를 기뻐하신다. 그렇지 않으면 그 은혜들이 속에 감추어진 채로 있을 것 아니겠는가? 그러므로, 주께서 그의 종들에게 베푸신 인내의 능력과 절개를 겉으로 드러나게 하시는 것을 가리켜서 주께서 그들의 인내를 시험하신다고 말하는 것이다.

그렇기 때문에 하나님이 아브라함을 시험하셨다(창 21:1, 12)는 표현이 나타나는 것이다. 하나님이 시험하셨을 때에, 아브라함은 자기의 독자를 제물로 드리기를 거부하지 않았고, 그로 말미암아 자신의 경건의 증거를 드러내 보인 것이다. 그러므로 이와 비슷하게 베드로 사도도 우리 믿음이 환난으로 말미암아 증명된다고 가르친다.

마치 금(金)의 순수함이 맹렬한 용광로에서 시험을 받음으로써 증명되듯이 말이다(참조. 벧전 1:7). 신자가 하나님께로부터 받은 훌륭한 은사인 인내를 사용하도록 해서, 그것이 확실하게 드러나도록 하는 것이 합당치 않은 일이라고 감히 누가 말할 수 있겠는가? 그렇지 않으면 사람들은 그 인내의 은사를 절대로 값어치 있게 여기지 않을 것이다.

그러나, 만일 신자들에게 베푸신 그 귀한 은사들이 그냥 속에 가리워진 채로 있지 않도록 — 아니, 무용지물로 있다가 사라지는 일이 없도록 — 하기 위해서 하나님이 친히 그 은사들을 발휘할 기회를 제공해 주시는 것이 과연 옳은 일이라면, 성도들이 당하는 고난이야말로 얼마나 정당한 것이겠는가? 고난이 없으면 인내도 존재하지 않을 것이 아닌가?

신자들은 또한 십자가를 통하여 순종을 배우게 된다. 십자가를 통해서 자기의 뜻대로 살지 않고 하나님의 처분대로 사는 법을 배우게 되기 때문이다. 사실, 모든 것이 자기 뜻대로 된다면, 하나님을 따른다는 것이 무엇인지를 어떻게 알겠는가?

세네카(Seneca)도 사람에게 역경을 견디라고 권면할 때에 옛 사람들이 말한 "신(神)을 따르라"는 격언을 언급하고 있다.[1] 옛 사람들은 신의 채찍에 손과 등을 내어 맡겨서 그대로 그것을 맞아야만 비로소 신의 멍에에 진정으로 굴복하는 것이라고 생각한 것이다. 그러나 우리가 모든 일에서 하늘 아버지께 순종을 보여 드리는 것이 지극히 옳은 일이라면, 하나님이 우리로 하여금 순종하도록 훈련시키시기 위하여 어떠한 방법을 사용하시든 그것을 받아들이기를 거부해서는 안 될 것이다.

5. 십자가: 영적 질병을 치료하는 도구

그러나 이와 함께, 우리의 육체의 본성은 할 수만 있으면 하나님의 멍에를 벗어버리고 싶어하기 때문에 조금만 부드럽게 대하고 그냥 내버려 두면 여지없이 그 멍에를 벗어버리고 만다는 사실을 깊이 생각하지 않으면, 과연 그러한 순종이 우리에게 얼마나 절실한 것인지를 올바로 깨달을 수가 없다. 이는 마치 혈기 왕성한 말(馬)의 경우와 똑같다. 며칠 동안만 그냥 되는 대로 내버려 두면, 그 다음에는 도저히 길들일 수가 없다. 전에는 마부(馬夫)의 명령을 잘 따랐으나, 이제는 그 사람의 말에 아랑곳하지도 않는 것이다.

그렇게 되면 하나님이 과거 이스라엘 백성에 대해서 책망하시던 그런 상태에 우리도 빠지게 된다. 마치 "살찌고 비대하고 윤택하매 자기를 지으신 하나님을 버리고 자기를 구원하신 반석을 업신여겼도다"라는 말씀에 나타나는 것처럼 말이다(신 32:15). 하나님이 자비하게 대하시므로 우리가 거기에 감동을 받아 그의 선하심을 깊이 생각하고 그것을 사랑하게 되어야 마땅하지만, 우리의 의지가 악하기 때문에 하나님이 관용을 베푸셔서 내버려 두시면 오히려 그것을 악용하여 여지없이 부패에 빠져 버리는 것이다. 그렇기 때문에 징계를 통해서 우리를 억제시켜서 그러한 방종과 부패에 빠지지 않도록 막으시는 것이 반드시 필요한 일인 것이다.

그리하여, 지나치게 풍부한 재산으로 인해서 방탕해지지 않도록, 명예 때문에 우쭐해져서 교만에 빠지지 않도록, 육체적으로나 정신적으로나 여러 가지 잘난 점들 때문에 들떠서 거만에 빠지지 않도록, 주께서 친히 십자가를 사용하셔서 우리의 육체의 교만을 꺾으시고 굴복시키시되, 사정과 경우에 합당하게 여러 가지 다양한 방법을 그의 편의대로 사용하신다. 사람마다 걸리는 질병도 다르고 또한 그 병에 고통을 당하는 정도도 다 다르기 때문에, 모든 사람에게 똑같은 치료법이 똑같은 정도만큼 필요한 것이 아니다.

그러므로 사람마다 다른 방식으로 십자가의 시련을 받는 것이다. 하늘의 의사(醫師)이신 하나님께서 어떤 사람은 좀 더 부드럽게 치료하시고, 또 어떤 사람들에게는 좀 더 고통스런 치료법을 사용하시지만, 그의 목적은 모든 사람을 치료하는데 있다. 그러나 하나님이 손을 대시지 않고 그냥 내버려 두시는 사람은 하나도 없다. 왜냐하면 한 사람의 예외도 없이 모든 사람이 병에 걸려 있다는 것을 하나님이 잘 알고 계시기 때문이다.

6. 십자가: 하나님의 징계

그 외에도, 긍휼이 풍성하신 우리 아버지께서는 우리의 연약함을 미리 막으시는 것은 물론, 우리의 과거의 잘못들을 교정하셔서 우리로 하여금 온전히 순종하도록 하실 필요도 있다. 그러므로 어려움이 찾아올 때마다 우리는 즉시 우리의 과거의 생활을 돌이켜 보아야 한다. 그러면 우리가 저지른 잘못들이 과연 그런 징계를 받아 마땅하다는 것을 깨닫게 된다. 그렇지만, 그런 징계를 참고 견디라는 권면의 주된 근거가 그렇게 죄를 인정하는 데 있는 것이 아니다.

왜냐하면 성경이 훨씬 더 나은 근거를 제시해 주기 때문이다. 곧, 주께서 환난으로 우리를 징계하시는 것은 "우리로 세상과 함께 정죄함을 받지 않게 하려 하심이라"(고전 11:32)고 말씀하는 것이다. 그러므로 아무리 쓰라린 환난 중에 있다 할지라도, 우리는 아버지 하나님의 자비하심과 긍휼하심을 깨달아야 마땅하다. 왜냐하면 그럴 때에라도 하나님은 계속해서 우리의 구원을 이루어 가시기 때문이다. 하나님이 물론 괴로움을 주시지만, 그렇다고 해서 우리를 멸망시키거나 파괴하지는 않으신다. 다만 세상과 함께 정죄함을 받는 데서 우리를 구원하시려고 그렇게 하실 따름이다.

이 점을 생각하면, 성경의 다른 곳에서 가르치는 말씀이 기억난다: "내 아들아 여호와의 징계를 경히 여기지 말라 … 대저 여호와께서 그 사랑하시는 자를 징계하시기를 마치 아비가 그 기뻐하는 아들을 징계함 같이 하시느니라"(잠 3:11, 12). 아버지의 매를 느끼게 되면, 마음이 강퍅하여 악 가운데 있는 멸망의 사람들을 닮아서 아버지를 반역하는 것이 아니라 유순하게 순종하는 아들로서 처신하는 것이 우리의 할 일이 아니겠는가? 우리가 넘어져 아버지께로부터 멀어질 때에 아버지께서 징계를 통해서 우리를 다시 돌이키지 않으시면, 우리는 멸망에 빠질 수밖에 없다. 그러므로 성경은 징계가 우리에게 "없으면 사생자요 친아들이 아니니라"(히 12:8)라고 참되이 말씀하는 것이다.

그러므로 아버지께서 우리를 선하게 이끄시고 우리의 구원을 위하여 우리를 보살피실 때에 그것을 견디지 못한다면, 우리는 그야말로 사악한 자들일 수밖에 없다. 성경은 신자와 불신자의 차이를 이렇게 말씀하고 있다. 곧, 불신자는 고질적이고 뿌리깊은 악의 종처럼 징계의 매를 맞으면 오히려 더 악해지고 더 강퍅해질 뿐이지만, 신자는 자유의 몸에서 난 아들답게 돌이켜 회개한다는 것이다. 자, 여러분은 과연 어느 쪽에 속하기를 원하는가? 그러나 이 문제에 대해

서는 이미 다른 곳에서 말했기 때문에 여기서는 이 정도만 간단히 언급하는 것으로 족하리라 여겨진다.[2]

(박해와 기타 재난 가운데서 십자가를 지는 일. 7-8)

7. 의를 위한 고난

더 나아가서, 우리가 의(義)를 위하여 박해를 받을 때에는 아주 특별한 위로가 있다. 왜냐하면 우리가 의를 위하여 박해를 받는다는 것은 바로 하나님이 우리를 그의 군병(軍兵)으로 인정하시고 구별하신다는 뜻이므로 그것이야말로 영예로운 것이기 때문이다. 여기서 의를 위하여 박해를 받는다는 것은 비단 복음만이 아니라 어느 면에서든 의를 수호하기 위해서 애쓰는 것을 뜻한다. 그러므로 사탄의 거짓을 대적하여 하나님의 진리를 유지하는 일이든, 아니면 악인이 끼치는 해(害)에서 선한 자와 무죄한 자들을 보호하는 일이든, 우리는 세상의 멸시와 미움을 유발시킬 수밖에 없고, 그리하여 우리의 생명과 재산과 영예까지도 위험해질 수도 있다.

그러나 그렇게 해서 하나님을 위하여 우리 자신을 드리는 일을 후회하여 거기서 물러서는 일이 있어서는 안 될 것이다. 하나님이 그의 입으로 그런 일을 하는 자가 복이 있다고 말씀하셨으니(마 5:10), 그런 일을 당한다고 해서 우리 스스로 비참하다고 생각하지도 말자. 가난은 사실 그 자체로 보면 불행이다. 유배 당하는 것이나, 모욕 당하는 것이나, 옥에 갇히는 것이나, 치욕을 당하는 것도 마찬가지다. 그리고 죽음은 모든 재난 가운데서 최고의 재난이다. 그러나 하나님의 자비하심이 우리에게 미칠 때에는, 이런 것들 가운데서 우리의 행복으로 바뀌지 못할 것이 하나도 없는 것이다. 그러니 육체의 거짓된 판단에 의지하지 말고 그리스도의 증거로 만족하도록 하자. 그렇게 되면 사도들의 모범을 따라서 우리도 "그 이름을 위하여 능욕받는 일에 합당한 자로 여기심을" 기뻐하게 될 것이다(행 5:41).

어째서 그런가? 인간의 악함 때문에 우리의 모든 기반이 빼앗김을 당하게 되면, 인간적으로 말해서 우리가 가난에 처하게 될 것은 너무도 분명하다. 그러나 사실은 하늘에 있는 우리의 풍성한 상급이 더 커지는 것이다. 이 세상에서 집을 빼앗기면 하나님의 권속에게 더 큰 영접을 받게 된다. 괴로움과 멸시를 당하면, 우리는 그리스도 안에서 더욱더 견고하게 뿌리를 박게 된다. 치욕과 부끄러움으로 낙인이 찍히면, 하나님 나라에서 더 높은 자리를 얻게 된다. 그리고 죽임을 당하면, 그로 말미암아 영생에 곧바로 들어가게 되는 것이다. 주께서 그렇게 값진 것으로 인정하신 일을, 오히려 이 세상의 허망되고 곧 사라질 온갖 유혹거리들보다 더 하찮은 것으로 보는 것을 부끄럽게 여겨야 할 것이다.

8. 십자가를 지며 당하는 고난

우리가 의를 수호하기 위하여 당하는 치욕이나 재난을 당할 때에 성경은 이런 말씀들을 통해서 우리에게 풍성한 위로를 준다. 따라서, 만일 주께서 이런 일들을 우리에게 부과하실 때에 그것을 기꺼이 기쁨으로 받지 않는다면, 그것이야말로 참으로 배은망덕한 처사일 것이다. 특히 이런 형태의 십자가야말로 신자들에게 지극히 합당한 것이기 때문에, 또한 베드로 사도가 말씀하듯이(벧전 4:12 이하) 그 십자가를 통해서 그리스도께서 우리 속에서 영광을 받기를 원하시기 때문에, 그 십자가를 기꺼이 지지 않는다면 그것이야말로 정말 배은망덕한 일인 것이다. 그러나 순결한 사람에게는 치욕을 당하는 것이 차라리 백 번 죽는 것보다 더 쓰라린 일이다.

그러므로 바울은 살아 계신 하나님께 소망을 두는(딤전 4:10) 우리에게는 박해뿐 아니라 치욕까지도 임한다는 사실을 분명하게 상기시켜 주는 것이다. 그러므로 다른 곳에서 바울은 세상의 평판이 좋든 나쁘든(고후 6:8, "악한 이름과 아름다운 이름으로 그러했느니라") 그의 모범을 따라 꿋꿋하게 걸으라고 권고하는 것이다.

그러나 기쁨으로 그 십자가를 지라는 것은 고통에 대해서 아주 무감각해져야 한다는 뜻은 아니다. 극심한 고통과 큰 괴로움을 당하지 않았다면, 성도는 십자가 위에서 인내를 보여줄 수도 없다. 가난 때문에 고통을 당하거나 질병으로 고생하거나 치욕으로 찔림을 당하거나 죽음에 대한 위협을 당하는 일이 전혀 없다면, 어려움이 전연 없으니 용기나 절제가 과연 무슨 쓸모가 있겠는가? 그러나 그런 일들은 모두 본래 쓰라린 고통을 수반하는 것이므로 마음에 극한 어려움을 겪는 것이 자연스러운 일이다.

그렇기 때문에 그런 일을 당할 때에 신자는 강한 용기를 드러내 보이게 되는 것이요, 온갖 쓰라림을 모두 다 느끼면서 고통 가운데서 수고하면서 그 모든 고난을 담대하게 당하고 그것과 싸우는 것이다. 이를 통해서 또한 그의 인내가 드러난다. 아주 예리하게 찌르는 아픔이 있지만 하나님을 경외함이 그를 억제시켜서 지나친 행동을 삼가게 되는 것이다. 그리고 이를 통해서 활기(活氣)가 드러난다. 슬픔과 암울함으로 짓눌린 상태에서도 그는 하나님께로부터 오는 신령한 위로로 만족하며 그 가운데서 안식을 누리는 것이다.

(그리스도인의 고난과 철학자들이 말하는 인내. 9-11)

9. 십자가와 고통

인내와 절제를 배워 가는 동안 신자는 고통에 대해서 지각하는 본능적인 감각과 계속해서 싸우게 되는데, 이런 싸움에 대해서 사도 바울은 다음과 같이 적절하게 말한다: "우리가 사방으로 욱여쌈을 당하여도 싸이지 아니하며 답답한 일을 당하여도 낙심하지 아니하며 박해를 받아도 버린 바 되지 아니하며 거꾸러뜨림을 당하여도 망하지 아니하고 … "(고후 4:8, 9).

자, 인내함으로 십자가를 진다는 것은 감각이 완전히 무뎌져서 고통을 전혀 느끼지 못하는 상태가 되는 것이 아니다. 옛 스토아 철학자들이 자기들의 영웅을 묘사하는 어처구니없는 말에 따르면, 그들은 인간성을 모두 벗어버리고 마치 돌과도 같이 역경이나 번영이나 슬픔이나 기쁨이나 전연 영향을 받지 않는다고 하지만, 신자의 경우는 그런 것과는 전혀 다르다.

그처럼 숭고해 보이는 지혜로 과연 그 철학자들이 무슨 유익을 얻었는가? 그들은 사람들 가운데 절대로 존재하지 않았고, 또한 절대로 존재할 수도 없는 그런 인내의 모양을 겉으로 드러내 보였다. 그러나, 그들은 너무나 엄격하고 경직된 인내를 목표로 삼다가 결국은 인내를 인간의 삶에서 완전히 사라지게 만들고 만 것이다.

자, 그런데 그리스도인들 가운데 이 스토아 철학자들을 닮은 사람들이 있다. 즉, 고통 때문에 신음하며 우는 것뿐 아니라 심지어 고통을 안타깝게 여기고 걱정하는 것까지도 죄악된 것으로 여기는 사람들 말이다. 이런 그릇된 생각은 대개 나태한 사람들에게서 나온다. 곧, 구체적인 행동보다는 쓸데없는 생각에 더 마음을 쏟는 사람들 말이다. 그들은 그런 그릇된 생각밖에는 만들어 내지 못하는 사람들이다.

그러나 우리는 그런 가혹한 철학과는 아무런 관계가 없다. 우리 주님은 그런 철학을 철저히 배격하셨다. 말씀으로만이 아니라 친히 보이신 모범을 통해서도 그것을 배격하신 것이다. 주님은 자신에게 닥친 화(禍)뿐 아니라 다른 사람들에게 닥친 화에 대해서도 슬퍼하시고 눈물을 흘리셨다. 뿐만 아니라 제자들에게도 똑같이 가르치셨다: "너희는 곡하고 애통하겠으나 세상은 기뻐하리라"(요 16:20). 그리고 이렇게 눈물을 흘리는 것을 악하다고 여기는 사람이 없도록, "애통하는 자는 복이 있나니"(마 5:4)라고 분명히 선포하시기까지 하셨다. 참으로 지당한 일이다!

어떠한 경우든 눈물 흘리는 것이 정죄를 받는다면, "땀이 땅에 떨어지는 핏방울 같이 되신"(눅 22:44) 주님의 경우는 도대체 어떻게 이해해야 되겠는가? 어떤 경우든 상관 없이 두려움을 보이면 무조건 그것을 불신앙의 자세로 인정한다면, 주님께 닥친 그 심한 놀라움과 두려움은(마 26:37; 막 14:33) 과연 어떻게 보아야 되겠는가? 고민하고 답답해하는 것을 보고 무조건 그것을 다 정죄한다면, "내 마음이 심히 고민하여 죽게 되었으니"(마 26:38)라고 고백하신 주님의 경우는 과연 어떻게 해결하겠는가?

10. 십자가와 인내

여기서 몇 가지 말을 해야겠다. 경건한 사람들이 슬픔과 고통의 느낌을 없앨 수가 없다고 해서 절망한 나머지 인내하는 일 그 자체를 포기해 버리는 일이 있어서는 안 되겠기 때문이다. 그러나 인내를 무감각한 것으로 바꾸어 놓고, 용기 있는 건실한 사람을 웃음거리로 만드는 사람들은 반드시 그렇게 되고 말 것이다.

성도들은 혹독한 불행을 당하면서도 깨어지지 아니하고, 쓰라린 고통 속에서도 동시에 영적 기쁨으로 충만하며, 근심의 압박을 받는 중에서도 하나님이 주시는 위로로 새로운 활기를 얻는 법이지만, 그러한 성도들의 인내를 성경은 칭찬하고 있다. 그러나 그들에게는 마음속에 여전히 갈등이 남아 있다. 곧, 인간의 본능적인 감각으로는 괴로운 것을 피하고 싫어하면서도, 하나님을 향한 경건한 사랑이 그들에게 있기 때문에 그런 어려움을 당하면서도 하나님의 뜻에 순종하려고 노력하는 것이다.

주님은 베드로에게 주신 다음과 같은 말씀에서 괴로운 것을 싫어하는 인간의 성향을 잘 표현하셨다: "젊어서는 네가 스스로 띠 띠고 원하는 곳으로 다녔거니와 늙어서는 네 팔을 벌리리니 남이 네게 띠 띠우고 원하지 아니하는 곳으로 데려 가리라"(요 21:18). 사실 베드로가 죽음으로써 하나님께 영광을 돌려야 할 상황이 닥쳤을 때 그는 원하지 않는 상태에서 억지로 끌려서 그 길을 간 것 같지는 않다. 만일 억지로 끌려가서 순교했다면 그의 순교에 대해서 칭찬을 해야 할 이유가 거의 없었을 것이다.

그러나, 물론 하나님의 명령에 지극한 마음의 열심으로 순종한 것은 분명하지만 아직 인간의 본성을 벗어버린 것이 아니기 때문에 그는 두 마음으로 인하여 혼란을 당한 것이다. 앞으로 당해야 할 그 끔찍한 죽음을 생각하면 공포에 질렸고 그것을 피하고 싶은 마음이 간절했을 것이다. 그러나 한편 그를 부르사 그런 죽음을 죽게 하시는 분이 바로 하나님이시라는 사실을 생각하면 두려움이 사라지고 억제되었고, 그리하여 그는 기쁨으로 죽음을 맞을 수 있었던 것이다.

그러므로 우리가 진정 그리스도의 제자들이라면 우리도 그렇게 되기를 힘써야 한다. 곧, 우리의 마음에 하나님을 향한 그러한 진정한 경외와 순종을 가득 채워서 하나님이 지정하신 일을 반대하는 모든 감정들을 길들이고 정복시킬 수 있도록 되어야 할 것이다. 그렇게 하면, 우리가 어떤 종류의 십자가를 진다 할지라도 우리는 아무리 극심한 환난 속에서도 견고하게 우리의 인내를 유지해 나가게 될 것이다.

역경이 우리를 심하게 찌르고 쏠 것이다. 질병으로 고생하게 되면 탄식하며 불안해하며 건강을 갈구하게 될 것이다. 가난에 찌들리게 되면 걱정과 안타까움에 가슴이 아파오는 것을 느끼며, 치욕과 경멸과 불법에 아픔을 느끼게 되고, 사랑하는 사람들의 죽음 앞에서 저절로 흘러내리는 눈물을 어찌할 수가 없는 일도 있을 것이다.

그러나 우리의 결론은 언제나, 주님이 그렇게 뜻하신 것이니 우리도 그의 뜻을 따르자는 것이다. 정말이지, 찌르도록 아픈 고통 가운데서도, 한숨과 눈물이 그치지 않는 현실 속에서도, 반드시 그런 생각이 날 것이다. 그리고 그런 생각이 그렇게 어렵게 당하고 있는 그 일들을 기쁨으로 견디고 나아가도록 우리를 이끌어 줄 것이다.

11. 철학자들의 인내와 그리스도인의 인내

자, 하나님의 뜻을 상고함으로써 십자가를 지고 그것을 견디는 가장 중요한 이유를 찾았으니, 이제는 철학자들이 말하는 인내와 그리스도인의 인내가 서로 어떻게 차이가 있는지를 간단히 설명해야 하겠다. 사실 철학자들의 경우는, 하나님의 손길이 환난을 통해서 우리를 시험한다는 것을 깨닫고 이 문제에 대해서 하나님을 순종해야 한다는 정도까지 추론해 나아간 예가 거의 없었다. 그들이 제시하는 유일한 이유는 환난이 오면 그대로 당할 수밖에 없다는 것뿐이었다.

그러나 이것은, 우리로서는 도저히 하나님을 대적할 수 없으니 그에게 굴복할 수밖에 없다는 이야기나 다를 바 없지 않은가? 어쩔 수 없이 하나님을 섬길 수밖에 없기 때문에 하나님을 섬기는 것이라면, 그를 섬기지 않아도 될 어떤 방법이 생기면 여지없이 그를 섬기기를 그만둘 것이 아니겠는가?

그러나 성경이 하나님의 뜻 가운데서 생각하라고 요구하는 것은 그런 것과는 매우 다른 것이다. 곧, 첫째는 공의와 공평(equity)을 생각하며, 그 다음에는 우리 자신의 구원을 생각하라는 것이다. 그러므로 인내에 대한 그리스도인의 권면은 이런 본질을 갖고 있다. 가난이나 유배, 옥에 갇히는 것이나, 모욕, 질병이나 가까운 사람이 죽는 일이나 어떤 형태의 악한 일이 생기든 간에, 그런 모든 일들 하나하나가 하나님의 뜻과 그의 섭리가 아니고서는 일어나지 않는다는 것을 생각하여야 하며, 더 나아가서 하나님께서 지극히 완전한 질서대로 그런 모든 일을 행하신다는 것을 생각하여야 하는 것이다.

그러면 무슨 뜻인가? 하나님께서 우리에게 긍휼을 베푸시지만, 우리가 매일 저지르는 무수한 허물들을 볼 때에 오히려 우리가 더 심하고 무거운 채찍을 맞아야 마땅하지 않겠는가? 우리의 육신이 그 본질대로 날뛰며 방종하지 않도록 그것을 억누르고, 말하자면 멍에에 매여 길들이는 것이 지극히 합당하지 않겠는가? 하나님의 공의와 진리는 과연 온갖 고난을 무릅쓰고라도 지킬 만큼 값어치가 있는 것이 아니겠는가?

그러나 하나님의 공평하심이 환난을 통해서 드러나는 것이 분명할진대, 그것에 대해서 불평하며 대항한다면 그것은 정말 죄악된 짓일 것이다. 이제 우리는 "굴복할 수밖에 없으니 굴복하여야 한다"는 식의 철학자들의 헛된 이야기를 듣지 않는다. 오히려 우리는 다음과 같은 활기있고 힘있는 교훈을 듣고 따른다: "순종하라, 이는 대항하는 일이 불법이기 때문이다. 인내로 참으라, 이는 참지 못하는 것이 하나님의 공의를 대적하는 반역 행위이기 때문이다."

그런데, 자기 자신에게 안전과 유익을 준다고 여겨지는 것에만 매력을 느끼는 것이 우리의 연약한 모습이기 때문에, 하늘에 계신 우리 아버지께서는 그가 우리에게 가하신 그 십자가가 동시에 우리의 구원이 된다는 확신을 주시고 그리하여 우리를 위로하시는 것이다. 그러므로 그런 환난이 우리에게 유익이 되는 것이 분명하다면, 그런 환난을 조용히 감사의 마음으로 받아들이지 않을 이유가 어디 있겠는가? 어쩔 수 없어서 그런 환난을 인내로 견디는 것이 아니라, 그 환난으로 말미암아 우리에게 있을 유익을 생각하며 거기에 만족하여 견디는 것이다.

이렇게 생각하면, 십자가를 지면서 본성적으로 쓰라림을 느끼고 괴로워하겠지만, 그러나 동시에 그 만큼 영적인 기쁨으로 가득하게 되며, 그렇게 되면, 기쁨을 느끼지 않고서는 도저히 나올 수 없는 그런 감사가 우리 속에서 우러나오게 되는 것이다. 주님을 향한 찬양과 감사는 즐겁고 기쁜 마음이 아니면 나올 수가 없기 때문에 — 그 어떠한 것도 우리 속에서 나오는 이런 즐거움과 기쁨을 막을 수가 없다 — 십자가의 쓰라린 고통을 신령한 기쁨으로 이기는 일이 얼마나 절실한가 하는 것이 분명해지는 것이다.

주 _____

1. Seneca, *On the Happy Life*, xv. 5.
2. 1권 18장 8절; 3권 4장 31, 35절.

제 9 장

영생에 대한 묵상

(환난을 통해서 이 세상의 삶에 대한 과도한 애착을 버리게 하심. 1-2)

1. 헛된 이 세상의 삶

어떠한 환난이 압박하더라도 우리는 언제나 그 환난에 다음과 같은 목적이 있음을 바라보아야 한다. 곧, 우리로 하여금 될 수 있는 대로 현세의 삶을 무시하고, 그리하여 내세의 삶을 바라고 소망하도록 자극을 받는 데 익숙하게 만들고자 하는 목적이 거기에 있다는 것이다. 하나님께서는 이 세상을 향한 애착에 종으로 매이려고 하는 우리의 본성적인 성향이 얼마나 강한지를 이미 잘 알고 계시므로, 우리가 거기에 너무 강하게 붙잡혀 있지 못하도록 막기 위해서 가장 합당한 수단을 사용하셔서 우리를 다시 일깨우시고 우리의 게으름을 흔들어 없애고자 하신다.

사실 우리 중에 인생 전체를 통틀어서 하늘의 영원한 복락을 사모하고 그것을 얻기 위해서 애쓰기를 원하지 않는 사람은 아무도 없을 것이다. 만일 우리가 짐승보다 나을 것이 없다면 그 얼마나 수치스러운 일이겠는가? 죽은 다음에 영원이 있을 것을 바라는 소망이 우리에게 없다면, 우리가 과연 짐승보다 나은 것이 무엇이겠는가? 그런데 사람들의 계획이나 바라는 소원이나 행동을 살펴보면 온통 이 세상밖에는 아무것도 보이지 않는다.

그러니 인간이 그토록 아둔할 수밖에 없다. 이 세상의 부귀와 권력과 명예의 허망한 빛에 눈이 부셔서 그 이상 아무것도 보지를 못한다. 사람의 마음 역시 탐욕과 야망과 욕심에 사로잡혀 그 속에 완전히 가라앉은 상태이기 때문에 도저히 그것들 위로 올라서지를 못한다. 결국, 인간의 영혼 전체가 육체의 온갖 유혹거리에 걸려서 이 땅에서 찾는 행복에 매달리고 있는 것이다.

이러한 잘못된 상태를 교정하시기 위하여 주님은 이 세상의 삶의 온갖 비참한 상태들을 증거로 제시하심으로써 그의 백성들로 하여금 이 세상의 삶이 헛되다는 것을 분명히 깨닫도록 만드신다. 그리하여, 그들이 스스로 이 세상의 삶속에서 깊고 영구한 평화를 추구하지 않도록 하시기 위해서, 때때로 전쟁과 소요와 약탈과 이런저런 상해(傷害)로 인하여 고통 받도록 허용하기도 하신다.

덧없이 사라지고 말 이 땅의 부귀(富貴)를 지나치게 탐하거나 이미 가지고 있는 재물에 너무 의지하는 일이 없도록 하기 위하여, 주님은 때때로 추방을 당하게도 하시고, 땅에 가뭄이나 기근이 있게도 하시고, 화재나 기타 수단으로 재물에 큰 손해가 나게도 하시며, 또한 풍족한 생활을 누리지 못하도록 허용하기도 하시는 것이다.

또한 결혼 생활이 주는 기쁨으로 인하여 안일(安逸)에 빠지지 않도록 하시려고, 주님은 배우자의 부정한 행위로 곤란을 당하게도 하시고, 자녀의 악행을 통해서 겸손하게 낮추기도 하시며, 가족을 잃는 아픔을 주시기도 하시는 것이다. 그런데, 만일 이런 모든 일을 당하면서도 그것들을 향하여 더 탐닉하게 되면, 주님은 더 이상 허영에 부풀고 자신감에 빠져 교만해지지 않도록 그들에게 질병과 위기들을 주셔서 이 세상의 없어질 것들이 얼마나 불안정하며 덧없는가를 두 눈으로 확실히 보게 하시는 것이다.

그러므로, 이처럼 이 세상의 삶이란 그 자체로 판단하면 괴롭고 풍파가 많고 온갖 면에서 부패해 있으며, 어떠한 점에서도 복된 것이 아니라는 사실을 깨닫게 되면, 그리고 이 세상에서 복이라고 여겨지는 모든 것들이 불확실하며 덧없고 허망하며 또한 악과 뒤섞여 있어서 해롭다는 것을 깨닫게 되면, 그때에 비로소 십자가의 연단을 통해서 올바로 전진하게 되는 것이다. 이런 사실들을 통해서 우리는 이 세상의 삶에서는 구하고 소망을 둘 것이 오로지 투쟁(분투 노력)밖에는 없다고 결론짓게 된다.

그리고 이 세상에서는 면류관을 기대하지 말고, 오직 눈을 들어 하늘을 우러러보면서 하늘의 면류관을 기대해야 한다고 결론지을 수밖에 없다. 왜냐하면,

이 세상의 삶을 멸시하는 자세가 확실하게 생기기 전에는 절대로 장차 올 내세(來世)의 삶에 진지하게 마음을 쏟고 그 삶을 사모하고 동경하게 되지 않는다는 사실을 인정할 수밖에 없기 때문이다.

2. 인생의 허망함을 애써 회피하는 인간의 악한 성향

사실 세상을 무가치하게 보든지, 아니면 세상을 무절제하게 사랑하여 거기에 노예가 되든지 둘 중의 하나지, 이것도 저것도 아닌 중간의 상태라는 것은 없다. 그러므로 영원에 대해서 조금이라도 관심이 있다면 이런 악한 족쇄들을 깨뜨리고 거기서 벗어나도록 부지런히 노력해야 할 것이다. 이 세상의 삶에는 우리를 꾀는 유혹거리들이 많고 또한 겉모양이 즐겁고 아름답고 달콤해 보여서 꾐에 빠지기 쉬운 것들이 너무나 많기 때문에, 이따금씩 주의를 다른 데로 돌리는 것이 우리에게 큰 유익을 준다.

환난을 통해서 계속 자극을 받아도 이 세상의 삶의 비참함을 제대로 가늠하지 못하는 것이 우리의 실태라면, 이 세상에서 계속해서 부귀와 영화를 누리는 상태에서야 오죽 하겠는가? 인생이 마치 연기(煙氣)와 그림자 같은 것이라는 사실은 식자(識者)들만 아는 것이 아니다(참조. 시 102:3, 11). 무식한 자들 사이에 통용되는 격언 가운데도 이것만큼 흔한 것이 없다. 이 사실이야말로 반드시 알아야 할 유익한 사실이라고 생각해서, 사람들은 여러 가지 표현들을 써서 이를 알리고 있다.

그러나 이 사실만큼 사람들이 잘 잊어버리고 소홀히 하는 것이 또 있을까 싶다. 우리는 마치 이 땅에서 영원토록 살 것처럼 생각하고 온갖 계획들을 세우고 실행한다. 장례 행렬이 지나는 것을 보거나 무덤들이 있는 곳을 걸어갈 때면, 죽음의 형상이 우리 눈 앞에 생겨나 인생의 무상함에 대해서 자못 철학적인 감상이 일어나기도 한다. 그러나 누구나 다, 또한 언제나 그런 것도 아니다. 그런 일들을 접해도 아무런 변화가 없이 그냥 지나가는 경우도 많기 때문이다. 그러나 그럴 때에 그런 철학적인 감상이 일어난다 해도, 그것은 그저 순간적인 것에 지나지 않는다. 돌아서는 즉시 사라지고 마는 것이다. 그리고 기억을 할 수 있도록 무슨 흔적을 남기지도 않고, 그저 그렇게 잠깐의 일로 지나가 버리는 것이다. 마치 극장에서 무슨 멋진 장면을 보고 박수를 치는 것처럼 말이다.

게다가 죽음에 대해서만 잊어버리는 것이 아니고 우리의 죽을 운명 그 자체까지도 망각해 버린다. 마치 죽음이 내게는 전혀 미치지 못할 것처럼, 이 땅에서 영원토록 살 것을 기대하고 무기력한 안일함에 빠져 버리는 것이다.

어쩌다 누군가가 "인생은 하루살이다"라는 격언을 던지면 그 말이 진실이라는 것을 인정하기는 하면서도 그 문제에 대해서 계속 주의를 기울이기는커녕, 오히려 영원히 살 것이라는 생각이 우리의 마음을 여전히 사로잡고 있는 것이다. 그러니, 말로써가 아니라 가능한 모든 상황을 실제로 경험함으로써 이 세상의 삶의 비참함을 정말로 믿고 깨닫게 되는 일이 다른 무엇보다 가장 중요한 일이라는 것을 과연 누가 부인할 수 있겠는가? 그렇게 믿고 깨닫게 되어도 여전히 세상의 삶에 대한 악하고도 어리석은 바람과 희망이 사라지지 않는 것을 보지 않는가? 마치 세상의 삶 속에 온갖 좋은 것들이 다 들어 있기라도 한 것처럼 말이다.

그러나 하나님께서 우리를 그렇게 훈련시키신다면, 하나님께서 부르실 때에 그의 부르시는 말씀을 듣고 우리 자신을 흔들어 깨워 나태함에서 벗어나며, 그리하여 세상을 무시하며 전심으로 내세의 삶을 사모하는 방향으로 나아가는 것이 우리의 의무인 것이다.

(이 세상의 삶에 대한 바른 인식이 영생에 대한 묵상으로 이어짐. 3-6)

3. 이 땅의 삶에 대한 감사

신자가 이 땅의 삶에 대해서 무시하는 훈련을 해 나가야 하지만, 그렇다고 해서 인생 자체에 대해서 일종의 혐오감을 갖는다든가 하나님께 불평해서는 안 된다. 이 땅의 삶은, 물론 그 가운데 부패하고 악한 것들이 가득하지만, 그럼에도 불구하고 그것은 무시해서는 안 될 하나님의 축복 가운데 속하기 때문이다. 그러므로, 이 땅의 삶 속에서 하나님의 은택을 인정하지 않는다면 우리는 이미 하나님 자신을 향하여 감사할 줄 모르는 심각한 죄악을 짓고 있는 것이다. 특히 신자들에게 인생이란 하나님의 자비하심의 증거가 되어야 마땅하다. 왜냐하면 인생이 전적으로 신자들의 구원을 촉진시키는 데 이바지하도록 되어 있기 때문이다.

하나님은 신자가 장차 받을 영원한 영광의 기업을 공개하시기 전에, 사소한 증거들 ─ 즉, 날마다 우리에게 베풀어 주시는 축복들 ─ 을 통해서 친히 신자들의 아버지이심을 우리에게 드러내시기를 기뻐하신다. 그러므로, 이 땅의 삶이 우리로 하여금 하나님의 선하심을 접하도록 해준다면, 과연 거기에 선한 것이 티끌도 없는 것처럼 생각하고 그 삶을 혐오하는 것이 온당한 일이겠는가?

그러므로 우리는 이 땅의 삶을 하나님께서 주시는 선하신 선물 가운데 하나로 보는 그런 자세로 느끼며 대해야 마땅할 것이다. 비단 성경에 나타나는 무수한 증거가 아니더라도, 자연 그 자체가 우리로 하여금 하나님께 감사를 돌리도록 권면하고 있다. 하나님은 우리를 자연의 빛 가운데 놓으셨고, 자연을 사용하도록 허락하셨으며, 자연을 보존하는 데 필요한 모든 수단들을 우리에게 베풀어 주셨기 때문이다.

뿐만 아니라 이 땅의 삶이 하늘 나라의 영광을 준비하는 과정이라는 사실을 생각하면, 더더욱 하나님께 감사해야 마땅할 것이다. 주께서는 장차 하늘에서 면류관을 쓰게 될 사람들로 하여금 먼저 이 땅에서 싸움을 싸우도록 정해 놓으셨기 때문이다. 싸움의 모든 어려움들을 극복하고 승리를 얻은 다음에 마침내 완전한 승리를 얻도록 하신 것이다.

이 땅의 삶에 대해서 하나님께 감사해야 할 다른 이유가 한 가지 더 있다. 이 땅에서 우리는 온갖 다양한 방식으로 하나님의 선하심을 미리 맛보는 체험을 하지만, 그것은 하나님의 선하심이 완전히 드러날 그때를 사모하고 소망을 갖도록 하기 위함이다. 그러므로 이 땅의 삶이 하나님의 자비하신 선물이라는 것을 분명히 알면, 그것을 바라볼 때에 그 점을 기억하고 감사하는 것이 마땅한 일이다. 그렇게 되면 그 다음에는 이 세상의 삶의 부패성을 생각하게 되고, 그리하여 이 땅의 삶에 대한 지나친 애착 — 우리는 본성적으로 계속해서 여기에 빠지게 된다 — 을 피하게 되는 것이다.

4. 영생을 사모함

이 땅의 삶에 대한 이처럼 지나친 애착이 사라지는 것과 비례해서, 더 나은 삶을 사모하는 마음이 늘어나야 한다. 이 세상에 태어나지 않는 것이 가장 좋고, 태어난 다음에는 일찍 죽는 것이 가장 좋다고 생각하는 사람들이 있으나, 내가 보기에도 그 사람들의 생각이 정말 옳다고 여겨진다(참조. 전 4:2-3). 하나님과 참된 신앙의 빛이 없는 상태에서 과연 이 세상의 삶 속에서 비참하고 추악한 것 이외에 또 무엇을 볼 수 있겠는가?

이렇게 보면, 친족이 출생할 때에는 슬픔과 눈물로 맞으며, 또한 그들이 죽어 장사 지낼 때에는 오히려 엄숙하게 기뻐하는 사람들의 행동이 전혀 일리가 없는 것은 아니라 생각된다. 그러나 그렇게 해도 그들에게는 아무런 유익이 없었다. 왜냐하면 참된 믿음에 대한 가르침을 받지 못했으므로, 그 자체로서는 복된 것도 아니요 그렇다고 바람직한 것도 아닌 그런 일이 어떻게 해서 경건한 자에게는 유익이 되는지를 깨닫지 못했기 때문이다. 그렇기 때문에 그들의 그런 생각과 행동은 그저 절망 가운데서 나온 것뿐이다.

그러므로 신자는 죽을 인생을 생각하며 그 비참한 상태를 깨닫는 동시에, 내세의 영원한 삶을 사모하는 일에 더 깨어 있고 더 열심을 내어야 할 것이다. 장차 올 영원한 삶과 비교할 때에, 현재의 삶은 무시해 버려도 무방할 뿐 아니라, 오히려 철저하게 경멸하고 싫어하는 것이 마땅할 정도다. 하늘이 우리의 본향이라면, 이 땅은 우리가 사로잡혀 있는 유배지(流配地)가 아니고 무엇이란 말인가? 이 세상을 떠나는 것이 생명으로 들어가는 것이라면, 세상은 무덤이 아니고 무엇이겠는가? 또한 이 세상에 살아 있다는 것은 죽음 속에 잠겨 있는 것이 아니고 무엇이겠는가? 육체에서 벗어나는 것이 충만한 자유를 얻는 것이라면, 육체가 감옥이 아니고 무엇이란 말인가? 하나님의 임재하심을 누리는 것이 행복의 가장 높은 정상(頂上)이라면, 하나님의 임재하심이 없는 상태는 비참의 상태가 아니고 무엇인가?

우리가 몸에 거할 때에는 "주와 따로 있는" 법이다(고후 5:6). 그러므로 이 땅의 삶을 하늘의 삶과 비교하면, 이 땅의 삶은 멸시를 당하고 발 밑에 밟히고 마는 것이 당연한 것이다. 그러나 이 땅의 삶이 우리를 계속해서 죄에 속하게 만든다는 한 가지 사실만 제외하고는, 절대로 이 땅의 삶을 혐오하거나 증오해서는 안 된다. 또한 그런 점에 대해서 혐오심을 가지더라도 이 땅의 삶 자체에 대해서는 그런 혐오심이나 증오심을 가져서는 안 되는 것이다.

여하튼, 우리로서는 이 땅의 삶으로 인하여 지치거나 그 삶을 혐오하는 마음에 영향을 받아서 그 삶이 속히 끝나기를 간절히 바라게 될지라도, 그 삶을 계속하는 것이 주님의 뜻이라면 기꺼이 그 뜻에 따르겠다는 자세를 확고히 가짐으로써, 이 땅의 삶에 지쳐서 불평하거나 조급해하는 일이 없도록 해야 할 것이다.

이 땅의 삶은 마치 주께서 우리에게 지정하셔서 배치하신 초소(哨所)와도 같은 것이므로, 주께서 다시 부르실 때까지 그 자리를 굳게 지켜야 하는 것이다. 바울은 사실 육체의 족쇄에 매여 있는 자신의 처지를 한탄하면서 거기서 벗어나기를 간절히 원했다(롬 7:24). 그러나 그럼에도 불구하고 그는 하나님의 명령에 순종하여 어느 쪽이라도 취할 자세가 되어 있다고 선언한다. 그러나 어느 쪽이 하나님께 영광이 되는지는 오직 하나님께서 결정하실 문제고, 살든지 죽든지 하나님의 이름을 영화롭게 하는 것이 자신의 의무라는 것을 그는 잘 알고 있었던 것이다(빌 1:20-24).

그러므로 살아도 주를 위하여 살고 죽어도 주를 위하여 죽는 것이 우리에게 합당한 일이라면(롬 14:8), 우리의 삶과 죽음의 시기(時期)에 대해서는 주께 맡겨 버리도록 하자. 그러면서 동시에 죽음을 향하여 강한 열정을 가지며 그것을 계속해서 묵상하며, 또한 미래에 올 영원한 삶과 비교하면서 죄로 얽어매는 이 땅의 삶을 멸시하며, 언제 주께서 부르시든지 간에 기꺼이 이 삶을 마감하기를 사모하도록 하자.

5. 죽음에 대한 두려움을 극복함

그런데 아주 이상스럽게도, 스스로 그리스도인이라고 자랑하는 많은 사람들이 이렇게 죽음을 사모하기는커녕 오히려 죽음을 두려워하면서 죽음에 대해 이야기하는 것조차도 무슨 불길한 징조가 되는 것처럼 벌벌 떨고 있는 것을 본다. 물론 우리가 사라진다는 말을 들을 때에 본성적으로 다소간 충격을 느끼는 것은 놀랄 일이 아니다. 그렇지만, 어느 때에 그런 충격을 받든지 간에 그보다 더 큰 위로로 그 두려움을 극복하고 이길 수 있는 경건의 빛이 그리스도인의 마음에 없다면, 그것은 정말로 그대로 묵과할 수 없는 심각한 문제다.

이처럼 불안정하고 결점이 많고 썩어지며, 사라져 가며, 쇠하여 가는 우리의 육체의 장막이 무너지면, 견고하며 완전하며 썩지 않고 아름다운 하늘의 영광 가운데 있는 것으로 새로움을 입게 된다는 것을 생각할진대, 본성으로는 죽음을 두려워한다 할지라도 오히려 믿음으로 그것을 더 열심히 사모하는 것이 당연한 일이 아니겠는가? 우리가 죽으면 유배지에서 다시 부름을 받아 하늘의 본향으로 돌아가 거기서 살게 되는 것이라는 사실을 생각할 때에, 과연 이 사실에서 아무런 위로도 받지 못한단 말인가?

그렇지만, 영원토록 있기를 원하지 않는 존재가 어디 있느냐고 반박할 사람이 있을지도 모르겠다. 나도 물론 그 점은 인정한다. 그리고 그렇기 때문에 우리가 더더욱 내세의 영원한 삶을 사모해야 하는 것이다. 거기서 비로소 영원한 우리의 상태에 이르게 되기 때문이다. 이 땅에서는 어디에서도 그런 영원한 상태에 이를 수가 없는 것이다. 바울 사도는 신자들에게 죽기를 사모하라고 권면하지만, 그것은 "벗은 자들로 발견되지 않고 오히려 우리 처소로 덧입기" 위함이라고 한다(고후 5:2, 3).

낮고 천한 짐승이나 나무나 돌 같이 생명이 없는 피조물까지도 그들의 현재의 허망한 처지를 의식하고 마지막의 부활을 사모하며 하나님의 아들들과 함께 헛된 데서 구원받기를 바라고 있다면(롬 8:19), 과연 지성의 빛을 부여받았고, 또한 지성과 함께 하나님의 성령으로 말미암아 일깨움을 받은 우리가 정작 우리의 본질이 문제가 될 때에 이 땅의 썩어져 가는 상태 이상을 한 치도 벗어나지 못한다는 것이 과연 말이 되는 일인가?

그러나 이런 큰 악행을 공격하는 것이 나의 목적은 아니다. 그리고 여기서 그렇게 공격하는 것이 합당한 것도 아니다. 애초에 내가 말한 바와 같이, 나로서는 지극히 상식적인 쓸데없는 문제들에 대해서 복잡하게 문제를 제기하고 싶지 않다. 이 문제에 대해서 그렇게 희미한 사람은 키프리아누스의 「죽을 운명에 대하여」(On the Mortality)라는 짧은 글을 읽어 보기를 바란다. 그러면 죽음에 대해 그토록 초연한 철학자들의 모습을 보면서 얼굴이 붉어지는 것을 느끼게 될 것이다.[1]

자, 이 한 가지는 분명히 정해진 사실로 인정하도록 해야겠다. 곧, 죽음과 마지막 부활의 날을 기쁨으로 사모하지 못하는 사람은 그리스도의 학교에서 별로 자라지 못한 사람이라는 사실 말이다. 사도 바울은 바로 이 사실을 근거로 삼아서 모든 신자들을 구분하고 있다(딤후 4:8; 딛 2:13). 그리고 성경은 진정한 기쁨에 대해 말씀할 때마다 계속해서 그런 방향으로 우리를 이끌어간다. 우리 주님은 말씀하시기를, "일어나 머리를 들라. 너희 속량이 가까웠느니라"(눅 21:28)라고 하신다.

한 가지 물어보고 싶은 것이 있다. 주께서 우리에게 기쁨을 주고, 사기를 북돋는 강력한 효과를 내게 하시려고, 우리에게 주신 그것을 대하면서 슬픔과 당혹감밖에는 얻지 못한다면, 과연 이것이 온당한 일이겠는가? 그리고 만일 그런 상태가 온당한 일이라면, 도대체 어째서 그를 우리의 주님이라고 자랑하고 있단 말인가?

그러므로, 이제 올바른 생각을 갖도록 하자. 그리고 우리의 육체가 눈먼 상태에서 어리석은 것들을 사모하며 아무리 방해한다 할지라도, 머뭇거리지 말고 주님이 강림하시기를 기다리자. 주께서 오시기를 그냥 사모하는 정도가 아니라, 그 일을 모든 일 가운데 가장 고귀한 일로 여기고 한숨과 탄식으로 간절히 바라고 기다리도록 되어야 할 것이다. 주께서 반드시 구속주로 강림하사 악과 비참이 가득한 이 깊고 깊은 구렁텅이에서 우리를 구원하셔서 그의 생명과 영광의 복된 기업을 얻도록 인도하실 것이다.

6. 영생을 사모함으로 얻는 위로

한 가지 분명한 사실은, 이 땅에 사는 동안 신자들은 모두가 다 그들의 머리이신 그리스도를 본받아서 도살장에 끌려가는 양 같이 되어야 한다는 것이다(롬 8:36). 그러므로, 신자가 하늘에 마음을 두고 이 세상의 모든 것들보다 높아져서 현재의 일들을 그렇게 초월하지 않는다면, 그들이야말로 가장 비참한 처지에 있는 사람들일 것이다(고전 15:19). 그러나 이 땅의 모든 것들을 넘어서서 고개를 위로 들어 하늘을 바라보게 되면, 아무리 악인들이 이 땅에서 부귀와 영화를 누리고 평화를 누리며 자기들이 지닌 모든 화려하고 사치한 것들을 자랑하며 온갖 즐거움을 다 누리는 것처럼 보일지라도, 더 나아가서 악인들에게 괴로움을 당하고 그들의 교만 때문에 모욕을 당하며 그들의 탐욕 때문에 약탈을 당하고 어려움을 당한다 할지라도, 이러한 모든 악조건들 속에서 꿋꿋하게 견뎌나가게 될 것이다.

신자는 그날을 향하여 시선을 돌릴 것이다. 곧, 주께서 그의 신실한 종들을 영접하사 눈에서 눈물을 씻기시며, 영광과 희락의 옷을 입히시며, 말로 형언할 수 없는 즐거움으로 먹이시고, 그들을 높이사 그와 함께 고귀한 교제를 나누게 하시며, 한 마디로 말해서 그들을 영접하사 그의 복락에 함께 참여하게 하실 그날을 분명하게 바라보게 되는 것이다(사 25:8; 계 7:17; 집회서 6:31).

그러나 악인은 이 세상에서 번영을 누렸을지라도, 극한 수치와 함께 망하게 하실 것이요, 기쁨이 변하여 고통이 되게 하실 것이요, 즐거움과 웃음이 변하여 슬피 울며 이를 갊이 있게 하실 것이요, 평화가 변하여 양심의 찔림이 되게 하실 것이며, 그들의 사치를 꺼지지 않는 불로 벌하실 것이며(참조. 사 66:24; 마 25:41; 막 9:43, 46; 계 21:8), 또한 그들에게서 고통을 당한 경건한 성도들의 발 밑에 머리를 조아리게 만드실 것이다.

사도 바울도 이렇게 말씀한다: "너희로 환난을 받게 하는 자들에게는 환난으로 갚으시고 환난을 받는 너희에게는 우리와 함께 안식으로 갚으시는 것이 하나님의 공의시니 주 예수께서 자기의 능력의 천사들과 함께 하늘로부터 불꽃 가운데에 나타나실 때에 하나님을 모르는 자들과 우리 주 예수의 복음에 복종하지 않는 자들에게 형벌을 내리시리니 이런 자들은 주의 얼굴과 그의 힘의 영광을 떠나 영원한 멸망의 형벌을 받으리로다"(살후 1:6-9).

과연 이것이야말로 우리의 유일한 위로가 아닐 수 없다. 이런 위로가 없다면, 우리는 절망에 빠지거나 아니면 이 세상이 주는 헛된 위로에 사로잡혀서 멸망에 빠지고 말 것이다. 시편 기자는 고백하기를, "나는 거의 넘어질 뻔하였고 나의 걸음이 미끄러질 뻔하였으니 이는 내가 악인의 형통함을 보고 오만한 자를 질투하였음이로다"(시 73:2, 3)라고 한다. 그러나 그는 성소에 들어가서 의인과 악인의 마지막 결국을 깨달은 다음에야 비로소 평안을 찾았다(17절). 한 마디로 결론을 짓는다면, 신자들이 시선을 돌려 그리스도의 부활의 능력을 분명하게 바라볼 때 신자들의 가슴속에서 그리스도의 십자가가 마침내 마귀와 육체를 무찌르고, 죄와 죄인들을 무찌르고 승리하게 되리라는 것이다.

주
1. Cyprian, *On the Mortality*, iii. 1.

제 10 장

∽◌∾

이 세상의 삶을 사는 자세

(이 세상의 좋은 것들은 하나님의 선물들임. 1-2)

1. 극단적인 사고의 위험성

이런 기본적인 교훈을 통해서 성경은 동시에 이 땅의 갖가지 은택을 어떻게 올바로 사용할지에 대해서도 잘 가르쳐 준다. 이는 우리의 삶을 이끌어가는 것으로서 절대로 무시해서는 안 될 문제다. 이 땅에서 살기 위해서는 삶을 지탱해 주는 이러한 필수적인 것들을 사용하지 않을 수가 없다. 그리고 꼭 필수적인 것은 아니지만 우리에게 즐거움을 가져다주는 것들 중에도 도무지 피할 수 없는 것들이 있는 것이다. 그러므로 필요를 위해서 사용하든 즐거움을 위해서 사용하든 이 땅의 것들을 청결한 양심으로 사용할 수 있는 한 가지 방도를 찾아야 할 것이다.

주님께서는 이런 방도를 친히 말씀으로 가르쳐 주신다. 곧, 주의 백성들에게는 이 땅의 삶이 일종의 나그네의 삶이요, 이 땅의 삶을 사는 동안 하늘 나라를 향해 속히 나아가는 것임을 말씀하시는 것이다(레 25:23; 대상 29:15; 시 39:13; 119:19; 히 11:8-10, 13-16; 13:14; 벧전 2:11). 만일 과연 이 세상이 그저 지나가는 것에 불과하다면, 이 땅의 삶 가운데 유익한 것들을 사용하되, 하늘 나라를 향하여 나아가는 우리의 걸음을 지연시키지 않고 그 걸음을 도울 수 있는 범위 내에서 사용해야 한다는 것은 의심의 여지가 없는 사실일 것이다. 그리하여 사도 바울은, 이 세상의 물건들을 마치 사용하지 않는 것처럼 사용하며, 물건을 살 때에도 그 물건을 팔 때와 똑같은 자세를 가지라고 권면하고 있는 것이다(고전 7:30-31).

그러나 이 문제는 아주 미묘하여 자칫 잘못하면 양 극단의 오류로 빠져들기가 쉽기 때문에, 우리로서는 안전하게 설 수 있는 위치에 발을 든든히 딛고 있도록 해야 한다. 훌륭하고도 거룩한 몇몇 사람들의 경우에도, 엄격하게 제재를 가하지 않으면 무절제와 방종이 끝없이 지나친 데로 나아가는 것을 보고서 그런 위험한 악한 상태를 교정하고자 하는 열심을 강하게 가졌고, 그리하여 그것을 막는 유일한 방법은 바로 이 세상의 물건들 가운데 반드시 필수적인 것들만 사용을 허용하는 것이라고 생각하는 것을 보게 된다.

이것은 참 경건한 생각이었지만, 그러나 너무 지나치게 엄격한 것이었다. 하나님의 말씀보다 훨씬 더 도가 지나치게 사람의 양심에 족쇄를 채워놓는 격이며, 그렇다면 그것은 매우 위험한 일이 아닐 수 없다. 그리하여 그 사람들은 사람이 원하는 온갖 것들을 모두 다 금지하는 방향을 나아가게 되었고, 그리하여 맨 빵과 물 이외에 다른 것을 첨가하는 일은 거의 불법으로까지 여기는 정도가 되어 버렸다. 또 이보다 더 심한 사람들도 있었다. 테베 사람 크라테스(Crates the Theban)는 자기의 모든 소유를 바다에 내다 버렸다고 한다. 자기가 그것들을 없애지 않으면 그것들이 자기를 망하게 할 것으로 생각하고 그렇게 했다는 것이다.

또한 이와 반대로, 오늘날 외형적인 물질을 사용하는 데 있어서 무절제한 탐욕을 스스로 변명하면서 방종한 삶으로 나아가는 길을 터놓으려 하며, 도무지 인정할 수 없는 그런 일들을 아주 당연시하는 사람들도 많다. 그러면서 그들은, 각자가 자기 양심에 따라서 합당하다고 생각하는 대로 자유롭게 물질을 사용할 수 있는 것이지 무슨 한계를 그어서 사람의 자유를 제재(制裁)할 것이 아니라고 한다. 물론 사람의 양심을 명문화 된 어떤 확실한 법을 통해서 구속한다는 것은 가능하지도 않고, 또 그래서도 안 된다는 것은 나도 인정한다. 그러나 성경이 물질을 합당하게 사용하는 문제에 대해서 일반적인 규범을 제시하고 있으므로, 우리로서는 그 규범의 한계를 지켜야 마땅할 것이다.

2. 땅의 것들을 인간에게 베푸시는 하나님의 목적

우리로서는 다음과 같은 원리를 따라야 할 것이다. 곧, 하나님이 섭리로 베풀어 주시는 것들을 사용할 때에 그것들을 만드시고 주신 하나님의 목적에 맞추어서 사용하면 잘못을 범하지 않는다는 것이다. 하나님께서 그것들을 창조하신 것은 우리를 망하게 하기 위함이 아니라 우리에게 유익을 주기 위함이기 때문이다. 그러므로 이 목적을 조심스럽게 늘 바라보는 사람만큼 정도(正道)를 잘 걷는 사람은 없을 것이다. 자, 그러면, 하나님은 어떤 목적을 가지고 음식을 창조하셨을까? 음식이 사람의 생명을 지탱하는 필수품이기 때문에 음식을 창조하기도 하셨지만, 아울러 우리에게 즐거움과 기쁨을 주기 위해서 음식을 창조하기도 하셨다는 것을 깨닫게 된다.

뿐만 아니라, 의복의 경우도 그 목적이 물론 필수적인 요소를 만족시키는 것이기도 하지만 또한 아름다움과 정숙함을 충족시키고자 하는 것이기도 하다. 또한 풀과 각종 열매와 나무들의 경우도 갖가지 필수적인 용도 이외에 그 모습의 아름다움과 향긋한 냄새가 있다(창 2:9). 그렇지 않다면, 선지자가 하나님께서 베푸신 자비하신 일들을 열거하는 가운데 "사람의 마음을 기쁘게 하는 포도주와 사람의 얼굴을 윤택하게 하는 기름과 사람의 마음을 힘있게 하는 양식을 주셨도다"(시 104:15)라는 말을 하지 않았을 것이다. 또한 성경도 어디서나 하나님의 자비하심을 거론하는 가운데 그런 것들을 사람에게 주신 사실을 언급하지도 않았을 것이다.

뿐만 아니라, 만물들 자체의 본질적인 특성들만 보아도 우리는 그것들이 어떤 목적으로 만들어졌으며, 또한 그것들을 어느 정도까지 정당하게 누릴 수 있는지를 알고도 남는다. 주께서 꽃들을 주시면서 우리 눈에 즐거움을 주는 아름다움과 또한 후각(嗅覺)을 즐겁게 해 주는 향기를 함께 주셨는데, 그 아름다움과 그 향기를 즐기는 것이 우리에게 합당치 않다는 말인가? 주님께서는 색깔들을 서로 구분해 놓으셔서 그 가운데서 어떤 것들은 다른 것보다 더 어울리도록 만드시지 않으셨는가? 또한 금이나 은, 또는 상아나 대리석에게 특별한 가치를 주셔서 다른 금속이나 돌보다 훨씬 더 귀중하게 만들어 놓지 않으셨는가? 간단히 말해서, 주님은 많은 물건들에게 필수적인 용도와는 상관이 없는 다른 특별한 가치를 주셔서 우리로 하여금 그것들을 즐기게 하셨다는 것이다.

(각자의 소명을 따라 성실히 섬겨야 함. 3-6)

3. 하나님의 목적을 든든히 붙잡음

그러므로, 사물의 필수적인 용도만을 인정하고 그 외의 용도는 모두 부인해

버리는 비인간적인 사고는 버려야 한다. 그런 사고는 하나님의 은혜로 말미암아 베풀어지는 정당한 열매를 우리에게서 빼앗아가는 것은 물론이요, 사람이 모든 감각을 빼앗겨서 목석(木石)이 되지 않는 한 도저히 실현할 수도 없는 것이다.

그러나 또 한편으로, 육체의 정욕을 경계하는 일에도 열심을 내야 한다. 육체의 정욕이란 절제하지 않으면 반드시 모든 한계를 깨뜨려 지나치게 되고, 또한 이미 말한 바와 같이, 자유를 빙자하여 온갖 방종을 다 허용하는 자들이 거기에 편승하게 되기 때문이다. 첫째로, 만물을 창조하신 목적이 우리로 하여금 그것들을 지으신 분을 알고 또한 그의 은혜에 대해 감사를 느끼도록 가르치기 위함이라는 사실을 확실히 붙잡는 것이 육체의 정욕을 억제하는 한 가지 길이다. 만일 여러분이 향연(饗宴)에 빠지고 포도주에 취하여 경건한 의무들과 여러분의 사명들을 올바로 감당하지 못한다면, 과연 하나님을 향한 감사가 어디 있겠는가? 과도한 탐닉으로 인하여 정욕이 끓어 넘쳐 육체가 부정(不淨)한 것으로 정신을 오염시켜서 올바르고 존귀한 것을 도무지 분별하지 못하게 된다면, 과연 하나님을 인정하는 것이 어디 있겠는가?

화려한 의복 때문에 스스로 뽐내며 다른 사람들을 무시하게 된다면, 과연 의복에 대해서 하나님께 감사하는 마음이 어디 있겠는가? 혹은, 우아하고 화려한 것을 사랑하여 뻔뻔스러운 행동을 하게 된다면 또 어떻겠는가? 그런 화려한 치장에만 온통 마음이 가 있다면, 도대체 하나님을 인정하는 것이 어디 있겠는가? 화려한 것에 온통 감각을 다 쏟아 부어서 정신이 완전히 파묻혀 버린 사람들이 얼마나 많은지 모르는 것이다. 대리석이나 금이나 그림들을 너무나 좋아한 나머지, 그 마음이 마치 대리석 같이 굳어져 버리고 마치 금속처럼 변해 버리고 마치 그림 속의 인물처럼 되어 버리는 경우도 얼마나 많은지 모른다.

부엌에서 나는 향긋한 음식 냄새에 완전히 취해 버려서 영적인 것에 대해서는 전혀 냄새를 맡을 줄 모르는 사람들이 또 얼마나 많은지 모른다. 다른 방면에서도 똑같은 현상들을 볼 수 있다. 그러므로, 방종에 빠지는 것을 억제하고 또한 "정욕을 위하여 육신의 일을 도모하지 말라"(롬 13:14)는 사도 바울의 원칙에 순종하는 일이 정말 필요하다는 것이 너무나도 분명한 것이다. 이것들에게 지나친 자유를 허용하게 되면, 한정 없이 끓어 넘쳐서 도저히 통제할 수가 없게 되어 버리는 것이다.

4. 두 가지 원칙

그런데, 이를 이루기 위해서는 현재의 삶을 멸시하며 천국에서 누릴 그 영원한 삶을 묵상하는 것보다 더 확실하고 빠른 길이 없다. 그러므로 여기서 두 가지 원칙이 생겨난다. **첫째는**, "이 후부터 아내 있는 자들은 없는 자 같이 하며," "세상 물건을 쓰는 자들은 다 쓰지 못하는 자 같이 하라"(고전 7:29, 31)는 것이다. 그리고 **둘째는**, 풍부한 상태를 검소하게 견디는 것은 물론 빈곤한 상태를 평화롭게 인내로 견디는 법을 배워야 한다는 것이다. 세상 물건을 쓰되 쓰지 않는 것처럼 쓰는 사람은 음식을 밝히는 무절제한 식욕, 그리고 집이나 의복에 대한 지나친 야망, 자존심, 교만함, 결벽증 같은 것은 물론, 천국의 삶을 생각하는 일과 영혼을 살찌게 하는 열정을 가로막거나 방해하는 온갖 근심과 애착까지도 끊어내는 것이다.

오래 전에 카토(Cato)가 한 다음의 말은 아주 적절하다 하겠다: "의복에 대한 큰 관심은 덕(德)에 대한 크나큰 무관심을 만들어낸다."[1] 그리고 옛 사람들의 격언을 빌려서 이야기하자면, "육체에 온통 마음이 가 있는 사람은 대개 영혼에 대해서는 별 관심을 두지 않는다"는 것이다.

그러므로, 외형적인 문제들에 관한 신자들의 자유를 어떤 철저한 규정 따위로 매어둘 수는 없겠지만, 그럼에도 불구하고 그 자유를 행사할 때마다 다음과 같은 원칙이 적용되어야 마땅할 것이다. 즉, **가능한 한 적게 탐하며, 반대로 사치를 제거하는 것은 물론 지나치게 풍부한 상태를 모두 끊어내며, 또한 도움이 되는 것들이 오히려 방해거리가 되지 않도록 부지런히 경계하는 것을 우리의 끊임없는 목표로 삼아야 한다**는 것이다.

5. 세 번째 원칙

두 번째 원칙은, 가진 것이 별로 없는 사람들은 그들의 궁핍한 상태를 인내로 견디기를 배워서 물질에 대한 지나친 욕심으로 고통을 받는 일이 없도록 해야 한다는 것이다. 물질을 검소하게 사용한다는 것은 바로 주님의 학교에서 상당히 많이 전진했다는 표시가 된다. 또한 이 부분에서 전혀 진전이 없는 사람들은 자기들이 그리스도의 제자라는 사실을 입증할 방법이 거의 없는 것이나 마찬가지일 것이다. 물질을 탐하면 온갖 악이 거기에 따라 붙는다는 사실은 제쳐두고라도, 빈곤의 상태를 제대로 견디지 못하는 사람들은 풍부한 상태에 처하면 대부분 그와 정반대의 증상을 보이게 된다.

내가 말하고자 하는 요점은 바로 이것이다. 초라한 의복을 부끄러워하는 사람은 값비싼 의복을 입으면 자랑하고 싶어 안달이 난다. 초라한 음식에 만족할 줄 모르고 더 화려한 식사를 하고 싶어 욕심을 내는 사람은 막상 그런 식사를 할 수 있는 형편이 되면 무절제하게 사치를 부리고 남용하게 되는 법이다. 초라한 상태를 견디지 못해서 아주 힘들어 하고 그런 상태를 어쩔 수 없이 억지로 참는 사람은 부귀와 영광을 얻으면 오히려 거꾸로 교만해져서 도무지 어쩔 수 없는 상태에 빠지고 마는 것이다.

그러므로, 과연 경건에 이르기를 배우고자 하는 순전한 열심이 있다면, 우리 모두 사도의 모범을 따라서 "비천에 처할 줄도 알고 풍부에 처할 줄도 알아 모든 일 곧 배부름과 배고픔과 풍부와 궁핍에도 처할 줄 아는 일체의 비결"을 배워야 할 것이다(빌 4:12).

뿐만 아니라, 사랑에 대해 다룰 때에 이미 말한 바 있거니와, 성경은 세상의 물질을 사용하는 문제에 대해서 **세 번째** 원칙을 제시해 준다. 그것은 곧, **모든 물질이 하나님의 자비하심으로 우리에게 주어졌으며, 또한 그 물질들은 우리에게 맡겨진 것들로서 후에 그것들을 사용한 모든 일에 대해서 각자 하나님 앞에서 정산(精算)할 때가 온다**는 것이다. 그러므로 우리는 언제나, "네가 보던 일을 셈하라"(눅 16:2)는 말씀을 염두에 두면서 물질을 운용해야 할 것이다. 동시에 그렇게 정산을 요구하시는 분이 과연 어떠한 분이신가를 기억해야 하겠다.

그분은 절제와 검소함과 단정함과 적절함을 장려하시며, 또한 과도한 것과 교만과 겉치레와 허황된 것을 가증히 여기는 분이시다. 또한 사랑이 함께 들어 있지 않은 물질 운용은 인정하지 않는 분이시며, 뿐만 아니라 사람의 정신을 정절과 순결한 상태에서 벗어나게 만들고 지성을 어둡게 만드는 온갖 쾌락거리들을 친히 입으로 정죄한 분이시다.

6. 각자가 받은 소명을 따라 행함

마지막으로 주목해야 할 사실은, 주님은 우리들 각자가 인생의 온갖 활동을 하는 가운데 우리 각자의 소명(召命:부르심)을 기억하고 존중할 것을 명하신다는 것이다. 인간의 마음이 얼마나 안절부절못하고 끓어오르며, 변덕으로 이랬다저랬다 하며, 단번에 이것저것을 다 잡으려는 야망이 얼마나 강한지를 하나님은 잘 알고 계신다. 그러므로 우리의 어리석음과 경솔함으로 인해서 모든 일이 혼란에 빠지는 일이 없도록 하기 위해서, 하나님은 각자각자 자기에게 주어진 삶 속에서 실행할 분명한 의무들을 지정해 주셨다. 그리고 사람마다 자기에게 주어진 적절한 한계를 벗어나지 않도록 하기 위해서, 하나님은 이처럼 각기 다른 삶의 양태를 "소명"이라 이름하셨다.

그러므로 개개인에게 주어진 삶의 양태는 주님이 지정해 주신 일종의 초소(哨所)와도 같아서, 아무렇게나 마음 내키는 대로 거기서 벗어나서 이리저리 방황할 수 없는 것이다. 자, 이렇게 구분해 살피는 일은 너무나 절실하다. 우리의 모든 활동들이 전부 그것을 근거로 하나님 앞에 판단을 받으며, 그렇기 때문에 그 판단이 인간의 이성이나 철학으로는 도무지 가늠할 수 없는 그런 방식으로 이루어지는 경우가 허다한 것이다. 철학자들이 보기에는 사람이 자기 조국을 압제에서 해방시키는 일보다 더 고귀한 활동이 없을 것이다. 그러나 개인이 압제자에게 손을 대면, 하늘의 심판자이신 하나님께서는 그 사람을 친히 정죄하시는 것이다(삼상 24:7, 11; 26:9).

그러나 이에 대해서 구체적인 실례들을 드느라 시간을 소비하고 싶지는 않다. 모든 일에 하나님의 소명이 바른 활동의 시작이요 기초라는 사실을 알면 그것으로 족할 것이다. 하나님의 소명에 따라서 행하지 않는 사람은, 정도(正道)를 따라 하나님 앞에 의무를 다한다 할 수가 없을 것이다. 그런 사람도 때로는 무언가 칭찬받을 만하게 보이는 일을 할 수 있을 것이다. 그러나 사람이 보기에 어떻든지 간에 그런 사람이 행하는 일은 하나님의 보좌 앞에서는 도무지 인정을 받지 못한다. 뿐만 아니라, 그 사람의 인생의 각 부분부분이 서로 조화를 이루지 못하고 말 것이다.

그러므로, 이처럼 자기의 소명을 이루는 일을 삶의 목표로 두는 사람만이 적절히 틀이 잡힌 삶을 살아간다 하겠다. 자기에게 지정된 한계를 넘어서는 일이 온당치 못하다는 것을 잘 알므로, 경솔하게 충동적으로 움직이지도 않고, 자기의 소명에 합당한 정도 이상을 시도하지 않을 것이기 때문이다. 아무리 미천한 처지에 있다 할지라도 자기의 의무를 저버리고 사사로운 생활을 추구하지 않는다. 그렇게 하면 하나님이 자기에게 지정해 주신 일과 사명을 저버리는 것이 되기 때문이다.

또한 아무리 근심과 수고와 언짢은 일이나 부담스러운 짐이 많다 할지라도 그 모든 일이 하나님의 감독 아래 있다는 사실을 안다면, 결코 작지 않은 위로를 얻게 되는 것이다. 다스리는 자리에 있는 사람 역시 자기의 직분을 더욱 의욕적으로 수행할 것이며, 한 가정의 가장(家長) 역시 자기에게 주어진 의무를 다할 것이다. 자기에게 주어진 소명을 다하는 사람은 누구나 자기에게 닥치는 온갖 불편과 근심거리, 지치게 만드는 것들과 걱정거리들이 모두 하나님께서 지워 주시는 것임을 깨닫고 아무런 불평 없이 지고 나아가는 것이다.

이렇게 하면 아주 귀한 위로가 생긴다. 곧, 여러분에게 주어진 소명을 따라 나아가면, 아무리 천하고 추한 일을 한다 할지라도, 그 일이야말로 하나님 보시기에는 찬란하고 고귀한 것이라는 것을 깨닫게 된다는 것이다.

주

1. Ammianus Marcellinus, *De rebus gestis*, XVI, v. 2.

제 11 장

~~~~~

믿음으로 말미암는 칭의:
용어 정의와 문제의 요점

(칭의와 중생: 용어의 정의. 1-4)

1. 칭의의 교리의 위치

사람이 율법의 저주에서 벗어나 구원을 회복할 수 있는 유일한 수단이 바로 믿음에 있다는 사실에 대해서는 이미 충분히 설명했다고 믿는다. 그리고 그 믿음의 본질이 무엇이며, 또한 그것이 사람에게 베풀어 주는 혜택이 무엇이며, 그것이 사람에게서 생겨나게 하는 열매들이 무엇인지에 대해서도 이미 설명을 했다고 믿는다.[1]

이제 그 내용들을 정리하기로 하자. 하나님의 자비하심으로 말미암아 그리스도를 우리에게 주셨으므로, 우리는 믿음으로 그를 깨닫고 소유하는 것이다. 그리고 믿음으로 그를 소유하게 되면 두 가지 은혜를 받게 된다. 곧, 첫째는 그리스도의 의(義)로 말미암아 우리가 하나님과 화목됨으로써 하나님께서 재판관이 아니라 자비하신 아버지가 되신다는 것이요, 둘째는 그리스도의 영으로 말미암아 거룩하게 되어 흠이 없고 순결한 삶을 배양하게 된다는 것이다. 이 두 번째 은혜, 즉, 중생에 대해서는 충분할 만큼 이미 말한 바 있다.

그러나 칭의(稱義, 혹은 의롭다 하심)의 문제에 대해서는 그저 개략적으로밖에는 다루지를 못했다. 왜냐하면 하나님의 긍휼하심으로 말미암아 오직 믿음으로 우리가 값없이 의를 얻는데, 그 믿음에 선한 행위가 결핍된 것이 아니라는 점을 먼저 이해하고, 또한 성도들에게 있는 그 선한 행위들의 본질이 무엇인가를 먼저 이해하는 것이 시급했기 때문이다. 사실 그 문제는 이 칭의의 문제와도 부분적으로 연관되는 것이다. 그러므로 이제 이 칭의의 문제들을 철저히 다루어야 할 것이며, 동시에 이 칭의의 문제야말로 신앙을 떠받치는 주된 근거이며, 따라서 이에 대해서 더 큰 관심과 주의를 기울여야 한다는 사실을 염두에 두어야 할 것이다.

무엇보다 먼저 여러분이 하나님과 맺고 있는 관계를 깨닫고, 또한 하나님께서 여러분을 과연 어떻게 판단하시는지를 알지 않고서는 여러분의 구원을 세울 기초도 없는 것이요, 또한 하나님을 향하여 경건을 세울 기초도 없는 것이기 때문이다. 이 칭의의 문제를 철저히 이해하는 것이 필수적이라는 사실은 이 문제를 다루어나가면서 더욱 확연하게 드러날 것이다.

2. 칭의의 기본 개념

그러나 논의를 시작하자마자 넘어져서는 안 될 것이므로 — 알지도 못하는 사실에 대해서 논의를 시작하면 얼마든지 그런 일이 일어날 수 있다 — 우선, "사람이 하나님 앞에서 의롭다 하심을 받는다"는 말과 "사람이 믿음으로 혹은 행위로 의롭다 하심을 받는다"는 말이 무슨 의미인지를 설명하여야 할 것이다. 사람이 하나님의 판단에 의롭다고 인정을 받고 자기의 의로 말미암아 인정을 받을 때에, 그 사람을 가리켜 하나님 앞에서 의롭다 하심을 받는다고 말한다. 불의(不義)는 하나님께 가증한 것이므로, 죄인은 자기가 죄인인 한, 그리고 죄인으로 인정받고 있는 한, 그 어느 누구도 하나님 앞에서 은혜를 얻을 수가 없는 것이다. 그러므로 어느 곳이든 죄가 있는 곳에는 반드시 하나님의 진노와 화가 또한 거기에 있는 것이다.

그런데, 죄인의 처지가 아니라 의인의 처지에 있다고 인정되는 사람은 의롭다 하심을 얻는 것이요, 그리하여 모든 죄인들이 하나님의 심판대 앞에서 망할 때에도 그 사람은 견고히 서 있는 것이다. 가령 무죄한 사람이 범죄자로 몰려서 공정한 재판관 앞에서 재판을 받는다고 할 때, 그 사람이 거기서 자기의 무죄함을 인정받으면, 그 사람을 가리켜 재판관 앞에서 "의롭다 함을 받는다"(혹은, 우리가 흔히 쓰는 법적인 용어로는 '무죄 판결을 받는다': 역자주)고 말하는 것이다. 이와 마찬가지로, 죄인들의 무리에서 벗어나서, 하나님을 자기의 의를 입증해 주는 확인자요 증인으로 삼는 사람은 하나님 앞에서 의롭다 하심을 받는 것이다. 또한 마찬가지로, 하나님의 보좌에서 의로 인정받기에 합당할 만큼 삶이 순결하고 거룩한 사람이 있다면, 혹은 하나님의 공의를 만족시킬 수 있을 만큼 행위가 완전한 사람이 있다면, 그 사람은 "행위로 말미암아 의롭다 하심을 받는다"고 말할 수 있을 것이다. 그러나 이와 반대로, 행위로는 의가 없으나 믿음으로 말미암아 그리스도의 의를 붙잡고 그 의로 옷 입어서 하나님 보시기에 죄인이 아니라 의인으로 나타나는 사람은 "믿음으로 말미암아 의롭다 하심을 받는 것"이다.

그러므로, 칭의란 한 마디로 말해서, 하나님께서 우리를 의인으로 인정하사 그의 사랑 속으로 받아들이시는 것이라고 말할 수 있다. 또한 칭의는 죄를 씻는 일(the remission of sins)과 그리스도의 의를 우리에게 전가(轉嫁)시키는 일(the imputation of Christ's righteousness)에 있다고 말할 수 있다.

3. 성경의 용례

성경에는 이 사실을 확증해 주는 분명한 증거들이 허다하다. 첫째로, 그 단어의 가장 일반적인 의미가 바로 이것이라는 사실을 부인할 수 없다. 그러나 이에 관한 모든 구절들을 다 열거하고 그것들을 서로 비교하자면 너무나 시간이 많이 걸리기 때문에 그렇다는 사실 자체에 대해서만 주목하도록 해도 충분할 것이다. 독자들 스스로도 얼마든지 금방 그런 사실을 발견할 것이기 때문이다. 여기서는 우리가 지금 다루고 있는 이 칭의의 문제를 분명하게 다루고 있는 몇 가지 구절만을 제시하고자 한다.

첫째로, 누가복음에서는 사람들이 그리스도의 말씀을 듣고서 "하나님을 의롭다 하였다"고 말씀하기도 하고(눅 7:29), 또한 그리스도께서 "지혜는 자기의 모든 자녀로 인하여 옳다 함을(혹은, 의롭다 함을) 얻느니라"라고 선언하기도 하시는데(눅 7:35), 앞 구절의 경우에는(29절) 사람들이 하나님께 의를 부여한다는 의미가 아닌 것이 분명하다. 온 세상이 하나님께로부터 의를 빼앗으려 하지만, 하나님은 언제나 변함 없이 의를 소유하고 계시기 때문이다. 뿐만 아니라 35절의 경우도, 주님께서 구원의 도리의 의로움을 변호하시는 것이 아니다. 그 도리 자체가 이미 의(義)이기 때문이다. 오히려 이 두 구절의 표현들은 같은 의미로서 하나님과 그의 도리에 합당한 찬양을 돌린다는 뜻을 담고 있는 것이라 하겠다. 또한 그리스도께서 바리새인들이 스스로 의롭다 하는 것을 책망하실 때에도(눅

16:15), 그들이 선한 행실을 통해서 스스로 의를 얻는다는 뜻이 아니라 그들이 스스로 의가 없으면서도 있는 것처럼 보이고자 하는 야망에 사로잡혀 있다는 의미인 것이다.

히브리어에 대한 지식이 있는 사람들은 이 의미를 좀 더 잘 이해할 수 있다. 히브리어에서는 자기들의 범죄 사실을 스스로 의식하는 자들만이 아니라 정죄의 선고를 받은 자들도 "죄인"이라 부르는 것이다. 밧세바가 자기와 솔로몬이 "죄인"이라고 말했지만(왕상 1:21), 이 말은 자기가 실제로 죄를 범했다는 뜻이 아니다. 밧세바는 여기서 자기와 자기 아들이 욕을 당하여 죄인과 정죄 받은 자들로 간주될 것이라고 불평하고 있는 것이다. 그러나 문맥으로 볼 때에, 이 단어는, 심지어 라틴어 성경으로 읽어도, 그런 뜻으로 — 즉, 상대적인 의미로 — 이해할 수밖에 없다는 것이 곧바로 드러나는 것이다.

그러나, "하나님이 이방을 믿음으로 말미암아 의로 정하실 것을 성경이 미리 알았다"는 바울의 말에서와 같이(갈 3:8), 그 단어가 이 칭의의 문제와 관련해서 사용될 때에는, 하나님께서 믿음으로 말미암아 의를 전가시키신다는 의미 이외에 달리 어떻게 이를 이해할 수 있겠는가? 또한 하나님께서 "예수 믿는 자를 의롭다 하려 하신다"고 말씀할 때에도(롬 3:26), 이것이 본래 불경하여 정죄를 받아 마땅한 상태에 있는 사람들을 하나님께서 그들의 믿음을 보시고 그 상태에서 자유롭게 하신다는 의미가 아니면 과연 무슨 의미란 말인가? 이 사실은 다음과 같은 바울의 결론에서 더욱 분명하게 드러난다: "누가 능히 하나님께서 택하신 자들을 고발하리요? 의롭다 하신 이는 하나님이시니 누가 정죄하리요? 죽으실 뿐 아니라 다시 살아나신 이는 그리스도 예수시니 그는 하나님 우편에 계신 자요 우리를 위하여 간구하시는 자시니라"(롬 8:33-34). 바울의 이 말은 "하나님께서 죄를 씻어 주셨는데 누가 감히 그들을 고발하겠는가? 그리스도께서 변호하시고 보호하시는데 누가 그들을 정죄하겠는가?"라는 의미를 담고 있는 것이다.

그러므로 "의롭다 하다"란 고발을 당한 자의 죄책을 사면하여 그 사람의 무죄를 확인시킨다는 뜻 이외에 다른 의미가 없는 것이다. 그러므로 하나님께서 그리스도의 중보로 말미암아 우리를 의롭다 하시기 때문에, 곧, 우리 자신의 무죄함을 확증하심으로써가 아니라 의(義)를 우리에게 전가시키심으로써 우리를 사면하시기 때문에, 우리가 스스로는 의롭지 않지만 그리스도 안에서 의로운 자로 인정을 받는 것이다. 그러므로 바울은 사도행전 13장에 나타나는 설교에서 이렇게 말하는 것이다: "그러므로 형제들아 너희가 알 것은 이 사람을 힘입어 죄 사함을 너희에게 전하는 이것이며 또 모세의 율법으로 너희가 의롭다 하심을 얻지 못하던 모든 일에도 이 사람을 힘입어 믿는 자마다 의롭다 하심을 얻는 이 것이라"(행 13:38-39).

죄 사함을 말씀한 후에 이 "의롭다 하심"을 그것에 대한 설명으로 제시하는 것을 여기서 보게 된다. 곧, 칭의가 여기서 죄를 사하는 의미로 나타난다는 것을 보게 되며, 또한 그 일이 율법의 행위와는 전혀 별개로 이루어진다는 것을 보게 된다. 또한 그 일이 오직 그리스도께서 베푸시는 은혜라는 사실을 보며, 또한 그 것이 믿음으로 말미암아 얻어진다는 것을 보게 된다. 그리고 마지막으로 우리 가 그리스도를 힘입어 우리 죄에서 의롭다 하심을 얻는다는 말씀에서 "보속"이 관여되는 것을 보게 된다. 그러므로, 세리가 의롭다 하심을 얻고 성전에서 내려 왔다는 말씀(눅 18:14)이 그가 어떠한 행위의 공로로 말미암아 의를 얻었다는 의 미라고 말할 수가 없는 것이다. 그 의미는 바로, 죄 사함을 얻은 다음, 죄인이 하 나님 보시기에 의로운 자로 여김을 받는다는 것이다. 그러므로 그 사람은 자기 행위가 인정을 받아 의로운 자가 된 것이 아니라 하나님의 값없는 사면으로 말 미암아 의로운 자로 인정을 받은 것이다. 그러므로 암브로시우스가 죄의 고백 을 가리켜 합당한 칭의라고 부른 것은 아주 적절한 표현이라 하겠다.[2]

4. 칭의와 죄 사함과 화목

단어 자체에 대해서 더 이상 왈가왈부하지 않아도, 그 단어를 묘사하는 내용 자체를 살펴보면, 그 의미에 대해서 잘못 이해할 수가 없을 것이다. 바울은 에베 소서 1:5-6에서 "그 기쁘신 뜻대로 우리를 예정하사 예수 그리스도로 말미암아 자기의 아들들이 되게 하셨으니 이는 그가 사랑하시는 자 안에서 우리에게 거 저 주시는 바 그의 은혜의 영광을 찬송하게 하려는 것이라"고 말하면서 "거저 주신다"는 단어를 쓰고 있는데 이는 칭의를 가리키는 것이 분명하다. 또한 "하 나님의 은혜로 값없이 의롭다 하심을 얻은 자 되었느니라"는 다른 곳에 나타나 는 표현(롬 3:24) 역시 이와 동일한 것을 지칭하는 것이다. 더 나아가서, 로마서 4 장에서는 먼저 칭의를 가리켜 "의의 전가"[3]로 부르고 이어서 그것을 죄 사함 속 에 포함시키기를 주저하지 않는 것이다. 바울은 이렇게 말하고 있다: "일한 것이 없이 하나님께 의로 여기심을 받는(곧, 의를 전가 받는) 사람의 복에 대하여 다윗이 말한 바 불법이 사함을 받고 죄가 가리어짐을 받는 사람들은 복이 있고 주께서 그 죄를 인정하지 아니하실 사람은 복이 있도다 함과 같으니라"(롬 4:6-8; 시 32:1). 여기서 바울은 칭의의 일부분이 아니라 그 전체를 논의하고 있는 것이 분명하다.

더욱이 그는 "불법이 사함을 받은 사람들은 복이 있다"는 선언에서 다윗이 제시하는 정의를 그대로 인정하고 있다. 이 사실을 볼 때에, 그가 말하는 의란 죄의 책임과 반대되는 개념이라는 것이 분명한 것이다. 그러나 이 문제에 대해서 가장 분명하게 가르치는 곳은, 복음의 요점은 하나님과 화목하게 하는 데 있는데 그 하나님께서 우리의 죄를 우리에게 돌리지 않으시고 그리스도로 말미암아 우리를 은혜 안으로 받아들이시기를 기뻐하신다고 선언하는 바로 그 본문이다(고후 5:18-20).

독자들께서는 이 구절 전체를 깊이 생각하기를 바란다. 바로 그 다음에 바울은 설명을 위하여, "죄를 알지도 못하신 이를 우리를 대신하여 죄로 삼으"셨다고 덧붙여서(고후 5:21) 그것이 화목하게 하는 수단이었음을 분명하게 제시하고 있는 것이다. 여기서 "화목하게 하다"라는 단어는 의심의 여지 없이 바로 "의롭다 하다"라는 의미인 것이다. 또한, 우리가 우리 자신과는 상관 없이 그리스도 안에서 하나님 앞에서 의인으로 인정되는 것이 아니라면, 다른 곳에서 나타나는 바울의 가르침 ― 그리스도의 순종하심으로 우리가 의인이 된다는 가르침 (롬 5:19) ― 도 성립될 수가 없는 것이다.

(오지안더의 "본질적 의"의 오류에 대한 반론. 5-12)

5. 오지안더가 주장하는 "본질적 의"의 개념

그러나 오지안더(Osiander)가 "본질적 의"(essential righteousness)라는 괴상한 괴물을 소개하여 ― 물론 값없이 주어지는 의를 의도적으로 망가뜨리려 하는 것은 아니지만 ― 칭의의 교리를 깊은 안개로 휩싸이게 만들어서 경건한 사람들을 어둡게 하며 그리스도의 은혜를 생생하게 누리지 못하도록 만들어 버리고 있으므로, 다른 문제들을 거론하기 전에 먼저 이 정신 나간 몽상(夢想)을 반박할 필요가 있을 것이다.

첫째로, 그의 사색은 순전히 허망한 호기심에서 비롯된 것이다. 그는 성경에서 여러 가지 증거들을 수집하여 그리스도께서 우리와 하나이시고 우리도 마찬가지로 그와 하나임을 증명하는데, 사실 이 점은 증거가 필요 없는 것이다. 그 런데 그는 이러한 연합의 끈을 보지 못하여 스스로 속이고 마는 것이다. 그가 당 면한 모든 난제들을 우리는 쉽게 해결할 수가 있다. 우리는 그리스도의 영의 은 밀한 능력으로 말미암아 우리가 그리스도와 연합하는 것으로 보기 때문이다.

이 사람은 하나님의 본질을 사람 속에다 주입시키기를 바란다는 점에서 마 니교(Manichaeism)의 사고와 유사한 사고를 형성시키고 여기에 자기가 만들어 낸 또 하나의 허구(虛構)를 붙여 놓았다. 즉, 아담이 하나님의 형상에 따라 지 음 받은 것은 그리스도께서 인간의 타락 이전에 이미 인간 본성의 원형(原形: prototype)을 입도록 되어 있었기 때문이라는 것이다. 그러나 나는 간결하게 다 루기를 원하므로, 지금 우리가 다루는 문제만을 집중적으로 살피기로 하겠다.

그는 우리가 그리스도와 하나라고 말한다. 이는 우리도 동의하는 사실이다. 그러나 그리스도의 본질이 우리의 본질과 뒤섞여 있다는 것은 인정할 수가 없 다. 그리고 그는 자기 스스로 속고 있는 다음과 같은 논리에 이 원리를 잘못 적 용시키고 있다. 그는 말하기를, 그리스도께서 우리의 의(義)이신 것은 그가 영원 하신 하나님이시요, 의의 근원이시요 하나님의 의 자체이시기 때문이라고 하는 것이다. 본래의 계획대로라면 다른 곳으로 미루어야 할 내용을 여기서 잠시 언 급하고 지나가도, 독자들께서는 양해해 주리라 믿는다.

오지안더는 "본질적인 의"라는 용어가 다른 뜻이 아니고 그저 우리가 그리 스도로 말미암아 의로 여기심을 받는다는 견해에 부응하고자 하는 것이라고 변 명하지만, 그러나 그는 그리스도의 순종하심과 희생의 죽으심으로 말미암아 우 리에게 얻어진 의로 만족하지 않고, 더 나아가서 우리가 그리스도의 본질과 그 리스도의 품성 모두를 주입받았기 때문에 하나님 안에서 본질적으로 의로운 자 들이라는 식의 논리를 펴고 있는 것이다. 그리고, 그렇기 때문에 그는 그리스도 만이 아니라 아버지와 성령께서도 우리 속에 거하신다고 그렇게 열렬하게 주장 하는 것이다. 물론 삼위(三位) 하나님께서 우리 안에 거하신다는 것은 사실이라 고 인정한다 하더라도, 오지안더가 그 사실을 아주 심하게 왜곡시켰다고 말하 지 않을 수 없다. 그는 그 거하심의 방식을 생각했어야 옳았을 것이다. 즉, 아버 지와 성령께서 그리스도 안에 계시며 신성의 충만하심이 그리스도 안에 거하고 있으니(골 2:9), 그리스도 안에서 우리가 신성의 전부를 소유하는 것이라는 식으 로 논리를 전개했어야 옳았다. 그러므로, 그가 아버지와 성령께서 우리 안에 거하신다는 것을 별도로 제시하는 것은 오로지 단순한 사고를 가진 사람들을 꾀어 그리스도에게서 벗어나도록 만드는 경향이 있는 것이다.

그리고 이어서 그는 본질의 혼합을 주장한다. 곧, 하나님께서 — 말하자면, 자기 자신을 우리 속에 주입시키셔서 — 우리를 자기 자신의 일부로 만드신다는 것이다. 성령의 능력으로 말미암아 일어나는 사실에 대해서도, 즉 우리가 그리스도와 더불어 자라나고 그가 우리의 머리가 되시며 우리가 그의 지체들이 된다는 사실에 대해서도, 그는 그리스도의 본질이 우리의 본질과 혼합되지 않고서는 그것이 거의 의미가 없다고 보는 것이다. 그런데 이미 말했지만, 그는 아버지와 성령의 문제를 다루는 가운데 자신이 의미하는 바를 더욱 노골적으로 드러낸다. 즉, 우리가 중보자의 은혜로만 의롭다 하심을 얻는 것도 아니요, 또한 그 중보자 안에서 의가 단순하게 혹은 완전하게 우리에게 주어지는 것도 아니며, 오히려 하나님이 그의 본질 속에서 우리와 연합되실 때에 우리가 하나님의 의에 참여하는 자가 된다는 것이다.

6. 죄 사함과 중생을 동일시하는 오지안더의 오류

만일 그가, 그리스도께서 우리를 의롭다 하실 때에 그의 본질을 접속시키심으로 우리의 것이 되시는데 이는 그가 사람으로서 우리의 머리가 되신다는 점에서도 그러하고, 동시에 그 신성의 본질이 우리 속에 주입된다는 점에서도 그러하다고만 말하고 그쳤더라면, 그의 몽상과도 같은 그릇된 사상이 덜 해를 끼쳤을 것이고, 그 오류로 인하여 그런 큰 논쟁이 일어날 이유도 없었을 것이다. 그러나 오지안더가 제시하는 이 원리는 마치 오징어와도 같아서 검고 탁한 피를 내뿜어 그 많은 꼬리들을 숨기고 있기 때문에, 우리의 구원에 대하여 유일하게 충만한 확신을 주는 그 의(義)를 빼앗기는 것을 알면서도 그냥 빼앗기도록 내버려 두려는 것이 아니라면, 그것을 강력하게 배격해야 마땅할 것이다. 이 논의에서 오지안더는 "의"라는 명사와 "의롭다 하다"라는 동사의 의미를 두 방향으로 확대시키고 있다.

첫째로, "의롭다 하심을 받다"라는 말을 값없이 죄 사함을 받아 하나님과 화목된다는 뜻만이 아니라 실제로 의롭게 된다는 뜻으로 이해하며, 또한 "의"를 값없이 우리에게 전가되는 의를 뜻하는 것은 물론 우리 속에 거하는 하나님의 본질이 불러일으키는 거룩함과 정의를 뜻하는 것으로 이해한다. 둘째로, 그는 그리스도께서 친히 우리의 의가 되신다고 강조하지만, 이는 그가 제사장으로서 죄를 속죄하심으로써 우리를 대신하여 아버지의 진노를 푸셨기 때문이 아니라 그가 영원하신 하나님이시요 생명이시기 때문이라는 것이다.

앞의 첫째 논지를 — 하나님께서 죄 사함으로만이 아니라 중생시킴으로써 의롭다 하신다는 것 — 증명하기 위하여, 그는 하나님께서 사람을 의롭다 하실 때에 그 본성 그대로 악을 하나도 변화시키지 않으시고 그냥 내버려 두시겠느냐고 반문한다. 그러나 이러한 논지는 쉽게 답변할 수 있다. 곧, 그리스도를 둘로 나눌 수 없는 것처럼 그리스도 안에서 하나로 연합되어 있는 상태로 우리가 지각하는 두 가지 — 즉, 칭의(稱義: justification)와 성화(聖化: sanctification) — 도 서로 나눌 수 없다는 것이다. 그러므로 하나님께서는 누구를 은혜 안에 받아들이시든지 간에 동시에 그들에게 양자의 영을 베풀어 주셔서(롬 8:15) 그의 능력으로 그들을 자신의 형상으로 다시 만드시는 것이다. 그러나 태양의 밝은 빛(光)을 태양의 열기(熱氣)와 분리시킬 수 없다고 해서, 땅이 태양의 빛에 의해서 더워지고 태양의 열기에 의해서 밝아진다고 말하지는 않는 법이다. 이것보다 지금 우리가 논의하는 문제에 더 안성맞춤인 비유가 없다. 태양은 그 열기로 땅에 생명을 주고 열매를 맺게 하며, 그 밝은 빛으로 땅을 밝히고 조명하는 것이다. 열기와 빛이 서로 뗄 수 없는 연관 속에 있다는 것이 드러난다.

그러나 그렇다고 해서 그 하나의 독특한 성질이 다른 것으로 옮아간다는 것은 이성적인 사고로서는 용납되지 않는 것이다. 오지안더가 이 두 가지 종류의 은혜를 서로 혼동하고 있는 데서도 그와 비슷한 모순이 있는 것이다. 하나님께서는 그가 값없이 의롭다고 인정하신 자들을 새롭게 하셔서 의를 배양하도록 만드신다. 그런데 오지안더는 중생의 선물을 이 값없는 인정하심과 뒤섞으면서 그것들이 완전히 하나라고 주장하는 것이다. 그러나 성경은, 물론 그것들을 함께 연결시키기는 하지만, 그럼에도 불구하고 그것들을 서로 분리하여 열거한다. 하나님의 여러 가지 은혜가 더 잘 드러나게 하기 위하여 그렇게 하는 것이다. 그리스도께서 우리의 "의로움과 거룩함"이 되셨다는 바울의 진술(고전 1:30)은 쓸데없이 동일한 것을 반복하는 것이 아니다. 그리고 바울은 우리를 위하여 값주고 사신 구원이나 하나님 아버지의 사랑하심이나 그리스도의 은혜를 근거로 하여, 우리가 거룩함과 순결함을 위하여 부르심을 받았다는 논지를 전개할 때마다, 의롭다 하심을 받는다는 것이 새로운 피조물이 된다는 것과는 다른 의미라는 것을 분명하게 시사하는 것이다.

또한 성경에 관해서도, 오지안더는 인용하는 구절마다 모두 왜곡시키고 있다. "일하는 자에게는 그 삯이 은혜로 여겨지지 아니하고 보수로 여겨지거니와 일을 아니할지라도 경건하지 아니한 자를 의롭다 하시는 이를 믿는 자에게는 그의 믿음을 의로 여기시나니"(롬 4:4-5)라는 바울의 진술에서, 오지안더는 "의롭다 하신다"라는 단어를 "의롭게 만드신다"는 의미라고 설명하며, 그리하여 로마서 4장 전체를 그런 식으로 경솔하게 왜곡시킨다. 뿐만 아니라 그는 똑같은 그릇된 사고를 갖고서, 조금 전에 인용한 바 있는 "누가 능히 하나님께서 택하신 자들을 고발하리요 의롭다 하신 이는 하나님이시니"(롬 8:33)라는 말씀도 주저하지 않고 왜곡시키고 있다.

그러나 이 구절에서 다루는 것은 죄에 대한 책임과 또한 그 책임에 대한 사면의 문제요, 사도의 말씀의 의미는 바로 이 둘 사이의 대조에 달려 있는 것이다. 그러므로, 성경의 증거를 해석하고 인용하는 데 있어서도, 오지안더는 자신이 무능한 해석자임을 스스로 드러내고 있는 것이다.

또한 "의"라는 용어에 대한 그의 논의도 마찬가지이다. 그는 아브라함은 그리스도를 — 그는 하나님의 의이시요 또한 하나님 자신이시다 — 영접한 후 뛰어난 덕성(德性)을 보인 다음에 비로소 자신의 믿음을 의로 인정받았다고 하는 것이다. 여기서 그는 두 가지 올바른 명제를 가지고서 하나의 왜곡된 명제를 만들어 놓은 것이다. 거기서 그가 언급하고 있는 의(義)란 아브라함의 인생의 과정 전체를 포괄하는 것이 아니다. 오히려 성령께서 증거하시듯이, 물론 아브라함이 덕성이 매우 뛰어났고 오랫동안 그 가운데서 인내하여 덕성을 더 쌓았기는 하지만, 하나님이 그를 기뻐하신 것은 오직 그가 약속으로 베풀어지는 은혜를 믿음으로 받아들였다는 사실에 있는 것이다. 이로써 보건대, 바울이 예리하게 제시하고 있는 바와 같이, 의롭다 하심에는 행위가 설 자리가 전혀 없는 것이다.

7. 믿음을 그리스도와 동일시하는 오류

오지안더는 믿음 그 자체는 의롭다 하는 능력을 소유하고 있지 않으며 다만 믿음이 그리스도를 영접할 때에 그런 능력이 생겨난다고 주장하는데 이에 대해서는 기꺼이 동의할 수 있다. 만일 믿음이 스스로 혹은 어떤 고유한 능력을 통해서 그 자체를 의롭다 한다면, 그 믿음이 언제나 연약하고 불완전하기 때문에 결국 의롭다 하는 일도 부분적으로밖에는 이루어지지 않을 것이며, 그렇게 되면, 의(義)도 결점이 있을 수밖에 없을 것이고, 따라서 우리에게 조각 난 구원밖에는 가져다주지를 못할 것이다. 그러나 우리로서는 이런 일을 상상할 수가 없다. 우리로서 합당하게 말하자면, 오직 하나님께서만 의롭다 하신다고 할 것이다. 그리고 의롭다 하시는 기능을 그리스도께도 돌려 드린다. 그가 우리의 의로움을 위하여 우리에게 주신 바 되었기 때문이다. 우리는 믿음을 일종의 그릇에 비유한다. 우리가 스스로 비워진 상태로 나아와 우리 영혼의 입을 벌려서 그리스도의 은혜를 구하지 않으면, 우리는 그리스도를 받아 누릴 수가 없는 것이다. 그렇기 때문에, 우리가 그리스도의 의를 받아들이기 전에 먼저 그리스도를 믿음으로 받아들이는 것이라고 가르친다고 해서, 그리스도의 의롭다 하시는 능력을 부인하는 것이 아닌 것이다.

그러나 "믿음이 그리스도다"라는 이 궤변가의 왜곡된 진술은 도저히 받아들일 수 없다. 그것은 마치 질그릇 속에 황금이 담겨져 있다고 해서 그 질그릇 자체를 가리켜 보물이라고 하는 것과도 같은 것이다. 믿음은 그 자체로서는 아무런 가치나 귀한 것이 없으나 그리스도를 제시함으로써 우리를 의롭다 할 수가 있다. 돈이 가득 들어 있는 질그릇이 사람을 부자로 만들어 주듯이 말이다. 그러므로 분명히 말하지만, 그는 의를 받는 수단에 불과한 믿음을 어리석게도 그리스도 자신과 혼동하고 있는 것이다. 그리스도께서는 이 믿음이라는 위대한 은혜의 근본적인 원인이시요 동시에 그 은혜의 주인이시요 또한 그 은혜의 사역자이신데 말이다. 자, 칭의의 문제를 논할 때에 "믿음"이라는 용어의 의미를 어떻게 이해해야 하는가 하는 문제가 이렇게 해서 해결된 셈이다.

8. 그리스도께서 그의 신성으로 우리의 의가 되신다는 오류

그리스도를 받아들이는 문제를 다루면서 오지안더는 한 걸음 더 나아가서, 외적(外的)인 말씀의 사역으로 말미암아 내적(內的)인 말씀이 받아들여진다고 한다. 이로써 그는 우리를 그리스도의 제사장직과 중보자의 직분에서 끌어내어 그의 영원한 신성으로 이끌어가려 하는 것이다. 그러나 우리는 그리스도를 나누지 않는다. 다만 그 육체로 우리를 아버지와 화목하게 하사 우리에게 의를 주시는 그분이 바로 하나님의 영원하신 말씀이라는 것과, 또한 만일 그가 영원하신 하나님이 아니셨다면 그가 중보자의 임무들을 수행하지도 않으셨을 것이요,

우리를 위하여 의를 얻지도 않으셨을 것이라는 것을 고백할 뿐이다.

그러나 오지안더의 주장은, 그리스도께서 하나님이시요 사람이시므로 그가 우리를 위하여 의가 되신 것은 그의 인성(人性)이 아니라 신성(神性)과 관계된 일이라는 것이다. 그러나 만일 그 일이 그리스도의 신성과 관련된 것이라면, 그 일은 그리스도께만 특별히 관계되는 것이 아니고 아버지와 성령께도 똑같이 관계될 것이다. 그리스도의 의나 아버지의 의나 성령의 의나 서로 다를 것이 없기 때문이다. 그리고, 본성으로 볼 때에 그리스도께서는 영원부터 계셨으므로, 그가 "우리를 위해서 … 이 되셨다"는 표현도 일관성이 없는 것일 수밖에 없을 것이다. 그러나, 설사 하나님께서 우리를 위하여 의가 되셨다손 치더라도, 그리스도께서 하나님으로 말미암아 의가 되셨다는 바울의 말씀(고전 1:30)과 그것을 과연 어떻게 조화시키겠는가? 우리를 위해서 의가 되시는 일은 중보자에게만 독특하게 나타나는 역할인 것이다. 물론 그에게 신성이 있기는 하지만, 그럼에도 불구하고 그 중보자라는 칭호는 아버지나 성령과는 구별되어 그만이 홀로 지니시는 독특한 칭호인 것이다.

오지안더는 어리석게도, 여호와께서 우리의 의가 되실 것을 약속하는 예레미야서의 한 구절을 자랑삼아 근거로 제시한다(렘 51:10; 참조. 23:6; 33:16). 그러나 그가 거기서 끄집어낼 수 있는 것은, 그저 우리의 의가 되시는 그리스도께서 육신으로 나타나신 하나님이시라는 것밖에는 없는 것이다(참조. 딤전 3:16). 다른 곳에서 우리는 바울의 설교 가운데서 "하나님이 자기 피로 사신 교회"(행 20:28)라는 말씀을 인용한 바 있다.[4] 그런데 혹 어떤 사람이 이 말씀에 근거하여, 우리의 죄를 속하기 위하여 흘리신 피가 하나님의 피요 따라서 신성을 지닌 것이라는 식으로 이야기한다면, 과연 그런 어처구니없는 오류를 용납할 사람이 어디 있겠는가? 그런데도 오지안더는 이런 어린아이 같은 유치한 반론으로 마치 모든 것을 다 얻기라도 한 것처럼 의기양양하여 기뻐 뛰며, 여러 면을 할애하여 호언장담을 늘어 놓는 것이다. 그 말씀의 의미는 곧 여호와께서 친히 다윗의 자손이 되사 경건한 자들의 의가 되실 것이라는 뜻으로 곧바로 간단히 설명되는 것인데도 말이다.[5] 이사야 선지자는 그것이 어떤 의미에서 그러한지를 다음과 같이 가르치고 있다: "나의 의로운 종이 자기 지식으로 많은 사람을 의롭게 하며"(사 53:11).

여기서 우리는 말씀하시는 분이 아버지시라는 사실을 주목하여야 한다. 아버지께서 아들에게 의롭게 하는 직분을 부여하시며, 또한 아들이 의로우시다는 사실을 그 이유로 덧붙이시며, 또한 의롭게 하는 방식을, 혹은 수단을, 그리스도를 아는 가르침 속에 지정하신 것이다. 여기 나타나는 히브리어 동사 다아트(דעת)는 수동태의 의미로 이해하는 것이 더 합당할 것이다. 그러므로 나는 그리스도께서 종의 형체를 가지셨을 때에(빌 2:7) 그가 의가 되셨고, 그가 아버지께 드린 순종을 통하여 우리를 의롭다 하시며(빌 2:8), 따라서 그가 우리를 의롭게 하시는 것은 그의 신성에 따라서가 아니라 그에게 부여된 직분의 본질에 따라서 되는 것이라고 결론지을 수 있다. 물론 오직 하나님만이 의의 근원이시며, 또한 우리가 의롭게 되는 유일한 길은 오직 그 안에 참여하는 길 뿐이지만, 우리의 불행한 반역으로 말미암아 우리가 하나님의 의(義)에서 유리(遊離)되어 있으므로, 그리스도께서 그의 죽으심과 부활의 능력으로 말미암아 우리를 의롭게 하시는 이 차원 낮은 치유책에 의지할 수밖에 없는 것이다.

9. 칭의는 그리스도의 인성의 사역임

만일 오지안더가 그리스도의 이 사역이 너무도 탁월하여 인간적인 본질을 뛰어넘으며, 그렇기 때문에 오직 신성에 속하는 것으로 볼 수밖에 없다고 반론을 제기한다면, 앞 부분의 논지는 인정할 수 있으나, 뒷부분의 논지는 그가 크게 속고 있는 것이라고 대답할 것이다. 그리스도께서 참 하나님이 아니셨다면 그의 피로써 우리의 영혼을 깨끗이 씻거나, 그의 희생으로 아버지의 노여움을 푸시거나, 죄의 책임에서 우리를 사하시거나, 한 마디로 제사장의 직무를 다하지 못하셨을 것은 물론이다. 왜냐하면 그런 큰 임무는 사람의 능력으로는 절대로 감당할 수 없는 것들이기 때문이다. 그러나 또한 분명한 것은 그가 이 모든 임무들을 그의 인성(人性)에 따라서 수행하셨다는 사실이다. 우리가 어떻게 의롭다 하심을 받았느냐고 물으면, 바울은 "그리스도의 순종하심으로"라고 대답한다(롬 5:19). 그러나 그가 스스로 종의 형체를 가지셔서 순종하신 것 말고(빌 2:7), 하나님께 순종하실 다른 방법이 과연 그에게 있었는가? 이로써 우리는 그의 육체 안에서 의(義)가 우리에게 나타난 것이라고 결론짓게 되는 것이다.

이와 비슷하게 바울은 다른 말씀에서도 ― 오지안더가 뻔뻔스럽게 이 말을 그렇게도 자주 인용한다는 것이 놀랍기 그지없다 ― 의의 근원을 오직 그리스도의 육체 안에만 두고 있다: "죄를 알지도 못하신 이를 우리를 대신하여 죄로 삼으신 것은 우리로 하여금 그 안에서 하나님의 의가 되게 하려 하심이라"(고후

5:21). 오지안더는 이 "하나님의 의"를 목청을 다하여 찬양하며, 마치 하나님께서 자기가 주장하는 "본질적인 의"라는 유령을 확증하시기라도 한 것처럼 승리의 노래를 부른다. 그러나 이 말씀은 그런 것과는 전연 달리, 그리스도께서 이루신 속죄를 통하여 우리가 의롭게 된다는 것을 뜻하는 것이다.

여기서 말하는 "하나님의 의"란 "하나님께서 인정하시는 의"라는 의미로 이해해야 한다는 사실은 초등학생이라도 알 수 있는 것이다. 마치 요한복음에서 하나님의 영광을 사람의 영광과 비교하여 말씀하는 경우처럼 말이다(요 12:43; 5:44). "하나님의 의"라는 개념이 간혹 "하나님께서 그 주인이 되시는 의"와 "그가 우리에게 베풀어 주시는 의"를 의미하는 경우도 있다는 사실은 나도 알고 있다. 그러나 이 "하나님의 의"라는 표현이 오직 그리스도의 희생적 죽으심에 힘입어서 우리가 하나님의 심판대 앞에 선다는 뜻을 담고 있다는 사실은 조금만 분별 있는 독자라면 구태여 나의 말이 아니더라도 익히 알 수 있는 것이다.

그리스도께서 우리를 위하여 속죄의 희생이 되셔서 우리가 그리스도 안에서 의롭다 하심을 얻는다는 우리의 견해에 오지안더가 동의한다면, 용어는 크게 중요하지 않다. 그런 일은 그리스도의 신성으로 이루어지는 것이 아니다. 그러므로, 그리스도께서는 그가 우리에게 베푸신 의와 구원을 인치고자 하실 때에 자기의 육체로 그것을 확실히 보증하시는 것이다. 그리스도께서는 자신을 가리켜 "생명의 떡"이라 칭하시고(요 6:48), 이어서 어떻게 해서 그렇게 되는지를 설명하시기 위하여 뒤에 "내 살은 참된 양식이요 내 피는 참된 음료로다"(요 6:55)라고 덧붙이시는 것이다. 성례에서도 동일한 가르침이 분명히 나타나고 있다. 성례는 우리의 믿음을 절반뿐인 그리스도가 아닌 온전한 그리스도에게로 향하게 하지만, 그럼에도 불구하고 의와 구원의 문제가 동시에 그의 육체 안에 거하고 있다는 사실을 가르치는 것이다. 그가 그저 사람으로서 그 스스로 의롭게 하거나 생명을 주신다는 뜻이 아니라, 하나님께서는 감추어져 있어서 이해가 불가능한 자신의 본성을 중보자 안에서 드러내기를 기뻐하셨다는 뜻이다.

그러므로, 자주 반복해서 하는 말이지만, 그리스도께서는, 이를테면, 우리에게 열려 있는 하나의 샘이 되신다. 그리하여 우리는 그 깊고 은밀한 샘 속에 무익하게 감추어져 있을 것을 그 샘에서 길어내며, 그 깊은 하나님의 신성이 중보자 안에서 우리에게 전해지는 것이다. 그러나 그렇다고 해서 — 또한 그런 의미에서 — 그리스도께서 신인(神人:God and man)으로서 우리를 의롭다 하신다는 것이나, 또한 의롭다 하시는 역사가 아버지와 성령의 공동의 임무이기도 하다는 사실이나, 마지막으로 그리스도께서 우리로 하여금 자기와 함께 누리게 하시는 그 의가 영원하신 하나님의 영원한 의라는 사실을 내가 부인하는 것이 아니다. 단, 내가 제시한 그 확고하고도 분명한 이유들을 오지안더가 받아들인다면 말이다.

10. 그리스도와의 연합의 본질

자, 이제 배우지 못한 자들이 오지안더의 반론에 속지 않도록 하기 위해서, 나는 그리스도께서 우리의 것이 되지 않으면 정말로 비할 데 없이 좋은 이 선물을 누릴 수 없다는 것을 고백한다. 그러므로 머리와 지체들이 서로 연합되는 일이나, 그리스도께서 우리 마음에 거하시는 일이나, 간단히 말해서 그 신비한 연합의 문제가 우리에게는 최고로 중요한 것이다. 그리스도께서 우리의 것이 되시면, 그가 받으신 선물들을 그 연합을 통해서 우리와 함께 나누시는 것이다. 그러므로 우리는 그를 우리 바깥에 계시는 분으로 멀리서 바라보면서 그의 의가 우리에게 전가되기를 바라는 것이 아니다. 오히려 우리가 그리스도로 옷 입고 있으며, 그의 몸에 접붙인 바 되었으며, 간단히 말해서 황송하게도 그가 우리를 자기와 하나로 만드셨으므로, 우리는 그와 함께 의의 교제를 갖고 있다는 사실을 귀하게 여기고 자랑하는 것이다. 이렇게 해서 우리가 믿음을 의(義)로 여긴다며 비웃는 오지안더의 비방이 반박되는 셈이다. 그는 믿음으로 우리 자신을 비워서 그리스도의 은혜가 들어올 수 있는 여지를 남겨둔 상태로 그에게 나아가서 오직 그가 우리를 가득 채우시도록 한다는 우리의 말이 마치 그리스도의 권한을 빼앗기라도 하는 것처럼 비방하는 것이다!

그러나 오지안더는 이러한 영적인 유대 관계를 일축해 버림으로써 그리스도를 신자들과 완전히 혼합시켜 버리고 만다. 그리고 그렇기 때문에 그는 "본질적 의"라는 그의 미친 오류에 동의하지 않는 모든 사람들에 대해서 악의를 갖고 "츠빙글리파"(Zwinglian)라 부르는데, 이는 그들이 성찬 시에 그리스도의 본질을 먹는다는 견해를 지지하지 않기 때문이다. 그러나 나는 오히려 자기 자신에게 속고 있는 그런 교만한 사람에게 그렇게 모욕을 당하는 것이야말로 최고의 영광이라고 생각한다. 그는 나뿐만 아니라 스스로 우러러 보며 존경해야 마땅할 세계적으로 명망이 높은 저자들까지도 마구 공격해 대는 것이다. 그가 어떻게 공격하든 그것에 대해서는 별로 개의치 않는다. 나는 나의 사사로운 목적을 위해 변론을 하는 것이 아니기 때문이다. 오히려 모든 부패한 동기들이 내게 전혀 없기 때문에 이 문제를 더욱 진지하게 변론할 수 있는 것이다.

그가 본질적 의와 우리 속에 거하시는 그리스도의 본질적인 내주(內住)하심을 그렇게 격렬하게 강변한다는 사실은 다음과 같은 결과를 낳는다. 첫째로, 그는 주의 성찬에서 주의 몸을 물질적으로 먹는다고 상상하는 것처럼, 하나님께서도 우리 속에 자기 자신을 순전한 혼합물로 주입시키신다고 주장하며, 둘째로, 하나님께서 그의 의를 우리에게 불어넣으시며, 그로 말미암아 우리가 정말로 하나님과 함께 의로운 자들이 된다고 주장한다. 그리고 오지안더에 의하면 이 의는 하나님 자신이요 또한 하나님의 선하심, 혹은 거룩하심, 혹은 순결하심이라고 한다.

그가 하늘의 생명을 현재의 상태로 그릇되게 왜곡시켜서 제시하는 성경의 증거들을 반박하는 데에는 별로 수고를 들이지 않을 것이다. 베드로는 말하기를 그리스도를 앞으로 "그 보배롭고 지극히 큰 약속을 우리에게 주사 … 너희가 … 신성한 성품에 참여하는 자가 되게 하려 하셨느니라"(벧후 1:4)라고 하였다. 그는 이를 근거로, 그리스도께서 마지막에 강림하실 때의 우리의 모습에 대하여 복음이 약속하는 것이 마치 지금 우리에게 이루어져 있는 것처럼 생각하는 것이다! 사실, 요한은 말하기를, 우리가 "장래에 어떻게 될지는 아직 나타나지 아니하였으나 그가 나타나시면 우리가 그와 같을 줄을 아는 것은 그의 참 모습 그대로를 볼 것이기 때문이니"(요일 3:2)라고 하였다. 이제 그저 독자들에게 조그만 실례만 제시하고, 이 하찮은 문제들은 그냥 지나가기로 한다. 이를 반박하기가 어렵기 때문이 아니라, 쓸데없이 지루하게 독자들에게 수고를 끼치고 싶지 않기 때문이다.

11. 구원의 확신을 흐리게 하는 오지안더의 오류

그러나 그 다음 단계로 넘어가면 우리가 하나님과 더불어 의롭다고 가르치는데 여기에는 더 많은 독(毒)이 숨어 있다. 이미 충분히 입증했다고 생각하지만, 이 가르침은 ─ 물론 그렇게 해악이 크지는 않지만 차갑고 메마르고 허망하여 무너지고 말기 때문에 ─ 지성이 있고 경건한 독자들로서는 이를 물리쳐야 마땅할 것이다. 이중적인 의(twofold righteousness)를 구실로 하여, 우리가 가진 구원의 확신을 희미하게 하고 우리를 구름 위로 떠오르게 만들어서 우리로 하여금 속죄의 은혜를 믿음으로 받아들이지 못하게 하고, 또한 고요한 마음으로 하나님께 간구하지 못하도록 막으려 하는데, 이것이야말로 절대로 그냥 용납해서는 안 될 불경(不敬)이 아닐 수 없는 것이다.

　오지안더는 "의롭다 하심을 얻는다"라는 말은 법적인 용어라고 가르치는 자들을 보고 코웃음친다. 왜냐하면 우리가 실질적으로 의로워야 하기 때문이라는 것이다. 또한 그는 우리가 값없는 전가(轉嫁)를 통해서 의롭다 하심을 얻는다는 사실을 경멸한다. 자 그렇다면, 만일 하나님께서 죄 사함과 용서를 통해서 우리를 의롭다 하시는 것이 아니라면, 바울의 다음과 같은 진술은 대체 무슨 의미란 말인가? "하나님께서 그리스도 안에 계시사 세상을 자기와 화목하게 하시며 그들의 죄를 그들에게 돌리지 아니하시고 … 하나님이 죄를 알지도 못하신 이를 우리를 대신하여 죄로 삼으신 것은 우리로 하여금 그 안에서 하나님의 의가 되게 하려 하심이라"(고후 5:19, 21).

　우선 이 본문에서 결론지을 수 있는 것은 하나님과 화목한 상태에 있는 자들이 의롭다고 인정받는다는 것이다. 그리고 이어서 그 방법이 진술되고 있다. 곧, 하나님께서 죄를 사하심으로 의롭다 하신다는 것이다. 이는 다른 구절에서 의롭다 하심을 정죄와 대조시키고 있는 데서도 나타난다(롬 8:33). "의롭다 하심을 얻는다"는 표현이 법적인 의미로 사용되고 있다는 사실이 그러한 대조에서도 분명히 드러나는 것이다. 히브리어를 좀 알고, 건전한 정신을 가진 사람이라면 누구나, 그 표현이 법적인 의미에서 나왔으며 그 표현의 의도와 함축된 의미도 거기서 나왔다는 사실을 다 알 것이다.

　자, 그렇다면, 바울은 "일한 것이 없이 하나님께 의로 여기심을 받는 사람의 복에 대하여 다윗이 말한 바 불법이 사함을 받고 죄가 가리어짐을 받는 사람들은 복이 있고"(롬 4:6-7)라고 말씀했는데, 오지안더는 내게 대답해 보라. 과연 이것이 완전한 정의인가, 아니면 반쪽짜리 정의인가? 바울이 죄 사함이 의의 일부분이라는 가르침이나 혹은 죄 사함이 사람을 의롭게 하는 데 부수적으로 따르는 것이라는 가르침을 입증하기 위해서 선지자를 동원시키는 것이 아니라는 것이 너무도 분명한 것이다. 오히려 그 반대로 그는 값없는 죄 사함에 완전한 의를 결부시키면서, 죄가 가리어짐을 받는 사람들은 복이 있고, 하나님께서 불법을 사하신 사람, 곧 하나님께서 그 죄를 인정하지 아니하실 사람은 복이 있다고 선언하고 있는 것이다. 곧, 바울은 그 사람이 본질적으로 의롭기 때문이 아니라 의를 전가받아서 의로운 자가 되었기 때문에 그 사람을 가리켜 복되다고 판단하고 그 사람의 복된 상태를 인정하는 것이다.

오지안더는 하나님께서 실제로 악한 상태 그대로 남아 있는 자들을 의롭다 하신다면 그것이야말로 하나님을 욕되게 하는 일일 뿐더러 그의 본성과도 모순된 일일 것이라고 하며 반론을 제기한다. 그러나 우리는 앞에서 내가 이미 말한 내용을 염두에 두어야 할 것이다. 곧, 칭의의 은혜가 물론 중생과 서로 구별되지만, 그럼에도 불구하고 중생과 분리되는 것이 아니라는 사실 말이다. 그러나 죄의 자국이 의인에게도 언제나 남아 있다는 것은 경험으로도 매우 잘 알 수 있는 사실이므로, 그 의인들의 칭의는 새생명으로 변화되는 것(참조. 롬 6:4)과는 매우 다를 수밖에 없는 것이다. 새생명으로 변화시키는 일은 하나님께서 그의 택한 자들 속에서 시작하시고 삶의 전 과정을 거쳐서 점진적으로 ― 때로는 아주 더디게 ― 이루어 가시므로, 만일 하나님의 심판대 앞에 선다면 그들은 언제나 죽음의 심판을 면치 못할 것이다.

그러나 하나님은 부분적으로가 아니라 넘치도록 의롭다 하시므로, 그들은 하늘에서 마치 그리스도의 순결하심을 받은 것처럼 나타나게 되는 것이다. 부분적인 의만으로는 우리의 양심이 평안을 얻을 수가 없다. 우리가 하나님 앞에서 전적으로 의로운 상태가 되어 하나님을 기쁘시게 하고 있다는 확신이 생겨야만 평안을 얻을 수 있는 것이다. 그러므로, 사람의 마음에 의심이 생기고 구원의 확신이 흔들리며 하나님을 향한 자유롭고도 두려움 없는 간구가 방해를 받게 되면, 곧 영적 기쁨과 함께 평안과 고요함이 유지되지 않으면, 곧바로 칭의에 대한 가르침이 왜곡되고 완전히 무너져내리게 되는 것이다. 그리하여 바울은 그를 대적하는 자들을 향하여, 우리의 유업이 율법에서 난 것이 아니며(갈 3:18), 만일 율법에서 난 것이라면 "믿음은 헛것이 된다"(롬 4:14)고 말하고 있는 것이다. 행위를 주목하게 되면 믿음이 흔들리고 만다. 어느 누구도, 아무리 거룩한 사람일지라도, 자기의 행위에서는 아무것도 의지할 것을 찾을 수가 없을 것이기 때문이다.

오지안더는 칭의와 중생을 "이중적인 의"(double righteousness)라는 용어로 한데 뒤섞어 버리지만, 이 둘이 서로 구별된다는 사실을 바울이 멋지게 표현해 주고 있다. 그는 자기 자신의 진정한 의에 대해서, 혹은 자기에게 주어진 정의로움에 대해서 — 즉, 오지안더가 "본질적 의"라고 하는 바로 그것에 대해서 — 다음과 같이 안타깝게 외치고 있는 것이다: "오호라 나는 곤고한 사람이로다 이 사망의 몸에서 누가 나를 건져내랴!"(롬 7:24). 그러나 그는 오직 하나님의 긍휼하심에 근거하여야만 발견할 수 있는 그 의에게로 피하면서, 삶과 죽음, 질시와 굶주림, 칼과 기타 온갖 고난에 대한 영광스러운 승리를 외치는 것이다. 의롭다 하신 이는 하나님이시니 "누가 능히 하나님께서 택하신 자들을 고발하리요"(롬 8:33)? 내가 확신하노니 그 어떠한 것이라도 "우리를 우리 주 그리스도 예수 안에 있는 하나님의 사랑에서 끊을 수 없으리라"(롬 8:38-39). 그는 하나님 앞에서 구원을 얻기에 전적으로 충족한 유일한 의(義)가 자기에게 있으므로, 조금 전까지 자신의 운명을 그렇게 처절하게 한탄하게 만들었던 그 비참한 죄의 굴레가 이제는 전혀 방해거리가 되지 않으며, 그의 확신을 흐리게 하지도 않는다는 것을 선언하고 있는 것이 분명한 것이다. 죄의 짐을 지고 탄식하면서도 또한 모든 두려움을 뛰어넘는 승리의 확신을 갖는 모든 성도들은 이러한 변화(diversity)를 친숙하게 알고도 남는 것이다.

그러므로, 이것이 하나님의 본성과 모순된다는 오지안더의 반론은 다시 그를 무너뜨린다. 왜냐하면, 그는 성도들이 이 "이중적인 의"로 옷 입고 있다고 주장하지만, 결국 죄 사함을 받지 않고서는 어느 누구도 하나님을 기쁘시게 할 수 없다는 사실을 스스로 고백하지 않을 수가 없기 때문이다. 이것이 사실이라면 오지안더로서는 최소한, 본래 의롭지 않은 자들의 경우는 소위 일정한 비례에 따라서라도 의롭다고 인정받는다는 것까지는 시인해야 옳을 것이다. 그러나 죄인이 의를 대신하여 이렇게 하나님 앞에서 값없이 용납된다는 사실이 어느 정도나 나가겠는가? 한 파운드(pound:453그램) 정도 나가겠는가, 아니면 한 온스(ounce:16분의 1 파운드) 정도밖에 나가지 않겠는가? 아마도 이 쪽 저 쪽을 왔다갔다하며 확신을 갖지 못할 것이 틀림없다. 확신을 갖기에 필요한 만큼 자기 자신에게 의가 없을 것이기 때문이다. 하나님께서 시행하시도록 자기 마음대로 법을 제정하려는 자가 이 문제의 판단자가 아니라는 사실이 얼마나 다행스러운지 모른다. 그러나 다음의 진술은 만고에 불변한 말씀이다: "주께서 말씀하실 때에 의로우시다 하고 주께서 심판하실 때에 순전하시다 하리이다"(시 51:4).

최고의 심판주께서 값없이 죄를 사하시는 것을 정죄하며, "나는 은혜 베풀 자에게 은혜를 베풀고 긍휼히 여길 자에게 긍휼을 베푸느니라"(출 33:19)라는 심판주의 대답을 무용지물로 만들려는 처사야말로 얼마나 망령된 짓이겠는가? 하나님께서는 모세의 간구를 그런 대답으로 물리치셨는데, 모세가 간구한 의도는 아무도 남겨두지 말고 다 멸하기를 바라는 것이 아니라, 그 백성에게 죄책이 있지만 그것을 그들에게서 씻으시고 모두 동일하게 사해 주시기를 바라는 것이었다. 그렇기 때문에 우리가, 잃어버렸던 자들이 자기들의 죄를 매장하고 하나님 앞에서 의롭다 하심을 얻는다고 말하는 것이다. 왜냐하면 하나님께서는 죄를 미워하시는 분이시므로, 자신이 의롭다고 인정하신 자들만 사랑하실 수가 있기 때문이다. 여기에 의롭다 하심의 놀라운 방법이 있다. 곧, 죄인이 그리스도의 의를 입어서 당연히 받아 마땅한 그 심판을 두려워하지 않으며, 그들 자신을 정죄하는 것이 지극히 옳은 상태인데도 그들이 그들의 외부에서 의롭다고 간주된다는 것이다.

12. 오지안더의 오류에 대한 최종적인 반론

그러나 여기서 독자들에게 오지안더가 굳이 숨기고 싶지 않다며 자랑하는 그 비밀에 대해서 매우 조심스럽게 살펴야 할 것을 말하고 싶다. 그는 우리가 하나님의 은혜에 이르는 것이 그리스도의 의의 전가를 통한 것만이 아니라는 점을 아주 장황하고도 길게 주장한다. 그의 말을 그대로 사용하자면, 하나님으로서는 의롭지 않은 자들을 의롭다고 인정하신다는 것이 불가능할 것이기 때문이라는 것이다. 그리고는 마지막 부분에 가서 결론짓기를, 그리스도께서 우리에게 의로 주신 바 되었으나 이는 그의 인성(人性)이 아니라 그의 신성(神性)과 결부되는 일이라고 하며, 또한 그 의가 중보자에게서만 발견될 수 있으나, 그 의는 사람의 의가 아니라 하나님의 의라고 하는 것이다. 자, 그러니 그는 두 종류의 의를 가지고 밧줄을 꼬는 것이 아니라, 오히려 그리스도의 인성에게서 의롭다 하시는 기능을 제거해 버리는 것이 분명하다. 뿐만 아니라 우리로서는 그의 논지의 본질이 무엇인지를 이해할 필요가 있다.

그리스도께서 우리를 위해 지혜가 되셨다는 말씀에 대해서(고전 1:30), 그는 이것이 오직 영원한 말씀에만 적용되며, 따라서 인간 그리스도는 의(義)가 아니라는 것이다. 이에 대한 나의 반론은, 하나님의 독생자께서 과연 하나님의 영원한 말씀이셨지만, 바울 서신에서는 좀 더 다른 방식으로 그 호칭을 그에게 적용시키고 있다는 것이다. 곧, 그의 안에 "지혜와 지식의 모든 보화가 감추어져 있느니라"(골 2:3)라고 진술하는 것이다. 그렇기 때문에 그는 자신이 아버지와 함께 가지신 것을(참조. 요 17:5) 우리에게 나타내신 것이다. 그러므로 바울이 말하는 내용은 하나님의 아들의 본질을 가리키는 것이 아니라 우리가 사용하는 것을 가리키는 것이며, 그것은 그리스도의 인성과 잘 부합되는 것이다. 독생자께서 육체를 입으시기 전에도 어둠 속에서 빛이 비쳤으나(요 1:5), 의의 태양이신 그리스도께서 인성을 입고 강림하셔서 자기 자신을 "세상의 빛"(요 8:12)이라 부르실 때까지는 그 빛이 가리워져 있었던 것이다.

오지안더는 또한, 의롭다 하는 일은 어느 피조물의 위엄에 달려 있는 것이 아니고 하나님의 지정하심에 달려 있기 때문에 의롭다 하는 능력은 천사와 사람들의 한계를 훨씬 뛰어넘는 것이라는 사실에 대해서도 어리석은 반론을 늘어놓는다. 천사들은 하나님께 보속을 하고 싶어도 아무것도 이룰 수가 없다. 그들이 그런 목적을 위해 지정을 받지 않았기 때문이다. 그러나 그 일은 특별히 사람이신 그리스도께 속한 일이었다. 율법의 저주에서 우리를 속량하시기 위하여 친히 율법에 복종하시는 것이 바로 그리스도의 직무였기 때문이다(갈 3:13; 참조. 4:4).

그리스도의 신성에 따라서 그가 우리의 의가 되신다는 것을 부인하는 자들에 대해서 오지안더는 아주 극렬하게 비난한다. 그것은 그리스도의 일부만을 남겨두는 처사요, 또한 그보다 더 악하게 두 하나님을 만드는 처사라는 것이다. 하나님께서 우리 안에 거하신다고 고백하면서도 여전히 우리가 하나님의 의로 볼 때에 의롭지 못하다고 주장하기 때문이라는 것이다. 그러나 우리가 혹 그리스도께서 "죽음의 세력을 잡은 자 곧 마귀를 멸하시"(히 2:14)기 위하여 죽음을 당하신 사실을 깨닫고서 그를 가리켜 생명의 주라고 부른다 하더라도, 그 때문에 그리스도에게서 그의 신성의 존귀함을 빼앗는 것은 아니다. 그는 육체로 나타나신 하나님이시기 때문이다. 오히려 우리는 하나님의 의가 어떻게 우리에게 임하여 우리가 그것을 누리게 되는지를 분명히 제시하는 것일 뿐이다. 이 점에서 오지안더는 그야말로 망령된 오류에 빠지고 만 것이다.

그리스도 안에서 우리에게 분명하게 계시된 것이 하나님의 은밀하신 은혜와 권능에서 비롯된다는 것을 우리가 부인하는 것도 아니고, 그리스도께서 우리에게 베푸시는 의가 하나님께로부터 나오는 하나님의 의라는 사실에 대해서 반론을 제기하는 것도 아니다. 그러나 동시에 우리가 끊임없이 주장하는 것은 그리스도의 죽으심과 부활에 우리를 위한 의와 생명이 있다는 사실이다. 오지안더는 무분별하게, 심지어 상식도 무시한 채, 성경 구절들을 늘어놓으면서, 거기에 의(義)가 언급되면 무조건 그것을 "본질적 의"로 이해해야 한다고 주장하여 독자들에게 부담을 가중시키고 있으나, 이에 대해서는 일일이 다루지 않겠다. 한 가지만 예로 든다면, 다윗이 하나님의 의에 호소하여 자기를 도와달라고 하는 경우에 그 의를 "본질적 의"로 보아야 한다고 주장하는 것이다. 다윗의 그런 호소가 일백 번 이상 나타나는데, 오지안더는 번번이 서슴지 않고 그 의미를 왜곡시키는 것이다.

그는 또한, 의를 합당하게 바르게 정의하자면 우리로 하여금 올바르게 행하도록 우리를 움직이는 것이라는 식으로 반론을 제기하지만, 이것도 강력한 것이 되지 못한다. 왜냐하면 우리 안에서 행하사 우리에게 소원을 두고 행하게 하시는 분이 바로 하나님이시기 때문이다(빌 2:13). 하나님께서 그의 영으로 말미암아 거룩하고 의로운 생명에로 우리를 변화시키신다는 것은 부인할 수 없는 사실이다. 그러나 먼저 알아야 할 것은, 하나님께서 홀로 직접 그 일을 하시는가, 아니면 그의 아들의 손을 통해서 ─ 곧, 성령의 충만함을 베푸셔서 그의 풍성하심으로 지체들 속에 부족한 것들을 공급하시도록 하신 그분을 통해서 ─ 그 일을 하시는가 하는 것이다. 그리고, 물론 의(義)가 그리스도의 신성의 그 은밀한 샘에서부터 우리에게로 임하지만, 그렇다고 해서 그가 그의 신성을 따라서 우리에게 의가 되시는 것은 아니다. 그가 육체 가운데서 우리를 위하여 자신을 거룩하게 하셨기 때문이다(요 17:19).

그는 또한, 그리스도께서 의로우신 분으로서 소유하신 의는 신적인 의(義)였으며 아버지의 뜻이 그를 사로잡지 않았다면 그는 자기에게 주어진 사명을 이루지 않으셨을 것이라고 주장하는데, 이 역시 우스꽝스럽기는 마찬가지다. 물론 나도 다른 곳에서 그리스도의 모든 공로는 오직 하나님의 선하신 기뻐하심에서 흘러나온다고 진술하기는 했으나,[6] 그러나 이것이 오지안더가 자기의 눈도 속이고 무지한 사람들의 눈도 속이는 그 헛된 망상에 빌미를 주는 것은 아니다. 하나님께서 우리의 의의 근원이시요 시발점이시기 때문에 우리는 본질상 의로우며 하나님의 의의 본질이 우리 속에 거하는 것이라는 식의 논리를 용납할 사람이 어디 있겠는가?

이사야 선지자는 하나님께서 교회를 구속하실 때에 "의를 갑옷으로 삼으신다"고 말씀한다(사 59:17). 그렇다면, 하나님께서는 그리스도에게 주셨던 갑옷을 도로 빼앗으셔서 그리스도께서 완전한 구속자가 되시지 못하도록 하셨다는 말인가? 이사야 선지자의 말씀은, 우리를 구속하실 때에 하나님께서 외부에서 무언가를 빌려오셨다는 뜻도 아니요 어떤 도움을 누구에게서 받으셨다는 뜻도 아니다. 표현은 다르지만, 바울도 하나님께서 우리에게 구원을 베푸사 자기의 의로우심을 나타내려 하셨다고 말하여(롬 3:25) 이 점을 간단히 암시해 주고 있다. 그러나 바울의 이런 진술은, 한 사람이 순종하심으로 우리가 의인이 된다는 다른 곳의 진술과(롬 5:19) 어떤 점에서도 모순된 것이 아닌 것이다. 간단히 정리하자면, "이중적인 의"라는 허구로 뒤집어 씌워서 가련한 영혼들로 하여금 하나님의 긍휼하심 안에서 온전한 평안을 누리지 못하도록 만드는 자들은 누구든지, 그리스도에게 가시 면류관을 씌워서 그를 조롱하는 자들과(막 15:17 등) 같은 자들이 되는 것이다.

(행위가 칭의에 유효하다는 스콜라 신학자들의 가르침에 대한 반론. 13-20)

13. 행위로 말미암는 의와 믿음으로 말미암는 의

그러나 인류 가운데 의가 믿음과 행위로 이루어진다고 상상하는 사람들이 굉장히 많으므로, 우선 여기서 믿음으로 말미암는 의와 행위로 말미암는 의가 서로 너무나 다르기 때문에 그 중 하나가 세워지면 다른 하나는 넘어지고 만다는 사실부터 보여 주기로 하자. 사도는 자기가 "모든 것을 … 배설물로 여김은 그리스도를 얻고 그 안에서 발견되려 함이니 내가 가진 의는 율법에서 난 것이 아니요 오직 그리스도를 믿음으로 말미암은 것이니 곧 믿음으로 하나님께로부터 난 의라"(빌 3:8-9)고 말한다. 여기서 반대되는 것들이 서로 비교되고 있는 것을 보며, 또한 그리스도의 의를 얻고자 하는 사람은 반드시 자기 자신의 의를 버려야 한다는 암시도 볼 수가 있다. 그는 다른 곳에서 진술하기를 이것이 바로 유대인들이 멸망한 원인이었다고 한다: "하나님의 의를 모르고 자기 의를 세우려고 힘써 하나님의 의에 복종하지 아니하였느니라"(롬 10:3). 만일 우리 자신의 의를 세우면 그것이 바로 하나님의 의를 흔드는 것이라면, 거꾸로 하나님의 의를 얻기 위해서는 우리 자신의 의를 완전히 제거해 버려야 할 것이다.

그는 또한 우리가 자랑할 여지가 없는 것은 율법 때문이 아니라 믿음 때문이라고 진술하는데(롬 3:27), 여기서도 바로 그 사실을 볼 수 있다. 곧, 행위로 말미암는 의가 티끌만큼이라도 남아 있는 한 자랑할 소지가 우리에게 남아 있다는 말이 되는 것이다. 그런데, 믿음이 모든 자랑을 제거해 버린다면, 행위로 말미암는 의는 절대로 믿음으로 말미암는 의와 연관이 없게 되는 것이다. 이런 의미에서 바울은 로마서 4장에서 변명이나 핑계의 여지가 전혀 없음을 분명히 밝히고 있다: "만일 아브라함이 행위로써 의롭다 하심을 받았으면 자랑할 것이 있었으려니와 하나님 앞에서는 없느니라"(롬 4:2). 결국, 아브라함이 행위로 말미암아 의롭다 하심을 받지 않았다는 것이다. 그 다음에 바울은 그 반대되는 사실에서 또 다른 논지를 이끌어 낸다. 곧, 일하는 자에게는 그 삯이 은혜로 여겨지지 아니하고 보수로 여겨진다는 것이다(롬 4:4). 그러나 은혜로 말미암는 의는 믿음을 통해서 주어지는 것이며, 따라서 행위의 공로에서 나오는 것이 아니다. 그러므로 의가 믿음과 행위에서 비롯된다는 꿈 같은 생각일랑 즉시 버려야 할 것이다.

14. 중생자의 행위도 의를 얻는 근거는 될 수 없음

성경을 왜곡시키고 쓸데없는 트집을 잡기를 소일거리 쯤으로 삼는 궤변가들은 교묘하게 빠져나갈 구멍이 자기들에게 있다고 생각한다. 그들은 "행위"를 아직 거듭나지 않은 사람들이 그리스도의 은혜와는 관계 없는 상태에서 순전히 자기들 자신의 자유 의지의 노력으로 행하는 일들을 의미한다고 설명한다. 그러나 이 행위들이 영적인 행위들을 지칭한다는 것은 부인한다. 그들의 논지에 의하면, 사람은 믿음으로 말미암아 의롭다 하심을 얻고, 또한 행위가 자기 자신의 것이 아니라 그리스도의 선물이요 중생의 열매일 경우는 그 행위로 말미암아서도 의롭다 하심을 얻는다는 것이다. 그들은 말하기를, 바울이 그렇게 말한 것은 다른 이유에서가 아니라 자기들 자신의 힘에 의지하고 있는 유대인들에게 그들이 의를 자기들의 공로로 치부하는 것이 어리석다는 것을 설득시키기 위함이었다고 한다. 오직 그리스도의 영께서만 우리에게 그 의를 베풀어 주시는 것이요, 우리 자신의 본성에서 나오는 노력을 통해서 얻어지는 것이 아니기 때문이라는 것이다.

그러나 아직도 그들은 율법의 의와 복음의 의의 대조에는 — 바울이 다른 곳에서도 소개하고 있지만 — 어떠한 수식어를 붙이든 간에 모든 행위가 제외된다는 사실을(갈 3:11-12) 깨닫지 못하고 있는 것이다. 바울은 율법이 명하는 바를 그대로 행하는 사람이 구원을 얻는다는 것이 율법의 의요, 또한 그리스도께서 죽으셨다가 다시 살아나셨다는 것을 믿는 것이 믿음의 의라고 가르치는 것이다

(롬 10:5, 9).

더 나아가서, 앞으로 적절한 곳에서 보게 되겠지만,[7] 그리스도께서 베푸시는 은혜들 ― 곧, 성화와 의 ― 은 서로 다르다. 그러므로, 의롭다 함을 얻게 하는 능력이 믿음에 있다는 문제를 거론할 때에는 행위는 ― 심지어 영적인 행위라 할지라도 ― 거론의 대상이 되지 않는 것이다. 바울은 아브라함이 하나님 앞에서 자랑할 이유가 전혀 없었다고 하면서 ― 바로 앞에서 인용한 구절에서[8] ― 그것은 그가 자기의 행위로 말미암아서 의롭게 되지 않았기 때문이라고 하는데, 이 진술을 문자적이며 겉으로 드러나는 덕행이나 자유 의지의 노력을 의미하는 것으로만 제한시켜 이해해서는 안 되는 것이다. 족장 아브라함의 삶이 아무리 신령하며 천사의 삶과 방불했다 할지라도, 하나님 앞에서 의를 얻을 만큼 충분한 행위의 공로는 그에게 없었던 것이다.

15. 로마 교회가 가르치는 은혜

스콜라 신학자들이 자기들이 꾸며낸 것들을 이리저리 뒤섞는 것을 보면 조잡하기 그지 없다. 그리고 또 다른 이들은 그에 못지않은 패역한 가르침으로 단순하고 생각이 없는 사람들을 현혹시키며, "영"과 "은혜"의 가면으로 하나님의 긍휼하심을 은폐시키고 있다. 두려움에 싸인 영혼들을 평안하게 하는 것은 오직 하나님의 긍휼하심밖에는 없는데도 말이다. 율법을 행하는 자들이 하나님 앞에서 의롭다 하심을 얻는다는 것은 우리나 바울이나 모두 동의하는 사실이다. 그러나 우리는 도무지 율법을 지킬 수가 없기 때문에, 의로운 신분을 얻는 데 필수적인 그 행위들은 전혀 도움이 되지 못한다는 결론에 이르게 된다. 왜냐하면 그런 행위들이 우리에게 전혀 없기 때문이다.

교황주의자들은 일반 평신도들이나 신학자들이나 모두 이 문제에 대해서 이중으로 속임을 당하고 있다. 그것은 그들이 믿음을 자기들의 공로에 대해 하나님께서 상급을 주시기를 기다리는 양심의 확신이라 부르기 때문이요, 또한 하나님의 은혜를 값없이 의를 전가시켜 주시는 것으로 이해하지 않고 거룩한 삶을 추구하는 데 성령께서 도움을 주시는 것으로 이해하기 때문이다. "하나님께 나아가는 자는 반드시 그가 계신 것과 또한 그가 자기를 찾는 자들에게 상 주시는 이심을 믿어야 할지니라"(히 11:6)라는 사도의 말씀을 그들도 읽는다. 그러나 하나님을 어떻게 찾아야 할지에 대해서는 전혀 관심을 기울이지 않는 것이다.

그들이 "은혜"라는 용어를 사용하는 데 있어서 속고 있다는 사실은 그들 자신의 저작에서 분명히 드러난다. 예를 들어서, 롬바르드는 우리가 그리스도로 말미암아 의롭다 하심을 얻는 방법이 두 가지라고 설명한다. 첫째는 그리스도의 죽으심이 우리를 의롭다 하시는 것인데, 그의 죽으심을 통하여 사랑이 우리 마음속에서 일어나서 우리를 의롭게 만들어 준다는 것이다. 그리고 둘째는 사탄이 죄로써 우리를 포로로 잡고 있었는데 그 사랑을 통하여 그 죄가 소멸되기 때문에 사탄이 우리를 정죄할 구실이 없어진다는 것이다.[9] 여기서 그는 의롭다 하심에서 나타나는 하나님의 은혜가 성령의 은혜로 말미암아 우리를 이끌어 선행을 하게 하는 데 있는 것으로 이해하는 것을 볼 수 있다. 물론 그가 아우구스티누스의 견해를 따르고자 하는 의도가 있었던 것은 사실이다. 그러나 그는 그저 멀리서 따라갈 뿐이요, 아우구스티누스의 견해에서 상당히 이탈하고 있다.

롬바르드는 아우구스티누스가 분명히 진술하는 내용을 희미하게 하고, 아우구스티누스의 견해에 약간의 불순물이 끼어 있는 경우는 그것을 완전히 부패시켜 버리는 것이다. 이러한 스콜라 신학자들의 사정은 계속해서 악화되어, 급기야 바닥으로 곤두박질쳐서 일종의 펠라기우스주의에 빠져버린 것이다. 이렇게 볼 때에, 아우구스티누스의 견해나 또는 그 견해를 진술하는 그의 방법과 자세를 전적으로 수용해서는 안 될 것이다. 물론 그가 사람에게서 의로 인정받을 만한 모든 요소들을 제거해 버리고 오직 그 일을 하나님의 은혜로 돌리고 있는 점은 매우 훌륭하지만, 그는 여전히, 우리로 하여금 성령으로 말미암아 새생명으로 거듭나게 하는 그 은혜를 성화 속에 포함시키고 있는 것이다.

16. 성경이 가르치는 칭의의 요점

그러나 성경은 믿음으로 말미암는 칭의를 말할 때에, 그것과는 전연 다른 방향으로 우리를 이끈다. 즉, 우리 자신의 행위에 대한 생각을 완전히 물리치고 오로지 하나님의 긍휼하심과 그리스도의 완전하심만을 바라보게 하는 것이다. 과연 성경은 의롭다 하심의 순서를 다음과 같이 제시하고 있다. 우선, 하나님은 죄인의 비참한 처지 이외에는 자신의 긍휼을 불러일으킬 것이 아무것도 없음을 보시고 그를 긍휼히 여기사, 황송하게도 자신의 순결하고도 값없이 베푸시는 선하심으로 그 죄인을 받아들이기를 기뻐하신다. 하나님은 사람에게 선한 행위가 전혀 없는 것을 보시고서 친히 사람에게 은혜를 베푸실 이유를 자신에게서 찾으시는 것이다. 그리고 하나님은 자신의 선하심을 깨닫는 지각을 죄인에게 주셔서, 그로 하여금 자기의 행위에 대해 절망을 갖게 하고 동시에 구원을 위하여 하나님의 긍휼하심에 자기 자신을 온전히 내어맡기도록 하시는 것이다. 죄인이 복음의 가르침을 따라서 자기가 하나님과 화목되었음을 깨달을 때에 그 믿음으로 말미암아 구원을 소유하게 되고, 그리스도의 의의 중보로 말미암아 죄 사함을 받을 때에 죄인이 의롭다 하심을 받는 것이다. 그리고 하나님의 영으로 말미암아 중생하였으나, 그는 자기의 선행에 의지하지 않고 오로지 그리스도 안에서 자기를 위하여 보관되어 있는 영원한 의만을 바라보아야 한다는 것을 생각하는 것이다. 이런 일들을 하나씩하나씩 잘 살펴보면, 그것들이 우리의 견해를 분명히 설명해 줄 것이다. 물론 여기서 제시한 것보다 더 좋은 방법으로 그것들을 정리할 수도 있을 것이지만, 그 내용들이 서로 잘 부합되어 문제 전체를 올바로 설명하고 확인하게만 된다면, 어떤 식으로 정리하느냐 하는 것은 별 문제가 되지 않는다.

17. 로마서 10장의 증거

앞에서 믿음과 복음의 관계를 살펴보았는데, 여기서 그 관계를 다시 상기할 필요가 있다. 믿음이 복음에 제시되어 있는 의를 받아들이고 포용하여 의롭게 한다고 말하기 때문이다. 또한 의가 복음을 통하여 제시된다고 말하므로, 행위를 고려하는 것은 일체 배제된다. 다른 곳에서도 물론 이 점을 자주 보여 주지만, 바울은 두 구절에서 이 점을 가장 분명하게 보여 준다. 로마서에서 그는 율법과 복음을 서로 비교하면서 이렇게 말하고 있다: "모세가 기록하되 율법으로 말미암는 의를 행하는 사람은 그 의로 살리라 하였거니와 믿음으로 말미암는 의는 이같이 말하되 … 네가 만일 네 입으로 예수를 주로 시인하며 또 하나님께서 그를 죽은 자 가운데서 살리신 것을 네 마음에 믿으면 구원을 받으리라"(롬 10:5-6, 9).

율법과 복음의 차이가, 율법은 행위에 근거하여 의를 인정하고, 복음은 행위와는 아무런 관계가 없이 값없이 의를 베풀어 준다는 사실에 있다는 것이 분명히 드러나지 않는가? 이것은 매우 중요한 구절이다. 복음을 통해서 우리에게 주어지는 의가 율법의 모든 조건들과 아무런 관계가 없다는 것을 깨닫게 되면, 우리는 이 구절을 통해서 여러 가지 어려움에서 벗어날 수 있을 것이다. 또한 그렇기 때문에 바울은 약속을 율법과 정반대의 위치에 놓고 둘을 서로 모순되는 것으로 제시하는 것이다: "만일 그 유업이 율법에서 난 것이면 약속에서 난 것이 아니리라"(갈 3:18). 갈라디아서의 같은 장의 여러 구절에서 동일한 사상이 나타나고 있다.

자, 물론 율법에도 그 자체의 약속이 있다. 그러므로, 바울이 율법과 복음을 대조시키는 것이 어리석은 것이 아닌 이상, 복음의 약속에는 율법의 약속과는 다른 독특한 점이 있을 것이다. 그 다른 독특한 점이 다름이 아니라, 율법의 약속들은 행위의 조건에 의존하는 데 반해서 복음의 약속들은 오로지 하나님의 긍휼하심에만 의존하는 값없는 것이라는 점이 아니라면 무엇이란 말인가? 그러므로, 우리가 배격해야 할 의는 사람들이 자기의 힘과 자유 의지로 행하여 하나님께 뻔뻔스럽게 자랑하는 그런 의(義)뿐이라고 하며 나를 향하여 으르렁거리는 사람이 없기를 바란다. 왜냐하면 바울이 너무도 분명하게 가르치듯이, 율법의 계명으로 얻어지는 것이 아무것도 없기 때문이다(롬 8:3). 보통 사람들만이 아니라 지극히 완전하다고 하는 사람들 중에서도 그 계명들을 이룰 자가 아무도 없는 것이다. 율법의 가장 첫째가는 계명은 사랑이다. 하나님의 영께서 우리를 이끄사 사랑하도록 하시지만, 그 사랑이 우리의 칭의의 원인이 되지는 못한다. 왜 그럴까? 아무리 성인(聖人)들이 사랑을 행한다 할지라도 그것은 결국 불완전할 수밖에 없으며, 그러니 그 불완전한 것이 어떻게 공로로 인정되는 근거가 될 수 있겠는가?

18. 갈라디아서 3장의 증거

두 번째 구절은 다음과 같다: "또 하나님 앞에서 아무도 율법으로 말미암아 의롭게 되지 못할 것이 분명하니 이는 의인은 믿음으로 살리라 하였음이라 율법은 믿음에서 난 것이 아니니 율법을 행하는 자는 그 가운데서 살리라 하였느니라"(갈 3:11-12; 참조. 합 2:4). 행위를 믿음과 결부시켜서는 안 되며 완전히 믿음과 분리시켜야 한다는 것이 사실이 아니라면, 과연 여기 이 구절의 논지가 어떻게 성립되겠는가? 바울은 말하기를, 율법은 믿음과는 다르다고 한다. 왜 그럴까? 왜냐하면 율법의 의는 행위를 요구하기 때문이다. 그러니 결국 믿음의 의는 행위를 요구하지 않는다는 결론이 나온다. 이러한 관계로 볼 때에, 믿음으로 말미암아 의롭다 하심을 받는 자들은 행위의 공로와는 상관 없이 의롭다 하심을 받는다는 것이 분명해진다. 왜냐하면 복음이 베풀어주는 의를 믿음이 받아들이는 것이기 때문이다. 복음은 의를 행위와 연관짓지 않고 오로지 하나님의 긍휼하심에 둔다는 점에서 율법과는 다르다.

로마서에서 바울은 하나님께서 아브라함의 믿음을 그의 의로 인정하셨기 때문에 아브라함으로서는 자랑할 것이 아무것도 없었다고 말씀하는데, 이 역시 이와 비슷한 논지라 하겠다(롬 4:2-3). 그리고 이어서 그는 행위를 보수를 받는 근거로 내어놓지 않는 곳에 바로 믿음의 의가 세워진다는 사실을 확증하기 위하여 이렇게 덧붙이고 있다: "일하는 자에게는 그 삯이 은혜로 여겨지지 아니하고 보수로 여겨지거니와 일을 아니할지라도 경건하지 아니한 자를 의롭다 하시는 이를 믿는 자에게는 그의 믿음을 의로 여기시나니"(롬 4:4-5). 곧, 믿음에게 주어진 것은 은혜로 되는 것이라는 의미인 것이다. 그는 조금 뒤에 가서 "그것이 은혜에 속하기 위하여 믿음으로 되나니"(롬 4:16)라고 덧붙이고 있다. 그리고 이에 근거하고 유업도 값없이 주어지는 것이라고 한다. 왜냐하면 유업도 믿음으로 받는 것이기 때문이다. 믿음이 행위의 도움이 전혀 없이 오직 하나님의 긍휼하심에 근거하는 것이 아니라면 어떻게 이럴 수가 있겠는가? 또한 다른 구절에서도 같은 의미로 이렇게 가르치고 있다: "이제는 율법 외에 하나님의 한 의가 나타났으니 율법과 선지자들에게 증거를 받은 것이라"(롬 3:21). 바울은 율법을 제외시키면서, 우리가 행위의 도움을 받는다는 것도, 행위를 통해서 의에 이른다는 것도 부인하고 있는 것이다. 오히려 우리는 의를 얻고자 할 때에 행위를 완전히 비운 상태로 나아가는 것이다.

19. 궤변가들의 반론에 대한 반박

이제 오늘날의 궤변가들이 사람이 오직 믿음으로만 의롭다 하심을 얻는다(롬 3:28)는 우리의 가르침에 대해서 행하는 비난이 얼마나 공정한가를 보기로 하자. 사람이 믿음으로 말미암아 의롭다 하심을 받는다는 논지는 그들도 감히 부인을 하지 못한다. 성경에 그 가르침이 너무나 자주 나타나기 때문이다. 그러나 "오직 … 만"이라는 단어는 성경 어디에서도 나타나지 않기 때문에, 그들은 그 단어를 거기에 덧붙여서는 안 된다고 주장하고 있는 것이다. 그러나 과연 그럴까? 그렇다면, 값없이 주어지는 의가 아니라면 믿음으로 말미암는 의가 될 수 없다는 바울의 말(롬 4:2 이하)에 대해서는 도대체 어떻게 답변하겠는가? 값없는 선물이 도대체 행위와 어떻게 일치하겠는가? 복음에 하나님의 의가 나타난 다는 바울의 말(롬 1:17)은 어떻게 피해갈 셈인가? 복음에 의가 나타난다면, 그 의 는 한 부분이 잘려나갔거나 절반뿐인 의가 아니요 완전하고도 충족한 의인 것 이 당연할 것이다. 그러니 율법이 거기에 끼어들 수가 없는 것이다. 그러니 그들 이 "오직 … 만"이라는 단어를 제외시키기를 그렇게 주장하는 것은 거짓될 뿐 아 니라 너무도 어리석은 일인 것이다. 행위와 관계를 끊는다는 것은 곧 모든 것을 오직 믿음과만 연관짓는다는 것이 너무도 분명하지 않은가? 도대체 다음과 같 은 표현들은 무슨 의미란 말인가: "이제는 율법 외에 하나님의 한 의가 나타났 으니"(롬 3:21); "하나님의 은혜로 값없이 의롭다 하심을 얻은 자 되었느니라"(롬 3:24); "율법의 행위에 있지 않고 믿음으로 되는 줄 우리가 인정하노라"(롬 3:28)?

여기서 그들은 아주 교묘한 구실을 늘어 놓는다. 물론 그들이 그 구실을 만 들어낸 것이 아니고 오리겐(Origen)을 비롯한 고대의 저자들에게서 빌려온 것이 지만, 그래도 그것은 그야말로 어리석은 것이다. 그 구실이란 바로, 율법의 의식 (儀式)적인 행위(ceremonial works)는 제외되지만 도덕적인 행위(moral works)는 제외되는 것이 아니라는 것이다. 끊임없이 궤변을 늘어놓는데만 익숙해 있어서 그들은 논리의 기본 원리조차도 파악하지 못하고 있는 것이다. 사도가 자신의 논지를 입증하기 위해서 다음과 같이 구약의 구절들을 인용한 것이 과연 쓸데 없는 일이라고 생각한단 말인가? "율법을 행하는 자는 그 가운데서 살리라"(갈 3:12); "누구든지 율법 책에 기록된 대로 모든 일을 항상 행하지 아니하는 자는 저주 아래에 있는 자라"(갈 3:10). 정신이 나가지 않았다면, 의식들을 지키는 자들 에게 생명이 약속되었고 의식들을 범하는 자들에게만 저주가 선언되었다는 말 은 하지 않을 것이다. 만일 이 구절들을 도덕법에도 해당되는 것으로 이해하는 것이 합당하다면, 도덕적인 행위도 의롭다 하는 능력에서 제외되는 것이 너무 도 자명해지는 것이다.

사도 바울이 사용하는 다음과 같은 논지도 결국 같은 결과를 지향하는 것이 다. "율법으로는 죄를 깨달음이니라"(롬 3:20)는 그의 논지는 결국 율법으로 의를 이루는 것이 아님을 시사하는 것이요, "율법은 진노를 이루게 하나니"(롬 4:15)라 는 논지는 율법으로 의를 이루는 것이 아님을 보여 주는 것이다. 율법은 양심을 평안하게 하지 못하므로, 의를 베풀어줄 수도 없는 것이다. 믿음이 의로서 여겨 지기 때문에, 그 의는 결국 행위에 대한 보속이 아니며 행위가 없이 얻어지는 것이다(롬 4:4-5). 우리가 믿음으로 말미암아 의롭다 하심을 받기 때문에, 도무지 자랑할 수가 없는 것이다(롬 3:27). "만일 능히 살게 하는 율법을 주셨더라면 의가 반드시 율법으로 말미암았으리라 그러나 성경이 모든 것을 죄 아래 가두었으니 이는 예수 그리스도를 믿음으로 말미암는 약속을 믿는 자들에게 주려 함이라"(갈 3:21-22).

자, 아직도 이 말씀들이 의식에만 해당되고 도덕적인 행위에는 해당되지 않는다고 지껄일 자신이 있으면 계속 지껄여 보라. 어린 학생들까지도 그런 뻔뻔스러움에 야유를 보낼 것이다. 그러므로, 율법이 의롭다 함을 얻게 하는 능력이 없다고 말할 때에, 이 율법이라는 단어가 율법 전체를 지칭한다는 사실을 분명히 해두어야 하겠다.

20. "율법의 행위"

사도가 어째서 그냥 "행위"라고만 하지 않고 "율법의 행위"라고 하는지에 대해서 의문을 제기한다면, 이는 곧바로 설명할 수가 있다. 행위가 귀한 것이기는 하지만, 그 가치는 그 행위 자체에서 나오는 것이 아니라 그 행위에 대한 하나님의 인정하심에서 나오는 것이다. 하나님께서 스스로 인정하시지 않는다면, 누가 감히 행위의 의를 하나님께 내어보이려 하겠는가? 하나님께서 약속하지 않으셨다면 누가 감히 상급을 요구하겠는가? 그러므로 그 행위들이 의라는 이름과 거기에 해당하는 상급에 합당한 것으로 여겨지는 것은 하나님의 자비하신 인정하심에서 비롯되는 것이다. 그러므로 이 한 가지 이유만으로도 행위는 가치가 있는 것이다. 왜냐하면 사람이 행위를 통해서 하나님을 향한 순종을 보여드리는 것이기 때문이다.

그러므로, 사도는 다른 곳에서 아브라함이 행위로 의롭다 하심을 받을 수 없었음을 증명하기 위하여 언약이 맺어진지 사백삼십 년 후에 비로소 율법이 완전히 주어졌다고 선언하고 있다(갈 3:17). 무식한 자들은 율법이 반포되기 전에도 얼마든지 의로운 행위가 있을 수 있었다고 하면서 이런 식의 논지에 대해서 코웃음칠 것이다. 그러나 사도 바울은 행위가 그렇게 큰 가치를 가질 수 있는 것은 오직 하나님의 증언과 인정하심에서 비롯되는 것임을 알고 있었으므로, 율법 이전에는 행위가 의롭다 할 능력이 없었다는 것을 기정 사실로 받아들인 것이다. 이렇듯 그가 행위가 의롭다 할 능력이 없음을 말하면서 "율법의 행위"라고 명확하게 말하는 데는 그만한 이유가 있는 것이다. 오직 "율법의 행위"에 대해서만 문제를 제기할 수가 있기 때문이다.

그러나 바울이 아무런 단서 없이 그냥 모든 "행위"를 제외시키는 경우도 있다. 다윗의 증언에 대해서 말하면서 그는 행위가 없이 의로 여기심을 받는 사람들이 복되다고 말한다(롬 4:6; 시 32:1-2). 그러므로 아무리 그들이 트집을 잡아도 바울이 여하한 모든 "행위"를 다 제외시키고 있다는 우리의 견해는 변함이 없는 것이다.

또한 그들은 또 다른 교묘한 말로 사람들을 현혹시키지만, 그 역시 어리석기 그지없는 것이다. 곧 우리는 믿음으로 말미암아 의롭다 하심을 얻지만, 그 믿음은 사랑을 통해서 역사하므로 결국 의롭다 하심이 사랑의 여부에 달려 있다는 식으로 이야기하는 것이다. 물론 우리도 바울과 마찬가지로 "사랑으로써 역사하는 믿음"(갈 5:6)만이 의롭다 함을 얻게 한다고 믿는다. 그러나 의롭다 함을 얻게 하는 능력이 그 사랑의 역사에서 비롯되는 것이 아니다. 사실 믿음이 우리로 하여금 의롭다 함을 얻게 하는 능력이 있는 것은 다른 것이 아니라 그 믿음이 우리를 그리스도의 의와의 교제 속으로 이끌어 준다는 데 있는 것이다. 그렇지 않다면, 사도 바울이 그렇게 강력하게 주장하는 모든 것이 무너지고 말 것이다. "일하는 자에게는 그 삯이 은혜로 여겨지지 아니하고 보수로 여겨지거니와 일을 아니할지라도 경건하지 아니한 자를 의롭다 하시는 이를 믿는 자에게는 그의 믿음을 의로 여기시나니"(롬 4:4-5). 이보다 더 분명한 진술이 어디 있겠는가? 보수를 요구할 만한 행위가 없는 경우에만 믿음으로 말미암는 의가 있다는 것과, 또한 공로가 없이 오직 은혜로써 의가 베풀어지는 경우에만 믿음이 의로 여겨진다는 것 말이다.

(오직 그리스도의 의를 통해서만 죄 사함을 얻음. 21-23)

21. 칭의와 죄 사함

이제는 앞의 정의에서 말한 진술 — 즉, 믿음으로 말미암는 의가 하나님과의 화목이며 이 화목은 오직 죄 사함에 있다는 진술 — 이 얼마나 사실인가를 살펴보기로 하자.[10] 우리는 언제나 다음과 같은 원리로 돌아가야 한다. 곧, 사람들이 죄인인 한 하나님의 진노가 그들 모두 위에 머물러 있다는 것이 그것이다. 이사야 선지자는 다음의 말씀에서 이를 매우 잘 표현한 바 있다: "여호와의 손이 짧아 구원하지 못하심도 아니요 귀가 둔하여 듣지 못하심도 아니라 오직 너희 죄악이 너희와 너희 하나님 사이를 갈라 놓았고 너희 죄가 그의 얼굴을 가리어서 너희에게서 듣지 않으시게 함이니라"(사 59:1-2).

여기서 말하듯이, 죄가 사람과 하나님 사이를 갈라 놓으며, 하나님의 얼굴을 죄인에게서 돌이키게 하는 것이며, 하나님의 의로서는 죄를 처리하지 않고 그냥 묵과할 수가 없다는 사실이다. 그렇기 때문에 사도는 그리스도로 말미암아 은혜를 다시 받게 되기까지 사람은 하나님의 원수라고 가르치는 것이다(롬 5:8-10). 그리하여 주께서는 자기와 연합된 상태로 받아들이시는 자를 의롭다 하신다고 말하는 것이다. 왜냐하면 죄인에서 의인으로 바꾸어 놓지 않고서는 그 사람을 은혜의 상태로 받아들이실 수도, 그와 친히 연합하실 수도 없기 때문이다.

여기에다 우리는 이 일이 죄 사함을 통해서 이루어진다고 덧붙인다. 주께서 자기와 화목시키신 자들을 행위로 판단하신다면, 그들은 죄에서 벗어나고 죄를 씻음 받아야 하므로 여전히 죄인일 수밖에 없을 것이다. 그러므로, 하나님께서 받아들이시는 자들이 죄 사함으로 말미암아 모든 흠과 티를 씻음 받는다는 사실에 근거하여 그들이 의인으로 인정받는다는 것이 분명해지는 것이다. 결국, 그러한 의는 한 마디로 말해서 "죄 사함"이라 부를 수 있는 것이다.

22. 칭의와 죄 사함의 밀접한 관계에 대한 성경적 증거

앞에서 이미 인용한 바 있는 다음과 같은 바울의 말은 이 두 가지 점을 아주 멋지게 표현해 주고 있다: "하나님께서 그리스도 안에 계시사 세상을 자기와 화목하게 하시며 그들의 죄를 그들에게 돌리지 아니하시고 화목하게 하는 말씀을 우리에게 부탁하셨느니라"(고후 5:19). 이 말씀에 이어서 바울은 그리스도의 사신의 메시지의 핵심을 덧붙이고 있다: "하나님이 죄를 알지도 못하신 이를 우리를 대신하여 죄로 삼으신 것은 우리로 하여금 그 안에서 하나님의 의가 되게 하려 하심이라"(고후 5:21).

여기서 바울은 의와 화목을 서로 구분하지 않고 말함으로써, 우리도 이 둘이 서로 포함되어 있는 것으로 이해해야 한다는 것을 암시해 주고 있다. 또한 그는 이 의를 얻는 방법을 가르쳐 주고 있다. 곧, 우리의 죄가 우리에게 돌려지지 않는 것이 그 방법이라는 것이다. 그러므로, 하나님께서 우리 죄를 우리에게 돌리지 아니하심으로써 우리를 자기 자신과 화목시키신다는 말씀을 듣고 있으니,

하나님이 어떻게 우리를 의롭다 하시는가에 대해서 더 이상 의심해서는 안 될 것이다.

다윗의 증언을 통해서 바울은 로마의 교인들에게 의가 행위와는 상관 없이 사람에게 전가된다는 사실을 증명하고 있다. 다윗은 "불법이 사함을 받고 죄가 가리어짐을 받는 사람들은 복이 있고 주께서 그 죄를 인정하지 아니하실 사람은 복이 있도다"(롬 4:6-8; 시 32:1-2)라고 선언하고 있기 때문이다. 여기서 바울은 "복"(福)을 "의"(義)로 대치시키고 있다. 복이 죄를 사함 받는 데 있는 것으로 선언하고 있으니, 그 복을 "의" 외에 달리 정의할 이유가 없기 때문이다. 그러므로 세례 요한의 부친인 사가랴도 구원을 아는 지식이 죄 사함에 있음을 노래하고 있다(눅 1:77).

바울은 안디옥 사람들에게 행한 설교에서 구원의 요체를 말하면서 이러한 규례를 그대로 따르고 있다. 누가가 보도하는 대로 보면, 바울은 다음과 같이 결론을 맺는다: "그러므로 형제들아 너희가 알 것은 이 사람을 힘입어 죄 사함을 너희에게 전하는 이것이며 또 모세의 율법으로 너희가 의롭다 하심을 얻지 못하던 모든 일에도 이 사람을 힘입어 믿는 자마다 의롭다 하심을 얻는 이것이라"(행 13:38-39). 사도는 여기서 죄 사함과 의를 서로 긴밀하게 연관지어서 그 둘이 서로 동일한 것임을 보여 주며, 또한 하나님의 긍휼하심으로 말미암아 얻는 의가 우리에게 값없이 주어지는 것임을 말하는 것이다.

그러므로 신자들이 행위로써가 아니라 값없이 용납하심을 받아서 하나님 앞에서 의롭게 된다는 말을 이상스런 표현으로 여겨서는 안 될 것이다. 성경에서도 매우 자주 나타나고 있고, 고대의 저자들 또한 그렇게 말하고 있기 때문이다. 아우구스티누스는 어디선가 말하기를, "이 땅에 있는 성도들의 의는 덕(德)의 완전함에 있다기보다는 오히려 죄 사함에 있다"고 하였다.[11] 베르나르의 다음과 같은 유명한 진술도 이와 일치한다: "죄를 짓지 않는 것은 하나님의 의다. 그러나 사람의 의는 하나님의 은혜이다."[12] 그리고 그에 앞서서 그는 또 이렇게 선언한 바 있다: "그리스도께서 죄 사함에 있어서 우리의 의가 되시므로, 그의 긍휼하심으로 사하심을 받은 자들만이 의로운 것이다."[13]

23. 그리스도의 의의 전가

이로써 또 분명해지는 것은 우리가 하나님 앞에서 의롭다 하심을 얻는 것이 오로지 그리스도의 의의 중보로 말미암는 일이라는 사실이다. 이 말은 곧, 사람이 스스로 의로운 것이 아니라 그리스도의 의가 전가(轉嫁)에 의하여 그에게 전달되었기 때문에 그가 의로운 것이라는 말과도 같은 말이다. 이 점은 매우 조심스럽게 살펴볼 만한 가치가 있다. 사실, 사람이 믿음으로 말미암아 의롭다 하심을 얻는 것은 그리스도의 의로 말미암아 그가 하나님의 영을 함께 나누게 되고 그 영으로 말미암아 그가 의롭다고 인정받기 때문이라는 식의 헛된 사상은 사라지고 마는 것이다. 위에서 말한 가르침과 너무나 반대되는 것으로서 도저히 조화를 이룰 수가 없기 때문이다. 자기 바깥에서 의를 구하도록 가르침을 받는 사람이 자기 속에 의가 없다는 것은 의심의 여지가 없는 사실이다. 더 나아가서, 사도는 다음의 말씀에서 이를 매우 분명하게 드러내고 있다: "하나님이 죄를 알지도 못하신 이를 우리를 대신하여 죄로 삼으신 것은 우리로 하여금 그 안에서 하나님의 의가 되게 하려 하심이라"(고후 5:21).

보시다시피, 우리의 의는 우리 속에 있는 것이 아니라 그리스도 안에 있는 것이다. 우리가 그 의를 소유하는 것은 오직 우리가 그리스도 안에 참여한 자들이기 때문이다. 그리스도와 함께 그 모든 풍성한 것들을 우리가 소유하고 있는 것이다. 그리고 이러한 가르침은 다른 곳에 나타나는 바울의 가르침, 즉 그리스도의 육신 안에서 죄가 죄로 정하여져서 율법의 의가 우리 속에서 이루어지게 하셨다는 가르침과(롬 8:3-4) 모순되는 것이 아니다. 이루어지게 하셨다는 그의 말씀은 바로 우리가 전가에 의하여 의를 얻은 사실을 지칭하는 것이다. 주 그리스도께서 그의 의를 우리와 함께 아주 놀랍게 나누고 계시므로, 그는 이 능력을 충분히 우리에게 부어주셔서 하나님의 심판을 견디도록 하시는 것이다.

분명히 드러나는 사실이지만 사도 바울의 다음과 같은 진술도 이와 똑같은 것을 의미한다: "한 사람이 순종하지 아니함으로 많은 사람이 죄인 된 것 같이 한 사람이 순종하심으로 많은 사람이 의인이 되리라"(롬 5:19). 오직 그리스도로 말미암아 우리가 의인으로 인정된다고 선언하는 것은, 바로 우리의 의를 그리스도의 순종에 두는 것이 아니고 무엇이겠는가? 그리스도의 순종이 마치 우리 자신의 순종처럼 우리의 것으로 돌려지기 때문이다.

그렇기 때문에, 내가 보건대 암브로시우스는 야곱의 축복에서 이러한 의의 실례를 멋지게 간파하고 있는 것 같다. 야곱은 스스로 장자의 권리에 합당한 자격이 없었으므로 그 형의 의복에 몸을 숨기고 형의 냄새가 나는 겉옷을 걸치고 아버지에게 나아가(창 27:27) 자신이 형인 체하여 아버지에게서 축복을 받았다. 이와 마찬가지로 우리도 우리의 맏형이신 그리스도의 귀하신 순결 아래 몸을 숨기며, 그리하여 하나님 보시기에 의로운 자들로 드러나도록 하는 것이다. 암브로시우스는 다음과 같이 말하고 있다: "이삭이 의복의 냄새를 맡은 사실은 어쩌면 우리가 행위로 말미암아서가 아니라 믿음으로 말미암아 의롭다 하심을 얻는다는 것을 의미할 것이다. 육신의 연약함이 행위를 가로막는 장애가 되지만, 죄 사함을 얻게 하는 믿음의 찬란함이 행위의 그릇된 것들을 덮어 주기 때문이다."[14]

이것은 과연 사실이다. 우리가 하나님 존전에 나타나 구원을 얻기 위해서는 그리스도의 향기로운 냄새가 우리에게서 나야 하고, 그의 완전하심으로 말미암아 우리의 악행들이 덮어지고 파묻혀져야 하는 것이다.

주 _____

1. 2권 12장 1절; 3권 2장, 3장 등을 보라.

2. Ambrose, *Exposition of Psalm* 118 x. 47.

3. imputation of righteousness:한글 개역 개정판 성경은 이를 "의로 여기심"으로 번역하고 있다.

4. 참조. 2권 14장 2절.

5. 바로 앞 절(렘 23:5; 33:15)에 나타나는 "보라 때가 이르리니 내가 다윗에게 한 의로운 가지를 일으킬 것이라 그가 왕이 되어 지혜롭게 다스리며 세상에서 정의와 공의를 행할 것이며"라는 진술을 참조하라.

6. 참조. 2권 17장 1절.

7. 참조. 14장 9절.

8. 롬 4:2을 가리킨다.

9. Lombard, *Sentences* III. xix. 1.

10. 앞의 2, 4절.

11. Augustine, *City of God*, XIX. xxvii.

12. Bernard, *Sermons on the Song of Songs*, xxiii. 15.

13. Bernard, *Sermons on the Song of Songs*, xxii. 6. 11.

14. Ambrose, *On Jacob and the Happy Life*, II. ii. 9.

제 12 장

값없는 칭의의 교리를 확실히 납득하기 위해서는
마음을 우러러 하나님의 심판대를 바라보아야 함

(하나님의 완전하신 위엄과 칭의. 1-3)

1. 하늘의 심판주께서 지니신 의의 표준

이 모든 일들이 완전한 진리라는 것이 명백한 성경의 증거들에 의해서 입증되고 있으나, 이 일들이 과연 얼마나 절실한 것인가 하는 것은 이 논의 전체의 근원을 이루는 사실에 시선을 모아야만 비로소 분명하게 드러날 것이다. 그러므로 먼저 우리가 생각해야 할 사실은, 우리의 논의가 인간의 법정이 아니라 하늘의 법정에 속한 의에 관한 것이라는 것이며, 따라서 우리는 우리 자신의 초라한 척도를 갖고 행위의 순전함을 재어서 그것으로 하나님의 심판을 만족시킬 궁리를 해서는 안 된다는 것이다.

그러나 정말 경솔하고도 대담하게 그런 일을 대수롭지 않게 자행하고 있으니 얼마나 놀라운 일인지 모른다. 사실, 확연히 드러나는 무거운 질병에 걸려 흉악한 몰골을 하고 있거나 피부 속까지 곪아서 흐느적거리는 사람들만큼 행위로 말미암는 의를 자신 있게 ― 또는 사람들의 말대로 요란스럽게 ― 떠들어대는 자들도 없는 것을 보게 된다. 하나님의 공의에 대해서 생각이 없기 때문에 그런 일이 생기는 것이다. 하나님의 공의를 눈곱만큼이라도 느낀다면, 그렇게 해서 하나님의 공의를 우롱하는 일은 절대로 없을 것이다. 그러나 하나님의 공의를 하나님의 공의로, 너무도 완전하여 모든 부분에서 온전하며 그 어떠한 흠도 부패도 없는 완전무결한 것이 아니고서는 절대로 아무것도 용납하지 않는 것으로 인정하지 않으면, 결국 그것의 가치를 완전히 평가 절하하게 되어 있는 것이다. 그런 의는 사람에게서는 절대로 발견된 일도 없고 앞으로도 발견되지 않을 것이다.

그늘진 수도원 내에서는 누구나 사람을 의롭게 만드는 행위의 가치에 대해서 이러쿵저러쿵 쉽게 지껄여댈 수 있을 것이다. 그러나 하나님의 존전에 나아가게 되면 그런 가벼운 농지거리들은 버려야 한다. 하나님 앞에서는 가볍고 경솔한 재담을 늘어놓을 수가 없고, 그야말로 심각하기 그지없는 문제를 다루게 되기 때문이다. 참된 의에 대하여 어떤 목적을 갖고서 진지하게 살피려 한다면, 하늘의 심판주께서 우리를 불러 따지실 때에 과연 우리가 어떻게 대답할 것인가 하는 것을 마음에 새겨야 할 것이다.

우리는 그 심판주를 바라보되, 우리 마음에 상상되는 대로가 아니라 성경에서 우리를 위해서 묘사하고 있는 대로 바라보아야 할 것이다. 성경은 그분을 가리켜서 그의 광채로 별들을 어둡게 하시는 분이시요(욥 3:9), 그의 힘으로 산들을 녹이시며 그의 진노로 땅들을 진동시키시는 분이시요(참조. 욥 9:5-6), 그의 지혜로 지혜로운 자들의 간계를 무너뜨리시는 분이시요(욥 5:13), 그의 순결하심 옆에서는 만물의 더러움이 드러나는 분이시요(참조. 욥 25:5), 그의 의는 천사들이라도 견딜 수 없는 분이시요(참조. 욥 4:18), 죄 지은 자들을 무죄한 자로 만들지 않으시는 분이시요(참조. 욥 9:20), 그의 분노의 불이 일어나면 지옥까지도 불사르는 분이시라(신 32:22; 참조. 욥 26:6)고 묘사하고 있다.

심판의 보좌에 앉으셔서 사람의 행위를 살피시는 그분을 바라보자. 과연 누가 그의 보좌 앞에서 설 수 있다고 확신할 수가 있겠는가? 선지자는 말씀하기를 "우리 중에 누가 삼키는 불과 함께 거하겠으며 우리 중에 누가 영영히 타는 것과 함께 거하리요? 오직 공의롭게 행하는 자, 정직히 말하는 자 … "(사 33:14-15)라고 한다. 그렇지만, 누구든 간에 그런 사람이 있으면 앞으로 나와 보라! 아니, 아무도 감히 나올 사람이 없고, 오히려 정반대로 다음과 같은 무서운 음성이 들려올 것이다: "여호와여 주께서 죄악을 지켜보실진대 주여 누가 서리이까?"(시 130:3). 과연 모든 사람이 곧바로 망해 버리고 말 것이다.

다른 성경에서도 이렇게 말씀하고 있다: "사람이 어찌 하나님보다 의롭겠느냐? 사람이 어찌 그 창조하신 이보다 깨끗하겠느냐? 하나님은 그의 종이라도 그대로 믿지 아니하시며 그의 천사라도 미련하다 하시나니 하물며 흙집에 살며 티끌로 터를 삼고 하루살이 앞에서라도 무너질 자이겠느냐? 아침과 저녁 사이에 부스러져 가루가 되며 영원히 사라지되 기억하는 자가 없으리라"(욥 4:17-20). 이와 마찬가지로 이렇게도 말씀한다: "하나님은 거룩한 자들을 믿지 아니하시나니 하늘이라도 그가 보시기에 부정하거든 하물며 악을 저지르기를 물 마심 같이 하는 가증하고 부패한 사람을 용납하시겠느냐?"(욥 15:15-16).

사실, 욥기에서는 의(義)를 율법을 지키는 것보다 더 높은 것으로 언급하고 있다. 그러므로 의와 율법이 이렇게 서로 차이가 있다는 사실을 주시하는 것이 매우 중요하다. 설사 어느 누군가가 율법을 만족시킨다 하자. 그러나 그런 사람이라 할지라도 인간의 모든 이해를 뛰어넘는 그 의(義)의 테스트는 견딜 수가 없는 것이다. 그러므로 욥이 선한 양심이 있었지만 그 역시 깜짝 놀라서 아무 말도 하지 못하는 것이다. 심지어 천사들의 거룩함이라 할지라도 하나님께서 지니신 그 하늘의 표준에 따라서 그 무게를 달아보면 도저히 하나님을 기쁘시게 할 수 없다는 것을 알고 있었기 때문이다.

그러므로, 이 의에 대해서는 이제 더 이상 말하지 않겠다. 인간으로서는 그 의를 도저히 가늠할 수 없기 때문이다. 여기서 말하고자 하는 것은 다만, 우리의 삶을 기록된 율법의 표준에 갖다 대어보면, 하나님께서 우리를 깨끗하게 하시기 위하여 제시한 그 많은 저주들을 — 그 중에서도 "누구든지 율법 책이 기록된 대로 모든 일을 항상 행하지 아니하는 자는 저주 아래 있는 자라"(갈 3:10; 참조. 신 27:26)는 전면적인 저주를 — 보고서 두려움과 공포에 싸여 전율하지 않는다면 우리는 너무 둔한 것이다.

간단히 정리하자면, 하늘의 심판주 앞에서 모든 사람이 각자 자기 죄의 책임을 인정하고 그것을 용서받고자 하는 마음이 생겨서 기꺼이 몸을 숙여 자기가 아무것도 아님을 고백하지 않는다면, 이 칭의에 대한 논의 전체가 어리석은 것이 되고 무력한 것이 되고 만다는 것이다.

2. 사람의 의는 하나님 앞에서 아무것도 아님

그러므로 우리는 헛되이 우리 자신을 높이기를 그만두고, 눈을 들어서 하늘을 바라보며 두려워 떨기를 배워야 할 것이다. 사실 사람들끼리만 비교하는 데서 그치면, 우리 자신을 높이게 되기가 쉬운 법이다. 어느 누구라도 자기 동료들이 무시할 수 없는 무언가 귀한 점이 자기에게 있다는 식의 생각을 갖기 때문이다. 그러나 하나님을 향하여 시선을 돌리면 우리들의 그런 확신은 일순간에 사라지고 만다. 눈에 보이는 하늘을 우리 몸으로 대할 때에 일어나는 현상과 똑같은 현상이 우리의 영혼이 하나님을 대할 때에 일어나는 것이다. 가까이 있는 물체를 눈으로 보면 똑똑히 보여서 그것이 무엇인지를 식별할 수가 있다. 그러나 그 눈으로 태양을 바라보면 그 찬란한 광채를 견디지 못하고 시력이 마비되어 버리며, 땅의 물체를 볼 때에 강력하게 힘을 발휘했던 시력이 완전히 무기력해지고 만다. 그러므로, 허망한 우리의 확신 때문에 속아넘어가서는 안 될 것이다. 우리가 다른 사람들에 비해서는 동등하거나 그보다 더 낫다고 생각할 수도 있으나, 하나님께는 아무것도 아니다. 그런데, 우리의 문제가 바로 그 하나님의 심판에 따라서 결정되는 것이 아닌가?

우리가 이런 경고들을 받고서도 우리의 오만방자함을 버리지 못한다면, 하나님께서는 바리새인들에게 하셨던 말씀으로 우리에게 대답하실 것이다: "너희는 사람 앞에서 스스로 옳다 하는 자들이나 너희 마음을 하나님께서 아시나니 사람 중에 높임을 받는 그것은 하나님 앞에 미움을 받는 것이니라"(눅 16:15). 자, 가서 여러분의 의를 사람들 가운데서 떠들며 얼마든지 자랑해 보아라! 하나님께서 하늘에서 그것을 가증히 여기실 테니 말이다!

그런데, 하나님의 영으로 말미암아 진정으로 교훈을 받는 하나님의 종들은 과연 어떤 심정일까? "주의 종에게 심판을 행하지 마소서 주의 눈 앞에는 의로운 인생이 하나도 없나이다"(시 143:2). 또 다른 종은 이와 약간 다른 의미로 이렇게 말씀한다: "인생이 어찌 하나님 앞에 의로우랴? 사람이 하나님께 변론하기를 좋아할지라도 천 마디에 한 마디도 대답하지 못하리라"(욥 9:2-3). 그러므로 여기서 우리는 하나님의 의의 본질이 사람의 그 어떠한 행위로도 절대로 만족되지 않는다는 사실을 분명히 알 수 있는 것이다.

하나님의 의가 우리의 천 가지 죄를 조사한다면, 우리는 그 중 단 한 가지에 대해서도 깨끗함을 얻지 못할 것이다. 하나님의 택하신 도구인 바울이 바로 그런 의를 깊이 생각하고 있었다는 것이 그의 다음과 같은 고백에서 여실히 드러나고 있는 것이다: "내가 자책할 아무것도 깨닫지 못하나 이로 말미암아 의롭다 함을 얻지 못하노라"(고전 4:4).

3. 아우구스티누스와 베르나르의 증언

그런 예는 성경에서만 볼 수 있는 것이 아니다. 모든 경건한 저자들에게서도 그런 예가 나타나고 있다. 아우구스티누스는 이렇게 말하고 있다: "이처럼 썩어질 육체의 짐을 지고 인생의 연약함 속에서 탄식하는 모든 경건한 자들에게는 유일한 한 가지 소망이 있으니, 곧 우리에게 중보자요 의로우신 자 예수 그리스도께서 계셔서 그가 우리 죄를 위하여 대속물이 되신다는 사실이다"(참조. 딤전 2:5-6).[1] 이것이 무슨 말씀인가? 이것이 그들의 유일한 소망이라면, 행위에 대한 확신은 대체 어디 있는가? 그가 "유일한"이라고 말했다는 것은 다른 소망이 없다는 뜻이 아닌가?

베르나르도 이렇게 말하고 있다: "연약한 자가 안전하고 확실한 평안과 안식을 위하여 기댈 곳이 주님의 상처가 아니면 어디란 말입니까? 구원하시는 그분이 강하실수록 나는 더욱더 안전하게 거기에 거하는 것입니다. 세상이 위협하고, 육체가 내리누르고, 마귀가 올무를 놓고 있습니다. 그러나 나는 든든한 반석 위에 서 있으니 넘어지지 않습니다. 나는 큰 죄를 지어서 내 양심이 어지러우나, 주의 상처를 기억할 것이므로 흔들리지 아니하는 것입니다."

그리고 그는 후에 다음과 같이 결론을 맺는다: "그러므로, 주님의 자비하심이 나의 공로가 됩니다. 그러니 주님의 자비가 없어지지 않는 한, 나의 공로도 없어지지 않을 것이요, 주님의 자비가 풍성하면 그와 똑같이 나의 공로도 풍성해지는 것입니다. 그런데 내가 어째서 나 자신의 의로운 행위를 찬양하겠습니까? 오 주님, 오직 주의 의만을 기억하리이다. 그 의가 또한 저의 것이기도 하옵니다. 다시 말해서, 하나님께서 나를 위하여 그를 의로 삼으신 것입니다."[2]

또한 다른 곳에서는 이렇게 말한다: "전인(全人:whole man)을 안전하게 만드시는 그분에게 온전히 소망을 두는 것이 바로 사람의 온전한 공로입니다."[3] 또한 이와 비슷하게 그는 스스로 평안을 유지하면서 하나님께 영광을 돌리고 있다: "주의 영광이 쇠하지 않기를 원하나이다. 내게 평안이 있으면 나는 좋을 것이옵니다. 나는 모든 영광을 버리오니, 이는 혹 내 것이 아닌 것을 내가 도둑질할까 하옵이며 내게 베풀어진 것을 잃어버릴까 하옵이옵니다."[4]

그리고 다른 구절에서는 이보다 더 명확하게 말하고 있다: "하나님께서 목적이 계셔서 자랑할 만한 더 확실한 이유를 주셨는데, 어째서 교회가 공로에 그렇게 관심을 둔단 말입니까? … 그러니 '우리가 무슨 공로에 의지해서 유익을 얻을 소망을 가질까?' 하는 질문 따위는 할 이유가 없는 것입니다. 특히 선지자가 말씀한 것처럼, '주 여호와께서 이같이 말씀하시기를, 내가 이렇게 행함은 너희를 위함이 아니요 … 나의 거룩한 이름을 위함'(겔 36:22, 32)이기 때문입니다. 공로에 대해서는, 공로로는 부족하다는 것을 아는 것으로 충족한 것입니다만, 공로가 있다면 공로가 있는 체하지 않는 것이므로, 공로가 없는 것이 심판을 위해 충족한 것입니다."[5]

　베르나르가 선행을 가리켜 "공로"라는 말로 표현하고 있다는 사실에 대해서는 그 당시의 시대적인 경향이 그랬다는 것을 이해해야 할 것이다. 그러나 그의 의도는 본질적으로 외식자들에게, 즉 하나님의 은혜를 대적하여 뻔뻔스럽게 마음대로 죄를 짓는 자들에게 두려움을 불러일으키고자 하는 것이었다. 곧바로 뒤이어서 그는 이렇게 설명하고 있다: "공로가 있으면서도 있다고 내세우지 않거나, 공로가 없으면서도 없다고 움츠러들지 않는 교회는 복이 있습니다. 움츠러들 이유는 있지만 공로를 자랑할 이유는 없습니다. 교회가 공로가 있다 하더라도 자격을 갖추기 위한 공로지, 자랑하기 위한 공로가 아닙니다. 있는 체하지 않고, 자랑하지 않는 것이 과연 진정한 공로가 아니겠습니까? 그러므로 주님의 풍성한 긍휼하심을 받아 자랑할 만한 분명한 근거가 있는 상태에서 자기를 자랑하지 않는 것이야말로 과연 더욱 담대히 자랑하는 것입니다."[6]

(양심과 하나님 앞에서의 자기 비판이 행위에 대한 자랑을 제거시켜주며 하나님의 긍휼하심을 받아들이도록 우리를 인도함. 4-8)

4. 하나님의 심판대에서는 인간의 모든 허세가 무너짐

　과연 그렇다. 양심이 일깨움을 받아 하나님의 심판을 생각하게 되면 바로 이 사실을 자기들이 안전하게 숨을 쉴 수 있는 유일한 안전한 피난처임을 깨닫게 되는 것이다. 밤중에 그렇게도 밝게 빛나는 별들이 태양이 나타나면 그 광채를 완전히 잃어버린다면, 사람에게서도 그야말로 희귀하게밖에는 볼 수 없는 그런 순결함을 하나님의 순결하심과 비교하게 되면 과연 어떻게 될 것이라고 생각하는가? 그것은 마음의 가장 깊숙이 감추인 생각까지도 꿰뚫는 그야말로 혹독한 테스트가 아닐 수 없을 것이다. 바울이 말하듯이, "그가 어둠에 감추인 것들을 드러내고 마음의 뜻을 나타내시"(고전 4:5)는 것이다. 이런 하나님의 테스트를 받게 되면, 양심이 아무리 숨기고자 해도, 이미 완전히 잊어버린 것들까지 모두 다

실토해내지 않을 수 없을 것이다.

우리를 참소하는 마귀는 자기가 우리를 꾀어 범하게 한 그 모든 과실들을 생각하고서 우리를 압박할 것이다. 지금 우리가 우러러 높이 평가하고 있는 선행들을 겉으로 드러내어 보이는 일은 거기서는 아무런 소용도 없을 것이다. 오직 의지의 순결함만을 우리에게 요구할 것이기 때문이다. 그러므로 외식자들은 지금 술 취한 사람들처럼 대담하게 자신을 자랑하지만, 거기서는 완전히 혼미하여 무너져 버릴 것이다. 이는 자기 스스로 하나님 앞에서 죄과가 있다는 것을 알고 있으면서도 사람들 앞에서 잘난 체하는 그런 외식만 여기에 해당되는 것이 아니라, 우리 자신을 하나님 앞에서 속이며 우리 자신을 추켜세우는 그런 외식도 여기에 해당되는 것이다.

그런 처절한 하나님의 심판의 광경을 염두에 두지 않는 사람들은 한 순간 기쁘고도 편안하게 자기들 마음대로 의를 세울 수 있을 것이다. 그러나 그런 의는 하나님의 심판대 앞에서 완전히 무너지고 말 것이다. 마치 꿈 속에서 엄청난 재물이 쌓여 있어도 꿈을 깨는 순간 모든 것이 사라지는 것과 마찬가지로 말이다. 그러나 하나님 앞에 있는 것과 똑같이 진지하게 참된 의의 규범을 찾는 사람은 모든 인간의 행위들은 그것들의 고유한 가치로 판단할 때에 전부 더럽고 불결한 것 이상 아무것도 아님을 깨닫게 될 것이다. 그리고 보통 사람들이 의로 여기는 것이 하나님 앞에서는 그야말로 불의이며, 정직으로 여기는 것이 부패요, 자랑으로 여기는 것이 치욕이 되고 마는 것이다.

5. 하나님의 심판대 앞에서 양심으로 나를 살핌

하나님의 완전하심을 바라보던 데서 시선을 내려서 우리 자신을 보기를 부끄러워해서는 안 되겠고, 그렇게 우리를 보면서 맹목적인 자기 사랑에 빠지거나 우쭐해지는 일이 있어서도 안 될 것이다. 이런 점에서 우리가 그렇게 눈이 멀어버리는 일이 이상한 것이 아니기 때문이다. 우리 중에 아무도 성경이 선언하는 대로 우리 속에서 본성적으로 뿜어져 나오는 그런 해로운 자기 탐닉(self-indulgence)을 경계하지 않기 때문이다. 솔로몬은 말씀하기를, "사람의 행위가 자기 보기에는 모두 정직하"다고 하며(잠 21:2), 또한 "사람의 행위가 자기 보기에는 모두 깨끗하"다고도 한다(잠 16:2). 그렇다면 무슨 뜻인가? 이런 자기 착각에 의해서 사람의 죄가 사함을 받는가? 아니다.

같은 구절에 덧붙여져 있는 말씀처럼 "여호와께서 심령을 감찰하시"는 것이다(잠 16:2). 즉, 사람이 겉으로 의의 가면을 쓰고 자기 자신을 칭찬하고 있는 동안 주께서는 그 마음의 은밀한 불결함을 저울에 달고 계신다는 말이다. 그러므로, 그런 거짓된 허풍으로 유익될 것이 전혀 없기 때문에, 망하지 않으려면 우리 자신을 그렇게 속여서는 안 될 것이다. 우리가 우리 자신을 올바로 살필 수 있으려면, 우리의 양심이 반드시 하나님의 심판대 앞에 불려가야 한다. 거기서는 완전히 벌거벗은 상태로 은밀하게 숨어 있는 우리의 부패한 곳들을 백일하에 드러내놓을 수밖에 없기 때문이다. 그렇게 하지 않으면 그런 것들은 너무나 깊이 숨어 있어서 드러나지를 않는 것이다.

그렇게 할 때에 비로소 다음의 말씀들의 가치를 분명히 알게 될 것이다: "하나님 앞에서 사람이 어찌 의롭다 하며 여자에게서 난 자가 어찌 깨끗하다 하랴? … 하물며 구더기 같은 사람, 벌레 같은 인생이랴"(욥 25:4-6); "악을 저지르기를 물 마심 같이 하는 가증하고 부패한 사람을 용납하시겠느냐"(욥 15:16); "누가 깨끗한 것을 더러운 것 가운데에서 낼 수 있으리이까? 하나도 없나이다"(욥 14:4). 그러면 욥이 자기 자신에 대해 한 말을 우리도 체험하게 될 것이다: "가령 내가 의로울지라도 내 입이 나를 정죄하리니 가령 내가 온전할지라도 나를 정죄하리라"(욥 9:20).

옛날의 선지자가 이스라엘에 대해서 한 탄식이 한 시대만이 아니라 모든 시대에 다 적용되기 때문이다: "우리는 다 양 같아서 그릇 행하여 각기 제 길로 갔거늘"(사 53:6). 사실 선지자는 거기서 구속의 은혜를 받게 될 모든 사람들을 다 포괄하고 있는 것이다. 그리고 이렇게 우리 자신을 철저하게 파헤쳐서 살피는 일이 우리를 그야말로 소스라치게 놀라게 만들 정도까지 계속되어야 하며, 그리하여 우리로 하여금 그리스도의 은혜를 받아들이도록 준비되어야 하는 것이다. 사람이 먼저 마음의 모든 교만함을 낮추지 않으면, 스스로 그 은혜를 누릴 수 있다고 생각하여 자신을 속이게 되기 때문이다. "하나님은 교만한 자를 대적하시되 겸손한 자들에게는 은혜를 주시느니라"(벧전 5:5; 약 4:6; 참조. 잠 3:34)라는 유명한 말씀을 유념해야 할 것이다.

6. 하나님 앞에서의 겸손

그러나 우리가 전적으로 궁핍하고 극빈하여 하나님의 긍휼하심을 바라보지 않는다면, 과연 우리 자신을 낮출 방법이 무엇이겠는가? 우리 자신에게 아직도 무언가가 남아 있다고 생각한다면, 그것을 겸손이라 말할 수 없다. 이 두 가지를 하나로 묶어 놓은 자들이 — 하나님 앞에서 우리 자신을 낮추어 생각해야 한다고 하면서도 또한 우리의 의(義)가 어느 정도 가치가 있다고 보아야 한다고 가르쳐온 자들이 — 지금까지 그 해로운 위선을 가르쳐온 것이다. 우리의 느낌과 전혀 다른 것을 하나님 앞에서 고백한다면, 그것이야말로 하나님께 거짓말을 하는 악행일 것이다. 그러나 무엇이든 우리 속에 자랑스러운 것 같은 모든 것을 다 밟아버리지 않고서는 우리가 느껴야 마땅한 그런 느낌을 느낄 수가 없는 것이다.

그러므로 선지자에게서 "주께서 곤고한 백성은 구원하시고 교만한 눈을 낮추시리이다"(시 18:27)라는 말씀을 들으면, 첫째로, 모든 교만을 버리고 완전한 겸손을 취하지 않는 한 구원의 문이 열려 있지 않다는 것을 생각해야 하며, 둘째로, 이 겸손이 어떤 품위 있는 행동인 것처럼 생각하여 — 아무리 속으로 자기가 잘났다는 의식을 갖고 있다 할지라도 다른 사람들에게 건방지거나 모욕을 주는 행동을 하지 않으면 그런 사람들을 가리켜 사람들 앞에서 겸손하다고 부르는데, 겸손을 그런 식으로 생각하여 — 여러분이 여러분의 가진 권리를 주님께 양도한다는 식의 생각을 조금이라도 가져서는 안 된다. 오히려 겸손이란 우리의 마음을 있는 그대로 굴복시키는 상태요, 자기 자신의 비참한 핍절한 상태를 깨닫고 진정으로 무너져내린 상태인 것이다.

하나님의 말씀 어디에서나 그렇게 가르치고 있다. 주께서는 스바냐서에서 말씀하시기를 "그때에 내가 네 가운데서 교만하여 자랑하는 자들을 제거하여 … 내가 곤고하고 가난한 백성을 네 가운데에 남겨 두리니 그들이 여호와의 이름을 의탁하여 보호를 받을지라"(습 3:11-12)고 하셨는데, 여기서 겸손한 자가 과연 어떤 사람인지를 분명히 지적하고 계시지 않는가? 겸손한 자란 바로 자기들의 빈곤함을 알고서 괴로워하는 중에 있는 자들이다.

또한 성경은 교만한 자들을 기뻐하며 자랑하는 자들이라 부른다. 그런 사람들은 번영 가운데서 기뻐 뛰며 즐거워하기 때문이다. 그러나 구원하기로 계획하고 계시는 겸손한 자들에게 하나님께서는 주님 안에 있는 소망 외에 아무것도 남겨두지 않으시는 것이다. 이사야에서도 그와 같이 말씀하고 있다: "무릇 마음이 가난하고 심령에 통회하며 내 말을 듣고 떠는 자 그 사람은 내가 돌보려니와"(사 66:2). 또한 다른 곳에서도 이와 같이 말씀하신다: "지극히 존귀하며 영원히 거하시며 거룩하다 이름하는 이가 이와 같이 말씀하시되 내가 높고 거룩한 곳에 있으며 또한 통회하고 마음이 겸손한 자와 함께 있나니 이는 겸손한 자의 영을 소생시키며 통회하는 자의 마음을 소생시키려 함이라"(사 57:15).

"통회"라는 낱말을 접할 때마다, 우리는 마음의 상처 때문에 땅바닥에 엎드린 채 다시 일어나지 못하는 사람을 생각해야 한다. 하나님의 심판에 따라서, 겸손한 자들과 함께 높임을 받으려면, 여러분의 마음이 그런 통회로 아파야 하는 것이다. 그런 일이 일어나지 않으면, 하나님께서 권능의 손길로 여러분을 낮추셔서 부끄러움과 치욕을 당하게 하실 것이다.

7. 그리스도께서는 죄인을 영접하심

우리의 높으신 주님께서는 그저 말씀으로 만족하지 않으시고 비유를 통해서 겸손의 모습이 어떠한지를 생생하게 그려주셨다. 곧, 세리의 모습을 제시하시는 것이다: "세리는 멀리 서서 감히 눈을 들어 하늘을 쳐다보지도 못하고 다만 가슴을 치며 이르되 하나님이여 불쌍히 여기소서 나는 죄인이로소이다 하였느니라"(눅 18:13). 그가 하늘을 쳐다보지도 못하고 가까이 나아오지도 못하며 가슴을 치고 스스로 죄인임을 고백하는 것을 겉으로 가장한 겸손이라고 생각해서는 안 될 것이다. 이는 속마음에서 우러나오는 표현들이었던 것이다. 또한 주님은 이와 대조적으로 바리새인의 기도하는 모습을 그리셨는데, 그 바리새인은 이렇게 감사하고 있다: "하나님이여 나는 다른 사람들 곧 토색, 불의, 간음을 하는 자들과 같지 아니하고 이 세리와도 같지 아니함을 감사하나이다. 나는 이레에 두 번씩 금식하고 또 소득의 십일조를 드리나이다"(눅 18:11-12). 그는 공적인 고백 가운데서 자기의 의가 하나님의 선물임을 시인하기는 한다. 그러나 그는 자기가 의롭다고 확신하고 있기 때문에, 하나님께 영접을 받지 못하고 미움을 받는 상태로 하나님의 존전에서 나오고 만다. 반면에 세리는 자기의 불의함을 인정하여 의롭다 하심을 받는다(눅 18:14).

그러므로 여기서 우리는 하나님 앞에서 우리를 철저히 낮추는 것이 얼마나 그를 기쁘시게 하는가를 볼 수 있다. 우리 자신의 가치에 대한 모든 생각들이 우리 마음속에서 철저히 비워지지 않고서는, 하나님의 긍휼하심을 받아들이도록 마음을 열 수가 없는 것이다. 마음이 그런 것들로 차 있으면 하나님을 향하여 문을 닫아버리는 것이다. 이 점에 대해서 의심하는 사람이 있어서는 안 될 것이다.

그리스도께서는 아버지께로부터 다음과 같은 사명을 위하여 이 땅으로 보내심을 받으셨다: "가난한 자에게 아름다운 소식을 전하게 하려 하심이라 나를 보내사 마음이 상한 자를 고치며 포로된 자에게 자유를, 갇힌 자에게 놓임을 선포하며 … 모든 슬픈 자를 위로하되 무릇 시온에서 슬퍼하는 자에게 화관을 주어 그 재를 대신하며 기쁨의 기름으로 그 슬픔을 대신하며 찬송의 옷으로 그 근심을 대신하시고"(사 61:1-3). 이러한 사명에 따라서, 주님은 오직 수고하고 무거운 짐 진 자들만을 그의 은혜에 참여하도록 초청하시는 것이다(마 11:28). 그리고 다른 곳에서도 이렇게 말씀하신다: "나는 의인을 부르러 온 것이 아니요 죄인을 부르러 왔노라"(마 9:13).

8. 나 자신에 대한 신뢰를 몰아냄

그러므로, 그리스도의 부르심에 귀를 기울이려면 모든 교만함과 안일한 자기 만족을 버려야 하는 것이다. 교만은 우리 자신의 의를 인정하는 어리석음에서 나온다. 사람이 하나님 앞에서 무언가 스스로 공로가 있고 내세울 만한 것이 있다고 생각하는 데서 나오는 것이다. 안일한 자기 만족은 행위에 대한 믿음이 전혀 없이도 얼마든지 있을 수가 있다. 죄인이 자기들의 악행의 달콤한 맛에 취하여 하나님의 심판을 생각하지 않는 것은 물론 몽롱한 상태에 빠져서 자기들에게 베풀어지는 긍휼을 전혀 사모하지도 않는 경우가 비일비재한 것이다.

아무런 방해도 받지 않고 그리스도께 속히 나아가며 우리의 주림과 목마름이 그리스도의 풍성한 복으로 채워지려면, 우리 자신을 신뢰하는 자세를 버리는 것은 물론, 그것에 못지않게 그런 나태한 자세도 흔들어 제거해야 하는 것이다. 우리 자신을 깊이 불신하게 되지 않으면 그리스도를 향한 모자람 없는 신뢰가 절대로 생기지를 않는다. 먼저 우리 마음이 우리 속에서 가라앉지 않고서는 절대로 그 마음이 그리스도 안에서 높이 올라가지를 않는다. 먼저 우리 자신에게서 절망을 체험하지 않고서는 그리스도 안에서 충족한 위로를 절대로 얻을 수가 없는 것이다.

그러므로, 우리 자신에 대한 신뢰를 철저히 몰아내고 오직 하나님의 선하심에 대한 확신에만 의지할 때에 비로소 하나님의 은혜를 붙잡고 누릴 준비를 갖추게 되는 것이다. 아우구스티누스의 말처럼, "우리 자신의 공로를 잊어버릴 때에 그리스도의 선물들을 받아 누리게 되는 것이다."[7] 베르나르의 가르침도 이와 일치하고 있다. 그는 교만한 자들을 불성실한 종에 비유하면서 말하기를, 그들이 아주 사소한 것에 대해서도 자기 자신의 공로를 내세우는 것은 자기들을 통해서 다른 이들에게 전달되는 은혜를 그릇되게 자기들이 붙잡고 있기 때문인데, 이는 방(室)의 벽이 창문을 통해서 빛을 받고 있으면서 마치 자기가 빛을 만들어내는 것처럼 떠벌리는 것과도 같은 이치라고 하였다.[8]

이 문제에 대해서 더 이상 지체하고 싶지는 않고, 다만 다음과 같이 간단하면서도 전반적으로 적용되며 또한 확실한 원칙을 붙잡아야 하겠다. 곧, 자기를 철저히 비운 자가 하나님의 긍휼하심의 열매를 함께 누릴 준비가 되어 있다는 것이 바로 그것이다. 사람의 의를 말하는 것이 아니고, 그저 의를 비슷하게 닮은 허망한 것을 제거해야 한다는 말이다. 참된 의는 사람에게 존재하지 않는 것이기 때문이다. 사람이 자기 자신에 대해서 만족하면 할수록, 그만큼 하나님의 은혜를 훼방하는 것이다.

주 _____

1. Augustine, *Against Two Letters of the Pelagians*, III. v. 15.

2. Bernard, *Sermons on the Song of Songs*, lxi. 3.

3. Bernard, *On the Psalm*, *He That Dwelleth* (Ps. 91) xv. 5.

4. Bernard, *Sermons on the Song of Songs*, xiii. 4.

5. Bernard, *Ibid.*, lxviii. 6.

6. Bernard, *Ibid.*

7. Augustine, *Sermons*, clxxiv. 2.

8. Bernard, *Sermons on the Song of Songs*, xiii. 5.

제 13 장

값없는 칭의의 교리에서 유념해야 할 두 가지 사실

1. 하나님께만 영광을 돌려야 함

여기서 우리는 특히 두 가지를 유념해야 한다: 첫째로, 주의 영광이 흐려지거나 손상받지 않고 그대로 유지되어야 한다는 것과, 둘째로, 우리의 양심이 하나님의 심판을 바라보며 평안한 안식과 고요한 마음의 평정을 가져야 한다는 것이다.

성경은 의에 관하여 말씀할 때마다 항상 오직 하나님께만 감사할 것을 얼마나 진지하게 우리에게 촉구하는지 모른다. 사도는 주께서 그리스도 안에서 우리에게 의를 베푸시는 목적이 바로 "자기의 의로우심을 나타내려 하심"(롬 3:25)이었음을 증거하기까지 하고 있다. 그러나 그는 동시에 하나님의 의로우심을 나타내는 일의 본질이 어디에 있는가를 곧바로 덧붙여 말씀한다: "이때에 자기의 의로우심을 나타내사 자기도 의로우시며 또한 예수 믿는 자를 의롭다 하려 하심이라"(롬 3:26). 오직 하나님께서만 의로우신 자로 높임을 받으시고 또한 그가 자격이 없는 자들에게 의를 값없는 선물로 전해주지 않으면, 하나님의 의로우심이 충족히 드러나지 않는다는 것을 여기서 보지 않는가? 그렇기 때문에 하나님은 "모든 입을 막고 온 세상으로 하나님의 심판 아래에 있게 하"(롬 3:19)시기를 원하시는 것이다.

사람이 자기 자신을 변호하여 무언가 말할 것이 있는 한, 하나님의 영광에서 조금이라도 벗어나기 마련이기 때문이다. 그리하여 에스겔서에서 하나님께서는 우리의 불의를 인정하는 것이 하나님의 이름을 얼마나 영화롭게 하는 것인지를 이렇게 가르쳐주신다: "너희의 길과 스스로 더럽힌 모든 행위를 기억하고 이미 행한 모든 악으로 말미암아 스스로 미워하리라 … 내가 너희의 악한 길과 더러운 행위대로 하지 아니하고 내 이름을 위하여 행한 후에야 내가 여호와인 줄 너희가 알리라"(겔 20:43-44).

우리 자신의 불의를 깨닫고 괴로워하며 동시에 전혀 무가치한 우리에게 하나님께서 은혜를 베푸셨음을 생각하는 것이 하나님을 아는 참된 지식의 일부라면, 주께서 값없이 베푸신 자비에 대해 마땅히 드려야 할 감사를 조금이라도 도둑질하여 큰 해악을 자초할 이유가 어디 있겠는가? 예레미야는 "지혜로운 자는 그의 지혜를 자랑하지 말라 용사는 그의 용맹을 자랑하지 말라 부자는 그의 부함을 자랑하지 말라"(렘 9:23)고 선언하면서 동시에 "자랑하는 자는 주 안에서 자랑하라"(고전 1:31; 참조. 렘 9:24)고 말씀하는데, 이는 곧 사람이 자기 자신을 자랑하면 하나님의 영광이 조금이라도 감소된다는 것을 암시하는 것이 아닌가?

사도 바울은 이 말씀을 사용하여 우리 구원의 각 부분이 모두 그리스도로 말미암는 것이므로 우리가 오직 주 안에서만 자랑해야 한다고 가르치는데(고전 1:30-31), 그 의미는 이것이다. 곧, 조금이라도 자기 자신의 것을 가졌다고 생각하는 사람은 누구나 하나님을 대적하여 일어서는 것이며, 또한 그의 영광에 그림자를 드리우는 것이라는 것이다.

2. 자기의 의를 자랑하는 것은 하나님의 영광을 빼앗는 행위임

과연 그렇다. 우리가 우리 자신의 자랑을 철저히 벗어버리지 않으면 절대로 주님 안에서 자랑할 수가 없는 것이다. 또한 반대로, 이것도 하나의 보편적인 원리로 받아들여야 한다. 곧, 누구든지 자기 자신을 자랑하는 자는 하나님을 대적하여 자랑하는 것이라는 사실 말이다. 바울은 사람들이 자기를 자랑할 구실을 완전히 빼앗겨 버려야 비로소 세상이 하나님께 굴복하게 된다고 생각한다(참조 롬 3:19). 그러므로 이사야 선지자는 "이스라엘 자손은 다 여호와로 말미암아 의롭다 함을 얻고"라고 선포하면서 동시에 "자랑하리라"라고 덧붙이고 있는 것이다(사 45:25). 이것은 마치 택함 받은 자들이 주로 말미암아 의롭다 함을 얻는 것이 오직 주 안에서 자랑하도록 하기 위함이라는 말과도 같다.

그는 이미 바로 그 앞 절에서 우리가 어떻게 주 안에서 자랑해야 하는지를 말했었다. "공의와 힘은 여호와께만 있나니 사람들이 그에게로 나아갈 것이라"(사 45:24)라고 자랑해야 한다는 것이다. 그저 그렇게 고백하기만 하면 되는 것이 아니라, 거짓으로 겸손한 체하기만 하면 그런 고백을 얼마든지 행할 수 있다는 식으로 생각하지 못하게 하기 위하여 맹세로써 그 고백을 확증할 것으로 요구하고 있다는 것을 주목해야 한다. 또한 교만하지 않은 상태에서 자기 자신의 의로움을 인정하는 것은 하나도 자기 자신을 자랑하는 것이 아니라는 식의 주장을 펴서도 안 될 것이다. 왜냐하면 자기를 그렇게 바라보면 반드시 자기를 신뢰하게 되고, 자기를 신뢰하게 되면 반드시 자기를 자랑하게 되는 것이기 때문이다.

그러므로, 의에 대해 논의할 때마다 우리가 반드시 염두에 두어야 할 중요한 사실은 곧, 하나님의 영광이 완전하게 또한 손상받지 않은 상태로 유지되어야 한다는 것이다. 왜냐하면 사도께서 증거하듯이, 하나님께서 그의 은혜를 우리에게 부으시는 것이 하나님의 의를 나타내는 일이요, 그리하여 하나님께서는 자기가 의로우신 분이시요 또한 예수 믿는 자를 의롭다 하시는 분이심을 나타내셨기 때문이다(참조. 롬 3:26). 또한 다른 구절에서는 주께서 자기 이름의 영광을 드러내시기 위하여 우리에게 구원을 베푸셨음을 진술한 후에(엡 1:6), 똑같은 사실을 나중에 다시 되풀이하여 진술하고 있다: "너희는 그 은혜에 의하여 믿음으로 말미암아 구원을 받았으니 … 하나님의 선물이라 행위에서 난 것이 아니니 이는 누구든지 자랑하지 못하게 함이라"(엡 2:8-9).

그리고 베드로도 우리가 구원의 소망에로 부르심을 받은 사실을 지적하면서 "이는 너희를 어두운 데서 불러내어 그의 기이한 빛에 들어가게 하신 이의 아름다운 덕을 선포하게 하려 하심이라"(벧전 2:9)고 말하는데, 그는 의심의 여지도 없이 육체의 모든 교만함을 깊은 침묵 속에 잠재우고, 오직 하나님을 향한 찬양만이 신자들의 귀에 울려퍼지도록 하고자 하는 의도에서 그런 말을 한 것이다. 정리하자면, 사람이 의의 지극히 작은 부스러기라도 스스로 취하게 되면 그만큼 하나님의 의의 영광을 깎아내리는 것이므로 결국 하나님을 모욕하는 행위가 된다는 것이다.

3. 자기의 의를 바라보아서는 양심의 평안을 얻을 수 없음

이제, 어떻게 하면 양심이 하나님 앞에서 고요한 평안을 누릴 수 있을까 하는 문제로 돌아가면, 그 유일한 길은 바로 하나님께서 공로가 없는 우리를 향하여 의를 값없이 선물로 베풀어주신 사실을 깨닫는 데 있다는 것을 알게 된다. 우리는 언제나 다음과 같은 솔로몬의 질문을 염두에 두도록 하자: "내가 내 마음을 정하게 하였다 내 죄를 깨끗하게 하였다 할 자가 누구냐?"(잠 20:9). 무한정한 더러움 속에 빠져 있지 않은 사람은 하나도 없다. 지극히 완전한 사람을 자기 양심 속으로 들어가게 하여 자기의 행위들을 살피게 하면, 과연 어떤 결과가 나오겠는가? 자기와 하나님 사이에 모든 일들이 잘 정돈되어 있는 것처럼 과연 그렇게 편안히 쉬게 되겠는가? 아니면, 처절한 고통으로 괴로워하게 되겠는가? 행위로 판단하게 되면, 그는 정죄받아 마땅한 근거가 자기에게 가득하다는 것을 느끼게 될 것이다. 하나님을 바라보면, 양심이 하나님의 심판 앞에서 확실한 평안을 누리든지, 아니면 지옥의 공포에 완전히 사로잡히든지 둘 중의 한 가지 결과가 생길 수밖에 없다.

그러므로 우리의 영혼을 하나님의 심판대 앞에서 지탱시켜 줄 수 있을 만큼 확고부동한 의를 세우지 않는 한, 의에 대해서 아무리 논의를 해도 전혀 유익이 없는 것이다. 우리 영혼이 하나님의 임재 앞에 두려움 없이 우리 자신을 세워서 하나님의 심판을 놀라움 없이 받아들이도록 만들어 주는 그런 것을 소유하고 있을 때에야 비로소 우리가 거짓이 아닌 진정한 의를 소유하고 있다는 것을 알 수 있을 것이다. 그러므로 사도가 이 점을 그렇게 강력하게 주장하는 데에도 그만한 이유가 있다 할 것이다. 내 말보다는 사도의 말을 직접 듣는 것이 좋겠다. "만일 율법에 속한 자들이 상속자이면 믿음은 헛것이 되고 약속은 파기되었느니라"(롬 4:14).

그는 먼저 만일 의를 베푸시겠다는 약속이 우리 행위의 공로를 근거로 하거나 율법을 지키는 것을 조건으로 하는 것이라면 믿음이 헛것이 되고 만다고 여긴다. 왜냐하면 어느 누구도 자기가 율법을 완전히 지켜서 만족시켰다는 확신을 마음에 갖게 되지 않을 뿐더러 행위를 통해서도 율법을 만족시킬 수가 없으므로 그 약속을 도무지 의지할 수가 없기 때문이다. 이에 대한 증거를 굳이 멀리서 찾으려 할 필요가 없다. 누구든 자기 자신을 정직한 눈으로 들여다보면 자기 자신이 이에 대한 증인이 될 수 있을 것이다.

또한 사람들이 그렇게도 자신 있게 자기 자신들을 감싸며, 마치 하나님의 심판주로서의 역사하심을 강제로 유보시키기라도 하려는 듯이 아무런 거리낌도 없이 자기들 자신에 대한 온갖 허황된 아첨을 하나님의 심판과 대치시키는 것을 볼 때에, 위선이 사람의 마음을 얼마나 깊게 음흉하게 감추는지를 잘 알 수가 있다. 그러나 순전한 자세로 자기 자신을 살피는 신자들은 그런 것과는 전연 다른 것으로 괴로워하고 고통스러워하는 것이다. 사람이 각자 얼마나 무거운 죄의 빚이 자기를 누르고 있으며, 자기에게 주어져 있는 조건에 자기가 얼마나 못 미치는지를 스스로 생각하게 되면, 먼저 의심이 찾아오고, 결국 절망이 뒤따라 오게 된다. 믿음은 이미 완전히 눌려 버렸고 사라져 버렸다! 믿음이 있다면 흔들리지도 않고, 이랬다저랬다하지도 않으며, 이리저리 끌려다니지도 않고, 주저하지도 않으며, 또한 절망하지도 않는 법이니 말이다. 믿음을 가졌다면, 오히려 끊임없는 확신과 완전한 신뢰로 마음을 강건하게 하는 법이며, 당연히 안식할 곳이 있고 발을 디디고 설 곳이 있는 것이다(참조. 고전 2:5; 고후 13:4).

4. 참된 평안은 오직 그리스도의 은혜를 의지하는 데서 얻어짐

바울은 또 한 가지 사실을 덧붙여 말씀하고 있다. 곧, 약속이 파기되며 효력이 사라진다는 것이다. 약속이 이루어지는 것이 우리의 공로를 조건으로 하는 것이라면, 과연 어느 때가 되어야 우리가 하나님의 축복을 받을 만한 자격을 갖추게 된단 말인가? 사실 이 두 번째 사실은 첫 번째 사실의 자연적인 귀결이다. 약속은 오직 그것을 믿는 믿음을 가진 자들에게만 성취될 것이기 때문이다. 그러므로 믿음이 넘어지면, 약속도 효력을 발휘하지 못하게 되고 만다. 결과적으로, 유업이 믿음에서 나는 것은 바로 약속을 은혜에 근거하여 세우기 위함인 것이다. 그 약속이 오직 하나님의 긍휼하심만을 근거로 할 때에 비로소 그 약속이 풍성하게 확증되는 것이다. 왜냐하면 긍휼하심과 진실하심이 영원한 끈으로 함께 묶여 있기 때문이다. 즉, 무엇이든 하나님께서 긍휼히 여기셔서 약속하시면 그가 반드시 성실하게 이행하신다는 말이다.

그러므로 다윗은 하나님의 말씀에 따라서 자기를 구원해 달라고 하기 전에 먼저 그 구원이 하나님의 긍휼하심에 있음을 진술하고 있다: "주의 긍휼히 여기심이 내게 임하사 내가 살게 하소서"(시 119:76). 과연 그렇다. 하나님으로 하여금 약속을 하시도록 만드는 것은 오직 그의 긍휼하심이기 때문이다. 그러므로 이러한 사실을 확고히 세워서 우리의 모든 소망을 거기에 두고, 우리의 행위를 바라보거나 그것에서 도움을 구하지 않도록 해야 할 것이다.

혹 이것이 전혀 새로운 말인 것처럼 생각하는 사람이 있다면, 아우구스티누스도 그렇게 할 것을 가르치고 있다는 사실을 기억해야 할 것이다. 그는 이렇게 말하고 있다: "그리스도께서 영원토록 그의 종들 안에서 다스리실 것이다. 하나님께서 이를 약속하셨고, 말씀하셨고, 그것도 모자라서 그것을 맹세하기까지 하셨다. 그러므로 우리의 공로에 따라서가 아니라 그의 긍휼하심에 따라서 그 약속이 확실하므로, 어느 누구도 이처럼 도저히 의심할 수 없는 것을 선포하면서 의심을 가져서는 안 될 것이다."[1]

또한 베르나르도 이렇게 말하고 있다: "'누가 구원을 얻을 수 있으리이까?'라고 그리스도의 제자들이 묻습니다. 그러나 예수님은 대답하시기를, '사람으로는 할 수 없으나 하나님으로서는 다 하실 수 있느니라'고 하십니다(마 19:25-26). 이것이 우리가 신뢰하는 전부입니다. 이것이 우리의 유일한 위로요, 이것이 우리가 소망을 갖는 이유의 전부입니다. 그러나 그리스도께서 능력이 있으신 것은 확실하지만, 과연 그가 그러한 뜻을 갖고 계실까요? '사랑을 받는지 미움을 받는지'(전 9:1) 누가 알겠으며, '누가 주의 마음을 알며 누가 그의 모사가 되었습니까'(롬 11:34; 참조. 사 40:13)? 그런데 여기서 믿음이 우리를 도와줄 필요가 있습니다. 여기서 진리가 우리를 도와주어야 합니다. 그래야만, 우리에게 가리워진 아버지의 마음이 성령으로 말미암아 나타나며 그의 성령께서 우리가 하나님의 자녀라는 사실을 우리 마음에 심어 놓으시리라는 것을(롬 8:16) 알게 되는 것입니다. 더 나아가서 성령께서 값없이 우리를 부르시고 믿음으로 말미암아 의롭다 하심을 받게 하시는 일이 필요합니다. 영원한 예정으로부터 미래의 영광에로 나아가는 중간의 통로가 바로 여기에 있는 것입니다."[2]

이제 다음과 같이 간단하게 결론을 짓도록 하자. 곧, 하나님의 약속들이 양심의 충만한 확신으로 붙잡을 수 있는 것이 아니라면 그 약속들이 성립되지 않는다는 것을 성경이 보여 준다는 사실이다. 의심이나 불안이 있으면, 성경이 그 약속들을 헛된 것으로 선언한다. 다시 말하지만, 이 약속들이 우리 자신의 행위에 근거한다면 그 약속들은 아무런 효력도 발생하지 못하고 이리저리 흔들리기만 한다고 선언한다. 그러므로, 의가 우리에게서 떠나가든지, 아니면 행위가 개입되지 말든지 둘 중의 하나일 수밖에 없다. 오직 믿음만이 개입되어야 한다. 귀를 닫고 눈을 감아서 오직 약속에만 모든 관심을 기울이고 사람의 모든 가치나 공로에서 생각을 완전히 돌려버리는 것이야말로 믿음의 본질인 것이다.

스가랴 선지자의 유명한 예언이 이렇게 해서 성취되는 것이다: "내가 … 이 땅의 죄악을 하루에 제거하리라 … 그날에 너희가 각각 포도나무와 무화과나무 아래로 서로 초대하리라"(슥 3:9-10). 여기서 선지자는 신자들이 먼저 죄 사함을 얻은 후에야 비로소 참된 평안을 누릴 것임을 시사하고 있다. 선지자들에게서 우리는 이 점을 깨달아야 한다. 곧, 그리스도의 나라를 말할 때에 그들은 하나님의 외형적인 축복들을 통해서 영적인 축복들을 표현한다는 것이다. 그러므로 그리스도를 가리켜 "평강의 왕"(사 9:6)이요 "우리의 화평"(엡 2:14)이라 부른다. 그리스도께서 모든 양심의 동요를 고요히 가라앉히시기 때문이다. 그가 어떤 수단으로 그렇게 하시느냐고 묻는다면, 하나님을 진정시키신 그의 희생 제사를 생각해야 한다. 하나님께서 과연 그리스도께서 하나님의 진노를 당하심으로 단번에 행하신 속죄로 말미암아 진정되신다는 사실을 납득하지 못하는 사람은 불안에 떠는 상태에서 절대로 헤어나지 못할 것이다. 한 마디로 말해서, 다른 데서가 아니라 오직 우리의 구속주이신 그리스도의 고난에서만 우리의 평안을 찾고 구해야 하는 것이다.

5. 믿음과 칭의

그러나 어째서 모호한 증거를 사용하겠는가? 바울은 우리가 "믿음으로 말미암아 의롭다 하심을 얻는다"(롬 5:1)는 것을 확신하지 못하면 양심이 평안과 고요한 기쁨을 누릴 수 없다는 것을 거듭거듭 말하고 있다. 또한 동시에 그는 이러한 확신의 근원이 무엇인지를 선포한다. 그것은 바로 "우리에게 주신 성령으로 말미암아 하나님의 사랑이 우리 마음에 부은 바"(롬 5:5) 되는 것이다. 이는 마치 우리가 하나님을 기쁘시게 하고 있다는 확신이 없이는 우리 마음에 평안이 있을 수 없다는 말과도 같은 뜻이다. 그리하여 그는 다른 구절에서 모든 경건한 자들을 대신하여 이렇게 외치고 있다: "누가 우리를 그리스도의 사랑에서 끊으리요?"(롬 8:35, 39). 바로 이 피난처에 가기까지 우리는 조금만 바람이 불어도 두려워 떨 수밖에 없을 것이지만, 또한 주께서 자신이 우리의 목자이심을 확실히 보여 주시면 아무리 사망의 음침한 골짜기에서도 안전을 확신하고 담대할 수가 있는 것이다(참조. 시 23:1, 4). 그러므로, 믿음으로 말미암아 의롭게 된 것이 우리가 신령하게 삶으로써 거듭나고 의로워졌기 때문이라고 떠들어대는 자들은 절대로 은혜의 그 아름다움을 맛보지도 못한 자들일 뿐 아니라 하나님께서 과연 사랑을 베푸신다는 것을 생각도 하지 못하는 자들인 것이다. 그렇기 때문에 그들은 미개한 터키인들이나 기타 이교도들이나 마찬가지로 올바른 기도에 대해서 알지 못하는 것이다. 바울이 증거하듯이, 그 친밀한 아버지의 이름을 받아들이고 마음에 늘 떠올리는 것이 없다면, 아니 우리의 입을 열어서 자유로이 "아바 아버지"라고 외치는 것이 없다면, 그런 믿음은 참된 믿음이 아닌 것이다(갈 4:6; 롬 8:15).

바울은 또한 다른 곳에서 이를 더욱 분명하게 말씀하고 있다: "우리가 그[그리스도] 안에서 그를 믿음으로 말미암아 담대함과 확신을 가지고 하나님께 나아감을 얻느니라"(엡 3:12). 중생의 선물을 통하여서는 이런 일이 일어나지 않는다. 중생은 이 육신의 몸을 입고 있는 동안에는 언제나 불완전할 수밖에 없고, 따라서 의심을 일으킬 근거들이 수없이 거기에 잠재되어 있는 것이다. 그러므로 우리는 다음과 같은 치유책을 강구해야 한다. 곧, 천국의 기업을 얻을 소망에 대한 유일한 근거가 오직 그리스도의 몸에 접붙인 바 되어 값없이 의롭다고 인정함을 받는다는 사실에 있다는 것을 확신하는 것이 바로 그것이다. 칭의에 관한 한, 믿음은 순전히 수동적인 것으로서, 우리에게 있는 무엇을 하나님께 가져가서 하나님의 사랑을 회복시키는 것이 아니라, 오직 우리에게 결핍된 모든 것을 그리스도께로부터 단지 받는 것이다.

주 _____

1. Augustine, *Psalms*, Ps. 88. i. 5.
2. Bernard, *Sermon on the Dedication of a Church*, v. 6.

제 14 장

칭의의 시작과 그 이후의 과정

(자연인은 죄 가운데 죽어 있어서 구속이 필요한 상태에 있음. 1-6)

1. 네 종류의 인간

이 문제를 분명히 하기 위하여, 사람의 생애의 전 과정을 통해서 어떤 종류의 의(義)가 가능한지를 살펴보기로 하자. 사람을 다음과 같이 네 종류로 구분할 수 있을 것이다:(1) 하나님을 아는 지식을 부여받지 못하고 우상 숭배에 빠져 있는 사람들, (2) 성례에 참여하게 되었으나 부정한 생활을 함으로써 입으로는 신앙을 고백하면서도 행위로는 하나님을 부인하는 그저 이름뿐인 신자들, (3) 헛된 외식으로 마음의 악함을 감추는 위선자들, (4) 하나님의 성령으로 중생하여 참된 거룩함을 주요 관심사로 삼는 사람들.

우선, 사람들을 그 본성적으로 주어진 은사들에 따라서 판단하면 머리 끝에서부터 발바닥까지 선(善)이라고는 흔적조차 볼 수가 없다. 성경이 아담의 자손들을 묘사하는 다음과 같은 성경의 진술들을 거짓이라고 인정하지 않는다면 말이다: "만물보다 거짓되고 심히 부패한 것은 마음이라"(렘 17:9), "사람의 마음이 계획하는 바가 어려서부터 악함이라"(창 8:21), "여호와께서는 사람의 생각이 허무함을 아시느니라"(시 94:11), "그의 눈에는 하나님을 두려워하는 빛이 없다"(시 36:1; 롬 3:18), "지각이 있어 하나님을 찾는 자가 없다"(시 14:2).

한 마디로 사람들은 육신에 불과한 것이다(창 6:3). 이 "육신"이라는 단어에는 바울이 열거하는 다음의 모든 것들이 다 포함된다: "음행과 더러운 것과 호색과 우상 숭배와 주술과 원수 맺는 것과 분쟁과 시기와 분냄과 당 짓는 것과 분열함과 이단과 투기와 술 취함과 방탕함과 또 그와 같은 것들"(갈 5:19-21). 사람이 자랑하며 의지하는 것이 바로 이런 것들인 것이다!

그러나 사람들 중에 도덕적인 예절에 있어서 탁월하여 겉으로 거룩한 모습을 드러내 보이는 경우도 있으나, 하나님께서 겉모습으로 사람을 판단하지 않으신다는 것을 우리가 알고 있는 이상, 우리로서는 그런 모습이 과연 의로운 것으로 가치가 있는지를 바로 알기 위해서는 그들의 행위의 근원에까지 파고들어가야 하는 것이다. 이는 굉장히 광범위한 문제와 결부되는 것이지만 이 문제를 몇 마디로 설명할 수가 있으니, 가능한 한 간단하게 이 문제를 다루고자 한다.

2. 불신자들의 덕행도 하나님의 선물임

우선, 나는 불신자들 가운데 두드러지게 나타나는 온갖 재능들이 하나님의 선물이라는 사실을 부인하지 않는다. 또한 일반의 상식적인 판단을 완전히 거부하는 것도 아니다. 사람들은 티투스와 트라야누스에게서 나타나는 정의와 중용과 공평이 칼리굴라나 네로나 도미티아누스에게서 나타나는 광기와 무절제와 잔인함과는 엄청난 차이가 있으며, 또한 티베리우스에게서 나타나는 도착적(倒錯的)인 음욕이 베스파시아누스에게서 나타나는 금욕의 자세와 엄청난 차이가 있으며, 개별적 덕목과 악행을 일일이 거론하지 않는다 해도 정의와 법을 준수하는 것과 그것들을 멸시하는 것이 서로 엄청난 차이가 있다는 것을 다 인정하고 있는데, 나 역시 그것을 부인하지 않는다.[1]

의로운 자와 불의한 자는 서로 큰 차이가 있어서 심지어 죽은 모습에서도 그런 차이가 나타날 정도다. 이것들을 서로 혼동한다면, 과연 세상의 질서가 어떻게 유지되겠는가? 그러므로 주님은 사람들 개개인마다 마음속으로 선한 행실과 악한 행실을 구분하게 하셨을 뿐 아니라, 때때로 그의 섭리를 통하여 이를 확증하기도 하시는 것이다. 사람들 가운데 덕을 불러일으키는 자들에게 이생에서 많은 복들을 베푸시는 것을 볼 수가 있다. 그런 덕행의 겉모양이 조금이라도 하나님의 은혜를 받기에 합당하기 때문에 그런 복을 베푸시는 것이 아니라, 다만 하나님께서 진정한 의를 얼마나 높이시는지 증명해 보이시기를 기뻐하셔서 그들에게 그런 복을 베푸시는 것이다. 그는 심지어 겉으로 꾸며내는 의로움에 대해서도 세상적인 상급을 주시는 것이다. 그러므로, 앞에서 말한 내용이 자연스럽게 성립되는 것이다. 곧, 이런 모든 덕행들 — 아니 차라리 덕행의 모습들이라 해야 옳겠다 — 이 하나님의 선물이라는 사실 말이다. 하나님께로부터 나오는 것이 아니면 여하한 경우에도 칭찬할 만한 것이 없을 것이기 때문이다.

3. 아우구스티누스의 가르침

그러나 동시에 다음과 같은 아우구스티누스의 진술도 사실이다: "유일하신 하나님을 믿는 신앙에서 벗어나 있는 모든 사람들은 아무리 덕망이 높다 할지라도 상급보다는 오히려 형벌을 받아 마땅하다. 왜냐하면 그들의 마음의 오염으로 말미암아 하나님의 선한 일을 더럽히기 때문이다."[2] 그들은 의와 정절과 우정과 절제와 용기와 지혜로 인간 사회를 보존하도록 하기 위한 하나님의 도구들이지만, 그들은 하나님의 이런 선한 임무를 최악의 상태로 이행하는 것이다. 선을 이루고자 하는 순전한 열심에서가 아니라 단순한 야망이나 자기 자신에 대한 애착, 혹은 기타 부패한 동기에서 악행을 억제하기 때문이다. 그러므로, 사람들의 마음이 매우 불결하여 그들의 선행도 그 근원에서부터 부패하였으므로, 그것들을 덕행으로 인정할 수가 없고 오히려 덕행과 비슷하게 보여 사람들을 속이는 악행으로밖에는 볼 수가 없는 것이다.

요컨대, 올바른 것이 한결같이 지니는 목적을 — 즉, 하나님을 섬기는 것이 그 목적이라는 것을 — 기억하면, 그 외에 다른 목적을 위하여 수고하는 모든 것은 이미 "올바르다"는 이름을 잃어버리는 것이 마땅할 것이다. 그러므로, 그들이 하나님의 지혜가 제시하는 목표를 바라보지 않기 때문에, 그들이 행하는 일도 비록 좋아보이기는 하지만, 그 의도가 부패하여 있으므로 결국 죄악된 것이다. 그러므로 아우구스티누스는 결론짓기를, 파브리키우스나 스키피오나 카토 등 탁월한 선행을 행한 이교도들은 믿음의 빛을 받지 못하여 마땅히 지향하여야 할 행위의 목표를 지향하지 못하였으므로 참된 의로움이 그들에게 없었으며 결국 죄를 지은 것이라고 한다. 사람의 덕행은 행위 그 자체가 아니라 그것이 지향하는 목표에 의해서 판단되는 것이기 때문이다.

4. 믿음이 없이는 참된 덕행도 없음

더 나아가서, 하나님의 아들이 없는 자에게는 생명이 없다는 요한의 말씀이 사실이라면(요일 5:12), 그리스도께 속하지 않은 자들은 그들이 어떤 자들이든, 어떤 일을 행하든간에, 그들의 온 삶을 통해서 멸망과 영원한 죽음의 심판을 재촉하고 있는 것뿐이다. 아우구스티누스의 다음과 같은 진술도 이러한 사상과 일치하고 있다: "우리가 믿는 신앙은 의인과 악인을 행위의 법으로써가 아니라 믿음의 법으로써 구별한다. 믿음이 없으면 아무리 선행처럼 보인다 할지라도 죄가 되고 마는 법이다."[3]

또한 다른 구절에서 그는 그런 사람들의 열심을 정당한 코스에서 벗어난 달리기 선수에 비유하는데 거기서도 동일한 사상을 아주 멋지게 표현하고 있다. 바른 길에서 벗어나서 달리게 되면 열심히 달릴수록 그만큼 더 마지막 종착점에서 멀어지는 것이요, 결국 그만큼 더 불쌍한 처지가 되는 것이다. 그리하여 아우구스티누스는 말하기를, 정당한 길에서 벗어나서 열심히 달리기보다 차라리 절름발이 걸음을 해도 정당한 길에 서 있는 편이 낫다고 한다.[4]

마지막으로, 그리스도와의 교제를 벗어나서는 성화(聖化)도 있을 수 없는 것이므로, 그들이 못된 나무들이라는 것이 분명히 드러난다. 그들이 맺는 열매가 눈으로 보기에는 아름답고 풍성하며 또한 맛도 좋을지는 모르지만, 실상은 전혀 좋지를 못한 것이다. 이로써 우리는 사람이 믿음으로 말미암아 하나님과 화목하기 전에 생각하고 계획하고 실행에 옮기는 것은 모두가 저주받을 것뿐이라는 사실을 쉽게 알 수 있다. 의를 위하여 가치가 없을 뿐 아니라 정죄를 받아 마땅한 것이다. 그런데 어째서 아직 무언가 의심쩍은 것이 있기라도 한 것처럼 이에 대해서 왈가왈부한단 말인가? "믿음이 없이는 하나님을 기쁘시게 하지 못하나니"(히 11:6)라는 사도의 말씀이 이를 분명히 입증하고 있지 않은가?

5. 하나님 앞에서 인정받는 의는 오직 은혜로 말미암음

그러나 하나님의 은혜를 사람의 본성적인 상태와 정면으로 대립시켜 놓고 보면 그러한 사실이 더욱더 분명하게 드러난다. 하나님께서 사람에게 선을 행하실 뜻을 가지시도록 할 만한 것이 사람에게 아무것도 없는데, 하나님께서 먼저 그의 값없는 자비하심으로 사람에게 나아오신다는 사실을 성경 도처에서 선포하고 있는 것이다. 죽어 있는 사람이 생명을 얻기 위해서 과연 무엇을 할 수 있겠는가? 그런데 하나님께서는 그를 아는 지식으로 우리에게 조명하시면서 동시에 우리를 죽음에서 다시 살리신다고도 말씀하며(요 5:25), 우리를 새로운 피조물로 만드신다고도 말씀한다(고후 5:17). 우리를 향하신 하나님의 자비하심을 이런 은유적인 표현을 통해서 말씀하는 경우가 자주 있는데, 특히 사도 바울에게서 이를 잘 볼 수 있다. 그는 말하기를, "긍휼이 풍성하신 하나님이 우리를 사랑하신 그 큰 사랑을 인하여 허물로 죽은 우리를 그리스도와 함께 살리셨고"(엡 2:4-5)라고 한다.

또한 다른 곳에서는 신자들을 부르시는 부르심의 모형으로서 아브라함에 대해서 논하면서 이렇게 말한다: "하나님은 죽은 자를 살리시며 없는 것을 있는 것으로 부르시는 이시니라"(롬 4:17). 우리가 없는 것이라면, 과연 우리가 무엇을 할 수 있겠는가? 그러므로 주님은 욥의 역사에서 이런 오만함을 강력하게 제어하신다: "누가 먼저 내게 주고 나로 하여금 갚게 하겠느냐? 온 천하에 있는 것이 다 내 것이니라"(욥 41:11). 바울은 이런 하나님의 말씀을 설명하면서(롬 11:35) 다음과 같이 논리를 전개한다. 곧, 우리가 주님께 그야말로 부끄러운 궁핍과 무(無) 외에 다른 것을 내어 놓을 수 있다고 생각해서는 안 된다는 것이다.

그러므로, 앞에서도 인용한 바 있지만,[5] 우리가 구원에 대한 소망을 갖게 된 것이 행위로 말미암은 것이 아니라 오직 하나님의 은혜로 말미암은 것임을(참조. 엡 2:8-9) 입증하기 위하여 바울은 이렇게 말하고 있다: "우리는 그가 만드신 바라 그리스도 예수 안에서 선한 일을 위하여 지으심을 받은 자니 이 일은 하나님이 전에 예비하사 우리로 그 가운데서 행하게 하려 하심이니라"(엡 2:10). 이 말씀은 마치 "선을 행할 수 있는 능력부터가 중생에서 나오는 것이니 우리 중에 과연 누가 자기의 의로 하나님께 호소하였다고 자랑할 수 있겠느냐?"라는 뜻과도 같다 하겠다.

우리의 본성대로 보면, 우리에게서 선행이 나오기보다는 차라리 돌에서 기름이 흘러나오기를 기다리는 것이 더 쉬울 것이다. 그토록 수치스러운 상태로 정죄를 받았는데도 불구하고 사람이 아직도 자기에게 무언가 남은 것이 있는 것처럼 생각하고 있다니 얼마나 이상스러운지 모르겠다. 그러므로 우리는 이 하나님의 택하신 그릇인 사도의 말대로, "하나님이 … 거룩하신 소명으로 부르심은 우리의 행위대로 하심이 아니요 오직 … 은혜대로 하심이라"(딤후 1:9)는 것과, 또한 "우리 구주 하나님이 자비와 사람 사랑하심이 나타날 때에 우리를 구원하시되 우리가 행한 바 의로운 행위로 말미암지 아니하고 오직 … 그의 은혜를 힘입어 의롭다 하심을 얻어 영생의 소망을 따라 상속자가 되게 하려 하심이라"(딛 3:4-5, 7)는 것을 인정하여야 할 것이다. 이 진술을 인정하고 고백함으로써 우리는 사람에게서 모든 의로움을 완전히 — 극히 미세한 부스러기까지도 — 제거하여, 결국 사람이 오직 긍휼하심으로 말미암아 거듭나서 영생의 소망을 갖게 되도록 만드는 것이다. 행위에 근거한 의로움이 무언가 우리를 의롭다 하심을 받게 할 수 있다면, 은혜로 말미암아 의롭다 하심을 얻는다는 말이 거짓이 될 것이기 때문이다.

사도 바울도 값없는 칭의를 선포할 때에 이 점을 잊은 것이 아니었다. 다른 구절에서 "만일 은혜로 된 것이면 행위로 말미암지 않음이니 그렇지 않으면 은혜가 은혜 되지 못하느니라"(롬 11:6)고 분명히 밝히고 있기 때문이다. "나는 의인을 부르러 온 것이 아니요 죄인을 부르러 왔노라"(마 9:13)라는 주님의 말씀이 그런 의미가 아니라면 무슨 의미이겠는가? 오직 죄인들만 영접을 받는다면, 무엇 때문에 겉으로 가장한 의를 통하여 영접을 받으려고 애를 쓴단 말인가?

6. 하나님께서 우리의 의를 이루심

내 마음속에 계속해서 생각나는 것이 있는데, 마치 하나님의 긍휼하심으로 말미암아 의롭다 하심을 얻는다는 사실이 의심스럽거나 아니면 희미하기라도 한 것처럼 그렇게 열심을 다하여 그 사실을 강변하는 것이 오히려 하나님의 긍휼하심을 욕되게 하는 것이 아닌가 하는 것이다. 그러나 우리의 의지가 너무나 악하므로 강력하게 주장하지 않으면 마땅히 하나님께 돌려야 할 것을 그에게 돌리려 하지 않기 때문에, 이 문제를 좀 더 다루지 않을 수가 없다. 이 문제에 대해서 성경의 증거가 너무도 분명하기 때문에, 나의 말보다는 성경의 말씀을 그대로 사용하여 이를 다루고자 한다. 이사야 선지자는 인류 전반에 미칠 멸망을 말씀하면서 회복의 방법에 대해서 다음과 같이 멋지게 덧붙이고 있다: "여호와께서 이를 살피시고 그 정의가 없는 것을 기뻐하지 아니하시고 사람이 없음을 보시며 중재자가 없음을 이상히 여기셨으므로 자기 팔로 스스로 구원을 베푸시며 자기의 공의를 스스로 의지하셨다"(사 59:15-16).

주께서 구원을 회복시키시도록 도울 수 있는 사람이 하나도 없다는 선지자의 말이 사실이라면, 과연 우리에게 의로운 행위가 어디 있는가? 또한 또 다른 선지자는 주께서 죄인들을 친히 자기와 화목시키시고자 역사하시는 것을 말하면서 다음과 같이 선포하고 있다: "내가 네게 장가들어 영원히 살되 공의와 정의와 은총과 긍휼히 여김으로 네게 장가들며 … 긍휼히 여김을 받지 못하였던 자를 긍휼히 여기며 내 백성 아니었던 자에게 향하여 이르기를 너는 내 백성이라 하리니"(호 2:19, 23). 이 언약을 통해서 우리가 하나님과 처음 연합되는 것이 분명한데, 이런 유의 언약이 하나님의 긍휼하심에 의지하는 것이라면, 우리의 의(義)는 설 자리가 전혀 없어지는 것이다.

사람이 하나님께 나아갈 때에 무언가 자기의 의로운 행위를 갖고 나아간다는 식으로 생각하는 자들에게서, 과연 그들이 하나님께서 용납하시는 의 외에 다른 의가 과연 있을 수 있다고 생각하는지를 좀 알고 싶다. 그렇게 생각하는 것이 정신 나간 짓이라면, 하나님께서 용납하실 만한 것을 과연 그의 원수들이 내어놓을 수가 있단 말인가? 그들의 모든 행위 하나하나를 하나님께서 다 물리치시는데 말이다. 의롭다 하심을 받아 하나님과의 교제 속으로 영접되기 전에는 우리들 모두 우리 하나님의 철천지 원수들이라는 것을 진리가 분명히 증거하고 있는 것이다(참조. 롬 5:10; 골 1:21).

칭의가 사랑의 시작이라면, 행위로 말미암는 의가 어떻게 칭의에 선행하겠는가? 이러한 해로운 교만을 물리치기 위해서, 요한은 우리가 하나님을 먼저 사랑한 것이 아님을 조심스럽게 상기시켜 준다(요일 4:10). 그리고 그 이전 시대에는 그의 선지자를 통해서 바로 이것을 가르치셨다: "기쁘게 그들을 사랑하리니 나의 진노가 그에게서 떠났음이니라"(호 14:4). 하나님의 사랑 그 자체가 기꺼이 우리에게 기울어졌다면, 행위 때문에 그렇게 된 것이 아니라는 것이 분명한 것이다.

그러나 수많은 무지한 대중은 오히려 이 의미를 잘못 오해하여, 아무도 그리스도께서 우리의 구속을 위하여 중보자로 역사하실 만한 자격을 갖추지 못하였기 때문에 구속을 소유하기 위해서는 우리 자신의 행위의 도움을 받아야만 한다고 생각하고 있다. 그러나 그렇지 않다, 우리가 그리스도로 말미암아 구속을 받았다 할지라도, 아버지의 부르심을 받아 그와의 교제 속으로 들어가기 전에는 우리는 여전히 어둠과 죽음의 상속자들이요 하나님의 원수들인 것이다. 바울은 오직 성령께서 우리 속에서 깨끗하게 하시는 역사를 이루셔야만 비로소 우리가 그리스도의 피로써 부정함을 씻고 깨끗하게 된다는 것을 가르치고 있다(고전 6:11). 베드로도 같은 사실을 말하고 있다. 그는 성령의 거룩하게 하심이 "순종하고 예수 그리스도의 피 뿌림을 얻도록" 해준다는 것을 시인하고 있는 것이다(벧전 1:2). 우리가 성령으로 말미암아 그리스도의 피로 뿌림을 받아 깨끗하게 되는 것이라면, 이러한 깨끗하게 하는 역사가 이루어지기 전에는 우리는 다름 아닌 그리스도 바깥에 있는 죄인인 것이다. 그러므로 다음의 진술을 사실로 받아들여야 할 것이다. 곧, 우리의 구원의 시작은 죽음에서 생명으로 전환되는 일종의 부활이라는 것이다. 왜냐하면 그리스도를 위하여 그리스도를 믿는 믿음(빌 1:29)이 우리에게 주어지는 바로 그때에 우리가 비로소 죽음에서 생명으로 옮겨가기 시작하기 때문이다.

(외식하는 자들과 이름뿐인 그리스도인들은 정죄 아래 있음. 7-8)

7. 먼저 마음이 정결하게 씻음 받아야 함

앞에서 언급한 네 가지 구분 가운데서 둘째와 셋째 부류에 속하는 사람들을 살펴보기로 하자.[6] 이 두 부류의 사람들이 아직 하나님의 영으로 말미암아 중생하지 못했다는 사실을 그 불순한 양심이 보여 준다. 또한, 그들 속에 중생이 없다는 사실이 그들에게 믿음이 없는 것을 보여 준다. 이로 볼 때에 그들이 아직 하나님과 화목하지 못했고, 아직 하나님 앞에서 의롭다 하심을 얻지 못했다는 것이 분명하다. 왜냐하면 그런 은혜는 오직 믿음으로만 얻는 것이기 때문이다. 하나님으로부터 멀어진 죄인들이 가증한 것 외에 하나님의 심판대 앞에 가져올 것이 무엇이 있겠는가? 불경한 사람들과 특히 외식하는 모든 자들은 이런 어리석은 신념을 품고 있다. 곧, 자기들의 마음이 불결한 것들이 가득하다는 것은 인정하면서도, 여전히 자기들이 무언가 하나님 앞에 좋게 보이는 행위를 내어놓기만 하면 그것으로 하나님께 멸시를 받지 않을 것이라는 생각을 갖고 있는 것이다. 그리하여 자기들의 악행과 악한 마음을 깨달으면서도 여전히 자기들에게 의로움이 전혀 없다는 것을 고백하지 않고 끝까지 버티는 아주 해로운 오류가 여기서부터 생겨나는 것이다.

주께서는 선지자를 통해서 이런 생각의 허망함을 너무도 명확하게 드러내고 계신다. 선지자는 말하기를, "너는 제사장에게 율법에 대하여 물어 이르기를 사람이 옷자락에 거룩한 고기를 쌌는데 그 옷자락이 만일 떡에나 국에나 포도주에나 기름에나 다른 음식물에 닿았으면 그것이 성물이 되겠느냐 하라"고 한다. 이에 제사장들이 "아니니라"라고 대답하자, 학개 선지자는 계속해서 이렇게 말한다: "여호와의 말씀에 내 앞에서 이 백성이 그러하고 이 나라가 그러하고 그들의 손의 모든 일도 그러하고 그들이 거기에서 드리는 것도 부정하니라"(학 2:11-14).

이 말씀을 우리가 그대로 완전히 받아들이고 뇌리에 깊이 새기기를 충심으로 바란다! 그 어느 누구도, 생애 전체를 통해서 그야말로 악행만 거듭해온 사람까지도, 여기서 주께서 분명히 선언하고 계시는 바를 ─ 사람이 행하는 모든 것이 전부 다 부정하다는 사실을 ─ 스스로 인정하고 납득할 수 있는 사람은 하나도 없기 때문이다. 아무리 악한 사람이라도 이런저런 율법의 의무를 한두 가지 행하고 나면 곧바로 그것이 자기의 의로 인정을 받을 것임을 믿어 의심치 않는다.

그러나 주님은 선포하시기를, 먼저 마음이 정결하게 씻음 받지 않고서는 아무리 이런 행동을 해도 거룩함을 얻을 수가 없다고 하시는 것이다. 그리고 여기서 만족하지 않으시고, 계속해서 선언하시기를, 죄인들에게서 나오는 모든 행위는 마음의 부정함으로 오염되어 있다고 하시는 것이다. 그러니, 주께서 친히 입으로 오염된 행위로 정죄하신 그런 행위들에서 의(義)라는 이름을 제거하기를 바란다! 주께서 이에 대해서 하시는 비유가 또한 얼마나 적절한가! 주께서 명령하신 것은 그 어떠한 경우에도 반드시 거룩한 것이라고 반론을 제기할 수도 있었을 것이다. 그러나 주님은 이와 정반대의 입장을 취하신다. 곧, 주의 율법에 속한 거룩한 것들이 악인들의 더러움으로 말미암아 얼마든지 오염될 수 있다는 것이다. 거룩한 성물을 손으로 만짐으로써, 그 성물이 그 부정한 손 때문에 부정하게 되기 때문이다.

8. 하나님 앞에서는 행위보다 사람이 우선함

하나님은 이와 똑같은 문제를 이사야서에서도 다음과 같은 말씀을 통하여 멋지게 다루고 계신다: "헛된 제물을 다시 가져오지 말라 분향은 내가 가증히 여기는 바요 … 내 마음이 너희의 월삭과 정한 절기를 싫어하나니 그것이 내게 무거운 짐이라 내가 지기에 곤비하였느니라 너희가 손을 펼 때에 내가 내 눈을 너희에게서 가리고 너희가 많이 기도할지라도 내가 듣지 아니하리니 이는 너희의 손에 피가 가득함이라 너희는 스스로 씻으며 스스로 깨끗하게 하여 내 목전에서 너희 악한 행실을 버리며 행악을 그치고 … "(사 1:13-16; 참조. 58:1-5).

주께서 그의 율법을 지키는 것을 가증하게 여기신다니 이것이 무슨 의미인가? 하나님은 순전하게 율법을 지키는 일은 절대로 멸시하지 않으신다. 하나님은 또한 율법을 지키는 일의 가장 기본이 바로 그의 이름을 참되이 경외하는 것이라고 도처에서 가르치고 계신다. 그런데 바로 그 율법을 지키는 기본이 사라지면, 그에게 드려지는 모든 것들이 하찮은 것이 되는 것은 물론 더 나아가서 가증스럽고 추한 쓰레기가 되고 마는 것이다.

자, 이제 외식하는 자들은 가서, 마음속에 악을 꼭꼭 싸두고 행위를 통해서 하나님의 사랑을 얻으려고 애를 써보라! 그렇게 하면 할수록 하나님께 더 큰 화를 자초하게 될 것이다. 왜냐하면 "악인의 제사는 여호와께서 미워하셔도 정직한 자의 기도는 그가 기뻐하시기" 때문이다(잠 15:8). 그러므로, 아직 참으로 거룩하게 씻음 받지 못한 사람에게서 아무리 고귀한 행위가 나타난다 할지라도 주님 앞에서 의가 되기는커녕 오히려 죄로 인정 받는다는 것을 우리는 의심의 여지가 없는 확고한 사실로 받아들인다. 이러한 사실은 성경 지식이 조금만 있는 사람도 상식으로 받아들일 것이다.

따라서, 어느 누구라도 행위로는 하나님의 사랑을 받을 수가 없고 오히려 반대로 사람이 먼저 하나님 앞에서 사랑을 받은 후에야 비로소 그 사람의 행위가 하나님을 기쁘시게 하는 것이라는 가르침은 과연 매우 올바른 것이라 할 수 있을 것이다. 여기서 우리는 성경이 우리를 손수 이끌어가는 순서를 성실하게 지켜야 한다. 모세는 "여호와께서 아벨과 그의 제물을 받으셨다"(창 4:4)고 기록하고 있다. 여기서 여호와께서 사람의 행위를 생각하시기 전에 먼저 그 사람을 받으신다는 것을 모세가 지적하고 있는 것이 나타나지 않는가? 그러므로, 마음을 정결하게 씻는 것이 먼저 선행되어야 비로소 우리에게서 나오는 행위들을 하나님께서 사랑으로 받으시는 것이다. 여호와의 눈이 진리를 찾으셨다는 예레미야의 말씀은 항상 효력이 있는 것이다(렘 5:3). 더 나아가서, 사람의 마음이 깨끗이 씻음 받는 일은 오직 믿음으로 말미암아 되는 것임을 성령께서 베드로의 입을 통해서 선언하고 계신다(행 15:9). 그러므로, 가장 근본적인 기초가 살아 있는 참된 믿음에 있다는 것이 분명한 것이다.

(오직 믿음으로 말미암아 의롭다 하심을 얻은 중생한 자들. 9-11)

9. 참된 성도의 행위도 의롭지 못함

이제 앞에서 열거한 네 번째 부류에 속하는 사람들은 어떠한 의를 소유하고 있는지를 살펴보기로 하자. 우리는, 그리스도의 의의 중보로 말미암아 하나님께서 우리를 자기 자신과 화목시키시며 또한 값없이 죄를 사하심으로써 우리를 의롭다고 인정하시며, 동시에 그러한 은혜에다 하나님의 긍휼하심이 합쳐져서, 그의 성령으로 말미암아 하나님께서 우리 속에 거하시며, 또한 그의 능력으로 말미암아 우리 육신의 욕심들이 날마다 더욱더 죽임을 당한다는 것을 고백하고 있다. 우리가 과연 거룩하게 되는 것이다. 즉, 주님께 거룩하게 드려진 진정으로 순결한 삶을 살며, 율법에 순종하는 마음을 우리 속에서 형성해 가는 것이며, 그리하여 하나님의 뜻에 순종하며 모든 일에서 오직 그의 영광만을 드높이는 것이 우리의 최고의 소원이 되는 것이다.

그러나 이처럼 성령의 인도하심을 받아 주님이 원하시는 길을 가고 있는 가운데서도, 우리가 자신의 처지를 잊어버리고 우쭐해지지 않도록, 불완전한 흔적들이 우리 속에 남아 있어서 우리로 하여금 자신을 낮추고 겸손하게 해준다. 성경은 말씀하기를, "선을 행하고 전혀 죄를 범하지 아니하는 의인은 세상에 없다"(전 7:20; 참조. 왕상 8:46)고 한다. 그러면 이들은 자기들의 행위에서 어떤 종류의 의를 얻게 되는가? 첫째로 말하고 싶은 것은, 그들이 아무리 훌륭한 행위를 이룬다 할지라도 거기에는 여전히 항상 육체의 불순물들이 섞여 있어서 얼룩지고 부패할 수밖에 없고, 이를테면 거기에 찌꺼기가 섞여 있을 수밖에 없다는 것이다. 하나님의 거룩한 종이라 할 만한 사람을 불러서 그의 전 생애 가운데서 자기가 정말 훌륭한 일을 했다고 생각하는 것이 있으면 골라서 내어놓으라고 해보라. 그리고 그 일을 아주 자세하게 살펴보라고 해보라. 그러면 그 사람은 어디에선가 육체의 부패한 냄새를 맡게 될 것이 틀림 없다. 의로운 행위를 추구하는 우리의 열심이 완전하지 못하며, 신속히 달려가야 하는데도 우리의 연약함 때문에 그렇게 하지 못하기 때문이다.

물론 아주 작은 것들이기는 하지만 얼룩으로 더러워져 있는 모습이 성도들에게서 분명하게 보인다면, 과연 하나님의 눈에는 어떠하겠는가? 하나님의 눈에는 별들조차도 순결하지 못하다고 하지 않는가(욥 25:5)? 성도들에게서 나오는 행위를 그 자체의 가치로 판단하자면 그 가운데 부끄러움이 아니라 상급을 받을 수 있는 것은 단 하나도 없는 것이다.

10. 행위의 의로는 죽음과 멸망에 이를 수밖에 없음

그리고, 혹시 우리에게 전적으로 순결하고 완전한 행위가 있을 수 있다손 치더라도, 선지자의 말씀처럼, 한 가지 죄만으로도 그 이전에 우리가 행한 의에 대한 기억이 말끔히 지워지기에 족한 것이다(겔 18:24). 야고보도 이에 동의하고 있다: "누구든지 온 율법을 지키다가 그 하나를 범하면 모두 범한 자가 되나니"(약 2:10). 그런데 이 죽을 인생은 절대로 순결하거나 죄가 없을 수가 없기 때문에, 우리가 그 어떠한 의(義)에 이른다 할지라도 거기에 죄가 계속해서 따라 붙어 그 의가 부패되고 짓눌리고 파괴되니, 하나님이 보시기에 합당하게 될 수가 없고 또한 우리의 의로 인정될 수가 없는 것이다.

요컨대, 행위로 말미암는 의의 문제를 다룰 때에, 우리는 율법의 행위가 아니라 계명을 바라보아야 한다. 그러므로, 율법을 기준으로 의를 찾으면, 한두 가지 행위의 의를 제시하는 것으로는 아무 소용이 없고 끊임없이 율법에 순종하는 것을 제시해야 한다. 그러므로, 많은 사람들이 어리석게도 하나님께서 죄 사함을 통해서 우리를 의로 단번에 인정하셔서 우리가 과거의 삶에 대해서 용서받았으므로, 이후부터는 율법에서 의를 찾아야 한다고 생각하지만, 그런 것이 아니다. 그것은 그저 거짓된 소망을 갖게 하여 우리를 조롱과 비웃음 속에 빠뜨릴 뿐이다. 우리가 이 육체를 옷 입고 있는 동안에는 절대로 완전에 이르지 못하며, 또한 율법은 행위의 완전한 의를 유지하지 못하는 모든 자들에게 죽음과 심판을 선언하고 있으므로, 율법이 언제나 우리를 책하고 정죄할 근거를 갖고 있게 될 것이기 때문이다. 오직 하나님의 긍휼하심이 율법의 정죄를 막으시고, 또한 우리의 죄들을 거듭거듭 용서하심으로써 우리를 계속 사면하시지 않으면 그렇게 될 수밖에 없는 것이다. 그러므로, 처음 시작할 때에 한 말이 언제나 사실인 것이다.[7] 만일 우리 자신의 가치에 따라서 판단을 받는다면, 우리가 아무리 노력과 수고를 기울여 어떠한 일을 계획하고 행하든, 우리는 죽음과 멸망을 받아 마땅한 것이다.

11. 신자의 의는 언제나 믿음에 근거한 의임

다음 두 가지 사실을 강력하게 주장하여야 하겠다: 첫째로, 경건한 사람이 행하는 행위 가운데서 하나님의 엄격한 판단에 따라서 살펴볼 때에 정죄에 합당하지 않을 것이 절대로 없다는 사실이요, 둘째로, 혹시 그런 행위가 있다손 치더라도(사람으로서는 불가능한 일이지만) 여전히 인정을 받을 수가 없다는 사실이다. 그 행위를 한 장본인이 다른 죄들로 얼룩져 연약해져 있을 것이기 때문이다.

이것이 바로 우리의 논지의 핵심이 되는 사실이다. 칭의의 시작에 대해서는 — 곧, 죄인이 값없이 죄 사함을 받아 정죄의 상태에서 해방되어 의를 얻는다는 것에 대해서는 — 우리와 건전한 스콜라 신학자들 사이에 별 논쟁이 없다. 다만 한 가지, 그들이 "칭의"라는 용어에 성령께서 우리를 새롭게 하셔서 율법에 순종하도록 하시는 갱신의 역사(renewal)를 포함시키는 것이 다를 뿐이다. 사실 그들은 중생한 사람의 의에 대하여 사람이 그리스도를 믿는 믿음으로 말미암아 하나님과 단번에 화목되지만 그 후에는 선행으로 말미암아 하나님 앞에서 의인으로 인정되며 그 선행의 공로로 말미암아 받아들여진다고 주장하는 것이다.

그러나 이와는 반대로, 주께서는 아브라함의 믿음을 의로 인정하셨는데(롬 4:3), 아브라함이 아직 우상들을 섬기고 있을 때가 아니라 그가 여러 해 동안 거룩한 삶을 이어간 후에 주께서 그렇게 하신 것이다. 그러므로, 아브라함은 오랫동안 순전한 마음으로 하나님을 섬겼고, 죽을 인생에 속한 사람이 할 수 있는 그 정도의 순종을 율법에 드린 것이다. 그럼에도 불구하고 그의 의는 여전히 믿음에 뿌리를 박은 것이었다. 이러한 사실에서 우리는 바울의 논지를 따라서, 그 일이 행위로 말미암는 것이 아니라고 결론을 지을 수가 있다(엡 2:9). 이와 비슷하게, 선지자가 "의인은 믿음으로 말미암아 살리라"(합 2:4)라고 말할 때에도, 그 말이 불경하고 속된 사람들에게 — 주께서 이들을 돌이키시고 믿음을 주셔서 의롭다 하실지도 모르지만 — 해당되는 것이 아니라, 신자들에게 해당되는 것이다. 그들에게 믿음으로 말미암아 생명이 약속되고 있는 것이다.

바울 역시 이러한 사실을 확증하기 위하여 다음과 같이 다윗의 말을 인용하는데, 이로써 모든 의심이 사라지는 것이다: "불법이 사함을 받고 죄가 가리어짐을 받는 사람들은 복이 있도다"(롬 4:7; 참조. 시 32:1). 다윗은 여기서 불경한 자들이 아니라 자기 자신과 같은 신자들에 대해서 말하고 있는 것이 분명하다. 자기 양심의 느낌을 그렇게 토로하고 있는 것이기 때문이다. 그러므로, 우리는 이러한 복을 단 한 번만이 아니라 평생토록 지니고 있어야 하는 것이다. 또한 바울은 하나님과 값없이 화목하라는 사신의 메시지도 하루 이틀만이 아니라 교회에서 영구히 선포된다는 것을 증거해 주고 있는 것이다(고후 5:18-19). 따라서, 신자의 평생동안 여기서 묘사되고 있는 의(義) 이외에 다른 의(義)가 없는 것이다. 그리스도께서 언제나 중보자로 남아 계셔서 아버지를 우리와 화목시키시며, 그의 죽으심이 또한 영구한 효력을 지니고 있는 것이다. 다시 말해서 그리스도의 깨끗이 씻으심과 보속하심과 속죄하심, 그리고 완전한 순종하심으로 우리의 모든 불법한 것들이 가리워지는 것이다. 또한 에베소서에서 바울은 구원의 시작이 은혜로 말미암는다고 말하지 않고, 우리가 은혜로 말미암아 (이미) 구원을 받았으며 "행위에서 난 것이 아니니 이는 누구든지 자랑하지 못하게 함이라"고 말하는 것이다(엡 2:8, 9).

(믿음으로 말미암는 칭의에 대한 스콜라 신학자들의 반론과 소위 성인들의 잉여 공로설에 대한 반박. 12-21)

12. 스콜라 신학자들의 핑계

여기서 스콜라 신학자들은 곤란을 피하기 위해서 핑계를 둘러대지만 그것도 소용이 없다. 그들은 말하기를, 선행은 그 고유의 가치에 있어서는 의를 얻는 데 충분할 만큼 중요한 것이 아니지만, 그것으로 "은혜를 받아들이므로" 큰 가치가 있다고 한다. 그리하여 그들은 결국 행위에 의한 의는 언제나 불완전하다는 것을 인정하지 않을 수가 없고, 그리하여 이 땅을 사는 동안에는 행위의 결손된 것을 공급하기 위하여 죄의 사함이 필요하다는 것도 인정한다. 그러나 여기서 그들은 우리가 범한 과실들이 잉여(剩餘)의 행위(works of supererogation)로 보속된다고 주장한다.

선행으로 은혜를 받아들인다는 그들의 논지에 대한 나의 답변은 바로 이것이다. 즉, 은혜란 하나님의 값없이 베푸시는 선하심으로서, 아버지께서는 그것으로 우리를 그리스도의 무죄(無罪)하심으로 옷 입히시고 그 무죄를 우리의 것으로 인정하셔서 우리를 거룩하고 순결하고 무죄한 자로 껴안으신다는 것이다. 오직 그리스도의 의만이 완전하며 따라서 그 의만이 하나님 앞에 설 수 있는데, 그 그리스도의 의가 우리를 대신하여 심판대 앞에 서서 우리의 보증이 되시기 때문이다. 이 그리스도의 의를 힘입어 우리는 계속해서 믿음으로 죄 사함을 받는 것이다. 이러한 순결함으로 가리워져 있기 때문에, 추악하며 부정한 우리의 불완전한 모습들이 우리의 탓으로 돌려지지 않고 마치 땅에 묻혀진 것처럼 감추어져서 하나님의 심판에서 거론되지 않으며, 결국 우리 속에 있는 옛사람이 죽임을 당하고 분명하게 멸하여질 때가 오면 하나님의 선하심이 우리를 영접하셔서 새 아담과의 복된 평안 속으로 이끄실 것이다. 거기서 주의 날을 기다리자. 그날이 오면 우리가 썩지 않을 몸을 받아 변화하여 천국의 영광으로 들어갈 것이다(참조. 고전 15:45 이하).

13. '잉여 행위'의 논리는 죄의 위중함을 망각하는 것임

이런 일들이 사실이라면, 우리의 행위들 자체로는 우리를 하나님께서 받으시고 기뻐하시도록 만들 수가 없고, 그 행위들 자체도 하나님을 기쁘시게 할 수가 없다. 오직 그리스도의 의로 가리워지는 정도만큼 사람이 하나님을 기쁘시게 하며 죄 사함을 얻는 것이다. 하나님께서는 어떤 특정한 행위들에 대해서 생명을 상급으로 약속하신 것이 아니라, 그저 "이를 행하면 그로 말미암아 살리라"(레 18:5)는 선언만을 하시며, 게다가 모든 일을 다 실행하지 않는 자들에게 그 유명한 저주를 행하고 계신 것이다(신 27:26; 갈 3:10). 부분적으로 의를 행하여도 괜찮다는 사상이 거짓이라는 것이 이런 진술들을 통해서 충분히 드러나고도 남음이 있다. 하늘에서는 율법을 완전무결하게 준수하는 그런 의 외에는 허용되지 않는 것이다.

그들은 보통 '잉여 행위(공로)'가 모자라는 행위를 보속해준다는 식으로 이야기들을 하지만, 이것도 결코 건전한 것이 아니다. 왜 그런가? 그들이 이미 사실이 아닌 것이 드러난 그 처음의 입장 — 즉, 율법의 일부분을 지켜도 그만큼 행위로 의를 인정받는다는 입장 — 으로 계속 다시 돌아가는 것이기 때문이다. 건전한 판단을 지닌 사람이라면 아무도 인정하지 않을 일을 그들은 부끄러움도 모르고 사실로 인정하고 있는 것이다. 율법을 완전히 준수하는 경우가 아니면 결코 행위의 의를 인정하지 않으신다는 사실을 주께서 자주 증거하고 계신데도, 우리에게 의가 없으면서도 우리에게 조금은 자랑할 거리가 남아 있는 것처럼 보이고 싶어서 — 즉, 자랑거리를 전부 하나님께 돌리지 않고 싶어서 — 몇 가지 행위들을 자랑하며, 그것으로 우리의 모자란 의를 보속시키려 한다면, 이 얼마나 악한 짓이겠는가?

소위 보속에 대한 논리는 이미 확실하게 무너졌으므로,[8] 행여나 꿈속에서라도 그런 생각을 떠올려서는 안 될 것이다. 분명히 말하지만, 그런 말도 안 되는 이야기를 하는 자들은 죄가 하나님 보시기에 얼마나 저주스러운 것인지 깨닫지 못하고 있는 것이다. 사실, 사람의 의(義) 전부를 함께 다 모아서 쌓아놓는다 해도 단 한 가지 죄에 대해서도 보속을 할 수가 없다는 것을 그들은 깨달았어야 옳았다. 우리가 알다시피, 사람이 단 한 번의 잘못으로 하나님에 의해 완전히 쫓겨나고 버림을 받았으므로(창 3:17) 그와 동시에 자기의 구원의 상태를 회복시킬 능력을 완전히 잃어버렸고, 따라서 보속을 할 수 있는 자격이 이미 상실된 것이다. 스스로 보속을 할 수 있다는 것을 믿고 우쭐대도 절대로 하나님을 만족시키지 못한다.

하나님께서는 원수들이 무엇을 내어놓든 간에 절대로 그것을 기뻐하지도 않으시고 받아들이지도 않으시는 것이다. 그런데 하나님께서 죄가 있다고 인정하시는 사람은 모두 하나님의 원수들이다. 그러므로 주께서 우리의 어떤 행위를 인정해주실 수 있으려면, 먼저 우리 죄가 가리어지고 용서받아야만 하는 것이다. 이로 볼 때에, 죄 사함은 값없이 주어지는 것이요, 그것을 보속의 개념과 엮어 놓는 자는 죄 사함의 은혜를 악의로 욕되게 하는 것이다. 그러므로 우리는 사도의 모범을 따라서, "뒤에 있는 것은 잊어버리고 앞에 있는 것을 잡으려고" 달려가며, "하나님이 위에서 부르신 부름의 상을 위하여" 달려가야 할 것이다 (빌 3:13-14).

14. 잉여 행위의 논리는 주님의 명령과도 부합되지 않음

잉여 행위에 대해서 자랑하는 사람들이 있지만 과연 그런 사고가, "명령받은 것을 다 행한 후에 이르기를 우리는 무익한 종이라 우리가 하여야 할 일을 한 것뿐이라 할지니라"(눅 17:10)고 하신 주님의 명령과 어떻게 조화되겠는가? 하나님 앞에서 말한다면, 그것은 가장하거나 거짓을 둘러대는 것이 아니라 여러분이 마음속에 확신하고 있는 바를 그대로 말하는 것이다. 그러므로 주님의 이 명령은 곧 하나님께서 요구하지도 않으시는 일을 우리가 자의로 행하는 것이 아니라 오직 우리가 당연히 행하여야 할 의무를 행하는 것일 뿐임을 우리 속에서 진정으로 인식하고 생각해야 한다는 것이다. 과연 그렇다! 우리는 우리 스스로는 도저히 이행할 수 없을 만큼 많은 일을 행하도록 의무를 부과 받은 종들이므로, 우리의 생각과 지체들을 율법의 의무들을 이행하는 데 완전히 집중시킨다 해도 그 의무를 다 행할 수가 없는 것이다. 결국 "명령받은 것을 다 행한 후에"라는 주님의 말씀은 곧, 사람의 모든 의로운 행위들이 전부 — 아니 그 이상이라 할지라도 — 그 중 하나에도 미치지 못한다는 뜻과 마찬가지이다. 이렇듯 우리들 각자가 모두 이러한 주님의 명령하신 목표에 턱없이 못 미치는 상태인데, 과연 어떻게 감히 우리가 우리의 해야 할 바를 다하고도 남은 것을 쌓아둘 정도가 되어 있다고 자랑할 수 있단 말인가?

여기서 우리가 필수적으로 감당해야 할 의무들의 일부를 하지 못한다 할지라도 그 의무 이상으로 우리의 노력을 경주하지 못할 이유가 없다고 반론을 제기한다 해도, 이 역시 근거가 없는 논리일 뿐이다. 우리는 다음의 사실을 완전히 받아들여야 한다. 곧, 하나님께 영광을 돌리고 이웃을 사랑하는 일과 관계되는 일 가운데서 하나님의 율법 아래 포함되지 않는 것이 하나도 없다는 사실이다. 그러므로, 만일 그런 일들이 율법의 일부라면 당연히 우리가 의무적으로 행하여야 할 것들일 텐데, 그런 일을 어떻게 우리가 자발적으로 아량을 베풀어서 행하는 것처럼 자랑할 수가 있겠는가?

15. 우리의 모든 것이 하나님의 소유이므로 잉여 행위란 성립할 수 없음

그런데 이들은 이 문제를, 바울이 고린도 교인들 중에서 자발적으로 자기의 권리를 포기하였음을 자랑한 일과 부당하게 결부시킨다. 그는 자신이 원하기만 했다면 그 권리를 행사할 수 있었으나 그렇게 하지를 않았다는 것이다. 곧, 그는 고린도 교인들에게 마땅히 해야 할 의무를 다했을 뿐 아니라 그 의무의 한계를 넘어서 자발적으로 봉사한 것을 자랑한다는 것이다(참조. 고전 9:1 이하). 그러나 그들은 거기에 암시되어 있는 이유를 유념했어야 옳았다. 그는 자기의 행동이 약한 형제들에게 장애가 되지 않도록 하기 위하여 그렇게 한 것이다(고전 9:12). 악하고 음흉한 일꾼들이 이런 식으로 거짓으로 친절을 내보여서 자기들의 위험한 가르침에 대해 사람들의 관심을 끌며, 또한 복음에 대한 미움을 조장하려 하기 때문에, 바울로서는 그런 궤계들을 대적하지 않으면 그리스도의 교리가 위태롭게 될 상황에 있었던 것이다.

자, 그렇다면, 그리스도인이 다른 사람들에게 장애가 되지 않도록 삼갈 수도 있는 경우에 삼가지 않는다 해도 아무런 문제가 되지 않는다면, 사도는 여기서 주를 위하여 잉여의 행위(공로)를 행한 셈이 될 것이다. 그러나 만일 그렇게 삼가는 것이 분별 있는 복음의 청지기로서 마땅한 의무였다면, 바울은 자기에게 주어진 의무를 다한 것이라 하겠다. 그러나 혹 그런 이유가 분명히 드러나지 않는다 할지라도, 크리소스톰의 다음과 같은 진술은 언제나 사실이다: "우리가 지닌 모든 것들은 종의 소유물과 동일한 처지에 있어서, 그 권리는 그들의 주인 자신에게 속한 것이다."[9]

그리스도께서도 그의 비유에서 이 점을 감추지 않으셨다. 주님은 우리의 종이 하루 종일 온갖 일들을 다 행한 후에 저녁에 우리에게 돌아왔다고 해서 우리가 그 종들에게 무슨 감사를 하겠느냐고 물으셨다: "명한 대로 하였다고 종에게 감사하겠느냐?"(눅 17:9). 그러나 우리가 요구하는 것 이상으로 그 종들이 더 부지런히 많은 수고를 하는 일도 얼마든지 있을 수 있는 것이다. 그러나 아무리 그렇더라도 그 종이 종의 신분에서 요구되지 않는 일을 행한 것은 하나도 없는 것이다. 왜냐하면 그 종이 가진 능력 전부가 우리의 것이기 때문이다.

사람들이 하나님 앞에서 내보이고 싶어하는 그런 잉여 행위에 대해서는 말하고 싶지 않다. 왜냐하면 그 행위들은 명령된 바도, 인정된 바도 없는 사소한 것들로서, 하나님 앞에 자기의 공로를 주장하기 위해서 내놓아도 하나님께서 받아들이시지도 않을 그런 것들에 불과하기 때문이다. 잉여 행위를 혹 인정할 수 있다면 오로지 다음과 같은 의미에서만 인정할 수 있다. 곧, "이것을 누가 너희에게 요구하였느냐?"(사 1:12)라고 한 선지자의 말씀 속에 담겨 있는 그런 의미에서만 잉여 행위를 인정할 수 있다는 말이다. 그러나 잉여 행위를 주장하는 사람들은 다른 곳에서 하시는 말씀을 기억해야 할 것이다: "너희가 어찌하여 양식이 아닌 것을 위하여 은을 달아 주며 배부르게 하지 못할 것을 위하여 수고하느냐?"(사 55:2). 사실, 이 한가한 랍비들이 그늘 밑에서 편안한 의자에 앉아 별로 힘도 들이지 않고 얼마든지 이 문제들을 논할 수 있을 것이다. 그러나 그 높으신 심판주께서 그의 심판대 위에 앉아 계시다면, 그런 허망한 생각들은 사라져야 마땅할 것이다. 오히려 우리가 구해야 할 것은 바로 이것이다. 곧, 학교에서나 길모퉁이에서 노닥거리며 무슨 이야기들을 할 수 있느냐가 아니라, 과연 하나님의 심판대 앞에서 무엇을 우리에 대한 변호의 근거로 제시할 수 있느냐 하는 것이다.

16. 행위에 대한 신뢰와 자랑을 버려야 함

이와 관련해서, 우리는 특별히 두 가지 해로운 것을 우리 마음에서 제거해야 한다. 곧, 어떠한 경우라도 행위로 말미암는 의를 신뢰해서는 안 되며, 또한 어떤 식으로든 절대로 행위를 높이거나 자랑해서도 안 된다는 것이다.

성경은, 우리의 모든 의로운 행위들이 그리스도의 무죄하심에서 아름다운 향기를 이끌어내지 않는 한 그 행위들이 하나님 앞에서 악취를 낼 뿐이라는 가르침을 통해서 시종일관 우리 자신을 신뢰해서는 안 될 것을 말씀하고 있다. 하나님의 긍휼하신 용서로 말미암아 유지되지 않는 한, 행위는 하나님의 진노만 불러일으킬 뿐이다. 그러므로 우리로서는 다음과 같은 다윗의 고백으로 우리의 심판주께 긍휼히 여겨주시기를 간구할 것밖에는 없는 것이다: "주의 종에게 심판을 행하지 마소서 주의 눈 앞에는 의로운 인생이 하나도 없나이다"(시 143:2). 그러나 "내가 악하면 화가 있을 것이오며 내가 의로울지라도 머리를 들지 못하리니"(욥 10:15)라고 한 욥의 말은 물론 천사들이라도 감당치 못할 하나님의 최고의 의를 두고 하는 말이지만, 그는 동시에 하나님의 심판대 앞에 나아갈 때에는 죽을 인생으로서는 아무것도 할 것이 없고, 그저 잠잠히 있을 뿐이라는 것을 보여 주는 것이다. 욥은 악하게 하나님의 엄격하신 심판을 대적하여 싸우기보다 기꺼이 거기에 고개를 숙이고 있는 것이며, 또한 동시에 하나님의 임재 앞에 나서자마자 시들어버리는 그런 의(義) 외에 다른 의는 자기 스스로 체험하지 못했음을 말하고 있는 것이다.

자기 의에 대한 신뢰가 사라지면, 온갖 자랑하는 것도 반드시 함께 사라져야 한다. 하나님 앞에서 확신을 주기는커녕 오히려 우리로 하여금 떨게 만드는 그런 행위들을 어떻게 의로 인정하며 자랑한단 말인가? 그러므로 우리는 이사야 선지자의 인도하심을 따라야 할 것이다: "이스라엘 자손은 다 여호와로 말미암아 의롭다 함을 얻고 자랑하리라"(사 45:25). 또한 다른 곳에서 이사야는 우리가 "여호와의 심으신 그 영광을 나타낼 자"라고 말하는 데(사 61:3) 이것이 과연 사실인 것이다. 어떠한 경우에도 행위를 신뢰하거나 행위를 자랑하지 않는다면, 우리의 마음이 합당하게 정결하게 될 것이다. 그러나 어리석은 자들은 행위에 대한 거짓되고 그릇된 자심감에서 우쭐해하는데, 이는 언제나 행위를 구원의 원인으로 삼는 그릇된 생각에서 나오는 것이다.

17. 철학자들이 말하는 네 종류의 원인을 구원에 적용시켜 살핌

철학자들은 어떤 일이 일어나는 데에 네 가지 종류의 원인들이 있다고 가정한다. 그러나 우리의 구원을 이루는 문제와 관련지어서 그것들을 살펴보면, 그것들 중에 행위와 관계되는 것이 하나도 없다는 것을 알게 된다. 성경은 어느 곳에서도, 우리가 영생을 얻는 유효적 원인(efficient cause)은 바로 하늘에 계신 아버지의 긍휼하심이요 또한 우리를 향하신 그의 값없이 베푸시는 사랑임을 선포하고 있는 것이다. 질료적 원인(material cause)은 그리스도시다. 그가 그의 순종하심으로 우리를 위하여 의를 획득하셨기 때문이다. 형식적 원인 혹은 수단적 원인(formal or instrumental cause)은 믿음이 아니라면 무엇이라 말하겠는가? 요한은 "하나님이 세상을 이처럼 사랑하사 독생자를 주셨으니 이는 그를 믿는 자마다 멸망하지 않고 영생을 얻게 하려 하심이라"(요 3:16)는 말씀에서 이 세 가지 원인을 한 문장 속에 포함시키고 있다. 목적적 원인(final cause)에 대해서 사도는 그것은 바로 하나님의 공의를 입증하고 하나님의 선하심을 찬양하는 데 있다고 증거하고 있다.

그리고 같은 곳에서 그는 세 가지 다른 원인들을 분명하게 언급하고 있다. 그는 로마서에서 "모든 사람이 죄를 범하였으매 하나님의 영광에 이르지 못하더니 … 하나님의 은혜로 값없이 의롭다 하심을 얻은 자 되었느니라"(롬 3:23-24; 참조. 엡 1:6)고 말하고 있다. 여기서 가장 주된 최고의 근원을 보게 된다. 곧 하나님께서 그의 값없는 긍휼하심으로 우리를 포용하셨다는 것이다. 그리고 이어서 그는 "그리스도 예수 안에 있는 속량으로 말미암아"라고 말한다(롬 3:24). 여기서는, 말하자면, 우리를 위하여 의가 생겨나는 질료적 원인을 볼 수가 있다. 그리고 "그의 피로써 믿음으로 말미암는"(롬 3:25)이라는 말씀에서는 그리스도의 의가 우리에게 적용되는 수단적 원인을 보게 된다. 그리고 마지막으로, 그는 "자기의 의로우심을 나타내사 자기도 의로우시며 또한 예수 믿는 자를 의롭다 하려 하심이라"(롬 3:26)는 말씀 속에서 목적적 원인을 덧붙이고 있다. 그리고 그러는 가운데 이 의(義)가 하나님과의 화목을 기반으로 하는 것임을 가르치기 위해서, 그는 그리스도가 화목 제물로 주신 바 되었음을 분명하게 진술하고 있는 것이다.

또한 에베소서 1장에서도 그는 우리가 순전히 하나님의 긍휼하심으로 말미암아 은혜 속으로 영접함을 받았으며, 이 일이 그리스도의 중보로 말미암아 이루어지며 또한 믿음을 통하여 깨닫고 적용되며, 또한 모든 일이 하나님의 선하심의 영광이 충만히 드러나도록 하는 목적을 위하여 이루어진다고 가르치고 있다(엡 1:3-14). 이처럼 우리의 구원의 모든 부분 하나하나가 전부 다 우리 바깥에서 이루어지는 것임이 분명히 드러나는데, 어째서 여전히 행위를 신뢰하고 자랑한단 말인가? 아무리 하나님의 은혜를 대적하는 사람이라 할지라도, 성경 전체를 아예 부인하려들지 않는다면 유효적 원인이나 목적적 원인에 대해서는 논란을 불러일으킬 수가 없을 것이다. 그리고 질료적 원인과 수단적 원인에 대해서는 마치 우리의 행위가 믿음과 그리스도의 의와 더불어 절반의 역할은 하는 것처럼 헛된 주장을 늘어 놓는다.

그러나 성경은 이것도 분명히 반대하고 있다. 성경은 오로지 그리스도께서 우리를 위하여 의가 되시며 생명이 되신다는 것을 증거하며, 또한 그 의의 혜택을 오직 믿음으로만 소유하는 것임을 가르치고 있는 것이다.

18. 선행은 신자의 믿음을 강건하게 해줌

그런데 성도들이 자기들의 무죄와 올바름을 기억하여 자신을 강건하게 하며 위로를 받는 경우가 많으며 심지어 그런 사실을 선언하기도 하는데, 주로 다음 두 가지 가운데 한 가지 방식으로 그렇게 한다. 그 하나는 자기들의 선의(善意)를 악인들의 악의(惡意)와 비교함으로써 승리에 대한 확신을 갖는 것인데, 자기들 자신의 의로움을 자랑하는 것이 아니라 그 악한 상대방들을 공의롭고도 정당하게 정죄함으로써 그렇게 하는 것이다. 그리고 또 한 가지는 다른 이들과 비교하는 것이 아니라 자기 자신들을 하나님 앞에서 살핌으로써 자기들의 양심이 깨끗함을 깨닫고 위로와 신뢰를 얻는 것이다.

첫 번째의 경우에 대해서는 나중에 살펴보기로 하고,[10] 여기 두 번째의 경우에 대해서는 앞에서 말한 내용이[11] 이 경우와 어떻게 조화를 이루는지를 간단히 설명하기로 하겠다. 곧, 하나님의 심판 아래서는 행위에 대해서 신뢰하거나, 행위를 높여 자랑해서는 안 된다고 한 사실 말이다. 이 둘 사이의 조화는 다음의 사실에서 볼 수 있다. 곧, 성도들 자신의 구원을 이루고 세우는 문제에 있어서는 행위를 바라보아서는 안 되고, 오직 하나님의 선하심만을 바라보아야 한다. 모든 것에 앞서서 그 구원의 축복의 시작에 대해서 하나님의 선하심에 의지할 뿐 아니라, 구원을 이루는 데 있어서도 하나님의 선하심 안에서 안식을 누리는 것이다. 이러한 근거 위에서 세워진 양심은 행위를 생각할 때에도 — 곧 그 행위들이 하나님께서 우리 속에 거하셔서 다스리신다는 증거들이라는 사실을 생각할 때에도 — 역시 그대로 세워지는 것이다.

그러므로 먼저 마음으로 온전히 하나님의 긍휼하심을 신뢰하지 않고서는 이렇듯 행위를 의지하는 것이 설 자리가 없어지게 되므로, 그것을 하나님의 긍휼하심과 반대되는 것처럼 보아서는 안 되는 것이다. 그러므로, 우리가 행위를 의지하는 것을 배제할 때에 그것은 오직 이런 의미이다. 곧, 그리스도인이 자기의 구원을 도우려는 생각으로 마음을 행위의 공로에게로 다시 돌이켜서는 안 되며, 의를 주시겠다는 하나님의 값없는 약속을 전적으로 의지해야 한다는 뜻이다. 그러나, 하나님께서 자기를 향하여 자비를 베푸신다는 여러 가지 증표들을 통해서 그리스도인이 이 믿음을 보강하고 강건하게 한다고 할 때 그 일을 금할 이유가 없는 것이다. 왜냐하면, 하나님께서 우리에게 베푸신 모든 선물들을 마음에 떠올려보면 그것들이 마치 하나님의 임재를 비춰주는 광선과도 같아서 하나님의 선하심의 그 고귀한 빛을 생각하게 해준다면, 선한 행위들의 은혜야 얼마나 더 그러하겠는가? 그 행위들이야말로 우리가 양자의 성령을 받았다는 사실을 보여 주는 것이 아닌가(참조. 롬 8:15)?

19. 부르심의 열매로서의 행위의 역할

그러므로 성도들이 자기들의 양심의 깨끗함을 보고서 믿음이 강건하게 되고 또한 그것을 즐거워할 기회로 삼는 것은, 그들을 부르신 부르심의 열매들을 보고 그들이 주께서 자기들을 자녀로 택하셨음을 인정하게 되기 때문이다. 그러므로, 솔로몬은 말하기를, "여호와를 경외하는 자에게는 견고한 의뢰가 있나니"(잠 14:26)라고 한다. 그리고 하나님께서 간구를 들으시게 하기 위해서는 성도들이 자주 이러한 하나님의 부르심을 사용하여 자기들이 하나님 앞에서 올바르고 단정하게 행하였음을 스스로 실증해야 하는데(참조. 창 24:40; 왕하 20:3), 이런 일은 양심을 강건하게 하기 위하여 기초를 세우는 일과는 전혀 관계가 없고, 다만 결과적으로 볼 때에만 가치가 있는 것이다. 완전한 확신을 세워줄 수 있을 만한 완전한 경외(敬畏)가 어디에도 없기 때문이다. 그리고 성도들은 자기들에게 순전한 경외가 있다고 해도 거기에는 육체의 온갖 흔적들이 뒤섞여 있다는 것을 잘 알고 있는 것이다.

그러나 그들은 중생의 열매들을 성령께서 내주(內住)하시는 증거로 취하기 때문에, 그 열매들을 볼 때에 크게 격려를 받아 그들의 모든 필요에서 하나님의 도우심을 바라게 되며, 바로 이 큰 문제에서 하나님을 아버지로서 체험하게 되는 것이다. 그러나 먼저 하나님의 선하심이 확실한 약속으로 말미암아 자기들에게 확실히 보장되어 있음을 깨닫지 않고서는, 그렇게 되지를 않는 법이다. 하나님의 선하심을 자기들의 선한 행위에 근거하여 판단하기 시작하면, 그것처럼 불확실하고 그것처럼 희미한 것이 아무것도 없을 것이다. 행위를 그 자체의 가치로 판단하면, 그 불완전함 때문에 하나님의 자비하심을 증거해주기는커녕 오히려 하나님의 진노를 선포하게 되고 말 것이기 때문이다.

정리하자면, 성도들은 하나님의 긍휼하심을 선포하는 가운데 하나님의 값 없이 주신 사랑에서 절대로 돌아서지 않는다. 바울이 증거하듯이, 그 사랑의 "길이와 넓이와 깊이와 높이"를 항상 바라보는 것이다(엡 3:19). 바울의 말은 마치 이런 의미일 것이다: "경건한 사람의 마음이 어디를 향하든, 아무리 높이 올라가든, 아무리 넓고 멀리 뻗어나가든, 그들은 여전히 그리스도의 사랑에서 떠나서는 안 되며 그들 스스로 온전히 그 사랑을 묵상하는 데 힘써야 한다. 왜냐하면 그 사랑은 모든 차원을 다 포괄하기 때문이다."

그러므로 그는 말하기를, 그 사랑이 모든 지식의 한계를 뛰어넘는다고 하며, 또한 그리스도께서 우리를 얼마나 사랑하셨는지를 깨달을 때에 우리가 "하나님의 모든 충만하신 것으로 충만하게" 된다고도 말한다(엡 3:19). 다른 곳에서도 바울은 경건한 자들이 모든 싸움에서 승리한다고 자랑하면서, 곧바로 그 이유를 덧붙이고 있다: "우리를 사랑하시는 이로 말미암아"(롬 8:37).

20. 행위는 하나님의 선물임

이제 우리는 성도들이 행위를 신뢰하지 않으며 그 어떠한 것도 행위의 공로로 인정하지 않는다는 것을 보게 된다. 행위를 오직 하나님의 선하심을 깨닫게 해 주는 하나님의 선물로 여기며, 또한 그들의 택하심을 깨닫는 부르심의 표증으로 여기기 때문이다. 또한 우리가 그리스도 안에서 얻는 값없는 의를 조금이라도 손상시키는 일도 없다. 왜냐하면 우리의 행위는 바로 이 값없는 의에 의존하는 것이요, 그 의가 없이는 우리의 행위도 존재할 수가 없기 때문이다. 아우구스티누스는 이러한 사실을 몇 마디 말로 아주 멋지게 표현해 주고 있다: "주여, 나는 주께 '주의 손으로 지으신 것을 버리지 마옵소서'(시 138:8)라거나, '내가 주를 찾았으며 … 내 손을 들고 거두지 아니하였나이다'(시 77:2)라고 말하지 않겠나이다. 내 손으로 한 일을 주께 내어놓지 않겠나이다. 주께서 그것들을 보실 때에 공로보다 죄가 더 많은 것을 보실까 두려워함이옵니다. 다만 이 한 가지를 말씀드리고 구하고 바라오니, 주여, 주의 손으로 지으신 것을 멸시하지 마옵소서.

내 속에서 내 행위가 아니라 주의 지으신 것을 보시옵소서. 내 것을 보시면 주께서 정죄하실 것이옵니다. 그러나 주께서 주의 것을 보시면 면류관을 씌우실 것이옵니다. 내게서 나오는 모든 선행은 그 어떠한 것이라도 전부 주께로부터 오는 것이옵니다."[12]

그는 자기의 행위를 하나님 앞에 감히 내어놓지 못하는 두 가지 이유를 제시하고 있다:만일 그에게 선한 행위가 조금이라도 있다면, 그는 그것을 자기의 것으로 보지 않았기 때문이요, 또한 이 선행들이 무수한 죄에 완전히 압도당하는 것을 보기 때문이다. 그렇기 때문에 그의 양심은 자기의 행위를 생각할 때에 확신을 갖기보다는 두려움과 떨림을 느끼는 것이다. 그러므로 그는 하나님께서 자기의 선행을 보실 때에 오로지 그 선행 가운데서 그를 부르신 부르심의 은혜를 바라보시고, 그리하여 하나님께서 시작하신 그 일을 온전히 이루시기를 바라는 것이다.

21. 행위에 대한 바른 이해

성경이 신자들이 선행을 행하기 때문에 주께서 그들에게 은혜를 베푸신다고 가르친다는 사실은 앞에서 이미 세워놓은 사실과 부합되도록 그렇게 이해해야 할 것이다. 곧, 우리의 구원의 유효적 원인은 아버지 하나님의 사랑에 있고, 질료적 원인은 성자 하나님의 순종에 있고, 수단적 원인은 성령의 조명하심, 즉 믿음에 있으며, 목적적 원인은 하나님의 크신 자비하심의 영광에 있다는 것이 그것이다. 이 원인들이 있다 할지라도 주께서 행위를 종속적인 원인으로 삼지 못하실 이유가 없다. 그러나 어떻게 그러한가? 주께서는 그의 긍휼하심으로 영생을 유업으로 받도록 정하신 사람들을 일상적인 그의 경륜을 따라서 선행을 수단으로 하여 그 영생을 소유하도록 인도하시는데, 그의 경륜의 순서에서 먼저 오는 것을 나중에 오는 것의 원인이라 칭하는 것이다. 이런 식으로 하나님은 때때로 영생이 행위에서 나오는 것으로 말씀하시기도 하는데, 영생이 행위 때문에 얻어진다는 뜻이 아니라, 하나님께서는 그가 택하신 자들을 의롭다 하시고 마지막에 그들을 영화롭게 하시는데(롬 8:30) 이때에 앞에 오는 은혜가 그 다음에 이어지는 은혜로 나아가는 계단의 역할을 하므로 그것을 일컬어 원인이라 하는 것이다.

그러나 참된 원인을 찾아야 할 때는 언제나 행위를 의지해서는 안 되고 오직 하나님의 긍휼하심만을 바라보라고 명하시는 것이다. "죄의 삯은 사망이요 하나님의 은사는 … 영생이니라"(롬 6:23)라는 사도의 가르침은 대체 어찌된 것인가? 생명과 사망은 서로 대조시키면서 어째서 의와 죄는 서로 대조시키지 않는가? 죄를 사망의 원인으로 말하면서 어째서 의가 생명의 원인이라는 말은 하지 않는가? 그렇게 말했다면 여기 나타나는 대조가 완벽했을 텐데, 그렇게 하지 않음으로써 그 대조가 약간 깨어져 버리긴 했다. 그러나 사도는 이러한 대조법을 통해서 진리의 사실을 표현하고자 한 것이다. 즉, 사망은 인간의 범죄 때문에 오는 것이지만 생명은 오직 하나님의 긍휼하심에 의존하는 것이라는 것이다.

정리해서 말하자면, 이런 표현들은 원인이 아니라 전후 관계를 나타내는 것이다. 하나님께서는 은혜 위에 은혜를 쌓으심으로써 그 이전의 은혜가 그 다음에 이어지는 은혜를 얻게 하는 원인의 작용을 하게 하심으로써, 그의 종들을 풍성하게 하시는 일에 그냥 빠뜨리는 것이 하나도 없도록 하시는 것이다. 그리고 그의 너그러우심을 풍성히 베푸셔서 우리로 하여금 언제나 값없이 주신 택하심의 은혜를 바라보게 하시는데, 바로 그 택하심이 근원이요 시작인 것이다. 하나님께서는 물론 그가 매일 우리에게 베풀어주시는 선물들을 사랑하시지만 — 그 선물들이 바로 그 택하심의 근원에서 나오는 것을 보시고 — 우리로서는 여전히 하나님의 값없이 받아주심을 붙잡아야 하며, 오직 그것만이 우리의 영혼을 지탱시켜줄 수 있는 것이다. 그리고 그렇게 하여 하나님께서 그 다음에 베풀어주시는 성령의 선물들을 제일 원인에 종속되게 하심으로써, 그 나중에 오는 선물들이 제일 원인에서 조금도 떨어지지 않도록 하시는 것이다.

주

1. 여기에 언급된 인물들은 모두 로마 제국의 황제들이다:티투스(Titus:79-81년), 트라야누스(Trajan:98-117년), 칼리굴라(Caligula:372-41년), 네로(Nero:54-68년), 도미티아누스(Domitian:81-96년), 티베리우스(Tiberius:14-37년), 베스파시아누스(Vespasian:69-79년).

2. Augustine, *Against Julian*, IV. iii. 16ff., 21, 25-26.

3. Augustine, *Against Two Letters of the Pelagians*, III. v. 14.

4. Augustine, *Psalms*, Ps. 31. ii. 4.

5. 참조. 13장 2절.

6. 참조. 1절.

7. 참조. 1절.

8. 참조. 4장. 25-39절.

9. Chrysostom, *Homilies on Philemon*, ii. 4.

10. 참조. 18장 14절.

11. 참조. 12장 2절.

12. Augustine, *Psalms*, Ps. 137. 18.

제 15 장

~~~

행위의 공로에 대한 자랑은 의를 베푸신
하나님을 향한 찬양과 구원에 대한 확신을 무너뜨림

(칭의에 인간의 공로가 필요하다는 가르침에 대한 아우구스티누스, 베르나르, 그리고 성경의 반론. 1-4)

1. 칭의 문제의 전환점

이제 우리는 이 논의에서 가장 주된 문제를 설명하였다. 곧, 만일 의가 행위의 도움을 받는다면, 하나님 앞에서 완전히 무너지고 만다는 것이요, 또한 의는 오직 하나님의 긍휼하심과 그리스도와의 교제에 있으며, 결국 오직 믿음에만 있는 것이라는 사실이다. 그러나 사람들에게 공통적으로 있는 헛된 사고에 — 일반 평민들뿐 아니라 학식 있는 자들도 거기에 빠져 있다 — 얽히지 않기 위해서는 이 문제가 이 논의의 가장 중요한 전환점이라는 사실을 깊이 유념해야 할 것이다. 왜냐하면 믿음으로 말미암는 칭의 혹은 행위로 말미암는 칭의와 관련된 문제가 제기될 때에 사람들은 행위가 하나님 앞에서 어느 정도 공로를 인정받는 것으로 말씀하는 것 같아 보이는 구절들에게 곧바로 달려가기 때문이다. 마치 행위가 하나님 앞에서 어느 정도 가치가 있다는 것을 증명하면 그것으로 행위로 말미암는 칭의가 완전히 입증되기라도 하는 것처럼 말이다.

그러나 분명히 말하지만, 이미 앞에서 분명히 증명해 보인 것처럼[1] 행위로 말미암아 의를 얻기 위해서는 율법을 완전무결하게 다 준수해야만 하는 것이다. 그렇다면, 최상의 완전함의 정상(頂上)에 올라 있어서 책할 과실이 전무(全

無)한 상태에 있지 않고서는 어느 누구도 행위로 말미암아 의롭다 하심을 얻을 수가 없는 것이다. 결국 또 한 가지 다른 문제가 여기서 제기된다. 곧, 행위가 칭의를 위해서는 절대로 충족하지 않지만, 그래도 하나님께 자비를 받을 만한 자격은 있지 않을까 하는 것이다.

2. '공로'라는 용어의 해악

먼저 '공로'라는 용어에 대해서 서론적으로 언급해야 할 사실이 있다. 이 용어를 처음으로 하나님의 심판과 관련하여 사람의 행위에 적용시킨 사람은, 그가 누구든 간에, 신실한 믿음을 위하여 아주 잘못 생각한 것이라는 것이다. 말을 가지고 논쟁을 하고 싶은 것은 결코 아니다. 하지만 그리스도인 저자들은 성경에 없는 용어들을 불필요하게 사용하여 큰 물의를 일으키고 유익은 거의 끼치지 못하는 일이 없도록 언제나 삼가 조심했으면 좋겠다. 아무런 거리낌도 일으키지 않고 선한 행위의 가치를 의미 있게 잘 설명해 주는 다른 용어가 있는데 어째서 '공로'라는 용어를 그렇게 고집하는지 묻고 싶다. 이 용어가 얼마나 문젯거리인지는 그것이 세상에 끼친 그 큰 해악에서 잘 드러난다. 분명한 것은, 이 용어는 지극히 교만한 용어라는 것이다. 이 용어가 하는 일은 고작해야 하나님의 자비하신 은혜를 흐리게 만들고, 사람들에게 악독한 교만을 불어넣는 일뿐이다.

고대 교회의 저자들이 흔히 이 용어를 사용했다는 사실은 나도 인정한다. 이처럼 조그만 단어 하나를 잘못 사용함으로써 후대의 교회가 오류에 빠질 기회를 주는 일이 없었더라면 얼마나 좋을까 싶기도 하다. 그러나 몇몇 구절을 보면, 그들이 진리를 왜곡시키고자 하는 의도를 가진 것이 아니라는 증거들이 나타나기도 한다. 아우구스티누스는 어디에선가 이렇게 말한다: "인간의 공로는 아담을 통하여 사라졌으니 여기서는 잠잠하게 하라. 그리고 하나님의 은혜가 예수 그리스도로 말미암아 통치하도록 하라."[2] 그리고 다시 "오 하나님이여, 성도들은 자기들의 공로에 아무것도 돌리지 않사옵니다. 모든 것은 오직 주의 긍휼하심에만 돌릴 것이옵니다"[3]라고도 말하며, 또한 "사람이 자기에게 있는 모든 선한 행위가 자기에게서 나온 것이 아니라 그의 하나님에게서 나온 것임을 보면, 자기에게 있는 모든 찬양할 만한 것들도 전부 자기 자신의 공로에서 나오는 것이 아니고 하나님의 긍휼하심에서 나오는 것임을 보게 된다"[4]고도 말한다. 보시다시피, 아우구스티누스는 사람에게 선행을 행할 능력이 있음을 부인하는 것은 물론 공로의 가치를 완전히 무너뜨리고 있는 것이다. 또한 크리소스톰도 이렇게 말씀하고 있다: "혹 하나님의 값없이 부르신 부르심에 뒤이어 우리에게 행위가 있다면, 그 행위는 빚을 갚는 것이요, 하나님의 선물은 은혜와 자비와 큰 너그러우심이다."5)

그러나 그 용어는 옆으로 제쳐두고, 그 용어가 나타내는 그것 자체를 살펴보아야 하겠다. 앞에서 다음과 같은 베르나르의 말을 인용한 바 있다: "공로가 있다면 공로가 있는 체하지 않는 것이므로, 공로가 없는 것이 심판을 위해 충족한 것입니다."6) 그는 바로 뒤이어 이 말을 설명하면서 앞의 진술에 나타나는 거슬리는 표현들을 다소간 부드럽게 해주고 있다: "그러므로 공로를 갖도록 주의를 기울이십시오. 그리고 공로가 생기거든 그것이 받은 것이라는 것을 알아야 합니다. 열매를 기대하고 하나님의 긍휼하심을 바라십시오. 그리하면 빈곤과 감사 없음과 교만의 온갖 위험은 이미 피한 것이나 다름이 없습니다. 공로가 있으면서도 있다고 내세우지 않거나 공로가 없으면서도 없다고 움츠러들지 않는 교회는 복이 있습니다."7)

그리고 그보다 약간 앞부분에서 그는 자신이 '공로'라는 용어를 매우 경건한 의미로 사용하고 있음을 잘 보여 주고 있다: "하나님께서 목적이 계셔서 자랑할 만한 더 확실한 이유를 주셨는데, 어째서 교회가 공로에 그렇게 관심을 둔단 말입니까? 하나님은 자기 자신을 부인하실 수가 없습니다. 그는 자신이 약속하신 바를 행하실 것입니다(참조. 딤후 2:13). 그러니 '우리가 무슨 공로에 의지해서 유익을 얻을 소망을 가질까?' 하는 질문 따위는 할 이유가 없는 것입니다. 특히 선지자가 말한 것처럼, '주 여호와께서 이같이 말씀하시기를, 내가 이렇게 행함은 너희를 위함이 아니요 … 나의 거룩한 이름을 위함'(겔 36:22, 32)이기 때문입니다. 공로에 대해서는, 공로로는 부족하다는 것을 알면 그것으로 충분한 것입니다."8)

3. 우리의 선행은 하나님의 은혜에서 비롯됨

성경은 우리의 행위가 온통 부정함으로 가득 차 있기 때문에 하나님 앞에 도저히 설 수가 없음을 진술함으로써 우리의 모든 행위의 진면목을 보여 주고 있다. 성경은 또한 율법을 완전히 지켰을 경우에는 — 혹시 그런 경우가 있다고 가정하면 — 어떠한지도 말씀해주고 있다. 곧, 우리에게 요구되는 바를 다 행한 후에도 우리 자신을 무익한 종으로 여겨야 한다는 것이다(눅 17:10). 율법을 다 지켰다 할지라도 주님께서 요구하신 것 외에 다른 무엇을 더 행한 것이 아니라, 오직 우리가 해야 마땅한 일을 했을 뿐이므로 하나님 편에서는 그것에 대해서 별달리 감사해야 할 이유가 없다는 것이다.

그런데 하나님께서는 우리에게 베풀어주신 그 선행들을 "우리 것"이라 부르시며, 그것들이 주님께 합당할 뿐 아니라 그것들에 대해 상급이 주어질 것임을 증거하신다. 이에 대해서 우리는 그토록 큰 약속에 힘입어 선을 행하다가 낙심하지 않도록 용기를 가지며(참조. 갈 6:9; 살후 3:13), 또한 하나님의 크신 자비하심을 참된 감사의 마음으로 받을 의무가 있는 것이다. 무엇이든 행위에서 칭찬할 만한 것이 있으면 그것은 하나님의 은혜다. 우리가 우리의 것으로 여겨 권리를 주장할 수 있는 것이 티끌만큼도 없는 것이다. 만일 우리가 진정으로 이 사실을 깨닫는다면, 행위의 공로에 대한 모든 신뢰뿐 아니라 그것에 대한 생각까지도 사라질 것이다. 궤변가들이 하듯이 선행에 대한 공로를 하나님의 것과 사람의 것으로 나누어서는 안 된다. 그 모든 공로를 전적으로, 완전하게, 손상되지 않은 상태로 주님께 돌려야 마땅할 것이다. 사람이 하는 일이란 본래 선한 것을 자기의 불결함으로 오염시키고 부패시키는 일뿐이다. 아무리 완전한 사람일지라도 그에게서 나오는 것 중에 더러움으로 얼룩지지 않은 것이 하나도 없기 때문이다. 그러므로 주께서 인간의 행위의 최고의 것들을 심판하신다면, 과연 그것들 속에서 하나님 자신의 의를 보시겠지만 아울러 인간의 더러움과 치욕을 보실 것이다.

그러나 그럼에도 불구하고 선행은 하나님을 기쁘시게 하는 것이요, 그것을 행하는 자들에게도 열매를 내는 것이다. 선을 행하는 자들은 하나님의 가장 귀한 은혜들을 상급으로 받는데, 이는 그들이 그럴 만한 자격이 있기 때문이 아니라 하나님께서 그의 자비하심으로 그러한 가치를 그들에게 부여하시기 때문인 것이다. 그런데 사람들이 아무런 공로가 없는 행위에 대해서 값없이 상급을 베푸시는 하나님의 너그러우심에 만족하지 않고, 불경한 야망을 품고서 전적으로 하나님의 풍성하신 은혜에서 오는 것을 마치 자기들의 행위의 공로 덕분에 얻는 것처럼 보이려고 애를 쓰다니, 이 얼마나 고약한 처사란 말인가!

여기서 나는 각 사람의 상식(常識)에 호소하고 싶다. 가령 어떤 사람이 다른 사람에게서 호의를 얻어 전답(田畓)의 사용권을 얻은 후에 마치 자기에게 그 전답의 소유권이 있는 것처럼 주장한다면, 그런 배은망덕한 행위 때문에 기왕에 누리고 있던 그 사용권마저도 잃어버리지 않겠는가? 이와 비슷하게, 가령 어떤 노예가 주인에게서 해방을 받은 다음 그런 사실을 숨기고 마치 자기가 날 때부터 자유인인 것처럼 행세한다면, 그것 때문에 다시 그 이전의 노예의 처지로 다시 환원된다 해도 하소연할 데가 없지 않겠는가? 은혜를 누리는 유일한 정당한 길은 우리에게 주어진 것 이상을 주장하지도 않고, 그 선한 것을 주신 주님께 마땅히 드려야 할 찬양과 감사를 가로채지도 않으며, 오직 그가 우리에게 베풀어 주신 것들의 소유권이 어떤 면에서 여전히 그에게 속한다는 사실이 드러나도록 그렇게 행동하는 길일 것이다. 사람들과의 관계에 있어서도 그런 식으로 행하는 것이 마땅하다면, 과연 하나님께는 어떤 식으로 삼가고 조심해야 할 것인지를 우리 각자 깊이 생각해야 할 것이다.

4. 행위의 공로를 주장하는 반론을 반박함.

이 궤변가들이 특정한 구절을 잘못 오해하여 성경에 "하나님께 공로를 세운다"는 말이 나오는 것을 증명한다고 떠든다는 것을 나도 알고 있다. 그들은 구약 외경에 속한 집회서의 한 구절을 인용한다: "그 행위의 공로에 따라서 자비가 각 사람에게 자리를 주리라"(집회서 16:14).[9] 그리고 히브리서의 한 구절도 인용한다: "오직 선을 행함과 서로 나누어 주기를 잊지 말라 하나님은 이 같은 제사를 기뻐하시느니라"(히 13:16).

집회서의 권위는 응당 거부해야 옳겠지만, 여기서 그것을 인정하고 그 내용을 살펴본다 해도, 그들은 집회서에 기록되어 있는 내용을 성실하게 인용하는 것이 아니다. 그 저자가 누구였든 간에 헬라어 원어의 본문은 다음과 같이 되어 있다: "πάσῃ ἐλεημοσύνῃ ποιήσει τόπον ἕκαστος γὰρ κατὰ τὰ ἔργα αὐτοῦ εὑρήσει." 곧, "그가 모든 자비의 행위에 대해 자리를 주시리니, 각 사람이 그의 행위에 따라 얻으리라"(집회서 16:14)라는 의미이다. 이것이 정확한 읽기이고 라틴어 역본이 잘못되어 있다는 것은 이 단어들의 구조만을 보아도, 그리고 그 앞의 문장의 더 큰 문맥을 보아도 분명하게 드러나는 것이다.

히브리서의 인용 구절의 경우는 그들에게 꾀임을 받을 만한 이유가 하나도 없다. 사도가 사용한 헬라어 원어로 볼 때에 그러한 제사를 하나님께서 기뻐 받으신다는 뜻 이외에 다른 뜻이 전혀 없기 때문이다.

우리의 교만을 점검하고 억제하기 위해서는 성경이 가르치는 정도 이상으로 행위에 가치를 두지 않는 것으로 족할 것이다. 그런데 성경의 가르침은 우리의 선행에 언제나 불결한 것이 많이 끼어 있어서, 그것들이 하나님을 진정시키거나 우리에 대해서 자비한 마음을 불러일으키기는커녕 오히려 하나님께서는 그것 때문에 우리에 대해서 진노하신다는 것이다. 그러나 하나님께서는 우리의 행위들을 지극히 높으신 그의 법에 따라서 살피지 않으시고 그의 너그러우심을 따라서 살피시기 때문에, 그 행위들을 마치 완전히 순결한 것처럼 여기시고 받아주시며, 또한 그렇기 때문에 아무런 자격이 없음에도 불구하고 그 행위들에 대해서 현세의 삶에서 뿐 아니라 내세(來世)에서도 무한한 은혜로 상급을 베푸시는 것이다.

학식이 있고 경건하다고 하는 사람들이 주장하기를, 영원한 구원은 오직 믿음에 대해서 베풀어지는 상급이요, 현세의 삶에 있어서는 선행으로 말미암아 은혜를 받는다고 하지만, 나는 이런 구분을 인정하지 않는다. 주님은 거의 모든 경우에 있어서 수고에 대한 상급과 싸움에 대한 면류관을 하늘에 보관해 두고 계시는 것이다. 뿐만 아니라, 우리가 은혜 위에 은혜를 받는 것이 행위의 공로 덕분이라고 주장하여 오히려 은혜를 제거해버리는 것도 성경의 가르침과는 반대되는 것이다. 물론 그리스도께서는 "있는 자는 받아 풍족하게 되리라"(마 25:29; 눅 8:18)고 말씀하셨고, 또한 적은 일에 충성한 종에게 많은 것을 맡기시겠다고도 말씀하셨으나(마 25:21), 동시에 다른 곳에서는 신자들이 풍성하게 되는 것은 그의 값없이 주시는 자비하심의 선물들임을 보여 주셨다(참조. 요 1:16). 또한 주님은, "오호라 너희 모든 목마른 자들아, 물로 나아오라. 돈 없는 자도 오라. 너희는 와서 사먹되 돈 없이, 값없이 와서 포도주와 젖을 사라"(사 55:1)고 말씀하신다.

그러므로, 경건한 성도들에게 구원을 돕는 것으로 주어지는 것은 무엇이든지, 심지어 축복 그 자체까지도, 전적으로 하나님의 은혜인 것이다. 그러나 이에 대해서 주께서는 행위를 돌아보실 것을 증거하신다. 주님께서는 우리를 향하신 그의 크신 사랑을 확실히 증거하시기 위하여, 우리들 뿐만 아니라 그가 우리에게 주신 선물까지도 그런 존귀에 합당하도록 만드시기 때문이다.

(그리스도의 공로를 사람의 공로와 대치시키는 사상에 대한 반론. 5-8)

5. 그리스도께서 유일한 터이심

지나간 시대에 이 문제들이 올바른 질서대로 다루어지고 처리되었더라면,

그토록 많은 온갖 혼란과 소요들이 일어나지는 않았을 것이다. 바울은 기독교의 교리를 세우는 데에 있어서 그가 고린도 교인들 가운데서 세운 터를 반드시 지켜야 할 것을 말하면서(참조. 고전 3:10), "이 닦아 둔 것 외에 능히 다른 터를 닦아 둘 자가 없으니 이 터는 곧 예수 그리스도라"(고전 3:11)고 말하고 있다. 그러면 그리스도 안에 있는 우리의 터란 무엇인가? 그리스도께서 터가 되셔서 구원을 시작해 놓으셨으니, 우리가 그 구원을 완성시켜야 한다는 뜻인가? 그리스도께서는 길을 열어 놓기만 하셨을 뿐이고, 그 길로 나아가는 것은 우리 자신의 힘으로 해야 한다는 뜻인가?

절대로 그렇지 않다. 오히려 바울이 그보다 조금 앞에서 천명하고 있는 대로, 우리가 그리스도를 시인할 때에 그리스도께서 우리에게 주신 바되어 우리의 의로움이 되시는 것이다(고전 1:30). 말하자면, 자기 속에 완전한 의를 지니고 있는 사람만이 그리스도 안에 확실한 터를 두고 있는 사람인 것이다. 사도는 그리스도께서 우리로 하여금 의를 얻도록 도우시기 위해서 보내심을 받았다고 말하지 않고 그가 친히 우리의 의로움이 되신다고 말하고 있기 때문이다(고전 1:30).

뿐만 아니라 사도는, "창세 전에", 곧 영원 전부터, "그리스도 안에서 우리를 택하"시되, 우리 자신의 공로대로가 아니라 "그 기쁘신 뜻대로" 하셨다고 말하며(엡 1:4-5), 또한 그리스도의 죽으심으로 말미암아 우리가 사망의 저주에서 구속함을 받았고, 멸망에서 자유함을 얻었다고도 말하며(참조. 골 1:14, 20), 하늘에 계신 우리 아버지의 뜻대로 우리가 자녀로, 상속자로 그에게 입양되었다고도 말하며(참조. 롬 8:17; 갈 4:5-7), 그의 피로 말미암아 화목되었다고도 말하며(롬 5:9-10), 그리스도의 보호하심 아래 들어갔으므로 멸망의 위험에서 해방되었다고도 말하며(요 10:28), 그렇게 그리스도께 접붙임을 받았으므로(참조 롬 11:9) 우리는 어떤 의미에서 이미 영생에 참여한 자들이 되었고, 소망 가운데서 하나님 나라에 들어와 있다고도 말하는 것이다.

그러나 더 있다. 우리가 그리스도 안에 있음을 체험하므로, 우리 자신은 여전히 어리석은 자들이지만 그리스도께서 하나님 앞에서 우리의 지혜가 되시며, 우리가 여전히 죄인들이지만 그가 우리의 의로움이 되시며, 우리가 여전히 부정하지만 그가 우리의 순결이 되시며, 우리가 연약하고 또한 무장도 되어 있지 않아서 사탄에 노출되어 있지만 그리스도께서 받으신 하늘과 땅의 모든 권세가(마 28:18) 우리의 것이므로 그것으로 사탄을 분쇄하고 지옥의 문을 깨뜨리며, 우리가 여전히 사망의 몸을 지니고 있으나 그리스도께서 우리의 생명이 되시는 것이다. 간단히 말해서, 그리스도의 모든 것이 우리의 것이요 또한 우리가 모든 것을 그리스도 안에서 갖고 있기 때문에, 우리 안에는 아무것도 없는 것이다. 분명히 말하거니와, 바로 이러한 터 위에 우리 자신을 세워야만 우리가 하나님의 거룩한 성전으로 자라나게 되는 것이다(참조. 엡 2:21).

6. 선행에 대한 가르침은 그리스도의 권능과 영광을 짓밟음

그러나 오랜 세월 동안 세계가 이와는 다르게 가르치고 배워왔다. 사람들이 그리스도께 접붙임을 받기 전에도 선행으로 하나님을 기쁘시게 할 것이라 여겨서 온갖 종류의 "도덕적인" 선행을 추구해온 것이다. 하나님의 아들이 없는 자들은 모두 죽음의 상태에 있다고 말씀하는(요일 5:12) 성경이 마치 거짓말인 것처럼 생각하고 행해온 것이다! 죽어 있는 사람이 어떻게 생명의 본질을 스스로 만들어낸단 말인가? "믿음을 따라 하지 아니하는 것은 다 죄니라"(롬 14:23)라는 말씀이 과연 아무런 의미도 없단 말인가? 나쁜 나무에서도 좋은 열매가 날 수 있단 말인가(참조. 마 7:18; 눅 6:43)? 이 해롭기 그지없는 궤변가들이 대체 그리스도께서 그의 권능을 행사하실 여지를 남겨 놓은 것이 있는가? 그들은 그리스도께서는 우리를 위해서 첫 번째 은혜를 담당하셨다고 한다. 즉, 우리로 하여금 은혜 받을 공로를 갖출 수 있는 기회를 그가 마련해 주셨다는 것이다. 그리고는 말하기를, 그렇게 베풀어진 기회를 저버리지 않는 것이 우리의 몫이라는 것이다. 이 얼마나 교만하고도 뻔뻔스러운 불경인가! 그리스도의 이름을 입으로 고백한 자들이 감히 그에게서 권능을 빼앗고 결국 그를 발로 짓밟는 행위를 서슴지 않으리라고 누가 생각이나 했겠는가? 그리스도를 믿는 자마다 의롭다 하심을 얻는다는 증언들이 그렇게도 흔하게 행해졌건만, 이 궤변가들은 그리스도께로부터 얻는 혜택이란 그저 그가 개개인들이 스스로 의롭게 만들 수 있도록 길을 열어 놓으신 것 외에는 없다는 식으로 가르치고 있는 것이다.

"아들이 있는 자에게는 생명이 있고"(요일 5:12), "내 말을 듣고 또 나 보내신 이를 믿는 자는 … 사망에서 생명으로 옮겼느니라"(요 5:24; 참조. 6:40), "우리로 그의 은혜를 힘입어 의롭다 하심을 얻어 영생의 소망을 따라 상속자가 되게 하려 하심이라"(딛 3:7; 참조. 롬 5:1-2), "주는 그의[신자들의] 안에 거하시나니"(요일 3:24), "허물로 죽은 우리를 … 일으키사 그리스도 예수 안에서 하늘에 앉히시니"(엡 2:5-6), "그가 우리를 … 그의 사랑의 아들의 나라로 옮기셨으니"(골 1:13) 등등 무수한 구절들의 의미를 그 사람들이 맛이라도 보았더라면 그렇게는 되지 않았을 것이 아닌가!

이 말씀들은 그리스도를 믿음으로 말미암아 의를 이룰 수 있는 능력이나 구원을 얻을 수 있는 능력이 우리에게 임한다고 가르치지 않는다. 모두가 그리스도 안에서 우리에게 주어지는 것임을 가르쳐 주는 것이다. 그러므로, 믿음으로 말미암아 우리가 그리스도에게 접붙임을 받는 즉시, 우리는 하나님의 자녀가 되며, 하늘의 상속자가 되며, 의에 참여하는 자가 되며, 생명을 소유한 자가 되며, 또한 ― 이로써 궤변가들의 사고가 거짓된 것임이 효과적으로 드러나는데 ― 공로를 얻을 기회를 얻는 것이 아니라 그리스도의 모든 공로 그 자체를 얻는 것이다. 그 공로들이 우리에게 전해지기 때문이다.

7. 궤변가들의 사고는 아우구스티누스와 성경의 가르침과 모순됨

모든 오류의 어머니라 할 수 있는 소르본느(Sorbonne)의 신학자들은 이렇게 해서 믿음으로 말미암는 의롭다 하심을 우리에게서 빼앗아 가버렸다. 그것이야말로 모든 경건의 핵심인데 말이다. 사실, 이들이 사람이 "유형의 믿음"(formed faith:사랑을 행하는 믿음)[10]으로 말미암아 의롭다 하심을 받는다는 말을 고백하기는 한다. 그러나 그들은 곧바로 이어서 선행이 믿음으로부터 의롭게 되는 능력을 부여받는다는 것을 근거로 하여 그 사실을 설명해버리는 것이다. 결국 믿음을 언급하는 것이 거의 조롱삼아 하는 것처럼 보이기까지 한다. 성경에서 믿음이란 말을 그렇게도 거듭 강조하고 있으니, 믿음에 대해서 아무 말도 하지 않고 지나갔다가는 큰 낭패를 당할 것 같아서 그저 그런 식으로 언급만 하고 있는 것이다.

그러나 여기서 만족하지 않고, 그들은 선행을 찬양하는 가운데 하나님께로부터 무언가를 훔쳐서 사람에게로 돌려 놓기까지 한다. 선행으로는 사람을 높이는 데에 별로 소용이 없다는 것도 알고 있고, 또한 그것들이 하나님의 은혜의 열매들이라면, 엄밀히 말해서 그것들을 공로라고 부를 수도 없다는 것을 알기 때문에, 그들은 그 선행들이 자유 의지의 능력에서 나오는 것으로 만드는데, 이는 마치 돌에서 기름을 짜내려는 것과도 마찬가지다. 물론 가장 근원적인 원인이 은혜에 있다는 것을 그들도 부인하지 않는다. 그러나 그들은 여전히 자유 의지가 배제되지 않으며 그것으로 말미암아 모든 공로가 존재하는 것이라고 주장한다. 후기의 궤변가들만 이것을 가르치는 것이 아니라, 그들에게 피타고라스(Pythagoras)와도 같은 존재인 페터 롬바르드(Peter Lombard)도 그렇게 가르친다.[11] 그러나 후기의 궤변가들과 비교해 보면, 그는 그래도 정신이 또렷하고 건전하다고 말할 수 있을 것이다.

그런데 롬바르드는 그렇게 끊임없이 아우구스티누스를 입에 올리면서도 아우구스티누스가 행위에서 나오는 영광을 티끌만큼도 사람에게 돌리지 않으려고 얼마나 조심하는지 전혀 보지를 못하고 있으니 이 얼마나 어처구니없는 우매함인지 모르겠다. 앞에서 자유 의지에 대해서 논의하면서 이 문제에 대한 아우구스티누스의 증언을 몇 가지 언급한 바 있는데,[12] 그와 유사한 내용들이 그의 저작에서 계속해서 나타나고 있다. 예를 들면, 우리 자신의 공로는 하나님의 선물이기 때문에 절대로 그것을 자랑해서는 안 된다고 하기도 하고,[13] 우리의 모든 공로는 은혜에 속한 것이고 우리가 충족하여 얻은 것이 아니라 전적으로 은혜를 통하여 오는 것이라고도 쓰고 있는 것이다.[14]

그러니 롬바르드가 성경의 가르침에 무지한 것도 별로 이상할 것이 없다. 그는 성경에 대해서도 별로 잘 훈련을 받지 못한 것으로 보인다. 그는 물론 그의 추종자들의 논지를 완전히 무너뜨리는 것으로 사도의 말씀보다 확실한 것은 없다. 사도 바울은 그리스도인들에게 여하한 자랑도 하지 못하도록 금하면서 어째서 자랑이 잘못된 것인지를 이렇게 설명하고 있다: "우리는 그가 만드신 바라 그리스도 예수 안에서 선한 일을 위하여 지으심을 받은 자니 이 일은 하나님이 전에 예비하사 우리로 그 가운데 행하게 하려 하심이니라"(엡 2:10). 그러므로, 중생하기 전에는 우리에게서 선한 것이 나올 수가 없고, 게다가 우리의 중생은 전적으로 예외 없이 하나님께로부터 말미암는 것이므로, 우리가 조금이라도 선행을 우리의 것으로 주장할 이유가 전혀 없는 것이다.

마지막으로, 그들은 선행을 거듭거듭 가르치면서도, 하나님께서 사람들의 행위를 자비로 대하시며 호의를 베푸신다는 신뢰를 갖지 못하도록 사람들의 양심을 그렇게 가르친다. 그러나, 우리는 공로와는 연관짓지 않으면서도 여전히 우리의 가르침을 통해서 ─ 곧, 하나님께서 신자들의 선행을 기뻐하시며 의심의 여지 없이 인정하신다는 가르침을 통해서 ─ 신자들의 마음에 용기를 주고 놀라운 위로를 주고 있는 것이다. 그러나 동시에 우리는 믿음이 없이 어떤 선행을 시도해서는 안 된다고 가르친다. 즉, 하나님께서 선행을 기뻐하시리라는 마음의 확신을 먼저 확고하게 갖고서 선행을 시도하여야 한다고 가르치는 것이다.

8. 바른 교리의 터 위에 세움

그러므로 우리는 이 유일한 터에서 한 치라도 벗어나서는 안 될 것이다. 터가 세워지고 나면, 그 터 위에 지혜로운 건축자들이 올바로 질서를 갖추어 건물을 세워올리게 되기 때문이다. 곧, 그 지혜로운 건축자들이 우리에게 가르침과 권면이 필요할 때에 "하나님의 아들이 나타나신 것은 마귀의 일을 멸하려 하심"이며 "하나님께로부터 난 자마다 죄를 짓지 아니한다"(요일 3:8-9)는 것과, "이방인의 뜻을 따라 행한 것은 지나간 때로 족하다"(벧전 4:3)는 것과, "누구든지 이런 것에서 자기를 깨끗하게 하면 귀히 쓰는 그릇이 되어 거룩하고 주인의 쓰심에 합당하며 모든 선한 일에 준비함이 된다"(딤후 2:20-21)는 것 등을 우리에게 알려주는 것이다. 그러나 "누구든지 나를 따라오려거든 자기를 부인하고 자기 십자가를 지고 나를 따를 것이니라"라는 주님의 말씀에 이미 모든 것이 들어 있는 것이다(마 16:24; 눅 9:23).

자기를 부인한 자는 이미 모든 악의 뿌리를 잘라낸 것이요 그리하여 자기 자신의 것들을 더 이상 추구하지를 않는 것이다. 자기 십자가를 진 사람은 모든 인내와 온유함을 위하여 준비를 갖추고 있는 것이다. 그러나 무엇보다도 그리스도의 모범이 경건과 거룩함의 모든 의무들을 다 포괄하고 있다. 그는 죽기까지 순종함으로 자기 자신을 아버지께 드리셨다(빌 2:8). 그는 하나님의 일을 완전히 성취하셨다(참조. 요 4:34; 눅 2:49). 그는 전심으로 아버지의 영광을 나타내셨으며(참조. 요 8:50; 7:16-18), 형제들을 위하여 자기 목숨을 드리셨으며(요 10:15; 참조. 15:13), 원수들을 선대하시고 그들을 위하여 기도하신 것이다(참조. 눅 6:27, 35; 23:34).

그러나 위로가 필요할 때에는 다음의 구절들이 놀라운 위로를 줄 것이다: "우리가 사방으로 욱여쌈을 당하여도 싸이지 아니하며 답답한 일을 당하여도 낙심하지 아니하며 박해를 받아도 버린 바 되지 아니하며 거꾸러뜨림을 당하여도 망하지 아니하고 우리가 항상 예수의 죽음을 몸에 짊어짐은 예수의 생명이 또한 우리 몸에 나타나게 하려 함이라"(고후 4:8-10), "미쁘다 이 말이여, 우리가 주와 함께 죽었으면 또한 함께 살 것이요 참으면 또한 함께 왕 노릇 할 것이요"(딤후 2:11-12), "그리스도와 그 부활의 권능과 그 고난에 참여함을 알고자 하여 그의 죽으심을 본받아 어떻게 해서든지 죽은 자 가운데서 부활에 이르려 하노니"(빌 3:10-11), "하나님이 미리 아신 자들을 또한 그 아들의 형상을 본받게 하기 위하여 미리 정하셨으니 이는 그로 많은 형제 중에서 맏아들이 되게 하려 하심이니라"(롬 8:29).

그러므로, "사망이나 생명이나 … 현재 일이나 장래 일이나 … 우리를 우리 주 그리스도 예수 안에 있는 하나님의 사랑에서 끊을 수 없으"(롬 8:38-39)며, 오히려 우리의 구원을 위하여 모든 일이 합력하여 선을 이루는 것이다(참조. 롬 8:28). 우리가 하나님 앞에서 행위로 말미암아 사람을 의롭게 하는 것이 아니며, 하나님께 속한 모든 사람들을 가리켜 "거듭났다"고 말하며(참조. 벧전 1:3), "새로운 피조물"이 되었다고 말한다(고후 5:17)는 것을 유념해야 할 것이다. 그리하여 그들은 죄의 세계에서 벗어나 의의 세계로 옮겨간 것이다. 또한 우리는 이러한 증거로 말미암아 그들이 자기들의 부르심을 굳게 한다고 말하며(벧후 1:10), 또한 그들이 마치 나무들처럼 그 열매로써 판단을 받는다(마 7:20; 12:33; 눅 6:44)고도 말하는 것이다.

주 _____

1. 참조. 2권 7장 3절.

2. Augustine, *On the Predestination of the Saints*, xv. 31.

3. Augustine, *Psalms*, Ps. 139. 18.

4. Augustine, *Psalms*, Ps. 84. 9.

5. Chrysostom, *Homilies on Genesis*, hom. xxxiv. 6.

6. Bernard, *Sermons on the Song of Songs*, lxviii. 6. 참조. 12장 3절.

7. Bernard, *Ibid*.

8. *Ibid*.

9. 한글 공동번역 성서(외경 포함본)는 "선행을 하는 사람은 보속을 받으며 모든 사람은 그 행실에 따라 보응을 받는다"로 번역하고 있다.

10. 참조. 2장 8절.

11. Lombard, *Sentences*, II. xxvi-xxviii.

12. 참조. 2권 2장 8절.

13. Augustine, *Psalms*, Ps. 144. 11.

14. Augustine, *Letters*, cxciv. 4. 16-19.

제 16 장

∽∾

칭의의 교리에 오명을 씌우기 위한
교황주의자들의 거짓 비난에 대한 반박

1. 칭의의 교리는 선행을 장려하고 높임

우리가 사람이 행위로 말미암아 의롭다 하심을 얻는 것이 아니며 선행이 공로가 되어 구원을 얻는 것이 아니라고 가르치자, 일부의 불경한 자들은 우리가 선행을 완전히 부인하여 선행을 추구하는 자들을 현혹시키고 있다고 비방하고, 또한 우리가 의롭다 하심이 값없는 죄 사함에 있다고 가르치는 것을 두고 의로 향하는 길을 너무 쉽게 만든다고 비방하기도 하며, 또한 우리가 이렇게 사람들을 현혹시켜서 이미 죄를 향하여 너무 많이 기울어져 있는 사람들을 더욱더 죄를 짓도록 꾀인다고 비방하기도 한다. 그러나 분명히 말하지만, 이런 비방들은 바로 앞에서 한 진술로도 충분히 물리치고도 남음이 있다. 그러나 여기서 간결하게라도 그런 비난 하나하나에 대해서 답하는 것이 좋을 것 같다.

그들은 믿음으로 말미암아 의롭다 하심을 얻는다는 가르침이 선행을 무너뜨린다고 주장한다. 우리를 그런 식으로 비방하는 그들은 과연 선행에 대해서 얼마나 열심 있는 자들인가 하는 것은 굳이 언급하지 않겠다. 그들이 자기들의 추한 삶으로 이미 온 세상을 오염시키고 있으나, 그 점에 대해서는 그냥 덮어두기로 하자. 그들은 말로는 믿음이 그렇게 영광스러운 자리로 치켜세워지면 행위가 격하(格下)된다고 하면서 마치 그것을 가슴아파하는 것처럼 행세한다. 그러나, 믿음을 높임으로써 오히려 행위가 장려되고 격상(格上)된다면 어찌할 것인가? 우리는 선행이 없는 믿음이나 선행이 없이 유지되는 칭의는 꿈도 꾸지 않는다. 다만 여기서 중요한 것은, 믿음과 선행이 반드시 서로 굳게 결합된다는 것을 인정하면서도, 우리는 여전히 칭의의 기초를 선행이 아니라 믿음에 둔다는 사실이다. 이렇게 하는 데 대해서는, 우리의 믿음이 지향하며 또한 믿음의 모든 능력이 비롯되는 그리스도께로 돌아가면 곧바로 설명되는 것이다.

그렇다면, 어째서 우리가 믿음으로 말미암아 의롭다 하심을 얻는 것일까? 그것은 오직 그리스도의 의로 말미암아서만 하나님과 화목되는데 우리가 그 그리스도의 의를 믿음으로 붙잡기 때문이다. 그러나 그리스도의 의를 믿음으로 붙잡음과 동시에 반드시 거룩함도 함께 붙잡게 되는 법이다. 왜냐하면 그리스도께서 "우리에게 지혜와 의로움과 거룩함과 구원함이 되셨기" 때문이다(고전 1:30). 그러므로 그리스도로 말미암아 의롭다 하심을 얻은 사람은 반드시 동시에 거룩하게 되는 것이다. 이 은혜들은 영원히 뗄 수 없는 끈으로 서로 엮어져 있기 때문에, 주께서는 그의 지혜로 조명하시는 자들을 또한 구원하시고, 구원하시는 자들을 또한 의롭다 하시며, 의롭다 하시는 자들을 또한 거룩하게 하시는 것이다.

그러나 지금 문제가 되고 있는 것은 의와 거룩함 뿐이므로, 그것들을 주목하기로 하자. 우리는 그것들을 서로 구분하기도 하겠지만, 그리스도께서는 그 둘을 서로 분리시킬 수 없도록 친히 자기 속에 지니고 계신다. 여러분, 그리스도 안에서 의에 이르기를 바라는가? 그러면 먼저 그리스도를 소유해야 한다. 그러나 그를 소유하면 동시에 그의 거룩하심에 참여하는 자가 된다. 왜냐하면 그는 여러 조각으로 나뉘어지는 분이 아니시기 때문이다(참조. 고전 1:13). 그러므로, 주께서는 자기 자신을 주시지 않고는 이런 은혜들을 누리도록 하시는 법이 없기 때문에, 결국 두 가지 은혜를 동시에 다 주시는 것이요, 그 중 어느 하나라도 나머지 하나가 없이는 절대로 얻을 수가 없는 것이다. 그러므로 우리가 의롭다 하심을 받을 때에 행위도 함께 받으나 그러면서도 칭의가 행위로 말미암는 것이 아니라는 사실이 얼마나 참된 진리인지가 분명해진다. 우리가 그리스도 안에 참여함으로써 의롭다 하심을 받는데, 그리스도 안에 참여하는 데에는 거룩함이 의로움에 못지않게 포함되어 있기 때문이다.

2. 믿음으로 말미암는 칭의는 선행에 대한 열심을 자극함

그들은 또한 사람들에게서 공로에 대한 생각을 제거해 버리면 선을 행하고

자 하는 열심이 마음에서 사라지게 된다고 비난하지만, 이 역시 매우 거짓된 비난에 불과하다. 이에 대한 좀 더 분명한 설명은 나중으로 미루고,[1] 여기서는 그저 독자들에게 우리의 반대자들이 어리석게도 상급을 근거로 하여 공로를 추리하고 있다는 점을 말하고 지나가기로 한다. 그들은 하나님께서는 올바로 행할 수 있는 능력을 베풀어 주실 때에 못지않게 행위에 대하여 상급을 베푸실 때에도 똑같이 자비하시다는 사실을 알지 못하고 있는 것이 분명하다. 그러나 이 문제에 대한 논의도 후에 적절한 곳에서 하도록 미루기로 한다.

자, 이제는 그들의 반론이 얼마나 빈약한지를 지적하면 그것으로 족할 것이다. 이는 두 가지로 말할 수 있다. 첫째로, 그들은 상급에 대한 소망을 제거해 버리면 사람들이 올바른 삶을 살려고 조심하지 않게 될 것이라고 하지만, 이것은 완전히 잘못된 논리이다. 만일 사람이 오로지 상급을 바라고 하나님을 섬긴다면, 말하자면 그것을 위해서 자기들의 수고를 하나님께 대여하거나 파는 것이라면, 그런 섬김이나 수고는 전혀 무익한 것이기 때문이다. 하나님은 아무것도 바라지 않는 무조건적인 예배와 무조건적인 사랑을 받기를 원하신다. 분명히 말하지만, 하나님께서 인정하시는 예배자는 상급을 받을 모든 소망이 완전히 사라질 때에도 여전히 그를 예배하기를 쉬지 않는 그런 자들인 것이다.

사실, 사람을 자극하고 격려하는 것으로 따지자면, 우리의 구속과 부르심의 목적에서 나오는 것보다 더 효과적인 격려와 자극은 없을 것이다. 그런데 하나님의 말씀이 다음과 같은 가르침들을 통해서 바로 그런 자극을 해주고 있다. 곧, 하나님이 "먼저 우리를 사랑하셨음"이니 우리도 그를 사랑하여 보답하지 않는다면 그것이야말로 불경하며 배은망덕한 처사일 것이라고도 가르치며(요일 4:19; 참조. 10절), "그리스도의 피가" 우리의 양심을 죽은 행실에서 깨끗하게 하고 살아 계신 하나님을 섬기게 한다고도 가르치며(히 9:14), 한 번 깨끗해진 상태에서 새로이 더러움에 오염되어 거룩한 피를 욕되게 한다면 그것이야말로 가증되고 거룩하지 못한 행동이라고도 가르치며(참조. 히 10:29), "우리가 원수의 손에서 건지심을 받고 종신토록 주의 앞에서 성결과 의로 두려움이 없이 섬기게 하리라"고도 가르치며(눅 1:74-75), 우리가 죄로부터 해방되어 자유로운 정신으로 의를 배양하게 되었다고도 가르치며(롬 6:18), "우리의 옛 사람이 … 십자가에 못 박혔"으며(롬 6:6) "새 생명 가운데서" 살리심을 받았다고도 가르치는 것이다(롬 6:4).

뿐만 아니라, 만일 우리가 그리스도와 함께 죽은 상태라면 ― 그의 지체라면 당연히 그래야 하겠지만 — 우리는 위의 것을 바라보며 이 땅에서 나그네로 살며 우리의 보화가 있는 하늘을 사모하여야 마땅하다고도 가르치며(참조. 골 3:1-3, 마 6:20). 여기서 "모든 사람에게 구원을 주시는 하나님의 은혜가 나타나 우리를 양육하시되 경건하지 않은 것과 이 세상 정욕을 다 버리고 신중함과 의로움과 경건함으로 이 세상에 살고 복스러운 소망과 우리의 크신 하나님 구주 예수 그리스도의 영광이 나타나심을 기다리게 하셨다"(딛 2:11-13)고도 가르친다. "하나님이 우리를 세우심은 노하심에 이르게 하심이 아니요 오직 우리 주 예수 그리스도로 말미암아 구원을 받게 하심이라"(살전 5:9)고도 말씀하며, 우리가 절대로 더럽혀서는 안될 하나님의 성전이라고도 가르친다(고전 3:16-17; 고후 6:16; 엡 2:21).

또한, 우리가 전에는 어둠이었으나 이제는 주 안에서 빛이므로 빛의 자녀들답게 행하라고도 명령하고(엡 5:8-9; 참조. 살전 5:4-5), "하나님이 우리를 부르심은 부정하게 하심이 아니요 거룩하게 하심이라"(살전 4:7)고도 말씀하며, 하나님의 뜻은 바로 우리의 거룩함이요 또한 우리가 부정한 욕심들을 버리는 것이라고도 가르친다(살전 4:3). 하나님께서는 우리를 거룩하신 소명으로 부르셨으며(딤후 1:9) 그 부르심은 순전한 삶을 요구한다고도 가르치며, 또한 우리가 죄로부터 해방된 것은 의에게 순종하도록 하기 위함이라고도 가르친다(롬 6:18). 우리의 사랑을 자극하고 격려하는 것으로서 다음과 같은 요한의 말들보다 더 생생한 것이 과연 있겠는가?: "하나님이 이같이 우리를 사랑하셨은즉 우리도 서로 사랑하는 것이 마땅하도다"(요일 4:11; 참조. 요 13:34), "이러므로 하나님의 자녀들과 마귀의 자녀들이 드러나나니 무릇 의를 행하지 아니하는 자나 또는 그 형제를 사랑하지 아니하는 자는 하나님께 속하지 아니하니라"(요일 3:10; 2:10-11).

또한 그리스도께 속하여 있으면 우리가 한 몸의 지체들이므로(고전 6:15, 17; 12:12) 서로 같이 돌보아야 한다는(고전 12:25) 바울의 논지도 얼마나 큰 자극제가 되는가? 우리로 하여금 거룩한 삶을 살도록 하는 강력한 자극제로서 "주를 향하여 이 소망을 가진 자마다 그의 깨끗하심과 같이 자기를 깨끗하게 하느니라"(요일 3:3)라는 요한의 말보다 더한 것이 있겠는가? 또한 우리가 양자의 약속을 의지하고 있으니 "육과 영의 온갖 더러운 것에서 자신을 깨끗하게 하자"(고후 7:1)는 바울의 말은 어떠한가? 아니면, 그리스도께서 우리에게 "본을 끼쳐 그 자취를 따라오게 하려 하셨느니라"(벧전 2:21; 참조. 요 15:10; 13:15)라는 말씀은 어떠한가?

3. 하나님의 영광과 그의 은혜가 선행을 일으키는 동기임

이 몇 가지 성경의 증거들은 그저 맛을 본 것에 불과하다. 이런 성경의 증거들을 일일이 다 살펴보려면 그것만 해도 큰 책이 되고도 남을 것이다. 사도들의 글에는 모든 선한 일에 관하여 하나님의 사람을 교훈하는 권면과 격려와 책망의 말씀들이 가득하지만(참조. 딤후 3:16-17), 공로에 대한 언급은 전혀 나타나지 않는다. 오히려 그 강력한 권면들은 모두가 바로 우리의 구원이 우리의 공로에 근거한 것이 아니라 오직 하나님의 긍휼하심에 근거한 것이라는 사실에서 나오는 것이다. 그러므로 바울은 한 서신서에서 그리스도의 의 외에는 우리에게 생명의 소망이 없다는 사실을 입증하는 데 거의 전부를 할애하고는, 권면 부분에 들어가서 황공스럽게도 하나님께서 베푸시는 그 긍휼하심에 의지하여 우리에게 권하는 것을 보게 된다(롬 12:1). 하나님께서 우리 안에서 영광을 받으시도록 한다는 이 한 가지 이유만으로도 족하고 남을 것이다(마 5:16).

그러나 혹시 하나님께 영광을 돌리고자 하는 마음이 강하게 일어나지 않는다면, 하나님께서 베푸시는 은혜를 기억하는 것만으로도 선행을 하고자 하는 마음이 일어나는 데 족할 것이다. 그러나 이 사람들은 공로를 강조하여 율법에 대한 일종의 노예적이며 강제적인 복종을 억지로 조장하려 하기 때문에, 우리가 그들과 노선을 달리한다고 해서 우리가 사람들에게 선행을 장려할 근거를 제거하고 있다고 거짓으로 선전하고 있는 것이다. 마치 하나님께서 그런 강제적인 억지의 복종을 기뻐하기라도 하시는 것처럼 말이다. 그러나 하나님께서는 "즐겨 내는 자를 사랑하시"며 "인색함으로나 억지로" 그런 일을 하지 못하도록 금하시는 것이다(고후 9:7).

그리고 내가 이런 말을 하는 것은 우리의 마음을 일으키는 수단들을 무시하지 않도록 하기 위하여 성경이 자주 사용하는 그런 권면들을 내가 경멸하거나 무시하기 때문이 아니다. 성경은 "하나님은 각 사람에게 그 행한 대로 보응하신다"는 사실을 자주 말씀하고 있다(롬 2:6-7; 마 16:27; 고전 3:8, 14-15; 고후 5:10 등). 그러나 나는 이것이 유일한 것도 아니요 심지어 여러 가지 것들 가운데 주된 것도 아니라고 본다. 다시 말하지만, 우리는 거기서 출발해서는 안 된다. 더욱이, 나중에 살펴보게 되겠지만,[2] 그런 성경의 가르침은 그 사람들이 전하는 그런 식의 공로를 지지해주지도 않는다.

마지막으로, 우리가 우리 자신의 행위의 공로로 말미암아서가 아니라 오직 그리스도의 공로로 말미암아 믿음을 통하여 의롭다 하심을 얻는다는 교리를 가장 첫머리에 두지 않는다면, 행위를 말씀하는 성경의 가르침이 아무런 소용이 없게 되고 만다. 왜냐하면 믿음으로 말미암는 칭의의 교리를 먼저 흡수한 사람이라야만 거룩한 삶을 추구할 힘을 갖는 것이기 때문이다.

다음과 같은 선지자의 하나님을 향한 고백에서도 이러한 사실이 멋지게 드러나고 있다: "사유하심이 주께 있음은 주를 경외하게 하심이니이다"(시 130:4). 하나님의 긍휼하심을 깨닫지 않고서는 하나님을 영화롭게 하는 일이 있을 수 없다는 사실이 여기서 나타나고 있다. 하나님을 경외하고 영화롭게 하는 일은 오직 그의 긍휼하심을 깨닫는 일 위에 세워지는 것이다.

여기서 다음과 같은 사실을 특별히 주목하고 알아야 할 것이다: 하나님을 올바로 영화롭게 하는 일의 시작이 그의 긍휼하심을 신뢰하는 데 있으며, 또한 교황주의자들이 공로로 치부하는 바 하나님을 경외하는 일은 '공로'라는 용어와 결부시켜서는 안 된다는 것이다. 하나님을 경외하는 일은 죄 사함과 용서에 기초를 두는 것이기 때문이다.

4. 칭의의 교리는 죄를 멀리하도록 자극함

우리가 신자의 의로움은 값없이 죄 사함을 받는 데에 있다고 가르치는 것을 두고, 이 사람들은 우리가 사람들을 꾀어 죄를 짓게 만든다고 떠벌리는데, 이것이야말로 가장 헛된 비난이 아닐 수 없다. 우리의 가르침은 죄 사함의 가치가 너무도 크고 귀하기 때문에 사람이 아무리 선한 것으로 갚으려 해도 갚을 수가 없고, 그렇기 때문에 값없는 선물로밖에는 그 은혜를 받을 길이 없다는 것이기 때문이다. 우리에게는 물론 죄 사함이 값없이 주어지는 것이다. 그러나 그리스도께는 그렇지 않다. 그는 그의 지극히 거룩하신 피로 값을 주고 정당하게 그것을 사신 것이다. 그 피 외에는 그 어떠한 대속물로도 하나님의 그 엄중하신 심판을 만족시킬 수가 없었던 것이다. 사람들이 이러한 사실을 가르침 받으면, 그들은 자기들이 죄를 지을 때마다 그리스도께서 그의 고귀한 피를 흘리지 않도록 막을 방도가 자기들에게는 없다는 것을 깨닫게 된다. 더 나아가서, 우리는 우리 인간이 너무도 추악하여 이 지극히 순결한 피의 샘 이외에는 그 더러움을 씻을 데가 없다고 가르친다. 그러니 이런 가르침을 받는 자들이야말로, 인간의 선행을 통해서 정결하게 된다는 가르침을 받는 사람들보다도 죄를 훨씬 더 두렵게 생각하지 않겠는가? 하나님에 대해서 조금이라도 의식이 있다면, 한 번 깨끗이 씻음 받은 후에 다시 진흙창 속에 들어가 뒹굴며 할 수 있는 만큼 이 샘의 순결함을 더럽히고 어지럽히는 일을 얼마나 두려워하겠는가? 하나님을 믿는 사람은 솔로몬의 말씀과 같이, "내가 발을 씻었으니 어찌 다시 더럽히랴?"(아 5:3)라고 말하는 것이다.

자, 이제는 과연 누가 죄 사함을 값싸게 만들고, 누가 의의 위엄을 더럽히는가 하는 것이 분명해졌다. 그들은 배설물에 불과한 그들의 그 초라한 행위의 보속을 받으시고 하나님께서 진노를 돌이키신다고 떠벌린다. 그러나 우리는 죄에 대한 책임이 너무나 무겁기 때문에 그런 가벼운 것들로는 절대로 속량할 수가 없고, 그것이 하나님 앞에서 너무도 위중한 과실이기 때문에 그런 무가치한 보속 따위로는 절대로 씻을 수가 없고, 그것을 속량하고 씻는 일은 오직 그리스도의 피만이 소유한 특권이라는 것을 분명히 가르치고 있다. 그들은 말하기를, 혹시 의로움에 결손이 있으면 보속의 행위를 통해서 그것을 회복시키고 복구시킬 수가 있다고 한다. 그러나 우리는 그 의는 너무도 귀하여 행위의 보속 따위와는 견줄 수가 없으며, 따라서 그 의를 회복하기 위해서는 오직 하나님의 긍휼하심을 피난처로 삼아야 한다고 가르치는 것이다. 죄 사함에 대하여 남은 문제들은 다음 장에서 계속 다루기로 한다.

주

1. 참조. 18장.
2. 참조. 18장 3절.

제 17 장

율법의 약속과 복음의 약속의 일치

(행위를 율법과 연관짓는 문제. 1-5)

1. 궤변가들의 그릇된 논지와 그것들에 대한 반론

자, 이제는 사탄이 그의 앞잡이들을 통하여 믿음으로 말미암는 칭의의 교리를 뒤집어엎거나 약화시키기 위하여 애써 사용하는 다른 논지들을 살펴보기로 하자. 이에 대해서는 이미 우리가 우리를 비방하는 자들의 논지를 무너뜨렸기 때문에 우리가 선행을 대적한다는 비난은 하지 못할 것이라 생각된다. 칭의를 행위와 분리시킨 것은 선행을 하지 않도록 하거나 또한 행위가 선하다는 것을 부인하거나 하기 위함이 아니라, 그 행위들을 의지하거나 그것들을 자랑하거나 혹은 그것들을 구원의 근거로 삼지 않도록 하기 위한 것이기 때문이다. 우리의 확신과 우리의 자랑과 우리의 구원의 유일한 닻은, 하나님의 아들이신 그리스도께서 우리의 것이라는 사실과, 또한 우리가 그리스도 안에서 하나님의 자녀들이며 천국의 상속자들이고, 우리 자신의 가치 때문이 아니라 하나님의 은혜로 말미암아 영원한 복락의 소망에로 부르심을 받았다는 사실에 있는 것이다.

그러나 이미 말한 바와 같이 그들이 또 다른 것으로 우리를 공격하니 그것들도 깨뜨려버리자! 첫째로, 그들은 주께서 그의 율법을 지키는 자들에게 하신 율법의 약속들을 들고 나와서 그 약속들을 완전히 무효로 만들기를 바라느냐고 우리에게 되묻는다. 율법의 약속들을 "무효로 만든다"는 말이 어리석을 것이 뻔하기 때문에, 그들은 그 약속들이 유효하다는 것을 사실로 받아들인다. 그리고는 그 약속들이 있으니 칭의가 오직 믿음으로 말미암아 이루어지는 것이 아니라는 식으로 논리를 전개하는 것이다. 여호와께서는 이렇게 말씀하신다: "너희가 이 모든 법도를 듣고 지켜 행하면 네 하나님 여호와께서 네 조상들에게 맹세하신 언약을 지켜 네게 인애를 베푸실 것이라. 곧 너를 사랑하시고 복을 주사 너를 번성하게 하시되 네게 주리라고 네 조상들에게 맹세하신 땅에서 네 소생에게 은혜를 베푸시며 네 토지 소산과 곡식과 포도주와 기름을 풍성하게 하시고 네 소와 양을 번식하게 하시리니"(신 7:12-13). 또한 마찬가지로 "너희가 만일 길과 행위를 참으로 바르게 하여 이웃들 사이에 정의를 행하며 이방인과 고아와 과부를 압제하지 아니하며 무죄한 자의 피를 이곳에서 흘리지 아니하며 다른 신들 뒤를 따라 화를 자초하지 아니하면 내가 너희를 이곳에 살게 하리니"(렘 7:5-7)라고도 말씀한다.

이와 비슷한 말씀들을 천 가지도 넘게 인용할 수 있지만 그렇게 하고 싶지 않다. 모두 의미가 별로 차이가 없기 때문에 앞에서 인용한 이 구절들을 해석하는 것으로 충분히 설명될 것으로 생각된다. 한 마디로 말해서, 모세는 율법은 우리 앞에 축복과 저주(신 11:26), 그리고 죽음과 생명을 제시하고 있다고 증언하고 있는 것이다. 그러므로, 그들은 이 축복이 무익하고 무효가 되든지, 아니면 칭의가 오직 믿음으로만 되는 것이 아니든지 둘 중의 하나라고 주장하는 것이다.

앞에서 이미 살펴본 바 있거니와,[1] 만일 율법을 붙잡게 되면, 모든 축복이 우리에게서 사라지고 모든 범죄자들을 위하여 마련된 저주가 우리 위에 드리워지게 된다(참조. 신 27:26). 왜냐하면 주께서는 오직 그의 율법을 완전무결하게 지키는 자들에게만 약속을 하시는데 거기에 해당하는 사람이 아무도 없기 때문이다. 그렇다면 율법을 통해서는 온 인류 전체가 하나님의 저주와 진노 아래 있을 수밖에 없게 되는 것이요, 거기서 해방을 받기 위해서는 율법의 권세에서 벗어나고, 말하자면 율법의 속박에서 풀려나서 자유를 얻어야만 한다는 것이 사실로 남아 있게 된다.

그런데 만일 이 자유가 육체적인 자유라면 우리가 율법을 준행하는 데서 벗어나서 모든 일에 방종해지며, 마치 자물쇠가 망가져버렸고 고삐가 풀려버린 것처럼 우리의 욕심이 마음껏 활개치게 되겠지만, 이 자유는 그런 것이 아니다. 오히려 이것은 영적인 자유이다. 그러므로 이 자유는 실망에 빠져 있는 상한 양심을 위로하고 일으켜 세워서, 율법이 억누르고 얽매어 놓고 족쇄를 채워놓고 있던 그 저주와 정죄에서 자유함을 받았음을 분명히 확신하게 해 주는 것이다. 믿음으로 말미암아 그리스도 안에 있는 하나님의 긍휼하심을 붙잡을 때에 이러한 자유와 율법의 속박에서 해방을 얻게 된다. 율법이 양심으로 죄를 의식하도록 하여 그것으로 우리를 찌르고 괴롭혀왔으나, 믿음으로 말미암아 그러한 죄를 사함 받았음을 확신하게 되는 것이다.

2. 행위로써는 율법의 약속들을 누릴 조건을 성립시킬 수 없음

그렇기 때문에, 하나님께서 그의 선하심으로 복음을 통해서 우리를 도우지 않으셨더라면 율법에 우리에게 제시되어 있는 약속들이 모두가 헛된 것이 되고 말 것이다. 그랬더라면, 우리가 율법을 준행하여야 한다는 조건이 ― 율법의 약속들은 오직 이 조건 하에서만 효력이 있는 것이다 ― 절대로 이루어지지 않을 것이기 때문이다. 그리하여 주께서는 우리를 도우시되, 우리의 행위들을 의(義)의 일부로 인정하시고 또 나머지 일부는 그의 사랑과 긍휼하심으로 채워주시는 것이 아니라, 오직 그리스도를 그 의를 이루시는 분으로 지정하심으로써 우리를 도우시는 것이다. 사도도 앞에서 자기는 물론 다른 유대인들이 "사람이 의롭게 되는 것은 율법의 행위로 말미암음이 아니요 오직 예수 그리스도를 믿음으로 말미암는 줄 알므로 우리도 그리스도 예수를 믿는다"고 말한 다음 이어서 그 이유를 이렇게 덧붙이고 있다: "이는 우리가 율법의 행위로써가 아니고 그리스도를 믿음으로써 의롭다 함을 얻으려 함이라 율법의 행위로써는 의롭다 함을 얻을 육체가 없느니라"(갈 2:16).

만일 신자들이 의롭다 하심이 율법으로는 안 되는 것을 알고서 믿음으로 의롭다 하심을 얻기 위하여 율법에서 벗어나 믿음에 이르는 것이라면, 그것은 곧 율법으로 말미암는 의롭다 하심을 버리는 것이다. 그러므로 율법을 지키는 자들에게 기다리고 있다는 그 상급에 대해서 과장된 생각을 갖고 싶으면 얼마든지 그렇게 해보라. 그러나 한 가지 생각해야 할 것은 우리의 부패함 때문에 그런 상급의 혜택을 절대로 누릴 수가 없고, 오직 믿음으로 말미암는 다른 의를 얻고서야 비로소 그 혜택을 누리게 된다는 사실이다. 그래서 다윗은 주께서 자기 종들을 위하여 예비하신 상급을 기억하고서 곧바로 그 상급을 무효화시키는 죄를 떠올리는 것이다. 또한 시편 19:12에서는 율법의 유익함을 높이 찬양하면서도 곧바로 이렇게 외치고 있다: "자기 허물을 능히 깨달을 자 누구리요? 나를 숨은 허물에서 벗어나게 하소서." 이 구절은 바로 앞에서 언급한 그 말씀과도 완전히 일치하고 있다. 다윗은 "여호와의 모든 길은 그의 언약과 증거를 지키는 자에게 인자와 진리로다"(시 25:10)라고 말한 다음, 곧바로 이어서 "여호와여 나의 죄악이 크오니 주의 이름으로 말미암아 사하소서"(시 25:11)라고 덧붙이고 있는 것이다. 그러므로 우리는, 하나님의 자비하심이 율법에 우리를 위하여 제시되어 있어서 행위로써 자격을 갖추기만 한다면 그 자비하심을 얻을 수 있지만, 그러나 우리로서는 그런 행위를 도저히 이를 수가 없다는 사실을 인정해야 하는 것이다.

3. 율법의 약속들이 복음을 통하여 효력을 발휘함

그렇다면 무엇인가? 약속이 열매를 내지도 못하고 그냥 사라지기 위해서 주어졌다는 말인가? 나는 바로 앞에서 내 말의 의미는 그런 것이 아니라는 것을 공포한 바 있다. 다시 말하거니와, 그 율법의 약속들은 행위의 공로와 관련지을 때에는 전혀 그 혜택을 누리는 일이 불가능하며, 따라서 그 자체로만 생각하면 그것들이 어떤 의미에서 폐기되었다고도 할 수 있다. 그러므로 사도는 "너희는 내 규례와 법도를 지키라 사람이 이를 행하면 그로 말미암아 살리라"(레 18:5; 참조. 겔 20:11)라는 유명한 약속이 있으나 그냥 거기서 그쳐버리면 그 약속이 아무런 소용이 없고 또한 없는 것이나 조금도 다를 바가 없다는 사실을 가르치는 것이다(참조. 롬 10:5; 갈 3:12). 아무리 거룩한 하나님의 종들이라 할지라도 율법을 지키기는커녕 온갖 과실과 허물로 얼룩져 있기 때문에, 그들조차도 그 약속을 누릴 수가 없는 것이다.

그러나 복음의 약속들로 그것들을 대체시키면, 그 약속들은 값없는 죄 사함을 선언하는 것으로서 우리를 하나님께 합당하도록 만들어줄 뿐 아니라 우리의 행위들을 하나님이 기뻐하시도록 만들어 주게 된다. 주께서 우리의 행위들을 기뻐하시기로 정하실 뿐 아니라, 그의 율법을 준행하는 자들에게 주시겠다고 약속하신 그 축복들을 우리에게 베풀어주시는 것이다. 그러므로 나는 주께서 그의 율법에서 의와 거룩함을 지키는 자들에게 약속하신 그 상급들이 신자들의 행위에 대해서 베풀어진다는 것을 인정한다. 단, 이렇게 상급이 베풀어지는 데 대해서 우리는 주께서 무엇 때문에 우리의 행위들을 인정하셨는지 그 이유를 항상 생각해야 마땅한 것이다.

그런데 거기에는 세 가지 이유가 있다. 첫째는, 하나님께서 그의 종들의 행위를 돌아보시면 언제나 칭찬보다는 책망이 앞서게 되는데, 그가 그 종들의 행위를 돌아보시지 않고 그리스도 안에서 그 종들을 품어 안으시고, 행위의 도움이 없이 오직 믿음만을 보시고 그들을 자기 자신과 친히 화목하게 하신다는 사실이다. 둘째는, 하나님께서 아버지로서 지니신 그의 자비하심과 너그러우신 사랑으로 — 그들의 가치를 고려하지 않으시고 — 그들의 행위를 그토록 존귀한 자리로 높이 인정하셔서 그것들에게 가치를 부여하신다는 사실이다. 그리고 셋째는, 그 종들의 행위들을 그 불완전하며 부패한 상태 그대로 보신다면 덕이 아니라 죄일 수밖에 없지만, 하나님께서는 그 불완전함을 인정하시지 않고, 그 행위들을 용서하시고 받아주신다는 사실이다.

궤변가들은 사람의 고유한 선한 행위로는 구원을 얻을 공로를 얻는 데 아무 소용이 없지만 하나님의 언약이 행위로 하여금 공로를 얻도록 해주며, 주께서 그의 너그러우심으로 행위를 그렇게 높이 받아주신다는 식의 논리로 이런 온갖 모순점들을 깨끗하게 정리하였다고 생각할 테지만, 지금까지의 논의로 볼 때에 그들이 얼마나 헛된 망상에 빠져 있느냐 하는 것이 확연히 드러나는 것이다. 그러나 그들은 자기들이 공로를 세워준다고 보는 그 행위들이 과연 율법의 약속을 실현시키는 조건들에서 얼마나 거리가 먼가 하는 것을 깨닫지 못하고 있다. 오직 믿음에 근거하는 의롭다 하심과 죄 사함을 통해서 선한 행위들이 흠도 티도 없이 깨끗이 씻음을 받아야만 그런 조건들을 충족시킬 수 있다는 것을 깨닫지 못하고 있는 것이다. 하나님께서 신자들의 행위를 너그러이 받아주시는 이 세 가지 이유 가운데서, 그들은 오직 한 가지 이유만을 주시하였고, 나머지 두 가지는 무시해 버렸다. 그 두 가지가 주된 이유들인데 말이다!

4. 고넬료의 경우

그들은 누가가 사도행전에서 인용하는 베드로의 말을 인용한다: "내가 참으로 하나님은 사람의 외모를 보지 아니하시고 각 나라 중 하나님을 경외하며 의를 행하는 사람은 다 받으시는 줄 깨달았도다"(행 10:34-35). 이 구절의 의미는 상당히 분명한데, 그들은 이 구절을 근거로 하여, 올바른 노력을 통해서 사람이 하나님의 호의를 얻는다면 사람이 구원을 얻는 것이 하나님의 선물만이 아니라고 추론하는 것이다. 하나님께서 그의 긍휼하심으로 죄인을 도우시되 행위를 통해서 긍휼에 합당하도록 하신다는 것이다.

그러나, 하나님께서 사람을 이중적으로 용납하신다는 사실을 깨닫지 않고서는 성경의 진술들을 서로 일치시킬 방법이 없는 것이다.

사람은 본성적으로 그 비참한 처지 이외에는 하나님의 긍휼하심을 불러일으킬 만한 것이 아무것도 없다. 그러므로, 하나님께서 처음 사람을 받아들이실 때에 사람이 벌거벗은 몸으로 아무런 선한 것도 없고 온갖 종류의 악으로 온통 물들어 있다는 것이 확실하다면, 도대체 무엇을 근거로 사람이 하늘의 부르심을(참조. 히 3:1) 받을 만한 가치가 있다고 말들을 하는지 묻고 싶다. 그러니 공로에 대한 이런 헛된 환상일랑 벗어버려야 한다. 하나님께서 그렇게도 분명하게 그의 값없으신 긍휼하심을 말씀하시지 않는가! 그 사람들은 "고넬료야 하나님이 네 기도를 들으시고 네 구제를 기억하셨으니"(행 10:31)라는 고넬료에게 들려진 천사의 음성의 의미를 정말 악독하게 왜곡시켜서, 선행을 향한 열심을 통해서 사람이 하나님의 은혜를 받을 준비를 갖추게 된다는 뜻으로 바꾸어 버렸다.

사실 고넬료는 이 당시에 이미 지혜의 성령의 조명하심을 받고 있었음이 분명하다. 하나님을 경외하는 참된 지혜가 그에게 있었다는 것이 이를 증명한다. 그리고 그는 그 동일하신 성령으로 말미암아 거룩하게 된 상태에 있었던 것도 분명하다. 왜냐하면 그는 의를 행하고 있었는데 사도의 가르침에 의하면 성령의 가장 확실한 열매가 바로 그것이기 때문이다(갈 5:5). 그에게 있는 하나님을 기쁘시게 한다고 말하는 모든 것들은 전부 그가 하나님의 은혜로 말미암아 받은 것들이다. 그러므로 그가 그런 것들을 갖고서 노력을 기울여서 은혜를 받도록 자신을 준비했다는 논리는 그야말로 어불성설(語不成說)이다.

하나님께서 사람을 자기에게로 받아들이시는 유일한 이유는, 사람이 자기 홀로 내버려지면 완전히 버림받은 처지에서 벗어날 수가 없는데 하나님께서는 그 사람이 버려진 상태에 있는 것을 원치 않으셔서 그를 긍휼히 여기사 자유를 주신다는 데 있는 것이다. 이러한 가르침과 반대되는 내용은 성경 어느 곳에서도 찾을 수가 없다. 자, 이제는 하나님께서 사람을 받아들이시는 사실이 사람의 의로움과는 아무 상관이 없고, 오로지 죄인들을 ― 그 크신 하나님의 은혜를 받기에 너무나도 무가치한 비참한 상태에 있는 그들을 ― 향하신 하나님의 선하심의 순전한 증거일 뿐이라는 사실을 분명히 보게 되는 것이다.

5. 주께서 신자들의 선행을 기뻐하신다는 의미

주께서는 사람을 멸망의 구렁텅이에서 구원해내신 다음, 양자 삼는 은혜를 통하여 그를 자기 자신의 것으로 구별하여 세우셨다. 사람을 새로이 나게 하시고 그에게 새 생명을 갖게 하셔서, 그 사람을 새로운 피조물로서 품어 안으시고 (참조. 고후 5:17) 그의 성령의 은사들을 베풀어 주시는 것이다. 이것이 바로 베드로가 언급하는 그 하나님의 "받으심"인데(행 10:34; 참조. 벧전 1:17), 신자들은 부르심을 받은 후에 이러한 "받으심"으로 말미암아 행위에 대해서도 하나님께 인정을 받게 되는 것이다(참조. 벧전 2:5). 주께서는 자기의 성령으로 친히 그 사람들의 속에서 역사하셔서 일으키시는 그 선한 일들을 사랑하시고 포용하지 않으실 수가 없기 때문이다. 그러나 우리가 항상 반드시 기억해야 할 것은, 하나님께서 신자들의 행위를 근거로 "받으시는 것"은 오로지 하나님 자신이 그 행위들의 근원이시기 때문이요, 또한 그의 너그러우심에 은혜를 더하셔서 하나님 자신이 친히 베푸신 그 선행들을 향하여 자신이 "받으시는" 증거를 보여 주시기 때문이라는 사실이다.

신자들의 선행이 주님께로부터 온 것이 아니라면 도대체 어디서 오는 것이란 말인가? 주께서 그들을 "귀히 쓸 그릇"(롬 9:21)들로 택하셨으므로, 또한 그들에게 그런 선행들을 베푸셔서 그들을 참된 순결함으로 옷 입히시기를 기뻐하시는 것이 아닌가? 과연 자비하신 아버지께서 그 흠과 티를 용서해주시고 깨끗이 씻어주시는 것이 아니라면 마치 전혀 모자람이 없는 것처럼 인정받는 그 선행들이 대체 어디서 오는 것이란 말인가? 정리하자면, 이 구절은 바로 하나님의 자녀들이 하나님이 기뻐하고 사랑하는 자들이라는 뜻 이외에 아무것도 아니다. 곧, 하나님께서는 그들에게서 하나님 자신의 모습의 흔적과 특질을 보기 때문에 그들을 그렇게 기뻐하고 사랑하는 것이다. 다른 곳에서 우리는 중생이란 우리 속에 있는 하나님의 형상을 새롭게 하는 것이라고 가르친 바 있다.[2] 그러므로 하나님께서 어디서든 자기 자신의 모습을 보시면 그것을 사랑하시고, 존귀히 여기시므로, 신자들의 삶에서 거룩함과 의로움이 나타날 때에 그것이 하나님을 기쁘시게 한다는 말도 충분히 일리가 있는 것이다.

그러나 경건한 자들은 죽을 수밖에 없는 육체를 지니고 있으므로 여전히 죄인들이며, 따라서 그들이 행하는 선행도 아직 불완전하며 육체의 악행의 냄새를 풍기기 마련이기 때문에, 하나님께서 그리스도 안에서 그들을 품어 안아주지 않으시면 그들로서는 그들 자신이나 그들의 행위에 대해서 속량받을 방법이 없는 것이다. 하나님께서 의를 행하는 자들에게 자비하시고 긍휼을 베푸신다는 사실을 증거해주는 이런 구절들은 바로 이런 의미로 이해해야 마땅할 것이다. 모세는 이스라엘 백성들에게 이렇게 말씀했다: "오직 네 하나님 여호와는 하나님이시요 신실하신 하나님이시라 그를 사랑하고 그의 계명을 지키는 자에게는 천 대까지 그의 언약을 이행하시며 인애를 베푸시되"(신 7:9). 이 말씀은 후에 그 백성들은 마치 격언처럼 사용하였다. 솔로몬은 "이스라엘의 하나님 여호와여 … 주께서는 온 마음으로 주의 앞에서 행하는 종들에게 언약을 지키시고 은혜를 베푸시나이다"(왕상 8:23)라고 엄숙히 기도하며, 또한 느헤미야도 동일한 말씀을 반복하고 있는 것이다(느 1:5).

사실 하나님께서 긍휼로써 맺으신 모든 언약에 있어서 여호와께서는 그의 종들에게 의로움과 거룩한 삶을 요구하시는데, 이는 그의 선하심이 조롱을 받지 않도록 하기 위함이며, 사람들이 그 언약을 맺은 사실로 인하여 헛되이 우쭐해져서 자기 자신을 높이며 그 마음에 악한 것을 품고 행하는 일이 없도록 하기 위함이다(신 29:19). 결국, 이렇게 함으로써 하나님은 그 언약의 교제로 받아들여진 그 백성들에게 의무를 지우시고자 하신 것이다. 그러나 그럼에도 불구하고 그 언약은 애초부터 값없는 약속으로 맺어진 것이요 영원토록 그런 상태로 남아 있는 것이다. 그렇기 때문에 다윗은 자기 손의 깨끗함에 대하여 하나님께로부터 상급을 받았음을 선포하면서도(삼하 22:21; 참조. 시 18:20) 그 상급의 기원에 대해서 언급하고 있는 것을 본다. 곧, 하나님께서 "나를 기뻐하시므로 구원하셨도다"(삼하 22:20)라고 하는 것이다. 여기서 다윗은 자기의 의도가 선하다는 것을 말하면서도, 그 모든 선행의 근원이 되는 바 값없으신 하나님의 긍휼하심을 조금도 깎아내리지 않고 있는 것이다.

(칭의를 행위와 연관짓는 것처럼 보이는 구절들을 살핌. 6-15)

6. 율법의 약속들은 구약에 나타나는 은혜의 약속들과는 다름

여기서 잠시 이 표현들이 율법의 약속들과 어떻게 다른지를 살펴보는 것이 도움이 될 것이다. 내가 "율법의 약속들"이라고 부르는 것은 모세오경 여기 저기서 나타나는 구절들을 뜻하는 것이 아니다. 거기에는 복음의 약속들도 함께 나타나기 때문이다. "율법의 약속들"이란 율법의 사역에 관련된 약속들을 의미하는 것이다. 이런 유의 약속들은, 그것들을 뭐라고 부르든 간에, 그것들이 제시하는 조건들을 지키면 그것에 따라서 보속이 있다고 선언하는 것이다.

그러나 하나님께서 그를 사랑하는 자들에게 긍휼의 언약을 지키신다는 말씀(참조. 신 7:9; 왕상 8:23; 느 1:5)은 그들에게 긍휼을 베푸시는 이유를 말씀하는 것이라기보다는, 선한 믿음으로 하나님과의 언약을 지키는 그 사람들이 과연 어떤 종들인가를 나타내주는 것이다. 이는 다음과 같은 식으로 알 수 있다. 곧, 하나님께서 우리에게 영생의 은혜를 주시는 목적은 바로 우리로 하여금 그를 사랑하고 경외하며 존귀히 여기도록 하시기 위함이므로, 그 어떠한 긍휼의 약속이 성경에 있든지 그것들은 바로 그 은혜를 베푸신 그분께 경외와 존귀를 드리도록 하는 그 목적을 지향하는 것이라는 것이다. 그러므로, 그의 율법을 지키는 자들에게 하나님께서 선을 베푸신다는 말씀을 들을 때마다 우리는 그 말씀들이 하나님의 자녀들에게 영구하게 주어진 의무들을 언급하는 것이요, 또한 우리가 양자들이 된 것은 하나님을 우리 아버지로 경외하며 존귀히 대하도록 하기 위함이라는 사실을 기억해야 할 것이다. 따라서, 우리의 양자로서의 권리를 포기하는 것이 아니라, 오히려 우리를 부르신 소명의 목적을 향하여 더욱더 열심을 내야만 하는 것이다.

그러나 다시 말하거니와, 주님의 긍휼하심을 이루는 일은 신자들의 행위에 달려 있는 것이 아니고 다만 하나님의 부르심에 대하여 올바른 행실로 응답하는 자들에게 구원의 약속을 이행하시는 것일 뿐이라는 점을 기억해야 할 것이다. 하나님께서는 오직 하나님의 성령으로 말미암아 선에게로 인도하심을 받는 자들 속에서 그의 자녀의 참된 표지(標識)를 보시기 때문이다. 교회의 구성원들에 대하여 하신 시편 15:1의 말씀이 이를 가리키는 것이다: "여호와여 주의 장막에 머무를 자 누구오며 주의 성산에 사는 자 누구오니이까?"(시 15:1). "곧 손이 깨끗하며 마음이 청결하며 뜻을 허탄한 데에 두지 아니하며 거짓 맹세하지 아니하는 자로다"(시 24:4). 또한 이사야서에서도 비슷하게 말씀하고 있다: "우리 중에 누가 삼키는 불과 함께 거하겠으며 우리 중에 누가 영영히 타는 것과 함께 거하리요? … 오직 공의롭게 행하는 자, 정직히 말하는 자, 토색한 재물을 가증히 여기는 자, 손을 흔들어 뇌물을 받지 아니하는 자, 귀를 막아 피 흘리려고 꾀를 듣지 아니하는 자 … 그는 높은 곳에 거하리니"(사 33:14-16). 이 말씀들은 신자들이 하나님 앞에서 든든하게 서 있는 터와 기초를 말하는 것이 아니라, 우리의 지극히 긍휼하신 아버지께서 신자들을 이끄사 자기와의 교제 속에 들어가게 하시고 그 속에서 그들을 보호하시고 강건하게 하시는 수단들을 말하는 것이다.

하나님께서 죄를 미워하시고 의를 사랑하시기 때문에, 신자들을 자기 자신과 자기의 나라에 합당하도록 만드시기 위해서 하나님은 자기에게로 이끄신 그 사람들을 그의 성령으로 말미암아 정결하게 하시는 것이다. 그러므로, 성도들을 위하여 하나님 나라의 문을 열어놓아서 그들로 하여금 그 속에서 영원히 서게 하는 가장 근원적인 원인이 무엇이냐고 묻는다면, 그 대답은 매우 쉽다. 곧, 주께서 그의 긍휼하심으로 말미암아 그들을 일단 양자로 입양시키시고는 그들을 계속해서 지키신다는 것이다. 그러나 어떤 방식으로 그렇게 지키시느냐고 묻는다면, 우리는 중생을 거론하며 시편 15편에서 열거하고 있는 그 중생의 열매들을 제시하게 되는 것이다.

7. 성경이 율법의 행위를 의로 말씀하는 문제

그런데, 어떤 구절들에서는 선행을 "의로움"이라는 명칭을 붙여 구별하기도 하고, 또한 사람이 그 의로움으로 말미암아 의롭다 하심을 얻는다고 선언하기도 하는데, 이것이 더욱 큰 문제가 되는 것 같다. 앞의 경우에 속하는 대부분의 구절들에서는 계명을 지키는 일을 가리켜 "의롭다 함" 또는 "의로움"이라고 칭한다. 뒤의 경우에 속하는 예는 모세의 말씀에서 찾을 수 있다: "우리가 그 명령하신 대로 이 모든 명령을 … 삼가 지키면 그것이 곧 우리의 공의로움이니라"(신 6:25). 혹 이것이 율법의 약속으로서 인간으로는 도저히 불가능한 것을 조건으로 달고 있으니 결국 아무것도 입증해주지 못한다고 반론을 제기한다면, 똑같은 답변을 할 수 없는 다른 구절들이 있다. 예를 들면, "해 질 때에 그 전당물을 반드시 그에게 돌려줄 것이라 그리하면 … 그 일이 네 하나님 여호와 앞에서 네 공의로움이 되리라"(신 24:13). 선지자가 하는 말씀도 역시 똑같다: "그때에 비느하스가 일어서서 중재하니 이에 재앙이 그쳤도다 이 일이 그의 공의로 인정되었으니 대대로 영원까지로다"(시 106:30-31).

그러므로, 오늘날의 바리새인들은 자기들이 이제는 쾌재를 부르게 된 것으로 생각한다. 우리는 믿음으로 말미암는 의가 세워진 이상 행위로 말미암는 칭의는 사라진다고 가르치는데, 이들은 이와 동일한 논리를 근거로 하여, 만일 의가 행위로 말미암는다면, 오직 믿음으로 말미암아 칭의를 받는다는 논리는 사실이 아닌 것이 되고 만다고 주장하는 것이다.

율법의 계명들이 "의로움"으로 불리운다는 것을 내가 인정한다 해서 이상할 것이 전혀 없다. 그것들이 과연 그렇기 때문이다. 그러나 단, 독자들로서는 헬라어 성경이 "חֻקִּים"(후킴)이라는 히브리어 단어를 부적절하게 "δικαιώματα"(디카이오마타)로 번역하여, 본래 "법령"(edicts)의 뜻인 것을 "의로움"의 뜻으로 바꾸어 놓았다는 사실을 주목해야 할 것이다. 그러나 단어의 번역 문제에 대해서는 구태여 문제삼지 않기로 하겠다.

사실 우리는 하나님의 율법에 완전한 의가 있다는 사실을 부인하지 않는다. 우리가 율법이 요구하는 모든 것을 다 준행하여야 하기 때문에, 설사 그것을 완전히 순종했다 할지라도 여전히 우리는 "무익한 종들"에 불과한 것이다(눅 17:10). 그러나 주께서 황공스럽게도 우리의 순종에 의라는 이름을 수여하시기 때문에, 주께서 주신 것을 우리가 그대로 취하는 것이다. 그러므로 우리는 율법에 대한 완전한 순종이 의라는 것을, 그리고 각 계명을 지키는 것이 의의 일부요, 율법의 나머지 부분에 의의 전체가 포함되어 있다는 것을 기꺼이 고백하는 것이다. 그러나 그런 형태의 의가 과연 진정으로 존재한다는 것은 부인한다. 그리고 우리는 율법에 근거한 의는 포기한다. 그것이 결점이 있고 그 자체가 불완전하기 때문이 아니라, 우리 육체의 연약함 때문에 그런 의를 아무데서도 볼 수가 없기 때문이다.

뿐만 아니라, 성경은 주의 계명들을 그저 "의"라고 부를 뿐 아니라 성도들의 행위들까지도 "의"라고 부른다. 예를 들어서, 사가랴와 그의 아내를 가리켜 성경은 "하나님 앞에 의인이니 주의 모든 계명과 규례대로 흠이 없이 행하더라"(눅 1:6)라고 보도하는데, 이는 그들의 행위 자체의 성격에 따라서라기보다는 율법의 본질에 따라서 그들의 행위를 판단하여 말씀하는 것이다. 그러나 여기서도 앞에서 말한 사실을 주의해야 한다. 곧, 헬라어 성경 번역자가 부주의하여 실수한 것을 근거로 법칙을 세울 수는 없다는 사실 말이다. 그러나 누가는 그가 지닌 번역본에서 그 어떠한 것도 고칠 의사가 없었으므로(참조. 눅 1:3), 나는 이에 대해서 문제를 제기하지 않을 것이다. 율법에 포함된 내용들을 하나님께서는 의라고 말씀하셨는데, 우리로서는 율법 전체를 완전히 준수하기 전에는 도저히 의에 이를 수가 없고, 온갖 과실들로 그 의를 깨뜨리는 것이다. 율법이 오직 의(義)만을 명령하고 있으므로, 우리가 그것을 인정한다면, 그 모든 계명들이 의일 것이며, 그 계명들을 지키는 사람들을 바라본다 해도, 한 가지를 지켰다 해서 그들을 의롭다고 칭찬할 수가 없는 것이다. 한 가지는 지켰더라도 다른 많은 계명들에서 과실을 범하고 있으며, 또한 그 한 가지마저도 언제나 불완전하고 결점이 있기 마련인 것이다.

8. 하나님 앞에서 행위의 가치

이제 두 번째 유형의 구절들을 살펴보면, 거기에는 특별한 난제(難題)가 있다. 바울은 아브라함에 대해서 하는 말씀 가운데서 믿음으로 말미암는 의에 대한 가장 확실한 증거를 제시하고 있다: "아브라함이 하나님을 믿으매 그것이 그에게 의로 여겨진 바 되었느니라"(롬 4:3; 갈 3:6). 비느하스가 행한 행위도 역시 "그의 공의로 인정되었으니"(시 106:31)라고 말하고 있으므로, 바울이 믿음에 대하여 행하는 주장이 행위에 대해서도 똑같이 제기될 수 있다고 추론할 수도 있을 것이다.

그리하여 우리의 반대자들은 마치 승리가 손 안에 있기라도 한 것처럼, 믿음이 없이는 의롭다 하심을 얻지 못하는 것이 사실이지만 동시에 믿음만으로도 의롭다 하심을 얻지 못하며 우리의 의를 완전하게 하는 것이 바로 행위라고 하는 주장이 사실로 입증된 것처럼 쾌재를 부르는 것이다. 여기서 나는 경건한 자들에게 부탁하고 싶다. 참된 의의 법칙을 오직 성경에서만 찾아야 한다는 것을 그들이 알고 있다면, 온갖 궤변일랑 버리고 성경이 과연 어떻게 그 모든 내용이 서로 일치하는지를 신앙적인 자세로 진지하게 나와 함께 생각해보자고 말이다.

바울은 믿음으로 말미암는 칭의가 스스로 의가 없는 자들에게 피난처라는 사실을 알고 있었기 때문에(참조. 롬 5장) 그는 믿음으로 말미암아 의롭다 하심을 받는 모든 사람들에게 행위로 말미암는 의가 없다고 아주 담대하게 추론한다. 그러나 모든 신자들이 다 그렇다는 것이 확실하기 때문에, 바울은 이 사실을 근거로 하여 똑같이 확신을 갖고서 단정짓기를, 행위로 말미암아 의롭다 하심을 받는 사람이 없다(참조. 롬 3:20)고 한다. 오히려 그 반대로 사람은 행위의 그 어떠한 도움도 받지 않고 의롭다 하심을 받는다고 분명히 말하는 것이다. 그러나, 행위 그 자체가 어떠한 가치가 있느냐 하는 것을 논의하는 것과, 믿음으로 말미암는 칭의를 확고히 세운 후에 행위가 어떤 위치에 있느냐 하는 것을 따져보는 것은 전혀 별개의 문제인 것이다.

만일 행위를 그 본래의 가치에 따라서 값을 매겨야 한다면, 우리는 그것들이 하나님 앞에 내세우기에 아무런 가치도 없고, 따라서 사람은 하나님 앞에서 그 어떠한 행위도 자랑할 수 없으며, 그러므로 모든 행위의 도움을 완전히 벗어버린 상태에서 사람이 오직 믿음으로만 의롭다 하심을 얻는다고 말해야 할 것이다. 그러나 우리는 의롭다 하심을 다음과 같이 정의한다. 곧, 죄인이 그리스도와의 친교(communion) 속으로 받아들여져서, 하나님의 은혜로 말미암아 그와 화목되며, 동시에 그리스도의 피로 말미암아 깨끗이 씻음 받고 죄 사함을 받으며, 그리스도의 의를 마치 자기의 것처럼 옷 입으며, 하늘의 심판대 앞에서 확신을 갖고 서는 것이다.

죄 사함이 분명히 세워지고 나면, 거기에 이어지는 선행들이 사람들의 공로로서가 아니라 다른 식으로 장려된다. 그들 속에 있는 모든 불완전한 것들이 그리스도의 완전하심으로 가리워지고, 모든 흠과 티가 그의 순결함으로 깨끗이 씻겨져서 하나님의 심판에서 문제가 제기되지 않도록 되는 것이다. 그러므로, 아무것도 하나님을 기쁘시게 하는 것을 내놓을 수 없도록 만드는 그 모든 과실들에 대한 책임이 제거된 후에, 그리고 선행을 습관적으로 더럽게 만들어온 그 모든 불완전한 잘못들이 가리워진 후에, 신자들이 행하는 선행들이 의롭다고 인정을 받고, 혹은 ― 결국 같은 말이지만 ― 의로 여김을 받는 것이다(롬 4:22).

9. 믿음으로 말미암는 칭의가 행위의 의의 기초임

자, 만일 나를 대적하여 믿음으로 말미암는 의를 향하여 반론을 제기한다면, 삶의 나머지 다른 행위들에 있어서는 범죄를 행해도 한두 가지 거룩한 행위를 했으면 그것 때문에 과연 사람이 의롭다고 인정을 받을 수가 있는지를 먼저 묻고 싶다. 만일 그렇다고 생각한다면 그것이야말로 어처구니없는 생각일 것이다. 그 다음에 나는 또 묻고 싶다. 곧, 사람이 여러 가지 선행을 했는데 일부분에서 약간 과실이 발견된다면 그 여러 가지 선행이 의롭다고 인정되겠느냐고 말이다. 이 질문에 대해서도 감히 그렇다고 대답하지 못할 것이다. 왜냐하면 율법이 분명히 선언하기를 율법의 계명을 완전히 실행하지 아니하는 자는 누구든지 저주를 받을 것이라고 하기 때문이다(참조. 신 27:26).

여기서 또 묻고 싶다. 과연 아무런 부족함이나 불완전함이 없이 완전무결한 행위가 사람에게 과연 있느냐고 말이다. 그렇다면 하물며 하늘의 별들조차도 그 앞에서 깨끗하지 못하며(욥 25:5), 천사들도 의롭지 못한(욥 4:18) 그분의 눈에는 그런 행위가 과연 어떻게 보이겠는가? 그러므로 선한 행위에 과실(過失)이 함께 따르지 않고 그 자체의 부패함이 없이 완전무결한 경우는 존재하지 않으므로 아무리 선한 행위라 할지라도 그것을 의(義)라는 존귀한 이름으로 부를 수는 없다는 사실을 인정하지 않을 수 없을 것이다.

그러나, 믿음으로 말미암는 칭의가 세워진 다음 거기에 선행이 뒤따르는 경우에는 그 선행들이 아무리 불결하고 부정하고 반 쪽짜리이고 하나님 보시기에 사랑받기는 고사하고 완전히 무가치하다 할지라도 그것들이 의(義)로 여김을 받는 것이 분명하다면, 어째서 그들은 행위에 근거한 의를 자랑하여 믿음으로 말미암는 칭의를 파괴시키려 하고 있단 말인가? 믿음으로 말미암는 칭의가 없다면, 그들이 아무리 그런 의를 자랑해보아도 헛된 것일 뿐일 텐데 말이다.

그들이 독사의 자식들을 낳고 싶어서 그런단 말인가? 불경한 자들이 하는 말은 이런 쪽으로 나아가고 있지 않은가! 믿음으로 말미암는 칭의가 행위의 의(義)의 시작이요, 터요, 원인이요, 증거요, 핵심이라는 것을 그들은 부인하지 못한다. 그러나 그런데도 불구하고 그들은 사람이 믿음으로 말미암아 의롭다 하심을 받는 것이 아니라고 결론짓고 있지 않은가! 선행도 의로 여김을 받는다고 하면서 말이다.

그러니, 이런 어리석은 논쟁들을 이제 무시해버리고, 문제의 사실을 그대로 고백하자. 만일 행위의 의가 ─ 그 성격이 결국 어떻게 규정되든 간에 ─ 믿음으로 말미암는 칭의에 의존하는 것이라면, 이 사실로 인해서 믿음으로 말미암는 칭의가 손상을 입는 것이 아닐 뿐 아니라 실제로 더욱 강화되며, 그리하여 그 능력이 더 강력하게 빛나게 된다고 말이다. 값없는 칭의를 확고히 세운 이후에도, 혹여 행위를 너무나 높여서 행위가 칭의의 기능을 가로채거나 믿음과 그 기능을 공유하도록 만들 정도가 되게 해서는 안 될 것이다. 믿음으로 말미암는 칭의가 손상받지 않고 온전한 상태로 남아 있지 않고서는, 행위들의 불결한 것들이 절대로 가리워지지 않기 때문이다. 더욱이, 사람이 믿음으로 말미암아 의롭다 하심을 얻어서 자기 자신만 의로워지는 것이 아니라 그의 행위들까지도 그 본래의 가치를 뛰어넘어서 의롭다고 인정된다는 사실이 절대로 불합리한 것이 아닌 것이다.

10. 행위는 칭의로 말미암아 의로 인정받음

이런 의미에서 우리는 우리를 반대하는 자들이 주장하는 것처럼 행위에 부분적인 의만 있는 것이 아니라 하나님께서 그 행위들을 절대적으로 완전한 것으로 인정하신다고 믿는다. 그러나 그 행위가 어떠한 터(foundation) 위에 서 있는지를 생각하면 모든 난제가 해결될 것이다. 죄 사함을 받은 후에야 비로소 행위가 하나님 앞에 인정되기 시작한다. 그런데 하나님께서 우리와 우리의 모든 것을 그리스도 안에서 바라보신다는 사실이 아니라면 이 죄 사함이 과연 어디서 나오겠는가? 그러므로, 우리가 그리스도 안에 접붙여지면 하나님 보시기에 우리는 의로운 존재들이다. 왜냐하면 우리의 범죄들이 그리스도의 무죄하심으로 가리어져서 우리의 행위들이 의로운 것들이 되며 그렇게 인정을 받기 때문이다. 우리의 행위의 온갖 허물들이 그리스도의 순결하심 속에 묻혀지며, 그리하여 그 허물들에 대하여 책임을 묻지 않으시는 것이다.

따라서, 우리는 오직 믿음으로 말미암아 우리 자신뿐 아니라 우리의 행위까지도 의롭다 하심을 받는다고 말할 수 있는 것이다. 그런데, 이 행위의 의가 ― 그 성격이 어떻든 간에 ― 믿음과 값없는 칭의에 의존하며, 그리고 그것에 의해서 생겨난다면, 그 행위는 당연히 믿음에 포함되며, 또한 마치 결과가 원인에 종속되듯이, 말하자면 행위가 믿음에 종속되는 것으로 보아야 마땅할 것이다. 그러므로 행위를 높이는 나머지 믿음으로 말미암는 칭의를 파괴하거나 혼란스럽게 하는 일이 초래되어서는 절대로 안 되는 것이다.

그리하여 바울은 우리의 복된 상태가 우리의 행위가 아니라 하나님의 긍휼하심에 있음을 확실히 보여 주기 위하여, 특별히 다윗의 진술을 강조하여 인용하고 있다: "불법이 사함을 받고 죄가 가리어짐을 받는 사람들은 복이 있고 주께서 그 죄를 인정하지 아니하실 사람은 복이 있도다"(롬 4:7-8; 참조. 시 32:1-2). 가령 사람들이 복이 행위로 말미암아 주어지는 것처럼 말하는 많은 구절들을 ― 예를 들면, "여호와를 경외하며 그의 계명을 크게 즐거워하는 자는 복이 있도다"(시 112:1), "빈곤한 자를 불쌍히 여기는 자는 복이 있는 자니라"(잠 14:21), "악인의 꾀를 따르지 아니하며"(시 1:1), "시험을 참는 자"(약 1:12), "공의를 지키는 자들"(시 106:3), "행위 완전하여 여호와의 법에 행하는 자"(시 119:1), "심령이 가난한 자", "온유한 자", "긍휼히 여기는 자"(마 5:3, 5, 7) 등 ― 근거로 반론을 제기한다고 하자.

그러나 그렇더라도 그 진술들은 바울이 하는 말의 진리를 부정하는 것들이 아니다. 왜냐하면, 그 모든 행위들이 칭찬받을 만한 것들이기는 하지만, 그렇다고 해서 그것들로 말미암아 사람이 하나님 앞에서 인정을 받을 수 있는 것이 절대로 아니므로, 죄 사함을 받아 비참한 상태에서 해방되기 전에는 사람이 항상 비참한 상태 그대로 남아 있는 것이기 때문이다. 그러므로, 사람이 죄 사함을 받아 복된 상태에 들어가기 전에는 성경에서 칭송하는 그 모든 덕목들이 헛것이며, 따라서 사람이 그것들에게서 아무런 유익도 얻을 수 없는 것이다. 오직 죄 사함을 받은 후에야 그런 덕목들이 설 자리가 있게 되는 것이다. 그러므로 죄 사함이야말로 가장 높고 첫째가는 복이요, 또한 유일한 복이라 할 수 있을 것이다. 단, 이 복으로 말미암아 얻어지는 다른 온갖 복들이 이 복을 손상시킨다고 주장하지 않는다면 말이다.

신자들에 대해서 습관적으로 적용시키는 "의로움"이라는 명칭에 대해서는 이보다 난제가 훨씬 적다. 물론, 의로운 자라고 부르는 것이 거룩한 삶을 두고 부르는 말이라는 것은 나도 인정한다. 그러나 그들은 의 자체를 실제로 이룬다기보다는 의를 위하여 수고하고 애쓰는 것이므로, 그들에게 어느 정도라도 의가 있다면 그것은 믿음으로 말미암는 칭의의 결과로 간주해야 할 것이다. 의(義)가 의(義)인 것은 바로 칭의로 말미암는 것이기 때문이다.

11. 야고보의 교훈에 대한 오해

그러나 그들은 말하기를 야고보의 말씀이 우리의 논지를 강력하게 대적하고 있으므로 그 문제가 더욱더 심각하다고 한다. 야고보는 "우리 조상 아브라함이 … 행함으로 의롭다 하심을 받은 것이 아니냐?"라고 묻고, 이어서 "사람이 행함으로 의롭다 하심을 받고 믿음으로만은 아니니라"라고 덧붙이고 있다(약 2:21, 24). 그렇다면 그들은 바울을 이끌어 야고보와 싸움을 하게 할 셈인가? 만일 그들이 야고보를 그리스도의 사역자로 생각한다면, 그의 진술을 이해할 때에 그리스도께서 바울의 입술을 통해서 말씀하시는 내용과 모순이 되지 않도록 그렇게 이해해야 마땅할 것이다.

그런데 성령께서는 바울의 입을 통해서 선포하시기를, 아브라함이 행함으로가 아니라 믿음으로 의롭다 하심을 받았다고 하시며(롬 4:3; 갈 3:6), 우리 역시 율법의 행위와는 상관 없이 모두가 믿음으로 말미암아 의롭다 하심을 받는다고 가르치고 있다. 그리고 같은 성령께서 야고보를 통해서는 아브라함과 우리의 믿음이 믿음만이 아니라 행위에 있는 것임을 가르치시는 것이다. 성령께서 스스로 자기 자신과 모순을 일으키실리가 있겠는가? 그렇다면, 이 두 가르침은 과연 어떻게 서로 조화를 이루는 것일까?

우리를 대적하는 자들은, 우리가 가장 견고하게 뿌리를 내리는 것을 보고 싶어하는, 믿음으로 말미암는 칭의에서 믿음을 뿌리뽑아 버릴 수 있다면 그것으로 만족하고, 양심에 평안을 회복하는 일에 대해서는 별로 관심이 없다. 이로 보건대, 그들은 믿음으로 말미암는 칭의에 대해서 이를 갈면서도 양심이 의지할 수 있는 의의 표준을 세우지 않는 것이 분명히 드러난다. 그렇다면, 그들이 자기들의 소원대로 의의 확실함을 완전히 제거해 버리는 것을 유일한 승리로 자랑하도록 내버려 두라. 그들이 진리의 빛을 꺼뜨리고 그들의 거짓에 어둠이 깃들게 하도록 주께서 허용하실 때에, 그들은 과연 이런 비참한 승리를 얻게 될 것이다. 그러나 하나님의 진리가 견고하게 서 있는 곳에서는 그들이 아무것도 이룰 수가 없을 것이다.

그러므로, 그들은 야고보서의 진술들을 마치 아킬레스의 방패(Archilles' shield)처럼 끈질기게 우리에게 들이대지만, 나는 그 진술들이 조금도 그들을 지지해주지 않는다고 믿는다. 이 사실을 분명하게 드러내기 위해서, 먼저 사도의 의도를 살펴보고, 그 다음 그들이 어떠한 점에서 속고 있는지를 살펴보기로 하겠다.

그 당시에는 거짓으로 믿음이 있는 체 자랑하기를 그치지 않으면서도 신자로서의 합당한 행위들을 아예 간과하고 무시함으로써 자기들의 불신앙을 노골적으로 드러내는 사람들이 많았다 — 사실 이런 경향은 교회 내에 언제나 있어 왔다. 야고보는 여기서 바로 그런 사람들의 어리석은 확신을 조롱하고 있는 것이다. 그러므로 그의 의도는 어떠한 점에서도 참된 믿음의 능력을 약화시키려는 것이 아니었다. 오히려 이 경박한 자들이 텅빈 믿음의 겉모양만을 그렇게 교만하게 자랑하고 거기에 만족하며, 그들 자신을 아무렇지도 않게 전적으로 방탕한 삶에 내어 버리고 있는 것이 얼마나 어리석은 짓인지를 보여 주고자 하는 것이 그의 의도였던 것이다.

이러한 사실을 이해하면, 우리를 대적하는 자들이 어디서 잘못을 범하고 있는지를 쉽게 알 수가 있을 것이다. 그들은 두 가지 오류에 빠져 있다. 하나는

"믿음"이라는 단어에 대한 오류요, 또 하나는 "의롭다 하다"는 단어에 대한 오류이다.

사도는 참 믿음과는 전혀 거리가 먼, 속이 텅빈 생각을 "믿음"이라는 말을 붙임으로써, 그의 논지를 전혀 망가뜨림이 없이 하나의 양보를 하고 있는 셈이다. 이 사실은 다음의 말씀에서 분명히 드러나고 있다: "만일 사람이 믿음이 있노라 하고 행함이 없으면 무슨 유익이 있으리요?"(약 2:14). 그는 "만일 사람이 믿음이 있으면서 행함이 없으면"이라고 말씀하지 않고, "만일 사람이 믿음이 있노라 [자랑]하고 행함이 없으면"이라고 하고 있다. 그리고 조금 뒤에 가면 이것을 마귀가 가진 지식보다도 못한 것이라는 조롱섞인 발언을 하며(약 2:19) 또한 그 믿음을 가리켜 "죽은 것"이라고 표현하기까지 하는데(약 2:20), 거기서도 이 사실이 더욱 분명하게 드러난다.

그러나 야고보가 제시하는 "믿음"이라는 단어의 정의가 무엇인지를 보면, 그가 말하는 의미가 무엇인지를 충분히 이해할 수 있을 것이다. 그는 말하기를, "네가 하나님은 한 분이신 줄을 믿는다"(약 2:19)라고 한다. 만일 한 분 하나님이 계시다고 믿는 것이 이 믿음의 전부라면, 그 믿음이 칭의를 얻게 하지 못한다고 해도 아무것도 이상할 것이 없지 않겠는가! 그 믿음에서 칭의의 능력을 제거한다고 해도 기독교 신앙은 전혀 손상받을 것이 없다. 왜냐하면 참된 믿음의 본질은 그것과는 전혀 다른 것이기 때문이다. 참된 믿음이 과연 어떤 방식으로 우리로 하여금 칭의를 받게 하는가? 곧, 우리를 그리스도와 연합시켜서 우리를 그와 하나가 되게 하여 그리스도의 의에 우리를 참여시키는 방식이 아닌가? 그러므로 믿음이 우리로 하여금 의롭다 하심을 얻게 하는 것은, 하나님의 본질에 대한 지식을 갖기 때문이 아니라 하나님의 긍휼하심에 대한 확신을 의지하기 때문인 것이다.

12. 야고보가 의도하는 바 "의롭다 하심을 받는다"는 의미

나머지 또 하나의 오류를 다루어야만 이 문제를 완전히 매듭지을 수 있을 것이다. 곧, 야고보가 칭의의 일부분을 행위에 근거시키고 있다는 문제 말이다. 여기서 야고보를 나머지 성경 전체는 물론 자기 자신과 조화시키려면, "의롭다 하심을 받는다"라는 단어를 바울이 사용하는 것과 다른 의미로 이해해야 한다. 바울의 경우는, 우리 자신의 불의함에 대한 기억이 사라지고 우리가 의로운 자로 인정을 받는다는 의미로 "의롭다 하심을 받는다"는 단어를 사용한다. 만일 야고보가 이와 같은 생각을 가졌더라면 그로서는 "아브라함이 하나님을 믿으니 이것을 의로 여기셨다"는 등의 모세의 말씀(약 2:23; 참조. 창 15:6)을 인용한다는 것은 터무니없는 일이었을 것이다.

문맥의 흐름을 보면, 먼저 아브라함이 하나님의 명령에 따라 주저하지 않고 그의 아들을 제단에 바쳤기 때문에 그가 행함으로 의롭다 하심을 받았다고 말하고 난 다음(약 2:21), "이에 성경에 이른 바 아브라함이 하나님을 믿으니 이것을 의로 여기셨다는 말씀이 이루어졌고"(약 2:23)라고 말하는 것이다. 여기서 결과가 그 원인보다 앞선다는 것이 불합리하다면, 아브라함의 믿음이 의로 여김을 받았다는 모세의 증거가 거짓이든가, 아니면 이삭을 제단에 바칠 때에 보인 아브라함의 순종이 공로가 되어 그가 의를 얻은 것이 아니든가 둘 중의 하나일 것이다. 아브라함은 이스마엘이 아직 잉태되기 전에 이미 믿음으로 말미암아 의롭다 하심을 받았으며, 이스마엘은 이삭이 출생했을 때 이미 소년의 나이에 이르러 있었다. 그렇다면, 아브라함이 오랜 세월 동안 순종하여 의를 얻었다는 말을 어떻게 할 수 있겠는가? 그러므로, 야고보가 잘못 순서를 뒤집어 놓았든지 — 그러나 이는 상상조차 할 수 없는 일이 아닌가! — 아니면 그가 의롭다 하심을 받았다는 말을 그가 의를 얻는 공로를 세웠다는 의미로 사용한 것이 아니든지 둘 중의 하나일 것이다.

그러면 이 가운데 어떤 것이 옳겠는가? 야고보가 여기서 의를 전가 받은 사실이 아니라 의를 선포한 사실을 말씀하고 있는 것이 분명하다. 마치 이런 의미와도 같다: "참된 믿음으로 말미암아 의로워진 자들은 그저 아무것도 없는 상상만으로 믿음의 가면을 쓰는 것이 아니라 자기들의 의를 순종과 선행으로 증명해 보이는 것이다." 정리해서 말하자면, 그는 우리가 어떤 식으로 의롭다 하심을 얻는지를 말하는 것이 아니라, 신자들에게 선행으로 열매를 드러내 보이는 그런 의를 요구하고 있는 것이다. 바울은 우리가 행위의 도움 없이 의롭다 하심을 얻는다는 사실을 논증하며, 야고보는 선행이 없는 자들은 의로운 자들로 인정받지 못한다는 사실을 말하고 있는 것이다.

이처럼 야고보의 의도를 생각하면, 모든 난제가 해결된다. 야고보의 의도는 다만 헛되이 믿음이 있는 체하면서 그것을 빌미로 선행을 멸시하는 자들의 악한 생각을 깨뜨리는 것일 뿐인데, 우리의 반대자들은 칭의의 방식을 정의하는 것을 야고보의 의도로 잘못 생각하여 속아넘어간 것이다. 그러므로 야고보의 말을 그들이 어떤 식으로 왜곡시키든 간에, 야고보의 말은 오직 다음과 같이 두 가지로 정리되는 것이다: 속이 텅 빈 상태로 믿음을 과시하는 것은 의롭다 하심을 얻게 하지 못하며, 또한 신자는 그런 겉모양으로 만족하지 않고 자신의 의를 선행으로 공포하는 법이라는 것이다.

13. 로마서 2:13의 논지

사실 그들은 "하나님 앞에서는 율법을 듣는 자가 의인이 아니요 오직 율법을 행하는 자라야 의롭다 하심을 얻으리니"(롬 2:13)라는 바울의 말씀을 똑같은 의도로 인용하고 있으나, 이 역시 그들에게 별로 도움이 되지 않는다. 이에 대해서, 암브로시우스는 바울이 이 말을 한 것은 그리스도를 믿는 믿음이 율법을 이루는 것이기 때문이라고 말했는데, 그의 발언을 인용하는 것으로 이 문제를 회피하고 싶은 생각은 없다. 내가 보기에 이 발언은 그저 문제를 회피하는 것일 뿐이요, 문이 활짝 열려 있는 상태에서는 쓸데없는 것이라 여겨진다. 유대인들은 오직 자기들만이 율법의 지식을 갖고 있다고 주장하면서도 스스로 율법을 가장 멸시하는 처지에 있었는데, 여기서 사도는 그런 유대인들의 어리석은 신념을 무너뜨리고 있는 것이다. 그러므로 사도는 그들이 율법에 대한 지식이 있는 것으로 만족하지 않도록, 만일 율법에서 의(義)를 찾는다면 율법에 대한 지식이 아니라 율법을 지키는 데서 찾아야 할 것이라고 경고하고 있는 것이다. 율법에 근거한 의가 행위에 있다는 것이나, 그 의가 행위의 가치와 공로에 있다는 것이나 우리는 문제삼지 않는다. 단, 율법을 완전히 이룬 사람을 증거로 제시해야만 비로소 사람이 행위로 말미암아 의롭다 하심을 얻는다는 것이 입증될 수 있을 것이다.

바울이 하고자 한 말이 바로 이것이라는 사실이 그의 말의 문맥에서 충분히 입증되고도 남는다. 이방인과 유대인 모두의 불의함을 정죄하고 나서, 그는 상세한 내용으로 들어가서, 이방인들을 가리켜 "율법 없이 범죄한 자는 또한 율법 없이 망하고"라고 말하며, 또한 유대인들을 가리켜서는 "율법이 있고 범죄한 자는 율법으로 말미암아 심판을 받으리라"고 말한다(롬 2:12). 그런데 유대인들은 자기들 자신의 잘못된 점들은 그냥 눈감아 버리고 율법에 대해서만 자랑하고 있었기 때문에, 바울은 거기에 특별히 알맞는 말을 덧붙이는 것이다. 곧, 율법이 제정된 것은 사람이 그저 그 음성을 듣는 것만으로가 아니라 오직 그 음성에 순종함으로써 의로워지도록 하기 위한 것이라는 말이다.

이것은 마치 이런 의미와도 같다: "너희가 율법에서 의를 구하고 있느냐? 그 율법을 들었다고 주장하지 말라. 그것은 아무런 가치가 없으니, 율법이 너희에게 헛되이 제정된 것이 아니라는 사실을 입증할 수 있도록 행위를 내어놓아 보라." 그러나 그들은 그런 행위가 전혀 없으므로, 결국 율법에 대한 자랑을 잃어버리고 만 것이다. 그러므로 바울의 진의를 깨달으면, 우리로서는 정반대의 논지를 제시하지 않을 수가 없다. 곧, 율법의 의는 행위의 완전함에 있으므로 그 누구도 행위로 율법을 이루었노라고 자랑할 수가 없으며, 따라서 율법에 근거해서는 의가 생겨나지 않는다는 것이다.

14. 신자들이 하나님께 자기들의 행위를 호소하는 의미

이제 그들은 신자들이 하나님의 심판 앞에 자기들의 의를 담대히 내어놓고 판단 받는 것을 말하는 구절들을 근거로 주장을 편다. 예를 들면, 다음과 같은 구절들이다: "여호와께서 만민에게 심판을 행하시오니 여호와여 나의 의와 나의 성실함을 따라 나를 심판하소서"(시 7:8), "여호와여 의의 호소를 들으소서"(시 17:1), "주께서 내 마음을 시험하시고 밤에 내게 오시어서 나를 감찰하셨으나 흠을 찾지 못하셨사오니"(시 17:3), "여호와여 내 의를 따라 상 주시며 내 손의 깨끗함을 따라 내게 갚으셨으니 이는 내가 여호와의 도를 지키고 악하여 내 하나님을 떠나지 아니하였으며 … 또한 나는 그의 앞에 완전하여 나의 죄악에서 스스로 자신을 지켰나니"(시 18:20, 21, 23), "내가 나의 완전함에 행하였사오 … 니 여호와여 나를 판단하소서"(시 26:1), "허망한 사람과 같이 앉지 아니하였사오니 간사한 자와 동행하지도 아니하리이다"(시 26:4), "내 영혼을 죄인과 함께, 내 생명을 살인자와 함께 거두지 마소서"(시 26:9), "그들의 손에 사악함이 있고 그들의 오른손에 뇌물이 가득하오나 나는 나의 완전함에 행하오리니 나를 속량하시고 내게 은혜를 베푸소서"(시 26:10-11).

성도들이 행위에서 얻는 것처럼 보이는 확신에 대해서는 앞에서 이미 말한 바 있다.[3] 지금 바로 앞에서 인용한 구절들도 그 문맥(페리스타신:complexum)이나 일반적인 흐름이나 정황에 따라서 잘 이해하면 별 어려움이 없을 것이다. 이 구절들은 두 종류로 나뉘어진다. 그 하나는, 성도들이 자기들 자신을 완전히 심사하여 삶 전체의 성격에 따라서 정죄를 받거나 무죄 판정을 받기를 바라는 것이 아니고, 특정한 사안에 대해서만 하나님의 판단을 바라는 의미가 나타나 있는 구절들이요, 또 하나는 하나님의 완전하심과 견주어 자기 자신들의 의를 주장하는 것이 아니라 악하고 불경한 자들과 비교하여 자기들의 의를 주장하는 그런 구절들이다.

먼저, 사람을 의롭다 하시는 문제가 관여될 때에는 그 사람이 특정한 어떤 사안에 대해서만이 아니라 삶 전체가 의로움에 일치해야만 한다. 그러나 성도들이 자기들의 무죄함을 인정해 달라고 하나님의 판단에 호소한다고 해서, 자기들을 모든 면에서 완전무결한 존재로 내세우는 것은 아니다. 그러나 오직 하나님의 선하심에 근거하여 구원의 확신을 가지면서도, 여전히 하나님을 정의와 평등에 어긋나도록 고통을 당하는 가난한 자들을 위하여 보응하시는 분으로 신뢰하여, 무죄한 자들이 억눌림을 당하는 원인을 하나님 앞에 내어놓기도 하는 것이다.

그러나 다른 한편으로, 성도들이 자기들을 대적하는 자들을 자기들과 함께 하나님의 심판대 앞에 끌어다 놓기도 하지만, 그들은 엄밀히 판정할 때에 하나님 자신의 순결하심에 비길 수 있는 그런 무죄함이 자기들에게 있다고 생각하지는 않는다. 그러나 그 대적하는 자들의 악의와 거짓과 간계와 사악함과 비교할 때에 자기들이 진실하고 의로우며 검소하고 순결하다는 것을 알기 때문에 ― 그리고 순결함이 하나님을 기쁘시게 하는 것도 알고 있으므로 ― 하나님께서 자기들과 대적자들 사이에서 심판자로 행하여 주시기를 하나님께 담대히 요청할 수도 있는 것이다. 다윗은 사울에게 "여호와께서 사람에게 그의 공의와 신실을 따라 갚으시리니"(삼상 26:23)라고 말했는데, 이는 여호와께서 다윗 자신의 공로에 따라서 그를 판단하시고 상급을 주셔야 한다는 뜻이 아니라, 단지 사울의 사악함과 비교할 때에 다윗 자신의 무죄함이 크다는 것을 여호와께 토로하고 있는 것이다.

또한 바울도 "우리가 세상에서 특별히 너희에 대하여 하나님의 거룩함과 진실함으로 행하되 육체의 지혜로 하지 아니하고 하나님의 은혜로 행함은 우리 양심이 증언하는 바니 이것이 우리의 자랑이라"(고후 1:12; 참조. 행 23:1)고 자랑하듯 말하는데, 이 역시 하나님 앞에서 그런 자랑을 의지하고자 하는 뜻으로 말한 것이 아니다. 오히려 불경한 자들의 중상 모략을 받아 어쩔 수 없이 자기의 신실함과 정직을 변호하고 있는 것이다. 그는 주께서 악인들의 모함보다도 자기의 신실함과 정직함이 하나님의 자비에 용납될 것임을 알고 있었던 것이다. 그는 다른 곳에서는 "내가 자책할 아무것도 깨닫지 못하나 이로 말미암아 의롭다 함을 얻지 못하노라"(고전 4:4)라고 말하는 것을 본다. 그는 하나님의 심판이 사람의 흐릿한 안목을 훨씬 초월한다는 사실을 알고 있었음이 여기서 분명히 드러나는 것이다.

그러므로, 경건한 자가 하나님을 증인으로 심판자로 두고 자기들의 무죄함을 토로하고 불경한 자들의 외식을 책하기는 하지만, 오직 하나님만을 상대로 할 때에는 그들 모두 한 목소리로 이렇게 외칠 수밖에 없는 것이다: "여호와여 주께서 죄악을 지켜보실진대 주여 누가 서리이까?"(시 130:3), "주의 종에게 심판을 행하지 마소서 주의 눈 앞에는 의로운 인생이 하나도 없나이다"(시 143:2). 그리고 자기들의 행위를 불신하여 다음과 같이 기쁨으로 노래할 것이다: "주의 인자하심이 생명보다 나으니이다"(시 63:3).

15. 신자의 완전을 바라는 사도의 기도에 근거한 주장에 대한 반론

위의 구절들과 별로 다르지 않은 다른 구절들이 있기 때문에, 혹 이 구절들을 근거로 헛된 주장을 할 사람이 있을지도 모르겠다. 솔로몬은 이렇게 말한다: "온전하게 행하는 자가 의인이라"(잠 20:7), "공의로운 길에 생명이 있나니 그 길에는 사망이 없느니라"(잠 12:28). 또한 이와 비슷하게 에스겔 선지자는 말씀하기를, "내 율례를 따르며 내 규례를 지켜 진실하게 행할진대 그는 의인이니 반드시 살리라"(겔 18:9, 21; 참조. 33:15)고 한다. 그러나 우리는 여기 나타나는 사실들에 대해서 절대로 부인하거나 의미를 흐리지 않는다. 그러나 아담의 자손 중에 한 사람이라도 그런 의로움을 갖고 나서보아라! 아무도 그럴 사람이 없다면, 하나님의 눈에서 벗어나 멸망하든지 아니면 하나님의 긍휼하심을 피난처로 삼아 그리로 피하든지 둘 중의 하나밖에는 없는 것이다.

뿐만 아니라, 신자들에게 있어서 의로움은 비록 그것이 부분적이요 불완전하기는 하지만, 영생을 향하여 나아가는 걸음이 된다는 것도 부인하지 않는다. 그러나 과연 그 의로움의 근원이 어디에 있는가? 주께서 친히 자기의 은혜의 언약 속으로 받아들이신 사람들을 그 행위의 공로로 판단하시지 않고 아버지로서 가지신 애정으로 그들을 껴안아주신다는 사실이 아니라면 무엇이란 말인가?

이로 보건대, 우리로서는 스콜라 신학자들이 가르치는 바 행위가 "받아주시는 은혜"를 근거로 가치를 지닌다는 논리를 이해할 수가 없다. 그들의 가르침은 행위가 본래 율법의 언약에 의거하여 구원을 얻기에 불충분하지만 하나님께서 그것들을 받아주심으로써 그 구원에 합당한 가치를 지니게 된다는 것이기 때문이다. 그러나 우리의 가르침은, 그런 인간의 행위는 그 행위 자체에 결점이 있고, 게다가 다른 과실들로 얼룩져 더럽혀져 있기 때문에 주께서 그 두 가지를 다 용서하시지 않고서는, 즉 사람에게 값없이 의를 베풀어주시지 않고서는, 그 행위는 달리 그 어떠한 가치도 있을 수가 없다는 것이다.

그들은 또한 신자들의 완전한 삶을 바라는 다음과 같은 사도의 기도들을 근거로 하여 공격을 하기도 한다: "우리 주 예수께서 그의 모든 성도와 함께 강림하실 때에 하나님 우리 아버지 앞에서 거룩함에 흠이 없게 하시기를 원하노라"(살전 3:13; 5:23; 참조. 골 1:22; 엡 1:4; 고전 1:8 등). 과거에는 코엘레스티우스(Coelestius)의 추종자들이 이생에서 완전한 의를 이루어야 한다는 것을 뒷받침하기 위하여 이 말씀들을 강력하게 주장한 바 있다.[4]

그러나 우리는 아우구스티누스의 말씀을 근거로 간단히 답하는 것으로 충분하리라 생각한다: "모든 경건한 자들은 언젠가는 자기들이 하나님 앞에서 흠과 티가 없이 나타날 것을 바라보면서 그 목표를 사모하여야 한다(참조. 골 1:22). 그러나 이 세상의 삶에서 아무리 좋고 탁월한 계획을 갖는다 해도 그것은 그저 조금씩 나아지는 것에 불과한 것이니, 이 죄악된 육체를 벗어버린 다음 주님과 완전히 연합될 그때에야 비로소 그 목표에 이를 것이다."[5]

여기서 성도들에게 "완전한"이란 단서를 붙여야 한다고 주장하는 자들이 있는데, 이들이 다음과 같은 아우구스티누스의 정의를 그대로 받아들인다면 구태여 그들과 고집스럽게 싸울 필요가 없을 것이다: "우리가 성도들의 덕을 완전하다고 부르지만, 이 완전함에는 또한 진정으로, 그리고 겸손함으로 불완전함을 인정하는 것이 포함되는 것이다."[6]

주 _____

1. 참조. 2권 7장 3절.

2. 참조. 1권 15장 4절.

3. 참조. 14장 18-20절.

4. Augustine, *On Man's Perfection in Righteousness*, i. 코엘레스티우스는 펠라기우스
   (Pelagius)의 제자였다.
5. Augustine, *ibid*, ix. 20.
6. Augustine, *Against Two Epistles of the Pelagians*, III. vii. 19.

제 18 장

행위의 의는 상급에 대한 오해에서 비롯됨

(상급에 대한 말씀들은 행위를 구원의 원인으로 만들지 않음. 1-4)

1. 행위대로 갚으신다는 말씀들의 의미

자, 이제는 하나님께서 각 사람의 행위에 따라서 갚으실 것을 말씀하는 진술들로 넘어가기로 하자(마 16:27). 다음과 같은 구절들이 거기에 속한다: "우리가 다 반드시 … 각각 선악간에 그 몸으로 행한 것을 따라 받으려 함이라"(고후 5:10), "악을 행하는 각 사람의 영에는 환난과 곤고가 있으리니 … 선을 행하는 각 사람에게는 영광과 존귀와 평강이 있으리니"(롬 2:9-10), "선한 일을 행한 자는 생명의 부활로, 악한 일을 행한 자는 심판의 부활로 나오리라"(요 5:29), "내 아버지께 복 받을 자들이여 나아와 … 나라를 상속받으라 내가 주릴 때에 너희가 먹을 것을 주었고 목마를 때에 마시게 하였고 … 옥에 갇혔을 때에 와서 보았느니라"(마 25:34-36).

또한 이와 비슷하게 영생을 행위에 대한 상급으로 말씀하는 구절들도 있다. 다음과 같은 구절들이 거기에 속한다: "사람은 그의 손으로 행한 대로 그가 보응을 받을 것임이니라"(잠 12:14과 사 3:11이 한데 합쳐졌음), "계명을 두려워하는 자는 상을 받느니라"(잠 13:13), "기뻐하고 즐거워하라 하늘에서 너희 상이 큼이라"(마 5:12; 참조. 눅 6:23), "각각 자기가 일한 대로 자기의 상을 받으리라"(고전 3:8).

"하나님께서 각 사람에게 그 행한 대로 보응하시되"(롬 2:6)라는 사도의 진술은 전혀 어렵지 않게 설명된다. 이 표현은 원인과 결과의 관계를 말하는 것이라 기보다는 오히려 일의 전후 순서를 말하는 것이기 때문이다. 그러나 주님은 "미리 정하신 그들을 또한 부르시고 부르신 그들을 또한 의롭다 하시고 의롭다 하신 그들을 또한 영화롭게 하셨느니라"(롬 8:30)고 하는데 주님은 바로 이러한 그의 긍휼하심의 단계를 따라서 우리의 구원을 완성시키시는 것이 확실하다. 다시 말해서, 그는 자기 백성을 오직 그의 긍휼하심으로 말미암아 생명 속으로 받아들이신다. 그러나 주님은 자신이 세우신 질서에 따라서 그들 속에서 주님 자신의 역사를 이루어가시고자 선행의 경주를 통해서 그들로 하여금 그 생명을 소유하도록 인도하시는 것이다.

그렇기 때문에 신자들이 자기들의 행위에 따라서 면류관을 받으며, 행위로 말미암아 영생의 면류관을 받도록 스스로 준비한다고 말해도 전혀 이상할 것이 없다. 그리고 그렇기 때문에 "너희 구원을 이루라"(빌 2:12)는 말씀도 그들에게 아주 합당한 말씀이다. 신자들은 이렇게 선행에 헌신하는 가운데서도 영생을 묵상하는 법이다. 그리스도를 믿음으로써 영생을 얻는 것이 사실이지만, 동시에 그들은 "영생하도록 있는 양식을 위하여 일하라"(요 6:27)는 주님의 명령을 받고 있다. 그러나 바로 뒤이어서 "이 양식은 인자가 너희에게 주리니"(요 6:27)라고 덧붙이신다. 이 사실로 볼 때에, "일하라"는 말은 은혜와 모순된 것이 아니라 노력하라는 뜻이라는 것이 분명하다.

그러므로, 이런 구절들을 근거로 하여 신자들 자신이 자기들의 구원을 이루는 주체라거나, 구원이 신자들의 행위에서 나온다는 식의 생각을 갖는다면 그것은 온당치 않은 것이다. 그러면 무엇인가? 복음에 대한 지식과 성령의 조명하심으로 말미암아 그리스도와의 교제 속으로 부르심을 받으면, 그때에 영생이 그들 속에서 시작되는 것이다. 이렇듯 하나님께서 그들 속에서 착한 일을 시작하셨으니 주 예수의 날까지 반드시 그 일이 완전하게 되도록 되어 있는 것이다 (빌 1:6). 그러나 그 일이 완전하게 되는 일은 신자들 스스로 의와 거룩함으로 하늘에 계신 아버지를 닮음으로써 자기들이 참 자녀다운 자녀들임을 입증할 때에 이루어지는 것이다.

2. 상급은 양자가 받을 '기업'임

성경이 '상급'이라는 용어를 사용한다고 해서 우리의 행위가 우리 구원의 원인이라는 식으로 생각할 이유는 없다. 첫째로, 우리는 천국은 종들에게 주는 삯이 아니라 아들들에게 주는 기업(엡 1:18)이라는 사실을 마음으로 납득해야 할 것이다. 그것이 기업(유산, 유업)이라면 오직 주님께서 자녀로 입양하신 자들만 그것을 누리는 것이요(참조. 갈 4:7), 또한 다른 이유가 아니라 자녀로 입양되었다는 사실 때문에 그것을 누리는 것이다(참조. 엡 1:5-6). "여종의 아들이 자유 있는 여자의 아들과 더불어 유업을 얻지 못하리라"(갈 4:30). 성령께서는 영원한 영광을 행위에 대한 상급으로 약속하시는 바로 그 구절들에서 그것을 "기업"이라고 분명하게 말씀하심으로써 그것이 우리의 행위에 대한 보속이 아니라 다른 근원에서 오는 것임을 보여 주시는 것이다. 이와 같이 그리스도께서도 하늘의 상급으로 갚아주실 여러 가지 행위들을 열거하시고 택한 자들을 불러 그것을 차지하라고 하시면서(마 25:35-37), 동시에 그 상급을 "상속받으라"고 덧붙이고 계시는 것을 보게 된다(마 25:34).

바울도 종들에게 자기들이 맡은 임무를 성실한 마음으로 행하라고 하면서 이에 대해서 주께서 갚아주실 것을 말씀하는데, 이때에 그는 "기업의 상을 주께 받을 줄 아나니"라고 덧붙이고 있다(골 3:24). 성경은 이처럼 명확한 용어를 사용함으로써, 우리가 영원한 복락을 우리의 행위의 덕분으로 여겨서는 안 되고, 하나님께서 우리를 양자로 삼으신 사실 덕분으로 알아야 한다는 사실을 경고하고 있는 것이다.

그렇다면, 어째서 행위를 함께 언급하는 것일까? 이 문제는 성경의 한 가지 실례를 들면 말끔히 해결된다. 이삭이 출생하기 전에 아브라함은 땅의 모든 나라가 그 안에서 복을 받게 될 씨에 대한 약속을 받았었다. 그는 그 씨로 말미암아 그의 자손이 하늘의 별과 바다의 모래와 같이 허다하게 될 것이라는 말씀을 받았다(창 15:5; 17:1 이하; 참조. 창 18:18). 그리고 여러 해가 지난 후, 아브라함은 하나님의 명령에 따라서 자기 아들을 제물로 드릴 채비를 했다(창 22:3). 그리고 이렇게 하여 명령에 순종하였으므로, 그는 다음과 같은 약속을 받는다: "내가 나를 가리켜 맹세하노니 네가 이같이 행하여 네 아들 네 독자도 아끼지 아니하였은즉 내가 네게 큰 복을 주고 네 씨가 크게 번성하여 하늘의 별과 같고 바닷가의 모래와 같게 하리니 네 씨가 그 대적의 성문을 차지하리라 또 네 씨로 말미암아 천하 만민이 복을 받으리니 이는 네가 나의 말을 준행하였음이니라"(창 22:16-18).

이 말씀은 무슨 뜻인가? 아브라함이 그 명령을 받기 전에 이미 받았던 약속의 축복을, 그 명령에 순종하여 공로를 세워서 비로소 받았다는 뜻인가? 여기서 우리는 주께서는 행위를 생각하기도 전에 이미 주신 축복들을 신자들의 행위에 대한 상급으로 주시므로, 여전히 주님의 긍휼하심 이외에는 신자들이 축복을 얻을 이유가 없다는 사실을 너무도 확실하게 볼 수 있는 것이다.

3. 상급은 은혜의 선물임

그러나 행위 이전에 값없이 주신 것을 행위에 대한 상급으로 주시겠다는 주님의 말씀은 우리를 속이거나 놀리는 것이 아니다. 주님은 우리가 선행을 통하여, 그가 약속하신 그것들이 이루어지는 것을, 혹은 열매 맺는 것을 묵상하도록 하며, 또한 그리하여 하늘에서 우리에게 주어질 것들에 대해 복된 소망을 갖도록 우리를 훈련시키기 원하시는 것이다. 그리하여 그 약속들의 열매가 행위에 따라서 이루어지도록 하셔서, 그 열매가 익는 것을 우리로 하여금 누리게 하시는 것이다. 사도는 골로새 교인들에게 소망을 위하여 사랑의 의무를 다할 것을 말하는 가운데 이러한 사상을 멋지게 표현한 바 있다: "너희를 위하여 하늘에 쌓아 둔 소망으로 말미암음이니 곧 너희가 전에 복음 진리의 말씀을 들은 것이라"(골 1:5).

그들의 소망이 하늘에 쌓여 있다는 것을 복음을 통해서 알게 되었다고 말하는 가운데서, 사도는 그것이 행위로 말미암아가 아니라 오직 그리스도로 말미암아 이루어지는 것임을 선포한 것이다. 또한 경건한 자들이 "말세에 나타내기로 예비하신 구원을 얻기 위하여 믿음으로 말미암아 하나님의 능력으로 보호하심을 받았느니라"(벧전 1:5)는 베드로의 말도 이와 일치한다. 그들이 이 때문에 수고한다고 하는 바울의 말은 곧 성도들이 거기에 도달하기 위하여 평생을 달려가야 한다는 것을 의미하는 것이다.

그러나 주께서 우리에게 약속하시는 상급이 결국 공로의 문제로 귀결된다는 식으로 생각하지 못하도록 하기 위해서, 주님은 자기 자신을 포도원을 경작하기 위하여 품꾼들을 찾으러 보내는 포도원 주인에 비유하여 말씀하신다. 어떤 사람은 제 일시에 일하러 가고, 제 이시에 일하러 가고, 또 어떤 이들은 제 삼시에 일하러 가고, 심지어 제 십일시에 일하러 간 사람도 있다. 그런데 저녁이 되어 그들에게 모두 똑같은 금액을 지불하는 것이다(마 20:1-16). 고대의 한 저자는 — 누구였든지 상관없지만 — 암브로시우스의 이름으로 나온 「이방인들의 부르심」(*De Vocatione Gentium*)이라는 책에서 이 비유를 간결하면서도 바르게 해석하고 있다. 그러므로 내 말을 하기보다는 그 책이 해석한 바를 그대로 사용하는 것이 좋겠다: "주께서는 이 비유를 통해서 은혜는 오직 한 가지뿐이지만 그에 상응하는 부름은 여러 가지로 매우 다양하다는 사실을 말씀하고 계시는데 … 제 십일시에 포도원으로 보냄 받아서 온 종일을 밭에서 수고한 사람들과 동일하게 삯을 받은 사람들은 … 날이 저물 때에, 즉 그들의 생명이 끝날 때에 하나님의 긍휼하심으로 말미암아 상급을 받는 자들의 운명을 나타내는데, 주님은 이를 통해서 그의 은혜의 훌륭함을 드러내고자 하시는 것이다. 주님은 그들의 수고에 대한 값을 치르시는 것이 아니라 행위와는 관계 없이 택하신 사람들에게 그의 풍성한 선하심을 비오듯 부어주시기 때문이다. 그러므로 온종일 땀을 흘리며 수고하였으나 나중에 온 사람들보다 더 많이 받지 못한 사람들은 자기들이 받은 것이 자기들의 수고에 대한 대가가 아니라 은혜의 선물임을 깨달아야 옳은 것이다."[1]

마지막으로 다음과 같은 사실을 주목해야 할 것이다. 곧, 영생을 행위에 대한 상급으로 말하는 구절들에서, 우리는 영생을 단순히 하나님 아버지께서 자비하심으로 우리를 그리스도 안에서 맞아주실 그 복된 영원한 삶이 오기 전에 하나의 예비 단계로서 우리가 하나님과 나누는 교제를 뜻하는 것으로 이해해서는 안 되며, 오히려 그 마지막에 올 복락을 소유하는 것으로, 혹은 열매 맺는 것으로 이해해야 한다는 것이다. 그리스도께서 친히 하신 말씀도 이 사실을 선언하고 있다: "내세에 영생을 받지 못할 자가 없느니라"(막 10:30). 또 다른 구절에서 주님은 이렇게 말씀하신다: "나아와 창세로부터 너희를 위하여 예비된 나라를 상속받으라"(마 25:34).

그렇기 때문에 바울은 부활 시에 이루어질 입양의 사실을 드러내기 위하여 "양자될 것"(adoption)이라는 용어를 사용하며(참조. 롬 8:18 이하), 그리고 나중에 그것을 "우리 몸의 속량"이라고 해석하고 있는 것이다(롬 8:23). 그러나 그 외에도, 하나님으로부터 멀어진 것이 영원한 죽음이듯이, 사람이 하나님으로 말미암아 은혜 속으로 영접함을 받아 그와 교제를 누리고 그와 하나를 이룰 때는 그가 죽음에서 생명으로 옮기운 바 된 것인데, 이는 오직 양자 됨, 혹은 입양의 은혜로 말미암아서만 되는 일이다. 그런데 충분히 그럴 수 있는 일이지만, 그들이 아직까지도 고집스럽게 행위에 대한 보속을 계속 주장한다면, 믿음의 상급이 영생이

라고 말하는 베드로의 진술을(벧전 1:9) 그들 앞에 다시 제시할 수 있을 것이다.[2)]

4. 상급을 약속하신 목적

그러므로 우리는 마치 우리의 행위들이 그런 상급을 받기에 합당하기라도 한 것처럼, 성령께서 이런 약속을 해 주셔서 우리의 행위들의 가치를 인정하신 다는 식으로 생각해서는 안 될 것이다. 성경은 하나님 앞에서 우리를 높일 아무런 이유도 남겨두지 않는다. 오히려 성경의 목표는 우리의 교만을 억제하고 우리를 낮추며 우리를 숙이게 하고 우리를 완전히 납작하게 누르는 데 있는 것이다. 우리는 너무도 연약하여 이런 기대를 통해서 유지되지 못하고 이런 위로를 통해서 그 핍절한 상태에서 힘을 얻지 못하면 즉시 무너져내리며 쓰러질 수밖에 없는데, 이러한 우리의 연약함은 다음과 같은 식으로 도움을 받는다.

첫째로, 사람이 자기의 모든 소유는 물론 자기 자신까지 버리고 포기한다는 것이 얼마나 어려운 일인지를 각자 생각해 보라. 그런데 그리스도께서는 그의 제자들에게, 즉 모든 경건한 자들에게 가장 먼저 하시는 것이 바로 이 교훈이다. 둘째로, 주님은 그들이 평생토록 십자가의 훈련을 받아 이 땅의 것들을 바라고 기대는 일에 마음을 두지 않도록 그들을 연단시키신다. 곧, 주님은 그들이 사방을 둘러보아도 이 세상에서 온통 절망밖에는 보이지 않도록 그렇게 그들을 다루시는 것이다. 그리하여 바울은 말하기를, "만일 … 우리가 바라는 것이 다만 이 세상의 삶뿐이면 모든 사람 가운데 우리가 더욱 불쌍한 자이리라"(고전 15:19)고 한다. 그들이 이런 크나큰 환난과 어려움 가운데서 실족하지 않도록 주께서 그들과 함께 계셔서, 그들로 하여금 머리를 더 높이 들고 시선을 더 멀리 향하여 세상에서는 보지 못하는 복락을 그리스도 안에 바라보도록 그들을 경계하시는 것이다.

주님은 이 복락을 가리켜 "상", "상급", "갚으심"이라 부르신다(참조. 마 5:12; 6:1 이하, 등). 곧, 행위의 공로를 높이 인정하시는 것이 아니라, 그들이 당한 불행과 환난과 비방 등을 그렇게 갚아주신다는 뜻이다. 그렇기 때문에, 성경의 전례에 따라서(참조. 고후 6:13; 히 10:35; 11:26) 영생을 "상"이라 부르지 못할 이유가 하나도 없다. 왜냐하면 그 "상"이란 바로 그리스도께서 자기 백성을 수고하던 데서 쉬는 데로, 환난과 괴로움에서 복되고 즐거운 상태로, 슬픔에서 기쁨으로, 궁핍에서 풍부로, 치욕의 상태에서 영광의 상태로 영접하시는 것이기 때문이다.

요컨대, 그들이 당한 온갖 악한 일들을 주께서 더 큰 선(善)으로 바꾸어 주시는 것이다. 그렇기 때문에 거룩한 삶을 하늘 나라의 영광으로 인도하는 길이라고 여긴다 하더라도 아무런 잘못이 없을 것이다. 단, 여기서 길이라 할 때에 그 거룩한 삶이 하늘 나라의 영광에 들어가도록 해주는 원인이라는 뜻이 아니고, 하나님께로 말미암아 택함 받은 자들이 그 거룩한 삶을 통해서 그 나라의 영광이 나타나는 데로 인도함을 받는다는 뜻이다. 거룩하게 하신 자들을 또한 영화롭게 하시는 것이 하나님의 선하신 기쁨이기 때문이다(롬 8:30).

다만 한 가지, 궤변가들은 우리가 밝혀 놓은 목적을 전혀 고려하지 않기 때문에 공로와 상급이 서로 관련되어 있다는 식의 고집을 늘어놓지만, 우리로서는 공로와 상급이 서로 관련이 있다는 식의 상상을 해서는 안 될 것이다. 하나님께서 우리를 한 가지 목적을 향하여 부르시는데 그것 말고 다른 곳을 향하여 두리번거린다면 얼마나 어리석은 일이겠는가? 위로를 통해서 우리 육체의 연약함을 덜도록 선행에 대하여 상급을 약속하고 계시지만, 그렇다고 해서 우리의 마음이 우쭐해져서 허영에 빠져서는 안 된다는 것은 그 어떠한 것보다 더 분명한 사실이다. 그러므로, 상급을 근거로 행위의 공로를 유추해내거나, 행위와 상급을 서로 재거나 하는 자들은 누구든지 하나님께서 친히 세우신 계획과는 전혀 거리가 먼 것이다.

(반론들에 대한 반박. 5-10)

5. 상급은 사하심에 근거함

성경이 말씀하기를, "이제 후로는 나를 위하여 의의 면류관이 예비되었으므로 주 곧 의로우신 재판장이 그 날에 내게 주실 것이며"(딤후 4:8)라고 하므로, 나는 우선 아우구스티누스의 다음과 같은 발언으로 답변을 시작하겠다: "긍휼이 많으신 아버지께서 먼저 은혜를 베풀지 않으셨다면 과연 의로우신 재판장이 그 면류관을 누구에게 주셔야 했겠는가? '죄인을 의롭다 하시는' 은혜가 먼저 베풀어지지 않았다면 어떻게 의가 있을 수 있겠는가? 상급을 받기에 합당한 그런 것들을 먼저 받지 않고서 어떻게 그런 것들에 대해서 상급을 받을 수가 있겠는가?"[3]

그리고 여기에 부언할 것이 있다: 하나님의 사랑이 주의 백성들 속에 있는 모든 불의를 다 덮어주지 않고서 어떻게 우리의 행위에 의를 덧입혀 주실 수가 있겠는가? 하나님께서 그의 한없으신 자비하심으로, 형벌을 받아 마땅한 모든 것들을 그의 백성들 속에서 씻어내지 않으시고서 어떻게 그들이 상급을 받기에 합당하다고 판단하실 수가 있겠는가? 아우구스티누스는 영생을 가리켜 습관적으로 "은혜"라고 부르는데, 이는 그것이 물론 행위에 대하여 주어지는 것이지만 그럼에도 불구하고 분명히 하나님의 값없는 선물로 주어지는 것이기 때문이다. 성경은 우리를 더욱 낮추시고 또한 동시에 우리를 높이 들어 올린다. 행위가 하나님의 값없는 선물이므로 행위를 자랑하지 말라고 금하는 동시에, 그 행위들이 더러운 찌꺼기로 더럽혀져 있으므로 하나님의 심판의 표준으로 그것들을 판단하면 도저히 하나님을 만족시킬 수가 없다는 것을 가르쳐준다. 그러나 한편 우리로 하여금 실망하지 않도록 하기 위하여 성경은 우리의 행위들이 오직 사하심을 통하여 하나님께 합당한 것들로 인정함을 받는다는 사실을 가르쳐주는 것이다.

아우구스티누스가 다른 곳에서는 이와 약간 다르게 말을 하기는 하지만, 보니파키우스에게 보낸 세 번째 책(The Third Book to Boniface)에 나타난 내용을 보면 그의 견해가 우리와 본질적으로 다른 것은 아니라는 것을 알 수 있다. 거기서 그는 두 사람을 비교하고 있다. 한 사람은 놀라울 만큼 거룩하며 완전한 삶을 산 사람이고, 다른 사람은 굉장히 곧고 아주 건전한 습관을 갖고 있지만 아직도 불완전하여 많은 것을 더 사모해야 하는 형편이다. 나중에 그는 이렇게 결론 짓고 있다: "분명히 앞의 사람보다 도덕적인 면에서 결함이 많은 것 같은 나중의 사람이 하나님을 믿는 바른 믿음으로 말미암아 생명을 얻으며, 그 믿음으로 말미암아 스스로 자책하는 모든 실수들에서와 그의 모든 선행들에서 하나님을 기쁘시게 하며, 자기 자신에게는 부끄러우며 하나님께 영광을 돌리며, 그에게서 죄 사함은 물론 올바른 행위에 대한 사랑을 받으니, 이 사람이 이생에서 구원을 받을 것이며, 생을 떠날 때에 그리스도의 … 교제 속으로 … 영접을 받을 것이다. 믿음 때문이 아니라면 어떻게 해서 그가 그렇게 살게 되었겠는가? 행위가 없이는 믿음이 아무도 구원해주지 않으나, 그 믿음은 사랑을 통하여 역사하므로(참조. 갈 5:6) 버림받은 믿음이 아니며, 그 믿음을 통해서 죄가 또한 사함받는 것이다. 왜냐하면 '의인은 믿음으로 말미암아 살며'(합 2:4), 믿음이 없이는 선행처럼 보이는 것이 죄로 바뀌어지기 때문이다."[4] 여기서 그는 분명히 우리가 강하게 주장하는 바를 고백하고 있다. 곧, 선행이 의를 지니는 것은 오직 하나님께서 사하심으로 말미암아 그것들을 인정해주시는 사실에 의존한다는 것 말이다.

6. "하늘에 쌓아 둔 보물"

다음의 구절들은 앞에서 인용한 구절들과 의미가 매우 비슷하다: "불의의 재물로 친구를 사귀라 그리하면 그 재물이 없어질 때에 그들이 너희를 영주할 처소로 영접하리라"(눅 16:9), "이 세대에서 부한 자들을 명하여 마음을 높이지 말고 정함이 없는 재물에 소망을 두지 말고 오직 우리에게 모든 것을 후히 주사 누리게 하시는 하나님께 두며 선을 행하고 선한 사업을 많이 … 하라 이것이 장래에 자기를 위하여 좋은 터를 쌓아 참된 생명을 취하는 것이니라"(딤전 6:17-19). 선행들을 영생의 복락 가운데서 우리가 누리게 될 그 풍성한 것들에 빗대고 있는 것이다.

이에 대해서는, 성령께서 이 말씀들을 하시는 목적을 향하여 시선을 돌리지 않고서는 이 구절들의 참 의미를 절대로 깨달을 수가 없다. "네 보물 있는 그곳에는 네 마음도 있느니라"(마 6:21)라는 그리스도의 말씀이 참되다면, 이 시대의 자녀들이 흔히들 이 세상의 삶에서 기쁨을 주는 것들을 얻는 데에 마음을 다 쏟는 것처럼, 신자들은 모름지기 이 세상의 삶이 마치 꿈과도 같이 곧 사라질 것을 배워 안 다음에는 그들이 정말로 누리고 싶어하는 것들을 영원한 삶을 누릴 그곳까지 옮겨다 놓기를 명심해야 하는 것이다.

그렇다면 우리는 자기들의 거처를 다른 곳으로 옮기기로 결정하는 사람들처럼 해야 할 것이다. 그들은 자기들이 가진 모든 재물들을 그리로 미리 보내고 잠시 동안 그것들 없이 지내는 것에 대해서 슬퍼하지 않는다. 왜냐하면 거처를 옮기고 나면 그곳에서 오랜 동안 더 많은 물건들을 복되게 누릴 것을 생각하기 때문이다. 그러나 하늘이 고국인 것을 믿는다면, 갑자기 거처를 옮기다 보면 이것저것 잃어버리는 것이 많은 이 땅에다 재물을 쌓아두는 것보다도 모든 것을 하늘에다 옮겨놓는 것이 훨씬 더 좋을 것이다. 그렇지만, 과연 어떻게 그것들을 그리로 옮겨둔단 말인가? 가난한 자들의 쓸 것을 공급해주는 것이 방법이다. 그들에게 내어준 것은 무엇이든지 주께서 자기 자신에게 준 것으로 인정하시는 것이다(참조. 마 25:40). 바로 여기에서 그 유명한 약속이 나온다: "가난한 자를 불쌍히 여기는 것은 여호와께 꾸어 드리는 것이니 그의 선행을 그에게 갚아 주시리라"(잠 19:17). 또한 이와 비슷하게 "많이 심는 자는 많이 거둔다"(고후 9:6).

사랑에서 우러나와서 형제들을 위하여 사용하는 것은 주님의 손에 쌓아두는 것이라는 말이다. 신실한 보관자이신 주님께서 언젠가는 풍성하게 넘치도록 갚아주실 것이다. 그렇다면, 우리의 그러한 구제의 의무들이 하나님 보시기에 마치 우리에게 주시기 위하여 그의 손에 감추어져 있는 풍성한 축복들처럼 중요하단 말인가? 성경이 그렇게도 자주, 또한 그렇게도 분명하게 증거하고 있으니, 누가 그렇게 말하기를 주저하겠는가?

그러나 하나님의 순결하신 자비하심으로부터 비약하여 행위의 가치를 따지고 싶어서 이 구절들의 증거를 살핀다 해도, 여기서는 그런 오류를 도와주는 것이 아무것도 없을 것이다. 우리를 향하신 하나님의 긍휼하심에 순전히 의지하는 것 이외에는 여기서 아무것도 정당하게 유추해낼 수가 없기 때문이다. 우리가 하나님께 드리는 봉사의 행위들은 그가 잠시 돌아보실 만한 가치도 없지만, 하나님께서는 우리의 선행을 격려하시기 위하여 그것들 가운데 어느 하나라도 잃어버려지지 않도록 하시는 것이다.

7. 성도가 당한 환난에 대한 상급

그러나 사도의 말씀은 좀 더 강하게 우리를 독려한다. 고난을 당하고 있는 데살로니가 교인들을 위로하면서 그는 그러한 고난이 그들에게 임하는 것은 "너희로 하여금 하나님 나라에 합당한 자로 여김을 받게 하려 함이니 그 나라를 위하여 너희가 또한 고난을 받느니라 너희로 환난을 받게 하는 자들에게는 환난으로 갚으시고 환난을 받는 너희에게는 우리와 함께 안식으로 갚으시는 것이 하나님의 공의시니 주 예수께서 자기의 능력의 천사들과 함께 하늘로부터 불꽃 가운데에 나타나실 때에"(살후 1:5-7)라고 가르치는 것이다. 또한 히브리서 기자는 이렇게 말씀한다: "하나님은 불의하지 아니하사 너희 행위와 그의 이름을 위하여 나타낸 사랑으로 이미 성도를 섬긴 것과 이제도 섬기고 있는 것을 잊어버리지 아니하시느니라"(히 6:10).

첫째 구절(살후 1:5-7)에 대해서는 이렇게 말할 수 있다: 여기서는 공로의 가치를 의미하는 것이 아니라, 아버지 하나님께서 그가 자녀로 택하신 우리들이 그의 맏아들이신 그리스도를 본받기를 바라시기 때문에(롬 8:29), 그리스도께서 먼저 고난 당하시고 후에 그에게 정해진 영광에 들어가신 것처럼(눅 24:26) 우리도 "하나님 나라에 들어가려면 많은 환난을 겪어야 할 것"(행 14:22)이다. 그러므로 그리스도의 이름을 위하여 환난을 당하는 동안, 말하자면 하나님께서 그의 양들에게 찍으셔서 구별하시는 특정한 흔적이 우리에게 찍혀지는 것이다. 우리가 하나님 나라에 합당한 것으로 인정되는 것은 우리가 우리 몸에 예수의 흔적을 지니고 있기 때문이요(갈 6:17), 그 흔적이 하나님의 자녀된 증표이기 때문이다. 다음의 진술도 같은 의미로 이해해야 할 것이다: "우리가 항상 예수의 죽음을 몸에 짊어짐은 예수의 생명이 또한 우리 몸에 나타나게 하려 함이라"(고후 4:10), "내가 그리스도와 그 부활의 권능과 그 고난에 참여함을 알고자 하여 그의 죽으심을 본받아 어떻게 해서든지 죽은 자 가운데서 부활에 이르려 하노니"(빌 3:10-11).

바울이 이유를 제시하는 것은 행위가 어느 정도라도 가치가 있다는 것을 입증하기 위한 것이 아니라 하나님 나라에 대한 소망을 강건하게 하기 위한 것이다. 바울의 말은 말하자면 이런 뜻이다: "너희들에게 환난을 가져다주는 원수들에 대해서 보응하는 것이 하나님의 공의로우신 심판에 부합되듯이, 너희에게는 그 고난에서 벗어나 안식과 평안을 누리도록 하는 것이 그의 심판에 부합하는 것이다."

둘째 구절(히 6:10)은 하나님의 자녀들이 행하는 섬김과 봉사를 잊어버리지 않는 것이 하나님의 공의에 부합되므로, 그것을 잊어버리는 것이 하나님의 불의이기라도 한 것처럼 암시하기까지 하는데, 이 구절의 의미는 다음과 같다: 하나님께서는 우리의 게으름을 없애시기 위하여, 그의 이름의 영광을 위하여 우리가 지는 고난이 절대로 헛되지 않을 것이라는 확신을 우리에게 주셨다는 것이다. 우리는, 하나님의 긍휼하심으로 말미암는 값없는 언약이 먼저 있지 않았다면 ― 우리의 구원에 대한 확신 전체가 바로 여기에 달려 있는데 ― 이 약속이, 다른 약속들도 모두 마찬가지로, 우리를 위하여 아무런 열매도 내지 못하게 되었을 것이라는 사실을 항상 기억해야 할 것이다. 자, 이 사실을 확고하게 의지하고서 우리는 든든한 확신을 가져야 할 것이다. 아무리 우리의 섬김이 부족하다 할지라도 하나님의 자비하심에서 비롯되는 상급이 반드시 있을 것이라는 확신 말이다. 이러한 기대가 확실하다는 것을 입증하기 위해서 사도는 하나님께서는 불의한 분이 아니시며 한 번 하신 맹세는 반드시 지키는 분이시라고 선언하는 것이다. 그러므로 여기서 하나님이 불의하지 아니하시다고 할 때에 말하는 의로움이란 정당한 것을 갚아주는 공평성보다는 하나님의 약속의 진실성을 지칭하는 것이다. 이런 의미에서 아우구스티누스가 한 말은 아주 유명하다. 이 거룩한 하나님의 사람이 그 말을 기억할 가치가 있는 것으로 여겨서 계속해서 자주 되뇌이었던 것처럼, 나도 그의 말씀이 우리의 기억 속에 계속해서 집어넣을 만한 충분한 가치가 있다고 믿는다. 그는 이렇게 말했다: "주께서는 신실하셔서 스스로 우리의 채무자가 되셨다. 우리에게서 무언가를 받으셨기 때문이 아니라 우리에게 모든 것을 약속하셨기 때문이다."[5]

8. 칭의가 사랑으로 말미암는다는 논리

그들은 사도 바울의 다음과 같은 진술들을 자기들의 논지를 뒷받침해 주는 증거로 제시한다: "내가 … 산을 옮길 만한 모든 믿음이 있을지라도 사랑이 없으면 내가 아무것도 아니요"(고전 13:2), "그런즉 믿음, 소망, 사랑, 이 세 가지는 항상 있을 것인데 그 중의 제일은 사랑이라"(고전 13:13), "이 모든 것 위에 사랑을 더하라 이는 온전하게 매는 띠니라"(골 3:14). 앞의 두 구절을 근거로 오늘날의 바리새인들은 우리가 의롭다 하심을 받는 것은 믿음으로가 아니라 사랑으로 말미암는 것이라고 주장한다. 더 강한 능력이 있는 것으로 의롭다 함을 받는다고 보는 것이 정상이라는 것이다. 그러나 이런 교묘한 주장도 어려움 없이 반박할 수가 있다.

다른 곳에서도 이미 설명한 바와 같이,[6] 첫째 구절(고전 13:2)에서 논하고 있는 믿음은 참된 믿음과는 전혀 상관이 없다. 둘째 구절(고전 13:13)의 경우도 참된 믿음을 근거로 설명할 수가 있다. 바울은 사랑이 믿음보다 크다고 말하는데, 이는 사랑이 더 공로가 크기 때문이 아니라 사랑이 더욱 열매가 많기 때문인 것이다. 왜냐하면 사랑은 영원히 찬란하게 이어질 것이지만 믿음은 일정 기간 동안에만 사용되고 그칠 것이기 때문이다. 탁월함을 따진다면 하나님의 사랑이 첫째 자리를 차지해야 마땅할 것이지만, 바울의 말은 그 문제를 다루는 것이 아니다. 사실 여기서 바울이 강조하는 것은 오직 한 가지, 우리가 주 안에서 서로를 사랑함으로 서로를 세워주어야 한다는 것뿐이다. 그러나 사랑이 모든 점에서 믿음을 능가한다고 상상해 보자. 건전한 판단이 있는 사람이라면 ― 아니 온전한 정신을 가진 사람이라면 ― 과연 사랑이 믿음을 능가한다고 해서 사랑이 믿음보다 더 많이 의롭게 해준다고 생각할 수가 있겠는가? 믿음이 소유하고 있는 의롭다 하심의 능력은 절대로 행위에 있는 것이 아니다. 우리의 칭의는 오직 하나님의 긍휼하심과 그리스도의 공로와 믿음에 달려 있는 것이다. 믿음으로 칭의를 붙잡을 때에 그 믿음이 의롭다 하심을 얻게 한다고 말하는 것이다.

자, 우리의 대적자들에게 과연 무슨 의미로 칭의를 사랑으로 말미암는 것으로 말하느냐고 물으면, 그들의 대답은 아마도, 의무를 다함으로써 공로를 세우고 또한 그것을 하나님의 선하심으로 인정하시기 때문에 의무를 다하는 것이 하나님을 기쁘시게 하는 것이요, 따라서 의가 우리에게 전가된다는 것일 것이다. 그리고 이것을 근거로 하여 온갖 논리를 이리저리 제시할 것이다.

그러나 우리는 믿음이 의롭다 하심을 얻게 하는 것은 그 믿음이 그 본래의 가치로 말미암아 우리에게 의를 가져다주기 때문이 아니라, 믿음이 그리스도의 의를 값없이 얻는 하나의 도구이기 때문이라고 대답한다. 그들은 하나님의 긍휼하심을 간과하며, 의의 총체를 소유하신 그리스도를 지나쳐버리고는 사랑이 믿음을 능가하기 때문에 우리는 사랑의 은택으로 말미암아 의롭다 하심을 얻는다고 주장하는 것이다. 이것은 마치 왕이 구두수선공보다 무한히 더 탁월하기 때문에 그가 구두수선공보다도 구두를 만드는 능력이 더 뛰어나다는 식의 주장과도 마찬가지이다. 이 한 가지 삼단논법만으로도 소르본느의 궤변가들 중에 과연 믿음으로 말미암는 의롭다 하심을 조금이라도 맛본 사람이 하나도 없다는 사실이 확연히 입증되는 것이다.

그러나 만일 여기서 어떤 사람이 끼어들어서 그렇게 짧은 본문 속에서 바울이 사용한 "믿음"이라는 용어를 어떻게 그렇게 다양한 뜻으로 이해할 수가 있느냐고 묻는다면, 이에 대해서 아주 합당하고도 건전한 이유를 제시할 수가 있다. 바울이 열거하고 있는 이 은사들이 어떤 의미에서 믿음과 소망 아래 뭉뚱그려지기 때문에 ─ 그것들이 하나님을 아는 지식과 관련되어 있기 때문이다 ─ 그는 그 모든 것을 포괄하여 "믿음"과 "소망"이라는 말로써 다시 정리하고 있는 것이다. 말하자면 바울의 말은 이런 뜻이다: "예언과 방언과 방언 해석과 지식은 모두 하나님을 아는 지식으로 인도하는 목적을 갖고 있다. 그러나 이생에서는 오직 소망과 믿음을 통해서만 하나님을 안다. 그러므로 내가 믿음과 소망을 말할 때에는 동시에 이 모든 것을 다 포괄하여 말하는 것이다." "그런즉 믿음, 소망, 사랑, 이 세 가지는 항상 있을 것인데"(고전 13:13) ─ 즉, 아무리 은사들이 다양하게 많아도 모두가 그것들로 귀결되는데 ─ "그 중에 제일은 사랑이라"(고전 13:13).

셋째 구절(골 3:14)에서는 그들은 다음과 같은 논리를 이끌어내고 있다. 곧, 만일 사랑이 "온전하게 매는 띠"라면, 사랑이야말로 의의 띠요, 그것은 다름 아닌 완전한 띠일 것이라는 것이다. 바울이 정당하게 구성된 교회의 구성원들이 서로 잘 연합되어 있을 때에 그것을 가리켜 완전함(perfection)이라 부른다는 사실에 대해서는 그냥 지나치고, 또한 사랑이 우리를 하나님 보시기에 완전하게 만든다는 것도 인정하기로 하자. 그런데도 아직 더 제시할 다른 새로운 주장이 더 있단 말인가? 나는 이 모든 것에 대해 항상 반대하는 답변을 제시할 것이다. 곧, 사랑의 모든 의무들을 완전히 이루지 않는 한, 우리는 절대로 이 완전함에 이르지 못할 것이라는 것이다. 이를 근거로 나는, 모든 사람이 사랑을 이루는 것과는 전혀 거리가 멀기 때문에, 완전함에 대한 모든 소망도 그들에게서 사라져 버린다고 결론을 내릴 것이다.

9. 계명들을 지키라는 주님의 말씀의 참된 의미

오늘날 소르본느의 어리석은 궤변가들은 아무런 근거도 없이 손에 잡히는 대로 성경 구절들을 찢어서 우리에게 마구 던져대지만, 이에 대해서 일일이 반론을 제기하고 싶지는 않다. 그것들 가운데는 그것을 대꾸하다가는 나도 함께 어리석은 자 취급을 당할 것이 뻔할 만큼 정말 어리석기 그지없는 것도 있다. 그들이 아주 기뻐하면서 제시하는 그리스도의 말씀 한 가지에 대해서만 설명하고는 이 문제를 종결짓기로 하겠다.

그리스도께서는 구원을 얻기 위해서 무엇이 필요한지를 묻는 한 율법사에게 대답하시기를, "네가 생명에 들어가려면 계명들을 지키라"(마 19:17)라고 하셨다. 그들은 이에 대해서 이렇게 반문한다: "은혜를 베푸시는 주인께서 하나님 나라를 얻으려면 계명들을 지켜야 한다고 말씀하시는데 더 이상 무엇이 필요하겠는가?" 그러나 이것은 그리스도께서 자기가 지금 대하고 계신 그 사람들에게 알맞도록 대답하셨다는 것을 망각하고서 하는 말이다. 한 율법사가 축복을 얻는 방법에 대해서 질문하고 있다. 그저 단순히 묻는 것이 아니라 무엇을 행하여야 거기에 도달할 수 있느냐고 구체적으로 묻는다. 주님은 그 질문을 던지는 그 사람과 또한 그 질문의 내용을 생각하시고 그렇게 답하신 것이다. 율법사는 율법에 근거한 의를 믿고 인정하는 데 익숙해 있었고, 행위를 신뢰하는 자세로 스스로 눈이 멀어 있었다. 그리하여 그는 오로지 어떤 행위들이 과연 구원을 얻게 해 주는 의가 될 수 있겠느냐는 식으로 물은 것이다. 그러므로 주님은 그를 곧바로 다시 율법으로 돌려보내셔서 그것을 거울 삼아 완전한 의를 보게 하시는 것이다.

우리 역시 만일 사람이 행위를 근거로 생명을 구하고자 하면 이 계명들을 다 지켜야 한다고 분명하게 선언할 수 있다. 그리스도인들은 이 가르침을 알아야 한다. 자기들이 생명의 길에서 벗어나 사망의 낭떠러지에 서 있다는 것을 알지 못하면서 어떻게 그리스도께로 피할 수가 있겠는가? 생명의 길이 무엇인지를 모른다면 자기들이 생명의 길에서 얼마나 멀리 떠나서 방황하고 있는지를 어떻게 알 수 있겠는가? 그러므로, 자기들의 삶과 율법을 완전히 지키는 데서 이루어지는 하나님의 의가 서로 얼마나 엄청나게 차이가 나는지를 분별할 때에야 비로소 그리스도를 피난처로 깨달아서 그에게 피하여 구원을 회복할 수 있게 되는 것이다.

정리하자면, 행위에서 구원을 찾는다면, 완전한 의가 무엇인지를 가르쳐주는 계명들을 지켜야 한다. 그러나 중도에서 실패하기를 원치 않는 이상 여기서 중단해서는 안 된다. 우리 중의 그 어떠한 사람도 계명을 지킬 능력이 없기 때문이다. 그러므로, 우리가 율법에 근거한 의에 이를 수가 없으므로, 우리 자신을 다른 도움에, 즉 그리스도를 믿는 믿음에 맡기는 수밖에 없는 것이다. 그렇기 때문에, 이 구절에서는 주께서 율법사가 행위에 대한 헛된 자신감을 갖고 우쭐해져 있는 것을 아시고서 그를 율법에게로 되돌려 보내셔서, 자신이 죄인이요 영원한 죽음의 무서운 형벌을 받아 마땅한 처지에 있다는 것을 그 스스로 배우도록 하시지만, 다른 구절에서는 이미 자기 자신의 처지를 잘 알고서 낮아져 있는 사람들을 향하여 율법을 전혀 언급하지 않으시고 은혜의 약속으로 위로를 주시는 것을 보게 되는 것이다: "수고하고 무거운 짐 진 자들아 다 내게로 오라 내가 너희를 쉬게 하리라 나는 마음이 온유하고 겸손하니 나의 멍에를 메고 내게 배우라 그리하면 너희 마음이 쉼을 얻으리니"(마 11:28-29).

10. 선행을 의지하는 그릇된 논리

그들은 성경을 잘못 적용하느라 지친 나머지, 이제는 교묘한 궤변에 의지한다. 그들은 어느 구절에선가 믿음을 가리켜 "일"(work)이라고 부른다(요 6:29)는 사실에 대해서 트집을 잡는다. 이 사실을 근거로, 믿음을 행위(works)와 대립시키는 우리의 처사가 잘못이라고 주장하는 것이다. 마치 믿음이 하나님의 뜻에 순종함으로써 그 자체의 공로에 의하여 우리를 위하여 의를 얻게 해주기라도 하는 것처럼 생각하는 것이다. 사실 믿음은 오히려, 하나님의 긍휼을 받아들이는 것이요, 복음을 전하는 일 가운데서 우리에게 베풀어지는 긍휼하심으로 말미암아 우리 마음에 그리스도의 의를 인치는 것인데 말이다. 그런 어리석은 궤변들을 일일이 무너뜨리느라 시간을 소비하지 않더라도 독자들께서는 이해하리라 믿는다. 그런 궤변들은 그 자체가 너무나도 허약하여 굳이 바깥에서 힘을 쓰지 않더라도 스스로 자멸하고 마는 것이다.

그러나 한 가지 반론은 진리와 아주 비슷한 면이 있기 때문에 잠시 거론하고 지나가고자 한다. 그렇게 하지 않으면 경험이 일천한 사람들이 그것 때문에 어려움을 당할 수도 있기 때문이다. 서로 반대되는 것들을 논할 때에 동일한 법칙을 적용시켜야 하며, 죄는 그 하나하나마다 각각 불의로 인정된다는 것이 일반적인 상식이므로, 그들은 선행도 그 하나하나마다 각각 의로 인정되는 것이 마땅하다고 말한다. 사람이 하나님 앞에서 정죄를 받는 것은 구체적인 하나하나의 죄 때문이 아니라 오직 불신앙 때문에 일어나는 것이기 때문이라는 대답에 대해서도 나는 만족할 수 없다. 불신앙이 모든 악의 샘이요 뿌리라는 데에는 그들과 분명 동의한다.

그것이 하나님께로부터 떨어지는 첫 단계요, 그 뒤에 개별적으로 율법을 어기는 온갖 과실들이 뒤따르기 때문이다. 그러나, 의와 불의를 산정하는 데 있어서 그들은 선행과 악행을 가늠하는 데에 동일한 척도를 적용시키는 것 같은데, 이에 대해서는 반대하지 않을 수가 없다. 왜냐하면 행위에 근거한 의는 율법에 대한 완전한 순종이기 때문이다. 그러므로, 말하자면, 평생동안 단 한 차례의 실수도 없이 계속해서 이 곧은 선을 완전하게 지켜가지 않는 한, 행위로써는 도저히 의로울 수가 없는 것이다. 거기서 벗어나는 순간, 그 사람은 곧바로 불의(不義) 속으로 떨어지는 것이다. 이렇게 볼 때에 의(義)는 한두 가지 행위에서 이루어지는 것이 아니고, 흔들림 없이 지치지 않고 끊임없이 계속해서 하나님의 뜻을 지켜가는 데서 이루어지는 것이 분명하다.

그러나 불의를 판단하는 법칙은 이와는 매우 다르다. 간음하는 자나 도둑질하는 자는 그 한 가지 범죄 행위 때문에 죽을 죄를 지은 것이 된다. 그것으로 하나님의 위엄을 거슬렀기 때문이다. 오늘날의 이 궤변가들이 이렇게 올무에 빠진 것은 야고보의 다음과 같은 말씀에 주의를 기울이지 않기 때문이다: "누구든지 온 율법을 지키다가 그 하나를 범하면 모두 범한 자가 되나니 간음하지 말라 하신 이가 또한 살인하지 말라 하셨은즉 네가 비록 간음하지 아니하여도 살인하면 율법을 범한 자가 되느니라"(약 2:10-11).

따라서, 우리가 짓는 죄 하나하나마다 모두 죽음의 형벌을 받기에 합당하다고 말해도 전혀 불합리하게 들릴 이유가 없는 것이다. 왜냐하면 그 하나하나가 각기 하나님의 공의로우신 진노와 보응을 받기에 합당하기 때문이다. 그러나, 이 원리를 정반대의 경우에 적용시켜서, 사람이 한 가지 선행만 행하여도 그것으로 하나님과 화목될 수 있다는 식으로 생각한다면 그것은 참으로 어리석은 논리일 수밖에 없을 것이다. 한 가지 선행을 행한다 할지라도 그가 지은 수많은 죄들 때문에 이미 그는 하나님의 진노를 면치 못하는 처지에 있는 것이다.

주
_____

1. Pseudo-Ambrose, *The Call of the Gentiles*, I. v.
2. 벧전 1:9의 본문은 "믿음의 결국 곧 영혼의 구원을 받음이라"인데, 칼빈은 여기서 "영혼의 구원"을 "영생"과 동일한 의미로 받아들인 것 같다.
3. Augustine, *On Grace and Free Will*, vi. 14.
4. Augustine, *Against Two Letters of the Pelagians*, III. v. 14.
5. Augustine, *Psalms*, Ps. 32. ii. 1. 9; Ps. 83. 16; Ps. 109. 1.
6. 참조. 2장 9-13절.

제 19 장

그리스도인의 자유

(그리스도인의 자유에 대한 가르침의 필요성. 1-3)

1. 그리스도인의 자유를 바로 이해해야 함

이제 그리스도인의 자유에 대해서 살펴보기로 하자. 복음의 가르침을 간결하게 정리하고자 하면, 이 문제에 대한 설명을 빠뜨려서는 안 된다. 이 문제는 가장 절실한 문제요, 따라서 이에 대해 제대로 알지 못하면 양심이 어떤 일을 행하든 머뭇거릴 수밖에 없고 여러 가지 문제들에 대해 의심에 빠지고 이리저리 흔들리고 동요할 수밖에 없는 것이다. 특히 이 자유의 문제는 의롭다 하심의 가르침에 뒤따라붙는 것이므로, 의롭다 하심의 힘을 올바로 깨닫는 데에 적지 않은 도움이 되는 것이다.

사실 하나님을 진지하게 경외하는 이들은 이 자유에 관한 가르침에서 다른 것과 도무지 비교할 수 없는 큰 유익을 누리게 된다. 악한 자들이 끊임없이 이 가르침을 비방하고 조롱하지만, 그들은 정신이 취한 상태에서 그저 기분나는 대로 마음껏 조롱하는 것뿐이다. 현실이 이와 같기 때문에 이 문제를 여기서 다루는 것이 아주 적절하다고 본다.

앞에서도 이따끔씩 이 자유의 문제를 언급하곤 했었으나,[1] 여태껏 미루어 오다가 지금에 와서 비로소 본격적으로 다루는 데는 그만한 이유가 있다. 그리스도인의 자유라는 말을 언급하기만 해도 그 순간 정욕이 끓어오르거나 아니면 비정상적인 소요가 일어나서, 그런 방종한 자세를 즉각 억제시키지 않으면 지극히 선한 것들이 지극히 악한 것들로 부패해 버리는 예가 다반사이기 때문이다. 또한 이 자유를 구실로 하여 하나님께 드리는 순종의 마음을 아예 흔들어 놓고 도무지 절제 없는 방종에 빠지거나, 아니면 모든 선택과 질서와 억제력을 완전히 무시해 버리는 것이 아닌가 생각하여 그리스도인의 자유라는 개념 자체에 대해서 경원시하고 반대하기도 한다.

이렇게 곤란한 상황 가운데서 과연 어떻게 해야 하겠는가? 그런 위험한 결과가 생길 기회를 없애기 위해서 그리스도인의 자유와 작별해야 하는가? 그러나, 이미 말한 바와 같이, 이 그리스도인의 자유를 바로 이해하지 못하면, 그리스도도, 복음의 진리도, 영혼의 내적 평안도, 절대로 제대로 아는 것이라 할 수가 없다. 우리로서 해야 할 일은 오히려, 교리 가운데 매우 필수적인 부분이 되는 이 가르침을 억누르거나 무시하지 않으면서 동시에 이 가르침에 대해서 흔히 제기되는 어리석은 반론들을 제거하는 일일 것이다.

2. 의롭다 하심은 율법의 행위와는 상관 없음

내가 보기에는 그리스도인의 자유를 다룰 때에 세 부분으로 나누어 생각해야 할 것 같다. 첫째 부분은, 하나님 앞에서 의롭다 하심을 얻었다는 확신을 구하는 가운데 신자의 양심이 율법을 넘어서야 하고, 율법의 행위로 의롭다 하심을 얻는다는 것에 대해서 더 이상 생각하지 말아야 한다는 것이다. 이미 앞의 다른 곳에서 살펴보았거니와, 율법은 이 세상의 어느 한 사람도 의로운 사람으로 내버려 두지를 않는다. 그렇기 때문에 우리로서는 의롭다 하심을 받을 모든 소망이 사라진 상태에 있거나, 아니면 율법으로부터 놓임을 받아서 우리의 행위를 따지는 모든 것에서 벗어나야 하든지 둘 중의 하나다. 하나님께 의롭다 하심을 얻기 위해서는 어느 정도든 간에 본인 스스로가 행위를 나타내 보여야 한다는 식으로 생각하는 이들이 있으나, 그 행위를 드러내는 방식이나 그 행위의 한계를 그들 스스로 정할 수 있는 것이 아니다. 그렇기 때문에 사람은 결국 율법 전체에 대해 빚진 자의 상태로 있을 수밖에 없는 것이다.

그러므로 의롭다 하심을 받는 문제에 있어서는, 율법에 대한 언급이나 행위에 대한 모든 생각들을 다 제쳐두고 처음부터 끝까지 오직 하나님의 긍휼하심에만 매달려야 한다. 우리 자신을 바라보고 우리 자신을 생각하는 데서 방향을 돌려서 오직 그리스도만을 바라보아야 한다는 말이다. 왜냐하면 그 문제는 우리가 어떻게 의롭게 될 수 있느냐 하는 문제가 아니고, 무가치하고 불의한 우리들이 어떻게 의로운 자로 인정을 받느냐 하는 문제이기 때문이다. 이 문제에 대해서 양심이 어떠한 확신을 얻으려면, 율법에 대한 생각을 완전히 버려야 하는 것이다.

그러나, 그렇다고 해서 신자에게 율법이 전혀 필요가 없다고 생각한다면, 그것 역시 올바른 것이 아니다. 물론 하나님의 심판대 앞에 설 때에 양심이 율법을 생각하고 따지는 것은 아니지만, 그럼에도 불구하고 율법은 계속해서 우리를 가르치고 권면하고 강권하여 선(善)을 행하도록 하기를 그치지 않는 것이다. 이 두 가지는 서로 전혀 다른 것이므로, 이 두 가지를 아주 조심스럽게 구분해야 한다. 그리스도인의 삶 전체는 경건을 향한 일종의 갈망(aspiration)이어야 마땅하다. 왜냐하면 그리스도인은 거룩을 위하여 부르심을 받은 자들이기 때문이다(엡 1:4; 살전 4:7; 참조. 살전 4:3).

율법의 기능은 그리스도인들에게 그들의 의무가 무엇인지를 생각하게 함으로써 그들을 자극하여 순결함과 거룩을 추구하게 하는 것이다. 그러므로, 과연 어떻게 하면 하나님의 은혜를 얻을 수 있으며, 또한 하나님의 심판대 앞에 설 때에 과연 무엇을 의지할 수 있을지를 양심이 고민할 때에는, 절대로 율법의 요구들을 생각해서는 안 되고 오직 그리스도만을 의(義)의 근거로 의지해야 하는 것이다.

3. 갈라디아서의 논지

갈라디아서의 논지의 거의 전부가 바로 이 문제 하나에 걸려 있다. 바울이 거기서 가르치는 것은 오로지 구약의 의식(儀式:ceremonies)에서 해방되었다는 것일 뿐이라고 주장하는 이들이 있지만, 이런 해석이 어리석은 것이라는 것이 거기 나타나는 분명한 구절들을 통해서 입증된다. 그런 구절들은 다음과 같다: "그리스도께서 우리를 위하여 저주를 받은 바 되사 율법의 저주에서 우리를 속량하셨으니"(3:13). "그리스도께서 우리를 자유롭게 하려고 자유를 주셨으니 그러므로 굳건하게 서서 다시는 종의 멍에를 메지 말라. 보라 나 바울은 너희에게 말하노니 너희가 만일 할례를 받으면 그리스도께서 너희에게 아무 유익이 없으리라. 내가 할례를 받는 각 사람에게 다시 증언하노니, 그는 율법 전체를 행할 의무를 가진 자라. 율법 안에서 의롭다 함을 얻으려 하는 너희는 그리스도에게서 끊어지고 은혜에서 떨어진 자로다"(5:1-4).

이 구절들은 분명 단순히 의식에서 해방되는 것보다 무언가 높은 어떤 체계를 말씀하고 있다. 물론 사도 바울이 거기서 구약의 의식 문제들을 다루는 것은 사실이다. 그는 그리스도께서 강림하심으로써 폐하여진 율법의 옛 그림자 속에 기독교 교회를 다시 집어넣으려고 하는 거짓 사도들을 반박하는 중에 있었다. 그러나 이 문제를 거론하는 가운데 그는 그보다 높은 문제들을 제시하였고, 바로 그 높은 문제들에 바울의 논지 전체가 걸려 있었던 것이다.

첫째로, 복음의 밝은 광채가 그 유대인의 그림자로 말미암아 가려졌기 때문에, 바울은 과거 모세의 의식으로 예표되었던 모든 것들이 이제 그리스도 안에서 충만히 드러났다는 사실을 말씀한다. 둘째로, 그 가짜 교사들이 정말 악하기 그지 없는 생각을 ― 즉, 모세의 의식에 순종하는 것만으로 충분히 하나님의 은혜를 얻을 수 있다는 생각을 ― 은근히 사람들에게 집어넣고 있었기 때문에, 사도는 아주 강력하게 주장한다. 곧, 신자는 자기의 어떠한 행위로나 혹은 모세의 의식을 준수하는 하찮은 행위로 하나님 앞에 의롭다 하심을 얻을 수 있다는 식으로 생각해서는 안 된다는 것이다.

그러면서 동시에 그는 신자가 율법의 정죄에서 자유함을 얻는 것은 오직 그리스도의 십자가로 말미암아 되는 일이라는 사실을 보여주고 있다. 그리스도의 십자가가 아니면 모든 사람이 율법의 정죄 아래 있을 수밖에 없고, 따라서 그리스도 안에서만 완전한 안전 가운데서 안식할 수 있는 것이다. 이러한 사도의 논지가 우리가 다루는 이 문제에 아주 중요한 것이다(갈 4:5). 그리고 마지막으로, 사도는 신자들이 양심의 자유를 얻었으므로 그 자유를 쓸데없이 불필요하게 속박할 필요가 없음을 말하는 것이다.

(율법의 강요가 아니라 자유로운 양심으로 기꺼이 순종함. 4-6)

4. 순종은 율법의 강요로 억지로 하는 것이 아님

둘째 부분은 ― 이것은 첫째 부분에서 그대로 이어지는데 ― 양심이 율법을 준수하지만, 어쩔 수 없는 필연성에 강요를 받는 것처럼 그렇게 억지로 지키는 것이 아니라, 율법의 멍에에서 벗어나서 자발적으로, 자의적으로 하나님의 뜻에 순종한다는 것이다. 율법의 멍에 아래 매여 있으면 언제나 두려움 가운데 있을 수밖에 없으므로, 먼저 율법의 멍에에서 벗어나는 자유를 얻지 않고서는 절대로 양심이 자의(自意)로 기꺼이 하나님을 순종할 마음이 생길 수가 없는 것이다.

간단히 실례를 한 가지 들어서 내 말의 의미를 좀 더 설명하는 것이 좋겠다. 율법의 명령은 "마음을 다하고 성품을 다하고 힘을 다하여 네 하나님 여호와를 사랑하라"는 것이다(신명기 6:5). 그런데 이 명령을 지키기 위해서는 먼저 다른 모든 생각과 느낌이 제거되어야 하고, 영혼의 모든 힘을 이 한 가지 대상에 집중시켜야 한다. 그런데, 다른 사람들에 비해서 주의 길에서 굉장히 많은 진보가 있는 사람들도 이 목표에서는 아직도 멀다. 물론 진정한 마음으로 하나님을 사랑하고는 있지만, 아직도 이들에게는 육체의 정욕이 상당히 자리잡고 있어서 그것으로 인하여 하나님을 향하여 나아가는 걸음이 지체되고 장애가 생기고 있는 것이다.

정말 많은 노력을 기울이고 있기는 하지만, 육체가 그 힘을 약화시키기도 하고 육체 자체에 매여 있도록 만들기도 한다. 그리하여 율법을 지키는 일보다 어려운 일이 없다고 느끼게 되기도 하는데, 이럴 때 과연 어떻게 하는 것이 좋을까? 그들 자신이 그 일을 원하고 갈망하고 노력하는데도 필요한 완전에는 도저히 이를 수가 없는 것을 보는 것이다.

율법을 바라보면, 그들이 시도하고 계획하는 행위들 하나하나가 전부 저주받을 것밖에 아무것도 아닌 것처럼 보인다. 그렇다고 해서, 자기의 행위가 전부 다 나쁜 것이 아니고 다만 불완전할 뿐이므로 그 행위 속에 조금이라도 선한 것이 있으면 하나님께서 받아주시지 않을까 하고 생각하여 자신을 속일 수도 없다. 율법은 완전한 사랑을 요구하기 때문에 불완전한 것은 모두 정죄한다. 그러므로, 아무리 선을 행하여 그 행위 속에 선한 것이 조금은 있다고 인정받고 싶어도, 그 행위가 불완전하다는 그 사실 자체가 바로 율법을 범하는 것일 뿐인 것이다.

5. 진정한 순종의 동기

율법의 기준으로 따진다면 우리의 행위들은 율법의 저주 아래 있을 수밖에 없다는 것을 알아야 한다. 아무리 선을 행해도 기껏해야 저주밖에 돌아오지 않는다면, 과연 불행한 영혼으로서는 어떻게 그 행위에 마음을 쏟을 수 있겠는가? 그러나, 이런 율법의 가혹한 요구나 혹은 율법의 준엄함에서 해방되어 하나님께서 아버지처럼 따뜻하게 부르시는 부름을 듣게 되면, 그 부름에 기쁨으로 온 마음을 다하여 순종하게 되고, 또한 하나님의 인도하심을 따르게 될 것이다.

한 마디로 정리해서 말하자면, 율법의 멍에에 매여 있는 자들은 마치 날마다 주인에게 해야 할 과제를 부과받는 종들과 같다고 하겠다. 그런 종들은 주인에게서 부과받은 분량의 과제를 정확하게 이행해놓지 않으면 스스로 해 놓은 것이 아무것도 없다고 생각하여 감히 주인 앞에 나설 엄두도 내지 못한다. 그러나 아들의 경우는 사정이 전혀 다르다. 아들들에 대해서는 부모가 좀 더 너그럽고 자유롭게 대한다. 그래서 아들들은 비록 자기에게 맡겨진 일들이 이제 겨우 시작 단계에 있거나 절반 정도밖에 마치지 못했더라도, 심지어 자기가 행한 일 중에 흠이 좀 있다 할지라도, 있는 그대로 부모 앞에 내어놓는다. 왜 그럴까? 비록 부모가 원하는 만큼 정확하게 일을 마치지는 못했지만 자기들의 순종과 마음의 기꺼운 헌신을 부모가 받을 것이라고 믿기 때문이다. 우리의 생각과 느낌이 바로 이와 같아야 한다. 우리의 섬김의 행위가 아무리 작고, 아무리 보잘것없고 불완전해도 지극히 자비하신 아버지께서 그것들을 받아주실 것을 분명히 확신해야 한다는 말이다.

그리하여 하나님은 선지자를 통해서 우리에게 이렇게 선포하신다: "사람이 자기를 섬기는 아들을 아낌 같이 내가 그들을 아끼리라"(말 3:17). 여기서 '아낀다'는 말은 너그럽게 인정하고, 부족함이 있더라도 허물치 않으며, 동시에 그 섬김을 기억한다는 뜻이라는 것이 분명하다. 우리에게는 바로 이러한 확신이 절대로 필요하다. 이런 확신이 없다면, 무슨 일을 한다 해도 결국 헛될 것이기 때문이다. 하나님을 섬기고자 하는 열심으로 진정으로 행하지 않으면 우리가 아무리 선한 일을 한다 할지라도 하나님은 그것을 자기를 위해 행한 것으로 인정하지 않으신다. 우리의 행위가 하나님께 불경(不敬)이 될지, 아니면 기뻐하심이 될지를 몰라 의심이 가득한 그런 불안과 두려움 속에 있다면, 과연 어떻게 그렇게 할 수가 있겠는가?

6. 그리스도인의 자유는 선행을 격려함

그렇기 때문에 히브리서 기자는 구약의 경건한 족장들의 모든 선행(善行)들이 믿음에서 비롯되었음을 말씀하며 그들을 믿음으로 평가하는 것을 보게 된다(히 11:2 이하; 11:17). 로마서에는 이 자유에 대하여 말씀해 주는 놀라운 구절이 있다. 거기서 사도 바울은, "죄가 너희를 주관하지 못하리니 이는 너희가 법 아래 있지 아니하고 은혜 아래 있음이니라"(롬 6:14)고 말씀하고 있다. 그는 이에 앞서서, "너희는 죄가 너희 죽을 몸을 지배하지 못하게 하여 몸의 사욕에 순종하지 말고 또한 너희 지체를 불의의 무기로 죄에게 내주지 말고 오직 너희 자신을 죽은 자 가운데서 다시 살아난 자 같이 하나님께 드리며 너희 지체를 의의 무기로 하나님께 드리라"(롬 6:12-13)고 신자들을 권면했었는데, 신자들은 자기들의 육체에 정욕이 가득하며 아직도 죄가 그들 속에 거하고 있다고 하면서 바울의 권면에 반론을 제기했을지도 모른다.

그리하여 바울은 여기 14절의 말씀을 통해서 그들이 율법에서 자유함을 얻었다는 사실을 지적하여 그들을 위로하고 있는 것이다. 이 말씀은 이런 의미다. 즉, '죄가 너희에게서 완전히 사라졌고 의가 너희 속에 거하고 있다는 것을 분명히 느끼지 못한다 할지라도, 혹시 그 남아 있는 죄 때문에 하나님께서 노여워하지 않으실까 두려워하거나 낙심할 필요가 없다. 왜? 은혜로 말미암아 너희가 율법에서 자유를 얻었고, 따라서 너희의 행위가 율법을 기준으로 판단받거나 평가받지 않기 때문이다'라는 것이다.

그러나, 이제 율법 아래 있지 아니하니 죄를 지어도 무방하겠거니 하고 생각하는 자들이 있다면, 그 사람들은 이 그리스도인의 자유를 주장할 권리가 전혀 없는 사람들이라는 사실을 알아야 한다. 이 자유는 우리로 하여금 선을 행하도록 격려하는 데 그 목적이 있기 때문이다.

('중립적인 것들'에 대한 자유에 대한 로마서의 증거. 7-9)

7. 중립적인 것들에 대한 자유

그리스도인의 자유의 세 번째 부분은 다음과 같다:즉, 그 자체로서는 중립적인(선도 아니고 악도 아닌) 외형적인 일들에 대해서는 그리스도인들이 그것들을 준수할 책임을 하나님 앞에서 지지 않는다는 사실이다. 그것들을 사용하느냐 사용하지 않느냐 하는 것은 전적으로 우리의 자유에 맡겨져 있는 것이다. 이러한 자유를 아는 일이 우리에게 매우 절실하다. 이 자유를 알지 못하면 우리의 양심이 안식을 누릴 수가 없고, 따라서 미신(迷信)이 끊이지 않을 것이다. 오늘날 많은 사람들이 우리를 어리석은 자들이라 생각하고 있다. 왜 그런가? 고기를 먹는 일이나 의복을 입고 휴일을 사용하는 일 등 그들이 보기에 쓸데없는 것 같은 일에 대해서 우리가 문제를 제기하기 때문이다.

그러나 그 문제들은 보통 생각하는 것처럼 그렇게 하찮은 것이 아니다. 아주 중요한 문제들인 것이다. 양심이 한 번 그런 그물에 걸리면, 아주 복잡하고 기나긴 미로(迷路) 속으로 빠져들어가 거기서 헤어나오기가 좀처럼 힘이 들기 때문이다. 아마포(linen)를 침대 카바나 셔츠나 손수건이나 냅킨 등으로 쓰는 것이 과연 합당한 일일까 하고 의심하기 시작하면, 그 다음에는 삼베(hemp)를 쓰는 일에 대해서도 마음이 불편해진다. 그리고 결국에 가서는 거친 삼베(tow)를 쓰는 일까지도 의심이 생긴다. 그래서 아예 냅킨이 없이도 식사를 할 수 있고 또 손수건이 없이도 얼마든지 다닐 수 있지 않을까 하는 데까지 생각이 미치게 된다.

또한 맛있는 음식을 먹는 것이 하나님 앞에 합당하지 못하다고 생각하게 되면, 그 다음에는 검은 빵과 평범한 음료를 먹으면서도 하나님 앞에서 평안을 누릴 수가 없게 된다. 그보다 더 질이 나쁜 음식을 먹고도 얼마든지 몸을 유지할 수 있지 않을까 하는 생각이 들기 때문이다. 질이 좋은 포도주에 대해서 주저하는 마음이 있으면 그보다 질이 낮은 보통의 포도주조차 편안히 마실 수 없게 되며, 결국에는 보통 물보다 맑고 단 물조차도 입에 대지 못하게 되고 말 것이다. 정리해서 말하자면, 그런 식으로 나가면 결국에는 길을 걷다가 지푸라기 하나만 밟아도 큰 범죄로 생각하게 되는 우(寓)에 빠지고 만다는 것이다.

여기서 제기되는 문제는 결코 사소한 것이 아니다. 하나님의 뜻이 우리의 모든 행동과 계획보다 앞서야 마땅한데, 여기서 제기되는 문제가 바로 이것저것을 쓰는 것이 과연 그 하나님의 뜻에 합당한가 하는 것이기 때문이다. 여기서 어떤 이들은 낙심하여 깊은 혼란 속에 빠지며, 또 어떤 이들은 하나님을 무시하고 그를 향한 두려움을 저버리는 경우도 있지만, 이들은 스스로 바른 길을 찾지 못하여 멸망하고 마는 것이다. 사람이 그런 의심에 빠지면, 어떠한 방향을 취하든 간에 모든 것이 다 양심에 거리낄 수밖에 없는 것이다.

8. 자유와 하나님의 목적

바울은 말하기를, "내가 … 알고 확신하노니 무엇이든지 스스로 속된 것이 없으되 다만 속되게 여기는 그 사람에게는 속되니라"(롬 14:14)라고 한다. 이 말씀은 곧, 우리의 자유의 본질이 하나님 앞에서 누리는 자유로서 합당한 이상, 외적인 모든 것들이 우리의 자유에 속해 있다는 것을 뜻하는 것이다. 그러나 무슨 미신적인 관념 때문에 어떤 것이 께름칙하게 여겨진다면, 본질상 순결한 것이라 할지라도 우리에게는 그것이 부패한 것이 되는 것이다. 그렇기 때문에 사도는 이렇게 덧붙이고 있다: "자기가 옳다 하는 바로 자기를 정죄하지 아니하는 자는 복이 있도다. 의심하고 먹는 자는 정죄되었나니 이는 믿음을 따라 하지 아니하였기 때문이라. 믿음을 따라 하지 아니하는 것은 다 죄니라"(롬 14:22-23).

그렇지만, 이렇게 알쏭달쏭한 상태 가운데서 이런 모든 일에 우리 스스로 확신을 갖고 우리가 기뻐하는 대로 처신하게 되면, 오히려 그렇게 행하는 만큼 하나님께로부터 멀어지는 것은 아닐까? 그러나 하나님을 경외하는 일에 깊이 마음을 두고 있는 사람이라면, 자기 양심에 어긋나는 이런저런 일들을 억지로 행하게 되면 두려운 마음이 생겨 도무지 그런 일을 계속할 수가 없게 되고 만다. 이런 상태는 하나님께서 선물로 주시는 온갖 것들을 감사함으로 받는 상태가 아니다. 그러나 바울은 모든 것들을 감사함으로 받아야만 그 모든 것들이 거룩하게 쓰임을 받게 된다고 선언하고 있다(딤전 4:4-5).

여기서 말하는 감사란 곧 하나님께서 선물로 주시는 온갖 것들을 받으면서 하나님의 자비하심과 선하심을 인정하는 마음을 갖는 데서 나오는 그런 감사를 뜻한다. 사실 많은 이들이 자기들이 누리는 축복들을 하나님의 선물로 알고 그런 것을 주시는 하나님께 찬양을 드리고 있다. 그러나, 이런 좋은 것들이 하나님께서 주신 것이라는 사실을 깨닫지 못한다면, 그것들을 주신 하나님께 어떻게 감사할 수가 있겠는가?

한 마디로 말하자면, 우리는 이 자유를 어떤 방향으로 사용해야 할지를 잘 알고 있다. 곧, 하나님께서 주신 선물들을 양심의 거리낌이나 마음의 께름칙함이 없이 하나님께서 그것들을 주신 목적에 맞게 사용해야 한다는 것이다. 그렇게 하면 우리의 심령이 하나님과 화평을 누리며 아울러 우리를 향하신 하나님의 자비하심을 깨닫게 될 것이다. 우리가 지켜도 되고 지키지 않아도 무방한 모든 의식들이 여기에 해당된다. 그러므로 그런 의식들을 반드시 지켜야 한다는 압박을 받을 필요는 없으나, 한 가지 기억해야 할 것은 하나님의 자비하심에 따라서 그런 것들을 사용할 경우에는 반드시 덕(德)을 세우는 방향으로 사용해야 한다는 사실이다.

9. 사치와 탐욕, 그리고 그리스도인의 자유

그러나 여기서 주의 깊게 생각해야 할 것은 그리스도인의 자유는 그 모든 부분 하나하나가 다 영적인 문제라는 사실이다. 이 자유가 갖는 힘은 하나님 앞에서 두려워 떠는 양심에게 평안을 주는 데 있다. 죄 용서의 문제에 대해서 근심하고 걱정하든, 아니면 자기들의 불완전한 행위가 — 육체의 연약함으로 인하여 행위가 오염되고 부패해 있기 때문에 — 과연 하나님을 기쁘시게 하는 것인지에 대해서 걱정하든, 아니면 중립적인 행위들에 대해 께름칙한 느낌이 있든지, 그렇게 두려움을 가진 양심에게 평안을 가져다주는 것이 바로 이 자유가 가진 큰 힘인 것이다.

그러므로, 하나님의 선하고 귀한 선물들을 정욕적으로 사용하며 그런 정욕들에 대한 변명거리로 그 자유를 이용하는 자들이나, 혹은 자유라는 것은 사람 앞에서 사용하기 위해서 존재하는 것이 아니냐고 하며 믿음이 연약한 형제들을 전혀 고려하지 않고 무턱대고 사용하는 자들이 있다면, 그 사람들은 이 자유를 완전히 왜곡시켜 잘못 이해하고 있는 것이다.

그런데 오늘날 전자의 경우에 해당하는 사람들이 훨씬 더 많고 그런 죄가 훨씬 더 흔하게 나타난다. 재물이 넉넉한 사람치고, 사치스럽고 호사스런 연회를 즐긴다든지, 혹은 휘황찬란한 집에서 산다든지, 화려하게 몸을 치장한다든지, 주위 사람들보다 더 세련되고 우아한 생활을 뽐내기를 원하지 않는 사람을 거의 찾아볼 수가 없다. 그들은 그런 생활을 하면서 그리스도인의 자유를 구실로 내세운다. 그러면서 이런 것들은 중립적인 것에 속하는 문제라고 주장한다. 그런 것들이 정말 중립적인 자세로 사용되고 있다면, 나도 그들의 말을 인정하겠다. 그러나, 그런 사치를 탐하며 그것들을 자랑하며 거기에 빠져 있으니, 그것들 자체로는 중립적이며 합법적이라 할지라도 사람들의 그런 악행들로 인하여 그것들이 더럽혀지는 것이다.

사도 바울은 이처럼 중립적인 일에 대하여 아주 분명하게 구분하고 있다: "깨끗한 자들에게는 모든 것이 깨끗하나 더럽고 믿지 아니하는 자들에게는 아무것도 깨끗한 것이 없고 오직 그들의 마음과 양심이 더러운지라"(딛 1:15). 위로가 있고 배부르며 웃는 부자들이나(눅 6:24-25), 상아(象牙) 상에 누우며 침상에서 기지개 켜는 자들이나(암 6:4), "가옥에 가옥을 이으며 전토에 전토를 더하여 빈 틈이 없도록 하고" 연회를 벌이며 수금과 비파와 소고와 피리와 포도주에 취하는 자들(사 5:8-12)에게 화가 있다고 선언하는데, 대체 그 이유가 무엇이겠는가? 상아나 금이나 재물 같은 것은 모두 하나님이 지으신 것으로서 사람들이 사용하도록 허락되었고 또한 반드시 사용할 수밖에 없는 좋은 피조물들임이 분명하다. 또한 웃지 말라고 금하신 일도 없고, 배불리 먹지 말라거나, 유산으로 물려받은 오래된 재물에다 새 것을 더하지 말라거나, 음악을 즐기지 말고 포도주를 마시지 말라고 금하신 일도 없다.

물론 이것은 사실이다. 그러나, 사치 속에 뒹굴고 드러눕기 위하여, 또한 마음과 영혼을 환락에 취하게 만들고, 언제나 새로운 쾌락을 찾아 헤매는 생활을 위하여 재물과 기타 수단을 이용하는 일은 하나님의 선물들을 합당하게 사용하는 것과는 전연 거리가 먼 것이다.

그러므로, 그 무절제한 정욕을 누르고, 무절제한 사치와 허영과 교만을 버려야 한다. 그리하여 하나님이 주시는 선물들을 순전한 양심으로 순결하게 사용하도록 되어야 한다. 이렇게 온전한 정신 상태에 이르러야 비로소 하나님의 선물들을 합당하게 사용하는 법을 스스로 규정할 수 있게 되는 것이다. 이처럼 근신하는 자세가 결핍되어 있을 때에는 지극히 하찮은 일상적인 즐거움조차도 지나친 것이 되고 마는 법이다.

초라한 옷차림 속에 교만한 정신이 깃들며, 세련되고 우아한 옷차림 속에서 진정한 겸손이 빛난다는 말이 있는데, 이 말이 참으로 옳은 것 같다. 그러므로 가난하든 보통의 형편이든 부유하든 간에 각자의 처지에 맞게 살아야 한다. 또한 하나님께서 갖가지 선물들을 공급해 주시는 것은 사치를 위한 것이 아니라 우리의 삶을 위한 것이라는 사실을 기억해야 한다. 그리고 사도 바울과 함께 "비천에 처할 줄도 알고 풍부에 처할 줄도 알아 모든 일 곧 배부름과 배고픔과 풍부와 궁핍에도 처할 줄 아는 일체의 비결을" 배우는 것(빌 4:12)이 바로 그리스도인의 자유의 원칙임을 기억해야 할 것이다.

(그리스도인의 자유와 연약한 형제들과의 관계, 또한 상처를 주는 문제. 10-13)

10. 믿음이 연약한 형제들을 생각하여야 함

또한 많은 사람들이 다음과 같은 점에서 잘못을 범하고 있다. 곧, 자기들의 자유를 사람들에게 드러내 보이지 않으면 그 자유를 안전하게 온전하게 누리는 것이 아니라는 식으로 생각하는지, 그 자유를 무분별하게 막 사용하다가 믿음이 약한 형제들을 상하게 하는 일이 자주 일어나는 것이다. 오늘날 금요일에 고기를 먹음으로써 자유를 스스로 취하지 않으면 도무지 그리스도인의 자유를 누리는 것이 아니라는 식으로 생각하는 사람들을 여러분도 볼 것이다. 고기를 먹는 일 자체를 나무라고 싶지는 않다, 그러나 그런 식의 그릇된 생각은 그 사람들의 뇌리에서 사라져야 마땅하다.

사람들 앞에서 자유를 행사한다고 해서 무슨 새로운 것이 얻어지는 것이 아니고 오히려 그리스도인의 자유란 하나님 앞에서 누릴 것이라는 것을 생각해야 하며, 또한 자유를 행사하는 것만이 능사가 아니라 그 자유를 삼가는 것도 그리스도인의 자유에 속한다는 사실을 생각해야 하는 것이다. 고기를 먹든 계란을 먹든, 붉은색 옷을 입든 검정색 옷을 입든, 하나님 앞에서는 아무런 차이가 없다는 사실을 깨닫는다면 그것으로 충분한 것이다. 그리스도인의 자유란 양심의 유익을 위한 것인데, 그 양심이 자유를 누리게 되었다면 그것으로 족하지 않겠는가? 그러므로, 그런 양심의 자유를 깨달은 이후에 평생토록 고기를 먹지 않고 한 가지 색깔의 옷만을 입는다 해도, 그로 인해서 그 사람이 자유를 덜 누리는 것이 아니다. 아니, 오히려 그들이 자유하기 때문에 자유로운 양심으로 자기들의 자유를 삼가는 것이다.

그러나 믿음이 연약한 형제를 고려하지 않고 무턱대고 자유를 행사한다면, 그것이야말로 끔찍한 잘못이다. 자유를 행사하다가 그들에게 조금이라도 상처를 주는 일이 없도록 우리 스스로 견디고 참는 것이 합당한 일인 것이다. 때로는 우리가 우리의 자유를 사람들 앞에서 드러내 보여야 할 경우도 있는 것은 사실이다. 나도 그 점은 인정한다. 그러나 그럴 경우에는 하나님께서 우리에게 특별히 맡겨주신 믿음이 연약한 형제들을 돌보는 것을 포기하는 일이 없도록 최대한의 주의를 기울여서 그 자유를 행사하여야 하는 것이다.

11. 상처를 주는 문제

이제 여기서 연약한 형제들을 상하게 하는 잘못들에 대해서, 그것들을 서로 어떻게 구분하며, 어떤 것들을 피해야 하며, 어떤 것들을 무시해야 할지에 대해서 말해야겠다. 이 문제가 분명해지면, 사람들 앞에서 우리의 자유를 어느 정도까지 행사할 수 있는지 그 범위를 결정할 수 있게 될 것이다. 흔히들 하는 대로 상처를 주는 것(offence given)과 상처를 받는 것(offence received)으로 구분할 수 있을 것이다. 성경에서도 이렇게 구분하는 것을 분명하게 지지하고 있고, 또한 그 의미를 적절하게 표현하고 있기 때문이다. 경솔하거나 혹은 방종한 자세로 성급하게 어떤 일을 질서에 어긋나게 행하거나 혹은 규모 없게 처리하여 믿음이 연약하고 단순한 형제들에게 상처를 주는 경우에는 그 사람이 형제에게 상처를 주었다고 말할 수 있을 것이다. 왜냐하면 믿음이 연약한 형제가 상처를 받은 근거가 그 사람의 과실(過失)에 있기 때문이다.

일반적으로 말해서, 어떤 사람이 어떤 사안에 대해서 잘못 처신하여 다른 사람이 상처를 받는 일이 발생할 경우, 그 사람이 상처를 준 것이라고 할 수 있다. 또한 악한 마음이나 부당한 자세로 처신하지 않았는 데도 그런 처신으로 인해서 다른 사람에게 악한 감정을 불러일으킬 경우는 그 사람이 상처를 받은 것이라고 말할 수 있다. 이 경우는 한 쪽에서 상처를 준 것이 아닌데도, 상대방이 악의로 이해하여 이유 없이 상처를 받은 것이기 때문이다.

자, 이 두 가지 중에서 믿음이 연약한 자가 상처를 받는 것은 앞의 경우에 속하고, 뒤의 경우는 바리새인들이 상처를 받는 경우라 하겠다. 그러므로 우리로서는 우리에게 주어진 자유를 사용하는 데 있어서 믿음이 약한 형제들의 무지한 상태를 고려해서 처신해야 하겠지만, 바리새인들의 완고하고 굳은 자세는 고려할 필요가 없는 것이다.

믿음이 연약한 자들을 반드시 염두에 두고 고려해야 한다는 사실을 사도 바울은 여러 곳에서 분명하게 말씀하고 있다: "믿음이 연약한 자를 너희가 받되"(롬 14:1); "우리가 다시는 서로 비판하지 말고 도리어 부딪칠 것이나 거칠 것을 형제 앞에 두지 아니할 것을 주의하라"(롬 14:13). 그 이외에도 동일한 뜻을 가진 말씀이 여러 곳에 나타나지만, 여기서 일일이 인용하는 것보다 독자들이 찾아보도록 맡기는 것이 나을 것 같다.

한 마디로 정리하면, "믿음이 강한 우리가 마땅히 믿음이 약한 자의 약점을 담당하고 자기를 기쁘게 하지 아니할 것이라. 우리 각 사람이 이웃을 기쁘게 하되 선을 이루고 덕을 세우도록 할지니라"(롬 15:1-2)라는 것이다. 다른 곳에서는, "너희 자유가 믿음이 약한 자들에게 걸려 넘어지게 하는 것이 되지 않도록 조심하라"(고전 8:9)고도 하고, "무릇 시장에서 파는 것은 양심을 위하여 묻지 말고 먹으라"(고전 10:25)고도 하며, "내가 말한 양심은 너희의 것이 아니요 남의 것이니 … 유대인에게나 헬라인에게나 하나님의 교회에나 거치는 자가 되지 말라"(고전

10:29, 32)고도 말씀한다. 또한 다른 구절에서는 "너희가 자유를 위하여 부르심을 입었으나 그러나 그 자유로 육체의 기회를 삼지 말고 오직 사랑으로 서로 종 노릇 하라"(갈 5:13)고도 말씀한다.

과연 그렇다. 믿음이 연약한 우리의 형제들에게 상처를 주고 걸려 넘어지게 하는 것이 되라고 우리에게 자유가 주어진 것이 아니다. 우리가 모든 일에 있어서 그리스도의 사랑으로 그들을 섬겨야 마땅하다. 우리에게 자유가 주어진 것은 오히려 우리 마음속에 하나님과의 화평을 누리며, 사람들 가운데서도 화평을 이루며 살도록 하기 위함인 것이다.

바리새인들이 받는 상처에 대해서 취할 태도는 주님께서 친히 하신 말씀에서 배울 수 있다. 주님은 그들에 대해서 말씀하시기를, "그냥 두라! 그들은 맹인이 되어 맹인을 인도하는 자로다"(마 15:14)라고 하셨다. 바리새인들이 주님의 말씀을 듣고 상처를 받았다는(마 15:12) 제자들의 말을 들으시고, 주님은 그들을 그냥 내버려 두고 그들이 받은 상처에 대해서도 전혀 상관하지 말라고 대답하신 것이다.

12. 자유를 사용할 때의 지혜

그러나, 어떤 사람이 믿음이 연약한 자며, 어떤 사람이 바리새인인지를 구별하지 못한다면, 이 문제는 여전히 의혹 가운데 남아 있을 수밖에 없다. 왜냐하면 이를 구별하지 못하면, 상처를 주는 문제와 그리스도인의 자유를 사용하는 문제 사이에 갈등이 계속해서 남아서 크나큰 위험을 초래하게 되기 때문이다. 그러나 내가 보기에 사도 바울이 이 문제에 대해서 아주 분명하게 선을 그어주는 것 같다. 그는 가르침을 통해서, 또한 모범을 통해서, 상처를 주는 문제와 관련해서 우리의 자유를 어느 정도까지 절제하며, 또한 어느 정도까지 시행할 것인가를 잘 가르쳐주고 있다.

디모데를 선교팀의 일원으로 받아들일 때에 바울은 디모데에게 할례를 행했다(행 16:3). 그러나 디도의 경우는 할례를 베풀지 않았다(갈 2:3). 이 두 가지 경우에, 행동은 달랐으나 목적이나 의도는 똑같았다. 디모데에게 할례를 베풀 때에는 그가 모든 사람에게서 자유한 상태였으나 스스로 모든 사람의 종이 된 것이다: "유대인들에게 내가 유대인과 같이 된 것은 유대인들을 얻고자 함이요 율법 아래에 있는 자들에게는 내가 율법 아래에 있지 아니하나 율법 아래에 있는 자

같이 된 것은 율법 아래에 있는 자들을 얻고자 함이요, 율법 없는 자에게는 내가 하나님께는 율법 없는 자가 아니요 도리어 그리스도의 율법 아래에 있는 자나 율법 없는 자와 같이 된 것은 율법 없는 자들을 얻고자 함이라. 약한 자들에게 내가 약한 자와 같이 된 것은 약한 자들을 얻고자 함이요 내가 여러 사람에게 여러 모습이 된 것은 아무쪼록 몇 사람이라도 구원하고자 함이니"(고전 9:20-22).

여기서 우리는 자유를 절제하는 모습을 볼 수 있다. 곧, 중립적인 사안(事案)에 대해서 우리의 자유를 절제함으로써 유익을 얻을 수가 있다는 사실이다.

그러나 디도의 경우는 할례를 베풀기를 강력하게 거부했는데, 그 이유를 바울은 이렇게 증거하고 있다: "그러나 나와 함께 있는 헬라인 디도까지도 억지로 할례를 받게 하지 아니하였으니 이는 가만히 들어온 거짓 형제들 때문이라. 그들이 가만히 들어온 것은 그리스도 예수 안에서 우리가 가진 자유를 엿보고 우리를 종으로 삼고자 함이로되 그들에게 우리가 한시도 복종하지 아니하였으니 이는 복음의 진리가 항상 너희 가운데 있게 하려 함이라"(갈 2:3-5).

여기서 우리는 거짓 사도들의 부당한 요구로 인하여 믿음이 연약한 형제들의 양심의 자유가 위협을 받을 경우는 그리스도인의 자유를 분명하게 시행할 필요가 있는 것을 보게 된다.

어떠한 경우든지 간에 우리는 사랑을 갖고서 이웃에게 덕을 세우기를 구해야 할 것이다. 바울은 다른 곳에서 말하기를, "모든 것이 가하나 모든 것이 유익한 것은 아니요 모든 것이 가하나 모든 것이 덕을 세우는 것은 아니니 누구든지 자기의 유익을 구하지 말고 남의 유익을 구하라"(고전 10:23-24)고 한다. 자유를 사용하는 문제에 대해서 무엇보다 분명한 원칙은, 자유를 사용하는 일이 이웃에게 덕을 세울 경우는 그 자유를 사용하며, 이웃에게 도움이 되지 않을 경우는 자유를 사용하지 않고 절제한다는 것이다.

그런데, 바울의 지혜를 본받아 자유를 절제하는 척하면서도 정작 사랑의 실천을 위해서는 그 지혜를 발휘하지 않으려는 사람들이 있다. 그들은 현재 자기들이 누리는 편안하고 안락한 상태를 보호하려는 마음으로, 자유를 이야기하는 것 자체를 묵살시키려 한다. 이웃에게 유익을 주고 그들에게 덕을 세우는 일을 위하여 자유를 사용하는 것이, 때때로 자기 자신의 이익을 위하여 그 자유를 절제하는 것만큼 중요할 때가 있는 데도, 그들은 그렇게 하려 하지를 않는 것이다. 그러나 경건한 사람으로서는 모름지기 외형적인 일에 자유를 누릴 권리가 자기에게 주어진 것은 바로 사랑의 모든 의무들을 더 잘 실천하도록 하기 위함이라는 것을 깨닫고 있어야 마땅할 것이다.

13. 이웃 사랑과 하나님 사랑

형제를 상하게 하는 일을 피하는 문제에 대해서 이런저런 말을 했거니와, 중립적인 문제들에 대해서 말을 해야겠다. 반드시 해야 할 일들은 혹시 상처를 주지 않을까 하는 우려가 있다 할지라도 반드시 행해야 한다. 우리의 자유보다 사랑이 우선하는 것처럼, 사랑보다 순결한 믿음이 우선하는 것이기 때문이다. 물론 제단 앞에 이르기까지(참조. 마 5:23-24) 사랑을 중요하게 생각해야 한다. 그러나 그렇다고 이웃을 위한답시고 하나님을 노엽게 할 수는 없는 것이다.

어떤 일이든 소동을 일으키며, 차근차근 일을 처리하지 않고 한꺼번에 되는 대로 일을 처리하는 사람들의 조급함을 용납해서는 안 된다. 그리고, 온갖 불경하고 악한 일들을 도모하는 데 우두머리 노릇을 해온 자들이, 이웃에게 상처를 주지 않기 위해서는 그렇게 행동할 수밖에 없었다는 식으로 이야기하면서 마치 자기들이 이웃의 양심을 세워서 악에 빠지도록 한 일이 없는 것처럼(참조. 고전 8:9) 위장하기도 하지만, 이런 자들의 이야기도 귀담아 들어서는 안 된다. 이런 사람들은 특히 도저히 헤어나올 길이 없이 궁지에 몰리면 그런 식의 논리를 펴곤 하는 것이다.

또한 이웃이 교리로나 실천적 모범을 통해서 가르침을 받아야 할 처지에 있을 때에, 어떤 입심 좋은 사람들이 그 사람에게는 젖이 필요하다고 하면서 온갖 악하고 독이 가득한 생각을 그 이웃에게 심어주는 경우도 있다. 사도 바울도 고린도 교인들에게 말씀하기를, "내가 너희에게 젖으로 먹이고 밥으로 아니하였노니"(고전 3:2)라고 했다. 그러나 만일 로마 교황주의자들이 행하는 미사가 그 당시 고린도 교인들 가운데도 있었다면, 과연 사도 바울이 젖을 먹인답시고 그런 미사의 행위를 용인하고 행하였겠는가? 절대로 그렇지 않다.

젖과 독(毒)은 분명히 다른 것이기 때문이다. 그러므로 겉으로 아주 그럴듯하게 위장하고서 사람을 잔인하게 죽이고 있으면서 그들을 젖으로 먹여 키우고 있다고 이야기하는 것은 정말 거짓된 것이다. 백 번 양보해서 그런 위장된 것을 일시적으로 사용할 수 있다손 치더라도, 도대체 언제까지 사람들에게 젖만 계속해서 먹이겠는가? 그 사람들이 젖 이외에 다른 부드러운 음식을 먹을 수 있을 정도로 자라나지 않는다면, 그 사람들은 한 번도 젖을 먹어본 일이 없는 것과 다를 바 없는 것이다.

이런 사람들에 대해서 이 정도만 말하고 그치고자 하는데, 이렇게 하는 데는 두 가지 이유가 있다. 첫째는, 지각 있는 사람이라면 누구나 그 사람들에 대해서 지겨워하고 혐오하는 것을 볼 때에 그들의 어리석은 짓들은 논박할 가치조차 없기 때문이다. 그리고 둘째는, 이미 다른 논고(論考)들에서 충분히 논박했으므로 여기서 구태여 다시 반복할 필요가 없다고 보기 때문이다.

다만 한 가지, 독자 여러분들로서는 이 점을 기억해 주기를 바란다. 첫째로, 사탄과 세상이 우리를 하나님의 법을 저버리게 만들고 죄를 범하게 만들려고 어떠한 방법을 쓰든지 간에 우리로서는 하나님께서 지정해 주시는 경로를 따라서 굳건하게 전진해야 한다는 사실과, 또한 둘째로, 어떠한 위험이 닥치든지 간에, 우리는 하나님의 명령에서 손톱만큼도 벗어날 자유가 없으며, 어떠한 구실로도 하나님께서 허용하시는 일 이외의 것을 시도하는 것은 합당하지 않다는 사실이다.

(전통과 민간 정부에 대한 자유와 양심의 문제. 14-16)

14. 그리스도인의 자유와 인간의 권위

신자들은 지금까지 말한 이 자유라는 특권을 받아서 그리스도께서 신자들을 자유롭게 하려 하신 문제들에 관하여 얽매여 있지 않게 되었으므로 — 이는 그리스도의 권위로 말미암은 것이다 — 따라서 신자의 양심도 모든 인간의 권위에게서 자유를 얻었다는 결론을 얻게 된다. 그리스도께서 베푸신 그 자비로운 은혜에 대해 마땅히 드려야 할 감사가 사라진다면, 또는 신자의 양심이 그 은총에 대해서 아무런 유익을 얻지 못한다면 그것은 당치도 않은 일일 것이다.

이를 위하여 그리스도께서 얼마나 큰 값을 치르셨는지를 생각한다면, 이것을 절대로 사소한 일로 여겨서는 안 될 것이다. 그리스도께서는 금이나 은이 아니라 그 자신의 보배로운 피로 값주고 사신 것이다(벧전 1:18-19). 바울도 서슴지 않고 말하기를, 만일 우리가 우리의 영혼을 사람들에게 굴복시킨다면 그리스도께서 죽으신 것이 헛된 것이 되고 만다고 한다(갈 2:21).

갈라디아서에서 바울은 몇 장에 걸쳐서 우리의 양심이 자유를 유지하지 않으면 그리스도께서 희미해지며, 아니 우리에게서 소멸된다는 사실을 계속해서 말하고 있다. 율법과 인간의 법도의 굴레에 매여 있어서 사람을 기쁘게 하는 상태에 있다면, 그것은 정녕 그리스도인의 양심의 자유를 잃어버린 것이다(참조. 갈 5:1, 4). 그러나 이 문제에 대해서 바른 지식을 갖는 것이 너무도 중요하기 때문에, 이를 좀 더 길고 좀 더 분명하게 해명할 필요가 있다. 인간의 제도와 법도가 폐하여졌다는 말을 하는 그 순간, 선동가들과 중상모략하는 자들을 통해서 엄청난 혼란이 일어나게 되기 때문이다. 그들은 마치 온갖 종류의 인간의 순종이 전부 폐하여지고 던져져 버린 것처럼 그렇게 사람들을 혼동시키는 것이다.

15. 이중적인 통치

그러므로 이것이(인간의 제도와 법도가 폐하여졌다는 사실이) 걸려 넘어지게 하는 돌이 되는 일이 없도록 하려면, 사람을 통치하는 일이 이중적으로 이루어진다는 사실을 깨달아야 한다. 그 하나는 영적인 통치인데, 이를 통해서 양심이 경건과 하나님을 예배하는 일에 훈련을 받는다. 또 하나는 국가적인 통치인데, 이를 통해서 개인이 사람으로서와 국가의 시민으로서 반드시 수행하여야 할 의무들에 대해서 교훈을 받는 것이다. 이 두 가지 형식의 통치를 가리켜 통상 영적 관할권(spiritual jurisdiction)과 세속적 관할권(temporal jurisdiction)이라는 명칭을 붙이는데 부적절하지는 않은 것 같다.

영적 관할권이라 함은 영적인 생활에 관계된 것이고, 세속적 관할권이라 함은 육신의 생활과 관련된 문제들, 즉 음식이나 의복은 물론 다른 사람과 순전하고도 존귀하게 그리고 질서 있게 살도록 하는 데 필요한 법을 제정하는 문제 등에 관련된 것이다. 영적 통치는 영혼에 관계된 것이요, 세속적 통치는 오로지 외형적인 행실을 규정하는 데만 관계된다. 그런데 이 두 가지 통치는 ― 우리가 그렇게 구분하지만 ― 언제나 각기 따로 떼어서 별도로 보아야 한다. 이 중 어느 하나를 생각할 때에는 나머지 것에 대해서는 생각하지 말아야 한다는 말이다. 이는, 말하자면, 사람 속에 두 가지 세계가 존재하는데 그 각 세계를 다른 왕과 다른 법들이 지배할 수 있기 때문이다.

이렇게 구분함으로써 영적 자유에 관한 복음의 도리를 국가 질서에로 전이시켜서, 마치 외형적인 통치에 있어서 그리스도인의 양심은 하나님 앞에서 한계가 없기 때문에 외형적인 통치에 있어서도 인간의 법에 덜 예속되는 것처럼 생각하는 잘못과, 또한 그리스도인은 영적으로 자유롭기 때문에 모든 육체적 의무들을 면제받는 것처럼 생각하는 잘못을 방지할 수가 있다. 뿐만 아니라, 영적인 통치와 관련되는 것 같은 그런 제도 속에도 혼동되는 부분이 있을 수 있기 때문에, 하나님의 말씀과 일치하여 합당한 것으로 보아야 할 것과 반면에 경건한 자들 가운데 있어서는 안 될 것을 서로 구분할 필요가 있다.

국가의 통치에 대해서는 말할 기회가 앞으로 별도로 있을 것이다.[2] 또한 교회법과 관련한 내용에 대해서도 여기서는 다루지 않는다. 이 문제는 제4권에 가서 교회의 권한을 다룰 때에 좀 더 충실하게 말하게 될 것이다.[3]

현재 다루고 있는 이 문제에 대해서는 다음과 같이 결론지을 수 있다. 앞에서 말했거니와, 이 문제 자체는 별로 희미하거나 혼란스러운 것이 아니면서도 많은 사람들에게 어려운 문제가 되고 있다. 흔히들 외형적 다스림과 양심의 다스림이라 부르는 것을 서로 정확히 구분하지 못하기 때문이다. 게다가 "진노 때문에"가 아니라 "양심을 따라" 관원들에게 굴복하라는 바울의 명령(롬 13:1, 5) 때문에 어려움이 더 가중되고 있다. 이 말에 따르면, 국가 법이 양심까지도 규제한다는 뜻이 되는데, 그렇다면 조금 전에 말한 내용이나 영적 통치에 대해 말한 내용이 전부 무너지게 되고 말기 때문이다.

이런 어려움을 해결하기 위해서 첫 번째로 중요한 것은 과연 양심(conscience)이 무엇을 의미하는지를 바로 이해하는 일이다. 이 단어의 정의는 그 어원(語源)에서 찾아야 한다. 정신과 지성을 통하여 어떤 사물에 대한 지식을 습득할 때에 그것을 가리켜 "아는 것"(to know)이라고 한다. 그리고 여기서 "지식"(knowledge) 혹은 "학"(學:science)이라는 용어가 생겨난다.

이와 마찬가지로 하나님의 공의에 대한 지각을 가져서 그것이 증인이 되어 죄를 숨기지 못하도록 만들고, 오히려 그들을 하나님의 법정 앞에 죄인으로 끌어다 놓을 때에, 그 지각을 일컬어 양심(良心:conscience)이라 부르는 것이다. 말하자면 그 양심이 하나님과 사람 사이에 있어서, 사람이 자기 자신에 대해 스스로 아는 바를 그냥 억눌러두게 내버려 두지 않고 오히려 그것을 계속 추궁하여 심지어 정죄하기까지 하는 것이다.

"이런 이들은 그 양심이 증거가 되어 그 생각들이 서로 혹은 고발하며 혹은 변명하여"(롬 2:15-16)라는 사도 바울의 말은 바로 이를 두고 하는 말이다. 아주 단순한 지식이 사람 속에 존재하는데 그것이 그 사람 속에 완전히 감추어져 있을 수가 있다. 그러므로 사람을 하나님의 법정에 끌어다 앉히는 이 지각이 일종의 보초병처럼 사람에게 있어서 그 은밀한 모든 비밀들을 관찰하고 찾아내어 어둠 속에 묻혀 있는 것이 아무것도 없도록 만드는 것이다. 그러므로 옛 사람들의 금언에, 양심은 일천 증인과도 같다는 말이 있는 것이다.

똑같은 이유로 베드로 사도 역시 마음의 평안을 가리켜 "선한 양심이 하나님을 향하여 찾아가는 것"(벧전 3:21)이라고 표현하고 있다. 곧, 그리스도의 은혜를 깨달을 때에 우리 자신을 담대하게 하나님 앞에 내어놓는다는 것이다. 히브리서 기자는 "다시 죄를 깨닫는 일이 없으리니"(히 10:2)라고 말씀하는데, 이는 우리가 자유함을 받았거나 무죄 방면을 받아서 다시는 죄가 우리를 책하지 못한다는 의미인 것이다.

16. 양심의 자유

그러므로, 행위가 사람들 간의 관계에 해당하는 것처럼 양심은 하나님과의 관계에 관한 것이다. 선한 양심이란 다름이 아니라 내적인 마음의 진실함이기 때문이다. 이런 의미에서 사도 바울은 말하기를, "이 교훈의 목적은 청결한 마음과 선한 양심과 거짓이 없는 믿음에서 나오는 사랑이거늘"(딤전 1:5)이라고 한다. 또한 뒤에 가서는 "믿음과 착한 양심을 가지라 어떤 이들은 이 양심을 버렸고 그 믿음에 관하여는 파선하였느니라"(딤전 1:19)라고 말하는데, 이런 말들을 통해서 우리는 양심이 지성(知性:intellect)과 전혀 다른 것임을 알 수 있다. 바울은 이 말들을 통해서, 양심이란 하나님을 섬기고자 하는 살아 있는 성향이며, 경건함과 거룩함으로 살기를 바라는 순전한 열심이라는 것을 가르치는 것이다.

사실 양심이 사람들 간의 관계에 적용되는 경우도 간혹 있다. "하나님과 사람을 대하여 항상 양심에 거리낌이 없기를 힘쓰노라"(행 24:16)는 사도 바울의 말씀에서도 이 점이 잘 드러난다. 그가 그렇게 말하는 것은 선한 양심의 열매가 사람들에게까지 다가가기 때문이다. 그러나 이미 말한 바와 같이 양심은 오직 하나님과의 관계에 관한 것이다. 그러므로, 어떤 법이 다른 사람들과의 관계는 전혀 생각하지 않고 그저 그 사람 개인을 속박할 경우에 이를 가리켜 법이 양심을 속박한다는 말을 쓰는 것이다.

예를 들어서, 하나님께서는 우리에게 마음을 청결하게 하고 정욕을 제하라고 명령하시는 동시에 겉으로 드러나는 모든 음란과 더러운 말까지도 금하시는데, 혹시 이 땅에 나 이외에 다른 사람이 없다 할지라도, 나는 양심으로 이 법을 준수해야 마땅하다. 그리고 이를 어기는 자는 형제들에게 악한 모범을 세우는 죄를 범함은 물론, 그의 양심으로 하나님 앞에서 정죄를 면하지 못하는 것이다.

그러나 중립적인 문제에 대해서는 이런 법칙이 적용되지 않는다. 남을 상하게 하는 일은 무엇이든지 금해야 마땅하지만, 그러나 어디까지나 자유로운 양심으로 그렇게 하는 것이다. 그리하여 사도 바울은 우상에게 바친 고기에 대해 말하는 중에, "누가 너희에게 이것이 제물이라 말하거든 알게 한 자와 그 양심을 위하여 먹지 말라. 내가 말한 양심은 너희의 것이 아니요 남의 것이라"(고전 10:28-29)고 한다. 사전에 이러한 경고를 받고서도 우상에게 바친 고기를 먹는다면, 그것은 죄를 짓는 것이다. 그러나 다른 형제를 위해서 그런 고기를 먹지 말아야 하는 것은 분명하지만 ― 하나님이 그렇게 명령하시기 때문에 ― 그러면서도 여전히 양심의 자유가 우리에게 그대로 있는 것이다. 자, 그러니 이 법이 외형적인 행위를 속박하면서도 양심의 자유는 그대로 보장한다는 사실이 분명해지는 것이다.

주 _____

1. 참조. 2권 7장 14, 15절; 3권 11장 17, 18절.
2. 참조. 4권 20장
3. 참조. 4권 10, 11장.

제 20 장

기도 : 믿음의 주요 활동, 그리고 기도로써 얻는 일상적인 유익

(기도의 본질과 가치. 1-3)

1. 믿음과 기도

지금까지 다룬 내용에서 볼 때에, 사람에게 선이란 전혀 없으며 자기 스스로 구원을 취득할 수 있는 수단도 전혀 없다는 사실이 분명하게 드러난다. 그러므로 사람이 자기의 절실한 처지에 대하여 도움을 얻으려면, 자기가 아닌 다른 누군가에게서 구해야만 한다. 그 다음에 또 살펴보았듯이, 하나님께서는 자기의 뜻을 따라 기꺼이 자기 자신을 그리스도 안에서 나타내신다는 사실이 나타난다. 하나님은 그리스도 안에서 우리의 비참한 처지를 씻어내고 모든 행복을 주시며, 하늘의 보고(寶庫)를 여시사 그리스도 안에서 우리의 핍절한 상태를 씻어내고 모든 풍성함을 주시며, 그리하여 온전한 믿음으로 그의 사랑하시는 아들에게로 돌아가 온전한 기대를 갖고 그를 의지하며, 그 안에서 안식하며, 온전한 소망으로 그를 붙들 수 있도록 해 주시는 것이다.

이것은 정말이지, 삼단논법 같은 것으로는 도저히 배울 수 없는 감추어진 비밀스런 철학이 아닐 수 없다. 하나님께서 눈을 뜨게 하셔서 하나님의 빛 속에서 빛을 보게 된(시 36:9) 그런 사람만이 마음으로 체득할 수 있는 그런 철학인 것이다.

그러나, 우리에게 필요한 모든 것, 혹은 우리 속에 결핍된 모든 것이 하나님 안에서와 우리 주 예수 그리스도 — 그의 속에 모든 충만이 거하기를 성부께서 기뻐하셨다 — 안에서 공급된다는 사실을 아는 법을 믿음으로 배워서, 마치 마르지 않는 샘에서 물을 퍼내듯이 그리스도께로부터 그 모든 것을 퍼내게 되었다 할지라도(참조. 골 1:19; 요 1:16), 우리로서는 여전히 그리스도 안에 있다고 배운 그 모든 것들을 구해야 하며, 기도로 그리스도께 간구해야 하는 것이다. 하나님이 모든 선한 것들을 베푸시는 주권자이시라는 사실을 알게 되면 우리는 그것들을 위하여 그 하나님께 구하게 된다.

그런데도 하나님께 나아가거나 구하지 않는다면 그것은 우리에게 유익이 되기는커녕, 마치 보물이 있다는 이야기를 듣고도 그것을 그냥 땅 속에 묻혀 있는 채로 내버려 두는 것이나 마찬가지일 것이다. 그러므로 사도는 하나님을 향하여 기도함이 없는 믿음은 진정한 믿음일 수가 없다는 사실을 보여 주기 위하여 다음과 같이 정리하여 말하고 있다. 곧, 믿음이 복음에서 나오는 것처럼, 믿음으로 말미암아 우리의 마음이 하나님의 이름을 부르도록 된다는 것이다(롬 10:14-17).

사도는 같은 로마서 앞부분에서도 바로 그 사실을 말한 바 있다. 곧, 복음의 증거를 우리 마음에 인치시는 "양자의 영"께서 우리의 필요한 사항들을 하나님께 아뢸 용기를 주시며, 말할 수 없는 탄식으로 간구하시며, 우리로 하여금 "아빠 아버지"라 부를 수 있게 하신다는 것 말이다(롬 8:15, 26). 이 중에 마지막 사실에 대해서는, 앞에서는 그저 스쳐 지나가면서 잠깐 언급하기만 했기 때문에, 이제 좀 더 상세히 말해야겠다.[1]

2. 기도의 절대적 필요성

그러므로, 하늘의 아버지께서 우리를 위해서 간직하고 계시는 그 온갖 풍성한 것들을 얻는 데는 기도가 반드시 필요하다. 하나님과 사람 사이에는 일종의 교제(intercourse)가 있다 곧, 사람이 하늘의 성소에 들어가서 하나님 앞에 서서 하나님이 하신 약속들을 근거로 하나님께 호소하여, 결국 사정이 생길 때에 그들이 하나님의 말씀의 권위만을 의지하여 믿은 바가 헛되지 않았다는 것을 경험을 통해서 배우게 되는 그런 교제가 있다는 말이다. 따라서, 주께서 주시기로 약속하신 모든 것에 대해서 기도로 그에게 구하라고 명하시는 것을 보게 된다. 이것이 과연 사실이기에, 우리는 기도로써 우리 주님의 복음이 우리의 믿음의 눈에 밝혀주는 그 보화들을 파내는 것이다.

기도가 얼마나 절실하게 필요하며, 또한 얼마나 효용이 있는지에 대해서는 아무리 이야기해도 다 설명할 수가 없다. 확신하건대, 우리의 하늘 아버지께서 우리의 안전은 오로지 그의 이름을 부르는 데 있다고 선포하시는 데에는 분명한 이유가 있다(참조. 욜 2:32). 우리는 그의 섭리로 임재하사 우리의 일상사를 돌보시도록 아뢰며, 우리가 연약하여 쓰러질 때에 그의 권능으로 임재하사 우리를 지탱시키시며, 그의 선하심으로 임재하사 죄악으로 비참한 상태에 있는 우리를 받아들이사 사랑을 베푸시기를 기원한다. 또한 간단히 말해서, 우리는 전적으로 우리와 함께 계시는 분으로서 자신을 우리에게 드러내 보이시도록 간구하는 이 모든 일이 기도로써 이루어지는 것이다.

그리고 그 결과로 놀라운 평강과 안정이 우리의 양심에 주어지는 것이다. 어려운 일 때문에 주님 앞에 우리의 사정을 아뢰게 될 때에, 우리의 나쁜 상황들 가운데 주님이 모르시는 것이 없으며, 또한 주님은 우리를 위해 최고의 것을 이루실 능력도 있으시고, 또한 그럴 뜻도 가지고 계신다는 확신이 우리 속에 가득 차게 되어 온전한 만족으로 안식하게 되는 것이다.

3. 기도가 주는 여섯 가지 유익

그러나, 아마 이렇게 말하는 사람도 있을 것이다: "우리의 어려운 처지가 무엇이며, 또한 우리를 위해서 무엇이 필요한지를 우리가 알려 주지 않아도 하나님이 이미 알고 계시지 않는가? 그러니 구태여 기도를 통해서 하나님께 그런 것들을 알리는 것이 어떤 의미에서 보면 쓸데없는 일이 아닌가? 하나님이 졸고 계시거나 주무시고 계셔서 우리가 목소리를 높여 깨워드려야 비로소 응답하시는 것이 아니라면, 기도가 무슨 필요가 있겠는가?"

그러나 이렇게 생각하는 사람은 주님이 우리에게 기도를 가르쳐 주신 목적을 깨닫지 못하고 있는 것이다. 기도는 하나님을 위한 것이 아니라 우리 자신을 위한 것이다. 하나님은 사람이 하나님께 드려야 마땅한 존귀를 돌리기를 원하시며, 또한 이러한 하나님의 뜻은 의로운 것이다. 즉, 사람이 바라거나 유용하다고 느끼며, 그래서 얻기를 구하는 온갖 것들이 모두 하나님께로부터 온다는 것을 인정함으로써 하나님께 존귀를 돌리는 것이 하나님의 의도하시는 뜻이라는 말이다. 그런데, 우리가 이렇게 하나님께 돌리는 경배가 오히려 우리들 자신에게 유익을 준다. 그러므로 거룩한 족장들의 경우, 하나님께서 그들과 다른 이들에게 베푸시는 긍휼하심을 자신 있게 찬양하면 할수록, 기도하고자 하는 마음이 더 강하게 일어난 것을 볼 수 있다.

엘리야의 예를 드는 것만으로도 족할 것이다. 그는 하나님의 목적을 확신하고서 아합에게 비가 올 것을 약속하였다. 그러나 동시에 그는 무릎 사이에 얼굴을 묻고 열심으로 그 일을 위하여 기도하였다. 그리고 사환을 시켜서 일곱 번이나 비가 오는지를 확인하게 하였다(왕상 18:42). 그가 그렇게 한 것은 하나님의 약속의 말씀을 믿지 않았기 때문이 아니라, 자기의 믿음이 나른해지거나 무뎌지지 않도록 그런 소원을 하나님 앞에 내어놓는 것이 자기의 의무임을 알고 있었기 때문이었던 것이다.

물론 우리가 우리 자신의 비참한 상태에 대해 무감각하거나 무뎌져 있을 때에라도 하나님께서 깨어 계셔서 우리를 살피시고, 심지어 우리가 아뢰지 않는데도 우리를 도우시는 경우도 있는 것은 사실이다. 그러나 그렇다 할지라도, 다음과 같은 점들을 볼 때에 우리로서는 항상 끊임없이 하나님께 아뢰는 것이 매우 유익하며 또한 중요한 일이다.

첫째로, 기도는 하나님을 찾고 그를 사랑하며 섬기고자 하는 진지하고도 열렬한 소원으로 우리 마음이 항상 불타오르게 해 준다. 또한 어떠한 사정이 생기든 하나님을 거룩한 닻으로 여겨 그에게 의지하는 습관을 가지게 된다. **둘째로,** 기도는 하나님 앞에 내어놓기 부끄러운 욕망이나 바람이 우리 마음에 들어오지 못하도록 막아 준다. 그리고 우리의 모든 소원들을 하나님이 보시도록 그대로 내어놓기를 배우며, 또한 그리하여 우리의 마음을 그 앞에 쏟아놓는 법을 배우게 된다. **셋째로,** 기도는 하나님이 베푸시는 모든 은택들을 진정한 감사와 찬송으로 받게 해 준다. 우리의 기도가 그 모든 은택들이 하나님의 손으로부터 오는 것임을 깨닫게 해 주는 것이다(참조. 시 145:15-16). **넷째로,** 우리가 구한 것들을 받아서 하나님이 우리의 기도에 응답하셨음을 깨닫게 되고 나면 하나님의 긍휼하심을 더욱더 간절하게 바라게 된다. **다섯째로,** 우리의 기도로 말미암아 얻어진 그 축복들을 더욱더 큰 기쁨으로 환영하게 된다. 마지막 **여섯째로,** 우리의 연약한 정도에 따라 다르지만, 기도는 하나님의 섭리를 체험을 통해서 확증하게 해 준다.

기도를 통해서 우리는 하나님이 절대로 우리를 실망시키지 않으실 것을 약속하시며, 또한 언제든지 필요할 때에 하나님께 나아가도록 자발적으로 길을 열어주심은 물론, 항상 손을 활짝 펴서 그의 백성을 도우시며, 그냥 말씀으로만 그들을 달래 주시는 정도가 아니라 하나님 자신이 과연 실질적인 도움이 되신다는 것을 친히 증명해 주신다는 놀라운 사실을 깨닫게 되는 것이다. 그렇기 때문에, 긍휼이 지극하신 아버지께서는 절대로 주무시거나 조는 법이 없으시면서도 마치 주무시거나 조시는 것처럼 보이는 경우가 아주 많으나, 이는 그냥 내버려 두면 게을러지고 무감각하게 되어 버리는 것이 우리의 처지이므로 그렇게 되지 않도록 하고, 오히려 하나님께 구하고 간청하고 탄원하며 진정으로 아뢰어 큰 유익을 얻게 하도록 우리를 훈련시키기 위한 것이다.

그러므로 기도를 멀리하도록 부추기는 행동은 정말 어리석은 짓이 아닐 수 없다. 하나님의 섭리가 언제나 우주의 되어지는 일들을 돌보고 있기 때문에 우리가 간구해도 전혀 소용이 없는 것처럼 이야기하는 사람도 있지만, 사실은 그와 정반대다. 주님께서 친히 선포하시기를, "여호와께서는 자기에게 간구하는 모든 자 곧 진실하게 간구하는 모든 자에게 가까이 하시는도다"(시 145:18)라고 하기 때문이다.

주께서 주님 자신을 위하여 모든 것을 우리에게 베푸시는데 구태여 기도할 필요가 어디 있느냐는 식으로 주장하는 사람들도 있지만, 이들의 주장도 그보다 더 나을 것이 없다. 모든 것이 하나님의 자의적인 뜻에서 나온다 할지라도 우리로서는 그것이 과연 그렇다는 것을 기도를 통해서 시인해야 하기 때문이다. 이러한 사실은 "여호와의 눈은 의인을 향하시고 그의 귀는 그들의 부르짖음에 기울이시는도다"(벧전 3:12; 시 34:15)라는 귀한 말씀에서도 입증되며, 다른 많은 구절들에서도 동일한 사실이 드러난다. 이 시편의 구절은 신자들의 안녕을 위해서 자의적으로 역사하는 하나님의 섭리의 보호하심을 찬양하면서도, 마음이 게을러지지 않도록 각성시키는 믿음의 활동도 빼놓지 않고 말하고 있다. 하나님의 눈이 늘 깨어 계셔서 눈먼 자들의 필요를 도와주시지만, 동시에 우리의 탄식소리를 들으시기를 기뻐하시는 것이다. 그리하여 우리를 향하신 그의 사랑을 더 확실하게 증명해 주시려는 것이다. 그러므로, "이스라엘을 지키시는 자는 졸지도 아니하고 주무시지도 아니하시리로다"(시 121:4)라는 말씀도 사실이고, 또한 우리가 무디고 무감각해져 있을 때에 하나님이 마치 우리를 잊고 계신 것처럼 우리에게서 물러나 계신다는 것도 사실인 것이다.

4. 하나님께 합당한 순전한 정신의 상태를 지향함

자, 그러면 올바른 기도의 첫 번째 법칙은, 하나님과 대화를 나누는 사람으로서 어울리는 합당한 정신과 마음의 자세를 가져야 한다는 것이다. 하나님을 직접 순전하게 묵상하는 일을 방해하는 육신적인 생각과 걱정거리들을 제쳐두고, 전적으로 기도에 몰입하는 동시에, 또한 가능한 한 정신 그 자체까지도 넘어선다면, 올바른 기도에 합당한 정신 자세를 가졌다 할 것이다. 그렇다고 해서, 근심으로 안타까워하는 심정을 전혀 느끼지 못할 정도로 정신이 완전히 하나님께 몰입되어 있어야 한다는 뜻은 아니다. 그와 반대로, 많은 근심으로 인하여 오히려 기도의 열정이 불붙는 법이다. 그렇기 때문에 하나님의 거룩한 종들에게 걱정은 물론 큰 고뇌가 있는 것을 보게 된다. 그리하여 깊은 곳에서 또한 죽음의 문턱에서 주님을 향한 탄식의 소리가 그들에게서 나오는 것을 보는 것이다(참조. 시 130:1).

내 말의 의미는 이런 것이다. 곧, 우리의 정신을 이리저리 몰고 다니며 흐트러 놓고 또한 정신을 하늘에서 떨어뜨려 땅에 곤두박질치도록 만드는 외부의 온갖 잡다한 걱정거리들을 떨쳐버려야 한다는 것이다. 내가 정신 그 자체를 넘어서야 한다고 말했지만, 그 말은 곧, 우리의 눈 멀고 어리석은 이성(理性)이 다반사로 만들어내곤 하는 그런 것들을 하나님의 임재 앞에 가져가서도 안 되고, 또한 우리의 정신을 그 허망하고 보잘것없는 한계 속에 가두어 두지 말고, 하나님께 합당한 순전한 상태를 향해 올라가야 한다는 뜻이다.

5. 유념해야 할 두 가지 사실과 성령의 도우심

여기서 특별히 두 가지를 주목할 필요가 있다. 첫째로, 기도에 임하는 사람은 누구든지 자기의 모든 생각과 감정을 그리로 집중시켜야 하며, 흔히 그렇게 하듯이 생각이 이리저리 방황하며 흐트러지는 일이 없도록 해야 한다는 것이다. 경건함이 없이 정신이 아무렇게나 되는대로 움직이는 그런 경박한 자세만큼 하나님께 드려 마땅한 경외와 모순된 것이 없기 때문이다. 그렇게 하는 것이 어렵다는 것을 체험하면 할수록 그만큼 더 진지하게 애쓰고 수고해야 한다. 어느 누구의 경우에도, 기도에 너무나 집중되어 있어서 이런저런 잡 생각들이 도무지 끼어들지도 못하고, 그래서 기도의 기조(基調)가 깨뜨러지는 법도 전혀 없고 이리저리 다른 데로 빠져 기도가 방해를 받는 법이 없는 경우는 없다.

하나님께서 우리를 받아들이셔서 친밀한 교제를 하게 하셨는데, 이런 큰 은혜를 망각하고 거룩한 것과 속된 것을 서로 뒤섞고, 하나님을 향한 경외심으로 우리의 정신을 재갈먹이지도 않고, 마치 우리와 똑같은 다른 어떤 사람과 대화하듯이 그런 심정으로 기도한다고 하면서 그를 잊어버리고 이런 생각 저런 생각을 아무렇게나 하여 하나님의 그 큰 은혜를 욕되게 한다면, 이 얼마나 꼴사나운 일이겠는가? 이 점을 정말 깊이 명심해야 할 것이다.

그러므로, 오직 하나님의 그 크신 위엄에 깊이 감동하여 이 땅의 온갖 근심과 정욕에서 자유함을 받은 자만이 기도를 위하여 정당한 준비를 갖춘 것이라는 사실을 깨달아야 하겠다. 기도할 때에 손을 높이 드는 의식적인 행위는, "여호와여 나의 영혼이 주를 우러러 보나이다"라는 시편의 말씀처럼(시 25:1) 우리의 생각들을 위를 향하여 높이 올리지 않으면 우리가 하나님으로부터 멀어져 있을 수밖에 없다는 사실을 우리 자신에게 상기시켜주기 위해서 고안된 것이다. 또한 성경에는 "우리의 기도를 올린다"(예. 사 37:4)라는 표현이 거듭거듭 나타나는데, 이는 하나님께서 자기의 기도를 들어주시기를 바라는 사람이 기도 가운데서 "찌끼 위에" 주저앉아 있어서는 안 된다는 뜻이다(참조. 렘 48:11; 습 1:12).

정리하여 말하자면, 하나님께서 자신을 낮추셔서 너그러이 우리를 대하시고 우리의 모든 걱정거리를 그의 품에 내어 놓으라고 초청하셨는데, 만일 우리가 이런 비할 데 없이 귀한 축복이 다른 무엇보다 귀중하다는 사실을 깨닫고 그것을 사모하여 기도에 임할 때에 우리의 생각과 감정 하나하나가 진지하게 거기에 치중하게 되지 않는다면, 하나님께서 그렇게 자신을 낮추시고 우리에게 베푸신 만큼 우리가 더 변명할 거리가 없어지는 것이다. 그러나 우리의 정신이 다른 모든 방해거리들과 끈질기게 싸우는 싸움이 없고 위를 향하여 올라가도록 애쓰는 수고가 없으면 도저히 변명할 거리가 없는 것이다.

두 번째로 주목해야 할 사실은, 하나님께서 허락하시는 한도 안에서만 구해야 한다는 것이다. 하나님은 그에게 마음을 토하라고 말씀하시지만(시 62:8; 참조. 145:19), 어리석고 부패한 정욕에 대해서 무분별하게 고삐를 늦추시는 것이 아니다. 또한 신자들의 소원을 들어주시겠다고 약속하시지만, 신자들의 변덕스런 마음과 생각에 자신을 굴복시키시면서까지 그렇게 하시는 것은 아니다. 그런데 이런 점에서 사람들은 늘상 막중한 죄를 범하고 있다. 경외심도, 진지함도 없이 자기들의 경박스런 일들을 그냥 하나님께 빌면 된다고 생각하는 사람들이 얼마나 많으며, 아무것이든 자기들의 꿈꾸는 바를 하나님의 보좌 앞에 무분별하게 내어놓는 사람들이 또 얼마나 많은가? 그런 사람들은 어리석음과 무지함에 사로잡혀 있어서, 사람 앞에서도 부끄러워 내어놓지 못할 그런 추한 욕심들을 하나님 앞에 뻔뻔스럽게 내어놓고 요구하는 것이다. 심지어 불신앙적인 세속의 철인(哲人)이나 문인(文人)들도 이런 뻔뻔스러움을 경멸하고 혐오해왔지만, 그래도 여전히 그런 악행이 계속되어 오고 있다.

그리하여 과거에 야심이 있는 자들이 유피테르(Jupiter)를 자기들의 수호신으로 취했고, 탐욕스런 자들이 메르쿠리우스(Mercury)를, 지식을 탐하는 자들이 아폴로(Apollo)와 미네르바(Minerva)를, 호전적(好戰的)인 자들이 마르스(Mars)를, 그리고 방탕한 자들이 베누스(Venus)를 각각 자기들의 수호신으로 삼았던 것처럼, 오늘날에도 사람들이 기도한다고 하면서 동료나 친구들과 대화를 나누며 아무렇게나 농담하고 잡담하는 것보다 오히려 더 가볍게 자기들의 불법한 정욕을 하나님께 쏟아 놓는 예가 다반사로 나타나는 것이다. 하나님은 친히 자신을 낮추시면서까지 베푸신 온갖 은혜가 그런 식으로 조롱당하도록 그냥 내버려 두지 않으시고, 자신의 위엄을 되찾으시며 우리의 소원들을 그의 권위 아래 굴복시키시는 것이다. 그러므로 우리는 사도 요한의 다음과 같은 말씀을 깊이 명심해야 할 것이다: "그를 향하여 우리의 가진 바 담대함이 이것이니 그의 뜻대로 무엇을 구하면 들으심이라"(요일 5:14).

그러나 이처럼 높은 완전한 수준에 이를 수 있기에는 우리의 능력이 턱없이 모자라기 때문에, 그 일을 도울 수 있는 어떤 방법을 구할 수밖에 없다. 정신의 눈이 하나님께 집중되어 있어야 하듯이, 우리 마음의 욕망도 똑같은 상태가 되어야 한다. 그러나 정신도 마음도 그런 상태에 이르지를 못하고 오히려 쇠진하여 넘어져서 언제나 반대 방향으로 이끌려가는 것을 보게 된다. 바로 이러한 연약함을 돕기 위해서, 하나님은 우리의 기도 가운데 성령의 인도하심을 주셔서 올바른 방향을 견지하게 하시고 우리의 정욕을 제어하게 하시는 것이다.

성경은 "우리가 마땅히 빌 바를 알지 못하나 오직 성령이 말할 수 없는 탄식으로 우리를 위하여 친히 간구하신다"고 말씀한다(롬 8:26). 성령께서 실제로 기도하신다거나 탄식하신다는 뜻이 아니라, 우리의 본성적인 능력으로는 절대로 가질 수 없는 그런 탄식과 소원과 신뢰를 우리 속에 불러일으키신다는 뜻이다.

또한 사도 바울이 성령의 인도하심 아래서 신자가 드리는 기도를 가리켜 "말할수 없는 탄식"이라고 표현한 데도 그만한 이유가 있다. 진정으로 기도하는 사람들은 자기들의 속에 맹목적인 근심과 걱정이 있어서 그것이 자기들을 그렇게도 혼란스럽게 하고 억누른다는 것을 잘 알고 있기 때문에, 기도 가운데서 말로 표현할 만한 합당한 내용을 똑바로 찾지 못하고 오히려 말을 하려 하다가도 멈추게 되고 주저하게 된다. 그렇기 때문에 올바로 기도하는 것이야말로 특별한 은사라 할 수 있다. 그러나 그렇다고 해서 우리의 게으름을 그대로 내버려 두고 기도의 일 자체를 성령께 떠맡겨 버리고, 우리는 부주의와 무관심의 상태에 그냥 있어도 된다는 뜻이 아니다.

어떤 사람들은, 다른 곳에 팔려 있는 우리의 정신을 성령께서 붙잡으실 때까지 우리는 그냥 기다리고 있어야 한다는 식의 불경한 말을 하기도 한다. 그러나 이 말씀의 뜻은 우리가 우리 자신의 무기력함과 게으름을 혐오하여 성령의 도우심을 간절히 사모해야 한다는 것이다. 사도 바울은 성령으로 기도하라고 권면하면서도(고전 14:15) 동시에 깨어 있으라고 권면하고 있다. 곧, 성령의 역사하심으로 기도하게 되지만, 그렇다고 해서 성령의 그런 역사가 우리의 수고와 노력을 가로막거나 무력화시키므로 우리가 수고와 노력을 기울일 필요가 없는 것이 절대로 아니라는 것이다. 여기서 하나님께서는 믿음이 얼마나 우리의 마음을 효과적으로 움직이는지를 시험하시기 기뻐하시는 것이다.

(둘째 법칙:필요를 절감하며 통회함으로 기도해야 함. 6-7)

6. 필요를 절실히 깨닫고 진심으로 하나님께 구해야 함

기도에 있어서 유념해야 할 또 한 가지 법칙은, 하나님께 구할 때에 언제나 우리의 부족함을 진정으로 느껴야 하고, 또한 우리가 구하는 모든 것들이 과연 우리에게 필요한 것인지를 진지하게 생각하여 기도를 하되, 항상 구하는 바를 얻고자 하는 진정한, 아니 열정적인 소원을 갖고 해야 한다는 것이다. 많은 사람들이 마치 하나님께 어떤 의무를 행한다는 의식을 갖고서 일정한 형식에 맞추어 겉모양만의 기도를 반복하고 있다. 그리고 그렇게 하는 것이 그들의 나쁜 처지를 개선하기 위하여 필요한 방법이라고 말한다. 하나님의 도우심을 구하지만 만일 그렇게 구해도 하나님의 도우심이 없다면 그것은 치명적이기 때문이라는 것이다. 그러나 그러면서도 그들이 차가운 마음으로, 자기들이 구하는 바를 생각지도 않으면서, 그런 의무를 그저 습관적으로 행하는 모습이 여전히 드러나고 있다. 자기들의 필요에 대한 그저 일반적인 막연한 느낌이 들어서 기도하게 되지만, 그렇다고 해서 그 때문에 그 필요가 당장 절실한 문제로 깨달아져서 반드시 그 필요를 공급받으리라는 간절한 마음의 자세가 생기는 것이 아니다. 스스로 죄인이 아니라고 생각하면서, 혹은 스스로 죄인이라는 생각을 하지 않으면서, 자기의 이런저런 죄를 용서해 달라고 거짓으로 구한다면, 그것보다 하나님께 가증되고 망령된 것이 어디 있겠는가? 그런 거짓이야말로 하나님을 분명하게 조롱하는 것이 아니겠는가?

그런데, 앞에서 말한 것처럼 인류는 부패가 가득하여, 그런 의례적인 겉모양만의 행위를 반복함으로써, 속으로는 하나님의 은혜가 아니고서도 이런저런 온갖 것들을 얻는다고 생각하면서도 — 혹은, 그것들이 이미 자기들의 소유가 되었다고 생각하면서도 — 가증스럽게도 그것들을 하나님께 구하고 있는 것이다.

뿐만 아니라, 이보다는 덜 악하지만, 절대로 용납되어서는 안 될 또 한 가지 오류가 있다. 생각이 없이 중언부언하고 얼버무리는 것이 바로 그것이다. 어떻게 하든 상관 없이 그저 기도를 하기만 하면 하나님의 진노를 가라앉힐 수 있다는 식의 논리만을 따라서 그렇게 하는 것이다. 그러나 신자들로서는, 진지하게 생각하여 진정으로 얻기를 바라는 것이 아닌 경우에는 절대로 그런 내용을 하나님께 구하지 않도록 특별히 주의를 기울여야 할 것이다.

아니, 우리에게 당장 필요한 것이 아니지만 오로지 하나님의 영광을 위해서 그것들을 구하는 경우도 있지만, 이럴 경우라도 그것들을 바라는 우리의 열심이나 열정이 식어져서는 안 되는 것이다. 예를 들어서, 하나님의 이름이 거룩히 여김을 받으시옵소서(마 6:9; 눅 11:12)라고 기도할 때에는, 말하자면, 우리가 그렇게 거룩히 여기는 일을 진지하게 바라며, 그것을 위하여 주리고 목마른 상태가 되어야 한다는 말이다.

7. 항상 기도함과 회개의 필요성

여기서, "기도하고자 하는 열심과 필요성이 언제나 항상 똑같은 것은 아니지 않느냐?"라고 반론을 제기하기도 하지만, 그 점에 대해서는 나도 인정한다. 그러나 야고보는 다음과 같이 구분해서 우리에게 가르쳐 주고 있다: "너희 중에 고난 당하는 자가 있느냐? 그는 기도할 것이요, 즐거워하는 자가 있느냐? 그는 찬송할지니라"(약 5:13). 그러므로 우리가 너무 게으르기 때문에 언제나 하나님께서 우리에게 자극을 주셔서 상황이 요구할 때마다 진정으로 기도하도록 되어야 한다는 것은 상식만으로도 충분히 알 수 있는 사실이다. 다윗은 이를 가리켜 하나님을 "만날 기회"라고 부른다(시 32:6). 다윗이 여러 다른 구절에서 선포하듯이 (시 94:19 등), 환난과 어려움과 두려운 일 등 온갖 시련들이 우리를 엄습하면 할수록, 그만큼 더 자유롭게 우리가 하나님께로 나아가는 것이다. 마치 하나님께서 우리를 자기에게로 부르시는 것으로 깨닫는 것이다.

그러나 동시에, "항상 기도하라", "쉬지말고 기도하라"(엡 6:18; 살전 5:17)는 사도 바울의 교훈도 이에 못지않게 진리이다. 왜냐하면, 우리 눈에 보기에 아무리 일이 잘 되어가고 있다 할지라도 — 또한 기뻐할 이유들이 사방에 아무리 많이 있다 할지라도 — 한순간이라도 기도하지 않아도 괜찮을 만큼 우리가 모자람이 없는 상태에 있는 경우는 없기 때문이다. 가령, 곡식과 포도주를 넘치도록 갖고 있는 사람이 있다고 생각해보자. 그러나 하나님께서 계속 은혜를 베풀어 주시지 않으면 그렇게 풍족한 상태에서도 빵 한 조각조차도 먹을 수가 없는 법이다. 그렇기 때문에 곡식 창고와 포도주 창고가 아무리 풍성해도 여전히 일용할 양식을 하나님께 구하지 않을 수가 없는 것이다. 매 순간마다 우리에게 얼마나 많은 위험거리가 닥치는지를 생각하면, 두려움 때문에라도 기도하지 않고는 한시도 지낼 수가 없다는 것을 깨닫게 되는 것이다.

그러나, 이러한 사실은 영적인 문제에서 더 잘 알 수 있다. 우리가 우리 자신의 갖가지 죄들을 의식하고 있는데, 과연 그 죄과와 형벌에서 벗어나게 해 달라고 구하지 않고 어떻게 가만히 앉아 있을 수가 있겠는가? 시험이 끊이지 않고 우리에게 임하는데, 어떻게 하나님의 도움을 구하지 않고 그냥 있을 수가 있단 말인가? 더 나아가서, 처음부터 하나님의 나라와 영광을 향한 열심에 사로잡혀서, 그 열심이 끊임없이 우리를 강권하여서 어느 시간이든지 항상 하나님을 "만날 기회"가 되도록 되어야 하겠다. 그러므로, 기도에 언제나 깨어 있으라는 권면을 그렇게 자주 하는 것도 다 그만한 이유가 있는 것이다. 끝까지 인내로 기도하는 문제에 대해서는 나중에 생각하기로 하자.[2]

그러나 성경은 끊임없이 기도할 필요성을 계속 상기시키면서(살전 5:17) 우리의 게으름을 책망하는데, 이는 이처럼 기도에 대한 진지한 주의와 끊임없는 열심이 얼마나 절실한지를 우리가 제대로 느끼지 못하기 때문이다. 이런 법칙을 통해서, 외식과, 또한 하나님을 향한 거짓이 제지를 받는다. 아니, 그런 것들이 기도에서 완전히 제거되는 것이다. 하나님은 진실하게 그에게 간구하는 자들에게 가까이 하신다고 약속하시며(시 145:18), 또한 전심으로 하나님을 찾는 자가 그를 만나리라고 선포하신다(렘 29:13-14). 그렇기 때문에, 부패의 상태 속에 있으면서도 오히려 즐거워하는 자들은 하나님을 확실히 찾고 바랄 수가 없는 것이다.

그러므로 합당한 기도에는 반드시 회개가 필요하다. 그리하여 성경은 늘상 선포하기를, 하나님은 악인에게 귀를 기울이지 않으신다고 하며(요 9:31), 그들의 희생이나 그들이 드리는 기도가 하나님께 가증스러운 것이라고 하는 것이다(참조. 잠 28:9; 사 1:15; 잠 15:8; 21:27). 그들이 자기들의 마음을 꼭 닫아 걸어둔다면, 하나님께서도 그들에 대해서 귀를 닫으시는 것이 합당하지 않겠는가? 또한 마음이 강퍅하여 하나님의 진노를 촉발시킨다면, 하나님께서도 그들을 엄하게 다스리시는 것이 합당하지 않겠는가? 그리하여 이사야서에서 하나님은 이렇게 경고하신다: "너희가 많이 기도할지라도 내가 듣지 아니하리니 이는 너희의 손에 피가 가득함이니라"(1:15). 그리고 예레미야서에서는, "내 목소리를 순종하라 하였으나 그들이 순종치 아니하며 … 그 악한 마음의 완악한 대로 행하였으므로 … 그들이 내게 부르짖을지라도 내가 듣지 아니할 것이라"(11:7, 8, 11)고 말씀하신다.

하나님의 거룩하신 이름을 더럽히는 것이 삶 전체에 가득하면서도 가증스럽게 하나님의 언약을 자랑하는 악인의 행위를 하나님께서는 최고의 모욕으로 여기시기 때문이다. 그러므로 이사야서에서는 이렇게 책망하신다: "이 백성이 입으로는 나를 가까이하며 입술로는 나를 존경하나 그들의 마음은 내게서 멀리 떠났나니"(29:13). 사실 이런 하나님의 책망은 기도에만 국한되는 것이 아니다. 하나님은 그를 섬기는 각 부분부분마다 겉치레의 행위를 가증히 여기시는 것이다. 그러므로 야고보서는 말씀하기를, "구하여도 받지 못함은 정욕으로 쓰려고 잘못 구하기 때문이라"(4:3)라고 한다. 잠시 후에 보게 되겠지만, 경건한 자가 기도와 간구를 드릴 때에 자기 자신의 가치를 의지하지 않는다는 것은 과연 사실이다. 그러나 그렇다고 해서 요한일서의 다음과 같은 교훈도 쓸데없는 것이 아니다: "무엇이든지 구하는 바를 그에게서 받나니 이는 우리가 그의 계명을 지키고 그 앞에서 기뻐하시는 것을 행함이라"(3:22).

악한 양심은 기도의 문을 닫아 버린다. 그러므로 오직 하나님께 진정으로 예배하는 자만이 바르게 기도하며, 또한 하나님께서는 그런 자의 기도를 들으시는 것이다. 자, 우리 모두 각자 기도하고자 할 때에 우리 속의 그릇된 것들을 혐오하며, 불쌍한 거지의 모습과 그런 심정으로 — 회개가 없이는 이런 심정이 될 수가 없다 — 기도해야 할 것이다.

(셋째 법칙:나 자신에 대한 모든 신뢰를 버리고 겸손하게 용서를 구하여야 함. 8-10)

8. 오직 하나님의 긍휼하심을 구함

여기에 덧붙여야 할 세 번째 법칙은, 하나님의 임재 속에 나아가 기도하는 사람은 온갖 헛된 망상을 버리고, 자기 자신이 가치 있는 존재라는 생각을 모두 버려야 한다는 것이다. 간단히 말해서, 자기 자신에 대한 신뢰를 모두 버리고, 겸손히 하나님께 모든 영광을 돌려야 한다는 것이다. 이는 혹 티끌만큼이라도 하나님 앞에서 무언가 우리의 권리를 주장하게 되면 헛된 교만이 생기게 되고, 그렇게 되면 하나님께서 우리에게서 얼굴을 돌려 버리실 것이기 때문이다. 이처럼 모든 교만을 물리치는 굴복의 자세를 하나님의 종들에게서 무수하게 볼 수 있다. 거룩한 종들일수록 주의 임재 속에 나아갈 때에 더 겸손하게 자기 자신을 낮추는 것을 본다.

그리하여 여호와께서 그렇게 높이 칭찬하신 하나님의 종 다니엘은 이렇게 말한다: "우리가 주 앞에 간구하옵는 것은 우리의 공의를 의지하여 하는 것이 아니요 주의 큰 긍휼을 의지하여 함이니이다. 주여 들으소서. 주여 용서하소서. 주여 귀를 기울이시고 행하소서. 지체하지 마옵소서. 나의 하나님이여 주 자신을 위하여 하시옵소서. 이는 주의 성과 주의 백성이 주의 이름으로 일컫는 바 됨이니이다"(단 9:18-19).

그는 흔히 그렇게 하듯이 큰 무리에 소속된 한 개인의 자격으로 간접적인 방식으로 고하는 것이 아니다. 그는 오히려 자기 자신의 죄과를 고백하며, 자기 자신의 부족함을 용서해 달라고 간구하는 것이다. 자기가 지금 자신의 죄와 그의 백성 이스라엘의 죄를 고백하고 있다는 사실을 분명하게 선언하고 있는 것이다 (단 9:18-20).

다윗도 역시 이처럼 자기를 낮추는 자의 모습을 보여 주고 있다: "주의 종에게 심판을 행하지 마소서 주의 눈 앞에는 의로운 인생이 하나도 없나이다"(시 143:2). 이와 비슷한 자세로 이사야 선지자도 이렇게 기도하고 있다: "우리가 범죄하므로 주께서 진노하셨사오며 이 현상이 이미 오래되었사오니 우리가 어찌 구원을 얻을 수 있으리이까? 무릇 우리는 다 부정한 자 같아서 우리의 의는 다 더러운 옷 같으며 우리는 잎사귀 같이 시들므로 우리의 죄악이 바람 같이 우리를 몰아가나이다. 주의 이름을 부르는 자가 없으며 스스로 분발하여 주를 붙잡는 자가 없사오니 이는 주께서 우리에게 얼굴을 숨기시며 우리의 죄악으로 말미암아 우리가 소멸되게 하셨음이니이다. 그러나 여호와여, 이제 주는 우리 아버지시니이다. 우리는 진흙이요 주는 토기장이시니 우리는 다 주의 손으로 지으신 것이니이다. 여호와여, 너무 분노하지 마시오며 죄악을 영원히 기억하지 마옵소서. 구하오니 보시옵소서, 보시옵소서, 우리는 다 주의 백성이니이다"(사 64:5-9).

자, 이들이 신뢰하고 의지한 것은 오직 자기들이 여호와의 것이라는 사실이었다. 그리하여 그들은 여호와께서 자기들을 보살피실 것이라는 사실에 대해서 절망하지 않았다. 예레미야 선지자도 똑같이 말씀한다: "우리의 죄악이 우리에게 대하여 증언할지라도 주는 주의 이름을 위하여 일하소서"(렘 14:7). 외경(外經)의 바룩서를 바룩 선지자의 저작으로들 보는데, 그 책을 기록한 참 저자가 누구였든간에, 그 무명의 저자는 이와 같은 사실을 정말 진실하게 경건하게 드러내 주고 있다: "그러나 여호와여, 극심한 곤고 가운데서 허리를 굽히는 가냘픈 영혼이, 눈이 흐려져 보지도 못하는 가엾은 영혼이 주께 찬송과 의를 돌리리이다. 여호와 우리 하나님이여, 우리가 주 앞에 비천한 간구를 드리는 것은 우리 조상이나 우리 왕들의 의를 인함이 아니니이다"(바룩 2:18-19). "여호와여 들으소서, 긍휼히 여기소서. 주는 긍휼이 풍성하심이니이다. 우리를 불쌍히 여기소서. 우리가 주 앞에 범죄하였음이옵니다"(바룩 3:2).[3]

9. 죄 사함을 위한 간구의 중요성

요컨대, 자신이 지은 죄과를 겸손히 진정으로 고백하며 죄 용서를 구하는 일이 올바른 기도의 준비요 또한 시작이라는 것이다. 아무리 거룩한 사람일지라도 하나님과 화목되어 있지 않는 이상 하나님께 그 무엇도 얻기를 바랄 수가 없다. 하나님께서는 자신이 용서하시는 사람들 이외에는 그 어느 누구에게도 진노를 누그러뜨릴 수가 없으신 것이다. 그러므로, 시편의 여러 구절에서 배울 수 있는 바와 같이, 이것이 신자가 기도의 문을 여는 열쇠가 된다는 사실이 절대로 이상한 것이 아니다.

다윗은 다른 일에 대해서 간구할 때에도, "여호와여, 내 젊은 시절의 죄와 허물을 기억하지 마시고 주의 인자하심을 따라 나를 기억하시되 주의 선하심으로 하옵소서"(시 25:7)라고 기도하며, 또다시 "나의 곤고와 환난을 보시고 내 모든 죄를 사하소서"(시 25:18)라고도 기도하고 있다. 여기서 볼 수 있듯이, 날마다 그 날 지은 죄들을 하나님 앞에 내어놓는 것만으로는 안 되고, 오래 전에 망각 속에 사라져 버린 것 같은 죄들까지도 하나님 앞에 내어놓아야 한다는 사실이다.

선지자인 다윗은 또 다른 구절에서 자신이 지은 한 가지 심각한 범죄를 고백하면서 자신의 출생에까지 거슬러 올라간다: "내가 죄악 중에서 출생하였음이여 어머니가 죄 중에서 나를 잉태하였나이다"(시 51:5). 자기가 출생할 때부터 부패한 상태였다는 것을 구실로 자기가 범한 과실의 무게를 가볍게 하고자 하는 것이 아니다. 말하자면, 자신의 생애 전체의 죄들을 다 모아서 자기 자신을 혹독하게 정죄하면 하나님께서 그만큼 더 그를 불쌍히 여기시지 않을까 하고 생각한 것이다. 물론 성도들이 언제나 분명한 언어로 죄악을 용서해 달라고 간구하는 것은 아니지만, 그러나 성경에 나타나는 기도들을 조심스럽게 살펴보면 내 말이 사실이라는 것이 금방 드러난다. 곧, 그들이 기도할 용기를 가졌던 것은 오로지 하나님의 긍휼하심 덕분이었다는 사실과 또한 그들은 언제나 먼저 하나님의 진노를 누그러뜨리는 일부터 시작했다는 사실이다. 양심적으로 자기를 살피면, 사람은 감히 하나님 앞에 자기의 사정을 아뢸 생각조차 할 수가 없다. 그렇기 때문에 하나님의 긍휼하심과 용서하심을 신뢰하지 않으면, 하나님 앞에 나아간다는 생각만 해도 두려워 떨게 될 것이다.

사실, 또 한 가지 특별한 고백이 있다. 신자들이 형벌을 면하게 되기를 구할 때에는, 동시에 그들의 죄가 용서함 받기를 위해서도 기도하는 법이다. 왜냐하면, 원인은 그대로 남아 있는데 그 결과만 없어지기를 바란다면 그것은 우스꽝스러운 일이기 때문이다. 우연히 겉으로 나타나는 증상을 치료하는 일에만 온통 관심을 쏟고, 그 증상의 뿌리인 질병 자체에 대해서는 관심이 없는 어리석은 환자를 닮지 않도록 조심해야 하는 것이다.

과연 그렇다. 우리는 하나님께서 외적인 표징으로 자신의 자비를 드러내시기를 기다리기 전에 먼저 하나님의 진노를 누그러뜨리는 데 노력을 기울여야 할 것이다. 왜냐하면 이것이 하나님 자신이 택하신 순서이기 때문이요, 또한 하나님의 진노가 누그러진다는 것을 양심으로 느껴서 우리가 하나님을 과연 사랑스러우신 분으로 여길 수 있게 되지 못한다면(아 5:16), 하나님의 자비하심을 체험한다 해도 아무런 소용이 없을 것이기 때문이다. 그리스도께서 대답하신 말씀도 이런 점을 생각하게 해 준다. 주님은 한 중풍병자를 고쳐 주시기로 작정하시고 나서 그에게, "네 죄 사함을 받았느니라"(마 9:2)라고 말씀하신다. 다시 말해서, 주님은 우리의 생각을 높여서 특별히 바람직한 대상을 — 즉, 하나님의 은혜 앞에 나아가는 일을 — 바라보도록 하시며, 그리고 난 다음 우리를 구체적으로 도우심으로써 하나님과의 화목의 열매를 우리에게 베푸시는 것이다.

그러나, 신자들이 이처럼 현재의 죄과를 특별히 고백하며 모든 죄와 형벌을 면하게 해 주시기를 간구해야 하지만, 하나님께서 우리의 기도 듣기를 기뻐하시도록 하는 일반적 전제도 절대로 잊어서는 안 된다. 왜냐하면 기도가 하나님의 값없는 긍휼하심에 근거하지 않으면 절대로 하나님께 상달되지 않기 때문이다. 이에 대해서 사도 요한의 다음의 말씀을 들 수 있다: "만일 우리가 우리 죄를 자백하면 그는 미쁘시고 의로우사 우리 죄를 사하시며 우리를 모든 불의에서 깨끗하게 하실 것이요"(요일 1:9).

그렇기 때문에, 율법 아래 있을 때에도 피의 씻음으로 기도를 거룩하게 구별하는 일이 필수였다(참조. 창 12:8; 26:25; 33:20; 삼상 7:9). 그것은 그렇게 함으로써 백성들의 기도가 하나님께 받아들여지도록 하기 위한 것이었고, 또한 부정을 씻지 않고서는 그 고귀한 특권을 누릴 자격이 사람에게 없다는 것과, 또한 기도할 때에 전적으로 하나님의 긍휼하심만을 신뢰하여야 한다는 사실을 백성들에게 경계시키기 위함이었던 것이다.

10. 자기의 의로움에 호소하는 문제

그러나, 성도들이 하나님께 간구를 드리면서 자기 자신의 의로움에 호소하는 경우가 나타나는 것 같다. 다윗은 "나는 경건하오니 내 영혼을 보존하소서"(시 86:2)라고 하며, 히스기야 왕도 마찬가지로 "여호와여 구하오니 내가 주 앞에서 진실과 전심으로 행하며 주의 목전에서 선하게 행한 것을 기억하옵소서"(왕하 20:3; 사 38:3)라고 하는 것을 본다. 그러나 이런 표현을 쓰는 그들의 의도는 자기들이 중생으로 말미암아 하나님의 은혜를 받는 성도요 하나님의 자녀들이 되었음을 말하고자 하는 것이다. 이미 살펴보았거니와,[4] 시편 기자를 통해서 하나님은 그의 눈이 "의인을 향하시고 그의 귀는 그들의 부르짖음에 기울이시는도다"(시 34:15)라고 선언하고 계신다. 그리고 사도를 통해서도 "무엇이든지 구하는 바를 그에게 받나니 이는 우리가 그의 계명을 지키고 그 앞에서 기뻐하시는 것을 행함이라"(요일 3:22)라고 가르치시는 것이다. 하나님께서는 이 구절들에서 기도의 값어치를 하나의 행위의 공적(功績)으로 따지고 계시는 것이 아니다. 하나님은 순전함과 진실함을 의식하는 자들에게 ― 신자들 모두가 이런 순전함과 진실함을 지니고 있어야 하지만 ― 신뢰를 심어주시기 위해서 그런 말씀을 하고 계신 것이다.

맹인이었다가 눈을 뜬 사람이 "하나님이 죄인의 말을 듣지 아니하신다"(요 9:31)고 말했는데, 이 말은 이러한 하나님의 진리와 완전히 일치하는 것이다. 여기서 '죄인'이란 말을 성경이 의미하는 것과 동일한 뜻으로 취하여 의에 대해서는 아무런 열심도 없고 그저 죄 가운데서 안연히 잠자고 있는 그런 사람을 뜻한다면 말이다. 거룩을 사모하지 않는 사람에게서 순전한 기도를 향한 마음이 생겨날리 만무하기 때문이다. 자기들의 순전함과 진실함에 호소하는 간구를 드림으로써, 성도들은 하나님의 모든 종들이 기대해야 마땅한 그런 하나님의 약속들을 그들 스스로 체험 속에서 확증하게 되는 것이다.

그러므로 원수들의 불법에서 구해 주시기를 구하며 하나님 앞에서 자기들을 원수들과 비교하는 경우 거의 언제나 성도들이 이런 식의 간구를 드리는 것을 보게 된다. 그렇게 비교하는 경우에, 성도들이 자기들의 순전함과 마음의 진실함을 토로하고, 또한 주께서 그들의 순전함을 보시고 그들에게 더 은혜를 베푸신다고 해도 놀랄 일이 아니다. 나의 의도는 경건한 성도에게서, 주님 앞에서 순전함을 의식하여 하나님을 참되게 예배하는 자들에게 베푸시는 위로와 도우심의 약속들을 확신하는 특권을 빼앗고자 하는 것이 아니다. 다만 성도들이 자기들의 행위의 공적에 대한 생각을 완전히 뒤로 제쳐 두고, 오로지 하나님의 긍휼하심에 근거하여 기도의 응답에 대한 확신을 가져야 한다는 점을 말하고자 하는 것뿐이다.

(넷째 법칙:확실한 소망을 갖고 기도함. 11-14)

11. 회개와 믿음, 그리고 두려움과 확신

기도의 네 번째 법칙은, 우리가 그렇게 자신을 낮추고 진정으로 겸손해져야 하지만 그럼에도 불구하고 기도의 응답에 대한 확실한 소망을 갖고 기도에 힘을 얻어야 한다는 사실이다. 하나님의 공의로운 보응하심과 하나님의 은혜로우심에 대한 확고한 신뢰는 사실 서로 모순되는 것처럼 보이기도 한다. 그러나 자기 자신의 죄에 완전히 압도되어 있는 자들을 일으키는 것이 오직 하나님의 선하심이라는 사실을 생각하면 위의 두 가지 사실이 서로 완전한 조화를 이룬다는 것을 알 수 있다.

앞에서 이미 살펴보았거니와,[5] 회개와 믿음은 서로 뗄 수 없는 관계로 연합되어 있어서 언제나 함께 나아가는 것이다. 회개는 두려움을 자아내고, 믿음은 기쁨이 생기게 하는 것이다. 그러므로 기도에도 이 두 가지가 함께 존재하기 마련이다. 다음과 같은 다윗의 말씀이 이 사실을 잘 표현해 주고 있다: "나는 주의 풍성한 사랑을 힘입어 주의 집에 들어가 주를 경외함으로 성전을 향하여 경배하리이다"(시 5:7). 하나님의 선하심에 힘입어 다윗은 믿음을 갖지만 동시에 두려움(경외함)이 함께 있는 것이다. 하나님의 위엄이 우리로 하여금 경외하지 않을 수 없도록 할 뿐 아니라 우리 자신의 무가치함이 모든 교만과 자신감을 없애고 우리를 두려움 가운데 있게 만들기 때문이다.

여기서 '확신'을 말했는데, 이것은 온갖 근심이 마음에서 사라져서 편안하고도 안락한 완전한 안식 — 마치 모든 일이 자기 소원대로 잘되고 있어서 근심과 걱정이 전혀 없고, 후회도 두려움도 없는 그런 사람들이 누리는 것 같은 안식 — 가운데 있는 그런 상태를 뜻하는 것이 아니다. 사실 성도로 하여금 기도하도록 만드는 최선의 자극제는, 성도가 자기의 절실한 필요에 봉착하여 극도로 불안정함을 느껴서 절망에 빠져들어갈 바로 그때에 믿음이 와서 그 믿음의 도움을 받는 것이라 할 수 있을 것이다. 하나님의 선하심이 바로 그런 위기 속에서 환하게 드러나기 때문에, 비록 현재의 재난의 짐이 무거워 탄식하며 더 큰 재난에 대한 두려움으로 인하여 고통을 받고는 있지만, 그런 가운데서도 바로 이 하나님의 선하심을 신뢰하게 되고, 그리하여 어려움이 가벼워지고 결국 하나님께서 구원해 주시리라는 소망 가운데서 위로를 받게 되는 것이다.

그러므로, 신자의 기도는 반드시 이 두 가지 감정을 나타내며 그 영향을 드러내기 마련이다. 즉, 현재 당하는 어려움 때문에 탄식하며 새로운 어려움에 대한 두려움으로 초조해하지만, 동시에 하나님께 의지하고 또한 하나님께서 도움의 손길을 펴시리라는 사실을 의심하지 않는 것이다. 하나님의 선하심을 기대하지도 않으면서 그것을 구할 때에, 하나님께서 우리의 그런 불순함에 대해 얼마나 진노하시겠는가?

그러므로 기도할 때에 아무렇게나 되는대로 하지 말고, 믿음의 발자국을 따라서 기도하여야 한다는 것을 확고한 원칙으로 삼는 일이야말로 정말 기도의 본질에 합당한 것이다. 그리스도께서는 "내가 너희에게 말하노니 무엇이든지 기도하고 구하는 것은 받은 줄로 믿으라 그리하면 너희에게 그대로 되리라"(막 11:24)라고 말씀하시면서 이러한 원리를 가르치신다. 또한 다른 구절에서도 동일한 사실을 가르치신다: "너희가 기도할 때에 무엇이든지 믿고 구하는 것은 다 받으리라"(마 21:22).

야고보의 교훈도 이 가르침과 일치한다: "너희 중에 누구든지 지혜가 부족하거든 모든 사람에게 후히 주시고 꾸짖지 아니하시는 하나님께 구하라 그리하면 주시리라 오직 믿음으로 구하고 조금도 의심하지 말라"(약 1:5-6). 야고보는 이리저리 의심하지 말라고 경고함으로써 믿음의 능력을 적절하게 표현해주고 있다. 그는 또한 의심의 자세로 하나님께 나아가며, 이리저리 주저하며, 과연 기도가 응답될지 어떨지에 대해서 확신을 갖지 못하는 사람들은 아무리 기도한다 해도 얻을 것이 전혀 없다는 점을 덧붙여 말씀하는데, 이 역시 아주 중요한 말씀이다(약 1:7; 1:6). 그리하여 그는 다른 구절에서 순전한 기도를 가리켜 "믿음의 기도"(약 5:15)라 부르는 것이다. 뿐만 아니라 하나님은 각 사람에게 그 믿음을 따라서 주시리라고 그렇게 자주 선언하고 계시는데(마 8:23; 9:29; 막 11:24), 이는 곧 믿음이 없이는 아무것도 얻을 수 없다는 것을 암시하는 것이 아니겠는가?

간단히 말하면, 기도를 통해서 얻는 것은 모두가 믿음으로 말미암아 얻어지는 것이다. 무딘 사람들은 다음과 같은 사도 바울의 말씀에 주의를 기울이지 않지만, 이 유명한 바울의 말씀의 의미도 동일한 것이다: "그들이 믿지 아니하는 이를 어찌 부르리요? 듣지도 못한 이를 어찌 믿으리요?"(롬 10:14). 또한 "믿음은 들음에서 나며 들음은 그리스도의 말씀으로 말미암았느니라"(롬 10:17)라는 말씀 역시 동일한 의미이다. 사도 바울은 기도의 기원(起源)을 믿음에서 서서히 이끌어 내면서, 복음 선포를 통해서 하나님의 긍휼하심과 기뻐하시는 뜻을 깨닫고 충분히 납득하여 받아들인 사람들 이외에는 어느 누구의 간구도 들으시지 않는다는 사실을 분명하게 제시하고 있는 것이다.

12. 담대한 확신이 필요함

그러나 우리의 반대자들은 이러한 요구 사항에 대해서 전혀 생각하지를 않는다. 우리는 신자들이 기도의 응답에 대해서 굳건한 확신을 가져야 한다고 가르치지만, 그들은 이를 반대하면서 그것이야말로 세상에서 가장 모순된 말이라고 생각한다. 그러나 만일 그들이 참된 기도를 한 번이라도 체험한다면, 하나님께서 그의 자비하심에 대한 이와 같은 굳건한 확신이 없이는 기도를 들으시지 않는다는 사실을 분명히 깨달을 것이다. 사람이 믿음의 힘을 지각한다면 동시에 그 마음으로 그것을 느끼는 것이 당연한 이치이다.

그러니 그저 헛된 상상 이상의 것을 한 번도 지녀본 적이 없는 것이 확실한 이런 사람들과 논란을 벌인들 무슨 유익이 있겠는가? 우리가 말하고 있는 그 확신의 가치와 필연성은 주로 기도를 통해서 배우는 것이다. 이 점을 보지 못하는 사람은 자신이 어리석은 양심을 지니고 있다는 증거를 스스로 드러내는 것이다. 그러므로, 그렇게 눈이 멀어 있는 사람들은 그냥 그대로 두고, 우리는 사도 바울의 가르침을 깊이 생각하도록 하자. 곧, 복음으로부터 하나님의 긍휼하심에 대한 지식을 얻고, 또한 그 긍휼하심이 자기들에게 베풀어진다는 굳건한 확신을 가진 사람들만이 하나님께 아뢸 수 있다는 가르침 말이다.

만일 다음과 같은 기도를 한다면 어떨까? "오 주여, 주께서 제 간구를 들으실지 듣지 않으실지 정말 의심스럽사옵니다. 그러나 제 마음에 근심이 가득하여 주께로 나아가오니, 제 기도를 들으실 가치가 있다고 여기시면 저를 도와주소서." 성경에 나타나 있는 성도들의 기도 가운데 이런 식의 기도는 하나도 없다. 성령께서는 그렇게 기도하라고 가르치시지 않는다. 오히려, "우리가 긍휼하심을 받고 때를 따라 돕는 은혜를 얻기 위하여 은혜의 보좌 앞에 담대히 나아갈 것이니라"(히 4:16)고 말씀하며, 또한 "그를 믿음으로 말미암아 담대함과 하나님께 당당히 나아감을 얻느니라"(엡 3:12)고도 가르치고 있다. 그러므로, 그런 신뢰를 가질 것을 주께서 명하고 계시며, 또한 모든 성도들이 모범을 통해서 그것을 가르치고 있으니, 구하는 바를 얻으리라는 신뢰가 반드시 우리에게 있어야 하는 것이다. 그러한 신뢰와 확신을 두 손으로 든든히 붙들어야만 우리의 기도가 유익을 얻게 되는 것이다.

하나님께서 받으실 만한 기도는 오직 이러한 믿음의 근거에서 나오는 — 이런 표현을 쓸 수 있을지 모르겠지만 — 기도요, 따라서 소망에 대한 충만한 확신에 기초한 기도다. 사도는 그냥 믿음이라는 용어만 사용해서도 자신의 논지를 제시할 수 있었으나, 그는 신뢰와 담대함과 당당함이라는 말을 거기에 덧붙이고 있다. 말하자면, 이런 표지를 통해서, 하나님께 기도하는 모습을 지녔으면서도 그저 아무렇게나 되는대로 기도하는 불신자들과 우리들이 서로 확연히 구분된다는 것이다. 그러므로 시편에서는 교회 전체가 이렇게 기도한다: "우리가 주께 바라는 대로 주의 인자하심을 우리에게 베푸소서"(시 33:22). 다른 시편에서도 동일한 사실을 제시하고 있다: "내가 아뢰는 날에 내 원수가 물러가리니 이것으로 하나님이 내 편이심을 내가 아나이다"(시 56:9), "아침에 내가 주께 기도하고 바라리이다"(시 5:3).

이런 말씀들에서 우리는, 마치 망대에서 바라보듯이 하나님을 조용히 기다리며 바라보는 믿음이 함께 수반되지 않는다면, 그 기도는 헛된 것이라는 사실을 깨닫게 된다. 이는 바울 사도께서 권면하신 순서와도 일치한다. "항상 성령 안에서 기도하고 이를 위하여 깨어 구하기를 항상 힘쓰며"(엡 6:18)라고 권면하기 전에, 먼저 신자들이 "믿음의 방패를 가지고 … 구원의 투구와 성령의 검, 곧 하나님의 말씀을 가지라"(엡 6:16-17)고 말씀하는 것이다.

독자들은, 여기서 내가 앞에서 말한 사실을 기억하기를 바란다. 곧, 물론 믿음과 더불어서 우리의 비참한 상태와 궁핍함과 부패성에 대한 인식이 우리에게 함께 있지만, 그러나 믿음은 절대로 헛되지 않다는 사실 말이다.[6] 아무리 스스로 무거운 부정함에 짓눌려 있고 하나님께 자비를 얻을 만한 것이 전혀 없고 오히려 수많은 죄 때문에 하나님께 혐오의 대상이 되어 있다 할지라도, 신자는 끊임없이 하나님께 나아가는 법이다. 자기 자신에 대한 그런 느낌이 있다고 해서, 하나님의 임재 앞에 나서기를 주저하지 않는 것이다. 하나님께 나아가는 다른 방도가 없기 때문이다.

순전한 기도는 우리 자신을 하나님 앞에서 교만하게 높이거나 우리 자신에게 속한 어떤 것에 큰 가치를 부여하는 것이 아니다. 순전한 기도는 오히려, 우리의 죄과를 고백하며 하나님 앞에 우리의 슬픔을 토로하며, 마치 자녀가 그 부모에게 하듯 친밀하게 우리의 필요를 내어놓는 것이다. 아니, 우리의 죄악이 무한히 많이 쌓여 있는 만큼 기도로 하나님 앞에 나아갈 마음이 더 크게 생겨나는 법이다. 이에 대해서 시편 기자는 우리에게 한 가지 실례를 보여 준다: "내가 주께 범죄하였사오니 내 영혼을 고치소서"(시 41:4).

진정으로 고백하는 말이지만, 하나님께서 도와 주시지 않으신다면, 우리의 죄과가 우리를 찔러서 우리는 치명적인 상처를 받고야 말 것이다. 그러나 이때에 하늘에 계신 우리 아버지께서는 말로 다할 수 없는 자비로 우리를 치료해 주시고, 우리의 모든 불안을 진정시키시며, 우리의 염려를 가라앉히시고, 우리의 두려움을 몰아내사 우리를 그에게로 이끄시는 것이다. 모든 장애물을 제거하시는 것은 물론 우리의 모든 의심까지도 제거하사 우리 앞에 놓인 길을 평탄하게 만들어 주시는 것이다.

13. 기도의 동기 ― 하나님의 명령과 약속

사실, 무엇보다도 하나님께서 기도하라고 명령하셨기 때문에, 우리가 이에 순종하지 않을 경우 그 명령 자체가 우리의 불경한 불순종을 정죄한다. 시편에 나타나 있는 "환난 날에 나를 부르라"(시 50:15)라는 명령보다 더 정확한 명령이 어디 있겠는가? 경건의 의무 가운데 이것보다 성경에서 더 자주 명령하는 것이 없기 때문에, 이것에 대해서는 굳이 여기서 길게 말할 필요가 없을 것이다. 주님은 "구하라 그러면 너희에게 주실 것이요 찾으라 그러면 찾을 것이요 문을 두드리라 그러면 너희에게 열릴 것이니"(마 7:7)라고 말씀하신다. 여기에는 사실상 명령 이외에 약속이 함께 붙어 있는데, 이 약속이 반드시 있어야만 하는 것이다. 우리가 하나님의 명령에 순종해야 한다고 모두들 고백하기는 하지만, 만일 하나님께서 기도를 들으시고 응답하시리라고 약속하지 않으셨다면, 하나님의 그런 명령을 그냥 무시해 버릴 사람들이 더 많을 것이기 때문이다.

그런데 이 두 가지 ― 곧, 명령과 약속 ― 가 분명히 제시되어 있기 때문에, 하나님께 직접 나아가서는 안 된다고 트집을 잡으며 주장하는 모든 사람들은 불순종과 반역의 죄를 짓는 것일 뿐 아니라, 하나님께서 하신 약속들을 신뢰하지 못하는 것이기도 하므로 불신앙의 죄를 짓고 있는 것이다. 이 점을 주의 깊게 생각해야 한다. 외식하는 자들은 겸손과 온유함을 겉으로 가장하면서, 교만하게도 기도하라는 하나님의 명령을 멸시하며, 또한 하나님의 그 은혜로우신 초청의 신빙성을 아예 부인해 버린다. 아니, 하나님께 드리는 예배의 가장 중요한 부분을 빼앗아 버리는 것이다. 거룩함의 모든 것이 희생 제사에 있는 것으로 여겨지던 그 당시에 하나님은 희생 제사를 거부하시고(시 50:7-13), 그러면서 오히려 다른 무엇보다도 환난의 날에 하나님께 부르짖고 구하는 것이 하나님 보시기에 아름답고 귀한 것이라고 선언하셨다(시 50:15). 그러므로 하나님 자신의 것을 우리에게 요구하시면서 부지런히 순종하라고 말씀하실 때에는, 그 어떠한 의심의 구실도 우리에게 핑곗거리가 될 수 없는 것이다. 그러므로 성경 전체에서 기도하라고 명령하는 모든 구절들이 수많은 깃발처럼 우리 눈 앞에 분명히 드러나 있어서, 우리에게 신뢰를 불러일으키는 것이다. 만일 하나님께서 먼저 우리에게 초청하셔서 우리가 나아오기를 미리 예상하고 계시지 않는다면, 우리가 하나님의 임재 앞에 나아간다는 것은 그야말로 건방진 행위일 것이다. 그렇기 때문에 하나님은 친히 자신의 음성으로 그에게 나아갈 길을 우리에게 활짝 열어 놓고 계시는 것이다: "나는 말하기를 이는 내 백성이라 할 것이요 그들은 말하기를 여호와는 내 하나님이시라 하리라"(슥 13:9).

자, 하나님은 이렇듯 예배하는 자들이 자기에게 나아올 것을 예상하고 계시고, 또한 그들이 그 명령을 따르기를 원하고 계시는 것이다. 그러니 하나님 자신이 말씀하신 대로 따르면서, 혹시 하나님께서 기뻐하시지 않으면 어떻게 할까 하고 두려워할 필요가 없는 것이다. 여기서 특별히 염두에 두어야 할 것은 하나님의 성품에 대한 성경의 고상한 묘사다. 바로 그러한 성경의 묘사를 그대로 신뢰하면 모든 장애물을 쉽게 극복할 수 있을 것이다: "기도를 들으시는 주여 모든 육체가 주께 나아오리이다"(시 65:2). 간구하는 자의 기도를 들으신다는 사실보다 하나님의 본성에 어울리는 것이 없다는 확신을 우리에게 주는 그런 묘사를 성경이 하나님에 대하여 하고 있다는 사실보다 과연 더 기쁘고 위로를 주는 것이 어디에 있겠는가?

그러므로 시편 기자는 그저 몇몇 특별한 개인들에게만 이처럼 하나님께 자유로이 나아가는 특권이 주어진 것이 아니라 모든 사람들에게 그런 특권이 주어졌다는 사실을 암시하는 것이다. 왜냐하면 하나님께서 모든 사람들을 향하여, "환난 날에 나를 부르라 내가 너를 건지리니 네가 나를 영화롭게 하리라"(시 50:15)라고 말씀하시기 때문이다. 그리하여 다윗도 자신이 구하는 바를 얻기 위하여 이러한 약속에 의지하여 간구하는 것을 볼 수 있다: "만군의 여호와 이스라엘의 하나님이여 주의 종의 귀를 여시고 이르시기를 내가 너를 위하여 집을 세우리라 하셨으므로 주의 종이 이 기도로 구할 마음이 생겼나이다"(삼하 7:27). 만일 그에게 그런 하나님의 약속이 없었더라면 그렇게 기도하기를 두려워했을 것이라는 뜻이 암시되어 있는 것이다. 또한 다른 구절에서는 "그는 자기를 경외하는 자의 소원을 이루시리라"(시 145:19)는 일반적인 원리에 의지하는 것을 본다.

아니, 시편 전체에서 우리는 기도가 중간에 끊어지고, 하나님의 능력이나 하나님의 선하심, 또 어떤 경우는 하나님의 약속의 미쁘심을 거론하는 경우를 얼마나 자주 보는지 모른다. 어쩌면 다윗이 이런 진술들을 부적당한 곳에 삽입하여 기도의 맥을 끊어 버리는 것처럼 보일 수도 있을 것이다. 그러나 신자들이 경험으로 잘 알고 있는 대로, 새로운 힘을 공급받지 않으면 열심이 식어버리는 법이다. 그러니 기도 중에 하나님의 말씀을 묵상하거나 그의 속성에 대해서 묵상하는 일이 결코 쓸데없는 것이 아닌 것이다. 다윗의 모범을 본받기를 주저하지 말자. 그리하여 우리의 식어진 마음을 새로운 활력으로 새롭게 할 수 있도록 기도에 생각을 도입하도록 하자.

14. 약속을 의지하여 기도함

그러나 이처럼 기쁜 약속들이 있음에도 불구하고 우리가 오히려 차가워지고 그런 약속에 전혀 마음의 변화가 없어서, 대개의 사람들이 값없이 풍성하게 주어진 그 하나님의 은혜를 받아들이기보다는 오히려 이리저리 방황하며 생수의 샘을 버리고 물 없는 웅덩이를 파기를 더 좋아하고 있으니(렘 2:13), 이 얼마나 이상한 일인지 모르겠다. 솔로몬은 말하기를, "여호와의 이름은 견고한 망대라 의인은 그리로 달려가서 안전함을 얻느니라"(잠 18:10)라고 했다. 또한 요엘 선지자는 무서운 재난이 눈 앞에 와 있음을 예언한 후에 다음과 같은 귀한 말씀을 덧붙이고 있다: "누구든지 여호와의 이름을 부르는 자는 구원을 얻으리라"(욜 2:32; 롬 10:13). 이것이 복음의 나아가는 과정을 일컫는 것임을 우리는 잘 알고 있다(참조. 행 2:21). 백 사람에 한 사람도 감동을 받아 하나님의 임재 앞에 나아가지를 않지만, 하나님께서는 이사야 선지자를 통해서 이렇게 외치신다: "그들이 부르기 전에 내가 응답하겠고 그들이 말을 마치기 전에 내가 들을 것이라"(사 65:24).

그리고 다른 곳에서 하나님께서는 이러한 존귀한 사실을 그리스도의 몸에 속하는 모든 사람들 — 곧 교회 전체 — 에게 베푸시는 것을 보게 된다: "그가 내게 간구하리니 내가 그에게 응답하리라. 그들이 환난 당할 때에 내가 그와 함께 하여 그를 건지리라"(시 91:15). 이미 앞에서도 살펴보았거니와,[7] 나의 의도는 모든 구절들을 다 열거하려는 것이 아니다. 다만 몇몇 두드러진 구절들을 선별적으로 살펴봄으로써 하나님께서 얼마나 따뜻하게 우리를 자기에게로 이끌고 계시는가 하는 것을 표본으로 보며, 또한 그런 하나님의 부르심이 있는 데도 불구하고 여전히 게으름을 피우며 뒤로 처져 있다면 그것이 얼마나 큰 배은망덕인가를 보여 주고 싶은 것뿐이다.

자, 이 말씀들이 우리의 귀에 항상 쟁쟁하게 울리도록 해야 하겠다: "여호와께서는 자기에게 간구하는 모든 자 곧 진실하게 간구하는 모든 자에게 가까이 하시는도다"(시 145:18). 또한 앞에서 인용한 이사야서와 요엘서의 구절들에서 나타나는 대로 하나님께서 우리의 기도에 귀를 기울이신다고 선포하며, 또한 우리의 염려를 그에게 내어놓는 그것(벧전 5:7; 시 55:22)을 아름다운 희생 제사의 향기만큼 즐겁게 받으신다는 말씀들도 마찬가지로 귀에 쟁쟁하게 울리도록 하자. 주저함이나 두려움이 없이 기도하며, 또한 그 엄위하신 하나님의 말씀을 의지하여 감히 하나님을 아버지로 부를 때에 — 황공스럽게도 하나님께서 우리에게 이 친근한 이름으로 부르라고 말씀하셨으므로 — 이 말씀들에 제시되어 있는 약속들의 특별한 혜택들을 우리가 누리게 되는 것이다.

이러한 하나님의 권유가 든든하게 있으니, 우리는 하나님이 우리의 기도를 들어주시리라는 증거가 충분하게 있다는 것을 알 수 있다. 기도가 절대로 우리 자신의 공로에 의존하는 것이 아니고, 그 모든 가치와 성취의 소망이 바로 하나님의 약속에 기초하고 근거하는 것이므로, 기도할 때에 다른 것에 기댈 필요가 전혀 없고, 여기저기 도움을 구하려고 기웃기웃할 필요가 없기 때문인 것이다. 그러므로 우리가 명심해야 할 사실은, 물론 우리의 삶이 족장들이나 선지자나 사도들의 그 칭송받는 거룩한 삶과 비교할 수 없지만, 그러나 기도하라는 명령은 그들에게나 우리에게나 동일하게 주어졌고, 또한 믿음도 그들에게나 우리에게나 공통이므로, 하나님의 말씀에 의지하면 이러한 특권을 받는다는 점에서 우리가 그들의 동료가 된다는 사실이다.

이미 앞에서 살펴보았듯이,[8] 하나님께서는 모든 사람의 간구를 들으시고 베푸실 것이라고 선언하고 계시며, 따라서 아무리 비참한 지경에 처한 사람이라도 그 구하는 것을 얻으리라는 소망을 갖게 되는 것이다. 그러므로 우리는 성경에 나타나 있는 전체를 뜻하는 표현들에 주의를 기울여야 한다. 그런 표현들은 통상적으로 처음부터 마지막까지 아무도 제외시키지 않는 것이다. 다만 진실한 마음과 자기 혐오와 겸손, 그리고 믿음이 있어야 할 것이다. 그래야만 거짓되고 외식된 기도로 하나님의 이름을 더럽히지 않을 것이 아니겠는가?

긍휼이 풍성하신 하나님께서는 그에게 나아오도록 사람들을 격려하실 뿐 아니라 모든 가능한 방법을 동원하여 강권하고 계시니, 그에게 나아오는 자들을 절대로 거부하지 않으실 것이다. 그러므로 앞에서 살펴본 다윗의 기도 방법이 여기서 나오는 것이다: "만군의 여호와 이스라엘의 하나님이여 주의 종의 귀를 여시고 이르시기를 내가 너를 위하여 집을 세우리라 하셨으므로 주의 종이 이 기도로 구할 마음이 생겼나이다. 주 여호와여 오직 주는 하나님이시며 주의 말씀이 참되시니이다. 주께서 이 좋은 것을 주의 종에게 말씀하셨사오니 … 주의 종의 집이 영원히 복을 받게 하옵소서"(삼하 7:27-29). 그리고 다른 구절에서는 "주의 종에게 하신 말씀대로 주의 인자하심이 나의 위안이 되게 하시옵소서"(시 119:76)라고 기도한다.

그리고 이스라엘 백성 전체는 여호와의 언약을 기억하고 그 언약에 근거하여 분명히 선언하기를, 하나님께서 그렇게 하라고 명하시니 겁에 질린 마음으로 기도하지 않으리라고 한다. 이 점에서 그들은 족장들의 모범을, 특히 야곱의 모범을 그대로 따르는 것이다. 야곱은 자신은 여호와의 손에서 받은 그 수많은 은혜들을 도무지 감당하지 못하겠다고 고백하면서 말하기를(창 32:10), 오히려 그보다 더 큰 것들을 구할 용기가 생겼다고 한다. 왜 그런가? 하나님께서 그것들을 주시리라고 이미 약속하셨기 때문이라는 것이다(참조. 창 32:11-12).

그러나 불신자들은 온갖 구실을 갖다 대면서, 어려움이 생겨도 하나님께 피하지도 않고 그를 찾지도 않고 그의 도우심을 구하지도 않지만, 그들은 그런 행위로써 하나님께서 받아 마땅하신 존귀를 하나님에게서 찬탈하는 것이다. 이것은 그들 스스로 새로운 신과 우상을 만들어 세우는 것과 마찬가지 행위다. 왜냐하면, 그런 행위는 바로 하나님이 그들이 누리는 모든 복의 주인이시요 근원이시라는 사실을 부인하는 것이기 때문이다.

그러나 반대로 경건한 사람들은, 하나님의 명령에 순종하면 그 어떠한 것도 장애물이 될 수 없다는 생각으로 무장하여 온갖 두려움과 의심에서 자유함을 얻는다. 순종보다 더 기뻐하시는 것이 없다고 하나님께서 친히 선포하셨기 때문이다. 그러므로 앞에서 말한 사실이 여기서 더욱 분명해진다. 즉, 기도할 때에 담대한 마음을 갖는 것이 두려움과 경외심과 조바심의 자세와 아주 잘 부합된다는 사실과, 또한 하나님 앞에 엎드려 부복한 자들을 하나님께서 일으키신다 해도 전혀 이상한 일이 아니라는 사실 말이다. 그러므로 겉으로 보기에 모순인 것 같은 표현 형식들이 아름답게 조화를 이루는 것을 본다.

예레미야와 다니엘은 하나님 앞에 그들의 간구할 바를 겸손하게 내려 놓는다(렘 42:9; 단 9:18). 예레미야서는 이렇게 말한다: "당신은 우리의 탄원를 들으시고 이 남아 있는 모든 자를 위하여 당신의 하나님 여호와께 기도해 주소서"(렘 42:2). 한편 신자들이 기도를 올린다는 말도 자주 듣는다. 히스기야도 선지자에게 하나님께 간구해 달라고 말하면서 그렇게 말한다(왕하 19:4). 그리고 다윗도, "나의 기도가 주의 앞에 분향함 같이 되며 나의 손 드는 것이 저녁 제사 같이 되게 하소서"(시 141:2)라고 기도한다. 이에 대해 설명하자면, 신자들은 아버지 되신 하나님의 사랑에 용기를 얻고, 그의 신실하심을 즐거이 의지하여 그가 값없이 주시는 도움을 아무런 주저함 없이 담대하게 구하지만, 그렇다고 해서 그들이 생각 없이 뻔뻔스러운 자신감으로 의기양양해지지 않는다는 것이다. 계속해서 약속의 사다리를 올라가며, 그러면서도 계속해서 겸손하게 자신을 낮추어 하나님께 간구를 올려 드리는 것이다.

(하나님은 결점이 있는 기도도 들으심. 15-16)

15. 잘못된 기도에 대한 응답

여기서 몇 가지 의문이 생긴다. 하나님께서 때로는 안정되지 못하고 정상적이지 못한 마음에서 우러나오는 기도를 들어주시기도 한다는 사실을 성경이 말씀하기 때문이다. 요담이 세겜의 거주민들을 저주했으나, 이것은 대의명분(大義名分)은 있으나 감정적인 분노와 복수심에서 나온 것이었다. 그런데도 그 저주가 그들에게 그대로 이루어졌다(삿 9:20). 그러므로 이를 근거로 보면, 감정적인 충동에 의해서 저주를 해도 그것을 하나님이 들어주시고 인정해 주시는 것처럼 보이는 것이다.

이와 비슷한 격렬한 감정에 휩싸여 삼손은 하나님께 구하기를, "하나님이여 구하옵나니 이번만 나를 강하게 하사 나의 두 눈을 뺀 블레셋 사람에게 원수를 단번에 갚게 하옵소서"라고 하였다(삿 16:28). 물론 삼손의 마음에는 선한 열심이 섞여 있기는 했다. 그러나 그의 마음을 사로잡고 있었던 것은 이글이글 타오르는 격한 복수심이었다. 그런데도 하나님은 이 기도를 들어주셨다. 그러니 말씀의 원리에 부합되지 않는 기도도 효과가 있다는 식의 생각이 맞는 것처럼 보이는 것이다.

그러나 이런 의문에 대해서 나는 이렇게 답하고 싶다. 첫째로, 보편적인 원리를 몇 가지의 개별적인 실례를 근거로 폐기시킬 수는 없다는 것이요, 둘째로,

몇몇 개인의 경우에 때때로 특별한 사정이 적용되어서 일반적인 사람들의 경우와는 달리 취급되기도 한다는 점이다. 제자들이 분별이 없이 옛날 엘리야가 행한 대로 행하기를 청할 때에 주님이 그들에게 하신 말씀도 주의 깊게 보아야 한다. 주님은 그때에 "너희가 무슨 정신으로 말하는지 모르는구나"(눅 9:55)라고 책망하셨다.[9] 그러나 여기서 한 걸음 더 나아가서, 하나님께서 사람의 간구를 들으시지만 그 간구들이 언제나 하나님께 기쁨이 되는 것은 아니라는 점을 알아야 한다.

그런데도 하나님께서 허락하시는 이유는 그렇게 해야 할 필연성이 거기에 있기 때문이다. 실제적인 모범을 통해서 성경의 가르침에 대한 분명한 증거를 주실 필요가 있기 때문인 것이다. 즉, 하나님은 비참한 처지에 있는 자들을 도우시며, 부당하게 고통 중에서 도우심을 구하는 자들의 탄식을 들으신다는 것이다. 그러므로 불쌍한 사람들의 호소가 그에게 올라갈 때에 그 호소들이 비록 하나님 편에서 주의를 기울일 만한 가치가 전혀 없을지라도 하나님은 심판을 실행하신다. 하나님께서 악인의 잔인함과 강탈, 폭력, 욕정 그리고 기타 범죄들에 대해서 형벌을 가하시고, 교만과 격렬한 분노를 억누르시며, 또한 폭정을 일삼는 권력을 전복시키신 일이 얼마나 많은가? 그리하여 하나님께서 아무리 미미한 자들이라도 억눌림을 당하며 신음하면서 자기들도 모르는 미지의 신적 존재에게 그저 헛되이 허공을 치듯 도움을 구할지라도 그들을 도우시는 분이심을 스스로 만방에 드러내신 일이 또한 얼마나 많은가?

기도가 믿음으로 말미암아 하늘에까지 상달되지 못한다 할지라도 효과가 전혀 없는 것이 아니라는 사실을 분명히 가르쳐 주는 시편이 있다(시 107편). 이 시편에서는 신자들은 물론 불신자들까지도 곤란을 당하여 거의 본능적으로 행하는 기도들을 열거하면서, 하나님께서 은혜로 그 기도들을 들으신다는 사실을 보여 준다.

그러나 그런 기도들을 들어주신다고 해서 그 기도들이 하나님께 합당하다 할 수 있을까? 아니다. 그 사실은 첫째로, 하나님께서 심지어 불신자들의 소원까지도 물리치지 않으시며 긍휼을 베푸신다는 사실을 높이 기리고 드러내는 것이다. 그리고 둘째로, 진실로 하나님을 경배하는 자들을 격려하여 더욱 절실하게 기도하게 해 주는 것이다. 불신자들의 안타까운 호소까지도 들어주실 때가 있다는 것을 보면서 어떻게 간절히 기도하지 않을 수가 있겠는가?

그러나 그렇다고 해서 신자들이 하나님께서 부여하신 법도에서 벗어나거나, 불신자들이 자기들의 원하는 것을 상당히 많이 얻는다고 생각하여 그들을 오히려 부러워하는 것은 있을 수 없는 일이다. 앞에서 본 바와 같이, 하나님은 아합 왕이 겉으로만 회개하는 척할 때에 그것을 받아들이셨다(왕상 21:19).[10] 그러니, 하나님의 택한 백성이 진정으로 회개하고 하나님의 자비를 구할 때에야 얼마나 확실하게 응답하시겠는가? 아합 왕의 회개를 받아들이신 것은 바로 그 점을 보여 주시기 위함이었던 것이다. 그러므로, 유대인들이 하나님께서 자기들의 기도를 기꺼이 들어주시는 것을 체험하고서도(시 106:8-12) 얼마 지나지 않아서 다시 죄악된 생활로 되돌아가자 하나님께서는 그들을 꾸짖으신다(시 106:43; 참조. 시 106:13 이하). 사사기에서 분명히 나타나듯이, 그들이 슬피 울 때마다 — 그들의 눈물이 가식적인 것이었지만 — 하나님께서는 번번이 그들을 대적의 손에서 구원해 주셨다(참조. 삿 3:9). 그러므로, 악인과 선인을 구별하지 않고 모두 똑같이 햇빛을 주시듯이, 하나님께서는 선한 뜻을 가진 자들의 눈물을 멸시하지 않으시고 위로하시는 것이다(마 5:45).

그러나 한편, 하나님께서 그들의 기도를 들으시는 것은 사실이지만 그것은 구원과 관련된 것이 아니다. 그저 하나님의 선하심을 경멸하는 악인들에게도 먹을 것을 주시는 것과 똑같은 이치인 것이다.

아브라함과 사무엘의 경우는 문제가 좀 더 어렵다. 아브라함은 하나님의 말씀의 지시가 없었는데도 소돔 사람들을 대신해서 기도했고, 사무엘은 사울을 버리시겠다는 여호와의 분명한 뜻을 알고도 사울을 위해서 기도한 것을 본다(창 18:23; 삼상 15:11). 또한 예루살렘 성이 함락되지 않게 해 달라고 기도한 예레미야 선지자의 경우도 이와 비슷하다(렘 32:16). 그들의 기도가 거절된 것은 사실이다. 그러나 그들이 믿음이 없이 기도했다고 본다면, 그것은 좀 심한 것 같다. 합리적인 생각을 갖고 있는 독자라면, 다음과 같은 설명에 만족하리라 믿는다. 곧, 전혀 가치 없는 자들까지라도 불쌍히 여기라고 명하시는 하나님의 일반적인 원리에 근거할 때에, 그들이 전혀 믿음이 없었다고는 말할 수 없다는 것이다. 물론 그 구체적인 경우에 그들의 소원이 응답되지 않았지만 말이다.

아우구스티누스는 아주 예리하게 다음과 같이 말씀하고 있다: "하나님께서 작정하신 바와 반대되는 일을 하나님께 구할 때에, 성도는 과연 어떻게 믿음으로 기도하겠는가? 그들은 하나님의 뜻에 따라 기도하는 것이다. 하나님의 감추어진 불변의 뜻에 따라서가 아니라 하나님께서 그들에게 깨닫게 해 주시는 뜻에 따라 기도하며, 하나님의 지혜로우신 판단에 따라서 다른 방식으로 들어주시도록 구하는 것이다."[11]

이 말이 과연 옳다. 하나님은 인간으로서는 도무지 깨달을 수 없는 깊으신 계획에 따라서 일을 이루어 가시는 중에, 성도들의 기도가 ─ 비록 믿음과 오류가 뒤섞여 있지만 ─ 헛되지 않도록 하시는 것이다. 그러나, 이런 경우들을 모방해서도 안 될 것이요, 동시에 성도들 스스로 변명거리로 삼아서도 안 될 것이다. 정도를 넘어서서 그렇게 하는 경우가 많이 있는 것을 부인할 수가 없다. 그러므로, 분명한 약속이 제시되어 있는 경우가 아니면, 하나님께 간구할 때는 반드시 거기에 조건을 덧붙여야 하는 것이다. 여기서 우리는 "깨소서, 주께서 심판을 명하셨나이다"(시 7:6)라는 다윗의 기도를 본받을 수 있을 것이다. 그는 자신이 세속적인 유익을 위해서도 기도하라는 특별한 지시를 받았음을 보여 주고 있기 때문이다.

16. 기도의 응답은 오직 하나님의 용서하심을 통해서 얻어짐

또한 여기서 주의해야 할 중요한 사실은, 내가 지금까지 다룬 기도의 네 가지 법칙은 지나치게 정도 이상으로 강요할 것이 아니라는 사실이다. 마치 완전한 믿음이나 완전한 회개가 기도에 담겨 있지 않으면, 그리고 간절한 열심과 소원이 합당하게 구성되어 있지 않으면, 하나님께서 그런 기도를 들으시지 않는다는 식으로 생각하지는 말아야 한다는 말이다. 이미 말했듯이,[12] 기도란 신자들이 하나님과 나누는 친밀한 교제요 교통이지만 그럼에도 불구하고 경외의 자세와 겸손한 마음을 갖고서, 우리의 잡다한 소원들을 마구 늘어놓는다든지 하나님이 허락하시는 범위를 넘어서는 것을 구한다거나 하지 않도록 해야 한다. 그리고 더 나아가서, 하나님의 위엄을 멸시하는 일이 없도록 우리의 마음을 순결하고 순전하게 높여야 하는 것이다.

그러나 이러한 것을 완전무결하게 실천하여 기도한 사람은 아무도 없다. 보통 사람의 경우는 그만두고라도, 다윗의 경우에 하나님께 간구할 때에 무절제한 모습을 보인 경우가 얼마나 많은가? 그가 의도적으로 하나님께 감히 충고하려 했다거나 그의 판단에 투덜거렸다는 뜻은 물론 아니다. 다만, 자신의 연약함으로 인하여 넘어질 때에 하늘에 계신 아버지의 품 속에 자신의 한(恨)을 쏟아

붓는 것 이외에 다른 위로를 찾지 못했던 것이다. 그러나 하나님은 우리의 더듬거리는 것까지도 용납하신다. 그리고 무언가 우리 속에서 격하게 올라오면 그것을 우리의 무지(無知) 때문으로 여기셔서 용서해 주신다. 과연 이처럼 용납하시는 것이 없다면, 우리는 도무지 자유로이 기도하지 못할 것이다. 다윗이 물론 하나님의 뜻에 전적으로 복종하려는 의도를 갖고 있었고 또한 열심히 인내로 기도했지만, 그럼에도 불구하고 때때로 속에서 격한 감정이 올라오고 때로는 겉으로 폭발하는 경우도 있었다. 이것은 우리가 세운 첫째 법칙과 적지 않게 모순을 일으키는 것이다.

구체적으로 말해서 시편 39편의 한 구절을 보면, 다윗이 자신의 격한 슬픔을 이기지 못하고 그 한계를 지키지 못하는 상황에 있는 것이 나타난다: "주는 나를 내버려 두사[13] 내가 떠나 없어지기 전에 나의 건강을 회복시키소서"(13절). 이는 하나님께서 자기를 떠나시기를 바라고 환난 가운데 망하도록 그냥 내버려 두시기를 바라는 절박한 사람에게서 나오는 처절한 절규로 이해할 수 있을 것이다. 그의 경건한 마음이 그런 무절제함에 완전히 압도당했다거나 아니면 불신자들이 하듯이 하나님과 이제는 관계를 완전히 절연하기를 바라는 것이 아니다. 그는 다만 하나님의 진노하심을 도저히 견디지 못하는 처지에 대해서 절규하는 것이다. 그런 시련을 당할 때에는 하나님의 말씀의 법도와 모순되는 그런 바람이나 소원들이 성도에게서 튀어나올 경우도 있다. 그리고 그럴 경우에는 성도들이 무엇이 합당하며 무엇이 적절한지를 제대로 생각하지 못하기도 하는 것이 사실이다. 사실 이러한 결점들을 지닌 기도들은 마땅히 응답되지 말아야 하는 것이 정상일 것이다. 그러나 그럴지라도 성도들이 자기들의 죄악을 애통하며, 스스로 잘못을 고치며, 정상적인 모습으로 돌아가면 하나님께서는 용서하시는 것이다.

두 번째 법칙에 대해서도[14] 비슷한 잘못을 저지르는 예가 많다. 심령이 차가운 상태에서 애쓰며, 기도에 대한 절실한 마음과 자기의 비참한 상태에 대한 간절한 마음이 없어서 진지하고 간절한 기도에 이르지 못하는 경우가 많은 것이다. 또한 기도 중에 정신이 산만해지며 마음이 거의 다른 데 가 있는 경우도 많이 나타난다. 그러므로 이 점에 있어서도 하나님의 용서가 필요하다. 그렇지 않으면 그런 기도는 지지부진하거나 이리저리 끊어지고 헤매다가 하나님께 거부를 당하고 말 것이다.

하나님께서 우리의 마음에 심어 놓으신 자연스러운 느낌 가운데 하나는, 생각이 위를 향하지 않은 상태에서 드리는 기도는 순전하지 못하다는 것이다. 그렇기 때문에 우리는 기도할 때에 두 손을 높이 드는 행위를 한다. 이는 시대마다 민족마다 다 알려져 있는 행위요, 오늘날 우리 가운데서도 여전히 아주 비근하게 행해지고 있다. 그런데, 그렇게 두 손을 높이 들고 기도하면서도 마음이 땅에 붙들려 있는 자신의 무기력한 상태를 의식하지 않는 사람이 어디 있겠는가?

죄 용서를 구하는 간구에 대해서도[15] — 물론 신자들이 그 간구를 빼먹는 일은 없지만 — 진정으로 기도하는 사람들은 모두 다윗이 말씀하는 제사의 십분의 일도 드리지 못한다고 느끼게 된다: "하나님께서 구하시는 제사는 상한 심령이라. 하나님이여 상하고 통회하는 마음을 주께서 멸시하지 아니하시리이다"(시 51:17). 그러므로 두 가지 용서를 항상 구해야 할 것이다. 첫째는, 우리들의 기도에 많은 결점들이 있음을 알기 때문이다. 그런 결점들이 있음을 느끼면서도 자기 자신들의 그런 상태에 대해서 그저 덤덤하게 지나가는 그런 모습에 대해서 용서를 구해야 하는 것이다. 그리고 둘째는, 하나님께 회개하고 그를 두려워하여 은혜를 누릴 수 있게 되었을 경우에, 자기들이 범한 잘못에 대하여 정당하게 슬퍼하며 마음을 낮추고 재판장이신 하나님께 그 잘못에 대한 형벌을 사해 주시기를 위하여 구해야 하는 것이다.

만일 하나님께서 불쌍히 여기셔서 도우시지 않을 경우에, 무엇보다도 가장 기도를 해치는 것은 믿음의 연약함 또는 믿음의 불완전함이다. 하나님은 마치 그의 백성들의 믿음을 완전히 제거시키기를 원하기라도 하듯이 그들에게 극심한 시련을 허락하시고 베푸시는 경우가 자주 있다. 그런데 그런 하나님께서 이러한 믿음의 연약함과 불완전함을 용납해 주신다. 이것은 놀랄 일이 아니다. 그러한 극심한 시련 가운데서 신자들이 어쩔 수 없이, "만군의 하나님 여호와여, 주의 백성의 기도에 대하여 어느 때까지 노하시리이까?"(시 80:4; 참조. 히 8:6; 9:15)라고 울부짖는 경우도 있다. 마치 그 백성들의 기도 자체가 하나님을 노하시게 만들기라도 하듯이 느끼는 것이다. 이와 비슷하게 예레미야 선지자도, "내가 부르짖어 도움을 구하나 내 기도를 물리치셨도다"(애 3:8)라고 하는데, 이때에 그가 정말로 극심한 혼란 가운데 있었다는 것이 너무나도 분명한 것이다.

이와 유사한 실례들이 성경에 무수하게 나타나고 있는데, 이 사실에서 분명히 드러나는 것은 성도들의 믿음이 의심이나 두려움과 한데 뒤섞여 있어서 분명히 믿고 소망을 갖고 있으면서도 동시에 어느 정도 불신앙의 모습을 드러내보이는 경우가 많다는 사실이다. 그러나 원하는 목표에 완전히 도달하지 못하기 때문에, 성도들은 오히려 더욱더 자기들의 부족한 점들을 고치고 날마다 기도의 완전한 법칙에 더 가까이 가도록 노력해야 하는 것이다. 또한 동시에 자기들의 결점을 고치기 위해서 자기의 방법을 사용한 사람들이 그 방법 때문에 오히려 새로운 질병에 걸려서 얼마나 깊은 악에 빠져버렸는지를 깊이 생각해야한다.

어느 기도에나 다 있는 흠과 결점들을 하나님께서 용납하지 않으셨다면, 과연 하나님께 거부당하지 않을 기도가 없기 때문이다. 이런 사실들을 말하는 것은 신자들이 기도할 때에 범하는 온갖 잘못들을 안심하고 스스로 용납할 수 있도록 빌미를 주고자 함이 아니다. 오히려 스스로 철저하게 자기를 돌아보며, 그리하여 최선의 노력을 기울여 이러한 장애요소들을 극복하도록 하기 위함인 것이다. 사탄이 온갖 노력을 기울여 성도로 하여금 기도하지 못하도록 모든 길을 다 막으려 하지만, 그런 사탄의 궤계를 다 깨뜨릴 수 있을 것이다. 모든 장애를 전부 다 극복하지 못한다 할지라도 극복하고자 하는 노력을 하나님께서 기뻐하시며, 또한 당장 목표에 이르지 못한다 할지라도 계속해서 목표를 향하여 전진할 때에 하나님께서 그들의 소원을 받으신다는 것을 확실히 믿기 때문이다.

(그리스도께서 성도들을 위하여 간구하심. 17-20)

17. 그리스도의 이름으로 기도함

그러나 자기 이름으로 하나님 앞에 나아갈 만큼 값어치 있는 사람이 하나도 없기 때문에, 하늘 아버지께서는 두려움과 수치감으로 인하여 절망에 빠져 있는 우리를 단번에 자유롭게 하시려고 그의 아들 우리 주 예수 그리스도를 우리의 대언자(요일 2:1)요 중보자(딤전 2:5; 참조. 히 8:6; 9:15)로 주셨다. 그러므로 그의 인도하심을 받아 하나님 앞에 안전하게 나아갈 수 있으며, 아버지께서 그 아들의 간구를 들어주시지 않는 것이 없듯이 그분의 이름으로 구하는 것은 무엇이든 응답을 받을 것임을 믿어 의심치 않는 것이다. 믿음에 대해서 앞에서 말한 모든 내용이 필연적으로 이 문제와 관련된다. 왜냐하면, 그리스도께서 우리의 중보자시라는 약속이 주어져 있으므로, 우리가 구하는 것을 얻을 소망의 근거를 그리스도에게 두지 않는 한 기도의 특권을 누릴 수가 없기 때문이다.

하나님의 그 처절한 위엄을 아무런 두려움 없이 생각한다는 것은 불가능한 일이다. 그러므로 우리 자신의 무가치함을 생각할 때에 하나님께로부터 멀리 떨어져 있을 수밖에 없다. 그러나 그리스도께서 개입하셔서 그 무시무시한 위엄과 영광의 보좌를 은혜의 보좌로 바꾸어 놓으신 것이다. 그러므로 사도는 우리가 "긍휼하심을 받고 때를 따라 돕는 은혜를 얻기 위하여 은혜의 보좌 앞에 담대히 나아갈 것이니라"(히 4:16)라고 말씀하는 것이다. 기도에 대해서 하나의 법칙이 세워졌다. 곧, 하나님께 기도하면 그가 들으시며, 특별히 그리스도의 이름으로 기도하면 이루어 주시리라는 약속이 주어져 있다는 것이다. 주님은 말씀하시기를, "너희가 내 이름으로 무엇을 구하든지 내가 시행하리니 이는 아버지로 하여금 아들을 인하여 영광을 얻으시게 함이라"고 하셨고, 또한 "지금까지는 너희가 내 이름으로 아무것도 구하지 아니하였으나 구하라 그리하면 받으리니 너희 기쁨이 충만하리라"고 하셨다(요 14:13; 16:24). 그러므로, 그리스도의 이름 이외에 다른 이름으로 하나님께 구하는 자들이 있다면, 그런 사람들은 오만하게도 그리스도의 명령을 거짓으로 만드는 것이요, 그의 뜻을 아무것도 아닌 것으로 취급하는 것이다. 그들의 기도에 대해서는 응답의 약속이 전혀 없는 것이다. 사도 바울이 말씀하는 대로, "하나님의 약속은 얼마든지 그리스도 안에서 예가 되니 그런즉 그로 말미암아 우리가 아멘 하여 하나님께 영광을 돌리게" 되는 것이기 때문이다(고후 1:20).

18. 그리스도의 중보 사역에 의지함

또한 우리는 시대의 형편에 조심스럽게 주의를 기울여야 한다. 그리스도께서는 제자들에게 당부하시기를, 그가 승천하신 이후에 그의 간구하심에 의지하라고 하셨다: "그날에 너희가 내 이름으로 구할 것이요"(요 16:26).

사실 애초부터, 기도하는 사람들은 모두 중보자 그리스도로 말미암아 기도의 응답을 받은 것이 분명하다. 그렇기 때문에, 하나님께서는 율법에 명령하시기를, 제사장이 홀로 성소에 들어가되 양 어깨에 이스라엘 열두 지파의 이름을 붙이고, 가슴에는 여러 가지 진귀한 보석을 붙이고 들어가며, 그동안 백성들은 바깥 뜰에서 거리를 두고 서서 거기서 기도하라고 하신 것이다(출 28:9-21). 희생 제물이 사실 백성들의 기도들을 인준하고 확증하는 효과를 발휘하기까지 했던 것이다.

그러므로 이처럼 그림자와도 같은 율법의 의식은 우리에게 다음과 같은 사실들을 가르쳐 준다. 첫째로, 우리 모두가 하나님의 임재 안에 들어갈 수 없는 존재이며, 따라서 우리를 대신하여 우리의 이름으로 하나님 앞에 나아가며 우리를 자기 어깨에 지고 가시고 그의 가슴에 우리를 품어 안으셔서 우리의 소원이 응답되도록 해 주실 중보자가 필요하다는 사실이다. 그리고 둘째로, 우리의 기도가 그 중보자의 피 뿌림으로 깨끗이 씻겨진다는 사실이다. 이미 말했거니와, 다른 방도로는 절대로 우리의 기도가 부정함에서 벗어날 수가 없는 것이다. 그러므로 구약 시대의 성도들은 무언가를 얻기를 바랄 때에 희생 제물에다 소망을 두었다. 희생 제물을 통해서 모든 기도가 용납된다고 알고 있었기 때문이다. 다윗은 이렇게 말하고 있다: "네 소제를 기억하시며 네 번제를 받으시기를 원하노라"(시 20:3). 그러므로 여기서 우리가 이끌어 낼 수 있는 사실은, 그 백성들의 기도를 받으시는 문제에 있어서 하나님은 애초부터 그리스도의 중보로 말미암아 진노를 거두시고 기도를 응답하셨다는 것이다.

　　그런데, 그리스도께서는 어째서 제자들이 그의 이름으로 기도하기 시작하게 될 어떤 새로운 시기("그날에")를 거론하시는가? 그리스도의 그러한 은혜가 오늘날에 와서는 더 찬란하게 나타나고 있고, 그만큼 우리가 그 은혜를 높이 기려야 한다는 뜻이 아니겠는가? 이런 의미에서 주님은 바로 앞에서 "지금까지는 너희가 내 이름으로 아무것도 구하지 아니하였으나 구하라"(요 16:24)고 말씀하신 것이다. 이 말씀은 그들이 중보자의 직분에 대해서 전연 무지했다는 뜻이 아니고 — 이런 기초적인 일에 대해서는 유대인들 모두가 다 잘 배워서 알고 있었다 — 그리스도께서 승천하시면 그 이전보다도 교회를 위하여 더 분명하게 대언자의 역할을 하시리라는 사실을 아직 잘 깨닫지 못하고 있었다는 뜻이다.

　　그러므로 주님은 자신이 떠나시는 일 때문에 슬픔에 싸인 제자들을 안돈시키시고, 그들에게 큰 영적 유익을 주시기 위하여 이렇듯 자기 자신이 대언자이심을 말씀하시면서, 그리스도의 중보 사역에 힘입어 하나님께 훨씬 더 자유로이 기도할 때에 신자가 누리게 될 특권들이 있으나 지금까지는 그런 특권을 잘 누리지 못했다는 것을 가르쳐 주신 것이다. 이런 의미에서 사도께서도, "우리가 예수의 피를 힘입어 성소에 들어갈 담력을 얻었나니 그 길은 우리를 위하여 … 열어 놓으신 새롭고 산 길"(히 10:19-20)이라고 말하고 있다. 그러므로, 오직 우리들에게만 베풀어질 이 측량할 수 없는 은혜를, 사람들의 말처럼 우리의 두 팔로 가득 안아서 가슴에 품지 않으면, 우리는 그만큼 더 변명의 여지가 없어지는 것이다.

19. 그리스도께서 유일하신 중보자이심

자, 그리스도께서 우리가 하나님께로 나아가도록 우리에게 주어진 유일한 길이요 통로이시므로(참조. 요 14:6), 이 길에서 벗어나고 이 통로를 저버리는 자들에게는 하나님께로 나아가는 다른 길도, 통로도 남아 있지를 않다. 하나님의 보좌는 그런 사람들에게 진노와 심판과 처절한 두려움밖에는 베풀 것이 없는 것이다. 더욱이, 아버지께서 그리스도를 우리의 목자요(마 2:6) 머리로(고전 11:3; 엡 1:22; 4:15; 5:23; 골 1:18) 인치셨으므로(참조. 요 6:27), 어떤 식으로든 그에게서 돌아서거나 벗어나는 사람은 결국 하나님께서 치신 인(印)을 파괴하고 훼손하려고 진력하는 것이 되는 것이다. 그러므로 그리스도께서 유일한 중보자이시며(딤전 2:5) 그의 간구하심으로 말미암아 아버지께서 은혜로우시며 우리를 용납하시는 분으로 역사하시는 것이다.

그러나, 성도들은 여전히 각기 다른 이들의 구원을 위하여 간구하여야 하며, 이에 대해서 사도도 언급하고 있다(딤전 2:1). 이 간구들은 모두 오로지 그리스도의 중보기도에 의존하므로, 그것들이 그리스도의 중보기도를 손상시키는 것이 아니다. 우리가 한 몸의 지체들로서 서로를 위하여 올리는 간구들이 진한 사랑의 감정에서 샘솟아 나는 것이듯이, 이 간구들은 또한 그 몸의 머리이신 그리스도와 연합하여 이루어지는 것이다. 그러므로, 그런 간구들을 그리스도의 이름으로 드린다면, 과연 그리스도의 중보가 없이는 그 어떠한 기도에서도 아무런 도움을 얻을 수가 없다는 것 이외에 이 사실에서 더 분명하게 드러나는 것이 무엇이겠는가? 그리스도께서 중보기도하신다고 해서, 우리가 교회 내에서 기도로써 서로를 위하여 간구하지 못하도록 방해를 받을 것이 아무것도 없는 것이다.

그러므로, 온 교회에서 행하는 우리의 모든 간구들이 그리스도의 그 유일한 중보기도를 기반으로 한다는 원리를 여기서 확고히 세워야 할 것이다. 또한 그렇기 때문에 우리는 하나님께 감사를 잊지 않도록 유념해야 한다. 하나님께서는 우리의 무가치함을 용납하사 우리 개개인들로 하여금 자기들을 위해서도 기도할 수 있도록 해 주시며, 또한 서로를 위하여 간구도 할 수 있도록 해 주시기 때문이다. 하나님께서 그의 교회에 간구하는 자들을 주셨는데, 만일 그들이 오로지 자기들만을 위하여 기도한다면 그들을 배척해야 마땅할 것이다. 서로를 위해 간구할 수 있도록 해 주신 이 자비하심을 악용하여 그리스도의 존귀하심을 가리우는데 사용하다니, 이 얼마나 뻔뻔스러운 일이겠는가?

20. 그리스도께서 영원한 중보자이심

또한 궤변가들의 다음과 같은 이야기도 터무니없는 소리에 지나지 않는다. 곧, 그리스도께서는 구속의 중보자(the Mediator of redemption)이시나 신자들은 중보기도의 중보자들(mediators of intercession)이라는 이야기 말이다. 마치 그리스도께서는 일시적으로 중보 사역을 이루셨을 뿐이고 영원한 불변의 중보 사역은 그의 종들에게 남겨두기라도 하신 것처럼 말이다! 그들은 그리스도에게서 극히 작은 영광의 일부분만 떼어내는 것처럼 떠벌리면서 그리스도를 아주 부드럽게 대하고 있다고 떠들고 있다. 그러나 성경은 전연 다르다. 성경은 경건한 사람이면 누구나 납득할 수 있을 만큼 간단명료한 언어로 분명하게 말씀하여 그런 사기꾼들의 협잡에 대해 조금의 여지도 남겨두지 않는 것이다.

요한은 "만일 누가 죄를 범하여도 아버지 앞에서 우리에게 대언자가 있으니 곧 의로우신 예수 그리스도시라"(요일 2:1)라고 말씀하셨는데, 과연 이 말씀이 그리스도께서 단 한 번 우리를 위하여 대언자가 되셨다는 뜻인가, 아니면 그가 영원토록 끊임없이 우리를 위하여 중보하신다는 뜻인가?

또한 바울은 대체 무엇 때문에 그리스도께서 "하나님 우편에 계신 자요 우리를 위하여 간구하시는 자시니라"(롬 8:34)라고 선언하고 있단 말인가? 바울은 "하나님과 사람 사이에 중보자도 한 분이시니 곧 사람이신 그리스도 예수"(딤전 2:5)라고 말하는데, 이것은 바로 조금 앞에서 그가 언급한 기도들(딤전 2:1-2)을 염두에 둔 말씀이 아니고 무엇이겠는가? 바울은 모든 사람을 위하여 간구할 것을 말하고 나서 이 말의 확실성을 입증하기 위하여 곧바로 "하나님은 한 분이시요 … 중보자도 한 분이시니 곧 … 그리스도 예수라"(딤전 2:5)는 말을 덧붙이고 있는 것이다.

아우구스티누스도 이와 비슷하게 가르치고 있다: "그리스도인들은 기도로써 서로를 서로에게 맡긴다. 그러나 한 분 참된 중보자가 계시니 그를 위해서는 아무도 간구하지 않으며, 그가 모두를 위하여 간구하신다."

사도 바울은 스스로 교회의 머리의 지배를 받는 탁월한 지체였으나 자신이 그리스도의 몸의 지체이기 때문에, 또한 교회의 지극히 참되신 대제사장께서 상징에 불과한 휘장 속에 있는 지성소 안으로 들어가신 것이 아니라 분명하고 도 견고한 진리를 통해서 하늘의 성소로 들어가사 참되고 영원한 거룩함을 입 으셨기 때문에, 바울은 자기를 신자들의 기도에 맡기는 것이다(롬 15:30; 엡 6:19; 골 4:3). 그리고 바울은 자기 자신을 사람과 하나님 사이의 중보자로 만들지 않 고, 다만 그리스도의 몸에 속한 모든 지체들에게 서로를 위하여 간구할 것을 명 하고 있다: "오직 여러 지체가 서로 같이 돌보게 하셨느니라 만일 한 지체가 고 통을 받으면 모든 지체가 함께 고통을 받고 한 지체가 영광을 얻으면 모든 지체 가 함께 즐거워하느니라"(고전 12:25-26).

그리하여 모든 지체들이 서로를 위하여 드리는 간구들이 이 땅으로부터 올 라가 이미 먼저 하늘에 올리우신 그 머리이신 그리스도께 상달하게 되니 "그는 우리 죄를 위한 화목 제물"(요일 2:2)이시다. 만일 바울이 중보자였다면 나머지 다른 사도들 역시 마찬가지였을 것이다. 그리고 그렇게 많은 중보자들이 있었 다면, "하나님은 한 분이시요 또 하나님과 사람 사이에 중보자도 한 분이시니 곧 사람이신 그리스도 예수라"(딤전 2:5)거나, "그리스도 안에서 한 몸이 되어 서로 지체가 되었느니라"(롬 12:5)거나, "평안의 매는 줄로 성령이 하나 되게 하신 것 을 힘써 지키라"(엡 4:3)라는 바울 자신의 진술들은 성립할 수 없었을 것이다.

또한 아우구스티누스는 다른 구절에서 이렇게 말하고 있다: "제사장을 찾는 다면, 그는 하늘 위에 계시며 거기서 여러분을 위해서 간구하고 계시니, 그는 이 땅에서 여러분을 위하여 죽으신 분이십니다"(참조. 히 7:26 이하).[16]

그러나 그렇다고 해서 그리스도께서 우리들처럼 하나님 앞에 무릎을 꿇고 애원하신다는 식의 상상을 하는 것은 아니다. 오히려 사도의 말처럼 그리스도 께서는 하나님의 임재 앞에 계셔서 그의 죽으심의 능력이 우리를 대신하는 영 원한 중보기도의 효과를 가져오도록 하시며(참조. 롬 8:34), 또한 하늘의 성소에 들어가셨으므로 그가 멀리 바깥 뜰에 있는 성도들의 간구들을 홀로 세상 끝날 까지 하나님께 드리신다는 뜻으로(참조. 히 9:24 이하) 이해하는 것이다.

(성인들의 중보기도에 대한 그릇된 가르침에 대한 반론. 21-27)

21. 성인들의 중보기도에 대한 가르침은 그리스도를 더럽힘

육체로 죽어서 그리스도 안에서 살고 있는 성인(聖人)들에 대해서는, 혹시 그들이 기도를 한다손 치더라도 홀로 길이신 그리스도(요 14:6) 이외에 그들이 하나님께 간구할 다른 길이 있다거나 혹 하나님께서 다른 이름으로 그들의 기도를 받으시리라는 생각은 꿈도 꾸지 말아야 할 것이다. 성경은 다른 모든 것을 물리치고 오직 그리스도께로만 향할 것을 촉구하며, 또한 하늘에 계신 아버지께서는 만물을 그리스도 안에서 함께 모으시기를 기뻐하시는 것이다(골 1:20; 엡 1:10). 그러므로 하나님께로 나아가는 유일한 길이신 그리스도를 벗어나서 성인들을 통해서 하나님께 나아갈 길을 찾으려 한다는 것은 미친 짓인 것은 물론이요, 그야말로 우매함의 극치인 것이다.

그러나, 과거 여러 시대에 걸쳐서 이런 일이 자행되어왔고, 오늘날 교황주의가 번창하는 곳이면 어디든지 이런 일이 행해지고 있다는 사실을 부인할 사람이 어디 있겠는가? 하나님의 자비하심을 얻기 위해서 사람들은 그리스도를 대부분 무시해버리고 거듭거듭 성인들의 공로를 내세우며 그들의 이름을 불러 하나님께 간구하고 있는 것이다. 이것이야말로 앞에서 말한 유일한 그리스도의 중보기도의 사역을 성인들에게로 돌리는 것이 아니고 무엇이겠는가?

성경에는 그런 일에 대한 언급이 전혀 없으니, 그렇다면 그들이 만들어낸 성인들의 중보기도들에 대해 사람에게 계시한 것이 누구였단 말인가? 천사였는가, 아니면 마귀였는가? 그들은 무슨 이유로 그것을 만들어 내야만 했는가? 인간의 지혜는 언제나 하나님의 말씀에서 지지를 받지 않는 것들에게서 도움을 구하는 법이고, 그 믿음 없는 소치를 분명히 드러내게 되어 있는 것이다. 그러나 성인들의 중보기도를 믿고 그것을 기뻐하는 모든 사람들의 양심에 호소하면, 그런 현상이 오로지 그 사람들이 근심에 눌려 있다는 ― 마치 그리스도만으로 불충분하거나 아니면 그리스도께서 너무 가혹하시기라도 한 것처럼 ― 사실에서 비롯된다는 것을 알게 된다.

우선, 그들은 이런 근심과 갈등으로 인하여 그리스도를 깎아내리고 그에게서 유일하신 중보자의 직분을 제거해버린다. 그 직분이야말로 그리스도의 유일한 특권으로 아버지께서 그에게 주신 것이요 다른 어느 누구에게도 이전되어서는 안 될 것인데도 말이다. 그리고 그렇게 함으로써 그들은 그리스도의 탄생의 영광을 흐리게 만들고, 이어서 십자가를 헛된 것으로 만들며, 결국 그리스도께서 행하시고 당하신 모든 일에 대하여 마땅히 드려야 할 찬송과 영광을 완전히 제거해버리는 것이다. 그가 행하신 모든 일들이 그가 홀로 중보자시요 따라서 중보자로 여김을 받아 마땅하다는 결론에 이르게 하는 것인데도 말이다.

동시에 그들은 그들에게 아버지로서 자신을 계시하시는 그 하나님의 자비하심을 내동댕이쳐버리는 것이다. 왜냐하면 그리스도를 형제로 인정하지 않는다면 그들에게는 하나님께서 아버지가 아니시기 때문이다. 그리스도께서 그렇게 부드럽고 온유할 수가 없는 그런 형제의 사랑을 그들에게 베푸셨다는 것을 생각하지 않는다면, 그것은 결국 그리스도가 형제이심을 노골적으로 부인하는 것이 되는 것이다. 그러므로 성경은 우리에게 오직 그리스도만을 제시하며, 우리를 그에게로 보내며, 우리를 그 안에서 세우는 것이다.

암브로시우스는 이렇게 말한다: "그리스도는 아버지께 말을 하는 우리의 입이요, 그는 아버지를 바라보는 우리의 눈이요, 그는 아버지께 우리 자신을 드리는 우리의 오른손이시다. 그가 우리를 위해 간구하지 않으시면 우리나 모든 성인들이나 마찬가지로 하나님과의 교제도 없는 것이다."[17] 그들이 교회에서 공기도를 드리면서 마지막에 "우리 주 그리스도로 말미암아 드리나이다"라는 문구를 붙인다고 하며 이의를 제기한다 해도, 그것은 쓸데없는 핑계에 불과한 것이다. 그리스도의 이름을 아예 빼고 오직 죽은 사람들만 언급하는 것이나, 죽은 자들의 기도와 그들의 공로를 그리스도의 중보기도 사역과 뒤섞어 놓는 것이나, 그리스도의 중보기도 사역을 더럽히는 것은 마찬가지인 것이다. 그런데 그들은 온갖 연도(連禱: litany)나 송가나 문구들에서 죽은 성인들에게 찬송과 영광을 돌리면서도 그리스도에 대해서는 전혀 언급을 하지 않는 것이다.

22. 성인 숭배

그러나 그들의 어리석음이 얼마나 심한지 여기서 미신의 성향이 분명히 드러나는 것을 보게 된다. 미신의 성향은 일단 고삐가 풀리면 절대로 그 방자함이 끊이지를 않는 법이다. 사람들이 성인들의 중보기도에 대해 생각하기 시작하자, 그들은 점점 각 성인마다 독특한 기능을 부여하게 되었고, 그리하여 여러 가지 다양한 사안들이 있을 때 어떤 경우는 이 성인을 중보기도자로 불러올리고, 또 어떤 경우는 다른 성인을 중보기도자로 불러올리게 되었다. 그렇게 되자, 각 사람마다 특정한 성인을 자기의 수호신처럼 취하게 되었고, 그 성인이 자기를 지켜준다는 식의 믿음을 갖게 되었다. 그리하여 도시의 수효만큼 신들을 세운 것은 물론 — 오래 전에 선지자가 이런 행위에 대해서 이스라엘을 책망했었다(렘 2:28; 11:13) — 인구의 숫자만큼 수호신들을 세운 것이다.

그러나 성인들은 그들의 온 소망을 오직 하나님의 뜻에만 두고 그것만을 생각했고 그 안에 거한 사람들이므로, 하나님 나라의 강림을 위하여 그들이 행한 기도 이외에 다른 기도를 그들에게 돌린다면, 그것은 그들을 어리석게 세속적으로 생각하는 것이요 그들을 모욕하는 것이다. 사람들은 각 성인마다 자기를 예배하는 자들에게 사사로운 애정을 갖고서 극진히 사랑한다는 식의 사상을 만들어 내었는데, 이는 성인들의 참 모습과 판이하게 다른 것이다.

그리고 마지막으로, 성인들을 그저 돕는 자로만이 아니라 자기들의 구원을 결정지어주는 자들로 여겨서 그들의 이름을 부르는 그 끔찍한 신성모독을 그치지 않는 사람들이 너무나도 많다. 하나님의 말씀이라는 합당한 위치에서 벗어날 때에, 가련한 사람들은 결국 이런 데로 빠지고 마는 것이다.

사람들이 여전히 아무런 부끄러움이나 역겨움도 느끼지 못한 채 하나님께도, 천사들과 사람들에게도 가증스러운 일들을 계속해서 자행하고 있는 형편에 대해서는 그냥 넘어가기로 한다. 사람들은 바바라(Barbara), 카타리나(Catherine) 등 성인들의 조각이나 그림 앞에 엎드려서 "우리 아버지여"라고 하며 중얼거린다. 그런데도 사제들은 이런 미친 행위를 교정하거나 금하기는커녕, 자기들에게 올 이익의 냄새에 이끌려서 그런 행위들을 인용하고 박수를 치고 있는 것이다. 이렇게 악한 범죄에 대해서 스스로 발을 빼고 자신을 책하지 않는 상태에 있으니, 엘리기우스(Eligius: 7세기, 노용의 주교)나 메다르(Medard: 6세기, 노용의 주교)의 이름을 부르면서 하늘에서 그의 종들을 내려다보고 도와주기를 간구하는 행위나, 아니면 아들이신 성자(聖子)께 부탁하여 자기들이 원하는 바를 이루어주도록 성모(聖母)에게 간구하는 행위에 대해서는 또 무슨 구실을 들어서 변명하겠는가?

고대의 카르타고 공의회(the Council of Carthage)에서는 제단에서 성인들에게 기도하는 행위를 금한 바 있는데, 아마도 당시의 거룩한 사람들로서는 그 악한 습관의 세력에 대해서 전적으로 침묵할 수는 없어서 최소한 그런 행위를 다소 억제하기 위하여 "성 베드로여, 우리를 위해 기도하소서"라는 형식으로 공기도를 훼손시키지 못하도록 조치를 취한 것일 것이다. 그러니, 하나님과 그리스도에게만 속한 고유한 특권을 죽은 자들에게 옮기기를 전혀 주저하지 않는다면, 이 극악한 모독의 행위가 얼마나 극심하게 자행되고 있는 것이겠는가?

23. 천사들과 성인들의 역할을 혼동함

자, 이런 식의 간구가 성경의 권위에 근거하고 있다고 주장하는 자들이 있으나, 그런 주장은 전연 헛된 것이다. 그들은 말하기를 천사들이 기도한 예들이 성경에 나타난다고 한다. 뿐만 아니라 신자들의 기도가 천사들의 손에 들리워서 하나님의 임재 앞에 올려진다고도 말한다. 그러나 현세에서 떠난 성인(聖人)들을 천사들과 비교하고 싶으면, 천사들이란 우리의 구원을 돌보는 임무를 맡은 '섬기는 영'들(히 1:14)로서 우리의 모든 길을 보호하는 임무를 맡았고(시 91:11), 우리를 "둘러 진친" 자들이요(시 34:7), 우리를 경계하고 격려하며 우리를 지켜보는 자들이라는 사실을 먼저 분명히 해두어야 할 것이다. 이런 모든 임무들은 천사들에게 맡겨진 것이지, 성인들에게 맡겨진 것이 아니다.

그들이 죽은 성인들과 천사들을 얼마나 터무니없이 혼동하고 있는지는 성경이 이들을 온갖 다양한 기능들을 통해서 서로 구별하고 있다는 사실에서 분명히 드러난다. 이 땅의 재판정에서도 재판정에 나와서 발언할 수 있는 자격을 부여받기 전에는 아무도 감히 변호인의 직무를 감당할 수가 없다. 그렇다면 감히 성경에서 그런 직분에 대해서 아무것도 증거하는 바가 없는 데도 중보기도자들을 하나님께 억지로 요구하는 그런 큰 특권을 도대체 벌레 같은 인간이 어디서 받았단 말인가?

하나님께서는 우리의 구원을 돌아보도록 천사들을 지정하기를 기뻐하셨다. 그리하여 그들은 우리의 거룩한 모임에 참석하는 것이고, 또한 교회는 천사들에게 하나님의 다양한 온갖 지혜를 바라보고 경탄해 마지 않는 하나의 장(場)이 되는 것이다(엡 3:10). 이렇듯 천사들의 고유한 임무와 특권을 다른 사람들에게 전이시키는 자들은 하나님께서 지정하신, 절대로 어겨서는 안 될 질서를 어지럽히고 왜곡시키는 것이다.

그들은 계속해서 다른 증거들도 아주 교묘하게 이용하고 있다. 하나님께서는 예레미야 선지자에게 이렇게 말씀하셨다: "모세와 사무엘이 내 앞에 섰다 할지라도 내 마음은 이 백성을 향할 수 없나니 그들을 내 앞에서 쫓아 내보내라"(렘 15:1). 그들은 이 구절을 근거로 이렇게 반문한다: 그 죽은 인물들이 산 사람들을 위하여 간구한다는 사실을 모르셨다면 어떻게 하나님께서 그 죽은 자들에게 그렇게 말씀하실 수 있으셨겠는가?

그러나 나는 오히려 정반대로, 본문에 나타나듯이 모세나 사무엘이 이스라엘을 위하여 간구하지 않았으므로 결국 죽은 자들이 간구하는 일도 없었다고 분명히 말할 수 있다. 이 세상에 살 때에 다른 어떤 사람들보다 간구하는 임무에 있어서 도저히 비교할 수 없을 만큼 탁월했던 모세가 죽은 후에 그런 간구를 그쳤다면, 과연 성인들 가운데 그 누가 사람들의 구원을 위하여 일하고 있다고 믿을 수 있겠는가? 그러므로, 그들이 이런 식의 하찮은 논리를 고집한다면 ― 즉, 여호와께서 "그들이 중재할지라도"(참조. 렘 15:1)라고 말씀하시니 죽은 자들이 산 자들을 위하여 중재한다고 고집한다면 ― 나는 다음과 같이 훨씬 더 설득력 있는 증거를 제시할 것이다. 이스라엘 백성들이 극히 중재가 필요한 처지에서도 죽은 모세는 중재하지 않은 것이다. "그가 중재할지라도"라고 말씀하고 있으니 말이다. 그러므로 온유함이나 선함이나 아버지로서의 관심에 있어서 모세보다 훨씬 못한 다른 사람들이야 두말할 것도 없이 중재하지 않는 것이다. 사실 이 사람들은 그들의 조롱을 통해서 오히려 자기들이 멋지게 장착하고 있는 바로 그 무기에 스스로 상처를 입는 격이 되어 버린 것이다.

그렇게도 분명한 간단한 성경의 진술을 그렇게 왜곡시킨다는 것이 얼마나 어리석은 일인가! 이 진술은 다만 여호와께서 혹 모세나 사무엘과 같은 인물이 ― 이들의 간구를 여호와께서 그렇게 잘 들어 응답하셨건만 ― 그들을 대신하여 호소한다 할지라도 그 백성의 과실에 대해서 그냥 두지 않으시겠노라고 선언하시는 것일 뿐이다.

에스겔서에 나타나는 이와 유사한 구절에서도 동일한 의미를 찾을 수가 있다: "비록 노아, 다니엘, 욥, 이 세 사람이 거기에 있을지라도 그들은 자기의 공의로 자기의 생명만 건지리라"(겔 14:14). 이 말씀의 의미는 곧, "그들 중 두 사람이 다시 살아난다 할지라도"라는 뜻일 것이다. 왜냐하면 세 번째 다니엘의 경우는 분명한 증거를 제시할 수 있지만 이 당시에 살아 있는 것은 물론, 청년기의 나이로서 이미 타의 추종을 불허하는 경건의 증거를 드러내 보이고 있었기 때문이다. 그러므로 성경이 그 인생의 과정을 다 마친 것을 분명히 보여 주는 그런 사람들에 대해서는 이만 지나가기로 하자. 바울도 다윗에 대해 말하면서, 다윗이 기도로써 후손들에게 도움을 주었다고 하지 않고, 그 당시의 세대들을 하나님의 뜻을 따라 섬겼다고 하고 있는 것이다(행 13:36).

24. 사망한 성인들은 이 세상과 접촉이 없음

그들은 또다시 다음과 같이 반론을 제기한다: "그렇다면 평생을 오직 경건과 긍휼로만 숨쉬던 그 사람들에게서 경건을 향한 모든 열심을 완전히 제거해 버릴 셈인가?" 나로서는 성인들이 하는 일이나 생각하는 일에 대해서 지나치게 호기심을 갖고 살펴볼 마음은 없다. 그러나 그들은 이런저런 충동이나 욕심에 휘몰리는 것이 아니라 오히려 한 가지 확고한 불변의 의지로 하나님 나라를 사모할 것이다. 그리고 그 나라는 신자의 구원에 있는 것은 물론 그에 못지않게 악인의 멸망에도 있는 것이다. 그러나 이것이 사실이라면, 그들의 사랑은 의심의 여지도 없이 그리스도의 몸의 교제 속에 있으며, 또한 그 교제의 본질이 허용하는 범위를 넘어서지 않는 것이다. 자, 혹 그들이 이런 식으로 우리를 위하여 기도한다는 것을 인정한다손 치더라도, 그들은 자기들의 안식을 저버리고 이 땅의 온갖 문젯거리들에 이끌리지는 않는다. 그러니 우리는 더더욱 그들에게 호소해서는 안 되는 것이다!

그리고 물론 이 땅에 살아 있는 사람들이 서로를 위하여 기도할 수 있지만(참조. 딤전 2:1-2; 약 5:15-16) 그렇다고 해서 죽은 성인들도 그렇게 할 수 있는 것은 아니다. 이렇게 서로를 위하여 기도하는 동안에 서로의 필요를 나누고 상대방의 짐을 나누어짐으로써 신자들 사이에 사랑이 촉진되는 것이다. 그리고 신자들이 이를 시행하는 것은 주님의 명령 때문이요 또한 그의 약속 때문인 것이다. 이 두 가지가 기도에 있어서 항상 중요한 위치를 차지하는 것이다. 그러나 죽은 사람들의 경우에는 이런 이유들이 전혀 없다. 여호와께서는 그들을 우리에게서 취하여 가실 때 우리에게 그들과의 어떠한 접촉점도 남겨두지 않으셨고(전 9:5-6), 우리가 추측할 수 있는 한 그들에게도 우리와의 그 어떠한 접촉점도 남겨두지 않으신 것이다.

그러나 만일 누구라도, 그들이 생전에 우리와 한 믿음으로 연합되어 있었으니 그들이 그와 똑같은 사랑을 계속 유지하지 않을 리가 없다는 식으로 주장하는 자가 있다면, 그들이 우리의 음성을 들을 수 있을 만한 귀가 있으며, 우리의 필요를 살펴볼 수 있는 눈이 있다는 것을 대체 누가 알려주었다는 말인가? 우리의 반대자들은 스스로 가리어진 상태에서 떠들기를, 하나님의 얼굴의 광채에 속한 어떤 것이 성인들에게 비치는데 그것이 일종의 거울 역할을 하여 그것을 통해서 사람들에게 일어나는 일들을 위에서 바라볼 수 있다고 한다. 그러나 이런 식의 허황된 이야기가 결국 우리 머리의 몽롱한 환상을 통해서 하나님의 비밀한 판단들을 꿰뚫으려 하며, 하나님의 말씀을 버리고 성경을 짓밟으려 하는 처사가 아니면 대체 무엇이란 말인가?

성경은 우리의 육신으로 하는 생각은 하나님의 지혜와 원수가 되는 것임을 자주 선언하고 있으며(롬 8:6-7), 또한 우리 마음의 허망함을 완전히 정죄하며(엡 4:17), 우리의 합리적인 이성(理性)을 완전히 낮추고 오직 하나님의 뜻만을 바라보라고 명령하고 있는 것이다(참조. 신 12:32).

25. 족장들의 이름을 부르는 행위도 합당치 못함

그들은 자기들의 거짓된 주장을 변호하기 위해서 성경의 다른 본문들을 취하여 지극히 악한 생각으로 그 증거들을 왜곡시킨다. 그들은, 그렇지만 야곱은 그의 후손들이 자기의 이름과 그의 조상인 아브라함과 이삭의 이름들을 불러서 빌게 해 달라고 요구하지 않았느냐고 반문하고 있다(참조. 창 48:16). 우리로서는 우선 이스라엘 백성들에게 있어서 과연 이 부른다는 것의 본질이 무엇이었는지를 살펴보아야 할 것이다. 그들이 조상들의 이름을 부른 것은 조상들이 자기들을 도와줄 것을 기대해서가 아니라, 다만 하나님께서 그의 종 아브라함과 이삭과 야곱을 기억해 주시기를 바라는 뜻에서 그렇게 한 것이다.

그러므로, 이러한 예는 성인들의 이름을 부르는 것을 전혀 뒷받침해 주는 것이 못된다. 그러나 이 멍청이들이 너무나 어리석어서 야곱의 이름을 부른다는 것이 무엇인지, 그리고 어째서 이스라엘 백성들이 그 이름을 불렀는지를 전혀 깨닫지 못하기 때문에, 그런 표현에 대해서조차도 움찔거린다 해도 우리로서는 의아하게 여길 필요가 없는 것이다. 이런 표현은 성경에 한 번 이상 나타나고 있다. 선지자 이사야는 여인들이 남자들의 이름으로 불릴 것을 말하는데(사 4:1), 이는 그 여인들이 그 남자들을 남편으로 취하여 그들의 보호와 보살핌 아래서 살 것을 의미하는 것이다. 그러므로, 이스라엘 백성들이 아브라함의 이름을 부르는 것은 그를 자기들의 기원으로 여기고, 조상으로 엄숙히 기억하여 그를 높이기 위하여 그렇게 하는 것이다.

야곱이 자기 이름에 대해서 이야기하는 것은 자기 자신의 명성을 널리 퍼지게 할 마음이 있어서가 아니라, 그 후손들의 온전한 축복이 하나님께서 그와 맺으신 언약을 유지하는 데 있다는 것을 그가 알고 있기 때문이었다. 그는 그렇게 하면 그들이 최고의 축복을 누릴 것임을 알고 있었기 때문에, 그들이 자기의 후손의 반열에 들기를 바라는 것이다. 그러한 축복은 오직 그 언약을 물려받음으로써만 얻어지는 것이기 때문이었다. 그들은 또한 이런 사실들을 기억하여 기도로 아룀으로써, 죽은 자들의 간구에 의지하는 것이 아니라 족장들과 맺은 여호와의 언약을 생각하는 것이다. 긍휼이 풍성하신 아버지께서 아브라함과 이삭과 야곱을 위하여 그 후손들에게 사랑과 자비를 베푸실 것을 그 언약을 통해서 약속해 놓으신 것이다.

다른 면에서 성도들이 얼마나 조상들의 공로에 의지하지 않는가 하는 것은 선지서에서 교회가 이구동성으로 증거하고 있다: "주는 우리 아버지시라 아브라함은 우리를 모르고 이스라엘은 우리를 인정하지 아니할지라도 여호와여, 주는 우리의 아버지시라 옛날부터 주의 이름을 우리의 구속자라 하셨도다"(사 63:16). 이렇게 말하면서 그들은 이렇게 다시 덧붙이고 있다: "원하건대 주의 종들 곧 주의 기업인 지파들을 위하사 돌아오시옵소서"(사 63:17). 여기서 그들은 죽은 족장들의 중보기도를 생각하지 않고, 다만 언약의 은택에 주의를 집중시키고 있는 것이다. 그러나 지금 우리에게는 주 예수께서 계셔서 그가 그의 손으로 영원한 긍휼의 언약을 우리와 맺으실 뿐 아니라 그 언약을 확증하셨으니, 우리의 기도에서 그분의 이름 이외에 다른 무슨 이름을 거론한단 말인가?

이 훌륭하다는 선생들은 이 말씀들이 족장들이 중보기도자들임을 확증해준다고 주장하고 있으니, 그들에게서 알고 싶은 것이 있다. 그렇게 많은 성인들을 중보기도자들로 기리면서 어째서 교회의 조상인 아브라함은 그 중에서 가장 낮은 자리에도 끼지를 않는단 말인가? 그들이 얼마나 형편 없는 자들의 무리에서 중보기도자들을 선택하는가 하는 것은 이미 잘 알려져 있는 사실이다. 그러면서도 하나님께서 다른 어느 누구보다도 앞세우시고 최고의 존귀로 높이신 아브라함을 무시하고 거부하다니, 대체 그것이 합당한지 대답을 좀 해보라! 사실은 그런 일이 고대 교회에서는 전혀 없었기 때문에, 그들은 그런 일이 새로이 만들어낸 것이라는 사실을 숨기기 위해서 고대의 족장들에 대해서는 침묵을 지키려 한 것이다. 마치 성인들이 아주 다양하게 세워지면 그런 최근에 생긴 부패한 관행이 무마될 것처럼 생각한 것이다.

또 어떤 이들은 "다윗을 위하여" 그 백성에게 긍휼을 베풀어 달라고 하나님께 기도한다고(참조. 시 132:1, 10) 하며 반론을 제기하는데, 이런 논리는 그들의 오류를 뒷받침하는 것이 아니라 오히려 그것을 강력하게 반박하는 역할을 한다. 우리는 바울의 기능을 생각해야 한다. 그는 성도들의 총회에서 세움을 받아 하나님께서 그의 손으로 만드신 언약을 세우는 일을 담당하고 있는 것이다. 그러므로 다윗을 거명하는 것은 다윗이라는 개인이 아니라 언약을 염두에 두고 있는 것이며, 또한 다윗이라는 예표(a figure)를 통해서 그리스도의 유일하신 중보 사역을 선언하고 있는 것이다. 다윗이 그리스도의 예표로서 독특하게 지닌 기능은 분명 다른 사람들에게는 적용되지 않는 것이다.

26. 성인들도 우리와 똑같이 기도하였음

그런데 어떤 이들은 성인들의 기도가 응답을 받았다는 기록을 자주 접한다는 사실에서 상당히 영향을 받아 그 쪽으로 기울어지기도 한다. 어째서 그들의 기도가 응답받았을까? 그것은 물론 그들이 기도했기 때문이다. 선지자는 이렇게 말하고 있다: "우리 조상들이 주께 의뢰하고 의뢰하였으므로 그들을 건지셨나이다 그들이 주께 부르짖어 구원을 얻고 … 수치를 당하지 아니하였나이다"(시 22:4-5). 그러므로 우리도 그들의 모범을 따라서 그들처럼 기도하여 응답을 얻도록 하자. 그러나 우리의 반대자들은 한 번 응답을 얻은 자들만이 응답을 얻을 것이라는 식으로 어울리지 않게 아주 어리석은 논리를 제시한다.

그러나 그에 비하면 야고보의 말이 훨씬 더 훌륭하지 않은가! 그는 말하기를, "엘리야는 우리와 성정이 같은 사람이로되 그가 비가 오지 않기를 간절히 기도한즉 삼 년 육 개월 동안 땅에 비가 오지 아니하고 다시 기도하니 하늘이 비를 주고 땅이 열매를 맺었느니라"(약 5:17-18)라고 한다. 야고보가 여기서 엘리야의 고유한 특권을 말씀하고 있는가? 그래서 우리가 그의 특권을 의지해야 한다고 말씀하는가? 절대로 그렇지 않다! 야고보는 다만 경건하고 순결한 기도의 영구한 능력을 가르치며 우리에게 그와 같이 기도하라고 권면하고 있는 것이다. 우리가 그런 증거들을 통해서 하나님의 약속을 더욱더 신뢰하게 되지 않는다면, 우리는 기도를 응답하고자 하시는 하나님의 너그러우시며 선하신 뜻을 악의(惡意)로 곡해하는 것과 다를 바 없는 것이다. 하나님께서는 한두 사람이나 혹은 몇몇 사람들의 중보기도가 아니라 그의 이름을 부르는 모든 사람들의 중보기도에 귀를 기울이시겠다고 약속하고 계시기 때문이다.

이러한 무지에 대해서 도무지 핑곗거리가 없다. 그들은 그렇게도 많은 성경의 경고들을 마치 고의적으로 무시하는 것 같기 때문이다. 다윗은 계속해서 하나님의 권능으로 말미암아 구원을 받았다. 그러니, 다윗이 이런 구원의 능력을 전수받았기 때문에 우리가 그에게 구하여 구원을 받는다는 논리가 어떻게 성립이 되겠는가? 다윗 자신은 전혀 달리 확언하고 있다: "주께서 나를 갚아 주시리니 의인들이 나를 두르리이다"(시 142:7). 또한 이렇게도 말한다: "의인이 보고 두려워하며 … 의인은 여호와로 말미암아 즐거워하며 그에게 피하리니"(시 52:6; 64:10), "이 곤고한 자가 부르짖으매 여호와께서 들으시고 그의 모든 환난에서 구원하셨도다"(시 34:6). 시편에는 이런 유의 기도들이 많이 나타나 있다. 다윗은 자기가 구하는 바를 들어달라고 하나님께 이렇게 간구하며, 그리하여 의인은 그의 예를 통해서 자기의 기도가 부끄러움을 당하지 않으리라는 선한 소망을 갖게 되는 것이다.

이제 한 가지 실례만 더 들기로 하자: "이로 말미암아 모든 경건한 자는 주를 만날 기회를 얻어서 주께 기도할지라"(시 32:6). 이 본문은 특히 더 기꺼운 마음으로 인용하였다. 왜냐하면 이 시끄러운 말꾼들이 부끄러운 줄도 모르고 돈에 정신이 팔려 교황주의를 변호하기 위하여 혀를 놀리면서, 이 본문이 죽은 성인들의 중보기도를 입증해주는 것처럼 이야기하고 있기 때문이다. 다윗은 하나님께서 그의 기도를 응답하실 때에 그의 자비하심과 너그러우심에서 나오는 열매를 보여 주는 것뿐인데, 마치 다윗의 의도가 전연 다른 데 있는 것처럼 떠드는 것이다!

여기서 우리는 전체적으로 이 점을 유의해야 한다. 곧, 하나님의 은혜를 ─ 우리에게 주어지는 은혜나 다른 이들에게 주어지는 은혜나 ─ 체험하게 되면 하나님의 약속들을 믿는 믿음을 확증하는 데에 적지 않은 도움을 받는다는 사실이다. 다윗이 하나님께서 베푸신 은혜로 말미암아 확신을 갖게 되었음을 말하는 구절들은 시편을 보면 금방 찾을 수가 있으므로, 여기서 구태여 열거하지 않겠다. 야곱도 친히 모범을 통하여 이미 이 사실을 가르친 바 있다: "나는 주께서 주의 종에게 베푸신 모든 은총과 모든 진실하심을 조금도 감당할 수 없사오나 내가 내 지팡이만 가지고 이 요단을 건넜더니 지금은 두 떼나 이루었나이다"(창 32:10).

그는 하나님의 약속을 주장하지만 약속만을 주장하지 않는다. 오히려 그는 그 약속의 성취로 말미암은 효과를 덧붙이고 있다. 즉, 하나님께서 미래에도 자기에게 똑같이 대하시리라는 신뢰를 더 크게 갖게 되었음을 말하고 있는 것이다. 하나님은 죽을 인생들처럼 자비를 베풀다가 지쳐버리거나, 재원이 고갈되어 자비를 베풀고 싶어도 더 베풀 수 없는 지경에 처하는 그런 분이 아니시고, 그 자신의 본성이 영원토록 높임을 받으실 분이시기 때문이다. 다윗은 하나님을 향하여 이렇게 지혜롭게 말하고 있다: "진리의 하나님 여호와여, 나를 속량하셨나이다"(시 31:5). 하나님께서 베푸신 구원을 찬송한 후에 그는 하나님이 신실하시다는 것을 덧붙이는 것이다. 만일 하나님께서 영원토록 변함없이 하나님 자신의 모습을 유지하시지 않는다면, 그가 아무리 은혜를 베푸셔도 그것으로 인해서 하나님을 신뢰하거나 그에게 간구할 확고한 믿음을 갖게 될 수가 없을 것이기 때문이다. 그러나 하나님께서 우리를 도우실 때마다 항상 우리에게 그의 선하심과 신실하심의 실례와 증거를 주신다는 것을 알게 되면, 우리는 혹시 하나님께 소망을 두다가 부끄러움을 당하거나 속임을 당하지 않을까 하는 두려운 마음을 가질 필요가 없게 되는 것이다.

27. 성인들의 중보기도에 대한 그릇된 가르침에 대한 마지막 반론

이제는 모든 내용을 정리하기로 하자. 성경은 하나님을 예배하는 일에 있어서 하나님께 간구하는 것이 무엇보다 중요한 부분임을 말씀하고 있다. 이 간구야말로 다른 모든 희생들보다 앞서서 하나님께서 우리에게 요구하시는 주요한 경건의 의무이므로, 다른 이들에게 기도한다는 것은 그야말로 분명한 모독 행위인 것이다. 그러므로 시편에서도 이렇게 말씀하고 있다: "우리가 우리 하나님의 이름을 잊어버렸거나 우리 손을 이방 신에게 향하여 폈더면 하나님이 이를 알아내지 아니하셨으리이까?"(시 44:20-21).

또한, 하나님께서는 우리가 믿음에서 우러나와서 그를 부르기를 바라시므로, 기도가 그의 말씀의 법칙에 부합되어야 한다는 사실을 분명하게 선언하고 계신다. 결국, 믿음이 말씀에 기초를 두고 있고, 또한 올바른 기도의 어머니이므로, 우리의 믿음이 말씀에서 벗어나게 되면 그 순간부터 기도는 부패한 상태에 빠지고 마는 것이다. 그러나 이미 살펴본 바와 같이, 성경 전체를 보면, 하나님께서 이러한 존귀를 오직 자기 자신에게만 돌리신다는 사실을 분명히 보게 되는 것이다.

중보기도의 사역은 또한 그리스도의 고유한 사역이며, 이 중보자 되시는 그리스도께서 거룩하게 하시지 않는 이상 그 어떠한 기도도 하나님을 기쁘시게 할 수 없다는 사실도 분명히 드러난다. 또한 앞에서 살펴본 사실이지만, 신자들이 하나님 앞에서 서로를 위하여 기도를 드린다 할지라도, 그리스도의 그 고유한 중보기도 사역은 전혀 손상을 입지 않는다. 모든 신자들은 그리스도의 중보기도 사역에 의지하여 자기 자신과 다른 이들을 하나님께 의탁하는 것이기 때문이다. 또한 이러한 중보기도 사역을 죽은 자들에게 부당하게 적용시키는 일이 있으나, 우리를 위하여 중보기도할 임무가 그들에게 주어졌다는 증거가 성경 어디에서도 나타나지 않는다는 점도 살펴보았다. 성경은 우리가 서로 기도의 의무를 다하라고 자주 명령하면서도, 죽은 자들의 기도에 대해서는 단 한 군데도 언급이 없는 것이다. 사실, 야고보는 우리의 죄를 서로 고백하며 서로를 위하여 기도하라는 두 가지 권면을 한데 합쳐서 제시함으로써(약 5:16) 무언 중에 죽은 자들을 그 대상에서 제외시키고 있는 것이다.

그러므로 다음과 같은 한 가지 증거만으로도 이러한 오류를 충분히 배격하고도 남을 것이다. 곧, 기도는 믿음에서 말미암으며, 믿음은 하나님의 말씀을 들음에서 난다고 말씀하는데(롬 10:14, 17), 여기서 그런 거짓된 간구에 대해서는 한 마디 언급도 없다는 사실이다. 하나님께서 대언자를 달리 세우신 일이 없는 데도 불구하고 미신으로 말미암아 무분별하게 대언자들을 세우는 일이 벌어진 것이다. 성경에는 온갖 형태의 기도들이 가득 차 있는데도, 교황주의자들이 마치 그것이 없으면 기도 자체가 존재하지 않는 것처럼 믿고 있는 이런 식의 중보기도의 예는 단 하나도 찾을 수가 없는 것이다.

그리고 이런 미신이 일어난 것은 믿음이 없기 때문이었음이 분명하다. 그들은 대언자이신 그리스도 한 분으로 만족하지 못했던지, 아니면 그리스도의 대언자 직분을 아예 부인해버렸던지 둘 중의 하나이기 때문이다. 그들의 뻔뻔스러움으로 볼 때에 후자의 경우였음이 쉽게 드러난다. 성인들의 중보기도가 필요하다고 그렇게 강력하게 주장하면서도 그들은 우리가 하나님께 친밀하게 나아갈 자격이 없다는 사실밖에는 근거로 제시하지 못하는 것이다.

물론 인간이 하나님께 가까이 나아갈 자격이 없다는 사실은 우리도 분명한 사실로 받아들인다. 그러나 이 사실을 근거로 내릴 수 있는 우리의 결론은, 조지(George)와 히폴리투스(Hippolytus)[18]와 그 비슷한 성인들이 나서지 않으면 그리스도의 중보기도도 가치가 없는 것처럼 주장하는 자들은 결국 그리스도께 하실 일을 아무것도 남겨두지 않는다는 것이다.

(기도의 종류:사적인 기도와 공적인 기도. 28-30)

28. 사적인 기도

기도라 할 때에 탄원과 간구를 가리키는 것이 정상이지만, 기원과 감사가 서로 밀접하게 연관되어 있으므로 편의상 한 가지로 묶어서 생각할 수 있을 것이다. 이 가운데 전자에 해당하는 형식들을 바울이 나열하고 있다(참조. 딤전 2:1). 탄원과 간구를 통해서 우리는 우리의 소원을 하나님 앞에 토로하면서, 하나님의 영광을 드러내며 하나님의 이름을 드높일 수 있는 일들을 구하며, 동시에 우리에게 유익이 되는 은혜들을 구하는 것이다. 그리고 감사를 통해서는 우리에게 베푸신 하나님의 은혜들에 대하여 합당한 찬양을 드리며, 우리에게 임하는 모든 선한 것들에 대해 하나님의 너그러우심을 찬송하는 것이다. 그러므로 다윗은 이 두 가지 기능을 하나로 묶어서 이렇게 말하고 있다: "환난 날에 나를 부르라 내가 너를 건지리니 네가 나를 영화롭게 하리로다"(시 50:15).

성경은 이 두 가지 기능을 끊임없이 사용하라고 명령하는데, 여기에는 그럴 만한 합당한 이유가 있다. 다른 곳에서 이미 말한 바와 같이, 사방에서 우리를 위협하고 있는 온갖 어려움이 너무나도 많고 너무나도 크다는 것을 우리의 열악한 처지와 또한 직접적인 체험을 통해서 잘 알고 있기 때문에 우리들 모두 하나님께 계속해서 탄식하며 부르짖고 도움을 구할 만한 충분한 이유가 있는 것이다. 그리고 혹 환난이 없다 할지라도, 범죄에 대한 책임이 있고 또한 무수한 유혹거리들이 늘 공격하기 때문에, 아무리 거룩한 사람이라도 그것을 치유하기를 원하기 마련이다.

그러나 찬송과 감사의 제사를 드릴 때에 언제나 죄로 말미암아 방해를 받기 마련이다. 그리하여 하나님은 우리가 비록 게으르고 더디지만, 우리로 하여금 감사하지 않을 수 없도록 하시기 위하여 은혜 위에 은혜를 끊임없이 더하시는 것이다. 요컨대, 우리에게는 넘치게 부어지는 하나님의 은혜가 너무도 크고 풍성하며, 또한 어디를 보아도 놀라운 이적들이 넘쳐나기 때문에, 하나님께 찬양과 감사를 드릴 제목과 이유가 언제나 끊어지지 않는 것이다.

이를 좀 더 분명하게 설명하자면, 이미 충분히 입증한 바와 같이 우리의 모든 소망과 부요함이 하나님께 있으므로 하나님의 축복이 없이는 우리나 우리의 소유가 번성할 수가 없기 때문에, 우리는 항상 우리 자신은 물론 우리가 소유한 모든 것들을 하나님께 맡겨야 한다는 것이다(참조. 약 4:14-15). 그리고 우리가 무엇을 결정하고 말하고 행동하든지 하나님의 손과 하나님의 뜻 아래서 ─ 한 마디로 말하면, 그의 도우심에 대한 소망 가운데서 ─ 결정하고 말하고 행하여야 하겠다. 하나님께서는 자기들 자신이나 다른 누구를 믿고 생각하며 계획하고 실행하는 모든 자들을, 무슨 일이든 하나님의 뜻과는 관계 없이 시작하고 행하면서 하나님께 아뢰지 않는 모든 자들을 향하여 저주를 선언하시는 것이다(참조. 사 30:1; 31:1).

앞에서도 이미 몇 차례 말했지만, 하나님께서 모든 축복의 근원이심을 인정하는 것이 바로 하나님께 합당한 영광을 돌리는 것이므로, 하나님의 손에서 무엇을 받을 때마다 항상 감사가 뒤따라야 하며, 또한 하나님께 온전한 찬송과 감사를 계속해서 돌리지 않는다면, 하나님의 자비하심에서 나오는 하나님의 모든 은혜들을 사용할 마땅한 이유가 없는 것이다. 바울은 모든 것들이 "하나님의 말씀과 기도로 거룩하여짐이라"(딤전 4:5)라고 증언하고 있는데, 이는 곧 말씀과 기도가 없이는 그것들이 절대로 우리에게 거룩하고 순결한 것이 될 수가 없다는 것을 암시한다("말씀"을 그는 환유법[換喩法]적으로 "믿음"이라는 뜻으로 이해하고 있음이 분명하다).

그러므로, 다윗은 여호와의 자비하심을 깨닫고서 "새 노래 곧 우리 하나님께 올릴 찬송을 내 입에 두셨도다"라고 멋지게 선언하였다(시 40:3). 여기서 자연스럽게 암시되고 있는 대로, 만일 하나님의 축복을 받고서 하나님께 찬송드리지 못한다면, 우리의 침묵은 악한 것일 수밖에 없다. 하나님께서는 복을 베푸실 때마다 항상 우리에게 그를 찬송할 기회를 주시는 것이기 때문이다. 그리하여 이사야 선지자도 하나님의 크나큰 은혜를 선포하면서 신자들에게 "여호와께 새 노래로 노래하며 땅 끝에서부터 찬송하라"고 말하는 것이다(사 42:10). 다윗도 다른 곳에서 이런 의미로 말한다: "주여 내 입술을 열어 주소서 내 입이 주를 찬송하여 전파하리이다"(시 51:15). 또한 이와 마찬가지로 히스기야와 요나도 하나님의 구원하심을 받은 후에 성전에서 하나님의 선하심을 노래하리라고 한다(사 38:20; 욘 2:9).

다윗은 이것을 모든 경건한 자들에게 공통적으로 적용되는 법칙으로 제시하고 있다: "내게 주신 모든 은혜를 내가 여호와께 무엇으로 보답할까? 내가 구원의 잔을 들고 여호와의 이름을 부르리로다"(시 116:12-13). 또한 다른 시편에서는 교회가 이 법칙을 따르고 있음이 나타난다: "여호와 우리 하나님이여 우리를 구원하사 여러 나라로부터 모으시고 우리가 주의 거룩하신 이름을 감사하며 주의 영예를 찬양하게 하소서"(시 106:47); "여호와께서 빈궁한 자의 기도를 돌아보시며 그들의 기도를 멸시하지 아니하셨도다 … 창조함을 받을 백성이 여호와를 찬양하리로다 … 여호와의 이름을 시온에서, 그 영예를 예루살렘에서 선포하게 하려 하심이라"(시 102:17, 18, 21).

과연, 신자는 하나님께서 그의 이름을 위하여 무언가를 해주시기를 그에게 간구할 때마다 자기들 자신의 이름으로는 아무것도 얻을 자격이 없음을 고백하는 것이며, 따라서 반드시 하나님께 감사를 드리도록 스스로를 매어 놓고서, 하나님의 은혜를 올바로 사용하며 그 은혜를 높이 전파하겠노라고 스스로 약속하는 것이다. 그러므로 호세아 선지자는 다가올 교회의 구속에 대해 말하는 중에 다음과 같이 말하고 있다: "모든 불의를 제거하시고 선한 바를 받으소서 우리가 수송아지를 대신하여 입술의 열매를 주께 드리리이다"(호 14:2).

하나님이 베푸시는 은혜들이 스스로 입술의 찬양을 요구할 뿐 아니라 성도들은 자연히 그 은혜들을 사랑하게 되어 있는 것이다. 다윗은 말하기를, "여호와께서 내 음성과 내 간구를 들으시므로 내가 그를 사랑하는도다"(시 116:1)라고 하며, 또한 다른 곳에서도 자신이 체험한 도움에 대해서 이렇게 찬양한다: "나의 힘이신 여호와여 내가 주를 사랑하나이다"(시 18:1). 그러나 찬양이 이처럼 진정한 사랑에서 우러나오는 것이 아닐 때에는 절대로 하나님을 기쁘시게 할 수가 없다. 또한 더 나아가서 우리는 감사와 함께 엮어져 있지 않은 간구는 모두가 악할 뿐이라는 바울의 말을 이해해야 한다. 그는 이렇게 말하고 있다: "모든 일에 기도와 간구로, 너희 구할 것을 감사함으로 하나님께 아뢰라"(빌 4:6). 기도할 때에 짜증과 지겨움, 초조, 비통한 원망, 혹은 두려움 때문에 그저 우물우물대는 사람들이 많기 때문에, 바울은 신자들에게 감정을 가라앉히고 절제하여 하나님께 구하는 바를 얻기를 조용히 기다리면서, 기쁨으로 하나님을 찬송하라고 말하고 있는 것이다. 거의 감사할 수 없는 일들에서조차도 그런 기쁨과 감사의 찬송이 충만해야 마땅하다면, 하물며 하나님께서 우리의 소원을 얻게 해주실 때에는 어떠하겠는가? 하나님께 찬양의 노래를 불러 드려야 할 거룩한 의무가 더욱 크지 않겠는가?

이미 가르친 바와 같이, 우리의 기도들이 그리스도의 중보로 말미암아 거룩하게 구별되며, 따라서 그리스도의 중보가 없이는 그 기도들이 부정할 수밖에 없으므로, 사도는 그리스도로 말미암아 찬송의 제사를 드리라고 말하며(히 13:15) 그리스도의 대제사장적인 중보 사역이 우리를 위해서 이루어지기까지는 우리의 입술이 부정하여 하나님의 이름을 찬송하기에 합당치 못하다고 경고하고 있다. 이런 사실을 볼 때에, 교황주의자들은 이상스러운 것에 홀려 있는 것이라 여겨진다. 그들 중 대부분의 사람들이 어째서 그리스도를 가리켜 "대언자"라 부르는지에 대해서 매우 의아하게 여기기 때문이다.

바울이 항상 기도하고 끊임없이 감사할 것을 우리에게 명하는(살전 5:17-18; 참조. 딤전 2:1, 8) 이유는, 물론 모든 사람들이 어느 때나 어느 곳에서나 어떠한 처지나 상황 가운데서도 자기들의 소원을 항상 하나님께 올려 드리고 하나님께 모든 기대를 걸 것을 바라기 때문이요, 또한 모든 일에 대하여 하나님께 찬송을 드리기를 바라기 때문이다. 이렇듯 하나님은 우리로 하여금 찬송과 기도를 올릴 확실한 이유를 끊임없이 우리에게 베풀어 주시는 분이신 것이다.

29. 공적인 기도의 필요성과 위험 요인

항상 끊임없이 기도해야 한다는 것은 특히 개인의 사사로운 기도와 관련이 있지만, 교회의 공적인 기도와도 어느 정도 관련이 있다 하겠다. 그러나 공적인 기도는 쉬지 않고 드릴 수 있는 것도 아니고, 모든 성도들의 전체적인 동의에 의하여 채택한 일정한 질서에 따르지 않고 무작정 시행해서도 안 되는 것이다. 이 점은 나도 인정한다. 그렇기 때문에, 하나님께는 상관이 없는 일이지만, 사람들의 편의를 위하여 특정한 시간들을 합의하여 정해 놓는 것이 필요할 것이다. 왜냐하면 사도 바울의 말씀에 따르면 교회에서 모든 일을 "품위 있게 하고 질서 있게" 하여야 하기 때문이다(고전 14:40). 그러나 그렇다고 해서, 각 교회마다 어떤 중대한 필요가 있을 때에 이러한 기도를 거듭하여 더 자주 사용하고 더 열심을 불러일으키지 말아야 할 이유는 없을 것이다. 기도에 있어서 끝까지 인내하는 문제는 끊임없이 기도하는 문제와 아주 밀접하게 관련되는데, 이에 대해서는 마지막 부분에서 다룰 기회를 갖도록 할 것이다.[19]

이 문제는 그리스도께서 하지 말라고 금하신 헛된 중언부언(마 6:7)과는 아무런 관계가 없다. 그리스도께서는 끈질기게, 오랫동안, 자주, 열정적으로 하는 기도를 금하지 않으신다. 다만, 마치 하나님이 사람들처럼 회유를 당할 수 있는 분이신 것처럼 생각하여, 우리가 우리의 힘을 다하여 하나님께 온갖 이야기를 게걸스럽게 늘어 놓으면 하나님께서 마지못해서라도 우리의 기도를 들어주신다는 식으로 우리의 능력을 신뢰해서는 안 된다는 것을 말씀하시는 것이다. 그런데 우리가 잘 아다시피 외식자들은 자기들이 하나님을 대한다는 사실을 생각하지 않기 때문에 마치 개선할 때 하듯이 기도할 때에도 그렇게 화려하게 겉을 장식한다. 바리새인은 자기가 다른 사람들과 같지 않다는 것을 하나님께 감사했는데(눅 18:11), 그는 기도를 통해서 거룩하다는 명성을 얻고 싶어서 사람들이 보는 앞에서 그렇게 자기를 칭찬한 것이 분명하다.

이와 비슷한 이유에서 그런 헛된 중언부언이 오늘날 교황주의 속에도 널리 퍼져 있다. 어떤 사람들은 몇 마디 안 되는 짧은 기도를 거듭거듭 되뇌이며 시간을 보내고, 또 다른 사람들은 군중들 앞에서 온갖 말들을 장황하게 쏟으며 자기를 자랑하는 것이다. 이처럼 쓸데없이 말을 많이 하는 일은 하나님을 조롱하는 것이 되므로, 교회가 그런 것을 금하여 마음 깊은 곳으로부터 우러나오는 진지한 내용 이외에는 어떠한 내용도 발설되지 않도록 해야 한다고 해도 이상할 것이 없는 것이다.

이러한 부패의 요소와 아주 가깝고 또한 유사한 또 다른 것이 있는데, 그리스도께서는 이것도 또한 배격하신다. 곧, 사람들에게 보이기 위해서 많은 증인들을 확보하려고 애쓰며, 시장 같은 곳에서 자주 기도하여 세상의 칭찬을 놓치지 않으려고 애쓰는 외식자들의 자세가 바로 그것이다(마 6:5). 그러나, 하나님을 찬양하거나 그의 도움을 구하거나 간에 기도의 목표가 바로 아뢰는 내용을 마음에서 우러나와서 하나님께 드리는 것에 있다는 사실을 이미 말한 바 있으므로, 이러한 사실로 볼 때에 우리는 기도의 좌소(座所)가 정신과 마음에 있다고 이해할 수도 있고, 아니면 기도 그 자체가 마음을 살피시는 하나님 앞에 은밀한 속마음의 감정을 토로하는 것이라고도 이해할 수 있을 것이다(참조. 롬 8:27).

그러므로 이미 말한 바와 같이, 하늘의 스승이신 그리스도께서는 기도를 위해서 가장 좋은 법칙을 제시하시면서 우리에게 명하시기를, 골방으로 들어가서 문을 잠그고 우리 아버지께 은밀하게 기도하여, 은밀한 중에 계시는 아버지께서 우리 기도를 들으시게 하라고 하신다(마 6:6). 주님은 헛된 겉모양만의 기도로 사람들에게서 칭찬을 받기를 구하는 외식자들의 예를 들어서 그 잘못을 깨우치신 다음, 이어서 그보다 더 나은 기도의 방법을 제시하시니, 곧 골방에 들어가 문을 잠그고 은밀하게 기도하라는 것이 그것이다.

내가 이해하기로는, 주님의 이 말씀들의 의미는 바로 기도할 때에 우리의 생각 전체를 우리 속마음에 집중시키고 그 속에 깊이 침잠할 수 있도록 하기 위해서 홀로 고요히 있을 수 있는 곳을 찾으라는 것이라 여겨진다. 주님은 하나님께서 — 우리의 몸이 그의 성전이어야 마땅하다 — 반드시 우리 마음의 감정과 교감하실 것이라고 약속하시는 것이다(참조. 고후 6:16).

그렇다고 해서 다른 곳들은 기도하기에 합당치 않다는 의미는 결코 아니다. 다만 주님은 기도란 은밀한 것이며 근본적으로 마음속에 담겨 있는 것이므로, 우리의 관심을 흐트러뜨리는 이런저런 것들에서 멀리 떠나 고요한 가운데서 이루어져야 한다는 것을 말씀하는 것뿐이다. 그러므로 주님께서도 기도에 좀 더 깊이 몰두하고자 하실 때에는 시끄러운 무리들 곁을 떠나서 언제나 한적한 곳을 찾곤 하셨고, 그리하여 자신의 모범을 통해서 이런 한적한 장소가 주는 도움을 무시해서는 안 된다는 것을 보여 주신 것이다. 우리의 마음이 너무도 불안정하기 때문에, 그런 도움을 얻어야 기도에 더욱 진지하게 임하게 되는 것이다.

그러나 다른 한편으로, 형편이 그렇게밖에 되지 않을 경우에는 심지어 무리들 중에 계시면서도 주님께서 기도를 중단하지 않으셨으니, 우리 역시 어떠한 곳에 있든 필요가 생길 때마다 거룩한 손을 들어 기도해야 마땅할 것이다(딤전 2:8). 마지막으로 생각해야 할 것은, 누구든지 경건한 자들이 모인 거룩한 모임에서 기도하기를 거부하는 사람이 있다면 그런 사람은 사사로이, 혹은 은밀한 곳에서, 혹은 집에서 기도한다는 것이 무엇인지를 모르는 사람이라는 것이며, 또한 홀로 사사로이 기도하기를 거부하는 자는 아무리 공적인 모임에 자주 참석한다 해도 거기서 드리는 기도는 그저 바람에 날리는 것 이외에 아무것도 아니라는 것이다. 그런 사람은 하나님의 은밀한 판단보다도 사람의 생각을 더 중요시하기 때문이다.

뿐만 아니라, 하나님께서는 교회에서 행하는 공적인 기도를 멸시하는 일이 없도록 하기 위해서 옛부터 그런 기도를 빛나는 칭호로 장식해 주셨다. 특히 성전을 가리켜 "기도하는 집"(사 56:7; 마 21:13)이라 부르신 것이다. 이런 용어를 통해서 하나님께서는 기도의 의무가 예배의 주요 부분이라는 것을 가르치셨으며, 또한 신자들로 하여금 한 마음으로 기도에 임하도록 하시기 위하여 일종의 깃발처럼 성전을 세우신 것임을 가르치신 것이다. 그리고 분명한 약속이 거기에 덧붙여졌다: "하나님이여 찬송이 시온에서 주를 기다리오며 사람이 서원을 주께 이행하리이다"(시 65:1).

이 말씀들을 통해서 선지자는 교회의 기도들이 절대로 효과가 없는 것이 아니라는 것을 시사하고 있다. 하나님께서 언제나 그의 백성들에게 기쁨으로 노래할 기회를 베풀어 주시기 때문이라는 것이다. 율법의 그림자가 비록 폐지되었다고는 하지만, 하나님께서는 이 규례를 통하여 우리들 가운데서 믿음의 연합을 증진시키기를 기뻐하셨으므로 그 동일한 약속이 아직도 우리들에게 적용된다는 데에는 의심의 여지가 없는 것이다. 그리스도께서도 친히 그의 입으로 이 약속을 확증하셨고, 또한 바울도 그 약속이 영원토록 유효한 것으로 선언하고 있는 것이다.

30. 교회 건물이 아니라 신자들 자신이 하나님의 성전임

자, 이제 하나님께서 그의 말씀으로 신자들에게 공적인 기도를 명하고 계시니, 그런 기도를 행할 공적인 성전이 있어야 할 것이다. 신자들이 각자 자기 집 골방에 들어가면서 하나님의 명령을 지키고 있다는 식으로 거짓된 핑계를 대는 일이 없도록 하나님의 백성들이 함께 모여 교제하며 기도하는 장소가 있어야 한다는 말이다. 주께서는 두세 사람이 그의 이름으로 모여 구하면 무엇이든 행할 것이라고 약속하심으로써(마 18:19-20), 공적으로 행하는 기도를 멸시하지 않으실 것을 확증하시는 것이다. 단, 겉모양만의 기도와 사람에게 보이려고 하는 기도가 아니고, 각 사람의 마음의 은밀한 곳에 진지하고 참된 감정이 거하는 그런 기도가 있어야 하는 것은 물론이다.

이것이 교회 건물을 정당하게 사용하는 길일진대, 우리는 여기서 그 건물들을 하나님이 거하시는 처소로 여겨서 그곳에서 기도하면 하나님이 더 잘 들으신다거나 — 여러 세기 전에 사람들은 그렇게 생각하기 시작했다 — 혹은 교회 건물들에 무슨 은밀한 거룩함 같은 것이 있어서 거기서 하는 기도가 하나님 앞에 더 거룩하다는 식의 생각을 갖지 않도록 경계해야 할 것이다. 우리 자신들이 참된 하나님의 성전들이므로, 하나님의 거룩한 성전에서 하나님을 부르려면 우리 속마음에서 우러나와서 기도하면 되는 것이다. 그러니, 이런 어리석은 생각일랑 유대인들이나 이교도들에게 버려두자. 우리는 장소의 구별이 없이 "영과 진리로"(요 4:23) 주님을 부르라는 명령을 받고 있기 때문이다. 옛날 하나님의 명령에 따라서 기도를 드리고 희생 제사를 드리기 위하여 성전이 세워진 것은 사실이다. 그러나 그 당시는 진리가 가리어져 있었고 그림자 아래에서 상징적으로 나타나 있었다. 그런데 이제는 살아 있는 실체를 통해서 우리에게 드러나 있으므로, 물질적인 성전에 집착하는 것이 우리에게는 허용되지 않는 것이다.

또한 유대인들에게 성전을 주신 것도 하나님의 임재를 성전 벽 속에 가두어 두기 위함이 아니라 그들로 하여금 참된 성전의 모습을 바라보도록 훈련시킬 목적으로 그렇게 하신 것이다. 그러므로 이사야와 스데반은 어떤 식으로든지 하나님께서 손으로 만든 성전에 거하신다고 생각하는 자들을 엄히 책망하고 있는 것이다(사 66:1; 행 7:48-49).

(기도와 노래, 그리고 언어 사용의 문제. 31-33)

31. 기도에서 말하고, 노래하는 문제

그러므로, 기도 중에 음성을 사용하고 노래를 사용하는 경우에 그것들이 마음의 깊은 감동에서 우러나오는 것이 아니면 하나님 앞에서 아무런 가치도 유익도 없다는 것이 너무도 분명해진다. 그러나 그것들이 입술이나 목구멍에서만 나오는 것이라면 하나님의 진노를 불러일으키는 것밖에 아무것도 아니다. 그런 것이야말로 하나님의 지극히 거룩하신 이름을 모욕하며 하나님의 위엄을 조롱하는 처사이기 때문이다. 이사야 선지자의 다음과 같은 책망의 말씀은 물론 더 광범위하게 적용되는 것이지만 바로 이러한 잘못을 책망하는 것이기도 하다: "이 백성이 입으로는 나를 가까이 하며 입술로는 나를 공경하나 그들의 마음은 내게서 멀리 떠났나니 그들이 나를 경외함은 사람의 계명으로 가르침을 받았을 뿐이라"(사 29:13; 참조. 마 15:8-9), "그러므로 내가 이 백성 중에 기이한 일 곧 기이하고 가장 기이한 일을 다시 행하리니 그들 중에서 지혜자의 지혜가 없어지고 명철자의 총명이 가려지리라"(사 29:14).

우리는 여기서 기도 중에 말로 발설하는 것과 노래하는 것을 정죄하자는 것이 아니다. 오히려 마음의 감동에서 우러나올 경우, 그것들을 매우 강하게 장려하는 것이다. 말로 발설하고 노래함으로써 마음으로 하나님을 생각하게 하고 거기에 주의를 기울이도록 도와주는 것이다. 사실 마음이란 불안정하고 변화가 많기 때문에 여러 가지 수단들을 통해서 도움을 받지 않으면 이리저리로 흐트러지기 일쑤인 것이다. 더욱이 하나님의 영광이 어느 정도 우리 몸의 여러 부분에서 드러나야 하므로, 말로 발설하며 노래함으로써 혀를 그런 목적을 위하여 사용하는 것이 매우 적절한 것이다. 혀는 바로 하나님을 향한 찬양을 말하고 선포하기 위하여 창조되었기 때문이다. 그러나 신자들이 함께 모여서 드리는 공적인 기도에서 혀가 하는 주요 기능은, 우리 모두가 똑같은 목소리로, 말하자면 한 입으로 함께 하나님께 영광을 돌리고 한 마음과 한 믿음으로 하나님을 예배하도록 하는 데 있는 것이다. 모두가 공개적으로 그렇게 함으로써 모든 사람들이 서로에게서 신앙의 고백을 받게 되고, 또한 그 모범을 따라서 함께 거기에 동참하도록 권유와 자극을 받게 되는 것이다.

32. 교회에서 노래하는 문제

이와 더불어 교회에서 노래하는 일에 대해서 잠깐 말하자면, 그런 예는 매우 오래 전부터 있어온 것일 뿐 아니라 사도들 가운데서도 있었다. 사도 바울의 말 속에서 그런 사실을 추정할 수 있다: "내가 영으로 찬송하고 또 마음으로 찬송하리라"(고전 14:15). 그리고 골로새서에서도 이와 비슷하게 말하고 있다: "피차 가르치며 권면하고 시와 찬송과 신령한 노래를 부르며 감사하는 마음으로 하나님을 찬양하고"(골 3:16). 첫 번째 본문에서는 우리가 목소리와 마음으로 노래해야 할 것을 가르치며, 두 번째 본문에서는 경건한 자들을 서로 세워주는 신령한 노래를 장려하고 있는 것이다.

그런데 아우구스티누스는 이런 찬송의 행위가 보편적으로 행해지지 않았다는 사실을 증언하고 있다. 그는 밀라노(Milan) 교회는 암브로시우스 때에 와서야 비로소 처음 노래를 하기 시작했다고 진술한다. 그 당시 발렌티니아누스(Valentinian) 황제의 어머니인 유스티나(Justina)가 정통 신앙을 강하게 박해하자 사람들이 평상시보다 훨씬 더 기도에 임하게 된 것이 계기가 되었고, 그 후 서방의 나머지 교회들이 밀라노 교회의 모범을 따르게 되었다는 것이다. 조금 앞에서 그는 이런 관례가 동방 교회들에서 나왔다고 말했었다.[20] 그는 또한 그의 「재고록」(Retractations) 제2권에서, 그의 시대에 그런 관행이 아프리카에서도 시행되고 있었다는 것을 암시하고 있다.

그는 이렇게 말한다: "성찬의 떡을 들기 전이나 혹은 사람들에게 분배할 때에 시편에서 따온 찬송을 제단에서 부르는 관행이 카르타고에서 막 시작되었는

데, 호민관을 지낸 힐라리우스(Hilarius)라는 사람이 기회 있을 때마다 어디서든 지 악의를 품고 이를 비난하고 공격하였다. 이에 형제들이 간청하여, 내가 그를 반박하였다."[21]

만일 노래하는 것이 하나님과 천사들 앞에 합당한 위엄을 갖추어 진행된다 면, 기도의 거룩한 행위에 위엄과 은혜를 실어주게 되고, 따라서 우리 마음에 기 도하고자 하는 참된 열심과 열정을 일깨우는 데에 크나큰 가치가 있을 것이 확 실하다. 그러나 우리의 귀가 그 노래 가사의 영적 의미보다도 그 곡조에 더 솔깃 해지지 않도록 매우 조심해야 할 것이다. 아우구스티누스는 다른 곳에서, 그가 이런 위험 때문에 매우 곤란을 느껴서 아타나시우스(Athanasius)가 행한 것처럼 낭송자가 음성의 높낮이를 아주 줄여서 노래한다기보다는 말하는 것처럼 들리 게 하는 관례가 교회 안에 확립되었으면 하는 생각이 들 때도 있었다고 말하기 도 한다. 그러나 노래가 자기에게 얼마나 큰 유익을 주는지를 생각할 때에, 다른 방향으로 마음이 끌린다고 하였다.[22]

그러므로, 이렇게 적당한 정도가 지켜진다면, 노래하는 것이야말로 의심의 여지 없이 지극히 거룩하고 유익한 일이라 하겠다. 그러나 그저 귀에만 감미롭 고 유쾌하도록 노래를 지어서 부른다면, 교회의 위엄에도 어울리지 않을 뿐 아 니라 하나님께 극도로 거슬리지 않을 수가 없을 것이다.

33. 기도는 사람들이 이해할 수 있도록 모국어로 드려야 함

여기서 또한 뚜렷하게 드러나는 사실은, 지금까지 행해지던 관례처럼 공적 인 기도가 라틴 사람들 사이에서 헬라어로 행해지거나, 프랑스인이나 영국인들 사이에서 라틴어로 행해져서는 안 되고, 사람들이 일상적으로 사용하는 모국어 로 행해져서 모든 사람들이 전반적으로 이해할 수 있도록 해야 한다는 것이다. 공적인 기도는 온 교회에 덕을 세우기 위하여 시행되어야 마땅한데, 이해하지 도 못하는 소리에서 무슨 유익을 얻을 수가 있겠는가? 사랑이나 친절 따위에 아 랑곳하지 않는 사람들일지라도 최소한 바울의 권위에는 조금이라도 영향을 받 았어야 옳았을 것이다.

그는 다음과 같이 너무도 분명하게 말씀하고 있다: "네가 영으로 축복할 때 에 알지 못하는 처지에 있는 자가 네가 무슨 말을 하는지 알지 못하고 네 감사에 어찌 '아멘' 하리요? 너는 감사를 잘하였으나 그러나 다른 사람은 덕 세움을 받지 못하리라"(고전 14:16-17). 이렇게 사도께서 분명하게 외치고 있는데도 불구하고, 자기들이 한 마디도 알지 못하는 외국어로 장황한 기도를 늘어놓으면서 다른 사람이 그것을 이해하기를 바라지도 않는 교황주의자들의 그 무분별한 방자한 짓들이라니, 도대체 이것을 보고 놀라지 않을 사람이 어디 있겠는가?

그러나 바울은 우리가 행하여야 할 바에 대해서 이런 것과는 전연 달리 가르치고 있다: "그러면 어떻게 할까? 내가 영으로 기도하고 또 마음으로 기도하며 내가 영으로 찬송하고 또 마음으로 찬송하리라"(고전 14:15). 여기서 "영"이라는 단어는 방언의 은사를 일컫는 것이다. 어떤 이들이 이 은사를 받고도 그것을 마음과 단절시킨 상태로 사용하여 — 즉 이해하지 못하는 상태로 사용하여 — 그 은사를 악용하고 있었던 것이다. 그러나, 우리는 공적인 기도나 사적인 기도나 간에, 마음이 없이 방언을 사용하는 것은 하나님을 심히 불쾌하게 만드는 것임을 명심해야 한다. 더 나아가서, 마음이 일깨움을 받아서 방언이 입의 말로써 표현하는 모든 내용을 능가할 정도로 열렬한 생각이 일어나야 마땅한 것이다.

마지막으로, 방언은 심지어 사적인 기도를 위해서도 불필요하다는 것을 알아야 한다. 다만, 내적인 감정의 힘이 부족하여 마음이 스스로는 일어나지 않거나 혹은 감정이 너무도 격렬하게 발동하여 방언 행위가 저절로 함께 이루어지는 경우는 예외라 할 수 있을 것이다. 가장 훌륭한 기도들이 때로는 말로 발설되지 않는 경우도 더러 있기는 하지만, 실제로는 마음의 감정이 일깨워지면 허세를 부리려는 의도가 없이도 방언이 저절로 말로 발설되어 나오고, 몸의 다른 지체들이 동작을 하게 되는 일이 자주 일어나는 것이다. 한나가 혼자서 중얼거린 것도 여기서 비롯된 것이 분명하다(삼상 1:13). 그리고 모든 성도들도 간헐적으로 말이 터져나오는 등 이와 비슷한 현상을 계속해서 체험하고 있는 것이다.

그리고, 기도할 때 무릎을 꿇는다든지, 머리에 쓴 것을 벗는다든지 하는 습관적인 몸의 자세들은 하나님을 더 높이 받들고자 하여 행하는 것이다.

(주기도문:전반부의 세 가지 간구에 대한 해설. 34-43)

34. 주기도문이 주는 도움

이제 우리는 좀 더 확실한 기도의 방법을 배워야 할 뿐 아니라 기도의 형식까지도 배워야 하겠다. 곧, 하늘 아버지께서 그의 사랑하시는 아들을 통하여 우리에게 가르쳐 주신 것이 바로 그것인데(마 6:9 이하; 눅 11:2 이하), 우리는 여기서 하나님의 무한한 선하심과 자비하심을 볼 수 있을 것이다. 주님은 이 기도에서, 마치 어린아이들이 걱정과 어려움이 있을 때마다 언제나 부모에게로 달려가 그 보호를 피난처로 삼는 것처럼, 우리도 모든 필요에서 하나님을 구해야 한다고 경계하시고 가르치시는 것이다. 뿐만 아니라, 주님은 우리가 얼마나 궁핍한지, 무엇을 구해야 옳은지, 우리에게 무엇이 과연 유익한지를 우리 자신들이 충분히 깨닫지 못하고 있는 것을 보시고, 친히 우리의 이러한 무지를 올바른 지식으로 채워주시며, 우리의 능력에 모자라는 부분을 친히 공급하시고 주님 자신의 것으로 충족하게 하시는 것이다. 곧, 우리를 위하여 한 가지 기도의 형식을 제시하셔서 우리가 하나님께 구할 수 있는 모든 것과 우리에게 유익이 되는 모든 것과 우리가 구할 필요가 있는 모든 것을 순서대로 세워 놓으신 것이다. 이러한 주님의 친절하심에서 우리는 크나큰 위로의 열매를 얻는다. 곧, 우리가 주님 자신의 기도를 따라서 구하기 때문에, 어리석은 것이나 이상하고 합당치 않는 것을 ─ 한 마디로, 하나님께서 용납하지 않으시는 것을 ─ 구하는 일이 없다는 것을 우리 스스로 알게 해준다는 것이다.

플라톤은 신(神)에게 간구하는 기술이 사람에게 없어서 오히려 자기들에게 불리한 일을 겪는 경우가 많은 것을 보고서 말하기를, 고대의 시인에게서 취한 다음과 같은 내용이 최상의 기도라고 하였다: "제우스 신이여, 우리가 바라든 바라지 않든 가장 좋은 것들을 우리에게 내리소서. 그러나 악한 것들은 우리가 구할지라도 우리에게서 멀리 있도록 명하소서."[23]

우리가 욕심에 싸여 주께 무엇을 구한다는 것이 얼마나 위험한 일인지를 이렇게 잘 간파하고 있고, 또한 동시에, 성령께서 올바른 기도의 패턴을 가르쳐주시지 않으면(롬 8:26) 하나님 앞에서 입을 연다는 것이 참으로 위험천만한 일이므로 바로 거기에 우리의 불행이 있다는 점을 드러내주고 있는 것을 볼 때에, 과연 이 이교도는 지혜로운 사람이었다 하겠다.

그런데 우리의 경우는, 하나님의 독생자께서 친히 우리 입술로 발설할 기도의 내용을 가르쳐주셔서 우리의 마음이 이리저리 방황할 필요가 없다는 사실이 분명하게 있으니, 이러한 특권을 우리는 더욱더 높이 기려야 마땅할 것이다.

35. 주기도문의 주요 내용

주기도문은 여섯 가지의 간구로 이루어진 형식을 취하고 있다. 간구를 일곱 가지로 구분하는 사람들도 있으나, 나는 거기에 동의하지 않는다. 왜냐하면 마태복음 기자가 중간에 "그러나"라는 반의적(反意的) 접속사(마 6:13)를 삽입한 것을 볼 때에,[24] 그는 그 두 가지를 함께 묶어서 한 가지 간구로 취급하는 것이 분명하기 때문이다. 이것은 마치 이런 의미와 같다: "시험에 눌리기를 허용하지 마시고 오히려 우리의 연약함을 도우사 우리를 넘어지지 않게 구원하시옵소서." 고대의 교부들도, 마태복음에서 일곱 번째 간구로 첨가되어 있는 것이 해석상으로는 여섯 번째 간구를 가리키는 것으로 보아야 한다는 우리의 견해에 동의하고 있다.

물론 이 기도 전체에서 하나님의 영광이 최고의 자리를 차지하고 있으나, 처음 세 가지 간구들이 특별히 하나님의 영광에 관계된 것이므로, 이 세 가지 간구에서 우리는 우리 자신의 이익이라 할 수 있는 것을 생각하지 말고 오직 하나님의 영광만을 바라보아야 할 것이다. 뒤의 세 가지 간구들은 우리 자신들의 문제에 관한 것이며, 특히 우리 자신들의 유익을 위하여 구할 것들을 말하고 있다. 그러므로, 하나님의 이름이 거룩히 여김을 받으시기를 구할 때 ― 하나님께서는 우리가 아무런 조건 없이 그를 사랑하고 예배하는지, 아니면 상급을 받을 것을 기대하여 그렇게 하는지를 시험하시기를 바라시므로 ― 우리 자신의 유익에 대해서는 생각하지 말고 오직 우리 자신을 하나님의 영광 앞에 세워놓고서, 오직 그것 하나만을 두 눈으로 바라보아야 하는 것이다. 또한 전반부의 남은 두 가지 간구에 대해서도 역시 똑같은 방식으로 대해야 할 것이다.

이렇게 기도하면, 정말이지 우리에게 크나큰 유익이 생긴다. 왜냐하면 우리가 구할 때 하나님의 이름이 거룩히 여김을 받게 되면, 그 다음에 우리 자신이 또한 거룩히 여김을 받기 때문이다. 그러나 우리는 이런 유익에 대해서 아예 눈을 감고, 말하자면 맹인이 되어서 그것에 대해서 전혀 개의치 말아야 한다. 그렇게 해서, 혹시 우리 자신의 사사로운 유익에 대한 소망이나 기대가 완전히 끊어진다 할지라도 우리는 여전히 하나님의 영광에 관한 것들이 거룩히 여김을 받도록 간절히 소원하고 그렇게 간구하기를 그치지 말아야 하는 것이다.

모세와 바울의 경우를 보면, 그들은 자기 자신에게서 마음과 눈을 완전히 돌리기를 주저하지 않았고, 하나님의 영광과 그의 나라를 위해서라면 자기 자신이 멸망되는 일까지도 맹렬하게 불타오르는 열정으로 바라고 사모했던 것을 보게 된다(출 32:32; 롬 9:3). 뿐만 아니라, 우리의 일용할 양식을 주시기를 구할 때에도, 물론 우리의 유익이 되는 것을 바라는 것이기는 하지만, 여기서도 특히 하나님의 영광을 구함으로써 하나님의 영광을 높이는 것이 아닌 것은 구하지 않게 되어야 하는 것이다. 자, 이제 이 기도에 대한 해설로 들어가기로 하자.

36. "우리 아버지"

주기도문의 맨 첫 머리에서 앞에서 언급한 사실을 먼저 접하게 된다. 곧, 모든 기도는 그리스도의 이름으로 오직 하나님께만 올려야 한다는 사실이다. 하나님께는 다른 어떠한 이름도 합당치 않기 때문이다. 하나님을 "아버지"라 부를 때에, 우리는 "그리스도"라는 이름을 제시하게 된다. 과연 무슨 확신이 있길래 하나님을 "아버지"라 부른단 말인가? 그리스도 안에서 베풀어진 은혜로 말미암아 우리가 자녀로 입양된 일이 없다면, 누가 감히 그렇게 건방지게 자기 자신을 하나님의 아들의 높은 존귀를 가진 존재로 치부할 수 있겠는가? 하나님의 참 아들이신 그리스도께서는 친히 자기 자신을 우리에게 형제로 주셨으므로, 우리가 확실한 믿음으로 이 크나큰 복을 껴안으면, 입양의 사실로 말미암아 그리스도께서 그의 본성으로 지니고 계신 그것이 우리의 것이 되는 것이다. 그러므로 요한은 누구든지 하나님의 독생자의 이름을 믿는 자들에게는 하나님의 자녀가 되는 권세를 주셨다(요 1:12)고 말하고 있는 것이다.

그러므로 하나님은 친히 자기 자신을 우리의 아버지라고 부르시며, 또한 우리에게도 그렇게 부르도록 하시는 것이다. 이 정말 다정한 이름을 사용하게 하심으로써 하나님은 우리에게서 모든 불신을 제거하신다. 아버지의 사랑보다도 더 큰 사랑은 어느 곳에서도 찾을 수가 없기 때문이다. 그러므로 하나님은 우리를 향하신 그의 한이 없는 사랑을, 우리가 "하나님의 자녀들"로 일컬음을 받게 하셨다는 가장 확실한 증거를 통해서 입증하시는 것이다(요일 3:1). 하나님께서 선하심과 긍휼하심에서 모든 사람들을 능가하시는 것처럼, 그의 사랑도 모든 인간 부모들의 사랑을 무한히 뛰어넘는 것이다. 그러므로, 이 땅의 모든 아버지들이 자식에 대한 모든 부정(父情)을 저버리고 자녀들을 버린다 할지라도, 하나님은 절대로 우리를 버려두지 않으신다(참조. 시 27:10; 사 63:16). 하나님이 자기 자신을 부인하실 수가 없기 때문이다(딤후 2:13).

우리에게는 하나님의 분명한 약속이 있다: "너희가 악한 자라도 좋은 것으로 자식에게 줄 줄 알거든 하물며 하늘에 계신 너희 아버지께서 구하는 자에게 좋은 것으로 주시지 않겠느냐?"(마 7:11). 이와 비슷하게 이사야서에서도 이렇게 약속하신다: "여인이 어찌 그 젖 먹는 자식을 잊겠으며 자기 태에서 난 아들을 긍휼히 여기지 않겠느냐? 그들은 혹시 잊을지라도 나는 너를 잊지 아니할 것이라"(사 49:15). 아들이 자기가 낯선 사람이나 외인(外人)의 보호에 맡겨지거나 넘겨지는 일을 당할 때에 어떻게 그 아버지의 잔인함과 무정함을 원망하지 않을 수 있겠는가? 이와 같이, 만일 우리가 하나님의 자녀들이라면, 궁핍하며 속수무책이며 잔인하며 지나치게 엄격하다고 하면서 하나님을 원망하지 않는 한, 우리는 하나님 이외에 다른 어느 누구에게서도 도움을 구할 수가 없는 것이다.

37. "우리 아버지" — 하나님에 대한 신뢰와 사랑을 갖도록 격려함

그리고, 우리 아버지께서 자상하시고 온유하시지만 죄가 그를 날마다 불쾌하게 만든다고 생각하여 죄를 의식하여 우리 스스로 움츠러드는 것이 당연하다는 식의 자세를 가져서도 안 될 것이다. 사람들 사이에서도 아들이 만일 무슨 잘못을 했을 때 직접 아버지 앞에 나아가 자기의 과실을 고백하고 아버지의 긍휼을 구하는 것 이상으로 좋은 대변인이나 중재인이 없다고 한다면 — 어느 아버지가 그런 아들의 간청을 대하면서도 아무런 감동이 없는 체할 수 있겠는가 — 하물며 긍휼의 아버지이시며 모든 위로의 하나님이신 그분께서는(참조. 고후 1:3) 어떻게 하시겠는가? 하나님께서 친히 우리에게 직접 간구하라고 구체적으로 당부하고 계시니, 아버지의 사랑과 자비하심을 신뢰하지 못하고 두려움과 절망으로 인하여 다른 어떤 대언자의 도움을 받아서 겨우 아뢰는 것보다도, 그의 자녀들이 스스로 탄식과 눈물로 간구할 때에 그것을 들어주시지 않겠는가?

주님은 한 가지 비유를 통해서(눅 15:11-32) 이러한 아버지의 사랑의 풍성함을 우리에게 가르쳐 주신다. 한 아들이 스스로 아버지에게서 벗어나서 자기의 소유를 무분별하게 탕진하였고(13절), 온갖 방식으로 아버지께 대하여 큰 범죄를 저질렀다(18절). 그러나 아버지는 그를 팔로 안고서, 아들이 용서해 달라고 구하기까지 기다리지 않고 그것을 미리 예상하고, 멀리서부터 아들을 알아보고 달려가서 그를 맞으며(20절), 그를 영접하여 그를 사랑으로 받아들였다(22-24절).

주님은 이런 위대한 사랑의 모범이 사람에게서도 나타나는 것으로 말씀하시면서, 동시에 하나님께서는 얼마나 더 사랑이 풍성하신지를 가르치고자 하신 것이다. 하나님은 그냥 아버지이실 뿐 아니라 아버지들 중에서도 가장 선하시

고 가장 자비하신 아버지이시다. 그러므로 우리가 비록 감사하지 못하고 배은
망덕하며 비뚤어진 자녀라 할지라도 우리 스스로 하나님의 긍휼하심을 구하면
풍성한 자비하심으로 우리를 용납하시는 것이다. 그리고 우리가 그리스도인들
이라면 하나님께서 자비하신 아버지가 되신다는 확신을 더욱 강하게 하기 위하
여, 주님은 우리에게 하나님을 그냥 "아버지"가 아니라 분명하게 "우리 아버지"
라고 부르게 하신 것이다.

　이것은 마치 우리가 이런 식으로 하나님께 아뢰는 것과도 같다: "오, 아버지
여, 자녀들을 향하여 크신 사랑으로 풍성하시고 기꺼이 용서하시기를 바라고
계시니, 아버지의 자녀된 우리들이 비록 아버지께 합당하지 못한 무익한 자들
이오나 아버지께서 우리에게 아버지의 사랑을 주실 것을 분명히 믿고 확신하는
가운데 아버지를 부르며 간구를 드리옵니다."

　그러나 우리의 좁은 마음으로는 하나님의 그 한없는 사랑을 도저히 가늠할
수가 없기 때문에, 그리스도께서 우리의 입양 사실에 대한 보증과 확증이 되시
며, 또한 동시에 성령을 그 입양의 증인으로 우리에게 주셔서 그로 말미암아 자
유로이 마음껏 목청을 다하여 "아빠, 아버지"라고 부를 수 있게 하시는 것이다
(갈 4:6; 롬 8:15). 그러므로, 우리가 하나님께 나아가기를 주저하게 될 때마다, 우
리의 두려움을 교정시켜 주시고 우리 앞에 성령을 베푸사 그가 우리를 인도
하셔서 담대히 기도하게 하시도록 하나님께 구하기를 잊지 말아야 할 것이다.

38. "우리 아버지" — 성도 상호 간의 긴밀한 교제를 시사함

　그러나, 여기서 주님은 우리들 각자가 개별적으로 하나님을 "나의 아버지"
로 부를 것이 아니라 우리들 모두가 한 가지로 하나님을 "우리 아버지"로 불러
야 한다는 점을 가르치고 계신다. 이러한 사실에서 우리는 우리 가운데에서 형
제 간의 사랑의 느낌이 얼마나 진해야 하는가에 대해서 경계를 받게 된다. 하나
님의 긍휼하심과 값없으신 사랑으로 말미암아 우리 모두가 동등하게 그런 아버
지의 똑같은 자녀들이 되었기 때문이다. 우리 모두에게 아버지가 한 분이시라
면(마 23:9), 그리고 우리의 몫으로 주어지는 모든 좋은 것들이 전부 그 아버지께
로부터 오는 것이라면, 기회가 주어질 때마다 서로 기쁨으로, 또한 전심으로, 나
누어 줄 수 있어야 하며, 그런 일을 가로막고 우리를 분열시키는 것이 절대로 있
어서는 안 될 것이다.

우리가 손을 들어 서로를 돕고자 하는 마음이 간절하다면 ─ 그렇게 하는 것이 마땅한 일이겠지만 ─ 아버지 중의 최고의 아버지이신 하나님의 섭리의 보살피심에 형제들을 내어맡기는 일만큼 형제들에게 유익을 줄 수 있는 것이 없는 것이다. 아버지께서 자상하시고 사랑을 베푸시는 분이시라면, 그것 이상 바랄 것이 무엇이겠는가? 사실 바로 이 점까지도 모두 아버지의 덕분인 것이다. 한 가정의 아버지를 진심으로 깊이 사랑하는 사람은 당연히 그의 온 가족들을 사랑과 선한 뜻으로 대하는 것처럼, 우리로서도 그와 마찬가지로 하늘에 계신 아버지를 향하여 드리는 것과 똑같은 열정과 사랑을 하나님의 백성들에게, 그의 가족에게, 그리고 마지막으로 그의 기업에게 베풀어야 마땅할 것이다. 하나님께서 이들을 그의 독생자의 충만함(엡 1:23)이라 부르실 정도로 그들을 존귀하게 여기시기 때문이다.

그러므로, 그리스도인이라면 모름지기 기도할 때에 이러한 법칙을 준수함으로써 그리스도 안에서 형제된 모든 사람들을 똑같이 받아들이고 대하여야 할 것이다. 비단 지금 현재 그리스도 안에 있는 것으로 인정되는 자들만이 아니라 이 땅에 거하는 모든 사람들을 그렇게 대하여야 할 것이다. 그들에 관하여 하나님께서 어떻게 정하셨는지는 우리의 지식을 뛰어넘는 문제이므로, 우리로서는 그저 그들이 잘되기를 바라고 소망하는 것이 경건하고 인간다운 일일 것이다. 그러나 어느 누구보다도 믿음의 가정에 속한 자들에게 특별한 사랑을 베풀어야 한다. 사도께서도 우리에게 모든 것을 이들과 함께 나누라고 특별히 당부한 바 있는 것이다(갈 6:10). 요약하면, 모든 기도는 우리 주님께서 그의 나라와 그의 가족 속에 세우신 그 공동체에 주의를 기울여야 한다는 것이다.

39. 기도와 구제의 비교

그러나 그렇다고 해서, 우리가 특별히 우리 자신과 특정한 다른 사람들을 위해서 기도하지 말라는 것은 아니다. 다만, 우리의 마음이 이 공동체에서 떠나거나 혹은 공동체에 대한 생각을 옆으로 제쳐두어서는 안 되고, 언제나 공동체와 연관되어 있어야 한다는 뜻이다. 물론 기도가 개별적으로 행하는 것이지만, 기도의 목적이 공동체를 지향하고 있기 때문에 결국 공동체적인 성격이 기도에서 사라지는 것이 아니다. 이러한 모든 사실은 다음과 같이 생각해 보면 쉽게 이해할 수 있을 것이다.

모든 가난한 자들의 궁핍을 덜어주라는 하나님의 일반적인 명령이 있지만, 그 명령을 염두에 두고서 자기가 아는 사람들이나 눈에 보이는 사람들이 고통을 당할 때에 그들의 궁핍을 덜어주면 바로 그것이 그 명령을 지키는 것이 된다. 물론 모든 사람을 다 알 수도 없고, 또 모든 가난한 자들에게 도움을 줄 힘이 없어서, 그에 못지않게 고통을 당하고 있는 수많은 사람들을 그냥 지나친다 할지라도 말이다. 그러므로, 교회 전체의 이러한 공동체적 교제를 바라보고 생각하며 교회원 모두를 마음에 두고 있지만, 그러면서도 그 가운데서도 특히 자기 자신이나 다른 특정한 사람들 — 그가 좀 더 친밀하게 어려움이나 필요를 더 잘 알고 있는 그런 사람들 — 의 사정을 하나님께 특별히 아뢴다 할지라도, 그것은 하나님의 뜻을 거스르는 것이 아닌 것이다.

그러나, 기도와 구제가 모든 면에서 서로 비슷한 것은 아니다. 재물을 나누어 주는 일은 상대방의 궁핍함이 우리의 눈에 보일 때에만 실행할 수 있는 것이다. 그러나 기도의 경우에는 전혀 모르는 외국인이나 낯선 사람들을 위해서조차도 — 아무리 먼 거리에 떨어져 있다 할지라도 — 얼마든지 도움을 줄 수 있는 것이다. 이 일 역시 모든 하나님의 자녀들이 포함된 그런 전체적인 형식의 기도를 통해서 이루어지는 것이다. 바울은 그 당시의 신자들에게 "각처에서 … 분노와 다툼이 없이 거룩한 손을 들어 기도하기를 원하노라"(딤전 2:8)고 당부하고 있는데, 이 사실이 이것을 가리키는 것일지도 모른다. 분쟁으로 말미암아 기도의 문이 닫혀 버린다는 것을 경계하면서, 바울은 모두 한마음으로 똑같이 간구를 드려야 한다는 것을 가르치고자 하는 의도를 갖고 있었던 것이다.

40. "하늘에 계신"

여기에 "하늘에 계신"이라는 말이 덧붙여지고 있다(마 6:9). 그렇다고 해서 곧바로 하나님께서 하늘의 울타리 속에 매여 계시고, 갇혀 계시다는 식으로 생각해서는 안 된다. 솔로몬은 "하늘과 하늘들의 하늘이라도 주를 용납하지 못한다"(왕상 8:27)고 고백하고 있다. 또한 하나님께서도 친히 선지자를 통하여 말씀하시기를, 하늘이 그의 보좌요 땅이 그의 발등상이라고 하신다(사 66:1; 행 7:49; 참조. 행 17:24). 이는 곧 하나님께서 어느 지역에 제한을 받지 않으시며 만물을 통틀어 편만하시다는 뜻이다. 그러나 우리의 정신이 너무 아둔하여 말할 수 없는 하나님의 영광을 달리는 생각할 수가 없었으므로, "하늘"이라는 말로써 그 영광을 표현하였다. 하늘보다 더 숭고하고 위엄 있는 것을 볼 수 없기 때문이다. 그러므로, 우리의 감각이 어떤 사물을 지각할 때에 그 사물을 그 장소와 결부시키는 것이 상례이지만, 하나님은 모든 장소를 초월하여 계시므로 그를 찾을 때에는 우리의 몸과 영혼의 모든 지각을 뛰어넘는 데까지 올라가야 하는 것이다.

또한, 이 "하늘"이라는 표현은 하나님께서 온갖 부패나 변화의 가능성을 초월하여 계시다는 의미이기도 하다. 그리고 마지막으로, 이 표현은 하나님께서 온 우주 전체를 친히 포용하고 계시며 그의 권능으로 다스리신다는 것을 의미한다. 그러므로, 이는 곧 하나님께서 무한히 위대하시고 높으시며, 불가해(不可解)한 본질에 속하시며, 권능이 한없으시며, 영원히 불멸하신 분이시라는 말과도 같은 것이다. 그러나 하나님에 대해서 말할 때에 이런 이야기를 들으면, 우리의 생각을 더 높이 올려야 한다. 그렇지 않으면 하나님에 대해서 이 땅에 속하거나 물질적인 것으로 꿈꾸기 십상이고, 우리의 작은 척도로 하나님을 재려 하거나, 하나님의 뜻을 우리의 감정에 끼워맞추려 하는 우를 범하고 말 것이기 때문이다. 또한 하나님에 대한 신뢰도 일깨워져야 한다. 하나님께서 그의 섭리와 능력으로 하늘과 땅을 다스리신다는 것을 우리가 알고 있기 때문이다.

요약하면, "아버지"라는 호칭에서 드러나는 사실은 그 자신의 형상으로 우리에게 나타나신 그 하나님을 확실한 믿음으로 불러야 한다는 사실이다. 또한 "아버지"라는 친밀한 호칭이 신뢰를 가져다주는 것은 물론 우리의 마음이 의심쩍은 거짓 신들에게로 이끌리지 않도록 막아주는 효과를 내기도 한다. 우리는 이 "아버지"라는 호칭을 통해서 독생자에게서부터 천사들과 교회의 유일하신 아버지에게로 올라가는 것이다. 둘째로, 하늘에 하나님의 보좌가 세워져 있고 하나님께서 우주를 다스리신다는 사실에서 우리는 우리가 하나님께로 나아가는 것이 헛되지 않다는 사실을 생각하게 된다. 하나님께서 우리를 기꺼이 맞으시고 필요한 도움을 주시기 때문이다. 사도는 말하기를, "하나님께 나아가는 자는 반드시 그가 계신 것과 또한 그가 자기를 찾는 자들에게 상 주시는 이심을 믿어야 할지니라"(히 11:6)라고 한다. 여기서 그리스도께서는 그의 아버지에 대하여 두 가지를 선포하고 계신다. 곧, 우리의 믿음을 하나님 자신에게 둔다는 것과, 또한 하나님이 우리의 구원을 절대로 간과하지 않으신다는 것을 우리가 확실하게 믿어야 한다는 것이다.

이는 황공스럽게도 하나님께서 친히 그의 섭리로 우리에게까지 간여하시기 때문이다. 바울은 이러한 초보적인 교훈을 통해서 합당하게 기도할 수 있도록 우리를 준비시켜 준다. 우리의 간구를 하나님께 드리라고 명령하기에(빌 4:6) 앞서서 교훈하기를, "아무것도 염려하지 말라"(빌 4:6)고 한다. 어째서 염려하지 말아야 하는가? 곧, "주께서 가까우시니라"(빌 4:5)는 것이다. 여기에서 분명히 드러나는 사실은 "여호와의 눈은 의인을 향하신다"(시 34:15; 참조. 벧전 3:12)는 사실에 대하여 확신이 없는 자들은 기도할 때에도 의심과 혼란 속에 휩싸여 있을 수밖에 없다는 것이다.

41. 첫 번째 간구

첫 번째 간구는 '하나님의 이름이 거룩히 여김을 받으시옵소서'라는 것이다 (마 6:9). 이와 같은 간구를 해야 한다는 사실은 우리로서는 큰 부끄러움일 수밖에 없다. 하나님의 영광이 우리의 감사하지 않는 태도와 우리의 악의로 말미암아 흐려져 있고, 우리의 뻔뻔스러움과 정신 나간 불경 때문에 하나님의 영광이 할 수 있는 만큼 훼손되어 있으니, 이보다 더 부끄러운 일이 어디 있겠는가? 불경한 사람들 모두가 아무리 그들의 참람함과 방자함으로 대적한다 할지라도, 하나님의 이름의 거룩함은 여전히 찬란하게 빛난다. 선지자는 다음과 같이 선포하고 있다: "하나님이여 주의 이름과 같이 찬송도 땅 끝까지 미쳤나이다"(시 48:10). 하나님께서 알려지시는 곳이면 어디든지 그의 권능이 드러나지 않을 수가 없다.

하나님의 권능, 선하심, 지혜, 공의, 긍휼, 진리 ― 이런 것들이 우리를 완전히 사로잡아서 하나님에 대한 경이(驚異)로 가득 차게 하며, 그리하여 그를 찬송하지 않을 수 없게 만드는 것이다. 그러므로, 이 땅에서 하나님의 이름이 온전히 거룩히 여김을 받지 못하고 있으므로, 혹 그 상태를 바꾸어 놓을 힘이 우리에게 없다 할지라도 최소한 기도 가운데서는 그 문제에 대해 관심을 가져야 한다는 것이다.

요약하면, 하나님께서 스스로 합당하신 존귀를 받으시기를, 사람이 하나님에 대해서 말하거나 생각할 때에 최고의 경의를 품기를 우리가 간절히 바라야 한다는 것이다. 이러한 경의의 자세와 정반대되는 불경의 자세가 오늘날에 이르기까지 언제나 세상에 너무나 만연되어왔다. 그렇기 때문에 이런 간구가 필요한 것이다. 우리들 가운데 조금이라도 경건이 있었다면, 구태여 이러한 간구가 필요하지 않았을 것이다. 그러나 만일 하나님의 이름이 다른 모든 이름들과 분리되어 홀로 영광을 받을 때에 비로소 그 이름이 거룩히 여김을 받는 것이라면, 이러한 간구를 통해서 우리는 하나님께서 그의 거룩하신 이름을 모든 멸시와 모욕에서 보호하시기를 구할 뿐 아니라 그가 모든 인류를 복종시키사 그 이름을 경외하게 만드시기를 구하여야 한다는 사실을 깨우쳐야 하는 것이다.

자, 하나님께서는 자기 자신을 우리에게 계시하실 때에 일부는 가르침을 통해서 하시고 일부는 그의 역사하심을 통해서 하시기 때문에, 이 두 가지 면에서 하나님께서 하시는 모든 일을 그에 합당하게 인정하고, 하나님께로부터 오는 모든 것을 그대로 받아들일 때에 비로소 하나님을 거룩하게 높일 수가 있는 것이다. 또한 하나님께서 엄격하게 대하실 때에도 그가 너그러이 대하실 때 못지않게 그를 찬양해야 마땅할 것이다. 하나님께서는 온갖 다양한 역사들 속에 그의 영광의 표지를 새겨놓으셨으므로, 그러한 온갖 역사들을 대할 때마다 누구든지 찬양이 우러나와야 마땅한 것이다. 그렇게 할 때에 비로소 성경이 우리들 가운데 온전한 권위를 갖게 될 것이고, 그 어떠한 일이 있더라도 하나님에 대한 우리의 찬양이 방해를 받지 않을 것이다. 우주를 다스리시는 모든 과정 속에서 하나님께서는 찬송을 받으셔야 마땅한 분이신 것이다.

그러나 또 한편으로, 이 간구는 다음과 같은 목적을 지향하는 것이기도 하다. 곧, 이 거룩한 이름을 더럽혀온 모든 불경이 제거되며 없어지게 되며, 하나님의 이름을 거룩히 여기는 일을 혼란하게 하거나 흐리게 만드는 모든 비방과 조롱이 사라지게 되며, 모든 참람한 것들이 잠재워지는 가운데서 하나님께서 거듭거듭 그의 위엄 가운데서 환히 빛나시기를 바라는 것이다.

42. 두 번째 간구

두 번째 간구는 "나라가 임하시오며"(마 6:10)이다. 물론 여기에 아무것도 새로운 것이 포함되어 있는 것은 아니지만, 그럼에도 불구하고 이 간구가 첫 번째 간구와 별도로 나타나 있는 데에는 그만한 이유가 있다. 가장 중요한 문제에 대해서 우리가 무기력하다는 것을 생각할 때에, 이미 철저히 알고 있었어야 할 사실을 다시 명확하게 심어주기 위해서 그것을 길게 다루는 것이 반드시 필요한 것이다. 그렇기 때문에 하나님의 거룩하신 이름에 먹칠을 하는 모든 것을 완전히 멸하시기를 하나님께 간구한 다음에, 곧바로 이어서 그와 거의 동일한 간구를 다시 하는 것이다. 곧, "나라가 임하시옵소서"(마 6:10)라는 간구가 그것이다.

이 나라의 정의(定義)에 대해서는 앞에서 이미 언급한 바 있지만[25] 여기서 간단하게 다시 말하는 것이 좋겠다. 사람들이 자기 자신을 부인하고 세상과 이 땅의 삶을 멸시함으로써 스스로 하나님의 의를 위하여 헌신하며 하늘의 생명을 사모할 때에 바로 거기에 하나님의 다스리심이 있는 것이다. 그러므로 이 나라에는 두 부분이 있다. 그 하나는 하나님께서 그를 대적하여 발악하는 육체의 온갖 정욕들을 그의 성령의 권능으로 교정하시는 것이요, 또 하나는 하나님께서 그의 다스리심에 순종하도록 우리의 모든 생각들을 그렇게 형성시키시는 것이다.

그러므로, 자기 자신에게서 시작하는 사람 이외에는 — 즉, 하나님 나라의 평화로운 상태를 혼란시키고 그 순결을 더럽히는 모든 부패를 깨끗이 씻는 일부터 시작하는 사람 이외에는 — 그 어느 누구도 이 간구를 합당한 질서를 따라 행한다고 할 수가 없다. 그런데, 하나님의 말씀이 마치 왕의 홀과도 같기 때문에, 우리는 결국 이 간구에서 모든 사람들의 정신과 마음을 이끄사 자발적으로 그 말씀에 순종하게 해주시기를 하나님께 간구하라는 명을 받는 것이다. 그리고 하나님께서 그의 성령의 은밀하신 감동을 통해서 그의 말씀의 역사가 드러나게 하셔서 그 말씀을 존귀를 받는 자리에 높이 세우시면 그런 일이 이루어진다. 그렇게 되면 우리는 하나님의 권위에 완고하게 절박한 마음으로 미친듯이 저항하는 불신자들에게로 내려가야 한다. 그러므로 하나님께서는 온 세상을 낮추심으로써 — 그러나 갖가지 다른 방식을 사용하셔서 — 그의 나라를 세우시는 것이다. 방자한 사람들을 누그러뜨리기도 하시고, 때로는 도저히 꺾이지 않는 고집불통인 자들의 교만을 꺾기도 하신다.

우리는 하나님께서 이 땅 각처에서 교회들을 자기 자신에게로 모으시기를, 그들의 숫자를 늘이시기를, 그들에게 은사들을 주시기를, 그들 가운데 온전한 질서를 세우시기를, 그리고 반대로, 순결한 교리와 신앙을 반대하는 모든 대적들을 내어쫓으시기를, 그들의 도모를 흩으시고 그들의 노력을 깨뜨리시기를 날마다 간절히 바라고 간구해야 하는 것이다. 이렇게 볼 때에, 날마다 더 나아지기를 위하여 열심을 내라는 명령을 우리에게 주신 일이 그만한 근거가 있다는 것이 드러난다. 왜냐하면 악의 더러운 것들이 완전히 씻겨 없어지고, 순전함이 꽃 피고 자라날 때처럼 인간사가 잘되는 때가 절대로 없을 것이기 때문이다. 그러나 그 충만한 완성의 상태는 마지막 그리스도께서 강림하실 때까지 유보되어 있다. 그때가 오면, 바울이 가르치듯이, "하나님이 만유의 주로서 만유 안에 계시게" 될 것이다(고전 15:28).

그러므로 이 간구를 통해서, 우리를 하나님께로부터 완전히 분리시켜서 그의 나라가 우리 속에서 고동치지 못하도록 막는 세상의 온갖 부패에서 우리 자신을 물러나게 해야 하며, 동시에 육체를 죽이는 열심을 우리 속에서 불러일으켜야 하며, 그리고 마지막으로, 십자가를 지도록 우리를 가르쳐야 마땅할 것이다. 하나님께서는 그의 나라를 바로 이와 같은 방식으로 전진하게 하시기를 기뻐하시기 때문이다. 그러나 속사람이 새로워진다면, 비록 우리의 겉사람이 낡아진다 해도 근심해서는 안 될 것이다(고후 4:16)!

우리가 하나님의 의에 굴복하는 동안 하나님께서는 우리를 그의 영광에 참여하는 자로 만들어 주신다는 하나님 나라의 조건이 우리 앞에 있기 때문이다. 하나님께서 그의 빛과 진리를 찬란히 드러내셔서 사탄의 나라의 어둠과 거짓된 것들이 사라지고 꺼지고 없어지게 하실 때에 그와 같은 일이 이루어질 것이다. 그때까지 하나님께서는 그에게 속한 자들을 보호하시며, 그의 성령의 도우심으로 말미암아 그들을 공의 속으로 인도하시며, 그들을 강건하게 하사 끝까지 견디게 하시는 것이다. 그러나 동시에 하나님께서는 원수들의 악한 음모들을 무너뜨리시며, 그들의 모략과 술수를 폭로하시고, 그들의 악의를 대적하시고, 그들의 강퍅함을 억제시키며, 그리고 마지막에 가서는 그의 입의 기운으로 적그리스도를 죽이시고, 그가 강림하여 나타나심으로 모든 불경을 폐하시는 것이다(살후 2:8).

43. 세 번째 간구

세 번째 간구는 "뜻이 하늘에서 이루어진 것 같이 땅에서도 이루어지이다"(마 6:10)이다. 이것이 하나님 나라에 의존하며 그 나라와 분리될 수 없는 것이지만, 이것을 별도로 덧붙이는 것은 그만한 이유가 있다. 곧, 우리가 무지하여 "하나님이 세상에서 다스리신다"는 것이 무슨 의미인지를 쉽게 잘 깨닫지 못하기 때문이다. 그러므로 이것이 모든 사람이 하나님의 뜻에 복종할 때에 하나님께서 세상에서 왕이 되실 것이라는 사실에 대한 하나의 설명으로 보아도 별로 무리가 없을 것이다.

여기서 뜻이라 할 때에, 하나님께서 모든 것들을 통제하시고 그 각각의 목적을 향하여 나아가게 하시는 그의 은밀하신 뜻을 의미하는 것이 아니다. 사탄과 사람들이 하나님을 대적하여 격렬하게 욕을 퍼붓는다 할지라도 하나님께서는 도저히 파악할 수 없는 그의 계획으로 그들의 공격을 뒤집어 놓으실 뿐 아니라 그것을 통해서 하나님께서 본래 작정하신 대로 일이 이루어지도록 하신다는 것을 잘 알고 계시기 때문이다.

여기서 말하는 뜻이란 하나님의 다른 뜻을 말하는데, 곧 자발적인 순종이 따르는 뜻을 말한다. 이런 점에서 볼 때에, 하늘은 땅과 분명하게 대조를 이룬다. 왜냐하면 시편에서 말씀하듯이, 천사들이 "여호와의 말씀을 행하며 그의 말씀의 소리를 듣기" 때문이다(시 103:20). 그러므로 우리는, 하늘에서 하나님의 기뻐하시는 선하신 뜻에 반(反)하는 일이 절대로 이루어지지 않으며 또한 거기 거하는 천사들 모두가 평화와 공의 가운데 있는 것처럼, 땅도 그처럼 그런 다스림에 굴복하게 되어 모든 교만과 악이 사라지기를 바라고 간구하라는 명령을 받는 것이다.

그리고 이 간구를 드릴 때에, 우리는 우리의 육체의 소욕들을 버린다. 왜냐하면 자기의 감정을 거두어 그것을 하나님께 굴복시키지 않는 사람은 누구든지 할 수 있는 만큼 하나님의 뜻을 대적하는 사람이기 때문이다. 우리에게서 나오는 것은 모두가 부패한 것밖에는 없기 때문이다. 또한 이 간구로 말미암아 하나님께서 그의 결정에 따라서 우리를 다스리시도록 우리 자신을 부인하는 모습이 우리에게서 이루어진다. 그리하여 그뿐만 아니라 하나님께서 우리 속에 새로운 영과 마음을 창조하셔서(참조. 시 51:10), 우리의 뜻이 아무것도 아닌 것이 되어 우리로 하여금 우리 속에서 정욕의 충동에 사로잡히지 않고 오직 하나님의 뜻에 순전히 따르는 것이 느껴지게 되는 것이다.

요약하면, 우리가 우리 자신에게서 아무것도 바라지 않고 다만 하나님의 영이 우리 마음을 주관하시기만을 바라게 되며, 성령의 내적인 가르치심을 받는 동안 하나님을 기쁘시게 하는 것들을 사랑하며, 또한 그를 거스르는 것들을 미워하기를 배워가게 되는 것이다. 그리하여, 우리는 하나님의 뜻과 합하지 않는 것은 무엇이든지 헛된 것으로 여기고 마음에 두지 않게 되기를 전심으로 바라게 되는 것이다.

자, 이제 주기도문의 전반부 세 가지 간구를 살펴보았다. 이 간구들을 드리는 중에 우리는 오직 하나님의 영광만을 우리 눈 앞에 두어야 하며, 우리 자신을 돌아보아서도 안 되며, 우리 자신의 그 어떠한 유익도 바라보아서는 안 될 것이다. 물론 그런 유익이 그런 간구에 풍성하게 따라오는 것이기는 하지만, 여기서는 그런 것을 구해서는 안 된다. 이 모든 것들에 대해서 우리가 생각하거나 바라거나 간구하지 않아도 그것들은 정해진 때가 되면 반드시 오게 되어 있는 것이다. 그러나 그렇다 할지라도 우리는 그것들을 바라고 구해야 한다. 그렇게 구하는 일의 가치가 결코 작은 것이 아니다. 그렇게 그것들을 구함으로써, 우리 자신이 하나님의 종들이요 자녀들로서 우리의 능력을 다하여 하나님을 존귀하게 하는 일에 진정으로 열심을 다하여 깊이 헌신되어 있음을 증명하며, 우리 스스로 그 사실을 공언하는 것이다. 이 모든 것이 우리의 주요 아버지이신 그분에게서 오는 것이다. 그러므로, 이처럼 하나님의 영광을 드높이고자 하는 소원과 열심이 없이, "하나님의 이름이 거룩히 여김을 받으시오며," "나라가 임하시오며," "뜻이 … 이루어지이다"라고 기도하는 사람들이 있다면, 그런 사람들은 하나님의 자녀와 종들 가운데 속하는 것으로 간주해서는 안 될 것이다. 그리고 그런 사람의 마음과 소원이 거기에 없기 때문에, 이 모든 일들이 이루어질 때에 그들은 혼란과 멸망 가운데 있게 될 것이다.

(후반부의 세 가지 간구에 대한 해설. 44-47)

44. 네 번째 간구

주기도문의 후반부가 이어지는데, 여기서 우리는 우리 자신의 문제들에게로 내려간다. 그러나 그렇다고 해서 하나님의 영광과 작별을 고하는 것은 아니다. 바울이 증언하듯이 먹든지 마시든지 하나님의 영광을 위해서 해야 하며(고전 10:31), 우리에게 적절한 것들만을 구해야 하는 것이다. 그러나 앞에서 지적한 바와 같이, 전반부의 세 가지 간구와는 다음과 같은 차이가 있다. 하나님께서는 전반부의 세 가지 간구들을 구체적으로 명하심으로써 우리를 하나님 자신에게로 온전히 이끄셔서 그런 식으로 우리의 경건을 입증하게 하신다.

그리고 이어서 우리 자신의 문제들을 돌아보도록 허용하시지만, 거기에는 다음과 같은 제한이 있다. 곧, 하나님께서 우리에게 어떠한 유익을 베푸시든지 간에 하나님의 영광을 드러내고자 하는 의도가 없이는 그것을 구하지 말아야 한다는 것이다. 하나님을 위하여 살고 하나님을 위하여 죽는 것보다 더 우리에게 적절한 것이 없기 때문이다(롬 14:7-9).

이 간구를 통해서 우리는 우리의 몸이 이 세상에서 필요로 하는 모든 것들을 전반적으로 하나님께 구하는 것이다. 비단 음식과 의복뿐 아니라, 우리로 하여금 평화롭게 일용할 양식을 취할 수 있도록 하나님께서 친히 베풀어 주시는 모든 은혜를 위하여 간구하는 것이다. 간단히 말하자면, 이 간구를 통해서 우리는 우리 자신을 하나님의 보살피심 아래 맡기며 우리 자신을 그의 섭리에 온전히 의탁하여, 그가 우리를 먹이시고 양육하시고 보존하시도록 하는 것이다. 지극히 은혜로우신 우리 아버지께서는 우리의 몸을 그의 보살피심과 보호하심 아래 두기를 개의치 않으시고, 그리하여 우리로 하여금 모든 것을, 심지어 빵 한 부스러기나 물 한 방울까지도 하나님께로부터 기대하게 하셔서 이런 작은 문제들에 대해서까지도 우리 믿음을 실행하게 하시는 것이다.

그러나 우리가 연약하여 영혼보다는 육체에 대해서 더 큰 관심을 가져서 이렇게저렇게 영향을 받고 고통을 받는 일이 늘 있기 때문에, 영혼을 하나님께 담대히 의탁한 사람들 가운데서도 여전히 육체에 대해서 어려움을 겪는 이들이 많다. 무엇을 먹을까, 무엇을 입을까 하는 문제로 여전히 걱정하며, 포도주와 곡식과 기름이 손에 풍성히 있지 않으면 불안해하는 것이다. 영원히 멸하지 않는 생명보다도 이 덧없이 흘러가는 그림자 같은 인생이 우리에게는 그만큼 의미가 더 크다는 뜻이 아니겠는가!

그러나 하나님을 의지하여 육체의 걱정거리에 대한 염려를 떨쳐버린 사람들은 즉시 그보다 더 큰 것들을 ― 구원과 영생까지도 ― 하나님께로부터 기대하게 된다. 그러므로 우리에게 크나큰 염려를 가져다주는 그런 일들을 하나님께 맡기고 그에게 소망을 두는 것이야말로 믿음의 실천으로서 결코 가벼운 것이 아니다. 또한 이처럼 거의 우리의 골수에까지 박혀 있는 이 믿음 없는 상태를 벗어버리면 우리에게는 큰 유익이 되는 것이다.

어떤 학자들은 이 간구가 "초물질적인 양식"(supersubstantial bread)에 관한 것(마 6:11)이라는 식으로 철학적인 사색을 늘어놓기도 하지만, 내가 보기에는 그리스도께서 의도하신 의미와는 거의 일치하지 않는 것 같다. 사실, 우리가 이 덧없이 흘러가는 인생에 대해서까지 하나님께서 책임지시고 먹이신다는 것을 인정하지 않으면, 우리의 기도는 결함이 있는 기도일 수밖에 없는 것이다. 그들이 제시하는 근거는 그야말로 망령되기 그지없다.

그들은, 신령해야 할 하나님의 자녀가 이 땅의 걱정거리에 관심을 둔다는 것도 합당치 않을 뿐더러, 자기들과 함께 하나님을 그런 문제에 관여하시게 한다는 것은 더더욱 합당치 않다고 주장하는데, 이는 마치 하나님의 축복과 아버지로서의 사랑이 음식 따위에서는 나타나지 않는다고 말하는 것이며, 아니면 "경건은 범사에 유익하니 금생과 내생에 약속이 있느니라"(딤전 4:8)라는 말씀이 허구라고 주장하는 것과도 같은 것이다. 죄 사함의 문제가 육체를 보양하는 문제보다 훨씬 더 중요하지만, 그리스도께서는 덜 중요한 문제를 먼저 앞세우셔서 그보다 더 중요한 하늘의 삶에 속한 두 가지 간구으로 옮겨가도록 하셨다. 주님은 우리의 우둔하고 더딤을 고려하셔서 그렇게 하신 것이다.

그러나 주님은 일용할 양식을 구하라고 하신다. 곧, 우리의 하늘 아버지께서 우리에게 나누어주시는 분량에 만족하며, 부정한 술수로 이득을 얻으려 하지 말아야 한다는 것이다. 동시에 그것이 선물로 우리에게 주어져서 우리의 것이 되었음을 인정해야 한다. 모세의 글에서도 말씀하는 바와 같이, 하나님의 축복이 없이는 우리가 아무리 노력하고 수고해도 우리의 손으로 아무것도 얻을 수가 없기 때문이다(레 26:20; 참조. 신 8:17-18). 아무리 양식이 풍부하게 있을지라도 하나님께서 그것이 영양이 되게 해 주지 않으시면 그 모든 것이 아무런 유익이 되지를 않는 것이다. 그러므로 부자나 가난한 자나 모두에게 하나님의 자비하심이 필요한 것이다. 아무리 창고에 양식과 음료가 가득 차 있다 할지라도, 하나님께서 은혜를 베푸셔서 양식을 먹고 누리게 해 주지 않으시면, 사람들은 주리고 목말라 쓰러질 수밖에 없는 것이다.

"일용할"이나, 혹은 다른 복음서에 나타나는 것처럼 "날마다" 혹은 "매일의"라는 형용사는 세상의 없어질 것들에 대한 무절제한 욕망을 억제시켜 준다. 대개 그런 욕망이 우리에게서 한없이 불타오르며, 또한 거기에 다른 악들이 따라붙는 것이다. 풍부한 것이 있을 때에는 쾌락과 즐거움과 허영 등 여러 가지로 헛되게 낭비해 버리게 된다. 그러므로 주님은 날마다 그날에 필요한 것을 채울 수 있는 만큼만 구하라고 하시는 것이다. 그러나 동시에 여기서 확신을 가져야 한다. 곧, 하늘에 계신 우리 아버지께서 오늘 우리를 먹이시니, 내일도 반드시 그렇게 먹이시리라는 확신 말이다. 그러므로 아무리 양식과 음료가 풍부하게 우리에게 있고, 심지어 우리의 창고에 양식과 음료가 차고 넘친다 할지라도, 우리로서는 언제나 일용할 양식을 구해야만 한다.

주께서 복을 부어주셔서 그것들이 양식으로서 소기의 열매를 맺도록 해 주시지 않으면 우리의 모든 소유가 결국 아무것도 없는 것이 되고 말 것이기 때문이다. 또한 하나님께서 시간시간마다 조금씩 우리에게 베풀어 주셔서 우리로 하여금 그것을 사용하도록 허락하지 않으시면, 우리의 손 안에 있는 것도 결국은 우리의 것일 수가 없는 것이다.

그러나 사람이 너무나 교만하여 이러한 사실을 인정하기를 지극히 싫어하고 꺼리므로, 주께서는 그의 백성들에게 광야에서 만나를 먹이셔서 사람이 떡으로만 사는 것이 아니요 여호와의 입에서 나오는 모든 말씀으로 산다는 사실을(신 8:3; 마 4:4) 심어 주심으로써 모든 시대의 사람들에게 특별한 증거를 주셨음을 선포하신 것이다. 이로 말미암아 하나님께서는 생명과 건강이 유지되는 것이 물론 물질적인 수단을 통해서 이루어지지만 그것은 오직 하나님 자신의 능력으로 말미암는 것임을 보여 주시는 것이다. 그리하여 하나님께서는 그가 기뻐하시는 뜻에 따라서 그와 정반대의 상황을 증거로 보여 주기도 하신다. 곧 양식의 힘을 끊으셔서, 그 양식을 먹는 자들이 굶주림에서 벗어나지 못하도록 하시며(레 26:26), 마시는 자들의 갈증이 그대로 있게 하시는 것이다(참조. 겔 4:16-17; 14:13).

그러나, 일용할 양식으로 만족하지 않고 무절제한 정욕으로 온갖 것들을 탐하거나, 혹은 풍부한 가운데 있으면서 자기들의 부요함을 의지하면서 하나님께 이 간구를 드린다면, 그것은 하나님을 조롱하는 것이 된다. 전자(前者)의 경우는 자기들이 받고 싶지도 않은 것을 구하는 것이요 — 겨우 일용할 양식밖에 받지 못한다면 그것이야말로 그들에게는 정말 혐오해 마지않는 것일 것이다 — 또한 하나님 앞에서 자기들의 탐욕을 할 수 있는 만큼 가리는 것이다. 진정한 기도는 하나님 앞에 자기의 마음 그 자체를 토로하며 그 속에 감추어진 모든 것을 드러내어 놓는 것인데 말이다. 그리고 후자(後者)의 경우는 거의 기대도 하지 않는 것을 구하는 것이다. 즉, 속으로는 자기들이 이미 갖고 있다고 생각하면서 입으로 그것을 구하는 것이다.

또한 여기서 주님은 그 양식을 "우리의" 양식이라고 하심으로써, 하나님의 자비하심을 더 한층 드러내신다. 왜냐하면 우리가 소유권을 주장할 수 없는 것을 하나님께서 우리의 것으로 주신다는 뜻이기 때문이다(참조. 신 8:18). 그러나 앞에서 잠깐 언급한 사실을 무시해서는 안 될 것이다. 곧, 남에게 해를 끼치지 않는 의로운 수고를 통해서 얻어진 것은 우리의 것이라 할 수 있지만, 사기나 강도짓을 통해서 얻는 것은 그렇지 않다는 것이다. 다른 사람에게 해를 끼쳐서 얻는 것은 모두가 다른 사람의 것이기 때문이다.

우리에게 주시기를 하나님께 간구한다는 사실은 곧 그것이 하나님의 값없이 주시는 선물임을 의미한다. 그것이 어떤 식으로 우리에게 주어지든, 심지어 그것이 우리의 기술과 근면함을 통해서 우리 손으로 얻은 것처럼 보일 때라도 그것은 하나님의 선물인 것이다. 왜냐하면 우리의 그런 수고가 결실을 맺는 것이 오직 하나님께서 베푸시는 복으로 말미암는 것이기 때문이다.

45. 다섯 번째 간구

그 다음으로 "우리 죄를 사하여 주시옵고"라는 간구가 이어진다(마 6:12). 이 간구와 그 다음에 이어지는 간구를 통해서 그리스도께서는 하늘의 삶에 관계된 모든 것들을 간단히 정리하여 다루신다. 하나님께서 그의 교회의 구원을 위하여 세우신 신령한 언약 — 즉, "내가 나의 법을 그들의 속에 두며 그들의 마음에 기록하리라"(렘 31:33), "그들이 내게 범하며 행한 모든 죄악을 사할 것이라"(렘 33:8)는 언약 — 이 이 두 간구에 포함되어 있기 때문이다. 여기서 그리스도께서는 죄 사함으로 시작하시고, 이어서 두 번째 은혜를, 곧 하나님께서 그의 성령의 능력으로 말미암아 우리를 보호하시고, 그의 도우심으로 우리를 유지하게 하셔서, 우리로 하여금 모든 시험을 대적하며 굳건히 서게 하시는 은혜를 거기에 덧붙이시는 것이다.

주님은 죄를 "빚"이라 부르시는데,[26] 이는 우리가 죄에 대한 형벌을 지고 있으며, 또한 그것은 이러한 용서하심을 통해서 탕감 받지 않는 한 우리로서는 도저히 갚을 수 없는 빚이기 때문이다. 이러한 용서하심은 하나님의 값없는 긍휼하심에서 온다. 하나님은 그의 긍휼하심으로 우리의 빚들을 너그러이 다 탕감해 주시며, 우리에게 지불을 요구하지 않으시고, 그 자신의 긍휼하심으로 말미암아 그리스도 안에서 스스로 그 빚을 갚으시는 것이다. 그리스도께서 자기 자신을 단번에 속량물로 내어주셨기 때문이다(참조. 롬 3:24). 그러므로, 자기들의 공로나 다른 사람들의 공로로 하나님을 만족시켜 드린다고 믿는 자들이나, 그런 만족을 통해서 죄에 대한 값이 지불되어서 죄가 사함 받는다고 믿는 자들은 결코 이러한 값없는 은혜의 선물에 참여할 수가 없는 것이다.

이런 간구의 형식을 따라서 아무리 하나님을 부른다 할지라도 그들은 결국 스스로 자기들에 대한 정죄를 자초하며, 그러한 정죄를 자기들의 증언으로 확증하는 것 이외에 아무것도 아니다. 죄 사함의 은혜를 받아 자유를 얻지 않는 이상 누구나 빚진 자들일 수밖에 없는데, 그들은 여전히 그러한 사실을 받아들이지 않고 오히려 일축해 버리면서, 계속해서 하나님께 자기들의 공로와 보상물들을 내어놓고 있고, 그리하여 하나님의 긍휼하심을 구하지 않고 오히려 하나님의 심판을 스스로 재촉하는 것이다.

하나님께 죄 사함을 구할 필요조차 느끼지 않을 만큼 스스로 완전하다고 상상하는 자들이 있다면, 귀가 가려워서 오류에 빠져 들어가는 자들을 제자로 삼게 내버려 두라. 단, 이것 한 가지는 이해해야 할 것이다. 곧, 그들이 얻는 제자들 모두가 그리스도께로부터 빼앗아온 자들이라는 사실 말이다. 그리스도께서는 모든 제자들에게 죄를 고백하라고 교훈하시니 이는 곧 그가 죄인 이외에는 아무도 용납하지 않으신다는 뜻이기 때문이다. 그가 그렇게 하시는 것은 아첨으로 죄를 부추기고자 함이 아니다. 신자들이 아무리 육체의 악을 벗는다 할지라도 여전히 하나님의 심판을 받을 수밖에 없다는 것을 그가 잘 알고 계시기 때문에 죄를 고백하라고 명하시는 것이다. 사실 우리는 우리의 의무를 하나하나 완전히 수행하여 우리가 하나님 앞에서 허물이 전혀 없이 순결한 상태로 드러나기를 소원하고, 또한 이를 위해서 열심히 수고하여야 할 것이다. 그러나 하나님께서는 그의 형상을 우리 속에서 점차적으로 회복시키기를 기뻐하시므로 우리의 육체에는 언제나 어느 정도의 얼룩이 남아 있을 수밖에 없고, 그렇기 때문에 그것에 대한 치유책이 절대적으로 필요한 것이다.

그러나 아버지께서 주신 권세를 따라서 그리스도께서 우리에게 평생토록 우리의 죄과에 대한 용서를 구하라고 명령하고 계신다면, 생각이 없는 일반 사람들의 앞에 완전한 무죄의 상태의 찬란한 광경을 보여 주어서 그들의 눈을 어지럽혀서 그들로 하여금 자기들 스스로 모든 잘못에 대한 책임을 면할 수 있다는 확신을 갖게 만드는 이 새로운 교사들을 과연 어떻게 용납할 수 있겠는가? 그들의 그런 처사야말로 사도 요한이 말씀하는 대로 하나님을 거짓말하는 자로 만드는 것이 아니고 무엇이겠는가(요일 1:10)!

또한 이 불한당 같은 자들은 우리의 구원이 포함되어 있는 하나님의 언약의 한 부분을 떼어내어서 삭제시킴으로써 그 기초에서부터 완전히 망가뜨려 놓으려고 무진 애를 쓰고 있다. 그러나 이들은 지금까지 나뉘지 못하도록 완전히 하나가 되어 있던 것들을 나누어 놓는 불경의 죄를 범하는 것일 뿐 아니라, 비참한 영혼들을 절망으로 완전히 압도되도록 만드는 사악함과 잔혹함을 범하고 있는 것이다. 사실 이들은 자기들 자신에게나 그와 비슷한 자들을 배반하고 있는 것이다. 하나님의 긍휼하심과 완전히 반대되는 무관심과 게으름의 상태를 조장하기 때문이다. 이들은 자기들이 하나님 나라의 강림을 사모하는 가운데 동시에 죄가 폐지될 것을 구하는 것이라고 반론을 제기하지만, 이것은 그야말로 유치하기 그지없는 것이다. 주기도문의 전반부에서는 최고의 완전한 상태가 우리 앞에 제시되어 있으나, 또한 후반부에서는 우리의 연약함이 제시되어 있다. 그리고 이 두 가지가 서로서로 완벽하게 조화를 이루고 있기 때문에, 우리는 완전한 목표를 사모하며, 그것을 향하여 나아가는 가운데 우리의 연약함이 요하는 치유책들을 결코 소홀히 해서는 안 되는 것이다.

또한 이 간구에는 "우리에게 죄 지은 자를 사하여 준 것 같이"라는 단서가 덧붙여져 있다(마 6:12). 즉, 행동으로 부당하게 대하거나, 말로 모욕하거나, 이런저런 방식으로 우리에게 해를 끼친 자들을 우리가 모두 너그럽게 용서하듯이 그렇게 우리의 죄도 사하여 주옵소서라고 간구하라는 뜻이다. 우리에게 행한 범죄나 과실의 책임을 용서하는 권세가 우리에게 있다는 뜻이 아니다. 그 권세는 오직 하나님께 속한 것이다(참조 사 43:25)!

우리가 용서한다는 것은 이런 뜻이다. 곧, 마음에서 분노와 증오와 복수하고픈 생각을 기꺼이 지워버리며, 우리에게 행해진 악행에 대한 기억을 기꺼이 망각 속에 사라지게 한다는 뜻이다. 그렇기 때문에, 하나님께 우리의 죄를 용서해 주시기를 구할 때에는 동시에 우리 스스로, 우리에게 해를 가하거나 가했던 모든 자들의 과실을 용서하여야 마땅한 것이다. 만일 우리 마음에 분노의 감정을 그대로 갖고 있고, 앙갚음을 하고 상대방에게 해를 끼칠 계략을 생각하고 있으며, 그리고 심지어 우리의 모든 호의를 다하여 상대방에게 선한 은혜를 끼치도록 애를 쓰지 않고 있는 상태에서 이 간구를 드린다면, 이는 곧 하나님께 우리 죄를 용서하시지 말아주십사 하고 구하는 것이 되는 것이다. 왜냐하면, 우리가 다른 사람에게 행하는 것처럼 하나님께서 우리에게 행하여 주시기를 구하는 것이기 때문이다(참조. 마 7:12). 그렇다면 이는 곧, 우리가 행하지 않으면 하나님께서도 우리에게 행하지 말아주십사 하고 간구하는 것이 되는 것이다. 그러니 더욱더 무거운 심판 이외에 이 사람들이 이 간구의 결과로 얻을 것이 무엇이 있겠는가?

마지막으로, 이 간구에 "우리가 우리에게 죄 지은 자를 사하여 준 것 같이 우리 죄를 사하여 주시옵고"(마 6:12)라는 조건이 붙여졌다고 해서, 마치 우리가 다른 사람을 용서해 줌으로써 하나님의 죄 용서를 받을 만한 자격을 갖추는 것인 것처럼, 즉 우리가 다른 사람을 용서하는 것이 하나님의 용서하심의 원인을 제공하는 것처럼 생각해서는 안 된다. 오히려, 주님은 이 말씀을 통해서 부분적으로 우리의 믿음의 연약함을 위로하고자 하신 것이다. 하나님께서는 이 말씀을 덧붙이심으로써, 우리가 모든 분노와 질투와 복수심을 마음에서 다 털어내고 깨끗하게 하여 다른 사람을 용서할 때에 우리가 그렇게 용서했다는 의식이 확실하듯이, 그와 마찬가지로 우리의 죄의 용서도 그만큼 확실하다는 하나의 증표를 주시고자 하신 것이다.

뿐만 아니라 주님께서는 바로 이러한 증표를 통해서, 용서하기를 꺼리고 복수하고자 하는 마음이 불 일듯 하며 다른 사람들을 향하여 끈질기게 적개심을 행하고, 자기들은 다른 사람들에게서 분노를 당하지 않기를 바라면서 다른 사람들을 향하여 분노를 일으키는 그런 자들을 하나님의 자녀들의 반열에서 제외시키시며, 그리하여 그들이 감히 하나님을 아버지로 부르지 못하도록 하시는 것이다. 이 말씀은 누가복음에서도 그리스도 자신의 말씀으로 멋지게 표현되어 있다(눅 11:4).

46. 여섯 번째 간구

여섯 번째 간구(마 6:13)는, 이미 말한 바와 같이, 율법이 우리 마음에 새겨지게 하시겠다는 약속에 따르는 것이다(잠 3:3; 고후 3:3). 그러나 우리가 하나님께 순종할 때에 계속해서 싸움과 어렵고 힘겨운 씨름이 있기 때문에, 여기 이 간구를 통해서 우리가 무장을 갖추고 하나님의 보호하심을 받아 승리할 수 있게 되기를 구하는 것이다. 이 간구를 통해서 주님은 우리 속마음을 부드럽게 하여 하나님께 순종하게 하기 위하여 우리에게 성령의 은혜가 필요할 뿐 아니라, 사탄의 온갖 책략과 격렬한 공격을 대항하여 굳건히 설 수 있도록 성령의 구체적인 도우심이 필요하다는 사실을 가르쳐 주신다.

갖가지 형태의 시험들이 우리를 엄습하고 있다. 우리 자신의 무절제한 정욕에서 나오든 마귀의 충동질에서 나오든 우리를 부추겨 하나님의 법을 범하게 하는 마음의 악한 생각들도 시험이다. 또한 그 자체로서는 악한 것이 아니지만 마귀의 궤계를 통하여 시험이 되는 것들도 있다. 마귀가 우리의 눈 앞에 그것들의 찬란한 모습을 드리워서 우리로 하여금 하나님에게서 떠나게 만들기 때문이다(약 1:2, 14; 참조. 마 4:1, 3; 살전 3:5).

이런 시험들이 좌우에서 엄습하고 있다. 우편에는, 예를 들어서, 부귀와 권세와 명예가 있어서, 그 번쩍이는 아름다운 모습을 드러내고 그 화려함으로 꾀임으로 말미암아 사람의 시각(視覺)을 무디게 만들고, 그리하여 그런 간계에 사로잡히고 그런 달콤함에 취하여 마침내 사람으로 하여금 하나님을 잊어버리게 만든다. 그리고 좌편에는, 예를 들어서, 빈곤과 수치와 멸시와 환난 같은 것들이 공격을 해온다. 이러한 온갖 어려움과 환난의 훼방을 받아, 마음이 무기력해지고, 확신과 소망을 완전히 내팽개쳐버리고, 그리하여 마침내 하나님께로부터 완전히 떠나버리게 되는 것이다.

이 간구를 통해서 우리는 우리의 무절제한 정욕에 부추김을 받거나 마귀의 궤계로 말미암아 우리를 향하여 공격해오는 그 두 가지 종류의 시험에 빠지지 않게 해주시기를 아버지 하나님께 간구하는 것이다. 그리고 하나님께서 그의 손으로 우리를 보존시키시고 격려하시고 그의 권능으로 우리를 강건하게 하셔서, 악한 원수가 무슨 생각을 우리에게 불어넣든 간에 그 모든 공격들을 대항하여 굳건히 서게 되기를 구하는 것이다. 그리고 일이 어느 쪽으로 일어나든 간에 우리에게 선한 결과가 낳게 되기를 — 즉, 잘되고 성공한다고 해도 우쭐해지고 교만해지지 않고, 극심한 환난이 온다 해도 낙심하여 넘어지지 않게 되기를 — 간구하는 것이다.

그러나, 그렇다고 해서 여기서 전혀 시험을 느끼지 않게 해 달라고 간구하지는 않는다. 왜냐하면 우리가 시험을 통해서 각성하고 분발하며 권고를 받을 필요가 있기 때문이다. 시험이 전혀 없으면 너무 무기력해지고 나태해지기 때문이다. 그러므로 다윗이 시험 받기를 바란 사실에도 그만한 이유가 있으며(참조. 시 26:2), 또한 주께서 그의 택하신 자들을 치욕과 궁핍과 환난 등 온갖 어려움으로 때리셔서 날마다 시험하시는 것도 충분한 이유가 있는 것이다(창 22:1; 신 8:2; 13:3).

그러나 하나님의 시험과 사탄의 시험은 서로 전혀 다르다. 사탄은 무너뜨리고 정죄를 받고 내어쫓김을 당하게 하기 위해서 시험하지만, 하나님은 그의 자녀들을 연단하심으로써 그들의 신실함을 시험하시며, 시험을 통해서 그들을 강건하게 하시며, 그들의 육체를 죽이고 정결하게 하고자 하신다. 이처럼 절제시키지 않으면 육체는 스스로 교만과 방종에 빠져서 걷잡을 수 없이 되는 것이다. 그 외에도 사탄은 무장을 갖추지도 않고 공격을 받을 준비도 되어 있지 않은 자들을 공격하여 그들이 알지도 못하는 사이에 완전히 무너지게 만들기도 한다. 그러나 하나님은 시험을 주시는 가운데서도 피할 길을 주셔서 그의 백성들이 그 닥치는 모든 것들을 인내로 견딜 수 있도록 하시는 것이다(고전 10:13; 벧후 2:9).

이 간구에 나타나는 "악"이란 단어를 마귀로 이해하든 죄로 이해하든 별 차이가 없다. 사실, 사탄은 우리의 생명을 찾으려고 기다리고 있는 철천지 원수이며(벧전 5:8), 더욱이 그는 죄로 무장하고서 우리를 멸망시키려 하고 있는 것이다. 그러므로 우리는 그 어떠한 시험이 오더라도 거기에 압도되어 무너지지 않고, 우리를 공격하는 모든 적대 세력들을 주의 권능으로 대적하며 굳게 서게 해주시기를 위해서 기도하여야 한다. 우리가 주님의 보살피심과 보호하심을 받아 죄와 사망과 지옥의 문들과(마 16:28) 마귀의 권세 전체를 견디며 승리하도록 해주시기를 위하여, 다시 말해서 악에서 구해주시기를 위하여 기도해야 하는 것이다.

여기서 우리가 조심스럽게 주목해야 할 것은, 그 큰 용사 마귀와 싸우며 그의 힘과 공격을 견디는 일이 우리의 능력으로 되는 것이 아니라는 사실이다. 그렇지 않다면, 이미 우리가 능력이 있어서 우리 힘으로 할 수 있는 일을 하나님께 구하게 되는 것이요, 따라서 그런 간구가 무의미하고 하나님을 조롱하는 것이 되고 말 것이다. 자기들 스스로 싸울 수 있다는 자신감을 갖고 있는 자들은 그들이 대적하고 있는 그 원수가 얼마나 사납고 얼마나 무장이 잘되어 있는지를 잘 깨닫지 못하고 있는 것이다. 마귀의 권세에서 벗어나기를 구하지만, 그 마귀는 미친 듯이 울부짖는 사자와도 같기 때문에(벧전 5:8), 만일 주께서 그 죽음의 상태에서 우리를 건져내지 않으시면, 우리로서는 즉시 그 마귀의 날카로운 이와 발톱에 갈가리 찢기고 그에게 삼키운 바 되고 말 것이다. 그러나 주께서 우리와 함께 계셔서 우리를 위해서 싸우신다는 것을 알면, 우리는 얼마든지 잠잠히 있을 수 있고 "하나님을 의지하고 용감하게 행할" 수가 있는 것이다(시 60:12; 참조. 107:14). 다른 사람들이 혹시 자기들 자신에게 힘이 있는 것처럼 생각하여 자기들의 힘과 자유로운 선택의 능력을 믿고 의지한다면, 그렇게 하게 내버려 두라. 그러나 우리로서는 오직 하나님의 능력을 의지하고 그 안에서 강하게 서 있는 것으로 족할 것이다.

그러나 이 간구에는 처음 언뜻 볼 때 느껴지는 것 이상의 내용이 담겨 있다. 하나님의 성령께서 사탄과 싸울 수 있도록 우리의 힘이 되신다면, 우리가 성령으로 충만해져서 우리의 육체의 연약함을 모두 버리기 전에는 그 싸움에서 절대로 승리를 얻을 수 없을 것이다. 그러므로 사탄과 죄에서 해방되기를 간구하는 동안 우리는 하나님의 은혜가 더욱더 충만히 우리에게 부어져서 그 은혜로 가득 차서 모든 악에 대하여 승리를 얻게 되기를 예상하는 것이다.

그러나 어떤 이들은, 야고보의 증언처럼 하나님께서는 누구도 시험하지 않으시니(약 1:13) 하나님께 우리를 시험에 들게 하지 마시라고 구한다는 것은 오히려 하나님을 욕되게 하는 것이라고 생각하기도 한다. 그러나 이 문제는 부분적으로 이미 해결된 것이다. 왜냐하면 우리의 정욕이 우리를 무너뜨리는 모든 시험의 원인이며(약 1:14) 따라서 시험의 책임이 거기에 있기 때문이다. 그리고 야고보의 의도는 다만 우리에게 책임이 있는 것을 알면서도 우리 스스로 범하게 되는 그런 악행들에 대한 책임을 하나님께 떠넘기는 것이 헛되며 부당하다는 것을 지적하는 것일 뿐이다.

하나님께서는 그의 선하신 뜻을 따라, 정의롭고 은밀하신 그의 판단에 의하여, 우리를 사탄에게 넘기기도 하시며, 우리를 불신앙의 마음과 헛된 정욕 속에 던져넣기도 하시며, 우리를 시험으로 인도하기도 하시는 것이다. 그 원인이 사람에게는 감추어져 있는 경우가 허다하지만 하나님께는 분명한 것이다. 그러므로, 하나님께서 버림 받은 자들(혹은, 유기된 자들)의 눈을 어둡게 하시고 마음을 완악하게 하심으로써 자신이 친히 복수하신다는 확실한 증거를 보여주시겠다고 수없이 경고하시는 것이 그만한 이유가 있다는 사실을 깨닫는다면, 여기의 "우리를 시험에 들게 하지 마시옵고"라는 표현을 부당하다고 여길 수는 없을 것이다.

47. 주기도문의 마지막 부분

우리 자신들과 우리의 모든 소유를 특별히 하나님께 부탁드리는 이 세 가지 간구들은 앞에서 말한 사실을 분명히 보여 준다. 곧, 그리스도인의 기도는 공적인 성격을 띠어야 하며, 교회를 공적으로 세우고 신자들의 교제를 증진시키는 목적을 바라보는 것이어야 한다는 사실 말이다. 각 사람이 자기 자신에게 사사로이 무엇이 주어지기를 기도하는 것이 아니라, 우리 모두가 똑같이 우리의 양식을 구하고, 죄 사함을 구하고, 시험에 빠지지 말도록 하시기를 구하고, 악에서 자유를 얻기를 구하는 것이다.

더 나아가서, 우리가 그렇게 담대하게 구하며 또한 구하는 바를 얻을 것을 그렇게 확신하는 이유가 있다. 라틴어 역본에는 나타나 있지 않지만, 여기서 그 본문을 삭제하지 않는 것이 매우 합당하다. 곧, "나라와 권세와 영광이 아버지께 영원히 있사옵나이다"(마 6:13)가 그것이다. 고요하고도 견고한 우리의 믿음의 확신이 여기에 있는 것이다.

우리가 우리 자신의 가치를 근거로 하나님께 기도를 드려야 한다면, 과연 하나님의 임재 앞에서 감히 어떻게 입을 뗄 수나 있겠는가? 그런데, 우리가 아무리 비참하며, 아무리 무가치한 상태에 있으며, 내세울 만한 것이 아무것도 없다 할지라도, 우리에게는 그 어느 때에나 기도할 이유가 있으며, 응답의 확신이 있는 것이다. 왜냐하면 우리의 아버지께서 그의 나라와 권세와 영광을 언제나 보유하고 계시기 때문이다.

그리고 맨 마지막에 "아멘"이 덧붙여져 있다(마 6:13). 우리가 하나님께 구한 바를 얻고자 하는 간절한 마음의 소망을 이를 통해서 표현하는 것이다. 이런 유에 속하는 모든 일들이 이미 일어났으니, 또한 확실히 우리에게 주어질 것이라는 우리의 소망이 한층 견고해진다. 하나님께서 약속하셨는데, 그는 속이지 못하시는 분이기 때문이다. 또한 이는 우리가 이미 제시한 기도의 형식과도 일치한다: "우리가 주 앞에 간구하옵는 것은 우리의 공의를 의지하여 하는 것이 아니요 주의 큰 긍휼을 의지하여 함이니이다 … 나의 하나님이여 주 자신을 위하여 하시옵소서"(참조. 단 9:18-19).

이를 통하여 성도는 그들의 기도의 목적을 표현할 뿐만 아니라, 하나님께서 자기 자신에게서 이유를 찾지 아니하시면, 성도들이 기도의 응답을 얻을 가치조차 없음을 고백하는 것이며, 또한 그들의 기도가 응답을 얻으리라는 확신이 오직 하나님의 본성에서 나오는 것임을 고백하는 것이다.

(주기도문의 적절성, 다른 표현을 사용하는 문제. 48-49)

48. 주기도문의 규범성

우리가 하나님께 구해야 하고 또한 구할 수 있는 모든 것들이 우리의 신적

스승이신 그리스도께서 가르쳐 주신 이 기도의 형식에 — 말하자면, 규범에 — 포함되어 있다. 그리스도는 아버지께서 우리의 교사로 지정해 주신 분이요, 우리가 말씀을 듣고 따라야 할 유일하신 분이시다(마 17:5). 그리스도께서는 언제나 아버지의 영원하신 지혜이셨고(사 11:2), 또한 사람이 되셔서는 기묘자와 모사로 나타나신 분이시다(사 9:6; 참조. 28:29; 렘 32:19).

그러므로, 이 기도는 모든 면에서 완전하므로 기존의 내용과 관련이 없는 다른 어떤 이질적인 내용을 이 기도에 첨가시킨다는 것은 불경하며 무가치한 것으로서 하나님의 인정을 받을 수가 없는 일이다. 이 기도 속에 하나님께 합당한 것과 그가 기뻐 받으시는 것과 우리들에게 필요한 것을 — 결국, 그가 기꺼이 받아 주실 것을 — 정리하여 제시해 놓으셨기 때문이다.

그렇기 때문에, 감히 더 나아가서 이 기도를 넘어서는 어떤 것을 하나님께 구하는 자들에 대해서는 다음과 같이 말할 수 있다: 첫째로, 이들은 하나님의 지혜에다 자기 자신의 지혜를 첨가시키려는 자들인데, 그야말로 정신 나간 신성 모독을 범할 생각이 아니라면 이런 우(愚)를 범할 수가 없다. 둘째로, 이들은 자기들 스스로를 하나님의 뜻 가운데 두지 않고, 그것을 멸시하여 거기서 벗어나서 자기들의 무절제한 정욕 가운데 방황하는 자들이다. 그리고 마지막으로, 이들은 절대로 그 어떠한 것도 얻을 수가 없다. 믿음이 없이 기도하기 때문이다. 그런 기도가 믿음이 없이 이루어진다는 것은 너무도 분명한 사실이다. 믿음이 서 있으려면 반드시 하나님의 말씀에 의지해야 하는데, 그 기도에는 하나님의 말씀이 없기 때문이다. 그런데, 주님의 규범을 무시하고 자기들의 정욕에 스스로를 내어맡기는 자들은 하나님의 말씀이 없는 것은 물론이고, 더 나아가서 자기들의 온 힘을 다하여 하나님의 말씀을 대적하여 싸우는 것이다. 그러므로 테르툴리아누스(Tertullian)는 이 기도를 "유일한 합법적인 기도"(the lawful prayer)라고 멋지게 표현한 바 있는데,[27] 이는 곧 다른 모든 기도들은 무법(無法)한 것이요, 따라서 금해야 할 것임을 무언으로 시사해 주는 것이다.

49. 주기도문은 그 표현이 아니라 내용을 따라야 함

그러나 그렇다고 해서, 이 기도의 형식에 매여서 단어 하나, 문구 하나도 바꾸어서는 안 되는 것처럼 생각하는 일은 없을 것이다. 성경 여기저기 나타나 있는 여러 기도들을 읽어 보면, 표현에 있어서는 이 기도와 전혀 다르면서도 동일한 성령께서 제시하셨고, 그리하여 우리에게 매우 유익을 준다는 사실을 깨닫게 되기 때문이다. 동일한 성령께서 신자들에게 계속해서 많은 기도들을 하게 하시지만, 그 표현에 있어서는 서로 거의 비슷한 점이 없는 것이다.

주기도문에 대해 가르칠 때 우리가 의도하는 바는 다만 이런 뜻이다. 곧, 이 기도에 요약된 형태로 포함되어 있지 않는 것은 그 어떠한 것이라도 구하거나 기대하거나 바라서는 안 된다는 것이요, 물론 표현은 완전히 다를지라도 그 내용의 의미는 이 기도와 달라져서는 안 된다는 것이다. 성경에 나타나 있는 모든 기도들과 경건한 사람들의 가슴에서 우러나오는 기도들은 분명 주기도문과 일치하는 것이다. 물론 그 완전함에 있어서는 그 어떠한 사람의 기도도 이 기도에 비길 수가 없고, 거기에 미칠 수가 없다.

주기도문에는 하나님을 찬양하는 데 있어서 생각해야 할 내용이 빠진 것이 하나도 없으며, 사람의 복지를 위하여 마땅히 생각해야 할 내용이 빠진 것이 하나도 없을 뿐 아니라, 그 구성 또한 너무도 정확하게 짜여져 있어서 어느 누구도 그것을 개선해 보리라는 희망을 조금도 가질 수가 없는 것이다. 간단히 말해서, 이 기도야말로 하나님의 지혜의 가르침이라는 사실을 기억하도록 하자. 하나님께서 뜻하신 바를 몸소 가르치셨고, 또한 필요한 바를 하나님께서 뜻하신 것이다.

(기도와 관련한 기타 문제들. 50-52)

50. 기도 시간을 정하는 문제와 하나님의 뜻에 온전히 맡기는 문제

그러나, 앞에서 이미 진술한 바와 같이, 우리의 마음을 높이 들어서 항상 하나님을 사모하며 쉬지 말고 기도해야 마땅하지만, 우리가 연약하므로 여러 가지 보조 수단들을 사용하여 도움을 받는 것이 필요하고, 또한 우리가 게을러서 자극을 받을 필요가 있으므로, 우리들 각자가 기도하는 일을 위하여 일정한 시간을 구별하여 정해 놓는 것이 합당할 것이다. 그리하여 그 시간이 되면 반드시 기도에 임하고, 그 시간 동안 마음을 온전히 드려서 기도에 전념하여야 할 것이다. 예를 들면, 아침에 일어날 때, 일과를 시작하기 전, 자리에 앉아 식사를 할 때, 하나님의 은혜로 식사를 마쳤을 때, 잠자리에 들 때, 등을 기도 시간으로 구별할 수 있을 것이다. 그러나 그렇다고 해서 시간을 미신적으로 지키려 해서는 안 된다. 마치 기도 시간을 지킴으로써 하나님께 우리의 의무를 다하는 것이고,

그 나머지 시간은 우리 마음대로 해도 괜찮은 것처럼 생각해서는 안 된다. 오히려, 그렇게 시간을 정해 놓는 것은 우리의 연약함을 훈련시키고 계속해서 자극시키기 위한 하나의 훈련으로 여겨서 그렇게 실천해야 하는 것이다. 또한 우리가 괴로움을 당하거나 다른 이들이 괴로움을 당하는 것을 볼 때마다 즉시 간절한 마음으로 하나님께 나아가 아뢰도록 특별한 주의를 기울여야 할 것이다.

그리고 우리가 잘되거나 다른 사람의 일이 잘될 때에는 그냥 지나치지 말고, 반드시 찬양과 감사를 하나님께 드려서 거기에 하나님의 손길이 있음을 우리가 깨닫고 인정한다는 것을 증거해야 마땅할 것이다.

그리고 마지막으로, 모든 기도에 있어서 우리는 하나님을 어느 특정한 상황에 묶어두거나 아니면 어느 시간, 어느 장소, 혹은 어떠한 방법으로 무엇을 해 달라고 지정하여 하나님께 구하지 않도록 조심해야 할 것이다. 그러므로 이 주기도문에서 우리는 하나님께 어떠한 규범이나 어떤 조건을 부과해서는 안 되고, 하나님께서 그의 방식대로, 그의 정하신 시간에, 그의 정하신 장소에서 그가 보시기에 좋은 대로 행하시도록 그의 결정에 맡기기를 배우는 것이다. 그렇기 때문에, 우리 자신의 문제를 위해서 간구하기 전에 먼저 하나님의 뜻이 이루어지기를 간구하는 것이다(마 6:10). 이 간구를 통해서, 우리는 우리 자신의 뜻을 하나님의 뜻에 굴복시켜 마치 고삐로 통제하는 것처럼 하여, 우리의 뜻으로 하나님을 조종하지 못하게 하고, 오히려 하나님께서 그의 모든 뜻을 주관하시고 시행하시는 분이심을 인정하게 하는 것이다.

51. 인내로 기도함

이처럼 마음으로 하나님의 뜻에 순종하는 자세를 가져서 하나님의 섭리의 법칙에 다스림을 받도록 하면, 기도에서 인내를 쉽게 배우게 될 것이며, 또한 우리의 정욕을 누르고 참고 주님을 바라게 될 것이다. 그리고 겉으로 나타나시지는 않으나 하나님께서 언제나 우리와 함께 계심을 확신하게 되며, 또한 비록 사람의 눈에는 기도가 응답되지 않는 것처럼 보인다 할지라도 그의 정하신 때가 되면 그가 절대로 기도를 저버리지 않으셨음을 확연히 드러내 보이실 것을 확신하게 될 것이다. 그러므로 우리에게는 언제나 이와 같은 안위가 있다. 곧, 하나님께서 우리의 기도에 당장 응답하지 않으시는 때에라도 우리로 하여금 실망하거나 낙심에 빠지지 않도록 막아주시리라는 것이다. 자기의 열심에 도취되어 하나님을 부르다가 하나님께서 그 기도를 즉시 들어주셔서 도움을 주시지 않으면 곧바로 하나님께서 진노하셔서 자기를 대적하신다고 상상하여 기도 응답에 대한 소망을 완전히 상실하고 기도를 중지해 버리는 자들이 있으나 우리는 그렇게 하지 않는다. 오히려, 우리 자신을 잘 절제하여 고른 마음을 유지하는 가운데 우리의 소망을 뒤로 물려 놓음으로써, 성경이 우리에게 강하게 권장하고 있는 그 인내의 자세를 견지하여야 할 것이다.

시편에서 자주 보다시피, 다윗을 비롯한 신자들은 기도하다가 거의 지쳐 버렸고 마치 벙어리에게 계속 말을 쏟아붓는 것처럼 허공에다 기도를 올려대는 것 같은 느낌이 들 때에도, 여전히 기도를 중지하지 않는 것이다(시 22:2). 어떠한 일이 벌어져도 기도에 담긴 믿음으로 그 모든 것을 이기지 못한다면, 결국 하나님의 말씀의 권위를 무시하는 처사이기 때문이다.

그리고, 우리는 하나님을 시험해서도 안 되며, 우리의 부패한 욕심으로 하나님을 조르다가 하나님의 진노를 자초해서도 안 될 것이다. 어떤 특정한 것을 조건으로 하여 하나님과 약속하고는 마치 하나님께서 자기들의 욕심을 채워주는 종인 것처럼 여겨서 하나님을 자기들이 정해 놓은 법칙에 구속시키려고 하는 자들이 많은데, 그런 자들이 흔히 그런 우(愚)를 범하는 것을 본다. 하나님께서 자기들의 의도하는 바를 즉시 들어주시지 않으면, 속이 상해서 하나님께 불평하며 대적하고 투덜거리고 대드는 것이다.

그러므로 하나님께서는 그런 자들을 향하여 진노하셔서, 그가 사랑하시는 다른 이들에게는 긍휼히 여기셔서 허락하시지 않는 일들을, 그들에게 진노 가운데 허락하시는 경우를 자주 보게 된다. 이스라엘 자손들이 이에 대한 증거를 제공해 준다. 주께서 그들의 기도를 들어주시지 않는 편이 차라리 고기를 먹으면서 동시에 하나님의 진노를 함께 삼키는 것보다 훨씬 나았을 것이다(민 11:18, 33).

52. 기도의 응답

그러나, 오랫동안 기다린 후에도 기도의 결과나 혹은 기도에서 얻는 유익을 우리의 감각으로 지각하지도 못하고 느끼지도 못한다 할지라도, 감각으로 지각하지 못하는 그것에 대해서 — 즉, 적절한 응답을 우리가 얻었다는 것에 대해서 — 우리의 믿음이 확신을 갖게 해줄 것이다. 주님은 우리가 그에게 내어놓으면 반드시 우리의 어려움들 가운데서 우리를 보살피시겠다고 그렇게도 자주, 또한 그렇게도 확실하게, 약속하고 계시므로, 우리로 하여금 궁핍한 가운데서라도 풍성함을 소유하게 하시고, 환난 가운데서라도 위로를 갖게 하실 것이다. 모든 일들이 잘못된다 할지라도, 하나님께서는 그의 백성들의 기대와 인내를 실망시키는 분이 아니시니 절대로 우리를 버리지 않으실 것이다. 모든 일들이 잘못된다 할지라도 하나님 한 분께서 우리를 위하실 것이요, 모든 좋은 것들이 하나님께 있으며, 그의 나라가 만천하에 드러나게 될 그 심판날에 그 좋은 것들을 우리에게 밝히 드러내실 것이다. 뿐만 아니라, 하나님께서 우리의 기도를 들어주실 때에도 언제나 우리의 요구하는 형태 그대로 들어주시는 것은 아니다. 오히려 우리를 긴장 속에 두시는 것 같으면서도 놀라운 방식으로 우리의 기도가 헛되지 않았음을 보여 주시는 것이다.

사도 요한의 다음과 같은 말씀이 바로 이런 의미이다: "우리가 무엇이든지 구하는 바를 들으시는 줄을 안즉 우리가 그에게 구한 그것을 얻은 줄을 또한 아느니라"(요일 5:15). 이 말씀은 쓸데없이 장황하게 하는 말씀 같아 보이지만, 여기서 선언하는 사실은 정말로 유익한 것이다. 왜냐하면 이는, 하나님께서는 우리의 소원을 들어주지 않으실 때에라도 여전히 우리의 기도에 친절히 귀를 기울이고 계시므로 그의 말씀에 의지하여 소망을 가지면 결코 실망하게 되지 않을 것이라는 선언이기 때문이다.

그러나 신자는 언제나 인내의 도움을 받아야만 서 있을 수가 있다. 인내를 의지하지 않으면 오래가지 못하고 넘어지기 마련인 것이다. 주님께서 그의 백성에게 주시는 시험은 결코 가벼운 것이 아니고, 또한 부드럽게 진행되지도 않는다. 오히려 그들을 극한 속으로 몰아 넣으셔서 그들로 하여금 오랫동안 진흙탕 속에서 뒹굴도록 하시다가 그 후에 그의 따뜻한 은혜를 맛보게 하시는 경우가 많다. 그러므로 한나의 말과 같이, "여호와께서는 죽이기도 하시고 살리기도 하시며 스올에 내리게도 하시고 거기에서 올리기도 하시는"(삼상 2:6) 것이다.

환난을 당하고 황폐하여 거의 죽게 된 상태에 있을 때에, 하나님께서 그들을 보살피시며 반드시 그런 현재의 불행을 종식시키실 것이라는 생각으로 마음에 용기를 얻지 못한다면, 그런 상황에서 움츠러들고 절망의 나락으로 떨어질 수밖에 없지 않겠는가? 그러나 그러한 소망에 대한 확신 위에 서 있다 할지라도, 그동안 신자는 기도를 중지하지 않는다. 끊임없이 인내하는 자세가 기도에 없다면, 그 기도는 헛된 것이고 아무런 결과도 얻지 못하기 때문이다.

주

1. 참조. 2권 14장 5-7절; 3권 1장 3절; 2장 11절; 11장 6절, 14장 18절; 17장 6절 등

2. 참조. 51절.

3. 여기 바룩서의 두 구절은 한글 공동번역 성서(외경 포함본)의 번역에서 취하였다.

4. 참조. 3절.

5. 참조. 3장 1-5절.

6. 참조. 2장 22-26절.

7. 참조. 13절.

8. 참조. 12절.

9. 9세기의 모스크바 사본(K)과 레닌그라드 사본(II) 등에 근거한 읽기인데, 칼빈은 이를 채용하고 있다. 한글 개역개정판 성경 본문의 난외주를 참조하라.

10. 참조. 3장 25절.

11. Augustine, *City of God*, XXII. ii. 1-2.

12. 참조. 4절.

13. 한글 개역 개정판 성경에는 "주는 나를 용서하사"로 번역하고 있다.

14. 참조. 6절.

15. 참조. 8절.

16. Augustine, *Against a Letter of Parmenianus*, II. viii. 16.

17. Ambrose, *On Isaac or the Soul*, viii. 75.

18. 조지와 히폴리투스는 각각 303년과 236년에 순교한 성인들이다.

19. 참조. 51절.

20. Augustine, *Confessions*, IX. vii. 15.

21. Augustine, *Retractations*, II. xi.

22. Augustine, *Confessions*, X. xxxiii. 50.

23. Plato, *Alcibiades*, II. 142 E, 143 A.

24. 마 6:13. 한글 개역 개정판 성경은 이를 "다만"으로 번역하고 있다.

25. 참조. 3장 19절, 6-10장.

26. "죄"로 번역된 헬라어 단어 '오페일레마'(οφειλημα)는 문자적으로는 "빚"을 뜻한다. 참조. 한글 개역 개정판 성경 본문 난외주: 역자주.

27. Tertullian, *On Flight in Persecution*, ii. 5.

제 21 장

∽◌◌∽

영원한 선택:
하나님은 이로써 어떤 이들은 구원에 이르도록,
또 어떤 이들은 멸망에 이르도록 예정하셨음

(예정 교리에 대한 서론적 논의. 1-4)

1. 예정 교리의 중요성과 위험 요소

생명의 언약은 실제로 모든 사람들에게 동등하게 전해지지도 않을 뿐더러, 그것을 전해 받은 사람들 가운데서도 항상 똑같은 반응이 나타나는 것도 아니다. 이러한 다양한 결과 속에 하나님의 판단의 놀라운 깊이가 드러나 있는 것이다. 이러한 다양한 결과가 하나님의 영원한 선택의 결정에 의한 것이라는 사실이 의심의 여지 없이 분명하기 때문이다.

만일 어떤 사람에게는 구원이 값없이 베풀어지고 또 어떤 사람에게는 구원에 들어갈 길이 막히는 일이 하나님의 명령에 따라서 일어나는 것이 분명하다면 곧바로 아주 크고 어려운 문제들이 제기되는데, 이는 경건한 자세로 선택과 예정(豫定)에 관하여 적절히 살펴서 이를 확정지을 때에 비로소 설명이 가능한 것이다. 많은 사람들이 이를 이해가 불가능한 매우 곤란한 문제로 여기고 있다. 똑같은 수많은 무리 중에서 어떤 사람들은 구원을 얻도록 예정되고 다른 사람들은 멸망에 이르도록 예정되었다는 것 이상 불합리한 것이 없다고 생각하는 것이다.

그러나 그들이 잘못하여 자기들 스스로 문제를 복잡하게 얽어매고 있을 뿐이라는 사실이 다음의 논의에서 분명히 드러날 것이다. 뿐만 아니라, 그들을 꺼리게 만드는 바로 그 희미함 속에 이 교리의 유익이 드러나 있으며, 또한 이 교리의 지극히 아름다운 열매까지도 나타나는 것이다. 이 영원한 선택을 알게 되기 전에는, 우리의 구원이 하나님의 값없는 긍휼의 우물에서 흘러나온다는 사실을 합당한 만큼 절대로 분명하게 납득할 수 없을 것이다. 영원한 선택은 다음과 같은 대조적인 사실을 통해서 하나님의 은혜를 밝혀주는 것이다. 곧, 그는 아무런 구별이 없이 모든 사람을 다 구원의 소망 가운데로 받아주시는 것이 아니라 어떤 사람들에게는 구원을 베푸시고 어떤 사람들에게는 거부하신다는 사실 말이다.

이 원리에 대한 무지가 얼마나 하나님의 영광을 가리우며, 얼마나 참된 겸손을 저해하는가 하는 것은 잘 알려져 있는 사실이다. 그 원리를 정말로 알아야 할 필요가 있지만, 바울은 하나님께서 행위를 철저히 무시하시고 몸소 작정하신 자들을 선택하지 않으신다면 그것을 도저히 알 수가 없다고 선언하고 있다. 그는 이렇게 말한다: "이와 같이 지금도 은혜로 택하심을 따라 남은 자가 있느니라 만일 은혜로 된 것이면 행위로 말미암지 않음이니 그렇지 않으면 은혜가 은혜 되지 못하느니라"(롬 11:5-6).

우리의 구원이 순전히 하나님의 자비하심에서 비롯된다는 것을 분명히 하기 위해서는 선택의 과정을 거슬러 올라가서 생각해보아야 한다. 그런데 이 선택에 관한 모든 것을 완전히 제거하고자 하는 자들은 영광스럽게 높이 선포해야 마땅할 것을, 악의를 갖고서 할 수 있는 대로 흐리게 만들고 있는 것이며, 결국 겸손을 송두리째 뽑아버리고 마는 것이다. 바울은, 그 백성의 남은 자들의 구원이 하나님의 은혜의 선택으로 말미암는 것으로 볼 때에 비로소 하나님께서 그의 선하신 뜻에 의하여 원하시는 자들을 보존하신다는 사실을 인정하게 되고, 더 나아가서 그가 아무에게도 빚을 지실 수가 없으므로 아무에게도 상급을 지불하시지 않는다는 사실을 인정하게 된다는 것을 분명히 증거해 주고 있는 것이다.

이 교리에 대해서 문을 닫아버려서 아무도 감히 이 교리를 맛볼 엄두도 내지 못하도록 만드는 자들은 하나님께는 물론 사람들에게도 잘못을 저지르고 있는 것이다. 이 교리 이외에는 우리를 합당한 만큼 겸손하게 만들어 줄 수 있는 것이 아무것도 없고, 또한 우리가 얼마나 하나님께 은혜를 입고 있는가를 진지하게 느끼도록 해 줄 수 있는 것이 아무것도 없기 때문이다. 그리스도께서 가르치시듯이, 든든한 확신을 가질 유일한 근거가 바로 여기에 있다. 우리로 하여금 모든 두려움에서 자유롭게 하시고 온갖 위험과 올무와 목숨을 건 싸움 가운데서 승리하게 하시기 위하여, 주님은 아버지께서 그의 보호 아래 맡겨 두신 모든 것들이 안전할 것임을 약속하시는 것이다(요 10:28-29). 이러한 사실에서, 우리는 스스로 하나님의 것인 줄을 알지 못하는 자들은 모두 끊임없는 두려움에 휩싸여 비참한 가운데 있을 것이라는 것을 유추해 낼 수 있다.

그러므로, 우리가 지적한 세 가지 유익을 전혀 깨닫지 못하고 우리 구원의 안전한 터전을 제거시키려고 하는 자들은 자기 자신은 물론 다른 모든 신자들에게도 큰 해를 끼치는 것이라 아니할 수 없다. 베르나르가, "다른 식으로는 피조물 가운데서 교회를 찾을 수도 없고 깨달을 수도 없습니다. 왜냐하면 교회는 … 복된 예정의 품 속에, 또한 비참하게 정죄 받는 수많은 대중 속에 놀랍게 감추어져 있기 때문입니다"[1]라고 올바로 가르쳐 주듯이, 바로 이 교리 속에서 과연 교회가 분명히 드러나는 것이 아닌가?

그러나 이 선택의 문제 자체를 논의하기 전에, 먼저 서론 격으로 두 종류의 사람에 대해서 언급할 필요가 있다.

인간의 호기심 때문에 예정에 대한 논의 자체가 이미 다소 어렵게 되어 버렸고, 매우 혼동스럽고 또한 위험스러운 형편에 있다. 아무리 막으려고 노력해도, 금지된 길에서 이리저리 방황하고 높은 데까지 올라가려고 발버둥치는 현실을 어쩔 수가 없다. 그대로 내버려 두면, 하나님께 비밀을 남겨두지 않고 모조리 찾아서 밝히려 할 것이다. 수많은 사람들이 사방에서 이러한 몰염치와 무례 속으로 달려들어가고 있는 것을 보기 때문에 — 그들 가운데는 다른 면에서는 나쁘지 않은 사람들도 있다 — 여기서 이와 관련해서 그들이 지켜야 할 의무의 한도를 다시 깨우쳐 줄 필요가 있을 것이다.

먼저 기억해야 할 것은, 예정에 대해서 탐구해 들어간다는 것은 바로 하나님의 지혜의 신성한 경내(境內)를 침범하는 것이라는 사실이다. 어느 누구라도 몰지각한 확신을 갖고서 이곳을 침범하게 되면, 자기의 호기심도 만족시킬 수 없을 뿐만 아니라 미궁(迷宮) 속에 빠져서 도저히 헤어나오지 못하고 말 것이다. 주께서 친히 자신 속에 감추어 두시기를 원하신 일들을 사람이 무절제하게 마구 찾아헤매고, 그리하여 그 지극히 숭고한 지혜 그 자체를 영원 전부터 밝히려 한다는 것은 절대로 옳지 않은 일이다. 하나님께서는 우리가 그 지혜를 이해하기 원하시는 것이 아니라 그 지혜를 기리고 높이 받들기를 바라시며, 그리하여 우리 속에 경이와 놀라움으로 가득 채우기를 바라시는 것이다. 하나님께서는 그의 뜻의 비밀 가운데서 우리에게 계시하시기로 정하신 부분을 그의 말씀으로 말미암아 밝히 제시해 놓으셨는데, 그것들을 계시하기로 정하신 것은 그 내용들이 우리에게 중요하며, 또한 우리에게 유익을 줄 것을 미리 보셨기 때문에 그렇게 하신 것이다.

2. 예정 교리는 오직 말씀에 근거하여 탐구해야 함

아우구스티누스는 이렇게 말한다: "우리는 이미 믿음의 길로 들어섰으니 그 길을 굳게 지켜나가도록 하자. 그 길은 왕의 침전(寢殿)으로 이어지는데, 거기에는 모든 지식과 지혜의 보화가 감추어져 있다. 주 그리스도께서는 '내가 아직도 너희에게 이를 것이 많으나 지금은 너희가 감당하지 못하리라'(요 16:12)고 말씀하셨는데 이 말씀은 위대하고 귀한 그의 제자들의 부족함을 폄하(貶下)하여 하신 말씀이 아니다. 우리는 계속 나아가야 하고, 전진해야 하고, 자라야 한다. 그리하여 지금은 깨달을 수 없는 것들을 우리의 마음으로 깨달을 수 있게 되어야 한다. 그러나 마지막 날이 오기까지 우리가 전진을 계속한다면, 여기서 배우지 못한 것을 거기서 배우게 될 것이다."[2]

주의 말씀이 하나님에 관하여 합당하게 소유할 수 있는 모든 사실들을 탐구해 가도록 이끌어 주는 유일한 길이며, 또한 하나님에 대해서 보아야 할 모든 것들을 보도록 빛을 비추어 주는 유일한 빛이라는 사고가 우리에게 확실히 자리 잡는다면, 그것이 우리를 온갖 경솔한 처신에서 지켜 주고 또한 억제시켜 줄 것이다. 그 말씀의 경계를 넘어서는 순간 우리가 바른 길을 벗어나게 되고, 결국 어둠 속에 잠기게 되고, 그 가운데서 계속해서 방황하고 미끌어지고 넘어지리라는 것을 알 것이기 때문이다. 그러므로 무엇보다 먼저 이 사실을 똑바로 직시해야 할 것이다. 곧, 하나님의 말씀이 계시하는 것 이외에 예정에 대한 다른 지식을 추구한다는 것은 길도 없는 황야를 걸으려 한다거나(참조. 욥 12:24), 아니면 어둠 속에서 보기를 바라는 것 못지않게 정신 나간 짓이라는 것이다.

그러므로 이 문제에 대하여 무언가 모르는 것이 있다 해도 부끄러워할 필요가 없다. 이 문제야말로 유식한 무지가 허용되는 것이기 때문이다. 오히려 순전히 지식을 위한 탐구는 기꺼이 삼가야 할 것이다. 지식에 대한 열렬한 욕구는 어리석은 것이며 위험하고 심지어 치명적인 해악을 끼치기까지 하는 것이다. 쓸데없는 호기심이 우리를 괴롭힌다면, 다음과 같은 생각을 통해서 언제나 그것을 제어해야 할 것이다. 곧, 꿀을 지나치게 많이 먹는 것이 좋지 않듯이, 호기심을 갖고서 영광에 대하여 탐구한다 해서 영광을 얻는 것이 아니라는 것이다(잠 25:27). 우리로서는 이처럼 멸망에 빠뜨릴 수밖에 없는 이러한 오만방자한 일을 삼갈 충분한 이유가 있는 것이다.

3. 예정 교리에 대한 침묵은 부당함

또 어떤 사람들은 이러한 폐해를 치유하고 싶어서 예정에 대한 언급 자체를 아예 하지 않는다. 사실 그들은 마치 암초를 피하듯이 그것에 대한 문제 자체를 회피하라고 가르치기까지 한다. 그들의 이러한 온건한 자세는 칭찬받아 마땅할 것이다. 그들로서는 이런 신비한 문제는 반드시 지극히 침착하고 신중한 자세로 논의해야 한다고 느끼기 때문에 그런 태도를 취하는 것이다. 그러나 그들은 너무나 수준을 낮추어 놓아서 인간의 이성(human understanding)에 거의 영향을 주지 못하고 있다. 인간의 이성이란 그렇게 쉽게 억제될 수 있는 것이 아닌 것이다.

그러므로, 이런 점에서 적절한 한계선을 그어 놓으려면, 다시 주님의 말씀에게로 돌아가서 거기서 이성을 위한 확실한 규범을 찾을 수밖에는 없는 것이다. 성경은 성령의 학교로서, 거기서는 알 필요가 있고 알아서 유용한 것은 하나도 빠짐없이 다 가르치며, 또한 알아서 유익한 것 외에는 아무것도 가르치지 않는다. 그러므로 우리는 성경에 예정에 관하여 계시한 모든 내용을 신자들에게서 빼앗지 않도록 주의해야 할 것이다. 그렇게 하지 않으면 우리가 마치 신자들을 속여 하나님께서 주시는 복을 가로채는 악한 자들처럼 보이거나, 가르치지 않는 것이 유익한 내용을 성경에 기록했다고 성령을 비난하고 조롱하는 자들처럼 보이게 될 것이다.

그러므로, 우리는 그리스도인이 자기에게 주시는 하나님의 모든 말씀 하나 하나에 대해서 마음과 귀를 열도록 허용하도록 하자. 다만, 여기서 주께서 그의 거룩한 입술을 다무시면 그 즉시 신자도 탐구의 길을 닫아야 한다는 단서를 분명히 해야 할 것이다. 우리로서 침착하고 신중한 자세를 유지하는 가장 좋은 법칙은 바로 언제나 하나님의 인도하심을 따라 배우되 하나님께서 가르침에 종지부를 찍으시면 거기서 그치고 그 이상 지혜를 얻기를 중단하는 것이다. 위험에 빠질까 그들이 두려워하지만, 그렇다고 해서 그 때문에 우리의 마음을 하나님의 계시의 말씀에서 떠나게 해야 할 만큼 그것이 그렇게 중요한 것은 아니다. "일을 숨기는 것은 하나님의 영화니라"(잠 25:2)라는 솔로몬의 말이 매우 귀에 익다. 그러나 경건과 일반 상식을 볼 때에 이 말은 모든 문제에 무차별하게 다 적용되는 것이 아니므로, 우리는 여기서 잘 분별해야 한다. 그렇지 않으면 중용과 침착을 구실로 하여 동물적인 무지(無知)로 만족하게 될 것이다.

모세는 이 점을 다음과 같은 몇 마디 말씀으로 분명하게 표명하고 있다: "감추어진 일은 우리 하나님 여호와께 속하였거니와 나타난 일은 영원히 우리와 우리 자손에게 속하였나니"(신 29:29). 모세는 백성들에게 오직 하늘의 명령을 따라서 율법의 가르침을 공부할 것을 강권하는데, 이는 하나님께서 그것을 공포하시기를 기뻐하셨기 때문이다. 또한 그는 그 백성들에게 한계를 지킬 것을 가르치는데, 그 이유는 오직 죽을 인생이 하나님의 은밀하신 경륜에까지 침범하는 것이 합당하지 않기 때문이다.

4. 예정 교리가 위험하다는 논리에 대한 반박

불경한 자들이 예정의 문제 가운데서 갑자기 어떤 꼬투리를 잡고서 비난하고 불평하며 소리지르고 조롱한다는 것은 나도 인정한다. 그러나 그들의 철면피 같은 그런 행동들이 우리를 방해한다면, 믿음의 주요한 교리들은 감추어둘 필요가 있을 것이다. 그런 자들의 그런 망령된 처신에 저촉되지 않는 교리가 거의 없는 것이다. 하나님의 본질에 삼위가 계시다는 사실에 대해서 이야기를 들을 때에나, 하나님께서 사람을 지으실 때에 그에게 일어날 일을 미리 보셨다는 사실에 대해서 들을 때에나 그런 패역한 자가 의기양양해져서 하나님을 모독하게 되기는 마찬가지이다. 그리고 우주가 창조된지 오천 년이 조금 넘었다는 이야기를 들으면 고소를 금치 못하면서, 어째서 하나님의 능력이 그렇게 오랜 시간 동안 잠자고 있었느냐고 묻는다. 요컨대, 그 어떠한 교리를 제시해도 그들은 여전히 조롱하며 공격을 일삼는다는 것이다. 그렇다면, 그런 신성모독을 잠잠하게 하기 위해서 성자와 성령의 신성에 대해서 언급을 회피해야 하겠는가? 우주의 창조에 대해서 침묵하고 지나쳐야 하겠는가? 아니다! 하나님의 진리는 이런 점에서나 기타 모든 다른 점에서도 능력이 있으므로, 악인의 악담을 두려워할 것이 아무것도 없는 것이다.

아우구스티누스도 「견인의 선물」(*The Gift of Perseverance*)이라는 그의 작은 글에서 이 점을 강력하게 주장하고 있다. 거짓 사도들이 아무리 바울의 진리의 교리들을 비방하고 정죄했어도 그를 부끄럽게 하지 못했다. 그들은 교리에 대한 논의 자체가 경건한 사람들에게 위험스러운 일이라고 말한다. 교훈을 저해하고, 믿음을 흔들리게 만들며, 마음 자체를 혼란스럽게 하고 두렵게 하기 때문이라는 것이다. 그러나 이것은 넌센스이다!

아우구스티누스 역시 자기도 그와 같은 구실로 예정에 대해서 너무나 거리낌 없이 설교한다는 비난을 자주 받았다는 사실을 인정한다. 그러나 그는 그런 비난을 아주 쉽게 완전히 무너뜨렸다고 한다.[3] 이와 관련해서 온갖 다양한 우스꽝스러운 반론들이 제기되고 있으므로, 그 하나하나마다 적절한 곳에서 다루기로 한다. 여기서 그들에게 바라기는, 하나님께서 은밀한 중에 감추어 놓으신 것은 우리가 탐구하려 하지 말아야 하며, 그가 공개해 놓으신 것은 무시하지 말아야 하고, 그리하여 한 쪽으로는 지나친 호기심을 갖는 죄를 범하지 말아야 하고, 또한 다른 한 쪽으로는 배은망덕의 죄를 범하지 말아야 한다는 것 정도는 전반적으로 인정해 주었으면 하는 것이다.

아우구스티누스도 이러한 생각을 기술적으로 잘 표현한 바 있다. 곧, 마치 어머니가 어린아이에게 맞추어 천천히 걷듯이, 성경도 그렇게 보조를 천천히 함으로써 우리가 연약함 가운데서 처지도록 그냥 버려두지 않으므로 우리가 안전하게 성경을 따라갈 수가 있다는 것이다.[4] 그러나 너무 조심스럽고 두려워하여 연약한 심령을 혼란하게 하지 않기 위해서 예정을 그냥 묻어두려 하는 자들에 대해서는, 그들의 그러한 처신은 마치 자기들이 지혜롭게 대처하고 있다고 느끼는 그런 위험 요인을 하나님께서 예견하지 못하신 것처럼 간접적으로 하나님의 어리석은 처사를 비난하는 것이나 마찬가지이니, 대체 그들은 그런 오만함을 무슨 구실로 감출지 알 수가 없다. 그러므로 누구든지 예정의 교리에 대해서 비난하는 자는, 마치 하나님께서 교회에 해(害)가 될 것을 무분별하게 슬쩍 흘려 놓기라도 하신 것처럼 하나님을 노골적으로 비난하는 것과 마찬가지인 것이다.

(예정 교리에 대한 해설. 5-7)

5. 예지와 예정, 그리고 이스라엘의 선택

신앙이 있다고 인정받기를 바라는 사람이라면 감히, 하나님께서 어떤 사람들은 생명의 소망에로 받아들이시고 어떤 사람들은 영원한 사망을 선고하시는 예정의 교리를 간단하게 부인해 버릴 수가 없다. 그러나 우리의 반대자들, 특히 예지(豫知:foreknowledge)를 예정의 원인이라고 주장하는 자들은 예정론에 대해서 온갖 사소한 반론들을 제기하고 있다. 사실 우리는 예지와 예정의 두 가지 교리를 모두 하나님께 두고 있다. 그러나 그 중 하나를 다른 하나에 종속시킨다는 것은 불합리한 것이다.

하나님께 예지가 있다는 것은, 만물이 언제나 하나님이 보시는 가운데 있었고 영원토록 그런 상태로 있을 것이므로 하나님의 지식으로서는 미래나 과거에 속한 것이 없고 모든 것이 현재라는 의미이다. 그리고 모든 것이 하나님께 현재라는 것은, 곧 그가 그것들을 관념을 통하여 생각하신다는 의미일 뿐 아니라 — 마치 우리가 무언가를 기억하면 그것이 지금 우리 마음속에 있는 것이듯이 — 그가 그것들을 진정으로 자기 앞에 놓여 있는 것들로 바라보시며 분별하신다는 의미이기도 한 것이다. 그리고 이 예지는 우주 전체에까지 미치며 또한 모든 피조물 하나하나에까지 미친다.

하나님은 각 사람이 어떻게 될 것인지에 대해서 그가 원하신 바를 친히 그의 영원한 작정으로 말미암아 결정하셨는데, 우리는 이 하나님의 영원한 작정(God's eternal decree)을 가리켜 예정이라 부르는 것이다. 모든 사람이 다 동등한 조건으로 창조함을 받은 것이 아니다. 오히려 어떤 이들에게는 영원한 생명이 미리 정해져 있고, 또 어떤 이들에게는 영원한 저주가 미리 정해져 있다. 그러므로 누구나 이 두 가지 중 어느 한 방향으로 향하도록 창조함을 받았기 때문에, 우리는 사람이 생명에 이르거나 혹은 사망에 이르도록 예정되었다고 말하는 것이다.

하나님께서는 개개인의 경우에 이 사실을 입증하셨을 뿐 아니라 아브라함의 모든 자손들에게서 이에 대한 실례를 보여 주셨고, 그리하여 각 민족의 장래의 형편이 하나님의 선택에 달려 있다는 사실을 분명히 드러내셨다. "지극히 높으신 자가 민족들에게 기업을 주실 때에, 인종을 나누실 때에 이스라엘 자손의 수효대로 백성들의 경계를 정하셨도다. 여호와의 분깃은 자기 백성이라 야곱은 그가 택하신 기업이로다"(신 32:8-9). 이렇게 나누신 사실이 모든 사람들에게 드러난다. 마치 마른 나무 막대기와도 같은 상태에 있는 아브라함에게서 한 백성이 특별히 선택되며, 동시에 다른 백성들은 거기서 제외된다. 그러나 그 원인은 드러나지 않는다. 다만 후대 사람들이 자기들의 선택받은 사실을 자랑할 기회로 삼지 못하도록 하기 위하여, 모세가 그들이 뛰어난 것은 오직 하나님께서 값없이 주신 사랑 때문이라고 가르치고 있을 뿐이다. 그는 그들이 구원받은 원인에 대해서 이렇게 선언하고 있다: "여호와께서 네 조상들을 사랑하신 고로 그 후손인 너를 택하시고"(신 4:37).

또 신명기의 다른 장에서는 좀 더 분명하게 이렇게 선언한다: "여호와께서 너희를 기뻐하시고 너희를 택하심은 너희가 다른 민족보다 수효가 많기 때문이 아니니라 … 여호와께서 다만 너희를 사랑하심으로 말미암아"(신 7:7-8). 모세는 이와 같이 동일한 선언을 자주 반복하여 행하고 있다: "하늘과 모든 하늘의 하늘과 땅과 그 위의 만물은 본래 네 하나님 여호와께 속한 것이로되 여호와께서 오직 네 조상들을 기뻐하시고 그들을 사랑하사 그들의 후손인 너희를 만민 중에서 택하셨음이 오늘과 같으니라"(신 10:14-15). 이와 비슷하게 다른 곳에서는 그들이 하나님의 "기업의 백성"이기 때문에 거룩해야 할 것을 명하기도 한다(신 7:6). 그리고 다른 곳에서는 하나님께서 그 백성을 보호하시는 이유가 사랑이라는 것을 다시 선언하고 있다(신 23:5). 신자들도 역시 한 목소리로 이 사실을 선포한다: "우리를 위하여 기업을 택하시나니 곧 사랑하신 야곱의 영화로다"(시 47:4).

하나님께로부터 큰 복을 받아 누리게 된 사람들은 모두 그것이 값없이 주신 하나님의 사랑 덕분으로 여기는 것이다. 왜냐하면 자기들이 그런 사랑을 받을 자격이 없었다는 것을 스스로 잘 알고 있을 뿐 아니라, 심지어 그 거룩한 족장 아브라함마저도 그 자신은 물론 그 후손을 위해서 그렇게 높은 존귀를 얻을 만큼 덕을 지니지 못했다는 사실을 잘 알고 있기 때문이다. 또한 모든 교만을 더욱 효과적으로 깨뜨리기 위하여, 하나님께서는 그 백성을 그런 복을 받을 자격이 없는 자들이라고 하며 책망하신다. 그들은 목이 곧은 패역한 백성이었던 것이다(출 32:9; 참조. 신 9:6). 또한 선지자들도 유대인들에게 이러한 선택의 사실을 근거로 자주 책망하여 그들을 불쾌하게 하였다. 그들이 부끄럽게도 그것을 저버렸기 때문이었다(참조. 암 3:2).

그것은 그렇고, 하나님의 선택을 사람의 가치나 행위의 공로와 결부시키려는 자들은 이제 앞으로 나와보라. 하나님께서 한 민족을 다른 모든 민족보다 아끼셨고, 또한 하나님께서 몇몇 보잘것없는 — 아니 심지어 악하고 완고하기까지 한 — 사람들을 아무 이유 없이 더 사랑하신다는 사실이 분명히 드러나고 있으니, 그렇다면 하나님께서 그렇게 긍휼을 베푸시기로 정하셨다는 데 대해서 하나님과 논쟁을 벌이기라도 하겠다는 말인가? 그러나 아무리 시끄럽게 소리를 쳐도 하나님의 일은 절대로 방해를 받지 않으며, 하늘을 향하여 아무리 돌을 던지며 하나님을 모욕한다 해도 그의 의로우심이 다치거나 손상을 받는 일은 절대로 없을 것이다. 오히려 그 돌들이 그들의 머리 위에 도로 떨어질 것이다! 또한, 이스라엘 백성들은 하나님께 감사해야 할 때나 장차 올 시대에 대한 소망을 일으켜야 할 때마다 이처럼 값없이 주신 언약의 원리를 상기하게 되었다. 여호와가 "우리를 지으신 이요 우리는 그의 것이니 그의 백성이요 그의 기르시는 양이로다"(시 100:3; 참조. 95:7). 여기서 "우리 자신"을 제외시키기 위해서 부정적인 표현을 사용하는 것이 헛된 것이 아니다.[5] 하나님께서 그들에게 풍성히 있는 모든 좋은 것들의 주인이시며 동시에 그런 존귀를 누릴 만한 가치가 그들에게 없었기 때문에 하나님 스스로 원인이 되셔서 그들에게 그런 존귀를 주셨다는 사실을 그들로 하여금 깨닫게 하기 위해서 그런 표현을 사용하고 있는 것이다.

시편 기자는 또한 그들에게 하나님의 선하신 기뻐하심으로 만족하라고 명한다: "여호와와 그의 능력을 구할지어다 그의 얼굴을 항상 구할지어다 그의 종 아브라함의 후손 곧 택하신 야곱의 자손 너희여"(시 105:4-5). 뿐만 아니라 계속되는 하나님의 은혜가 선택의 열매임을 계속해서 말씀한 다음, 마지막 결론으로 말씀하기를 그가 그렇게 자비로 행하신 것은 "그의 거룩한 말씀과 그의 종 아브라함을 기억하셨"(시 105:42)기 때문이라고 한다. 온 교회가 한 마음으로 부르는 찬송의 노래도 이 교리와 일치한다: "그들이 자기 칼로 땅을 얻어 차지함이 아니요 … 오직 주의 오른손과 주의 팔과 주의 얼굴의 빛으로 하셨으니 주께서 그들을 기뻐하신 까닭이니이다"(시 44:3).

여기서 우리는 "땅"이 언급될 때마다 그것이 은밀한 구별에 대한 눈에 보이는 상징이요 거기에는 또한 양자로 입양되는 사실도 포함되는 것임을 주의하여 살펴야 할 것이다. 다윗은 다른 곳에서 백성들에게 이러한 동일한 감사의 자세를 가질 것을 이렇게 권고한다: "여호와를 자기 하나님으로 삼은 나라 곧 하나님의 기업으로 선택된 백성은 복이 있도다"(시 33:12). 그리고 사무엘은 그들에게 소망을 가지라고 격려한다: "여호와께서는 너희를 자기 백성으로 삼으신 것을 기뻐하셨으므로 여호와께서는 그의 크신 이름을 위해서라도 자기 백성을 버리지 아니하실 것이요"(삼상 12:22). 다윗은 또한 그의 믿음이 공격을 받을 때에 스스로 다음과 같이 무장하여 싸운다: "주께서 택하시고 가까이 오게 하사 주의 뜰에 살게 하신 사람은 복이 있나이다"(시 65:4).

더 나아가서, 하나님 안에 감추어져 있는 선택이 첫 해방의 사실로 확증되고, 또한 그 뒤에 이어지는 두 번째의 해방과 또한 중간의 여러 가지 은혜들을 통해서 확증되기 때문에, 이사야서에서는 "선택하다"라는 단어를 그런 의미로 적용시키고 있다: "여호와께서 야곱을 긍휼히 여기시며 이스라엘을 다시 택하여 그들의 땅에 두시리니"(사 14:1). 장차 올 때를 묘사하는 중에, 선지자는 말하기를, 하나님께서 버리신 것 같은 그 백성의 남은 자들을, 그들에 대한 선택이 허사가 되고 만 것처럼 보이는 바로 그 순간에 다시 모으심으로써 하나님의 선택이 확고하며 안정되다는 증표를 보여 주실 것이라고 한다.

이사야는 또한 다른 곳에서 "내가 너를 택하고 싫어하여 버리지 아니하였다"(사 41:9)고 말씀하는데, 여기서 그는 하나님께서 아버지로서 베푸시는 사랑의 그 지극한 자비하심이 끊임없이 계속된다는 점을 강조하고 있는 것이다. 스가랴서에서는 천사가 이 점을 더욱 분명하게 표현하고 있다: "여호와께서 장차 … 다시 예루살렘을 택하시리니"(슥 2:12). 하나님께서 더욱 극심하게 채찍질하셔서 예루살렘을 버리신 것처럼 보이기도 하고, 포로로 잡혀간 사건으로 하나님의 택하심이 취소된 것처럼 보이지만, 그 표증이 언제나 분명하게 나타나지 않더라도 하나님의 택하심은 불변한 상태로 남아 있다는 것이다.

6. 이스라엘 백성 개개인의 선택

여기서 좀 더 제한된 성격을 띤 두 번째의 선택에 대해서, 아니면 하나님의 특별하신 은혜가 더욱 분명하게 드러나는 선택에 대해서 덧붙여 살펴보아야 하겠다. 곧, 아브라함에게 속한 같은 민족 가운데서도 하나님께서는 어떤 이들을 제외시키셨고, 그러면서도 그의 자손들 가운데 다른 사람들을 교회 안에 간직하심으로 지키신 사실이 나타난다는 것이다. 이스마엘은 처음에 그의 동생 이삭과 동등한 지위를 누렸었다. 이스마엘 역시 이삭의 경우와 똑같이 할례의 증표로써 동등하게 영적인 언약이 확증되었던 것이다. 그런데 이스마엘이 제외되고, 그 후에 에서가 제외되며, 그 후에는 무수한 무리들이, 이스라엘 자손의 거의 전부가 제외되는 것이다. 그러나 한편, 이삭에게서 그 씨가 부르심을 받았고, 동일한 부르심이 야곱에게서도 계속 이어진다. 하나님께서는 사울을 제외시키심으로 비슷한 실례를 보여 주셨다. 이 사실이 시편에서도 놀랍게 선언되고 있다: "요셉의 장막을 버리시며 에브라임 지파를 택하지 아니하시고 오직 유다 지파와 그가 사랑하시는 시온 산을 택하시며"(시 78:67-68).

이런 일은 성경의 거룩한 역사에서 몇 차례씩 반복되어 나타나서, 하나님의 은혜의 놀라운 비밀을 이러한 변화 속에서 놀랍게 드러내고 있는 것이다. 이스마엘이나 에서 같은 사람들이 자기들 자신의 결점과 죄책 때문에 양자로 입양된 상태에서 제외되었다는 것은 나도 인정한다. 하나님의 언약을 신실하게 지켜야 한다는 조건이 세워져 있었는데, 그들은 불신앙으로 그 조건을 범하였던 것이다. 그러나 하나님께서 그들을 다른 민족보다 선호하셨다는 사실은 과연 하나님의 특별하신 은혜였다. 시편 기자는 이렇게 말씀하고 있다: "그는 어느 민족에게도 이와 같이 행하지 아니하셨나니 그들은 그의 법도를 알지 못하였도다"(시 147:20).

그러나 여기서 우리가 두 가지 단계를 주목해야 한다고 말한 데에는 그만한 이유가 있다. 이스라엘 민족 전체를 택하심으로 하나님께서는 자비를 베푸심에 있어서 자신이 그 어떠한 법에도 매어 계시지 않고 완전히 자유로우시다는 것을 이미 보여 주셨으므로, 그가 반드시 그 은혜를 똑같이 나눠 주셔야 할 이유가 없는 것이다. 이처럼 하나님의 은혜가 평등하지 않다는 사실 자체가 그것이 값 없이 주어지는 것임을 입증해 준다. 그렇기 때문에 말라기 선지자는 이스라엘의 감사하지 않는 자세를 역설한다. 인류 전체에서 택함 받았을 뿐 아니라 거룩한 집에서도 그의 친백성으로 구별되었음에도 불구하고 그들은 그 은혜로우신 아버지를 불신앙으로 대하며 멸시하고 있었기 때문이다.

하나님은 "에서는 야곱의 형이 아니냐?"라고 묻고는 이어서 "그러나 내가 야곱을 사랑하였고 에서는 미워하였으며"(말 1:2-3; 롬 9:13)라고 말씀하고 있다. 두 사람 다 거룩한 아버지에게서 난 자들로서 언약의 계승자들이었다. 다시 말해서 거룩한 뿌리의 가지들이었으므로, 야곱의 자손들이 그러한 위엄을 누리게 되었으니 그들은 이제 하나님 앞에서 당연히 특별한 의무를 지니고 있는 것이었다. 그런데 장자인 에서가 그 은혜에서 제외되고, 출생으로 볼 때에 에서보다 못한 자기들의 조상 야곱이 상속자가 되었으니, 하나님께서는 그 자손들이 이중으로 배은망덕하며, 또한 그 이중적인 의무를 지키지 않는 것에 대해서 그들을 책망하고 계시는 것이다.

7. 개개인의 선택

하나님께서 그가 기뻐하시는 자들을 그의 은밀한 계획 가운데서 값없이 선택하시며 동시에 다른 이들을 버리신다는 사실이 이제 충분히 분명해졌지만, 개개인의 경우를 다루기까지는 하나님의 값없는 선택에 대해서 완전히 설명했다 할 수 없을 것이다. 곧, 하나님께서 개개인에게 구원을 베푸실 뿐 아니라 그 효력이 미결 상태에 있다거나 의심스럽지 않도록 확실하게 구원을 보장하신다는 사실을 다루어야 한다는 말이다. 이런 개개인들이 바울이 언급하고 있는 그 독특한 자손에 속하는 것으로 간주되고 있다(참조. 롬 9:7-8; 갈 3:16). 아브라함의 손으로 양자됨이 이루어졌지만 그 자손들 가운데 많은 이들이 썩은 지체로 간주되어 떨어져 나갔기 때문에, 그 선택이 든든히 서 있고 끝까지 견디는 것임을 확실히 알기 위해서는 그 머리이신 그리스도에게까지 올라가야 한다. 그의 안에서 하늘 아버지께서는 그 택한 자들을 모으셨고, 그들을 도저히 나누어지지 않는 끈으로 그 자신과 연합되게 하신 것이다. 그리하여 하나님의 자비하신 사랑이 다른 사람들에게는 거절되었지만 아브라함의 후손을 택하신 데에서 드러났다.

그러나 그리스도의 지체들에게서 그보다 훨씬 더 훌륭한 은혜의 능력이 나타난다. 왜냐하면 그 지체들은 그 머리에게 접붙인 바 되었기 때문에 절대로 구원에서 떨어져 나가는 법이 없기 때문이다. 그러므로 바울은 바로 앞에서 인용한 그 말라기서의 구절을 근거로 아주 기술적으로 논증하기를, 하나님께서 영원한 생명의 언약을 맺으시고 어떤 백성을 자기에게로 부르실 때에, 그들 모두에게 차별없이 은혜를 베푸셔서 그들 모두를 효력있게 선택하시는 것이 아니라, 그들 중 일부에게 특별한 양식의 선택이 적용된다고 하는 것이다(롬 9:13). "내가 야곱을 사랑하였고"(말 1:2)라는 진술은 야곱의 자손 모두에게 적용된다. 선지자는 거기서 이들을 에서의 후손과 대비시키고 있는 것이다. 그러나 그렇다고 해서, 하나님의 선택이 반드시 그 목적을 이룬다는 것을 보여 주는 한 가지 실례가 그 한 사람을 통해서 제시되어 있다는 사실을 부인하는 것은 아니다. 바울은 그들을 가리켜 "남은 자"라고 부르는데, 거기에는 그만한 이유가 있다(롬 9:27; 11:5; 참조. 사 10:22-23). 경험으로 볼 때에 수많은 무리들이 떨어져나가고 사라져서 아주 적은 일부의 사람들만 남는 경우가 많기 때문이다.

한 민족에 대한 전반적인 선택이 반드시 확고부동하고 유효한 것이 아닌 이유는 쉽게 설명할 수가 있다. 곧, 하나님께서는 사람들과 언약을 맺으시면서 그 즉시 그들에게 중생의 영을 주셔서 그들로 하여금 마지막까지 언약 가운데서 인내할 수 있도록 하지 않으시기 때문이다. 오히려 이들을 끝까지 지켜주는 데 이바지할 수 있는 내적인 은혜의 역사하심이 없이 겉으로만 변화가 나타나는 경우들이 생겨나는데, 그것이 인류의 배척과 일부 소수의 경건한 자들의 선택 사이에서 일종의 중간적인 상태를 형성하는 것이다.

이스라엘 백성 전체를 가리켜 "하나님의 분깃", 또는 "하나님의 소유"라고 불렀는데(신 32:9; 왕상 8:51; 시 28:9; 33:12 등), 그 가운데 많은 이들이 실제로 언약에서 제외되었다. 그러나 하나님께서 친히 그들의 아버지가 되시고 구속자가 되시겠다고 언약을 맺으신 것이 헛되지 않았으므로, 하나님은 그를 버리고 배반하는 많은 사람들을 보시기보다는 값없이 베푸신 그의 사랑을 보시는 것이다.

그리고 심지어 그 배반한 자들을 통해서도 하나님의 진리가 폐하여지는 것이 아니다. 왜냐하면 하나님께서 자기 자신을 위하여 남은 자들을 보존하셨는데, 거기서 그의 부르심이 "후회하심이 없다"는 사실이 드러나기 때문이다(롬 11:29). 하나님께서 이방 민족들에게서가 아니라 아브라함의 자손 가운데서 계속해서 그의 교회를 모으시고 계신 이유가 바로 그의 언약에 있었던 것이다. 하나님은 그 대다수의 무리들이 그 언약을 어겼을 때에, 하나님은 그 언약을 몇 사람에게로 한정시키셔서 그 효력이 완전히 중단되지 않도록 하신 것이다.

간단히 말해서, 아브라함의 씨를 전체적으로 택하신 것은 하나님께서 그 많은 자들 가운데 일부에게 베푸시는 더 큰 은혜를 보여 주는 일종의 눈에 보이는 상징(visible image)이었다는 사실이다. 그렇기 때문에 바울은 육체를 따라 아브라함의 자손 된 자들을, 이삭의 모범을 따라 부르심을 받은 영적 자녀들과 그렇게도 조심스럽게 구별하는 것이다(갈 4:28). 아브라함의 자녀가 되는 일이 순전히 헛된 것이고 전혀 무익한 일이었다는 말이 아니다. 언약을 모독할 생각이 없다면 그렇게 말할 수는 없을 것이다. 그러나 하나님께서 친히 원하신 자들을 자기를 위하여 예정하신 그 불변하는 하나님의 계획은 사실상 본질적으로 오직 그 영적 자손들에게만 구원에 이르는 효력을 갖는 것이었던 것이다. 그러나 여기서 독자들에게 당부하고자 하는 권고는 관련된 성경 말씀들을 다 살펴서 어떠한 견해를 취해야 하는지가 분명해지기까지는 어느 쪽으로든 편견을 갖지 말라는 것이다.

선택 교리에 대한 요약적인 정리

그러므로 우리는 성경이 분명히 보여 주는 바와 같이, 그의 영원하고도 불변한 계획을 통해서, 하나님께서는 구원에 이르도록 받아들이실 자들과 또한 그 반대로 멸망에 내어주실 자들을 오래 전에 단번에 정하여 세우셨다고 말한다. 택함 받은 자들에 대해서는 이 계획이 인간의 가치와는 상관 없이 하나님의 값 없이 주신 긍휼하심을 기초로 한 것이라는 것과, 반대로 정죄에 내어주신 자들에 대해서는 공의롭고 비난할 수 없으며 또한 불가해(不可解)한 그의 판단에 의하여 생명의 문을 막아놓으셨다는 것을 주장한다. 택함 받은 자들에 대해서는 그 부르심이 선택의 증거라고 간주한다. 그리고 칭의를, 그들이 영광 가운데로 들어가 선택이 완성되기까지 그 선택의 사실을 드러내 주는 또 하나의 표징으로 본다.

그러나 주께서 그의 택하신 자들을 부르심과 칭의로서 인치시듯이, 버리운 자들에 대해서는 그의 이름을 아는 것과 그의 성령의 거룩하게 하심을 접하지 못하도록 막으심으로써, 말하자면 이런 표지(標識)들을 통해서 과연 어떠한 심판이 그들을 기다리고 있는지를 나타내시는 것이다. 여기서는 어리석은 사람들이 예정의 교리를 뒤엎기 위하여 만들어낸 온갖 허구들에 대해서는 그냥 넘어가기로 한다. 그것들은 반박할 필요조차 없다. 제기되기가 무섭게 그 거짓된 것이 너무나 풍부하게 입증되기 때문이다. 학식 있는 자들의 주장이나 혹은 생각이 단순한 자들에게 어려움을 줄 수 있는 논리나, 아니면 불경한 자들이 하나님의 의로우심을 공격하기 위해서 그럴듯하게 제시하는 논지에 대해서만 그때그때마다 잠깐씩 다루고 지나가기로 하겠다.

주 _____

1. Bernard, *Sermons on the Song of Songs*, lxxviii. 4.

2. Augustine, *John's Gospel*, liii. 7.

3. Augustine, *On the Gift of Perseverance*, xiv–xx.

4. Augustine, *On Genesis in the Literal Sense*, V. 3, 6.

5. 한글 개역 개정판 성경에서 "우리는 그의 것이니"로 번역하고 있는 부분이 구약 성경 마소라 본문에는 "우리 자신이 아니니"('로 아나크누', 영역으로는 'not we ourselves')로 되어 있는데, 칼빈은 이 읽기를 채용하고 있다.

제 22 장

〜✦〜

성경적 증거들을 통하여 선택 교리를 확증함

(선택은 공로에 대한 예지에 근거하는 것이 아니라 오직 하나님의 주권적인 뜻에 근거함. 1–6)

1. 하나님의 선택은 공로와는 관계가 없음

우리가 제시한 이 모든 입장들에 대해서, 특히 신자들의 값없는 선택에 대해서 많은 사람들이 논란을 벌이지만, 그러나 이것은 절대로 흔들림이 없다. 대개 이 사람들은 하나님께서 각 사람들에게서 나타나게 될 공로들을 미리 보시고서 거기에 따라서 사람들을 구별하신다는 식으로 생각한다. 그리하여, 하나님께서는 그의 은혜에 대하여 제 가치를 다 할 것이라고 미리 아시는 자들을 자녀로 입양시키시고, 그가 보시기에 악한 의도와 불경에 빠지게 될 성향을 지닌 자들은 죽음의 저주에 내어주신다는 것이다. 이들은 이렇듯 선택을 예지(豫知)라는 휘장으로 덮어놓음으로써 그것을 흐리게 할 뿐 아니라 그 기원이 마치 다른 데에 있는 것처럼 위장하는 것이다.

그리고 이처럼 흔히 받아들여지고 있는 사고는 일반 대중에게만 있는 것이 아니고, 각 시대마다 매우 중요한 저자들 역시 주장해온 것이다. 이러한 사실을 솔직하게 고백하는 것은, 아무도 그 저자들의 이름을 인용하여 우리를 공격하면 우리의 논지가 크게 손상을 받을 것이라는 식의 생각을 하지 못하도록 하기 위함이다. 여기 나타나 있는 하나님의 진리는 너무나 확실하여 흔들림이 있을 수 없고, 또한 너무도 명백하여 사람들의 권위로 뒤집을 수가 없는 것이기 때문이다.

그러나 성경에 대해서 잘 알지도 못하고 인정을 받지도 못하는 자들이 이 건전한 교리를 악하게 공격하므로, 그들의 오만방자함을 도저히 용납할 수가 없다. 하나님께서 그의 결정에 따라서 어떤 사람들을 택하시고 다른 사람들은 그냥 버려두신다는 것 때문에 그들이 그를 대적하여 행동을 취하는 것이다. 그러나 그 사실 자체가 이미 잘 알려져 있는 것이라면, 그렇게 하나님을 대적하여 싸운다 한들 무슨 이득이 있단 말인가? 우리는 체험을 통해서 확증되지 않은 것은 아무것도 가르치지 않는다. 곧, 하나님께서 원하시는 자들에게 언제나 그의 은혜를 값없이 부어 주셨다는 사실 말이다.

아브라함의 자손들이 어떤 면에서 다른 사람들보다 우수했느냐는 문제에 대해서도, 나로서는 그들의 우수함의 원인을 하나님 바깥에서는 찾을 수가 없다는 사실을 말하는 것 이외에는 아무것도 논의할 것이 없다. 차라리 아브라함의 자손들이 어째서 송아지나 나귀가 아니고 사람인지 그 이유를 답변해보라. 하나님께서는 그들을 개(犬)로 만드실 수 있는 능력을 지니고 계셨지만, 그는 그들을 자기의 형상대로 지으신 것이다. 그러면 짐승들이 자기들을 짐승의 상태로 만드신 것이 부당하다고 하면서 하나님과 논쟁을 벌인다면 어떻겠는가? 과연 그것을 용납할 수 있겠는가? 사람이 아무런 공로가 없이 특권을 얻어 그것을 소유하는 것이 하나님께서 그의 판단에 따라서 그의 은혜들을 다양하게 나누어 주시는 것보다 더 공평하다고 말할 수 없다는 것이 분명한 것이다.

만일 그들이 불평등의 현상이 더 두드러져서 그 때문에 거리낌이 더 심한 개개인에 관한 문제로 논지를 바꾼다면, 그들로서는 최소한 그리스도의 모범 앞에서 떨어야 하고, 또한 이 고귀한 신비에 대해서 무책임하게 지껄이는 짓을 그만두어야 합당할 것이다. 그리스도께서는 다윗의 혈통에서 죽을 수밖에 없는 인간으로 잉태되셨다. 그렇다면 그가 태중(胎中)에서 과연 무슨 덕을 행하셨길래 그가 천사들의 우두머리요, 하나님의 독생자요, 아버지의 형상이며 영광이요, 빛이요, 의요, 세상의 구원이 되시느냐고(참조. 히 1:2 이하) 질문한다면 그들은 과연 무엇이라고 대답하겠는가? 아우구스티누스는 아주 지혜롭게 이렇게 말하고 있다. 곧, 값없는 선택을 비추어 주는 가장 분명한 거울이 교회의 머리이신 그리스도에게 있으므로 교회의 지체에 속한 우리로서는 그 문제에 대해 어려워할 필요가 없으며, 또한 그가 의로운 삶을 통해서 하나님의 아들이 되신 것이 아니고 그러한 존귀를 값없이 받으신 것이므로 그가 그의 선물들을 다른 사람들과 나눌 수 있게 되셨다는 것이다.[1]

여기서 만일 누군가가, 어째서 다른 사람들은 그처럼 되지 못하였으며 — 혹은 어째서 우리 모두가 그와 그렇게 엄청난 차이가 나며 — 그는 순결 그 자체인데 어째서 우리는 모두 부패해 있느냐는 식으로 질문한다면, 그것은 그 사람의 정신 나간 상태를 드러내는 것이요 또한 그의 부끄러움 없는 파렴치함을 노골적으로 드러내는 것일 것이다. 그러나 혹시, 자유로 택하실 수도 있고 거절하실 수도 있는 자유로운 선택권을 하나님에게서 빼앗으려고 악의로 애쓰고 있는 것이라면, 그리스도에게 주어진 특권도 함께 빼앗아 가보라!

자, 우리로서는 성경이 각 사람에 대해서 선포하는 사실에 대해서 주의를 기울일 필요가 있다. 바울은 우리가 "창세 전에"(엡 1:4) 그리스도 안에서 택하심을 받았다고 가르치는데, 이것은 바로 우리 자신의 진정한 가치에 대한 논의를 완전히 배제시키는 것이다. 왜냐하면 이 말씀은 마치 이런 뜻과 같기 때문이다: "하늘 아버지께서는 아담의 모든 자손들 가운데서 자기의 선택에 합당한 자를 아무도 찾지 못하셔서, 그의 기름 부으신 자에게 시선을 돌리셔서 생명의 교제 속으로 취하여 들이실 자들을 그 몸의 지체들로서 선택하셨다." 우리가 우리 자신의 능력으로는 그렇게 놀라운 고귀한 은혜를 받을 수가 없었기 때문에 그리스도 안에서 택하심을 받아 그 영원한 기업을 누리게 되었다는 생각이 신자들 가운데 가득 차 있어야 하겠다.

바울은 또한 다른 구절에서도 골로새 교인들에게 하나님께서 성도의 기업의 한 부분을 얻기에 합당하도록 만들어 주신 데 대하여 그에게 감사하라고 권고하면서(골 1:12) 이 사실을 주목하고 있다. 만일, 장차 올 생명의 영광을 받도록 우리를 합당하게 만들어 주는 하나님의 은혜보다 선택이 먼저 선행되는 것이라면, 과연 지금 우리의 그 어떠한 점이 하나님을 감동시켜서 그로 하여금 우리를 선택하시게 하겠는가? 바울의 또 다른 진술이 내가 뜻하는 바를 좀 더 분명하게 표현해 준다. 그는 말씀하기를, 하나님께서 "창세 전에 그리스도 안에서 우리를 택하사 우리로 사랑 안에서 그 앞에서 거룩하고 흠이 없게 하시려고 그 기쁘신 뜻대로 우리를 예정하사 예수 그리스도로 말미암아 자기의 아들들이 되게 하셨으니"(엡 1:4, 5)라고 한다. 여기서 바울은 "하나님의 기쁘신 뜻"을 우리 인간의 공로와 대치시키고 있는 것이다.

2. 선택이 창세 전에 이루어졌음

이에 대한 증거를 좀 더 완전하게 하기 위해서는 이 구절(엡 1:4-5)의 각 부분들을 잘 살펴볼 필요가 있다. 이것들을 종합해보면, 의심의 여지가 없어질 것이다. 바울은 그들을 가리켜 "택한 자"들이라 부르고 있으므로 그가 조금 뒤에 선언하듯이 여기서 그가 신자들에게 말하고 있다는 사실을 의심할 수가 없다. 그러므로 여기서 "택하사"라는 단어가 복음이 선포되던 시대에만 국한되는 것으로 오해하는 자들은 비열하게 날조된 논리로 이를 망가뜨리고 있는 것이다. 바울은 "창세 전에 그리스도 안에서 우리를 택하사"(엡 1:4)라고 말함으로써, 사람에게 선택받을 가치가 있었다는 식의 생각을 일체 배제시키고 있다. 아직 존재하지도 않는 자들을, 그리고 아담 안에서 모두 동등한 상태에 있게 될 사람들을 과연 무슨 근거로 구분한단 말인가? 그러므로 그들이 그리스도 안에서 택하심을 받는다면, 각 사람이 자기 자신과는 전연 관계 없이 택하심을 받는 것이며 동시에 특정한 사람들이 다른 사람들과 구별되는 것이다. 인류 전체가 다 그리스도의 지체들이 아니기 때문이다.

게다가, 그들이 "거룩하고 흠이 없게 하시려고"(엡 1:4) 택하심을 받았다는 사실은 예지를 선택의 근거로 삼는 오류를 분명하게 반박해 준다. 바울이 여기서 사람에게서 나타나는 모든 덕성(德性)이 선택의 결과임을 선언하고 있기 때문이다. 그런데 이보다 더 높은 원인을 찾으려 한다면, 바울은 이에 대해서 하나님께서 그렇게 예정하셨다고 하며 그 일이 "그 기쁘신 뜻대로"(엡 1:5) 된 것이라고 대답한다. 이 말씀을 통해서 그는 사람들이 선택에 대해서 스스로 상상하는 모든 수단들을 완전히 일축하고 있는 것이다. 바울이 가르치고 있듯이, 신령한 삶을 위하여 하나님께서 베푸시는 모든 은택들이 바로 다음과 같은 한 가지 근원에서 흘러나오는 것이다. 즉, 하나님께서 자기가 뜻하신 자들을 택하셨고, 그들이 출생하기도 전에 그들에게 주시고자 하신 은혜를 그들 개개인을 위하여 예비해 놓으셨다는 사실이 그것이다.

3. 거룩함은 선택의 원인이 아니라 선택의 결과임

하나님의 이러한 작정이 지배하는 곳에는 어디든 행위에 대한 고려가 절대로 있을 수 없다. 물론 여기서는 바울이 행위에 관해서는 논지를 전개하고 있지 않지만, 그 자신이 다른 곳에서 설명하듯이, 여기서도 그 사실을 전제하고서 본문을 이해해야 마땅할 것이다. 바울은 이렇게 말한다: "하나님이 우리를 구원하사 거룩하신 소명으로 부르심은 우리의 행위대로 하심이 아니요 오직 자기의 뜻과 영원 전부터 그리스도 예수 안에서 우리에게 주신 은혜대로 하심이라"(딤후 1:9). 이미 살펴보았듯이, "우리로 … 그 앞에 거룩하고 흠이 없게 하시려고"(엡 1:4)라는 말씀을 통해서 이미 이에 대해서 모든 의혹이 제거된 것이다. 여기서 "우리가 거룩하고 흠이 없이 될 것을 미리 보시고 우리를 택하셨다"고 말하면, 이는 바울의 진술의 순서를 뒤집는 것이 된다. 그러므로 우리는 다음과 같이 안전하게 추론할 수가 있다.

곧, 우리가 거룩하게 되게 하시려고 우리를 택하신 것이라면, 우리가 거룩하게 될 것을 미리 아셨기 때문에 우리를 택하신 것이 아니라는 것이다. 경건한 자들의 거룩함이 선택에서 비롯된다는 것과 그들이 행위 때문에 선택에 이르게 된다는 이 두 가지 명제는 서로 모순이 되기 때문이다. 그들은 주께서는 과거의 공로에 대해서는 선택의 은혜로 상을 내리지 않으시지만 미래의 공로에 대해서는 상을 베푸신다는 식의 핑계를 자주 둘러대지만, 이것도 타당성이 없는 것이다. 왜냐하면 신자들이 거룩하게 되기 위하여 택함을 받았다는 말씀은 동시에 그들에게 있게 될 그 거룩함이 선택에서 비롯된다는 뜻이기 때문이다. 그러니, 선택에서 비롯되는 것들이 선택의 원인이 되었다는 말이 과연 어떻게 일관성 있는 진술이라 할 수 있겠는가?

바울은 앞에서 말한 바를 곧바로 다시 확증하고 있는 것 같다. 그는 말하기를, "그 기쁘신 뜻대로"(엡 1:5), "그의 기뻐하심을 따라"(엡 1:9)라고 한다. "그의 기뻐하심을 따라"라는 말은 곧 하나님께서 작정하실 때에 자기 자신 이외에는 아무것도 고려하지 않으셨다는 말과 같은 의미이다. 그러므로 그는 우리의 선택의 의도는 바로 하나님의 은혜를 찬송하게 하려는 것이라고 즉시 덧붙이는 것이다(엡 1:6). 선택이 값없이 주어지는 것이어야만 우리의 선택에 대해서 하나님의 은혜만을 찬송하고 선포할 수 있는 것이다. 만일 하나님께서 자기 백성을 택하실 때에 각 사람의 행위가 장차 어떠할 것인지를 생각하신다면, 그것은 값없이 베풀어지는 것이라 할 수가 없을 것이다.

그러므로 그리스도께서 제자들에게 하시는 "너희가 나를 택한 것이 아니요 내가 너희를 택하여 세웠나니"(요 15:16)라는 말씀은 모든 신자들에게도 그대로 해당되는 것이다. 이 말씀에서 주님은 과거의 공로들을 완전히 일축하심은 물론, 주께서 긍휼로 먼저 그들을 돌아보지 않으셨더라면 제자들 자신에게는 택하심을 받을 만한 아무런 자격이 없었다는 것을 시사하고 계시는 것이다. 그리고 "누가 주께 먼저 드려서 갚으심을 받겠느냐"(롬 11:35)라는 바울의 진술은 어떻게 이해할 것인가? 바울은 사람들에게서 과거나 미래나 사람들에게서는 하나님의 사랑을 끌 만한 것이 아무것도 없다는 것을 하나님이 그의 선하심으로 잘 알고 계시다는 사실을 보여 주고자 하는 것이다.

4. 로마서 9장의 증거

그러므로, 바울은 로마서에서 이러한 논지를 더 깊이 반복하여 제시하며 더 길게 전개하는 가운데 "이스라엘에게서 난 그들이 다 이스라엘이 아니요"(롬 9:6)라고 진술한다. 이는 혈통에 의해서는 모두가 복을 받았으나, 선택은 모두에게 동등하게 베풀어진 것이 아니라는 뜻이다. 이 논의는 유대인들의 교만과 거짓 자랑을 다루는 가운데 나타나는 것이다. 그들은 스스로 "교회"라는 이름을 주장하면서, 복음을 믿는 믿음이 자기들의 결단에 따라 좌우되는 것처럼 말을 했던 것이다. 마치 오늘날 교황주의자들이 이런 거짓된 구실을 갖고서 하나님 대신 그 자리에 기꺼이 자기 자신을 올려 놓으려 하는 것과도 마찬가지이다. 물론 바울은 언약에 따라서 아브라함의 자손이 거룩하다는 사실을 인정한다. 그러나 그러면서도 그들 가운데 많은 이들이 언약의 바깥에 있다고 주장하는 것이다.

그리고 그 이유는 그들이 적자(嫡子)에서 서자(庶子)로 전락했기 때문만이 아니라 하나님의 특별하신 선택이 모든 사람들 위에 군림하고 있어서 그분만이 양자 입양을 확인하기 때문이기도 하다. 만일 스스로 경건한 자들은 구원의 소망을 가지며 또한 그렇지 못한 자들은 상속권을 잃어버린다면, 바울이 독자들에게 은밀한 선택을 이야기한다는 것 자체가 우스꽝스러운 것이 되고 말 것이다. 그런데 만일 하나님의 뜻이 ─ 그 뜻을 가지신 원인은 하나님 자신 외에서는 찾을 수가 없다 ─ 어떤 사람들을 특별히 구별하여 내심으로써 결국 이스라엘 자손 전부가 참 이스라엘이 아닌 것이 된다면, 각 사람의 처지가 자기 자신에게서 기인한다는 생각은 헛된 것이 되고 마는 것이다.

바울은 이어서 야곱과 에서의 경우를 들어서 이 문제를 한 걸음 더 전개한다. 두 사람 모두 아브라함의 자손이었고, 그 어머니의 뱃속에 함께 들어 있었으나 장자의 권리가 야곱에게로 넘어갔다. 이러한 사실을 바울은 야곱의 선택과 에서의 유기(遺棄)를 보여 주는 하나의 전조와도 같은 것이라 증거한다. 선택과 유기의 기원과 원인이 어디에 있느냐고 물으면 예지를 가르치는 선생들은 그것이 사람의 덕행과 악행에 있는 것처럼 이야기한다. 그들의 유창한 논리의 골자는 이런 것이다. 즉, 야곱의 경우를 통해서 하나님은 그가 자기의 은혜에 합당한 자들을 택하신다는 것을 보여 주시며, 에서의 경우를 통해서는 그가 미리 보시기에 무가치할 것으로 여겨지는 자들은 버리신다는 것을 보여 주신다는 것이다. 그들은 이런 논지를 아주 대담하게 주장한다.

그러나 바울은 뭐라고 말씀하는가? "그 자식들이 아직 나지도 아니하고 무슨 선이나 악을 행하지 아니한 때에 택하심을 따라 되는 하나님의 뜻이 행위로 말미암지 않고 오직 부르시는 이로 말미암아 서게 하려 하사 리브가에게 이르시되 큰 자가 어린 자를 섬기리라 하셨나니 기록된 바 '내가 야곱은 사랑하고 에서는 미워하였다' 하심과 같으니라"(롬 9:11-13; 참조. 창 25:23). 만일 이 두 형제들을 이렇게 구분하는 일에 예지가 조금이라도 작용했다면, 때를 언급한 바울의 논지는 확실히 엉뚱한 것이라 할 수밖에 없을 것이다.

야곱이 장차 올 그의 덕성을 볼 때에 가치가 있었기 때문에 택하심을 받았다는 논지를 받아들인다고 생각해 보라. 그러면 어째서 바울은 야곱이 아직 나지도 않았었다는 사실을 말하고 있단 말인가? 야곱이 아직 선을 행하기 전이었다고 언급한 것도 매우 경솔한 처사가 되고 말았을 것이다. 왜냐하면 그에 대한 해답이 이미 분명히 드러나 있을 것이기 때문이다. 하나님께는 숨겨진 것이 아무것도 없으니, 야곱에게서 장차 나타날 경건의 모습이 하나님 앞에는 이미 드러나 있을 것이기 때문이다. 만일 행위로 은혜를 얻는 것이라면, 그 행위들에 대한 하나님의 상급도 야곱의 출생 전에 이미 세워져 있었어야 옳았을 것이다. 마치 이미 야곱이 장성한 것처럼 말이다.

그러나 사도는 계속해서 이러한 난제를 해결한다. 곧, 야곱을 택하신 것이 행위에서가 아니라 하나님의 부르심으로 말미암은 것이라고 가르치는 것이다. 행위를 다루면서 그는 미래나 과거의 때를 논하지 않는다. 그는 행위들을 하나님의 부르심과 배치되는 것으로 제시하면서, 하나님의 부르심을 확증함으로써 행위를 반박하는 것이 되기를 바란 것이다. 마치 바울은 이렇게 말하는 것과도 같다: "우리가 생각해야 할 것은 사람들 스스로 무엇을 내어놓았느냐 하는 것이 아니라 하나님께서 무엇을 기뻐하셨느냐 하는 것이다." 마지막으로, "택하심"과 "뜻"이라는 단어들을 볼 때에(롬 9:11), 사람들이 하나님의 은밀하신 계획과는 관계 없이 사람들이 흔히 만들어내는 모든 원인들은 이러한 참된 원인과는 거리가 멀다는 것이 분명해지는 것이다.

5. 야곱과 에서의 경우에서 나타나는 증거

과거의 행위든 미래의 행위든 간에 여하튼 행위가 선택에서 어느 정도 역할을 감당한다고 주장하는 자들은 어떤 구실을 사용해서 이 사실들을 희미하게 하겠는가? 야곱과 에서 두 형제 사이를 구별한 일은 그들이 출생하기 전에 그들 사이에 이미 정해진 것이므로 행위를 근거로 한 것이 아니고 오직 하나님의 부르심에 근거한 것이라는 사도의 주장을 정면으로 회피하는 것이기 때문이다. 만일 그 일에 무언가 미묘한 것이 있었다면, 사도는 그것을 놓치지 않았을 것이다. 오히려 그는 하나님께서는 그의 선택의 혜택으로 베풀어주시고자 결정하신 것 이외에는 아무것도 사람에게서 선한 것을 예지하시지 않으셨다는 것을 잘 알고 있었기 때문에, 선행을 그들의 원인 앞에 제시하는 어리석음을 범하지 않는 것이다. 신자들의 구원이 오직 하나님의 선택의 결정 위에 세워진 것이며, 따라서 이러한 은혜는 행위로써 얻어지는 것이 아니라 값없는 부르심에게서 오는 것이라는 사도의 말씀이 이를 잘 보여 주는 것이다.

말하자면, 이 사실에 대한 한 가지 실례가 지금 우리 앞에 있는 것이다. 에서와 야곱은 친형제들이요, 같은 부모의 자식들이요, 아직 세상을 보지는 못했으나 똑같은 어머니 배에서 날 자들이다. 이처럼 모든 조건이 동등하지만, 이들 각각에 대한 하나님의 판단은 서로 다르다. 그 중 하나는 받아들이시고, 하나는 거부하시기 때문이다. 그 중 하나가 다른 하나보다 뛰어난 것은 오로지 장자의 권리를 지녔다는 사실뿐이었다. 그런데 그것마저도 무시되고, 장자의 권리가 장자(長子)에게서 차자(次子)에게로 넘어가는 것이다. 사실 다른 예에서도 보면 하나님께서는 의도적으로 장자의 권리를 무시하는 것 같기도 하다. 스스로 자랑할 수 있는 모든 이유를 육체에게서 제거하기 위하여 그렇게 하시는 것이다. 이스마엘을 내어쫓고 이삭을 그의 마음에 정하시며(창 21:12), 므낫세를 제쳐 두고 에브라임을 더욱 존귀히 대하시는 것이다(창 48:20).

6. 야곱의 선택의 영적인 성격

그러나 가령 어떤 사람이 여기서 말을 가로막고서, 이런 저급하고 하찮은 은혜를 받은 사실을 근거로 장차 올 삶 전체에 대해서 결론을 내려서는 안 된다고 주장한다고 하자. 곧, 장자의 권리를 누리는 자리에 올랐다고 해서 반드시 그 사람이 하늘의 기업을 받도록 택함 받았다고 결론지을 수는 없지 않느냐며 반론을 제기한다고 하자. 심지어 바울조차도 그냥 두지 않고 위에서 인용한 내용에서 그가 성경을 왜곡하여 이질적인 의미로 해석한다고 비난하는 자들이 매우 많이 있는 것이다. 이에 대해서 나는 예전에 한 것처럼 똑같이 답변한다. 곧, 사도는 생각 없이 혹은 고의로 성경의 증언들을 잘못 오용한 것이 절대로 아니라는 것이다. 다만 그들이 참기가 어려워 생각하지 않는 것을 사도가 똑바로 본 것뿐이다. 곧, 하나님께서는 이 땅의 상징을 통해서 야곱의 영적 선택을 선포하고자 하셨다는 것이다.

하나님께서 그렇게 하시지 않았다면 그 선택의 사실은 사람이 가까이 갈 수 없는 하나님의 심판의 보좌 속에 감추어져 있었을 것이다. 장자의 권리가 그에게 주어졌다는 사실을 다가올 내세와 관련짓지 않는다면, 그것은 허망하고 우스꽝스러운 종류의 축복으로 끝날 것이다. 왜냐하면 야곱은 장자의 권리를 통해서 온갖 어려움과 고난, 슬픈 망명, 눈물과 쓰라린 고통 이외에는 아무것도 얻은 것이 없기 때문이다. 그러므로 바울은, 하나님께서는 외적인 축복을 통해서 그가 그의 종을 위하여 그의 나라에 예비한 그 사라지지 않는 영적인 축복을 증거하신다는 사실을 의심 없이 확신하고서, 외적인 축복에서 영적인 축복을 입증하는 증거를 찾기에 주저하지 않은 것이다(참조. 엡 1:3 이하). 또한 여기서 염두에 두어야 할 것은 하늘의 처소에 대한 보장이 가나안 땅과 결부되어 있다는 사실이다. 그러므로, 야곱이 천사들과 함께 그리스도의 몸에 접붙임을 받아 그 동일한 생명을 함께 나누게 되었다는 사실을 의심해서는 안 되는 것이다.

그러므로 야곱은 하나님의 예정으로 말미암아 택하심을 받아, 버림 받은 에서와 구별되고 있다. 에서와 공로에 있어서는 다른 점이 없는 데도 말이다. 그 이유가 무엇이냐고 물으면 사도는 이렇게 답변할 것이다: "모세에게 이르시되 '내가 긍휼히 여길 자를 긍휼히 여기고 불쌍히 여길 자를 불쌍히 여기리라' 하셨으니"(롬 9:15). 그러면 이 말씀은 무슨 뜻인가? 이것은 오직 하나님께서 사람 자체에게서는 그들을 복주실 아무런 이유를 찾지 않으시고 다만 그의 긍휼하심을 근거로 해서만 복을 주신다는 하나님 자신의 분명한 선언인 것이다(참조. 롬 9:16). 그러므로 하나님께 속한 자를 구원하시는 일은 하나님 자신의 일인 것이다. 하나님께서 여러분의 구원을 오직 자기 자신 안에서만 세우시는데 어째서 여러분 자신을 돌아본단 말인가? 오직 하나님의 긍휼하심만을 여러분에게 베풀어 주시는데 어째서 여러분 자신의 공로를 찾는단 말인가? 하나님께서 오직 그의 긍휼하심만을 생각하게 하시는데, 어째서 여러분은 여러분 자신의 행위에 대해서도 부분적으로 관심을 돌린단 말인가?

그러므로, 우리는 바울이 다른 곳에서 하나님께서 미리 아셨다고 말씀하는 그 소수의 사람들에게로 관심을 돌리게 된다(롬 11:2). 하나님께서 그들을 미리 아셨다는 것은, 우리의 반대자들이 상상하듯이 하나님께서 관여하실 수 없는 일이니 그저 망대 위에서 한가롭게 앉아 그냥 바라만 보셨다는 뜻이 아니다. 오히려 그 단어가 흔히 사용되는 그런 자연스러운 의미 그대로인 것이다. 누가의 저작인 사도행전에서 베드로는, 그리스도께서 "하나님께서 정하신 뜻과 미리 아신 대로 내준 바" 되셨다고 말하는데(행 2:23), 거기서 베드로가 거론하는 하나님은 망대 위에서 그냥 바라보기만 하시는 분이 아니고 우리의 구원을 이루시는 주인이신 것이다.

또한 베드로는 자기의 편지를 받는 신자들을 가리켜 하나님의 미리 아심을 따라 택하심을 받은 자들이라고 부르는데(벧전 1:2), 여기서 그는 하나님께서 자기의 자녀로 삼고자 하시는 자를 지정하신 그 은밀한 예정을 그렇게 표현하고 있는 것이다. "뜻"이라는 낱말을 동의어로 덧붙임으로써 ― 이 낱말은 어디서나 확정된 결정을 표현하는 공통적인 관용어다 ― 그는 분명히 우리의 구원을 이루시는 주인이신 하나님께서 자기 자신의 뜻을 거스르지 않으신다는 것을 가르치고 있는 것이다. 또한 같은 장에서 베드로는 이와 동일한 의미로 그리스도를 가리켜 "창세 전부터 미리 알린 바 되신" 어린양이라고 말하고 있다(벧전 1:19-20). 하나님께서 위에서 내려다보시면서 인류의 구원이 어디서 올지를 두리번거리며 찾으신다는 생각만큼 어리석고 무의미한 것이 어디 있겠는가!

그러므로 바울에게 있어서 미리 아신 사람들이란 거짓으로 하나님의 이름을 부르는 무리들 가운데 섞여 있는 소수의 무리를 의미하는 것이다. 또한 다른 곳에서 바울은, 가면(假面)으로 자기의 참 모습을 숨기고서 세상 앞에서 스스로 경건한 자들 가운데 으뜸인 것처럼 처신하는 자들의 자랑을 막기 위하여, "주께서 자기 백성을 아신다"고 말하고 있다(딤후 2:19). 요컨대, 이 말씀을 통해서 바울은 우리에게 두 종류의 사람이 있음을 지적해 주는 것이다. 하나는 아브라함의 후손 전체에 속한 자들이요, 또 하나는 거기서 분리되어 있어서 사람의 눈에는 가리워져 있으나 하나님께서는 확실히 보고 계시는 자들이다. 바울이 이러한 논지를, 하나님께서는 스스로 원하시는 자에게 긍휼히 대하신다고 선언하는 모세의 말에서 취한 것이 분명하다(출 33:19). 모세의 이러한 진술은 물론 외적인 조건이 동등하게 나타나는 택한 백성들에 대한 것이지만, 이 말씀은 마치 이런 뜻처럼 들린다.

곧, 일반적인 선택이 있지만 하나님께서 그 가운데 몇몇 사람들에게 특별한 은혜를 베푸셔서 그들을 마치 더 거룩한 보배처럼 여기시며, 또한 공통적으로 맺은 언약이 있다 할지라도 그 가운데 소수를 일반 대중에서 분리시켜 구별하지 못할 것이 없다는 것이다. 그리고 하나님께서는 이 문제에 대해서 스스로를 자유로운 처리자요 판단자로 만드시고자, 다른 자들이 아니라 오직 하나님 자신이 기뻐하시는 자를 긍휼히 여기신다고 함축적으로 선언하시는 것이다. 긍휼을 구하는 자에게 긍휼이 임할 때에는 그 사람이 하나님의 거절을 당하지 않은 것이 분명하지만, 동시에 그가 하나님의 은혜를 예상하는 것이기도 하고 혹은 부분적으로 은혜를 취득하는 것이기도 한데, 여기서 하나님은 그 공로를 하나님 자신에게 돌릴 것을 요구하시는 것이다.

(선택의 근거에 대한 반론들을 반박함. 7-11)

7. 선택에 대한 그리스도의 증거

자, 이제 지고하신 재판장이신 주님께서 이 모든 문제에 대해서 말씀하시도록 하자. 듣는 자들이 이렇게 완악하여 무리들 앞에서 하시는 말씀이 거의 무위로 돌아갈 지경인 것을 보시고, 이러한 장애를 제거하시기 위하여 주님은 이렇게 외치신다: "아버지께서 내게 주시는 자는 다 내게로 올 것이요"(요 6:37), "나를 보내신 이의 뜻은 내게 주신 자 중에 내가 하나도 잃어버리지 아니하고 마지막 날에 다시 살리는 이것이니라"(요 6:39). 여기서 아버지께서 그리스도께 주신 사실이 바로 우리가 그리스도의 보증과 보호 속에 받아들여지는 일의 원인이라는 점을 주목해야 한다. 어쩌면 여기서 논지를 돌려서, 믿음으로 자기 자신을 자의로 드리는 자들만이 아버지의 것으로 인정받는다고 반론을 제기할 수도 있을 것이다. 그러나 그리스도께서는 오직 이 점만을 강조하신다. 곧, 수많은 무리들이 버림을 받아 온 세상이 흔들린다 할지라도, 선택의 사실이 절대로 흔들리지 않게 하신다는 하나님의 확실한 계획은 하늘 그 자체보다도 더 안정되어 있다는 사실 말이다. 택하신 자들은 그들에게 자기의 독생자를 주시기 전에도 이미 아버지의 것이었다는 말씀이다.

그들은 자기들이 처음부터 본성적으로 아버지의 자녀였느냐고 묻는다. 그러나 그렇지 않다. 그들은 외인(外人)이었는데 하나님께서 그들을 자기에게로 이끄사 자기의 것으로 만드시는 것이다. 그리스도의 말씀들은 너무도 분명해서 어떻게 연막을 쳐서 회피하려 해도 할 수가 없다. 그는 이렇게 말씀하신다: "나를 보내신 아버지께서 이끌지 아니하시면 아무도 내게 올 수 없으니 … 아버지께 듣고 배운 사람마다 내게로 오느니라"(요 6:44-45). 만일 모든 사람이 다 함께 그리스도 앞에서 무릎을 조아리고 경배했다면, 선택이 전면적인 것이 되었을 것이다. 그러나 신자들의 수가 적다는 사실에서 다양한 처지가 분명히 드러나고 있다. 그러므로 그리스도께서는 자기에게 주어진 제자들이 하나님 아버지의 특별한 소유임을 선언하신 다음(요 17:6) 조금 뒤에 가서 이렇게 덧붙이고 계신다: "내가 비옵는 것은 세상을 위함이 아니요 내게 주신 자들을 위함이니이다. 그들은 아버지의 것이로소이다"(요 17:9; 참조. 15:19).

그러므로 온 세상이 다 그 창조주께 속하는 것이 아니고, 다만 멸망하고 말 소수의 제한된 사람들을 하나님의 은혜가 하나님의 저주와 진노와 영원한 죽음에서 건져내는 것이다. 그리고 세상 그 자체는 이미 정해진 대로 멸망에 버려둠을 당하는 것이다. 또한 동시에, 그리스도께서는 스스로 중보자로서 개입하시지만, 아버지와 함께 스스로 선택하실 권한이 있음을 주장하신다. 그는 이렇게 말씀하신다: "내가 너희 모두를 가리켜 말하는 것이 아니니라 나는 내가 택한 자들이 누구인지 앎이라"(요 13:18). 만일 누군가가 그들을 어디에서 택하셨느냐고 묻는다면, 그는 다른 구절에서 이렇게 대답하신다: "세상에서 택하였도다"(요 15:19). 곧, 그가 제자들을 아버지께 부탁하시는 기도 가운데서 제외시키신 그 세상에서(요 17:9) 그들을 택하셨다는 것이다. 그러므로 우리는 다음의 사실을 믿어야 한다. 즉, 주께서 자기가 택하신 자들을 아신다고 선언하실 때에, 그 택하신

자란 바로 인간들 중에서 그 덕성 때문이 아니라 오직 하늘의 작정에 의하여 구별된 특정한 부류의 사람들을 의미한다는 사실이다.

이로써 우리는 그 어떠한 사람도 자기의 노력이나 근면함으로 그 부류에 속하게 되는 것이 아니라는 사실을 추론할 수 있다. 그리스도께서 친히 자기 자신을 선택의 주권자로 삼으시니 말이다. 그는 다른 곳에서 유다를 택한 자의 일원으로 여기시면서도 그를 가리켜 "마귀"라고 하신다(요 6:70). 이는 사도의 직분만을 일컫는 것인데, 이는 바울이 자기 자신에 대해서 자주 말하는 것처럼(예컨대, 갈 1:16; 엡 3:7) 물론 하나님의 은혜의 뚜렷한 증거이기는 하지만, 그럼에도 불구하고 그 자체가 영원한 구원의 소망을 보장해 주는 것은 아니다. 그러므로 유다는 믿음이 없이 사도의 직분을 감당했으니 마귀보다도 더 악할 수도 있다.

그러나 그리스도께서는 자기가 일단 그의 몸에 접붙인 자들은 그 누구라도 절대로 멸망하도록 허용하지 않으시는 것이다(요 10:28). 그들의 구원을 보존하심으로써 그는 자신이 약속하신 바를 그대로 이행하시는 것이다. 그로 말미암아 "만물보다 크신" 하나님의 권능을 드러내 보이시는 것이다(요 10:29). 그는 다른 곳에서 "아버지여 … 내게 주신 … 자들 중의 하나도 멸망하지 않고 다만 멸망의 자식뿐이오니"(요 17:11-12)라고 말씀하시는데, 물론 종종 오해를 받기도 하지만, 이 표현에는 전혀 모호한 점이 없는 것이다. 정리하자면, 값없는 선택으로 말미암아 하나님께서는 그가 자기의 자녀들이 되기를 원하시는 자들을 자녀로 삼으신다는 것이요, 또한 이 사실의 근본 원인은 하나님 자신에게 있다는 사실이다. 하나님은 오직 자기 자신의 은밀한 선하신 뜻으로 만족하시기 때문이다.

8. 선택에 대한 아우구스티누스의 견해

그러나 암브로시우스, 오리겐, 그리고 히에로니무스는 하나님께서는 각 사람이 은혜를 잘 사용할 것을 미리 보시고서 사람들에게 은혜를 나누어 주셨다고 주장하였다.[2] 뿐만 아니라 아우구스티누스도 한때 이러한 견해를 가졌다. 그러나 성경에 대한 지식을 더 습득한 후에는 이것이 그릇되다는 것을 깨닫고 입장을 철회하였을 뿐 아니라 이를 강력하게 반박하였다.[3] 펠라기우스주의자들이 이 오류를 계속 고집하므로 그들을 공박하는 가운데 그는 이렇게 말하고 있다: "사도가 이러한 미묘한 사실을 파악하지 못했다는 것에 놀라지 않을 사람이 어디 있겠는가? 그는 아직 출생하지 않은 사람들에 대해서 놀라운 사실을 제시한 다음, 스스로 이런 질문을 던지고 있다:'그런즉 우리가 무슨 말을 하리요? 하나님께 불의가 있느냐?'(롬 9:14). 그로서는 각 사람의 공로들을 하나님께서 미리 보셨다고 대답할 만한 곳이 바로 이 대목이었다. 그러나 그는 그렇게 말하지 않고 하나님의 판단과 긍휼을 피난처로 삼는 것이다."[4]

그리고 또 다른 곳에서 아우구스티누스는 선택 이전의 모든 공로들을 다 제거한 다음 이렇게 말하고 있다: "하나님의 은혜를 대적하여 하나님의 예지를 변호하면서 우리가 창세 전에 선택받은 것은 하나님 자신이 우리를 선하게 만드실 것이기 때문이 아니라 하나님께서 우리가 선하게 될 것을 미리 아셨기 때문이라는 식으로 말하는 자들의 논지가 허구임이 여기서 드러난다. 주님은 '너희가 나를 택한 것이 아니요 내가 너희를 택하여 세웠나니'(요 15:16)라고 말씀하시지, 선을 미리 보신 사실을 말씀하시지 않는 것이다. 만일 우리가 선하게 될 것을 그가 미리 보셨기 때문에 우리를 택하셨다면, 그는 또한 우리가 그를 선택할 것이라는 것도 미리 아셨을 것이고 또한 그 결과까지도 미리 아셨을 것이다."[5]

우리들 가운데 교부들의 권위에 의지하고 싶은 자들은 아우구스티누스의 증언을 중요시하기 바란다. 그러나, 아우구스티누스는 다른 교부들에게서 스스로 분리되는 것을 허용하지 않고, 펠라기우스주의자들이 그에게 씌운 오명 때문에 마치 그가 다른 교부들과 분리되는 것처럼 보이게 되었지만, 그것은 거짓이라는 사실을 분명한 증거를 제시하여 입증하였다. 그는 암브로시우스의 진술을 인용하여, "그리스도께서는 자신이 긍휼을 보이시는 자를 부르신다"고 하였고, 또한 이와 비슷하게, "만일 그가 원하셨다면, 그는 불경한 자들을 경건하게 만드셨을 것이다. 그러나 하나님은 자신이 부르시기로 허락하신 자를 부르시며, 자신이 원하시는 자를 경건하게 만드신다"고 하였다.[6] 내가 만일 책 전체를 아우구스티누스의 글을 모아서 구성하기를 원했다면, 독자들에게 아우구스티누스의 말 이외에 다른 말이 필요 없다는 것을 곧바로 보여 줄 수 있었을 것이다. 그러나 나는 독자들에게 장황한 말로 부담을 주고 싶지 않다.

자 이제, 이 교부들이 침묵을 지킨다고 상상하고, 문제 자체에 주의를 기울여 보자. 한 가지 어려운 문제가 제기되었다. 곧, 하나님께서 그의 은혜를 특정한 사람들에게 허락하신다는 것이 과연 올바른 처신인가 하는 것이 그것이다. 바울은 이 문제를 단 한 마디로 해결할 수도 있었을 것이다. 곧, 행위와의 관련을 제시함으로써 말이다. 그런데 어째서 그렇게 하지를 않고, 구태여 어려운 난제를 그대로 안고서 똑같은 강론을 계속하고 있는가? 그렇게 하지 않으면 안 되었기 때문이 아니고 무엇이겠는가? 그의 입을 통해서 말씀하시는 성령께서는 망각의 오류를 허용하지 않으시는 분이셨기 때문이다. 그리하여 그는 단도직입적으로 답변한다. 곧, 하나님께서는 스스로 그렇게 원하시기 때문에 그의 택한 자들을 사랑하시고, 자기가 그렇게 원하시기 때문에 그들을 긍휼히 여기신다는 것이다. 그러므로 문제의 해결은 바로 이 말씀에 있는 것이다: "내가 긍휼히 여길 자를 긍휼히 여기고 불쌍히 여길 자를 불쌍히 여기리라"(출 33:19). 이는 마치 이런 의미와도 같다: "하나님이 긍휼을 베푸시도록 움직이시는 것은 다른 이유 때문이 아니라 오직 그 자신이 긍휼을 베푸시기를 원하신다는 이유 때문이다." 그렇다면, 다음과 같은 아우구스티누스의 말은 여전히 진리로 남게 된다: "하나님의 은혜는 택함 받기에 합당한 자들을 발견하는 것이 아니라 그런 자들을 만든다."[7]

9. 토마스 아퀴나스의 교묘한 논리에 대한 반박

토마스 아퀴나스(Thomas Aquinas:1224-1274)의 교묘한 논지에 대해서도 구태여 시간을 지체할 필요가 없다. 그는 말하기를, 공로에 대한 예지가 예정자의 편에서는 예정의 원인으로 작용한 것은 아니지만, 우리 편에서는 어떤 면에서 그것이 원인으로 작용했다 할 수 있다고 한다. 즉, 예정에 대한 구체적인 평가에 의해서는 그렇게 말할 수 있다는 것이다. 이것은 마치 우리가 하나님께서 공로로 인하여 사람에게 영광을 주시기로 예정하셨다고 말하는데, 이 말이 곧 하나님께서 그에게 은혜를 베푸시기로 작정하셨고 그 은혜로 말미암아 그로 하여금 영광을 얻는 공로를 세우게 하셨다는 뜻이 되는 것과도 같은 이치라는 것이다.[8] 주께서 우리가 선택에서 오직 그의 선하심 외에는 아무것도 바라보지 말기를 바라시므로, 만일 누군가가 거기서 그 이상 다른 것을 더 찾기를 바란다면, 그것은 그야말로 어리석은 허세일 뿐이다. 그러나 우리가 교묘한 논리를 사용하여 싸울 마음이 있다면, 토마스의 비판을 반박할 방법이 얼마든지 있다. 그는 하나님께서는 택하신 자들에게 은혜를 주셔서 그들로 하여금 영광을 받을 공로를 세우도록 예정하셨으므로, 영광이 어느 정도는 택함을 받은 자들의 공로에 따라서 주어지도록 예정된 것이라고 주장한다.

그러나 만일 내가 은혜를 받기로 예정된 사실이 생명을 얻기로 선택된 사실에 종속되어 있어서 마치 그것의 시녀(侍女)와도 같다고 반론을 제기한다면 어떻게 하겠는가? 주께서 그의 자녀들을 선택에서 칭의로 이끄시기를 기뻐하시기 때문에, 영광을 소유하도록 이미 오래 전에 정해진 자들에게 은혜가 예정되는 것이라고 반론을 제기하면 어떻게 하겠는가? 그렇다면, 영광에 이르게 하는 예정이 은혜를 받도록 하는 예정의 원인이 된다는 뜻인데, 이는 토마스의 논리와 정반대가 되는 것이다. 그러나 이런 식의 싸움은 그만두기로 하자. 하나님의 말씀 속에 나타나 있는 지혜로 충분하다고 여기는 자들에게는 이런 식의 논쟁은 쓸데없는 것이기 때문이다. 오래 전에 교회의 한 저자는 다음과 같이 아주 바른 말을 한 적이 있다: "하나님의 선택의 근거가 공로에 있다고 하는 자들은 분수에 맞지 않게 지혜가 너무 지나친 자들이다."

10. 복음의 초청의 보편성과 선택의 특수성

어떤 사람들은 만일 하나님께서 모든 사람들을 자기에게로 초청하시고는 그 중에 소수만을 택한 자로 받아들이신다면 그것은 하나님이 스스로 모순을 일으키시는 것이라고 하며 반론을 제기한다. 그러므로 그들이 보기에는, 약속이 보편적으로 주어졌다는 사실이 특별 은혜의 구분을 제거하는 것이라는 것이다. 그리고 온건한 사람들도 진리를 가리기 위해서가 아니라 어려운 난제를 넘어가기 위해서, 그리하여 많은 사람들의 호기심을 억제하기 위하여 이런 주장을 하기도 한다. 참으로 의도는 칭찬할 만하다. 그러나 이를 인정할 수는 없다. 문제를 회피하는 것이 절대로 핑곗거리가 될 수 없기 때문이다. 그러나 이런 의도가 아니고 고의로 선택의 교리를 교만하게 모욕하는 자들이 있는데 이들이 제시하는 해괴망칙한 논리는 너무나 혐오스러우며, 그 오류는 너무나 부끄러울 따름이다.

외적인 전도를 통해서 하나님께서 회개와 믿음을 갖도록 모든 사람을 부르시지만 한편으로 회개와 믿음의 영은 모든 사람에게 주어지는 것이 아니라는 이 두 가지 상반된 개념들을 성경이 어떻게 조화를 시키는지는 이미 다른 곳에서 설명한 바 있다. 이 문제에 대하여 몇 가지는 곧 다시 반복하여 설명할 것이다.[9] 여기서 그들의 주장을 나는 인정하지 않는다. 그것은 두 가지로 거짓되기 때문이다. 하나님께서는 어떤 성읍에는 비가 오게 하고, 또 어떤 성읍에는 기근이 오게 하겠다고 경고하시며(암 4:7), 또한 다른 곳에서는 하나님의 말씀이 없는 기근을 선언하시니(암 8:11) 모든 사람들을 동등하게 부르시는 어떤 정해진 법칙에 스스로를 매어 놓지 않으시는 것이다.

또한 그는 바울에게 아시아에서 말씀을 전하지 못하도록 금하시며(행 16:6) 그를 비두니아에서 돌이켜 마게도냐로 향하게 하심으로써(행 16:7 이하) 이 복음의 보배를 원하신 자들에게 나누어 주실 권한을 하나님 자신이 갖고 계심을 보여 주시는 것이다. 또한 이사야 선지자를 통해서는 구원의 약속들을 특별히 택한 자들에게 주신다는 사실을 더욱 선명하게 보여 주신다. 그는 인류 전체가 아니라 오직 그들만이 그의 제자들이 될 것임을 선포하고 계시는 것이다(사 8:16). 그러므로 교회의 자녀들에게만 개별적으로 해당된다고 말하는 이 구원의 도리를 모든 사람들에게 효과적으로 유익을 끼치는 것처럼 제시한다는 것은 거짓된 것이다.

여기서는, 복음의 음성이 모든 사람들에게 전반적으로 제시되지만 그러나 믿음의 선물은 희귀하다는 것을 지적하는 것으로 만족하기로 하자. 이사야는 그 이유를 제시하고 있다. 곧, "여호와의 팔이" 모든 사람에게 나타나지 않았다는 것이다(사 53:1). 만일 그가 많은 이들이 완고하여 복음을 듣기를 거부하므로 복음이 고의로 악의로 멸시되고 있다는 식으로 말했다면, 어쩌면 보편적인 부르심의 이러한 면이 힘을 발휘했을 수도 있을 것이다. 그러나 선지자의 의도는 사람들 편에서 저지른 죄를 완화시키려는 것이 아니다. 그는 사람들이 복음에 대해 눈이 멀어 있는 것은 주께서 그의 팔을 그들에게 드러내지 않으시기 때문이라고 가르치면서(사 53:1), 믿음이 특별한 선물이기 때문에 외적인 가르침으로도 그저 헛되이 귀를 때리기만 하는 것임을 경고하고 있는 것이다.

자, 나는 이 선생들에게서 알고 싶다. 과연 전도만으로 하나님의 자녀가 만들어지는지, 아니면 믿음이 있어야 하는지를 말이다. 요한복음 첫 장에서 하나님의 독생자를 믿는 자들이 하나님의 자녀가 된다고 말씀하고 있으니(요 1:12) 복잡하게 얽힐 것이 전혀 없고, 오히려 믿는 자들에게 특별한 지위가 제시되고 있는 것이다: "이는 혈통으로나 육정으로나 사람의 뜻으로 나지 아니하고 오직 하나님께로부터 난 자들이니라"(요 1:13).

그러나 그들은 말하기를, 믿음과 말씀이 서로 일치하는 것이라고 한다. 물론 믿음이 있는 곳에서는 어디든 그렇다. 그러나 씨가 가시떨기 위에나(마 13:7) 아니면 돌밭에(마 13:5) 떨어지는 일이 새삼스러운 일이 아니다. 이는 더 많은 사람들이 하나님께 완고하게 불순종하고 있기 때문이기도 하거니와 모든 사람이 다 눈과 귀를 제대로 부여받은 것이 아니기 때문이기도 하다. 그렇다면 하나님께서 오지 않을 것을 아시면서도 그 사람들을 자신에게로 부르신다는 것이 과연 어떻게 모순이 없다 하겠는가? 내 말 대신 아우구스티누스의 대답을 듣기로 하자: "여러분 나와 논쟁을 하고 싶습니까? 나와 함께 놀라며, '오 깊도다!'라고 소리치기를 바랍니다. 우리가 모두 두려움 가운데 생각을 같이 하십시다. 오류 가운데서 멸망하지 않으려면 말입니다."[10]

뿐만 아니라 만일 바울이 증거하는 것처럼 선택이 믿음의 어머니라면, 나는 믿음이 전체에게 해당되지 않는 것은 선택이 특별하기 때문이라는 논리를 그들의 머리 위에 도로 돌려주고 싶다. 이런 일련의 원인들과 결과들의 이어짐에서 우리는 다음과 같은 추론을 이끌어낼 수가 있다. 곧, 바울은 "하나님 … 아버지께서 하늘에 속한 모든 신령한 복을 우리에게 주시되 창세 전에 … 우리를 택하사"(엡 1:3-4)라고 진술하고 있으니, 이런 풍성한 축복이 모두에게 공통적으로 주어지는 것이 아니라는 것이다. 하나님께서 그가 기뻐하시는 자들만을 택하셨기 때문이다. 그렇기 때문에 바울은 다른 곳에서 택한 자들의 믿음을 논하는 것이다(딛 1:1). 곧, 어느 누구도 자기 자신의 노력으로 믿음을 얻는다고 생각하지 못하게 하고, 이 믿음의 영광이 오직 하나님께 있으며 그가 미리 택하신 자들에게 값없이 빛을 비추어 주신다는 것을 깨닫게 하기 위함인 것이다.

베르나르의 다음과 같은 발언은 매우 올바르다 하겠다: "그리스도의 동료들은 그가 '천국의 비밀을 아는 것이 너희에게는 허락되었으니'(마 13:11) '적은 무리여 무서워 말라'(눅 12:32)고 말씀하시자 그의 말씀을 개별적으로 들었다. 그들이 누구인가? '하나님이 미리 아신 자들을 또한 그 아들의 형상을 본받게 하기 위하여 미리 정하셨으니'(롬 8:29)라고 한 그 사람들이며, 또한 하나님의 위대하고 은밀한 계획을 알게 된 자들이다:'주께서 자기 백성을 아신다'(딤후 2:19). 그러나 하나님께서 아시는 그것이 사람들에게 알려진 것이다. 그러므로 하나님은 자신의 것이 되도록 미리 아시고 예정하신 그들 외에는 아무도 그 위대한 신비에 참여하도록 허락하지 않으시는 것이다." 조금 뒤에 가서 그는 이렇게 결론을 맺고 있다: " '여호와의 인자하심은 자기를 경외하는 자에게 영원부터 영원까지 이르며'(시 103:17). 예정으로 말미암아 '영원부터'요, 영화(榮化)로 말미암으니 '영원까지'인 것이다. 예정에는 시작이 없으며, 영화는 끝이 없는 것이다."[11]

그러나 주님께서 친히 하신 말씀을 듣는데 베르나르의 증언을 구태여 들을 필요가 어디 있겠는가? "오직 하나님에게서 온 자만 아버지를 보았느니라"(요 6:46). 이 말씀은 곧, 하나님께로서 거듭나지 않은 자들은 모두 하나님의 모습의 찬란함에 깜짝 놀란다는 뜻이다. 그리고 믿음은 선택과 결합되어 선택 다음의 자리를 차지하는 것이 적절하다. 이러한 순서는 그리스도의 말씀에서도 분명히 나타나고 있다: "내 아버지의 뜻은 내게 주신 자 중에 내가 하나도 잃어버리지 아니하는 것이요, 그의 뜻은 아들을 보고 믿는 자마다 멸망하지 않는 것이니라"(요 6:39-40. 자유로이 인용하고 있음). 만일 하나님께서 모든 사람이 구원받기를 원하셨다면, 그의 아들을 그들 위에 세우셨을 것이요 그들 모두를 믿음의 거룩한 끈으로 그의 몸에 접붙이셨을 것이다. 자, 믿음이란 아버지의 특별하신 사랑의 증표로서 그가 양자로 삼으신 자녀들을 위하여 예비하신 것임이 분명하다.

그러므로 그리스도께서는 다른 구절에서 이렇게 말씀하시는 것이다: "양들이 그의 음성을 아는 고로 [목자를] 따라오되 타인의 음성은 알지 못하는 고로 타인을 따르지 아니하고 도리어 도망하느니라"(요 10:4-5). 주께서 양들의 귀를 뚫어주셨다는 사실 이외에 그런 분별이 생기는 이유가 무엇이란 말인가? 어느 누구도 스스로 양이 될 수가 없고 다만 하늘의 은혜로 말미암아서 양이 되는 것이다. 또한 주님은 하나님께서 무한하신 권능으로 지키시니 우리의 구원이 영원토록 확실하고 안전할 것임을 가르치시며(요 10:29), 따라서 불신자들은 그의 양이 아니라고 결론지으시는 것이다(요 10:26). 곧, 그들은 하나님께서 이사야를 통하여 약속하신 바와 같이 제자들이 될 자들(참조. 사 8:16; 54:13)의 수에 끼지 않는 것이다. 내가 지금까지 인용한 증거들이 끝까지 확실한 견인(堅忍:perseverance)을 말하고 있으니, 이는 동시에 선택의 변함 없는 항구성(恒久性)을 입증하는 것이다.

11. 유기(遺棄)도 오직 하나님의 뜻으로 말미암음

이제 유기된 자들에 대해서 말을 해야겠다. 사도는 동시에 이들에 대해서도 관심을 갖고 있다. 야곱이 선행으로는 아무런 자격이 없는데도 은혜에로 받아들여진 것처럼, 에서도 범죄로 더럽혀지지 않은 상태에서 미움을 받는다(롬 9:13). 만일 여기서 행위에게로 눈길을 돌리게 되면, 우리는 사도를 비판하게 되고 만다. 우리에게는 너무나도 분명한 사실을 그가 보지 못하는 것처럼 말이다!

그런데 사도가 그것을 보지 않았다는 것이 입증되고 있다. 그는 그들이 아무런 선이나 악도 행하기 전에, 한 사람은 택함을 받았고, 다른 한 사람은 버림을 받았다는 사실을 특별히 강조하고 있기 때문이다. 이 사실은 하나님의 예정의 근거가 행위에 있는 것이 아니라는 사실을 입증해 준다. 그리고 나서 하나님께서 불의하시냐고 반문할 때에, 사도는 하나님의 의로우심을 가장 확실하고도 분명하게 변론할 절호의 기회를 맞았으면서도 그것을 사용하지 않는다. 곧, 하나님께서 에서의 악한 의도에 따라서 그에게 보응하신 것이라고 하면 그만일 텐데, 그렇게 말하지 않는 것이다.

오히려, 사도는 다른 해결책을 애써 주장하고 있다. 곧, 버림받은 자들을 통하여 하나님의 영광이 드러나도록 하기 위하여 그들이 마지막까지 세움을 받는다고 말하는 것이다. 그리고 마지막으로 "하나님께서 하고자 하시는 자를 긍휼히 여기시고 하고자 하시는 자를 완악하게 하시느니라"(롬 9:18)라는 결론을 덧붙이고 있다. 바울이 이 두 사람의 경우 모두 오직 하나님의 결정에만 연루시키는 것을 보는가? 그러니 하나님께서 그의 택하신 자들에게 긍휼을 허락하시는 이유가 하나님께서 그렇게 하시기를 기뻐하셨기 때문이라는 것 이외에는 없다고 볼 수밖에 없다면, 다른 사람들을 버리시는 이유도 그것이 그의 기뻐신 뜻이라는 것 이외에 달리 이유가 있을 수 없는 것이다. 하나님께서 원하시는 대로 완악하게도 하시고 긍휼히 여기시기도 하신다고 말씀하고 있으니, 하나님의 뜻 이외에 다른 원인을 찾으려 해서는 안 되는 것이다.

주

1. Augustine, *On Rebuke and Grace*, xi. 30; *On the Gift of Perseverance*, xxiv. 67.

2. Ambrose, *Commentary on Romans*, Rom. 8:29; Origen, *Commentary of Romans*, VII. viii.

3. Augustine, *Retractations*, I. xxiii. 2-4; *Exposition of Romans*, lv, lx.

4. Augustine, *Letters*, cxciv. 8. 35; *On the Predestination of the Saints*, iii. 7.

5. Augustine, *John's Gospel*, lxxxvi. 2.

6. Augustine, *On the Gift of Perseverance*, xix. 49. Ambrose, *Exposition of Luke's Gospel*, i. 10; vii. 27을 인용함.

7. Augustine, *Letters*, clxxxvi. 5. 15.

8. Thomas Aquinas, *Commentary on the Sentences*, I. xli. 1, 3.; *Summa*

Theologia, I. xxiii. 5.

9. 참조. 3장 21절; 24장.

10. Augustine, *Sermons*, xxvi. 12, 13.

11. Bernard, *Letters*, cvii. 4, 5.

제 23 장

৩৩৩৩৩

이 교리를 항상 공격해온 거짓된 비방들에 대한 반박

(유기는 선택에 필수적으로 수반되며 하나님께서 그의 뜻으로 행하심. 1-3)

1. 선택은 인정하나 유기는 인정할 수 없다는 논리

그런데, 인간의 이성이 이런 말을 들으면 그 오만함을 감당하지 못하고 마치 전쟁 나팔을 불어대듯이 제멋대로 무절제하게 소란을 일으킨다.

많은 사람들이 하나님께로부터 오는 책망을 피하고 싶어서 선택의 교리를 받아들이기는 하나, 누군가 정죄를 받는 자들이 있다는 것은 부인한다. 그러나 그들의 그런 처사는 매우 무지한 것이요 어린아이 같은 것이라 아니할 수 없다. 유기(遺棄)가 없으면 선택 그 자체가 성립될 수가 없기 때문이다. 하나님께서는 그가 구원하기로 정하는 자들을 구별하신다고 한다. 그렇다면 선택이 소수에게 만 베풀어 주는 그것을 그 나머지 사람들은 우연이나 혹은 자기의 노력으로 얻 는다는 논리는 지극히 모순된 것일 수밖에 없다.

그러므로 하나님께 선택받지 않고 그냥 버려 둠을 받은 자들은 하나님께 정 죄를 받는 것이며, 또한 하나님께서 그렇게 하시는 데에는 오직 그가 자기의 자 녀들을 위하여 예정하시는 그 기업에서 그들을 제외시키기를 기뻐하신다는 것 이외에 다른 이유가 없는 것이다. 천사들까지도 찬양해 마지않는 그의 불가해 한 계획을 하나님께서 그의 말씀으로 가르치시는 것에 제재를 받기를 거부한 다면, 그런 인간의 오만함은 도저히 용납할 수가 없는 것이다. 그러나 지금까지 가르침을 받은 대로, 긍휼을 베푸시는 것이 오직 하나님의 손 안에 있는 것처럼 그와 똑같이 완악하게 하시는 것도 하나님의 손 안에 있고 또한 그의 뜻이다(롬 9:14 이하). 바울은 내가 말하는 자들과는 달리 하나님을 변호하기 위하여 거짓 구실들을 만들어내느라 애쓰지 않는다. 그는 다만 진흙이 토기장이에게 항의하는 것이 부당하다는 경고로만 그치는 것이다(롬 9:20).

그렇다면, 하나님께서 누군가를 정죄하신다는 것을 인정하지 않는 자들은 다음과 같은 그리스도의 진술은 어떻게 처리할 셈인가? "심은 것마다 내 하늘 아버지께서 심으시지 않은 것은 뽑힐 것이니"(마 15:13). 그리스도의 이 말씀은 하늘 아버지께서 거룩한 나무로 그의 밭에 심지 않으신 자들은 모두 멸망을 위하여 구별된 자들이라는 의미라는 것이 분명하지 않은가? 이 말씀이 유기를 보여주는 표증이 아니라고 말한다면, 그들은 아무리 분명한 증거를 제시해도 전혀 납득하려 하지를 않을 것이다.

그러나 그들이 계속 언쟁을 일삼기를 그치지 않는다면, 건전한 믿음이 있는 자들은 다음과 같은 바울의 권면으로 만족하도록 하자. 곧, "만일 하나님이 그의 진노를 보이시고 그의 능력을 알게 하고자 하사 멸하기로 준비된 진노의 그릇을 오래 참으심으로 관용하시고 또한 영광 받기로 예비하신 바 긍휼의 그릇에 대하여 그 영광의 풍성함을 알게 하고자 하셨을지라도" 우리로서는 하나님과 언쟁을 벌일 이유가 없다는 것이다(롬 9:22-23). 독자들은 바울이 속으로 수군거리며 멸시하지 못하게 하기 위해서 하나님의 진노와 능력에 궁극적인 주권을 인정하고 있다는 점을 주목해야 할 것이다. 우리의 모든 정신력을 완전히 삼켜버리는 그 깊은 판단들을 우리의 인간적인 결심에 복종시킨다는 것은 악한 일인 것이다.

우리의 반대자들은 다음과 같이 전혀 무가치한 답변을 늘어놓는다. 곧, 하나님께서는 관용을 베푸셔서 용납하시는 자들을 완전히 버리지 않으시고 혹시 그들이 회개할지도 모르므로 그들에 대한 심판을 유보하신다고 하는 것이다. 마치 바울이 하나님께서 "멸하기로 준비된"(롬 9:22) 자들이 혹시 회심할지도 모르므로 참고 기다리신다고 말씀하기라도 한 것처럼 말이다! 아우구스티누스는 이 구절을 올바로 설명하고 있다: "능력이 오래 참으심과 결합되는 곳에서는 하나님께서 허용하시는 것이 아니라 권능으로 다스리실 뿐이다."[1]

그들은 또한 덧붙이기를, 진노의 그릇들이 "멸하기로 준비되었다"고 하면서도 "긍휼의 그릇"을 또한 예비하셨다고 말씀하는 데에는 그만한 이유가 있다고 한다(롬 9:23). 왜냐하면 바울은 그렇게 말함으로써 구원에 대해서는 하나님께 그 원인을 돌리고, 또한 멸망 받을 자들의 경우는 그들이 자기들의 뜻에 따라서 스스로 멸망을 자초하였으므로 그 원인을 그들 자신에게로 돌리고 있기 때문이 라는 것이다. 물론 바울이 표현을 달리하여 앞 절에 나타나는 다소 가혹한 듯 보 이는 면을 부드럽게 하고 있다는 점은 나도 인정하지만, 그러나 멸망을 위하여 예비된 사실의 원인을 하나님의 은밀하신 계획 이외에 다른 것에서 찾는다는 것은 전혀 모순된 것이라고밖에 볼 수가 없다. 이러한 사실은 그보다 조금 앞의 문맥에서도 선포되고 있다. 곧, 하나님께서 바로를 세우셨다고 말하며(롬 9:17), 또한 그가 "하고자 하시는 자를 완악하게 하신다"(롬 9:18)고 말하는 것이다. 이 로 보건대, 하나님의 은밀하신 계획이 완악하게 되는 원인인 것이다.

나는 최소한 다음과 같은 아우구스티누스의 가르침을 지지한다: "하나님께 서 늑대들을 양으로 만드시는 경우에는 더 크신 은혜를 베푸사 그들의 완악함 을 누그러뜨리셔서 그들을 변화시키신다. 그러므로 하나님이 완악한 자들을 회 심하게 하지 않으시는 것은, 그가 더 크신 은혜를 베푸시기를 기뻐하시기만 하 면 얼마든지 베푸실 수가 있는데 그가 그렇게 하시지를 않기 때문이다."[2]

(첫 번째 반론:선택 교리가 하나님을 폭군으로 만든다는 논리. 2-3)

2. 하나님의 뜻이 의의 기준임

경건하고 온건하며 스스로 사람임을 생각하는 자들에게는 이 정도의 진술 만으로도 충분히 납득하고도 남을 것이다. 그러나 이 악독한 개들이 하나님을 대적하여 온갖 독을 뿜어대기 때문에, 필요한 경우마다 하나씩 하나씩 답변을 하고자 한다.

어리석은 자들은 마치 자기들의 비난에 하나님이 꼼짝못하시기라도 하는 것처럼 여러 가지로 하나님께 비난을 퍼붓는다. 그들은 먼저, 과실을 범하여 하 나님의 진노를 산 일이 없는데 무슨 권리로 주께서는 그의 피조물들에 대해 진 노하시느냐고 묻는다. 자기의 뜻대로 아무나 멸망에 던지신다는 것은 재판관의 합법적인 선고보다는 폭군(暴君)의 변덕스런 처신에 더 가깝지 않느냐는 것이 다. 그러므로 그들은 하나님께서 사람들의 공로나 자격 여하와는 상관 없이 순 전히 자신의 결정으로 그들을 영원한 죽음에 이르도록 예정하신다면, 하나님께 권면을 드리는 것이 타당하다고 여기는 것이다. 만일 경건한 자에게 이런 식의 생각이 떠오르게 되면, 하나님이 그런 뜻을 가지신 원인들이 무엇인지 조사하려는 것부터가 악하기 그지없는 것이라는 생각으로 그것을 충분히 물리칠 수가 있을 것이다. 하나님의 뜻이 존재하는 모든 것들의 원인이며 또한 그래야 마땅하기 때문이다. 만일 하나님의 뜻 이전에 무언가 다른 원인이 있어서 그것으로 인하여 하나님의 뜻이 매인다면, 그런 일은 상상하는 것조차 부당한 것이다.

하나님의 뜻이야말로 그가 뜻하시는 바 모든 일을 의롭게 하는 최고의 기준이므로, 그가 뜻하신다는 사실 자체만으로 그것을 의로운 것으로 여겨야 마땅한 것이다. 그러므로 어째서 하나님께서 그렇게 하셨느냐고 묻는다면, 우리의 대답은 그가 원하셨기 때문이라는 대답밖에는 할 수가 없다. 그러나 여기서 더 나아가서, 하나님께서는 어째서 그것을 원하셨느냐고 묻는다면, 그것은 하나님의 뜻보다 더 크고 더 높은 어떤 것을 찾는 것인데, 그런 것은 없는 것이다. 그러므로 사람들의 무분별한 생각을 물리쳐서, 존재하지도 않는 것을 찾으려 하지 말아야 할 것이다. 존재하지도 않는 것을 찾는다면 결국 실패밖에는 없을 것이다. 분명히 말하지만, 이러한 하나님의 은밀한 것들에 대해 경외하는 자세로 생각하기를 원하는 자들은 이런 사실로써 충분히 생각을 자제하게 될 것이라 믿는다. 그러나 하나님을 노골적으로 저주하기를 두려워하지 않는 악한 자들의 대담한 행동에 대해서는, 우리의 도움이 없이 하나님께서 친히 자신의 의로우심을 충분히 드러내 보이실 것이다. 곧, 그들의 양심이 도피할 구실을 완전히 제거하시고 그들을 정죄하실 것이라는 말이다.

또한 우리는 "절대 권력"(라틴어로, potentia absoluta)이라는 사람이 지어낸 허구를 지지하지도 않는다. 이것은 세상 사람들에게 속하는 것이요 우리에게는 혐오스러운 것이기 때문이다. 우리는 스스로 자기 자신이 법이 되는 무법(無法)한 신(神)을 상상하는 것이 아니다. 플라톤의 말처럼, 욕심에 싸인 사람들에게는 법이 필요하지만 하나님의 뜻은 모든 허물이 없을 뿐 아니라 그것이야말로 최고의 완전한 표준이요, 모든 법 중의 법인 것이다. 그러나 우리는 하나님께서 자기의 처신에 대해서 답변하셔야 할 의무를 지니신다는 생각도, 또한 우리가 우리 자신의 사고에 따라서 이러한 원인에 대하여 판단을 공포할 만큼 유능한 판단자들이라는 생각도, 받아들이지 않는다. 그러므로, 허용된 한도 이상으로 더 나아가고픈 생각이 들 때에는 다음과 같은 시편의 경고에서 찔림을 받고 두려움을 가져야 할 것이다: "주께서 말씀하실 때에 의로우시다 하고 주께서 심판하실 때에 순전하시다 하리이다"(시 51:4).

3. 유기는 하나님의 공의로운 조처임

그러므로 하나님은 조용히 계시면서도 그의 원수들을 누르실 수 있다. 그러나 그들이 태연하게 그의 거룩하신 이름을 조롱하게 내버려 두지 않도록, 하나님은 그의 말씀을 통해서 그들을 대적하는 무기를 우리에게 공급해 주신다. 그러므로 누군가가 우리에게 다가와서, "하나님은 어째서 아직 존재하지도 않고 따라서 죽음의 심판을 받을 만한 자리에 있지도 않는 자들에게 처음부터 죽음에 이르도록 예정하셨단 말인가?"라는 식으로 공격한다면, 대답 대신 그들에게 이렇게 반문하도록 하자: "하나님께서 그의 본성에 따라서 사람을 판단하실 때 하나님이 그 사람에게 무슨 의무를 지고 계시다고 생각하느냐?" 우리 모두가 죄로 말미암아 더러워져 있으므로 우리는 하나님께 가증스러운 존재들일 뿐이다. 그러나 하나님이 우리를 그렇게 보시는 것은 그가 폭군처럼 잔인하기 때문이 아니라 그것이 공의를 실현하는 가장 정당한 길이기 때문인 것이다. 그러니 주께서 죽음에 이르도록 예정하신 모든 자들이 그들의 본성적인 상태로 말미암아 이미 죽음의 심판을 받아 마땅한 처지에 있다면, 그들에 대해 부당하다고 불평할 것이 어디 있단 말인가?

아담의 자손들은 모두 앞으로 나와 보라. 그리고 출생하기도 전에 하나님께서 그의 영원한 섭리로 그들을 영원한 죽음에 매어 놓으셨다는 것에 대해서 창조주와 논쟁을 벌여 보라. 그런데 하나님께서 도리어 그들의 책임을 추궁하심으로 자기를 변호하신다면, 이에 대해서 과연 어떻게 소란을 피우며 항의할 수 있겠는가? 그들 모두 부패한 덩어리에서 나온 자들이라면 그들이 정죄 아래 있다 해도 이상할 것이 없는 것이다! 하나님의 영원하신 판단에 의하여 죽음에 이르도록 예정되었다고 해서 하나님에게 불공정하다고 비난할 수는 없는 것이다. 싫든 좋든 그들은 자기들의 본성 자체로 말미암아 이미 죽음을 향해서 이끌림을 받고 있는 처지이니 말이다. 이렇게 항의를 제기하는 사람들의 성향이 얼마나 패역한 것인지는 그들이 정죄의 원인을 의도적으로 억누른다는 사실에서 잘 드러난다. 곧, 그들은 스스로 자기들이 정죄 받을 것을 인정하지 않을 수 없는 처지에 있으면서도, 거기에서 벗어나기 위하여 하나님을 비난하는 것이다. 그러나 내가 하나님께서 유기를 결정하신 장본인이시라고 — 이것은 지극히 사실이지만 — 수백 번 고백한다 할지라도, 그들로서는 죄의 책임을 면할 수가 없다. 그것이 그들의 양심에 새겨져 있어서 계속해서 눈에 보이기 때문이다.

(하나님의 공의는 인간의 힐문의 대상이 아님. 4-7)

4. 하나님의 공의로우신 작정

그들은 또다시 이렇게 반박한다. 곧, 하나님께서 미리 그들을 부패하도록 예정하시고서 이제 다시 그것을 그들을 정죄하시는 원인으로 삼으시는 것이 아니냐는 것이다. 그러므로 이들은, 그들이 부패한 가운데 멸망한다면 그것은 곧 하나님의 예정에 의하여 아담 자신도 빠졌고 또한 그의 후손들도 함께 빠지게 만든 그 비참한 상태에 대해 형벌로써 갚는 것 이외에 아무것도 아니라고 한다. 그러니 그렇게 자기의 피조물들을 잔인하게 속이는 그분이야말로 불의한 것이 아니냐는 것이다. 사람들이 현재 빠져 있는 이 비참한 상태에 모든 아담의 자손들이 빠진 것이 하나님의 뜻에 따라서 된 일이라는 것은 물론 나도 인정한다. 그리고 내가 처음부터 말했다시피 우리는 언제나 결국 마지막에 가서는 하나님의 뜻의 결정으로 돌아갈 수밖에 없는데, 그 뜻의 원인이 무엇인지는 하나님 안에 감추어져 있는 것이다.

그러나 그렇다고 해서 하나님이 이러한 비난의 대상이 되신다는 논리가 곧 바로 이어지는 것은 아니다. 왜냐하면 바울의 말처럼 우리는 이렇게 답변할 것이기 때문이다: "이 사람아 네가 누구이기에 감히 하나님께 반문하느냐? 지음을 받은 물건이 지은 자에게 어찌 나를 이같이 만들었느냐 말하겠느냐? 토기장이가 진흙 한 덩이로 하나는 귀히 쓸 그릇을, 하나는 천히 쓸 그릇을 만들 권한이 없느냐?"(롬 9:20-21).

그들은 이런 대답은 하나님의 의를 진정으로 변호하는 것이 아니며 오히려 답변이 궁해진 사람들이 하듯 그저 발뺌하는 것밖에 아무것도 아니라고 말할 것이다. 하나님께서는 무엇이든 자기가 행하고자 하시는 바를 아무런 방해 없이 다 행하실 능력이 있다는 뜻 외에 또 무슨 뜻이 있느냐는 것이다. 그러나 사실은 그런 것과 전혀 거리가 멀다. 하나님이 누구신지를 생각하라는 명령을 받는 일보다 더 강력한 이유가 있을 수 있겠는가? 이 땅을 판단하시는 그분께서 어떻게 불의를 용납하시겠는가(참조. 창 18:25)? 심판을 시행하는 일이 하나님의 본성에 속한 일이라면, 하나님은 또한 본성적으로 의를 사랑하시고 불의를 미워하시는 것이다. 그러므로, 사도는 마치 답변이 궁색해지기라도 한 것처럼 도망할 틈새를 찾는 것이 아니라, 하나님의 의로우심의 이유는 사람의 기준으로 측정할 수 있는 것보다 훨씬 더 높으며, 따라서 사람의 빈약한 지혜로는 도저히 가늠할 수 없다는 사실을 보여 주고 있는 것이다. 사도는 심지어 하나님의 판단이 너무나 깊고 깊어서(롬 11:33) 사람이 그것을 꿰뚫으려 한다면 온 정신이 거기에 삼켜버리고 말 것이라는 것을 인정한다.

그러나 그는 또한 하나님의 역사하심을, 우리의 이성으로 이해하지 못하면 그 순간 감히 그것을 정죄해 버리고 마는 그런 하나의 법으로 규정한다는 것이 얼마나 무가치한가 하는 것도 가르친다. 솔로몬의 다음과 같은 말씀은 잘 알려져 있기는 하지만, 제대로 이해하는 사람은 별로 없다: "만물을 지으신 위대한 창조주께서는 어리석은 자들에게 그 삯을 주시고 범죄하는 자들에게 그 삯을 주신다"(잠 26:10, 참조. 제네바 성경). 솔로몬은 하나님의 위대하심에 대해서 찬양하고 있는 것이다. 어리석은 자들과 범죄하는 자들을 벌하시는 것이 그의 결정 속에 있다는 것이다. 물론 하나님께서 그의 영을 그들에게 주시지 않으면서 말이다.

도저히 측량할 수 없는 하나님의 역사하심을 그 보잘것없는 자기들의 이성의 척도에 끼워맞추려 하다니! 사람들의 어리석음이 이다지도 극악무도하단 말인가! 바울은 의로움 중에 서 있는 천사들을 가리켜 "택한 자들"이라고 부른다(딤전 5:21). 그러니 그 천사들의 의로움이 하나님의 선하신 기쁨에 근거를 두는 것이었다면, 다른 천사들이 반역한 사실은 곧 그들의 버림받은 상태를 증명해 주는 것이 될 것이다. 그들이 반역한 사실에 대한 원인은 하나님의 유기(遺棄)하심 이외에는 아무것도 제시할 수가 없는데, 그 유기는 하나님의 은밀하신 계획 속에 감추어져 있는 것이다.

5. 하나님의 작정은 인간의 탐구의 대상이 아님

자, 가령 지금 하나님의 섭리에 대해서 비방하는 마니(Mani)나 코엘레스티우스(Coelestius)의 추종자들이 함께 있다고 가정해 보자. 그렇다면 나는 그들에게 바울의 말씀을 따라서, 하나님의 섭리는 우리의 이성을 훨씬 뛰어넘기 때문에 그것에 대해서 이유를 찾으려 해서는 안 된다고 말할 것이다(참조. 롬 9:19-23). 여기에 이상스럽다거나 모순된 것이 있는가? 하나님의 권능이 사람의 머리로 생각할 수 있는 것 이상은 성취하지 못할 만큼 그렇게 제한되어 있다면 좋겠는가? 나는 아우구스티누스의 진술을 따라서 이렇게 말하고 싶다: "주께서는 멸망에 이를 것임을 분명하게 미리 아신 자들을 창조하셨다. 이런 일이 일어난 것은 그가 그렇게 뜻하셨기 때문이다. 그러나 어째서 그가 그렇게 뜻하셨는지는 우리의 이성으로 탐구할 대상이 아니다. 우리로서는 이해할 수가 없기 때문이다."[3]

뿐만 아니라 하나님의 뜻을 끌어내려서 우리 가운데서 논쟁거리로 삼는 것도 적절하지 못하다. 왜냐하면 하나님의 뜻이 언급될 때마다, 그 이름으로 최고의 의의 규범을 지칭하는 것이기 때문이다. 의가 분명하게 나타나는데 어째서 불의에 대한 문제를 제기한단 말인가? 바울의 모범을 따라서, 우리는 악한 자들이 일어나 같은 말을 되풀이할 때마다 그들의 입을 봉하기를 부끄럽게 여기지 말아야 할 것이다: "이 사람아, 네가 누구이기에 감히 하나님께 반문하느냐?"(롬 9:20). 하나님께서 그의 위대하신 역사를 네 무지함에 맞추지 않으신다고 해서 감히 그를 비난한단 말인가? 사람에게서 가리어져 있다고 해서 그것이 악하단 말인가? 하나님의 판단이 인간의 측량을 초월한다는 것이 이미 분명한 증거들로 드러나 있지 않은가? 하나님의 판단을 가리켜 "큰 바다"라고 부른다는 것을 모르는가(시 36:6)? 너희의 지성이 좁고 보잘것없다는 것을 생각해 보아라. 그것으로 과연 하나님께서 친히 작정하신 것을 깨달을 수가 있단 말인가? 네 이성으로도 네가 멸망에 이를 것이라는 것을 알면서도 그 미친 탐구를 계속하다가 그 "큰 바다"에 빠지면 과연 네게 무슨 유익이 있겠는가?

욥기나 선지자들의 책들이 하나님의 측량할 수 없는 지혜와 무서운 권능을 선포하는 것을 접하고서 최소한 두려움을 느끼고 절제를 해야 하지 않겠는가? 마음에 혼동이 생기면 아우구스티누스의 다음과 같은 충고를 받아들이기를 부끄러워하지 말아야 할 것이다: "여러분이 내게 대답을 기대하십니까? 나 역시 사람입니다. 그러니 우리 모두 '사람아, 네가 누구냐?'(롬 9:20)라고 말씀하는 그분의 말씀을 들읍시다. 믿음이 있는 무지가 무분별한 지식보다 낫습니다. 공로를 구하십시오. 그러면 형벌밖에는 얻을 것이 없을 것입니다. '깊도다! 하나님의 지혜와 지식의 풍성함이여!'(롬 11:33). 베드로는 부인했고, 강도는 믿었습니다. '오, 깊도다!' 이성을 추구하십니까? 나는 그 깊음을 대하고 두려워 떱니다. 너 이성이여, 나는 놀라리라. 너 이성이여, 논쟁을 벌이라. 나는 믿으리라. 내게는 깊음이 보입니다. 그러나 밑바닥까지는 이르지 않을 것입니다. 바울은 안식을 찾았습니다. 경이(驚異)를 발견했기 때문입니다. 바울은 하나님의 판단을 '헤아리지 못한다'고 말하는데, 여러분은 그것들을 찾으려고 합니까? 그는 하나님의 길을 '찾지 못할 것'이라고 말하는데(롬 11:33) 여러분은 그 길을 찾으려 하십니까?"[4]

그러나 계속 더 나아가도 아무런 유익이 없을 것이다. 그들의 조급함이 만족을 얻지도 못할 것이요 또한 주께서는 그의 성령을 통하여 ─ 곧, 사도 바울의 입을 통하여 ─ 하시는 변호 이외에 다른 변호가 필요 없으실 것이기 때문이다. 하나님과 함께 말하기를 중단하면, 말하는 재주를 잊어버리는 것이다.

6. 두 번째 반론: 선택이 사람의 책임을 제거한다는 논리

그들은 자기들의 불경 때문에 또 하나의 반론을 제기한다. 그리고 그 반론은 하나님을 정면으로 비난하는 것이 아니라 죄인에게 핑계를 제공하는 경향을 띤다. 그러나 하나님에 의해서 죄인으로 정죄받은 자는 그 심판주를 모욕하지 않고서는 절대로 무죄 방면될 수가 없다. 그러므로 그 불경한 자들은 이렇게 혀를 놀린다: "하나님께서는 예정을 통해서 미리 정해 놓으신 것을 어째서 사람들에게 죄로 전가하시는가? 그러면 그들은 어떻게 하라는 것인가? 하나님의 작정에 대해서 싸우기라도 하란 말인가? 그러나 그렇게 할 수는 없는 일이 아닌가? 그들이 하나님의 예정에 그 주요 원인이 있는 그것들 때문에 벌을 받는 것이니 이는 부당한 것이다."

이에 대한 반론을 제기하면서 나는 교회의 저자들이 흔히 사용해온 논리는 피하고자 한다. 그들은, 하나님께서 미리 보시는 악이 사람의 것이지 하나님의 것이 아니기 때문에 하나님의 예지가 있다 해도 사람은 여전히 죄인으로 인정된다는 논리를 적용시키는 것이다. 그러나 그렇다고 해서 그들의 궤변이 여기서 그치는 것이 아니다. 그들은 오히려 더 나아가서, 하나님께서 뜻을 가지시기만 하셨다면 자신이 미리 보신 바 악을 저지하셨을 것이라고도 하고, 그가 그렇게 하지 않으셨으니 그의 미리 결정된 계획에 따라서 그렇게 하실 목적으로 사람을 창조하셨으니 사람이 이 땅에서 그렇게 처신하게 된 것이라고도 주장한다. 그러나 만일 사람이 하나님의 섭리에 의해서 이런 상태로 창조함을 받고나서 자기가 행하는 일들을 미리 정해진 대로 다 행하였다면, 하나님의 뜻에 의하여 정해져서 도저히 피할 수 없는 그 모든 것에 대해서 그 사람에게 책임을 물어서는 안 된다는 것이다. 그러므로, 이러한 난제를 어떻게 하면 정당하게 해결할 수 있을지를 살펴보아야 할 것이다.

우선, 솔로몬의 다음과 같은 말씀을 모두 다 인정해야 할 것이다: "여호와께서 온갖 것을 그 쓰임에 적당하게 지으셨나니 악인도 악한 날에 적당하게 하셨느니라"(잠 16:4). 자, 보라! 모든 만물의 기질이 다 하나님의 손에 있으니, 구원이나 죽음에 대한 결정이 하나님의 권능에 속하여 있으니, 하나님께서는 그의 계획과 뜻에 따라서 사람들 중의 일부가 특정한 죽음을 맞게 되도록 모태에서부터 결정된 상태로 출생하도록 정하셨는데, 그들은 자기들의 멸망을 통해서 하나님의 이름을 영화롭게 하는 것이다. 이에 대해서 만일 누군가가, 하나님께서는 그의 섭리로 사람들에게 어떤 필연성을 부과하시는 것이 아니라, 다만 그들의 악이 장차 드러날 것을 미리 보시고서 그들을 그런 상태로 창조하신 것뿐이라고 대답한다면, 이런 답변에도 물론 일리는 있으나 완전한 것이라 할 수는 없다. 옛 저자들은 약간 주저하기는 하면서도 이 해결책을 종종 사용하곤 했다.

그러나 스콜라 학자들은 마치 이에 대해서 절대로 반론이 있을 수 없을 것처럼 이 논리에 의지하고 있다. 사실 예지만으로는 피조물들에게 필연성을 부여하지 않는다는 논지는 나도 인정한다. 그러나 모든 사람이 이에 동의하지는 않는다. 개중에는 그것을 모든 일의 원인으로 삼기를 바라는 자들도 있기 때문이다. 그러나 내가 보기에는 로렌초 발라(Lorenzo Valla:1457년 사망)가 좀 더 분명하고도 지혜롭게 문제를 파악한 것 같다. 그는 이 문제 외에는 신학의 문제에 대해서 별로 지식이 없지만, 이에 대해서는 사람의 생명과 죽음은 하나님의 예지보다는 그의 뜻의 행위이므로 위의 논지는 쓸데없는 것이라고 한 것이다. 만일 하나님께서 인간의 사건들을 미리 보시는 것으로만 그치고 그의 결정을 통해서 그 사건들을 정하시지 않으셨다면, 그의 예지가 인간사의 필연성과 관계가 있느냐 하는 이런 문제를 제기해도 일리가 있다 할 수 있을 것이다. 그러나 하나님께서 미래의 사건들을 미리 보시는 것은 오로지 그가 그것들이 일어나도록 작정하셨다는 그 사실에만 기인하는 것이므로, 예지를 둘러싼 논쟁은 전혀 헛된 것일 뿐이다. 모든 일이 하나님의 결정과 명령에 따라서 일어난다는 것이 분명하기 때문이다.

7. 인간의 타락도 하나님의 예정에 속함

그들은 그렇게 많은 말씀 가운데도 하나님께서 아담이 그의 반역 때문에 멸망하도록 작정하셨다는 진술이 없다고 말한다. 마치 성경이 "원하시는 모든 것을 행하신다"(시 115:3)고 선포하는 바로 그 하나님께서 그의 피조물 가운데 가장 고상한 존재를 애매한 목적으로 창조하시기라도 한 것처럼 말이다. 그들은 주장하기를, 아담은 자기 자신의 운명을 스스로 이루어 가도록 자유로운 선택권을 가지고 있었고, 하나님께서는 아담의 공과(功過)에 따라서 그를 대하시는 것 외에는 아무것도 정해 놓지 않으셨다고 한다.

만일 이런 무모한 논리를 받아들인다면, 과연 하나님의 전능하심은 어떻게 되겠는가? 하나님께서 자기의 은밀하신 계획에 따라서 모든 일을 주도하시는, 그래서 모든 일이 오직 그 계획에 달려 있게 하시는 그의 역사는 대체 어떻게 되겠는가? 그러나 그들이 원하든 원치 않든 간에, 예정이 아담의 후손들 가운데서 분명히 드러나고 있다. 한 조상의 죄책 때문에 모든 사람이 구원에서 떨어져 나간 상태에 빠졌다는 것은 저절로 생겨난 것이 아니기 때문이다. 그렇다면, 인류 전체에 대해서는 하는 수 없이 인정하는 그 사실을 어째서 한 사람의 시조(始祖)에 대해서는 인정하지 못한단 말인가? 어째서 그 사실을 회피하는 데 그렇게 노력을 허비한단 말인가? 성경은 한 사람 아담 안에서 모든 인생들이 영원한 죽음에 매여 있다고 선언하고 있다(참조. 롬 5:12 이하). 이런 사실이 저절로 그렇게 될수가 없으므로, 이것이 하나님의 놀라운 계획에서 비롯된 것이라는 것이 너무도 분명히 드러나는 것이다. 그러므로, 하나님의 의로우심을 변호하려는 좋은 의도를 가진 자들이 지푸라기 하나에 매달려서 곤란해하면서 그 높은 지붕을 뛰어넘으려고 한다면 그야말로 우스꽝스러운 일이 아니겠는가!

나는 다시 묻고 싶다. 하나님께서 그렇게 되게 하시기를 기뻐하셨기 때문이 아니라면, 아담의 타락 때문에 그 많은 사람들이, 그들의 어린 자녀들과 함께 영원한 죽음 속에 불가피하게 들어가게 된 일의 원인이 대체 무엇이란 말인가? 이에 대해서는 그렇게도 수다스러운 그들의 입이 벙어리가 되지 않을 수 없다. 나도 고백하건대, 그 작정은 그야말로 무서운 것이다. 그러나 아무리 그렇다 할지라도, 하나님께서 사람을 창조하시기 전에 그 사람이 어떠한 종말을 맞게 될 것인가를 미리 아셨으며, 또한 그의 작정으로 그렇게 정해 놓으셨기 때문에 그렇게 미리 보셨다는 것은 어느 누구도 부인할 수 없는 사실이다. 누구든지 이 점에 대해서 하나님의 예지를 비난한다면, 그 사람은 경솔하고 생각 없이 넘어지고 마는 것이다. 하늘의 심판주께서 장차 일어날 일에 대해서 무지하지 않으셨다고 해서 대체 무엇 때문에 그를 비난한단 말인가?

만일 정당하고 명확한 불평이 있다면, 예정에 대해서는 그것이 적용될 수 있을 것이다. 그러므로, 하나님께서는 첫 사람 아담의 타락을 미리 보셨고, 또한 그의 속에서 그의 후손들의 멸망을 미리 보신 것은, 물론 그 자신의 결정에 따라서 그 일을 주도하셨다고 말한다 해도 어리석게 생각해서는 안 될 것이다. 하나님께서 그의 지혜로 장차 일어날 모든 일을 미리 보시듯이, 그는 또한 그의 권능으로 모든 일을 그의 손으로 다스리고 통제하시기 때문이다.

아우구스티누스는 다른 문제에 대해서도 늘 그렇듯이, 이 문제에 대해서도 아주 기술적으로 잘 처리해 주고 있다: "우리는 우리가 지극히 올바르게 믿는 바를 지극히 건전하게 고백한다. 즉, 만물의 주 되신 하나님께서는 만물을 지극히 선하게 창조하셨고(참조. 창 1:31) 또한 선에서 악한 것들이 생겨날 것을 미리 아셨고, 또한 악한 것들이 존재하는 것을 허용하지 않으시기보다는 그 악한 것들을 통해서 선을 이루시는 것이 그의 지극히 전능하신 선하심에 합당하다는 것을 아셨으므로 … , 우선 자유 의지가 할 수 있는 것이 무엇인지를 보여 주시고, 그 다음으로 그의 은혜의 축복과 그의 공의의 심판이 할 수 있는 것이 무엇인지를 보여 주실 수 있도록 그렇게 천사들과 사람들의 삶을 정하셨다는 사실이다."[5]

(아담의 타락에 대한 하나님의 뜻과 허용. 8-11)

8. 하나님의 뜻과 허용의 구별이 없음

여기서 그들은 뜻(will)과 허용(permission)이 서로 다르다는 사실에 의지한다. 그리하여 그들은 악인이 멸망하는 것은 하나님이 허용하시기 때문이지, 그가 그렇게 뜻하시기 때문이 아니라고 주장한다. 그러나 하나님께서 그렇게 뜻하시기 때문이 아니라면 무엇 때문에 "허용"이라는 말을 쓴단 말인가? 또한 하나님께서는 그저 허용만 하시고 그 어떠한 것도 정하지 않으신 채 가만히 계시고, 사람이 스스로 멸망을 자초했다는 논리는 그 자체가 설득력이 없다. 그것은 마치 하나님께서는 만물의 영장의 상태에 대해서 그가 뜻하시는 상태를 전혀 정해 놓지 않으셨다는 것과도 같은 말이 아닌가! 그러므로 나는 주저하지 않고 곧바로 아우구스티누스의 말을 빌려서 "하나님의 뜻이 곧 필연이다"라고 고백할 것이다.[6] 그리고 마치 그가 미리 보신 일들이 진정 이루어지듯이, 그가 뜻하신 바가 필연적으로 이루어질 것이라고 고백할 것이다.

그런데 혹시 펠라기우스주의자들이나 마니교도들이나 재세례파들이나 에피쿠로스주의자들 — 이 문제에 대해서 우리는 이 네 파(派)와 상대해야 한다 — 이 자기 자신들의 사악함을 감추는 구실로 하나님의 예정 때문에 자기들이 필연의 압박을 받고 있다며 반론을 제기한다 해도, 그들로서는 그 목적을 위해 도움이 될 만한 아무런 논지도 제시하지 못하는 것이다. 왜냐하면 만일 예정이 아무것도 아니고 그저 하나님의 은밀하고도 흠이 없는 공의를 집행하는 것에 불과하다면, 그들이 그런 처지에 있도록 예정되기에 합당한 것이 분명하므로, 예정에 의해서 그들에게 임하게 되는 그 멸망이 지극히 정당하다는 것도 똑같이 분명하기 때문이다.

뿐만 아니라, 그들의 멸망은 그 원인과 근거가 그들 자신에게 있도록 그렇게 하나님의 예정에 의존하는 것이다. 첫 사람 아담이 타락한 것은 주께서 그것이 적절하다고 판단하셨기 때문이었다. 그러나 어째서 그렇게 판단하셨는지는 우리로서는 알 길이 없다. 그러나 분명한 것은 그런 판단으로 말미암아 그의 이름의 영광이 정당하게 드러나는 것을 친히 보셨기 때문에 하나님께서 그렇게 판단하셨다는 사실이다.

하나님의 영광이 거론되는 것을 들으면, 그의 공의로우심을 생각하여야 한다. 찬양받을 가치가 있는 것은 무엇이든 의로운 것이기 때문이다. 그러므로, 사람은 하나님의 섭리가 정하는 대로 타락하지만, 그러나 그는 자기 자신의 과실로 말미암아 타락하는 것이다. 인간의 타락이 있기 조금 전에 주께서는 "지으신 그 모든 것을 보시니 보시기에 심히 좋았더라"(창 1:31)고 선언하신 바 있다. 그렇다면, 도대체 그 악이 어디서 사람에게 왔길래 그가 그의 하나님으로부터 타락하게까지 된단 말인가? 그것이 피조 세계에서 오는 것이라고 생각하지 않도록, 하나님께서는 자기 자신에게서 나온 것에 대하여 인정하는 도장을 찍어 놓으셨다.

그렇다면, 결국은 사람이 자기 자신의 악한 의도로 인하여 주께로부터 받은 순결한 본성을 부패시켰고, 또한 그의 타락으로 말미암아 그의 후손 모두를 그와 함께 멸망으로 이끌게 된 것이다. 따라서 우리는 감추어져서 전혀 알 수 없는 어떤 원인을 하나님의 예정에서 찾으려 하기보다는, 오히려 우리에게 더 가까이 있는 인간의 부패한 본성에서 정죄의 분명한 원인을 찾아야 할 것이다. 또한 우리의 이성을 하나님의 한없는 지혜에 굴복시켜서 그 무수한 비밀들 앞에 고개 숙이기를 부끄러워해서는 안 될 것이다. 사람에게 주어지지도 않았고 또한 아는 것이 정당하지도 않은 사안에 대해서는 무식(無識)이 곧 유식(有識)이며, 알고자 하는 욕심은 일종의 광기(狂氣)인 것이다.

9. 멸망의 상태에 빠진 원인은 사람 자신에게 있음

어쩌면 내가 아직 이러한 사악한 구실을 침묵하게 만들 만한 증거를 제시하지 못했다고 말하는 사람들이 있을 수도 있을 것이다. 그러나 나는 불경한 자들에게 아무리 증거를 제시해도 그들이 투덜거리고 수군대는 것을 막을 수는 없다고 본다. 내 생각에는 지금까지 제시한 정도면 온갖 반대의 이유와 구실들을 제거하기에 충분하다고 여겨진다. 버림받은 자들은 죄를 짓는 일을 얼마든지 용납받고 싶어하며, 그러면서 죄를 지을 필연을 도저히 피할 수가 없다고 핑계를 댄다. 하나님께서 그런 필연을 친히 정해 놓으셨으니 그럴 수밖에 없다는 것이다. 그러나 그들의 죄 짓는 행위들은 용납되는 것이 아니다. 왜냐하면 그들은 하나님의 작정하심 때문에 자기들이 멸망에 이르도록 운명지어졌다고 불평하지만, 그 작정하심은 지극히 공평한 것이다. 물론 우리로서는 알 수 없지만 그럼에도 불구하고 그 공평함이 매우 분명한 것이다.

이렇게 볼 때에 우리는 그들에게서 나타나는 악한 것들은 모두 하나님의 지극히 의로우신 판단에 의하여 그들에게 부여된 것이라고 가르친다. 그러므로 우리는, 자기들의 정죄의 근원을 찾기 위해서 감추어진 하나님의 계획의 성역으로 시선을 돌리며, 또한 그 진정한 원인이 되는 본성적인 부패에 대해서는 눈을 감는 자들은 정말 패역하게 처신하는 것이라고 가르친다. 하나님은 그들이 이런 비난을 하나님께 대하여 쏟아붓지 못하도록 막기 위하여 그의 피조 세계를 향하여 친히 증거하시는 것이다. 하나님의 영원하신 섭리로 말미암아 사람이 그런 비참한 처지에 있게 되도록 창조함을 받은 것은 사실이지만, 그럼에도 불구하고 그 원인은 하나님이 아니라 사람 자신에게 있는 것이다. 왜냐하면 사람이 멸망에 빠진 유일한 원인은 그가 하나님의 순결한 창조의 상태에서 타락하여 악하고 불순한 부패의 상태로 빠져 들어갔다는 데 있는 것이기 때문이다.

10. 세 번째 반론: 하나님이 사람들을 편파적으로 대하신다는 논리

하나님의 예정을 반대하는 자들은 또한 세 번째 어리석은 논리로 그것을 비방한다. 하나님께서 그의 나라를 상속할 자들로 받아들이시는 자들을 총체적인 멸망에서 해방시키시는 것이 오직 하나님의 뜻의 결정에 의한 것이므로 그들은 이러한 사실을 근거로 하나님께는 사람을 편파적으로 대하시는 면이 있다고 결론을 짓는데, 이는 성경이 어디서든지 부인하는 것이다. 그리하여 그들은 더 나아가서 성경 그 자체가 서로 모순이든지, 아니면 하나님의 선택에는 공로에 대한 고려가 있든지 둘 중의 하나라고 결론을 짓는다.

첫째로, 성경은 하나님께서 사람들을 향하여 편파적이시라는 것을 부인하지만 이는 그들이 판단하는 것과는 다른 의미이다. 성경에서 "사람"(person)이라 할 때에는 "사람"(man)을 뜻하는 것이 아니고 사람 속에 있는 것으로서 눈에 띄는 것, 호감이나 친근감이나 위엄을 일으키거나 혹은 혐오감이나 경멸, 치욕 같은 것을 일으키는 그런 것들을 뜻하는 것이다. 곧, 부유함, 재물, 권력, 명예, 지위, 육체적 아름다움 같은 것들이며(참조. 신 10:17), 또한 가난, 궁핍함, 비열함, 악함, 멸시 등을 뜻하는 것이다. 그러므로 베드로와 바울은 "하나님은 사람의 외모를 보지 아니하시고"(행 10:34; 롬 2:11; 갈 2:6)라고 가르치는 것이다. 왜냐하면 하나님은 유대인이나 헬라인을 구별하지 않으시고(갈 3:28) 단지 종족만으로 사람을 거부하거나 포용하지 않으시기 때문이다. 그리하여 야고보도 동일한 표현을 사용하여 하나님께서는 부한 자들을 편애하여 판단하는 분이 아니심을 선포하고 있는 것이다(약 2:5). 그리고 바울도 다른 구절에서 하나님에 대해서 말하면서, 하나님은 판단하실 때에 자유자냐 종이냐를 따지지 않으신다고 말한다(엡 6:9; 골 3:25). 그러므로, 하나님께서는 자기의 기뻐하시는 뜻에 따라서 공로와는 전혀 상관 없이 원하시는 자들을 자녀로 택하시며, 다른 자들은 내어쫓으시고 정죄하신다는 우리의 논지에 대해서 아무도 반박할 수가 없을 것이다.

그러나 이 문제를 이보다 더욱 충분히 만족스럽게 설명할 수가 있다. 만일 그들이 두 사람의 공로가 서로 구별할 수 없을 정도로 똑같은데 하나님께서 그 중 하나는 택하시고 나머지 하나는 버리시는 일이 어떻게 있을 수 있느냐고 묻는다면, 나는 이렇게 반문하고 싶다: "하나님께서 그를 돌아보시게 할 만한 것이 과연 그 택하심을 받은 자에게 있다고 생각하느냐?" 만일 그럴 만한 것이 아무것도 없다는 것을 그들이 인정한다면 — 그렇게 할 수밖에 없겠지만 — 하나님께서는 사람을 고려하지 않으시고 다만 그에게 선을 행하실 이유를 자기의 선하심에서 찾으신다고 할 수 있을 것이다.

그러므로 하나님이 어떤 사람을 택하시고 어떤 사람은 버리신다는 사실은 사람을 고려하시기 때문이 아니라 오직 하나님의 긍휼하심 때문이다. 그가 기뻐하시는 곳에서 그가 기뻐하시는 때에 하나님의 긍휼하심이 스스로 값없이 드러나고 표현되는 것이다. 또한 다른 구절에서는, 부르심을 받은 자들 중에 "육체를 따라 지혜로운 자가 많지 아니하며 능한 자가 많지 아니하며 문벌 좋은 자가 많지 아니하다"(고전 1:26)는 사실을 보게 되는데, 하나님께서 육체의 교만을 낮추시기 위하여 그렇게 하시는 것이다. 그러므로 하나님의 사랑은 결코 사람의 외모에 매이지 않는 것이다!

11. 예정에서 나타나는 하나님의 긍휼과 의

그러므로 어떤 이들은 하나님께서 예정하실 때에 모든 사람에게 똑같은 태도를 보이지 않으신다고 하여 하나님의 공의가 편파적이라고 거짓으로 악하게 비난하기도 한다. 그들은 말하기를, 만일 모든 사람들이 죄책이 있다면 모두 똑같이 벌을 주셔야 하고, 만일 모든 사람이 무죄하다면 그의 극심한 심판을 모든 사람에게서 거두셔야 할 것이라고 하는 것이다. 그러나 그들은 마치 하나님께서 아예 긍휼을 베푸시지 말든가, 아니면 긍휼을 보이고자 뜻하실 때 그의 심판도 완전히 철회하시든가 해야 옳은 것처럼 하나님을 대하는 것이다. 그러면 그들이 요구하는 것은 과연 무엇인가? 모든 사람이 죄책이 있다면 모두 똑같이 똑같은 형벌을 받아야 한다는 것이다. 모든 사람이 똑같이 죄책을 지고 있다는 것은 우리도 인정한다. 그러나 우리는 하나님의 긍휼하심이 그 가운데 일부를 구원하신다고 말한다. 그들은 모든 사람이 구원받아야 한다고 주장한다. 그러나 우리는 하나님께서는 심판 중에서도 공정한 심판자이심을 스스로 드러내 보이시는 것이 옳은 일이라고 대답하는 것이다. 이것을 허용하지 않는다면, 그들은 결국 하나님에게서 긍휼을 보이실 능력을 빼앗으려 하는 것이거나, 아니면 최소한 그가 그의 심판을 완전히 철회하신다는 조건을 걸고 그에게 그 능력을 허용하려 하는 것이 아니면 무엇이겠는가?

아우구스티누스의 다음과 같은 진술이 여기에 아주 적절하다: "첫 사람 안에서 모든 인류가 정죄 아래 빠졌으므로 … 그 중에 영광을 받기로 예비된 그릇들은 그들 자신의 의로 된 그릇들이 아니요 … 하나님의 긍휼로 된 그릇들이며, 천히 쓰기 위해 예비된 다른 그릇들(참조. 롬 9:21)은 탐구의 대상이 아니고 심판의 대상들인 것이다."[7] 하나님께서는 그가 정죄하시는 자들에게는 그 공과에 따르는 형벌을 베푸시지만, 그가 부르시는 자들에게는 공과와는 관계 없이 은혜를 베푸시기 때문에 ― 마치 돈을 빌려 준 사람이 자기의 뜻대로 한 사람에게서는 빚을 탕감해 주고, 다른 사람에게서는 그대로 받아낼 수 있는 권리가 있는 것처럼 ― 그는 아무런 비난도 받으실 이유가 없는 것이다.

"그러므로 주님은 긍휼이 풍성하신 하나님이시므로 그 뜻하시는 자들에게 은혜를 베푸실 수도 있고, 또한 그는 공의로운 심판주이시므로 그 은혜를 모든 자들에게 다 주지 않으실 수도 있다. 그는 전혀 자격이 없는 일부의 사람들에게 은혜를 주심으로써, … 자기의 값없는 은혜를 보여 주실 수 있고 … 그것을 모든 이들에게 다 주지 않으심으로써, 그들 모두가 받아 마땅한 그 형벌을 드러내실 수도 있는 것이다."[8]

바울은 "하나님이 모든 사람을 순종하지 아니하는 가운데 가두어 두심은 모든 사람에게 긍휼을 베풀려 하심이로다"(롬 11:32, 갈 3:22과 한데 섞여 있음)라고 말할 때에, 동시에 하나님께서 어느 누구에게도 빚을 지신 분이 아니라는 말을 덧붙일 필요가 있었고, 그리하여 그는 "누가 주께 먼저 드려서 갚으심을 받겠느냐?"(롬 11:35)라고 말하는 것이다.

(예정의 교리는 해가 되는 것이 아니라 오히려 유익된 것임. 12-14)

12. 네 번째 반론: 선택의 교리가 올바른 삶을 향한 열심을 무너뜨린다는 논리

또한 우리의 반대자들은 예정의 교리를 무너뜨리기 위해서, 만일 예정이 확증되면 선을 행하고자 하는 열심과 신중한 자세가 완전히 무너진다는 반대 논리를 제기한다. 그들의 논지는, 하나님의 영원하고도 불변하는 작정을 통해서 자기에게 생명이나 사망이 정해져 있다는 말을 들을 때에, 하나님의 예정이 사람의 노력으로 취소되거나 나아지는 것이 아니므로 자기가 어떻게 행동하든 전연 상관이 없다는 생각이 들지 않을 사람이 어디 있겠느냐는 것이다. 그리하여 모든 사람들은 자기 자신을 던져버리고 절박한 심정으로 욕심에 이끌리는 대로 마구 행동할 것이라는 것이다. 이런 그들의 논지가 전혀 사실무근인 것은 아니다. 왜냐하면 몹쓸 모독적인 언행으로 예정의 교리를 더럽히며 그것을 구실로 모든 권고와 책망을 회피하는 돼지 같은 자들이 많이 있기 때문이다. 하나님께서는 그가 우리를 어떻게 처리하실지를 단번에 결정지어 놓으셨다. 그러므로 만일 구원을 작정하셨다면, 그가 정하신 때에 우리를 구원으로 이끌어가실 것이며, 만일 죽음을 정해 놓으셨다면, 우리가 아무리 싸워도 허사가 될 뿐이다.

그러나 성경은, 이 크나큰 신비를 더 깊은 경외와 경건의 자세로 바라볼 것을 요구하는 동시에, 경건한 자들에게 이 사람들과는 전혀 다른 태도를 가질 것을 교훈함으로써 이 사람들의 죄악된 미친 태도를 효과적으로 물리쳐 주는 것이다. 성경은 우리로 하여금 불경한 경솔함으로 하나님의 그 깨달을 수 없는 비밀한 것들을 찾아 나서도록 담대한 마음을 일으키고자 하는 의도로 예정에 대해서 말하는 것이 아니다. 오히려 그 의도는, 우리로 하여금 겸손하고 낮아져서 하나님의 심판에 대하여 떨며 그의 긍휼하심에 대해 존귀히 높이기를 배우게 하고자 하는 것이다. 신자들은 바로 이것을 목표로 삼는 것이다.

그러나 이 돼지 같은 자들의 몹쓸 처신에 대해서는 바울이 잠잠하게 만들어 준다. 그들은 계속해서 악을 행하여도 걱정할 것이 없다고 말한다. 왜냐하면 만일 자기들이 택한 자의 수에 들어 있다면, 악을 행하여도 그것 때문에 마지막에 생명에 들어가는 길이 막힐 것이 아니기 때문이라는 것이다. 그러나 바울은 우리가 택하심을 받은 목적이 바로 거룩하고 흠이 없는 삶을 살도록 하고자 하는 데 있다고 가르치고 있다(엡 1:4). 만일 선택의 목표가 거룩한 삶에 있다면, 우리는 선택을 그냥 아무것도 하지 않고 가만히 있는 구실로 삼는 것이 아니라 오히려 그 목표를 향하여 우리 마음에 열심이 생겨나고 마음이 그리로 가다듬어져야 마땅한 것이다.

선택만으로 구원에 충족하다고 해서 선행을 하기를 중단하는 것과, 선택의 지정된 목표인 선한 삶을 향하여 우리 자신을 바쳐서 힘쓰는 것, 이 두 가지는 서로 얼마나 큰 차이가 있는지 모른다! 그러므로 그런 불경스런 망령된 생각일랑 즉시 버려야 한다. 그것들은 선택의 모든 질서 전체를 악의로 뒤엎어버리려 하기 때문이다.

그러나 그 사람들은 그 불경의 강도(强度)를 한층 더 높여서, 하나님으로부터 정죄함을 받은 자는, 아무리 하나님께 인정을 받아보려고 무죄하고 순전한 삶을 살고자 애써도(참조. 딤후 2:15) 결국 하나님의 인정을 받지 못할 것이라고 말한다. 그러나 이런 주장을 통해서 그들은 부끄러움을 모르는 거짓을 범하는 것뿐이다. 그들이 선택되지 않았다면 대체 그런 노력이 어떻게 가능하단 말인가? 유기된 자들에 속하는 자는 누구든지 천한 것을 위하여 예비된 그릇들인 까

닭에(참조. 롬 9:21), 계속되는 범죄 행위로 하나님의 진노를 자초하기를 그치지 않으며, 그리하여 그들이 아무리 거부하고자 애써도 하나님의 심판이 이미 그들을 향하여 선언되었다는 것을 분명한 표증으로 확증해 보이는 것이다.

13. 다섯 번째 반론: 선택의 교리가 모든 권고들을 무의미하게 만든다는 논리

그러나 또 다른 사람들은 이 교리가 마치 경건한 삶을 위한 모든 권면들을 전혀 소용 없게 만드는 것처럼 악의로 파렴치하게 오도하고 있다. 이 문제는 한 때 아우구스티누스를 괴롭히기도 했는데, 그는 「책망과 은혜에 관하여 발렌티누스에게 보냄」(*Rebuke and Grace, to Valentinus*)이라는 책을 통해서 이를 말끔히 해결한 바 있다. 참된 가르침을 받고자 하는 모든 경건한 자들은 이 책을 읽어 보면 큰 만족을 얻을 것이다. 그러나 나는 여기서 몇 가지를 언급하고자 하는데, 이것이 정직한 자들을 만족시켜 주기를 바라는 마음이다. 바울이 얼마나 분명하고도 단호하게 값없는 선택을 가르친 분이었는지는 앞에서 이미 살펴본 바 있다. 그래서 그가 교훈과 권면에 냉담했는가? 이 선한 열심가들이 그들의 열심을 바울과 비교해 보았으면 좋겠다. 그러면 바울의 강렬한 열정에 비하면 그들의 열심은 얼음처럼 차가울 뿐이라는 것을 알게 될 것이다. 사실, 우리가 부정함으로 부르심을 받은 것이 아니라(살전 4:7) "각각 거룩함과 존귀함으로 자기의 아내 대할 줄을 알고"(살전 4:4), 또한 "우리는 그가 만드신 바라 그리스도 예수 안에서 선한 일을 위하여 지으심을 받은 자니 이 일은 하나님이 전에 예비하사 우리로 그 가운데서 행하게 하려 하심이니라"(엡 2:10)는 원리로도 충분히 모든 의심들이 제거되고도 남음이 있다.

요컨대, 바울의 말들을 어느 정도 아는 사람들은 구태여 긴 증거를 대지 않아도, 그들이 반론을 제기하는 그런 문제들을 그가 얼마나 합당하게 조화시켜 주는지를 이해할 것이라는 말이다. 주님은 "내 아버지께서 오게 하여 주지 아니하시면 누구든지 내게 올 수 없다"(요 6:65)라고 말씀하시는데, 그의 이러한 진술이 거짓된 것도 아니요 그의 명령과 모순이 되는 것도 아니다. 그러므로 전도를 통해서 사람들을 믿음으로 인도하고 그들을 인내 가운데서 굳건히 지켜서 계속 유익을 얻게 해야 할 것이다. 그러나 그렇다고 해서 예정에 대한 지식이 방해를 받아서는 안 될 것이다. 순종하는 자들로 하여금 자기들의 그런 순종의 노력에 대해 스스로 자랑하지 않고 주 안에서 영광을 돌리게 되어야 하는 것이다.

그리스도께서 "귀 있는 자는 들으라"(마 13:9)고 말씀하신 데에는 그만한 이유가 있다. 그러므로, 귀 있는 자들에게 권면하고 가르칠 때에는 그들이 기꺼이 순종하지만, 귀가 없는 자들에게 그렇게 하면 "듣기는 들어도 깨닫지 못할 것이요"(사 6:9)라는 말씀이 그대로 성취될 것이다. 그러나 아우구스티누스는 이렇게 말한다: "그러나 어째서 이 사람들은 들을 귀가 있고 저 사람들은 그런 귀가 없는가? '누가 주의 마음을 알았느뇨'(롬 11:34)? 감추어진 것을 깨달을 수가 없다고 해서 분명하게 드러난 것까지 부인해야 하겠는가?" 이는 아우구스티누스의 말을 충실하게 옮긴 것이다.

그러나 내 말보다는 그의 말이 더 강력한 권위를 갖고 있으니, 이제 그가 써 놓은 내용을 그대로 인용하기로 하자: "말씀을 들을 때에 무기력하고 게으름에 빠져서 모든 열심을 버리고 정욕에 이끌려 마음대로 행하는 자들이 있다면, 하나님의 예지에 대해서 진술한 사실이 거짓이 되어 버리는 것인가? 만일 하나님께서 그들이 선해질 것을 미리 아셨다면 그들이 지금 아무리 깊은 악 속에 빠져 있다 할지라도 결국 선해질 것이 아닌가? 그리고 만일 하나님께서 그들이 악해질 것을 미리 아셨다면 그들에게 지금 아무리 선한 것이 있다 할지라도 결국 악해질 것이 아닌가?" 그러나 이런 이유들 때문에 "하나님의 예지에 대해서 말하지 않으면 다른 오류들이 생겨날 그런 시점에서, 과연 그 예지에 대해서 진술해 놓은 진리를 부인하거나, 혹은 뒤로 제쳐두어야 하겠는가?"

그는 이렇게 말한다: "진실을 뒤로 제쳐 두어야 하는 이유와, 진실을 말해야 할 필연성은 서로 별개의 것이다. 진실을 뒤로 제쳐 두는 모든 이유를 … 다 찾아낸다는 것은 매우 지루한 일이다. 그러나 그 가운데 하나는 곧, 깨닫는 자들에게 더 깊은 배움을 주려 하다가 깨닫지 못하는 자들의 사정을 더욱 악화시키는 일이 있어서는 안 되기 때문이다. 그러나 우리가 그런 것들을 말한다고 해도 그들의 배움이 더 깊어지는 것도 아니요, 깨닫지 못하는 자들의 사정이 그 때문에 더 악화되는 것도 아니다. 그러나 진리가, 그것을 받아들이지 못하는 자는 그것에 대한 논의 때문에 더 악화되고, 또한 그것을 받아들이는 자는 그것에 대한 논의를 하지 않는 것 때문에 더 악화되는 그런 성질을 갖고 있다면, 과연 우리는 어떻게 해야 하겠는가? 그냥 침묵을 지킴으로써 아무도 진리를 받아들이지 못하게 하고, 또한 진리를 받아들일 수 있는 자들의 사정을 더욱 악화시키기보다는,

진리를 정당하게 논의함으로써 그것을 받아들일 수 있는 자는 받아들이도록 해야 하지 않겠는가? 그런 사람이 진리를 듣고 받아들인다면, 또한 그를 통해서 많은 이들이 배울 수 있게 될 것이다. … 그런데도 우리는 성경의 증거를 근거로 말할 수 있는 것을 말하기를 꺼리고 있다. 진리를 받아들이지 못하는 자들에게 진리를 말했다가 오히려 그들을 실족하게 하면 어떻게 할까 하는 두려움이 있기 때문이다. 그러나 우리가 진리에 대해서 침묵을 지키다가 진리를 받아들일 수 있는 자들이 그로 인하여 거짓에 빠지면 어떻게 할까 하는 두려움은 없다."

그리고 마지막으로 그는 이러한 사고를 하나로 묶어서 더욱 간결하고도 분명하게 다음과 같이 확인하고 있다: "그러므로, 사도들을 비롯하여 그들을 계승한 교회의 교사들까지도 이 두 가지를 ― 즉, 하나님의 영원하신 선택을 경외의 자세로 다루며, 또한 신자들을 경건한 삶의 질서 아래 있게 하는 일을 ― 행하였다면, 어째서 오늘날의 사람들은 진리의 그 강력한 힘에 압도당하여 있으면서도, '예정에 대해서 말한 내용이 … 사실이라 할지라도 그것을 사람들에게 전해서는 안 된다'는 식의 말을 옳다고 생각한단 말인가? 그 진리를 전파함으로써 들을 귀 있는 자는 듣도록(막 4:9; 마 11:15; 눅 8:8) 하는 것이 옳은 일이다. 그러나 주시겠다고 약속하신 그분에게서 받지 않았다면 과연 어떻게 들을 귀가 생겼겠는가? 받아들이지 않는 자는 그 진리를 거부할 것이요, 받아들이는 자는 그것을 취하여 마시고, 그로 말미암아 생명을 누리게 될 것이다. 경건을 전파하여 … 하나님을 올바로 예배하도록 해야 하는 것과 마찬가지로 … 예정에 관한 진리도 반드시 전파하여 … 들을 귀 있는 자들로 하여금 하나님의 은혜를 듣고 자기를 자랑하지 않고 오직 하나님을 자랑하게 되어야 하는 것이다."[9]

14. 아우구스티누스의 지혜로운 가르침

그런데 그 거룩한 분은 덕을 세우고자 하는 놀라운 열정을 갖고서 진리를 가르치는 방법을 잘 적용하여 가능한 한 실족하게 하지 않도록 지혜롭게 처신하였다. 그는 진리를 말하면서도 동시에 적절하게 말할 수 있다는 것을 우리에게 상기시켜 주는 것이다. 만일 사람들에게 이런 식으로 이야기한다고 하자: "여러분이 믿지 않는다면 그것은 바로 여러분이 멸망에 들어가도록 이미 하나님께서 정해 놓으셨기 때문이오." 그러면 그는 나태함을 조장하는 것일 뿐 아니라 악한 생각까지 갖게 만드는 것이다. 만일 들으면서도 믿지 않는다면 그들은 이미 정죄를 받은 것이라는 진술을 미래에까지 확대하여 적용시킨다면, 그것은 가르치는 것이 아니라 저주를 하는 것이 되고 말 것이다.

그러므로 아우구스티누스는 그런 사람들을 거짓 교사나 혹은 악하고 불길한 선지자들로 여겨서 교회에서 물러나라고 명한다.[10] 또한 다른 곳에서 그는, 유익을 주기를 원하는 자에게 구태여 책망을 하지 않고서도 자비를 보임으로써 얼마든지 그 사람에게 도움을 줄 수 있는 그런 관계가 성립되었을 때에 비로소 책망이 사람에게 유익을 주는 법이라는 견해를 주장한다.

그러나 어째서 이 사람은 이렇게 대하고 저 사람은 저렇게 대한단 말인가? 이에 대해서 판단할 권한이 토기장이에게가 아니라 진흙에게 있다는 식의 말은 꺼내지도 말라! 후에 그는 이렇게 기록하고 있다: "그러나 사람들이 책망을 받고서 의의 길로 나아오거나 돌아온다면, 그들의 마음속에 구원을 이루는 것이 과연 — 누가 심고 물을 주든 간에 — 자라게 하시는 그분이(고전 3:6-8) 아니라면, 친히 사람을 구원하고자 하시면 그 어떤 사람의 자유 의지도 저항할 수 없는 그분이 아니라면 누구란 말인가? 그렇다면, 하나님의 뜻은 — '그가 기뻐하시는 모든 일을 천지와 바다와 모든 깊은 데서 다 행하시며'(시 135:6), 또한 장래 일을 주장하시는(사 45:11) 그분의 뜻은 — 사람의 뜻으로 저항할 수가 없고, 하나님께서 뜻하시는 바를 막을 수가 없다는 것이 너무도 분명한 것이다. 왜냐하면 하나님은 그가 뜻하시는 바를 사람들의 뜻을 통해서 행하시기 때문이다."

또한 사람들을 자기에게로 이끄려 하실 때에도, "하나님께서 그들의 몸에 족쇄를 채워서 묶어 두시는가? 그는 속에서 행하신다. 그들의 속마음을 붙잡으시며, 그들의 속마음을 움직이시며, 사람들로 하여금 자기의 뜻에 의하여 그에게 나아오도록 하시는 것이다."

그러나 바로 그 다음에 그가 덧붙이는 내용을 빠뜨려서는 안 될 것이다: "우리는 누가 예정된 자에 속하며, 또 누가 거기에 속하지 않는지를 모르기 때문에, 모든 사람들이 구원받기를 원하는 그런 마음의 소원을 가져야 마땅할 것이다. 그렇기 때문에 우리는 우리가 만나는 모든 자들을 우리의 평안에 함께 참여하는 자들로 만들기를 힘써야 하는 것이다. 그러나 우리의 평안은 평안을 받을 사람들에게 임하게 될 것이다(눅 10:6; 참조. 마 10:13). 그러므로, 우리는 … 건전하고도 엄중한 책망을 모든 사람에게 약(藥)처럼 사용하여 그들 스스로 멸망하거나 혹은 그들이 다른 이들을 망하게 하지 않도록 해야 할 것이다. 그러나 그런 책망을 통해서 하나님께서 미리 아시고 예정하신 자들에게 유익을 주는 문제는 오직 하나님께 속한 것이다."[11]

주 _____

1. Augustine, *Against Julian*, V. iii. 13.

2. Augustine, *On the Predestination of the Saints*, ii. 4.

3. Augustine, *Letters*, clxxxvi. 7. 23.

4. Augustine, *Sermons*, xxvii. 3. 4; 6. 6; 7. 7.

5. Augustine, *On Rebuke and Grace*, X. 27.

6. Augustine, *On Genesis in the Literal Sense*, VI. xv. 26.

7. Augustine, *Letters*, clxxxvi. 7. 22; 6. 18.

8. Augustine, *On the Gift of Perseverance*, xii. 28.

9. Augustine, *ibid*., xiv. 37; xv. 38; xvi. 40.

10. Augustine, *ibid*., xx. 51; xxii. 61.

11. Augustine, *On Rebuke and Grace*, v. 8; xiv. 43; xv. 46; xvi. 49.

제 24 장

꠸꠸꠸

선택은 하나님의 부르심을 통해 확증되며,
악인은 그들에게 정해진 공의로운 멸망을 자초함

(선택과 부르심. 1-5)

1. 부르심은 선택에 근거하며 따라서 오직 은혜의 역사임

그러나 문제를 더욱 분명히 하기 위해서는, 택한 자들을 부르시는 문제와 악한 자들의 눈을 어둡게 하며 완악하게 하는 문제를 다루어야 한다.

택한 자들의 부르심에 대한 문제는, 약속이 인류 전체에게 보편적으로 주어지므로 모든 인류가 동등한 것이라고 생각하는 자들의 오류를 반박할 때 이미 어느 정도 거론한 바 있거니와,[1] 하나님께서는 그의 부르심을 통해서 선택을 드러내실 때 — 그렇게 하시지 않으면 선택은 하나님 자신에게 감추어져 있을 수밖에 없다 — 아무런 구별이 없이 행하시는 것이 아니다. 그러므로, 하나님의 부르심을 가리켜서 그의 "인증"(認證:attestation)이라 부르는 것이 합당할 것이다. "하나님이 미리 아신 자들을 또한 그 아들의 형상을 본받게 하기 위하여 미리 정하셨으니"(롬 8:29), "또 미리 정하신 그들을 또한 부르시고 부르신 그들을 또한 의롭다 하시고 의롭다 하신 그들을 또한"(롬 8:30) 장차 영광을 받게 하시는 것이다.

물론 자기 백성을 택하실 때 주께서는 이미 그들을 자기 자녀로 양자를 삼으신 것이지만, 그들이 부르심을 받지 않고서는 그렇게 큰 축복을 소유하게 되지 않는다는 것을 보게 된다. 그리고 반대로, 부르심을 받을 때에는 그들이 이미 그들의 택하심의 몫을 누리는 것이다. 그러므로 바울은 그들이 받는 성령을 가리켜 "양자의 영"(롬 8:15)이라고도 하고, "인"(印)이나 장차 얻을 "기업의 보증"이라고도 부른다(엡 1:13-14; 참조. 고후 1:12; 5:5). 성령께서 그의 증거하심을 통해서 그들의 마음속에 다가올 양자 됨에 대한 확신을 확실히 심어주시고 또한 인치시기 때문이다.

복음을 전하는 일이 선택이라는 샘 근원에서 흘러나오는 것이지만, 복음을 전하는 일에 악인도 함께 참여하기 때문에 그것 자체를 선택의 충만한 증거라고 할 수는 없다. 그러나 하나님은 그의 택하신 자들을 효과적으로 가르치사 그들을 믿음으로 인도하시는 것이다. 이런 의미에서 우리는 앞에서 그리스도 자신의 말씀을 인용한 바 있다: "오직 하나님에게서 온 자만 아버지를 보았느니라"(요 6:46); "세상 중에서 내게 주신 사람들에게 내가 아버지의 이름을 나타내었나이다"(요 17:6); "아버지께서 이끌지 아니하시면 아무도 내게 올 수 없으니"(요 6:44).

아우구스티누스는 이 구절을 다음과 같은 말로 아주 지혜롭게 설명하였다: "진리가 말씀하듯이 '아버지께 듣고 배운 사람마다 내게로 오느니라'(요 6:45)는 말씀이 사실이라면, 그에게 나아오지 않는 자들은 누구든지 배우지 않은 것이 확실하다. … 그러므로 올 수 있는 자라도 오고자 하는 뜻이 있어서 그 뜻을 실행에 옮기지 않는 이상 실제로 올 수가 없는 것이다. 그러나 아버지께 배운 자들은 누구나 올 수 있을 뿐 아니라 실제로 오는 것이다. 그리고 이러한 결과 속에는 가능성의 유리한 점이, 뜻의 영향력과 행동의 효과가 이미 내재되어 있는 것이다."[2]

그는 또한 다른 곳에서 이를 한층 분명하게 표현하고 있다: "'아버지께 듣고 배운 사람마다 내게로 오느니라'(요 6:45)라는 말씀은 아버지께 듣고 배운 자들 가운데 내게로 오지 않는 자는 하나도 없다는 뜻이 아니고 무엇이겠는가? 만일 아버지께 듣고 배운 사람마다 그리스도께로 온다면 오지 않는 사람은 누구나 아버지께 듣거나 배우지 않는 자일 것이다. 듣고 배웠다면 그리스도께로 올 테니 말이다. … 아버지께 듣고 또한 아들에게로 오도록 우리를 가르치는 이 가르침은 육신적인 의미와는 전혀 다른 것이다."

그리고 조금 뒤에 가서는 이렇게 말씀한다: "그러므로 이 은혜가 인간의 마음에 은밀하게 베풀어지는데, 완악한 마음은 이를 받아들이지 않는 법이다. 그 은혜가 베풀어지는 목적은 이것이니, 곧 마음의 완악함을 먼저 제거하는 것이다. 그리고 속으로 아버지의 말씀을 들을 때에 … 돌 같은 마음이 제거되고 부드러운 마음이 주어지는 것이다(겔 11:19; 36:26). … 그렇게 해서 하나님께서는 그들을 약속의 자녀들로, 영광을 위해 예비하신 긍휼의 그릇으로 만드시는 것이다(13장). 그러면 하나님은 어째서 모든 사람들이 그리스도께로 오도록 가르치지 않으시는가? 그가 가르치고자 하시는 자들은 모두 긍휼로 가르치시고, 가르치지 않고자 하시는 자들은 모두 심판으로 가르치지 않으시는 것이 아닌가? '하나님께서 하고자 하시는 자를 긍휼히 여기시고 하고자 하시는 자를 완악하게 하시기'(롬 9:18) 때문이 아닌가?"[3]

그러므로 하나님은 자기가 택한 자들을 그의 자녀로 지명하시며, 자기 자신을 그들의 아버지로 지정하신다. 더 나아가서, 그들을 부르심으로써 그들을 그의 가족의 일원으로 받아들이시고, 그들을 자기와 연합하게 하셔서 그들이 서로 하나가 되게 하신다. 그러나 부르심이 선택과 더불어 나타날 때에, 성경은 그렇게 해서 거기서 오직 하나님의 값없는 긍휼만을 찾아야 할 것임을 충분하게 드러내 주는 것이다. 하나님이 누구를 부르시며, 또한 왜 그들을 부르시는지를 물으면, 그는 그가 택하신 자들을 부르시며, 택하셨기 때문에 그들을 부르신다고 대답하실 것이다. 또한 선택을 접해보면, 거기에는 온통 긍휼하심밖에는 보이지 않을 것이다.

여기서 바울의 다음과 같은 진술이 정말 의미가 깊다: "그런즉 원하는 자로 말미암음도 아니요 달음박질하는 자로 말미암음도 아니요 오직 긍휼히 여기시는 하나님으로 말미암음이니라"(롬 9:16). 이 말씀은 하나님의 은혜와, 사람이 원하고 달음박질하는 것을 서로 구분하는 자들이 보통 이해하는 것과는 그 의미가 다르다. 그들은 사람이 하나님의 은혜로 말미암아 하나님의 사랑을 받지 않으면 그들의 소원과 노력 자체가 아무런 의미가 없다고 설명하며, 또한 하나님의 축복을 통해서 도움을 받으면 그들이 자기들이 할 부분을 다하여 구원을 이루는 것이라고 주장하는 것이다.

나는 그들의 이런 트집을 나의 말보다는 아우구스티누스의 말로 반박하고자 한다: "만일 사도가 의도한 의미가 다른 것이 아니라, 주님의 긍휼하심이 없으면 사람의 소원이나 달음박질이 아무것도 아니라는 것이라면, 이 진술을 뒤집어도 무방할 것이다. 곧, 사람의 소원이나 달음박질이 없이는 긍휼이 아무것도 아니라고 말이다. 그러나 만일 이렇게 이해하는 것이 분명 불경한 일이라면, 사도가 모든 것을 주님의 긍휼하심의 덕분으로 돌리고 우리의 소원이나 노력에 대해서는 아무것도 남겨두지 않는다는 사실을 의심해서는 안 될 것이다."[4]

이 거룩한 분은 그렇게 기록하고 있다. 그들은 주장하기를, 우리에게 어느 정도의 노력과 소원이 없었다면 바울이 이런 말을 하지 않았을 것이라고 하지만, 나는 그들의 그런 교묘한 논리는 지푸라기 하나만큼의 가치도 없다고 본다. 바울은 사람에게 있는 것은 전혀 고려하지 않았다. 그러나 특정한 사람들이 구원의 일부를 사람의 노력의 덕분으로 여기는 것을 보고, 그 문장의 전반부에서 그들의 오류를 분명히 정죄하며, 후반부에서는 구원의 전체가 하나님의 긍휼하심의 덕분임을 주장하는 것이다. 선지자들도 오직 하나님의 값없는 부르심을 계속해서 전하지 않는가?

2. 부르심은 오직 하나님의 은혜의 역사임

뿐만 아니라, 부르심의 본질과 경륜 그 자체가 이 사실을 분명히 입증해 준다. 왜냐하면 부르심에는 반드시 말씀의 선포와 또한 성령의 조명(照明)하심이 개입되기 때문이다. 우리는 선지자에게서 하나님께서 어떤 사람들에게 그의 말씀을 주시는지를 배운다: "나는 나를 구하지 아니하던 자에게 물음을 받았으며 나를 찾지 아니하던 자에게 찾아냄이 되었으며 내 이름을 부르지 아니하던 나라에 '내가 여기 있노라 내가 여기 있노라' 하였노라"(사 65:1). 그리고 유대인들이 이런 하나님의 호의가 오직 이방인들에게만 해당된다고 생각하지 않도록 하기 위하여, 하나님은 또한 그들의 조상 아브라함을 어디서 취하여 내셔서 그에게 은혜를 베푸셨는지를 상기시켜 주신다. 곧, 아브라함이 그의 모든 백성들과 함께 우상숭배의 한가운데에 빠져 있었는데 거기서 취하여 내셨다는 것이다(참조. 수 24:2-3).

주님은 자격이 없는 자들에게 먼저 그의 말씀의 빛을 비추어 주심으로써, 그의 값없는 선하심의 분명한 증거를 충분히 드러내 보이신다. 그러므로 여기서 하나님의 한없는 선하심이 이미 드러나고 있는 것이다. 그러나 그렇다고 해서 모든 사람을 구원하시는 것은 아니다. 왜냐하면 악인들이 하나님의 사랑의 증거를 거부하여 그들에게 더 무거운 심판이 남아 있기 때문이다. 하나님께서는 그의 영광을 드러내시기 위하여 그들에게서 그의 성령의 효과적 역사하심을 허락하시지 않는 것이다. 그러므로, 내적인 부르심이야말로 우리를 속일 수 없는 구원의 보증이다. "우리에게 주신 성령으로 말미암아 그가 우리 안에 거하시는 줄을 우리가 아느니라"(요일 3:24; 참조. 4:13)라는 요한의 진술이 여기에 적용되는 것이다. 그러나 육체가 교만하여 주께서 부르시고 값없이 자기를 내어주실 때에 최소한 거기에 응답은 했다고 하며 자랑하지 못하도록 하기 위하여, 주님은 그가 만들어 주지 않으시면 육체는 들을 귀도, 볼 눈도 없다고 선언하신다. 뿐만 아니라 주님은 그것들을 만들어 주시되, 각 사람의 감사하는 마음에 따라서가 아니라 자신의 선택에 따라서 만들어 주신다고 하신다. 사도행전에서 이에 대한 뚜렷한 예를 볼 수 있다. 유대인과 이방인들이 함께 모여 바울과 바나바의 설교를 들었다. 그때 모든 사람들이 동일한 말씀으로 교훈을 받았는데, 이에 대하여 누가는 "영생을 주시기로 작정된 자는 다 믿더라"(행 13:48)라고 진술하고 있다. 오직 선택이 처음부터 마지막까지 부르심을 주장하고 있는데, 그 부르심이 값없이 주시는 것이라는 것을 부인한다면 이 얼마나 뻔뻔스러운 일이겠는가?

3. 믿음은 선택의 결과이지 선택의 조건이 아님

그러나 여기서 우리는 두 가지 오류를 조심해야 한다. 사람을 하나님의 동역자로 만들고서 선택이 사람의 동의에 의하여 인준된다고 하는 자들이 있기 때문이다. 그러므로 그들의 논지에 따르면 사람의 뜻이 하나님의 계획보다 우위(優位)에 있다고 한다. 마치 성경이 우리에게는 믿을 능력만 주어지며, 믿음 그 자체는 주어지지 않는다고 가르치기라도 하는 것처럼 말이다! 그리고 또 어떤 사람들은 성령의 은혜를 그렇게 약화시키지는 않으면서도 이런저런 이유 때문에 선택이 믿음에 의존된다고 주장한다. 마치 믿음으로 확증되기까지는 선택이 의심스럽고 효력이 없기라도 한 것처럼 말이다. 사실, 우리의 편에서는 그것이 그렇다는 것이 너무나도 분명하다. 또한 감추어져 있던 하나님의 은밀한 계획이 밝히 드러난다는 것을 앞에서 이미 살펴본 바 있거니와, 이는 전혀 몰랐던 것이 이제 확증된다는 의미 — 말하자면 인(印)을 침으로써 — 인 것이다.

그러나 그렇다고 해서 선택이 우리가 복음을 받아들인 후에야 비로소 효력을 발생하며, 선택의 타당성이 복음을 받아들이는 사실에서 생겨난다고 말한다면 그것은 잘못이다. 물론 우리는 복음을 받아들이는 데에서 선택에 대한 확신을 찾아야 할 것이다. 하나님의 영원하신 작정하심을 다 파헤치려 하다가는 그 깊고 깊은 심연(深淵)에 삼킴을 당하고 말 것이다. 그러나 하나님께서 그의 작정하심을 우리에게 분명히 나타내셨을 때에는 더 높은 데까지 올라가서, 결과가 원인을 주도하는 일이 없도록 해야 할 것이다.

성경은 하나님께서 우리를 택하신 사실에 따라서 우리가 조명하심을 받는다고 가르치는데, 하나님께서 조명하시는 그 빛의 찬란한 광채에 너무 눈이 부셔서 선택을 생각하기를 거부한다면, 그보다 어리석고 어처구니없는 일이 또 어디 있겠는가? 한편, 우리의 구원에 대한 확신을 갖기 위해서는 하나님의 말씀에서 시작해야 하며, 또한 하나님을 우리의 아버지로 부를 만큼 우리의 신뢰가 강렬해야 한다는 것을 나는 부인하지 않는다. 우리에게 가까이 있는 하나님의 계획에 대해서 우리의 입과 마음으로 확신을 갖기 위해서(신 30:14), 악하게도 구름을 뚫고 위로 날아오르기를 꿈꾸는 자들도 있기 때문이다. 그러므로 이러한 경솔함을 건전한 믿음으로 제어하여 외적인 하나님의 말씀 속에서 하나님께서 그의 은밀하신 은혜를 우리에게 충족히 증거해 주시도록 해야 한다. 다만 이때에 물을 풍성하게 흐르게 하여 우리로 하여금 마시도록 해 주는 수도관(水道管)이 물의 근원에게 돌아가야 할 영광을 중간에서 가로채는 일이 없도록 유의해야 할 것이다.

4. 선택에 대한 확신을 얻는 바른 길

그러므로, 선택의 효력을 복음에 대한 믿음에 의존시키는 것이 잘못이므로 — 물론 복음에 대한 믿음으로 우리가 선택되었다는 느낌을 받지만 — 우리의 선택에 대한 확신을 갖고자 할 때에, 선택을 확증할 수 있는 나중의 증표들을 붙잡는 것이 가장 좋을 것이다. 사탄이 신자들을 낙심시킬 때에 사용하는 가장 극심하고 위험한 유혹은, 그들을 구원에 대한 의심으로 불안하게 하며 동시에 구원에 대한 확신을 정도(正道)를 벗어나서 찾도록 악한 욕심을 부추기는 것 이상 없다. 내가 "정도를 벗어나서 찾는다"고 한 것은 하나님의 지혜의 은밀한 정수에까지 꿰뚫고 들어가고, 가장 높이 있는 영원하심에까지 파고 들어가서 하나님의 심판대에서 자기에 대해서 어떤 결정이 내려졌는지를 확인하려고 하는 태도를 말하는 것이다. 그것은 결국 밑바닥이 없는 소용돌이에 자기 자신을 던져 삼키우게 하는 것이며, 자기 자신을 무수한 올가미에 얽어매어서 도저히 헤어나오지 못하도록 만드는 것이며, 칠흙같이 어두운 심연 속에 자기 자신을 파묻는 것이다. 사람이 자기 자신의 힘으로 그 높으신 하나님의 지혜에까지 이르려고 할 때에, 인간의 생각의 그 어리석음이 그렇게 끔찍한 파멸로 징벌을 받는 것이 당연한 일이기 때문이다. 우리들 가운데 거의 전부가 다른 것보다 그런 데에 이끌리기 때문에, 그러한 유혹이야말로 더욱더 치명적인 것이다.

'하나님의 선택이 아니면 네 구원이 어디서 비롯되는가? 그런데 네 선택에 대해서 네게 무슨 계시가 있는가?' 사실 이런 생각으로 계속해서 자극을 받지 않는 사람은 별로 없다. 이런 생각이 사람에게 계속 일어나면 비참한 생각이 들면서 큰 고통을 받거나 아예 거기에 완전히 압도되어 버리기까지 한다. 사실 나로서는 이런 유의 사람들이 예정에 대해서 얼마나 혐오스럽게 여기는지를 바로 이런 경험 이상 확실하게 보여 주는 것이 없다고 본다. 왜냐하면 양심을 압도하고 불안정하게 하여 마음의 평안과 하나님을 향하여 갖는 고요함을 없애버리는 치명적인 오류로서 이보다 더한 것이 없기 때문이다. 그러므로, 배가 파선당할까 두려움이 있다면, 이 암초를 조심스럽게 피해야 할 것이다. 그 암초에 부딪혀서 멸망에 이르지 않는 사람이 아무도 없기 때문이다.

예정에 대한 논의를 위험한 바다에 비유하기도 하지만, 그럼에도 불구하고 자기 자신을 위험에 빠뜨리고 싶은 악한 욕망만 갖지 않는다면, 그 바다를 건너서 안전하고도 고요한 ― 그리고 유쾌한 ― 항해를 할 수 있을 것이다. 자기들의 선택을 더 확실하게 하기 위하여 하나님의 말씀과는 상관이 없이 하나님의 영원한 계획을 탐구하는 자들이 그 치명적인 심연에 스스로 빠져 버리는 것처럼, 그와 마찬가지로 하나님의 말씀 속에 포함되어 있는 사실들을 올바르고 정당하게 살피는 자들은 도저히 측량할 수 없을 만큼 풍성한 위로를 열매로 거두게 되는 것이다. 그러므로, 이것이 우리의 탐구의 길이 되도록 해야 하겠다. 곧, 하나님의 부르심을 출발점으로 삼아 거기서 시작하며, 그것을 종착점으로 삼아 거기서 마치는 것이다.

그러나 그렇다고 해서 신자들이 날마다 하나님의 손길에서 받는 은혜들이 그 은밀한 양자 됨의 사실에서 비롯되는 것이라는 느낌을 갖지 말아야 하는 것은 아니다. 이사야서에서도 "주는 기사를 옛적에 정하신 뜻대로 성실함과 진실함으로 행하셨음이라"(사 25:1)라고 말씀하지 않는가? 하나님께서는 그런 은혜를 증거물로 베푸셔서 우리로 하여금 하나님의 계획에 대해서 정당하게 알 수 있는 만큼 알도록 우리에게 확증을 주기를 원하시는 것이다. 그러나 이러한 증거가 약하다고 느낄 사람들이 있을 것이므로, 그것이 우리에게 얼마나 큰 확신과 분명함을 주는지를 생각하기로 하자.

베르나르는 이 문제에 대해서 적절히 말씀하고 있다. 유기된 자들에 대해서 다룬 후에 그는 이렇게 말한다: "주님의 작정은 확고히 서 있습니다. 평안을 주시고자 하는 그의 목적이 그를 두려워하는 자들에게 확고히 서 있어서 그들의 악을 간과하시며 그들의 선행에 대해서 상급을 베풀어 주셔서, 그의 긍휼하심의 놀라운 방법을 통해서 선을 이룰 뿐 아니라 악한 자들이 합력하여 결국 선을 이루도록 하시는 것입니다 … '누가 능히 하나님께서 택하신 자들을 고발하리요?'(롬 8:33). 내가 오직 그분에게만 잘못을 범했으니 그분께서 홀로 내 옆에 계시다면 그것으로 모든 의가 내게 충족히 있는 것입니다. 그가 내게 전가하지 않기로 작정하신 그 모든 것은 마치 존재하지 않는 것처럼 여겨지는 것입니다."

그리고 조금 뒤에 가서는 이렇게 말한다: "오, 참된 안식처여! '내실'(內室:chamber)이라 불러도 무방하리로다! 오, 하나님을 친히 뵈옵는 곳이여! 진노로 상기되어 계시지도 않고, 염려로 흐트러져 계시지도 않으시고, 그의 선하시고 자비하시고 완전하신 뜻의 감화를 온전히 체험하도다! 그런 환상은 두려움이 아니라 위로를 줍니다. 불안한 호기심을 자극하지 않고 오히려 진정시킵니다. 그리고 감각을 지치게 하지 않고 오히려 고요하게 합니다. 여기서 진정한 안식이 느껴집니다. 평강의 하나님께서 모든 것을 평안하게 만드시니, 안식 가운데 계신 그를 바라보는 것이 바로 안식을 누리는 것입니다."[5]

5. 선택에 대한 확신은 오직 그리스도 안에서 찾아야 함

우선, 하나님 아버지의 긍휼하심과 자비하신 마음을 찾으려면, 시선을 그리스도께로 돌려야 한다. 그에게만 하나님의 영이 계시는 것이다(참조. 마 3:17). 오직 그리스도께서 삶의 근원이시요 구원의 닻이시요 하늘 나라의 상속자이심을 볼 때에, 구원과 생명과 하늘 나라의 영생을 찾으려면 그리스도밖에는 의지할 분이 없다. 자, 선택의 목적은, 우리가 하늘 아버지로 말미암아 자녀로 입양되어 그의 은혜로 구원과 영생을 얻게 하고자 하는 것이 아니고 무엇인가? 아무리 이모저모 재고 궁리해 보아도, 선택의 목적은 결국 이 한계를 넘지 않는다는 것을 발견하게 될 것이다. 그러므로, 하나님께서 자녀로 입양하신 자들을 가리켜 그들 스스로가 아니라 그리스도 안에서 택하심을 받았다고 말씀하는 것이다(엡

1:4). 하나님이 그들을 그리스도 안에서 사랑하실 수 없었다면, 그리하여 그들이 먼저 그리스도에게 참여한 자들이 되어 있지 않았다면, 하나님은 그들에게 그리스도의 나라를 기업(상속물)으로 주실 수가 없었을 것이다. 그러나 우리가 그리스도 안에서 택하심을 받았다면, 우리 자신에게서 우리의 선택에 대한 확신을 찾아서는 안 되며, 심지어 아버지 하나님에게서 찾아서도 안 된다. 그를 그의 아들과 분리하여 생각한다면 말이다. 그러므로 그리스도는 마치 거울과도 같으시므로, 그 속에서 우리 자신의 택하심을 바라보아야 스스로 속지 않고 바로 볼 수가 있는 것이다. 아버지께서는 영원 전부터 그의 것이 되게 하시려고 뜻하신 자들을 그리스도의 몸에 접붙이도록 하셨고 그리스도의 지체들로 인정되는 모든 자들을 그의 자녀로 붙드시기 때문에, 그리스도와의 교제 가운데 있으면 우리가 생명책에 기록되었다는(참조. 계 21:27) 분명하고도 확고한 증거를 갖게 되는 것이다.

그런데 그리스도께서는 아버지께서 그를 우리에게 내어 주셔서 그가 그의 모든 은혜와 더불어 우리의 것이 되게 하셨다는 것을(롬 8:32) 복음 전파를 통해서 증거하심으로써 자기 자신과의 그 확실한 교제를 우리에게 허락하신 것이다. 우리가 그리스도로 옷 입었다고도 말하며(롬 13:14), 그에게까지 자란다고도 말하는데(엡 4:15), 이는 그가 살아 계시므로 우리도 살게 하고자 함이다. 그리고 이러한 가르침이 자주 반복된다. 곧, 아버지께서 그의 독생자를 아끼지 아니하시니(참조. 롬 8:32; 요 3:15) 이는 "그를 믿는 자마다 멸망하지 않게"(요 3:16) 하기 위함이라고 하며, 또한 "그를 믿는 자마다 사망에서 생명으로 옮겼느니라"(요 5:24)고 말씀한다. 그런 의미에서 그리스도께서는 자신을 가리켜 "생명의 떡"이라고 부르시면서(요 6:35), 이 떡을 먹는 자는 절대로 죽지 않으리라고 말씀하신다(요 6:51, 58). 곧, 그리스도께서, 믿음으로 그리스도를 영접한 모든 자들을 하늘 아버지께서 그의 자녀로 인정하시리라는 사실을 확증하는 증인이셨던 것이다.

그러므로 만일 하나님의 자녀요 상속자들로 인정받는 것보다 더한 것을 바란다면, 그리스도보다 더 높이 올라가야 할 것이다. 그리고 하나님의 자녀로 인정받는 것이 우리의 궁극적인 목표라면, 이미 그리스도 안에서 얻었고 또한 오직 그리스도 안에서만 찾을 수 있는 것을 그리스도 바깥에서 찾는다는 것이 얼마나 어처구니없는 짓이겠는가? 뿐만 아니라, 그리스도께서는 아버지의 영원한 지혜이시고 그의 변함 없는 진리이시며, 그의 확고한 뜻이시므로, 그의 말씀 속에서 그가 말씀하시는 것이 우리가 찾는 아버지의 뜻과 조금이라도 다르면 어떻게 할까 하고 두려워해서는 안 될 것이다. 오히려, 그리스도께서는 처음부터 영원에 이르기까지 아버지의 뜻을 신실하게 우리에게 알려 주시는 것이다. 이러한 가르침이 우리의 기도 가운데서도 풍성하게 드러나야 할 것이다. 선택에 대한 믿음이 우리로 하여금 하나님을 향하여 부르짖도록 격려하는 것이 사실이지만, 우리가 기도할 때에 "오 주여, 제가 택하심을 받았다면 제 기도를 들어주소서"라는 식의 태도를 갖거나, 이를 조건으로 하여 하나님과 거래를 하려 한다면 그것은 터무니없는 짓일 것이다. 왜냐하면 우리가 하나님의 약속들로 만족하고, 그가 우리 기도를 과연 들으실지를 다른 데서 확인하려 하지 않는 것이 하나님의 뜻이기 때문이다. 올바르게 기록된 말씀을 올바로 사용하는 법을 알고 있다면, 이러한 분별을 통해서 온갖 함정을 피할 수 있을 것이다. 그러나 한계를 지켜야 할 이 문제에 대해서 분별 없이 여기저기를 기웃거리며 해결하려고 해서는 안 되는 것이다.

(택하심을 받은 자들은 그리스도의 보호하심 아래에서 안전함. 6-11)

6. 선택의 확고함에 대한 그리스도의 가르침

이미 말한 바와 같이, 확고한 우리의 선택이 우리의 부르심과 연결된다는 사실이 확신을 든든히 세우는 또 하나의 수단이 된다. 그리스도께서는 그의 이름을 아는 지식으로 조명하셔서 그의 교회의 품 속에 들어오게 하신 자들을, 또한 그의 보살피심과 보존하심 속으로 받아들이신다고 하는 것이다. 그가 받아들이는 모든 자들을 아버지께서는 그에게 맡기셔서 영생에 이르도록 지키게 하셨다는 것이다. 그러면 우리는 무엇을 얻게 될까? 그리스도께서는, 아버지께서 구원하기를 원하시는 모든 자들을 그(그리스도)의 보호하심 아래 두셨다고 소리 높여 선포하신다(참조. 요 6:37, 39; 17:6, 12).

그러므로, 과연 하나님께서 우리의 구원을 보살피시는지를 알고 싶으면, 그가 그의 모든 백성의 유일한 구원자로 세우신 그리스도께 우리를 맡기셨는지를 알아보도록 하자. 그런데도 여전히 그리스도께서 과연 우리를 그의 보살피심과 보호하심 아래 받아들이셨는지 의심이 된다면, 그리스도께서 기꺼이 자기 자신을 목자로 내어주시면서 우리가 그의 음성을 들으면 우리가 그의 양무리에 속할 것이라고 선포하시는데(요 10:3), 바로 이것이 그런 의심을 제거해 줄 것이다. 그러므로 그리스도를 영접하자. 그는 은혜로 우리에게 내어주신 바 된 분이시요, 우리를 만나러 오시는 분이시다. 그가 우리를 그의 양무리 가운데 두시고, 그의 우리 속에서 우리를 보살피실 것이다.

그러나 우리의 미래의 처지에 대한 근심이 살며시 스며든다. 바울은 먼저 택함을 받은 자들이 부르심을 받는다고 가르치며(롬 8:30), 또한 그리스도께서는 "청함을 받은 자는 많되 택함을 입은 자는 적으니라"(마 22:14)라고 말씀하시기 때문이다. 사실 바울은 지나친 자신감을 갖지 말라고 권면하기까지 한다: "선 줄로 생각하는 자는 넘어질까 조심하라"(고전 10:12). 뿐만 아니라, 네가 접붙임을 받아 하나님의 백성의 일원이 되었느냐? 그러면 "높은 마음을 품지 말고 도리어 두려워하라"(롬 11:20). 하나님께서 너를 다시 끊어내시고 얼마든지 다른 가지를 접붙이실 수 있기 때문이라(롬 11:21-23)고도 말씀한다. 마지막으로, 바로 이런 체험을 통해서 우리는 끝까지 견디는 견인(堅忍:perseverance)이 덧붙여지지 않으면 부르심과 믿음이 있다 해도 별 소용이 없다는 것을 배우게 되는데, 사실 모든 사람에게 견인이 있는 것이 아닌 것이다.

그러나 그리스도께서는 이러한 근심에서 우리를 이미 자유하게 하셨다. 왜냐하면 그리스도께서 주신 다음의 약속들이 미래에 대해서도 확실하게 적용되기 때문이다: "아버지께서 내게 주시는 자는 다 내게로 올 것이요 내게 오는 자는 내가 결코 내쫓지 아니하리라"(요 6:37); "나를 보내신 이의 뜻은 내게 주신 자 중에 내가 하나도 잃어버리지 아니하고 마지막 날에 다시 살리는 이것이니라"(요 6:39); "내 양은 내 음성을 들으며 … 나를 따르느니라. 내가 그들에게 영생을 주노니 영원히 멸망하지 아니할 것이요 또 그들을 내 손에서 빼앗을 자가 없느니라. 그들을 주신 내 아버지는 만물보다 크시매 아무도 아버지 손에서 빼앗을 수 없느니라"(요 10:27-29). 그는 또한 "심은 것마다 내 하늘 아버지께서 심으시지 않은 것은 뽑힐 것이니"(마 15:13)라고 선포하시는데, 이는 반대로 하나님께 뿌리를 내리고 있는 자들은 절대로 구원에서 뽑히는 일이 없을 것임을 암시하시는 것이다. 요한의 진술도 이와 일치하고 있다: "그들이 … 만일 우리에게 속하였더라면 우리와 함께 거하였으려니와"(요일 2:19). 그리고 바울은 생명이나 사망, 현재 일이나 장래 일을 모두 이긴다는 굉장한 발언을 하고 있는데(롬 8:37-38), 이러한 자신감은 견인이라는 선물에 근거를 두는 것임이 분명한 것이다. 바울은 다른 곳에서도 똑같이 말하고 있다: "너희 안에 착한 일을 시작하신 이가 그리스도 예수의 날까지 이루실 줄을 우리는 확신하노라"(빌 1:6). 다윗 역시 그의 믿음이 연약해질 때에 이것을 의지하여 안식을 찾았다: "여호와여 … 주의 손으로 지으신 것을 버리지 마옵소서"(시 138:8). 그리고, 그리스도께서 그의 택하신 모든 자들을 위하여 기도하실 때에 베드로를 위하여 하신 것과 똑같은 내용을 그들을 위해 간구하신다는 것이 분명한 것이다. 곧, 그들의 믿음이 떨어지지 않기를 위해서 기도하신다는 말이다(눅 22:32). 이로 보건대, 그들에게는 떨어져 나갈 위험이 없다고 확신할 수가 있다. 왜냐하면 그들의 믿음이 한결같이 유지되기를 구하시는 분이 바로 하나님의 아들이시니, 그의 간구가 거부를 당할 리가 없기 때문이다. 그리스도께서 이 사실에서 우리가 무엇을 배우기를 바라셨겠는가? 우리가 이미 영원히 그리스도의 것이 되었으므로 영원토록 안전하리라는 것을 신뢰하기를 배우기를 바라신 것이 아니고 무엇이겠는가?

7. 선택과 견인

그러나 그리스도께 속한 것처럼 보이던 자들이 그에게서 다시 떨어져 나가서 멸망을 재촉하는 일들이 날마다 일어나고 있다. 사실 그리스도께서는 아버지께서 자기에게 주신 자들 중에 하나도 멸망하지 않을 것이라고 선언하시면서도 동시에 바로 그 구절에서 멸망의 자식은 거기서 제외시키시는 것을 볼 수 있다(요 17:12). 과연 사실이다. 그러나 그와 똑같이 분명한 사실은 그런 자들은 한 번도 마음을 다하는 신뢰로 그리스도를 붙잡은 일이 없다는 것이다. 그러한 신뢰야말로 선택의 확실함을 우리에게 보증해 주는 것인데 말이다. 요한은 이렇게 말한다: "그들이 우리에게서 나갔으나 우리에게 속하지 아니하였나니 만일 우리에게 속하였더라면 우리와 함께 거하였으리라"(요일 2:19). 그리고 택한 자들의 경우와 아주 흡사한 부르심의 증표들이 그들에게도 있다는 것을 나는 부인하지 않는다. 그러나 내가 신자들에게 복음의 말씀에서 찾으라고 권면하는 그런 선택의 확실함이 그들에게도 있다는 것은 절대로 인정할 수 없다. 그러니 그런 경우들 때문에 주님의 약속을 고요한 가운데 의지하는 일을 버리게 되어서는 안 되는 것이다. 참된 믿음으로 그를 영접하는 모든 자들은 아버지께서 그에게 주신 자들이요, 따라서 그가 그들의 보호자요 목자가 되시므로 그들 가운데 하나도 멸망하지 않을 것임을 주께서 분명히 선언하고 계시다는 것을 잊어서는 안 될 것이다(참조. 요 3:16; 6:39). 유다에 대해서는 잠시 후에 다루기로 하자.[6)]

바울은(참조. 고전 10:12) 그리스도인들이 단순히 확신하는 것을 금하지 않고 다만 터무니없는 순전히 육체에 대한 자랑을 금할 따름이다. 그런 자랑은 교만과 건방짐과 다른 사람들을 멸시하는 태도를 낳고, 하나님을 향한 겸손과 경외를 없애버리며, 받은 바 은혜를 잊어버리게 만드는 것이다. 바울은 이방인 신자들을 가르치면서, 유대인들이 타락하여 그 대신 자기들이 그 자리에 들어오게 되었다고 해서 유대인들에 대해서 교만하게 우월감을 가져서는 안 된다고 교훈하고 있다(참조. 롬 11:18 이하). 그는 또한 두려워하라고 한다. 겁을 내고 의심하라는 뜻이 아니라, 이미 다른 곳에서 말한 대로, 하나님의 은혜를 받도록 우리를 낮추며 하나님을 향한 우리의 신뢰가 절대로 희미해지지 않도록 하라는 말씀이다. 뿐만 아니라, 그는 신자들 개개인이 아니라 분파들 전체를 향하여 말씀하고 있는 것이다. 교회가 두 파로 ― 유대파와 이방인파로 ― 나뉘어 서로 간에 경쟁이 일어나 분열로 이어진 상태에서, 바울은 이방인들에게 그들이 귀하고 거룩한 백성의 자리에 들어왔으니 그들로서는 두려움과 겸손을 가져야 마땅하다고 경계하는 것이다. 그들 가운데 우쭐해져 있는 자들이 많았고, 그리하여 그들의 허망한 자랑을 점검하여 억제하는 것이 필요했던 것이다. 그러나 다른 곳에서 보았듯이, 우리의 소망은 미래에까지 이어지며, 심지어 죽음 이후까지도 이어진다. 그러므로 우리에게 일어날 일에 대해서 의심하는 것만큼 그 소망의 본질과 모순되는 것이 없는 것이다.

8. 일반적인 부르심과 특별한 부르심

"청함을 받은 자는 많되 택함을 입은 자는 적으니라"(마 22:14)라는 그리스도의 말씀을 사람들이 이런 식으로 아주 잘못 이해하고 있다. 그러나 앞에서 이미 분명히 정리된 사실 ― 곧, 부르심에 두 종류가 있다는 사실 ― 을 든든히 붙잡는다면 아무것도 애매한 것이 없을 것이다. 부르심에는 우선 일반적인 부르심이 있는데, 그것은 곧 하나님께서 외적인 말씀 선포를 통하여 모든 사람들을 동등하게 자기에게로 초청하시는 것을 말한다. 심지어 말씀 선포가 사망에 이르는 냄새가 될 자들에게도(참조. 고후 2:16) 동등한 부르심이 주어지며, 그들은 이로 말미암아 더욱 극심한 정죄 가운데 있게 되는 것이다.

뿐만 아니라 특별한 부르심이 있는데, 이는 대개의 경우 신자들에게만 베푸시는 부르심으로서, 외적으로 선포된 말씀을 성령의 내적인 조명을 통해서 그 마음속에 거하도록 하시는 것이다. 그러나 가끔은 잠시 동안만 조명하셔서 거기에 참여하게 하시는 경우도 있는데, 이 경우는 때가 되면 감사하지 않는 태도로 말미암아 그들을 공의로 버리시고 더욱 심한 맹인의 상태 속에 빠지게 하시는 것이다.

그런데 주께서는 복음이 널리 만방에 전파될 때에 많은 사람들에게 멸시를 받으며 소수의 사람들에게만 올바른 가치를 인정받을 것을 보시고서, 우리에게 하나님을 어떤 임금에 비유하여 말씀하신다. 한 임금이 큰 연회를 베풀고서 많은 무리들에게 사람들을 보내어 초청하지만 아주 소수밖에는 초청을 수락하지 않는다. 각자 다른 일들 때문에 참석하지 못한다고 하는 것이다. 그리하여 그 임금은 그들이 거부하기 때문에 길가에서 만나는 모든 사람들을 연회에 초청하는 것이다(마 22:2-9). 여기까지는 이 비유가 외적인 부르심에 관한 것으로들 이해한다. 그런데 주님은 그 다음에 덧붙이시기를, 하나님은 이 식탁 저 식탁을 다니면서 손님들과 반갑게 인사를 나누는 연회의 주인처럼 행하신다고 하신다. 그런데 그 주인은 혼인 연회에 합당한 예복을 입지 않는 자를 발견하고는, 그를 용납하지 않는다. 부적절한 복장을 함으로써, 연회의 흥겨운 분위기에 찬물을 끼었었기 때문이다(마 22:11-13). 이 부분은 믿음을 고백하고 교회에 들어왔으나 그리스도의 거룩함으로 옷 입지 않은 자들을 지칭하는 것으로 이해해야 된다고 본다. 하나님께서는 그의 교회를 이렇게 모욕하는 자들을, 심지어 암적인 존재들을, 영원토록 참지 않으시고 그들의 그 천한 처신에 합당한 대로 그들을 내어 쫓으실 것이다. 그러므로 수많은 사람들이 부르심을 받았으나 그 가운데 택함 받은 사람은 적은 것이다(참조. 마 20:16).

그러나, 우리는 이것이 신자들이 자기들의 선택으로 간주해야 할 그런 부르심이라고 보지는 않는다. 왜냐하면 이 부르심은 악인에게도 해당되는 것이기 때문이다. 그러나 다른 부르심에는 중생의 영이 수반되며(참조. 딛 3:5) 장차 임할 기업에 대한 보증과 인침이 있으며(엡 1:13-14), 주의 날이 이르기까지 우리의 마음에 인침을 받는 것이다(고후 1:22).

정리하자면, 외식자들이 하나님을 진정으로 예배하는 자들과 비슷하게 경건을 자랑할 때에, 그리스도께서는 그들이 내어쫓김을 당할 것임을 선언하신다. 그들이 잘못 그 자리를 차지하고 있기 때문이다(마 22:13). 시편에서도 이와 같이 말씀하고 있다: "여호와여 주의 장막에 머무를 자 누구오니이까?"(시 15:1), "곧 손이 깨끗하며 마음이 청결한 … 자로다"(시 24:4; 참조. 15:2). 그리고 다른 곳에서는 이렇게 말씀한다: "이는 여호와를 찾는 족속이요 야곱의 하나님의 얼굴을 구하는 자로다"(시 24:6). 이렇게 성령께서는 신자들에게 이스마엘 족속이 교회와 뒤섞인다고 해서 근심하지 말고 인내하라고 격려하시는 것이다. 이스마엘 족속들은 결국에 가서는 그 가면이 벗겨지고, 치욕 가운데서 쫓겨나게 될 것이기 때문이다.

9. "멸망의 자식"만 버림 받음

바로 앞에서 말했다시피 그리스도께서는 "그중의 하나도 멸망하지 않고 다만 멸망의 자식뿐이오니"(요 17:12)라고 말씀하시는데, 이 예외에 속하는 자들에 대해서도 똑같은 이유가 적용된다. 이 표현은 사실 정확하지는 않지만, 그렇다고 해서 절대로 애매한 것은 아니다. 그 "멸망의 자식"이 그리스도의 양무리 중에 속한 것은 그가 참된 양이기 때문이 아니라 그저 그 자리를 차지하고 있었기 때문이었던 것이다. 다른 구절에서 주님은 자신이 그를 사도들과 함께 택하셨다고 선언하시는데, 이는 사도의 직분을 지칭하는 것이다: "내가 너희 열둘을 택하지 아니하였느냐? 그러나 너희 중의 한 사람은 마귀니라"(요 6:70). 곧, 주께서는 그를 사도의 직분자로 택하셨다는 뜻이다. 그러나 구원에 이르는 선택에 대해서 말씀하실 때에는, 그가 절대로 택함 받은 자에 속하지 않는다는 점을 분명히 하신다: "내가 너희 모두를 가리켜 말하는 것이 아니니라 나는 내가 택한 자들이 누구인지 앎이라"(요 13:18). 여기 두 구절에 나타나는 "택하다"라는 단어의 의미를 서로 혼동한다면 그것은 스스로를 비참하게 얽어매는 것이며, 이 둘 사이의 차이를 안다면 그 이상 분명한 말씀이 없는 것이다.

그러므로, 우리는 다만 우리의 부르심에 대해서만 알 수 있고 우리의 택하심에 대해서는 확신할 수가 없다고 가르친 그레고리우스 1세(Gregory I : 540-604, 590년 교황 취임)는 아주 위험스러운 오류를 범한 것이다. 그는 그런 전제에서 출발하여, 모든 사람들에게 두렵고 떨라고 권면하면서 다음과 같은 이유를 제시하고 있다. 곧, 오늘 우리의 처지에 대해서는 우리가 알 수 있지만, 나중에 어떻게 될지는 모르기 때문이라는 것이다.[7] 그러나 이러한 진술에서 그는 자신이 이 점에서 걸려 넘어졌다는 것을 여실히 드러내 주고 있다. 그는 선택을 행위의 공로에 의존하는 것으로 만들었으므로, 사람들의 마음에 실망이 생기도록 충분한 원인을 제공하였다. 그는 그들에게 힘을 줄 수 없었다. 왜냐하면 그는 사람들 자신에 대한 신뢰를 하나님의 선하심에 대한 신뢰로 전환시키지 않았기 때문이다.

이로써 신자들은 처음에 제시한 사실을 어느 정도 맛보았을 것이다. 곧, 예정은 바르게 깨달으면 믿음을 흔들리게 하는 것이 아니라 믿음을 최고로 확증해 준다는 사실 말이다. 그러나 성령께서는 때때로 우리의 깨달음에 맞추어 말씀을 조절하신다는 것을 나는 부인하지 않는다. 예를 들어서 "내 손이 그들을 쳐서 내 백성의 공회에 들어오지 못하게 하며 이스라엘 족속의 호적에도 기록되지 못하게 하리라"(겔 13:9)와 같은 말씀에서 그런 사실을 볼 수 있다. 여기서 하나님께서는 마치 그때에 비로소 자기 백성에 속할 자들을 생명책에 기록하기 시작하고 계시는 것처럼 말씀하고 있지만, 그리스도께서 증거하시듯이(눅 10:20) 하나님의 자녀들의 이름은 이미 처음부터 생명책에 기록되어 있었다는 것을 우리는 알고 있는 것이다(빌 4:3). 이 에스겔서의 말씀은 그저 택하심을 받은 자들 가운데 우두머리처럼 보이던 자들이 내어쫓김을 당한다는 것을 표현하는 것뿐이다. 시편도 이렇게 말씀하고 있다: "그들을 생명책에서 지우사 의인들과 함께 기록되지 말게 하소서"(시 69:28; 참조. 계 3:5).

10. 부르심을 받기 이전의 선택 받은 자의 모습

택하심을 받은 사람들이 부르심을 받아 그리스도의 양무리 속에 모여드는 일은 출생 직후에 일어나는 것도, 모두 같은 때에 일어나는 것도 아니다. 다만 하나님께서 그들에게 은혜를 베풀기를 기뻐하시는 데에 따라서 일어나는 것이다. 그 지극히 높으신 목자에게 모여들기 전에, 그들은 모두 다 같이 광야에 흩어져서 헤맨다. 그리고 그들은 마지막 사망의 비참한 처지에 돌진하지 않도록 하나님의 특별하신 긍휼로 말미암아 보호하심을 받는다는 점 외에는 다른 사람들과 전혀 다를 바가 없다. 그들을 살펴보면, 그들도 아담의 후손으로서 다른 사람들과 똑같이 부패한 냄새를 풍긴다. 그들이 처절하고도 절박하게 불경의 상태에 빠지지 않는 것은 그들이 선을 타고났기 때문이 아니라 하나님께서 그들의 안전을 감찰하시고 그의 손길을 그들에게 펼치사 그들을 보호하시기 때문인 것이다!

일종의 선택의 씨앗이 그들의 출생에서부터 심어졌기 때문에 그 씨의 힘으로 그들은 언제나 하나님을 두려워하고 경외하는 성향을 지니게 된다고 상상하는 자들이 있지만, 이런 상상은 성경의 권위로도 뒷받침되지 않을 뿐 아니라 우리의 일상적인 경험으로도 사실이 아니라는 것이 드러나는 것이다. 그들은 몇 가지 실례를 들어서, 택하심을 받은 자들이 조명하심을 받기 이전에도 신앙에 대해서 문외한이 아니었다는 것을 입증하려 한다. 예를 들면, 바울은 바리새인으로서 흠 없는 삶을 살았었고(빌 3:5-6), 고넬료도 구제와 기도로써 하나님께 인정받았다는 것이다(행 10:2). 바울의 경우는 그들의 주장에 일리가 있다는 점을 인정한다. 그러나 고넬료의 경우는 그들이 잘못 알고 있는 것이다. 왜냐하면 고넬료는 그때에 다만 복음의 분명한 계시만 없었을 뿐 이미 빛을 받았고 중생한 상태에 있었기 때문이다.

그러나 그들은 무엇을 억지로 얻어내려고 이 몇 가지 예를 제시하는 것일까? 택하심을 받은 자들은 언제나 경건의 심령을 지니고 있다는 것을 입증하려는 것일까? 그러나 이것은 마치 아리스티데스(Aristides), 소크라테스(Socrates), 크세노크라테스(Xenocrates), 스키피오(Scipio), 쿠리우스(Curius), 카밀루스(Camillus) 등의 고결한 삶을 예로 제시하여 우상 숭배의 어둠 속에 버림을 받은 모든 사람들이 거룩함과 순결함을 진지하게 추구한 자들이었음을 입증하려는 것과 다를 바 없는 것이다.

사실 성경은 여러 곳에서 그들에 대해서 노골적으로 부인하고 있다. 또한 바울의 경우, 에베소서에서 그의 중생 전의 상태를 묘사하고 있지만, 거기서는 그런 식의 선택의 씨앗은 볼 수가 없다. 그는 이렇게 말한다: "그는 허물과 죄로 죽었던 너희를 살리셨도다 그때에 너희는 … 이 세상 풍조를 따르고 공중의 권세 잡은 자를 따랐으니 곧 지금 불순종의 아들들 가운데서 역사하는 영이라 전에는 우리도 다 그 가운데서 우리 육체의 욕심을 따라 지내며 육체와 마음의 원하는 것을 하여 다른 이들과 같이 본질상 진노의 자녀이었더니"(엡 2:1-3). 그는 또한 이렇게 말한다: "그때에 너희는 … 세상에서 소망이 없고 하나님도 없는 자이더니"(엡 2:12). 또한 이렇게도 말한다: "너희가 전에는 어둠이더니 이제는 주 안에서 빛이라 빛의 자녀들처럼 행하라"(엡 5:8).

그들은 이런 말씀들이, 택하심을 받은 자들이 부르심을 받기 전에 참되신 하나님에 대해 무지한 상태에 있었음을 가리키는 것이기를 바랄 것이다. 그러나 그런 이해는 수치를 모르는 비방일 뿐이다. 왜냐하면 바울은 그들이 부르심을 받았으니 이제는 거짓을 버려야 하고(엡 4:25) 도둑질을 하지 말아야 한다(엡

4:28)고 추론하고 있기 때문이다. 그러나 과연 다른 구절들에 대해서는 어떻게 답변할 것인가? 고린도전서의 경우, "음행하는 자나 우상 숭배하는 자나 간음하는 자나 탐색하는 자나 남색하는 자나 도적이나 탐욕을 부리는 자나 술취하는 자나 모욕하는 자나 속여 빼앗는 자들은 하나님의 나라를 유업으로 받지 못하리라"(고전 6:9-10)고 선언한 다음, 바울은 즉시 덧붙이기를, 그들이 그리스도를 알기 전에는 그런 범죄를 저질렀으나 이제는 그리스도의 피로 씻음 받았고 성령으로 말미암아 자유함을 얻었다고 하는 것이다(고전 9:11). 이와 마찬가지로 로마서의 다른 구절에서는 이렇게 말한다: "전에 너희가 너희 지체를 부정과 불법에 내주어 불법에 이른 것 같이 이제는 너희 지체를 의에게 종으로 내주어 거룩함에 이르라"(롬 6:19), "너희가 그때에 무슨 열매를 얻었느냐? 이제는 너희가 그 일을 부끄러워하나니 이는 그 마지막이 사망임이라"(롬 6:21).

11. "선택의 씨앗"에 관한 사고는 허구임

그렇다면, 마치 처절한 사악함이 있기라도 한 것처럼 평생토록 더러운 가운데서 행하고 지극히 가증한 죄에서 헤매던 자들에게 과연 무슨 종류의 선택의 씨앗이 싹을 냈다는 말인가? 만일 바울이 그들의 말처럼 말하려 했다면(참조. 고전 6:9-11), 하나님의 자비하심으로 말미암아 그들이 그런 더러운 행위에 빠지지 않고 구원을 받았었다는 내용을 언급했어야 마땅했을 것이다. 뿐만 아니라 베드로도 영원한 선택의 씨앗을 주신 하나님께 감사할 것을 권고했어야 옳았을 것이다. 그러나 그와 정반대로, 베드로는 이방인들의 정욕을 따라 행한 것은 지나간 때로 족하다고 경고하고 있다(벧전 4:3).

그리고 구체적인 실례가 있다면 어떻게 하겠는가? 믿음을 갖기 이전의 창녀 라합에게 과연 무슨 의의 씨앗이 있었는가(수 2:1)? 선지자들의 피로 예루살렘이 온통 얼룩졌을 때에 므낫세에게는 과연 무슨 선택의 씨앗이 있었는가(왕하 21:16)? 죽음이 임박한 순간에 와서야 회개를 생각한 도둑에게는 또한 무슨 선택의 씨앗이 있었는가(눅 23:42)? 그러므로, 호기심이 강한 사람들이 성경과는 관계 없이 자기들 스스로 상상해낸 이런 식의 논리들은 버려야 한다! 그리고 오직 성경이 말씀하는 바를 굳게 잡아야 한다. 성경은 "우리는 다 양 같아서 그릇 행하여 각기 제 길로 갔거늘"(사 53:6)이라고 말씀한다. 곧, 멸망을 향하여 나아갔다는 것이다. 주께서는 이들을 멸망의 죄악에서 구해내기로 결정하셨지만 그가

정하신 때까지 미루어 두시며, 다만 용서받지 못하는 모독의 죄에 빠지는 일이
없도록 그들을 보호하시는 것이다.

(버림받은 자들을 향한 하나님의 역사. 12-17)

12. 버림받은 자들에 대한 하나님의 공의로운 역사

택하신 자들에게 그의 부르심을 효과적으로 이루셔서 그의 영원하신 작정
으로 그들에게 예정하신 구원을 완성시키시는 하나님께서는, 이와 반대로, 버림
받은 자들에 대해서도 심판하심으로써 그들을 위하여 세우신 그의 계획을 실행
시키신다. 그렇다면, 살아서는 치욕이 되며 죽어서는 멸망에 들어감으로써 하나
님의 진노의 도구가 되며 또한 그의 준엄하심의 증거가 되도록 창조함을 받은
자들은 어떻게 되는가? 하나님께서는 그들이 그 정해진 결과에 이르도록 때로
는 그들에게 그의 말씀을 들을 능력을 빼앗기도 하시고, 또 어떤 경우는 그 말씀
을 선포하심으로써 오히려 그들의 눈을 어둡게 하시고 감각을 마비시키기도 하
신다. 전자의 경우에 해당하는 실례는 너무나 많으므로, 여기서는 다른 것보다
더 분명하고 더 두드러지는 한 가지 예만 들기로 하자. 그리스도께서 강림하시
기 전 약 4천 여년이 지나는 동안, 하나님께서는 그의 구원의 도리에 관한 빛을
모든 이방인들에게서 숨기셨다. 만일 누군가가 하나님께서 그렇게 크나큰 은혜
를 그들에게 나누어 주지 않으신 것은 그들이 무가치하다고 판단하셨기 때문이
라고 이에 대해 반론을 제기한다면, 그들의 후손들 역시 그들보다 조금도 나을
것이 없을 것이다. 이러한 일상적인 경험 이외에, 말라기 선지자는 이 문제에 대
해서 아주 효과적인 증언을 해 주고 있다. 곧, 극심한 모독 행위와 뒤섞여 있는
그들의 불신앙을 지적하면서, 그는 구속자가 임할 것을 선언하고 있는 것이다
(말 4:1 이하). 그렇다면 어째서 그 전 사람들에게는 말고 그 후의 사람들에게 구
속자를 보내주신단 말인가?

여기서 하나님의 은밀하고 도저히 알 수 없는 계획 이외에 그보다 더 깊은
원인을 찾으려 하는 사람은 쓸데없이 고통만 당하고 말 것이다. 또한 이에 대해
서 우리가 아무런 답변도 하지 않고 있으면 포르피리오스(Porphyry)의 제자들
이 하나님의 공의로우심에 대해 태연하게 비난하고 욕할지도 모른다며 두려워
해서도 안 될 것이다. 어느 한 사람도 억울하게 멸망을 당하는 자가 없다는 것
을 분명히 하고, 또한 그들 가운데 몇몇을 해방시키는 것이 값없이 주시는 하나

님의 자비하심으로 말미암는 일이라는 것을 천명하면, 회피의 여지를 남겨두지 않고 하나님의 영광을 충분히 드러냈다고 할 것이다.

그러므로, 지고하신 심판주께서는 친히 정죄하시고 그의 빛 가운데 참여하지 못하도록 하신 자들을 어둠 가운데 남겨 두심으로써 그의 예정을 이루시는 것이다. 이러한 효과는 성경에도 많은 증거가 나타나 있거니와 우리의 주변에서도 날마다 증거를 접할 수 있다. 가령, 백 명에게 똑같은 설교를 한다면, 스무 명이 믿음의 순종으로 기꺼이 받아들이고, 나머지는 무가치한 것으로 받아들이거나 비웃거나 혐오감을 나타낼 것이다. 이런 다양한 반응들이 나타나는 것이 그들의 악의와 부패함 때문이라고 대답한다면, 그것은 만족스럽지 못한 대답이다. 왜냐하면 하나님께서 그의 선하심으로 교정시키지 않으셨다면, 잘 받아들이는 자들의 경우도 결국 같은 악의를 갖고 있기는 마찬가지였을 것이기 때문이다. 그렇기 때문에, 다음과 같은 바울의 질문을 마음에 새겨 두지 않으면 언제나 혼동을 일으킬 수밖에 없을 것이다: "누가 너를 남달리 구별하였느냐?"(고전 4:7). 이는 곧 어떤 사람이 다른 사람들보다 나은 것은 그들 자신이 덕이 있기 때문이 아니라 오직 하나님의 은혜 때문이라는 뜻이다.

13. 말씀을 받고서 오히려 더 완악해지는 현상

그렇다면, 어째서 하나님은 이 사람들에게는 은혜를 베푸시고, 다른 사람들은 그냥 지나치시는가? 전자의 경우는, 누가가 이유를 제시해 준다. 곧, 그들이 "영생을 주시기로 작정된 자"이기 때문이라는 것이다(행 13:48). 그러나 후자에 대해서는, 그들이 "멸하기로 준비된 진노의 그릇"(롬 9:21-22)이라는 것밖에는 생각할 수가 없다. 그러므로, 우리는 아우구스티누스와 함께 다음과 같이 말하기를 부끄러워해서는 안 될 것이다: "하나님께서는 악한 자들의 뜻을 돌이켜 선하게 바꾸실 수가 있다. 그는 전능하시기 때문이다. 분명히 그렇게 하실 수가 있다. 그런데 어째서 그렇게 하지 않으시는가? 그것은 그의 뜻이 다른 데에 있기 때문이다. 그러나 어째서 그가 다른 데에 뜻을 두시는지는 오직 그만이 아신다."[8] 우리로서는 우리에게 어울리는 정도 이상으로 지나치게 지혜로워서는 안 되는 것이다. 이렇게 말하는 것이 크리소스톰처럼 애매하게 말하는 것보다 훨씬 더 합당할 것이다. 그는 말하기를, "하나님께서는 스스로 소원이 있어서 손을 뻗는 자들을 자기에게로 이끄신다"고 하였다.[9]

그렇지 않으면, 그렇게 사람의 처지가 달라지는 것이 하나님의 판단에 있는 것이 아니고 오직 사람의 결단에 있는 것처럼 되어 버릴 것이다. 사실 그것은 절대로 사람 자신의 충동에 달려 있는 것이 아니다. 그러므로 심지어 하나님을 경외하는 경건한 자들까지도 여전히 성령님의 특별하신 감동이 필요한 것이다. 자색 옷감 장사인 루디아는 하나님을 경외하는 자였으나, 그녀의 마음이 열리고서야 비로소 바울의 가르침을 받았고(행 16:14) 그리하여 유익을 얻었다. 이것은 비단 한 여인에 대해서만 말하는 것이 아니고, 각 사람에게서 경건이 증진되는 것은 곧 성령의 은밀하신 역사라는 사실을 우리에게 가르쳐 주는 것이다.

여호와께서 친히 어둠 가운데 두기로 정하신 많은 사람들에게 말씀을 보내셔서 오히려 그들의 어둠을 더욱 심화시키신다는 사실 역시 문제를 삼을 수가 없다. 하나님께서 바로에게 그렇게 여러 차례 요구를 하신 목적은 무엇이었는가? 사자를 거듭 반복하여 보내심으로써 그의 마음을 부드럽게 하기를 바라셨기 때문인가? 아니다. 그 일을 시작하기 전부터 하나님께서는 이미 그 결과를 다 알고 계셨다. 여호와께서는 모세에게 "가라"고 하시면서(출 4:19) 말씀하시기를, "네가 애굽으로 돌아가거든 … 바로 앞에서 다 행하라 그러나 내가 그의 마음을 완악하게 한즉 그가 백성을 보내 주지 아니하리라"(출 4:21)고 하신 것이다. 또한 에스겔 선지자를 일으켜 세우실 때에는, 그를 완악하고 배역한 백성에게 보내는 것이므로(겔 2:3) 마치 귀머거리에게 노래를 부르는 것 같을지라도 두려워하지 말라고 말씀하신다(겔 12:2). 또한 예레미야에게도 말씀하시기를, 그의 가르침이 마치 불과도 같아서 그 백성들을 마치 나무처럼 멸망시키고 흩어버릴 것이라고 하신다(렘 1:10; 참조. 5:14).

그러나 이사야의 예언이 더욱더 분명하게 이 점을 드러내 준다. 주께서는 그를 보내시면서 이렇게 선언하시는 것이다: "가서 이 백성에게 이르기를 너희가 듣기는 들어도 깨닫지 못할 것이요 보기는 보아도 알지 못하리라 하여 이 백성의 마음을 둔하게 하며 그들의 귀가 막히고 그들의 눈이 감기게 하라 염려하건대 그들이 눈으로 보고 귀로 듣고 마음으로 깨닫고 다시 돌아와 고침을 받을까 하노라"(사 6:9-10; 참조. 마 13:14-15; 막 4:12; 눅 8:10; 요 12:40; 행 28:26-27; 롬 11:8).

주께서는 백성들에게 그의 음성을 들려 주시지만 오히려 그로 말미암아 그들이 더욱더 귀머거리가 되게 하고자 하시며, 불빛을 밝히시지만 오히려 그 백성이 더욱더 맹인의 상태에 빠지게 하시고자 하시며, 가르침을 주시지만 오히려 그 백성이 그로 인하여 더욱더 우둔하게 되게 하고자 하시며, 치료약을 쓰시지만 오히려 그 백성이 나음을 입지 못하게 하고자 하시는 것이다. 그리고 요한은 이 예언을 적용하면서 말하기를, 하나님의 저주가 그들 위에 임하여 있기 때문에 유대인들이 그리스도의 가르침을 믿을 수가 없었다고 하는 것이다(요 12:39).

우리로서는 하나님께서 빛을 조명해 주시기를 원치 않으시는 자들에게는 그의 가르침을 수수께끼로 뒤덮으심으로써 그들로 하여금 아무런 유익을 얻지 못하고 오히려 더 어리석음이 커지도록 하신다는 사실을 부인할 수가 없다. 그리스도께서는 수많은 무리들 앞에서 비유를 말씀하신 후에 사도들에게만 비유의 뜻을 풀어 주시면서 어째서 그렇게 하시는지를 다음과 같이 말씀하신다: "천국의 비밀을 아는 것이 너희에게는 허락되었으나 그들에게는 아니되었나니"(마 13:11). 가르침을 깨닫는 것이 허락되지 않은 사람들에게 구태여 가르침을 주는 것은 대체 무슨 의도인가? 라고 물을 수도 있을 것이다. 그러나 그것이 누구의 잘못인지를 생각해 보고, 더 이상 질문하지 말라. 아무리 악인에게 전해지는 말씀이 희미하다 할지라도, 악인의 양심을 정죄하기에 충분할 만큼의 빛은 거기에 언제나 있는 법이기 때문이다.

14. 버림받은 자들의 완악함의 원인

이제 우리로서는 주께서 그가 행하시는 일을 왜 하시는지 알아보아야겠다. 주께서 그렇게 하시는 것은 사람들이 그들의 불경과 사악함과 배은망덕함 때문에 그 일을 당해 마땅하기 때문이라고 대답한다면, 아주 바르게 잘 대답했다 할 것이다. 그러나 어떤 사람들은 순종하고, 어떤 사람들은 완악한 상태 그대로 있는 이런 현상에 대한 이유는 아직 분명해지지 않았기 때문에, 이 문제를 살피기 위해서는 바울이 모세의 글에서 주목하는 그 문제에까지 넘어가야 할 것이다(출 9:16). 그는 "내가 … 너를 세웠으니 곧 너로 말미암아 내 능력을 보이고 내 이름이 온 땅에 전파되게 하려 함이라"(롬 9:17)고 말하고 있는 것이다. 하나님의 말씀이 전해질 때에 버림받은 자들이 그 말씀에 순종하지 않는다는 사실을 그들의 마음의 악의와 부패함의 탓으로 돌리는 것은 옳은 생각이다.

그러나 동시에 여기에 다음과 같은 사실이 덧붙여져야 할 것이다. 곧, 그들이 이러한 부패한 상태에 넘겨져 있는 것은, 그들이 공의로우시며 동시에 사람으로서는 도저히 알 길이 없는 하나님의 판단에 따라서 정죄함을 받음으로써 하나님의 영광을 드러내도록 그렇게 예비되었기 때문이라는 사실이다. 이와 비슷하게, 엘리의 아들들이 엘리의 건전한 훈계에 귀를 기울이지 않았다는 사실을 서술하면서 그 이유가 "여호와께서 그들을 죽이기로 뜻하셨"(삼상 2:25)기 때문이라고 말씀하는데, 그렇다고 해서 그들의 완악함이 그들 자신의 악함에서 나왔다는 것을 부인하는 것이 아니다. 그러나 동시에 여호와께서 그들의 마음을 부드럽게 하실 수도 있었는데 그들이 그 완악함 가운데 그냥 내버려져 있었던 것은 바로 하나님의 불변하는 작정으로 말미암아 그들이 멸망에 이르도록 영원히 정해졌기 때문이었던 것이다.

이와 똑같은 문제에 대해서 요한은 이렇게 진술하고 있다: "이렇게 많은 표적을 그들 앞에서 행하셨으나 그를 믿지 아니하니 이는 선지자 이사야의 말씀을 이루려 하심이라 이르되 주여 우리에게서 들은 바를 누가 믿었 … 나이까 하였더라"(요 12:37-38; 사 53:1). 요한은 그 완악한 자들에게 책임을 면해 주지 않으면서도, 여전히 성령께서 그 맛을 알게 해 주시기 전에는 사람이 하나님의 은혜를 맛보아도 그 맛을 알 수가 없다는 이유로 만족하고 있는 것이다.

또한 그리스도께서도 이사야의 예언을 인용하셔서 "그들이 다 하나님의 가르침을 받으리라"(요 6:45; 사 54:13)고 말씀하시는데, 이는 유대인들이 버림을 받아 교회와 상관 없는 존재들이 되는데 그것은 그들이 도저히 가르침을 받지 않기 때문이라는 뜻이다. 그리고 그는 오직 하나님의 약속이 그들에게는 해당되지 않는다는 것 이외에 다른 이유를 제시하지 않으시는 것이다. 바울의 다음과 같은 진술도 이 사실을 확증해 준다: "그리스도 … 는 유대인에게는 거리끼는 것이요 이방인에게는 미련한 것이로되 오직 부르심을 받은 자들에게는 … 하나님의 능력이요 하나님의 지혜니라"(고전 1:23-24).

그는 복음이 선포될 때마다 보통 일어나는 일들을 ― 즉, 어떤 사람들은 화를 내고 또 어떤 사람들은 배척한다는 것을 ― 진술하면서, 오직 "부르심을 받은 자들"만이 복음을 귀하게 여긴다고 말하는 것이다(참조. 고전 1:24). 그보다 조금 앞에서는 그들을 가리켜 "믿는 자들"이라고 불렀다(고전 1:21). 그러나 그는 믿음보다 선행하는 하나님의 은혜를 그 합당한 위치에 놓기를 부인하고 싶지 않았던 것이다. 오히려 그는 같은 사실을 두 번째로 진술하면서 복음을 받아들인 자들이 자기들의 믿음을 하나님의 부르심의 덕분으로 여길 수 있도록 표현을 바꾸고 있는 것이다. 이와 비슷하게, 조금 뒤에 가서 그는 그들이 하나님의 택하심을 받은 자들임을 가르치는 것이다(고전 1:27-28).

불경한 자들은 이런 말을 듣고서, 하나님께서 무절제하게 권능을 사용하셔서 자기의 잔혹한 오락을 위하여 그 비참한 피조물들을 학대하시는 것이라고 불평한다. 그러나 우리는 모든 사람들이 하나님의 심판대 앞에서 너무도 많은 죄목에 대해서 책임을 지고 있어서 천 가지를 제시하면 그중 하나도 변호할 수 없는 상태라는 것을 잘 알고 있기 때문에, 악인이 당하는 괴로움은 전적으로 하나님의 지극히 의로운 심판에 합당한 것이라고 고백한다. 이에 대한 이유를 분명하게 깨닫지 못한다 할지라도, 하나님의 지혜가 최고의 높은 경지로 솟아오르는 사안에 대해서는 어느 정도의 무지를 인정하기를 주저하지 말아야 할 것이다.

15. 에스겔 33:11의 증거

그러나 우리의 반대자들은 늘 하는 버릇대로 악인이 하나님의 작정에 의하여 멸망한다는 것을 하나님이 부인하시는 것처럼 보이는 몇 가지 성경 구절들을 증거로 들이대며 반론을 제기한다. 사람들이 시끄럽게 하나님을 대적하여 그로 말미암아 스스로 죽음을 자초하는 것이지 하나님의 작정과는 아무 관계가 없다는 것이다. 그러므로 그들이 제시하는 구절들을 잠시 살펴보고 그 구절들이 앞에서 제기한 가르침과 모순이 없다는 것을 입증하도록 하자.

그들은 에스겔서의 한 구절을 증거로 제시하는데, 곧 "나는 악인이 죽는 것을 기뻐하지 아니하고 악인이 그의 길에서 돌이켜 떠나 사는 것을 기뻐하노라"(겔 33:11)라는 말씀이 그것이다. 만일 하나님께서 이를 온 인류 전체에게로 확대하기를 기뻐하신다면, 날마다 초청해도 계속해서 완악해지기만 하는 자들의 마음보다는 오히려 더 유순하여 순종할 가능성이 높은 마음을 지닌 많은 사람들에게 회개하도록 격려하시는 편이 나을 텐데 어째서 그렇게 하시지 않는 것일까? 그리스도께서 증거하시듯이, 복음 전파와 이적들을 유대 지방에서보다(마 11:23) 차라리 니느웨 사람들과(참조. 마 12:41) 소돔 사람들 중에서 행했다면 오히려 더 많은 역사가 이루어졌을 것이다.

만일 하나님께서 모든 사람들이 구원받기를 원하신다면, 은혜를 받아들일 준비가 더 잘 되어 있는 비참한 사람들에게 회개의 문을 열어 주시지 않는 일이 어떻게 일어난단 말인가? 그러므로, 만일 선지자가 언급하고 있는 하나님의 뜻이, 택한 자들과 버림받은 자들을 구별하신 그의 영원하신 계획과 모순된 것이라면, 이 구절의 참된 의미를 아주 심하게 왜곡하여 이해하는 것일 수밖에 없는 것이다. 선지자의 참된 의도는 오직 회개하는 자들에게 용서의 소망을 주고자 하는 것이다. 이 말씀의 요점은 하나님께서는 의심의 여지도 없이 죄인이 회심하는 즉시 용서하시고자 준비를 갖추고 계시다는 것이다. 그러므로, 하나님께서 죄인의 회개를 뜻하시는 한, 그는 그 죄인의 죽음을 뜻하지 않으신다. 그러나 하나님께서는 친히 자기에게 초청하시는 자들의 경우에 회개를 뜻하시는데 모든 사람들의 마음을 그렇게 감동시키시는 것이 아니라는 것을 경험으로 알 수 있는 것이다.

그러나 그렇다고 해서 하나님께서 속임수를 쓰신다고 말해서는 안 된다. 왜냐하면 그의 외적인 부르심은 그것을 듣고서도 순종하지 않는 자들로 하여금 핑계하지 못하도록 만드는 것이지만, 그럼에도 불구하고 그 부르심은 사람들을 자기와 화목시키려 하시는 하나님의 은혜의 진정한 증거임이 확실하기 때문이다. 그러므로 우리는 하나님께서 죄인이 죽는 것을 기뻐하지 않으신다는 선지자의 교훈이, 신자들로 하여금 하나님께서는 죄인들이 회개하자마자 그들을 사하실 준비가 되어 있다는 것을 믿게 하고자 하며, 또한 악인들의 경우 하나님의 그 크신 자비와 선하심에 응답하지 않을 때에는 그로 인하여 그들의 범과가 두 배로 가중된다는 것을 그들 스스로 느끼게 하고자 하는 의도로 주어진 것이라는 것을 알아야 할 것이다. 그러므로 하나님의 긍휼하심이 언제나 나아가 회개하는 자를 맞이할 것이다. 그러나 모든 선지자들과 사도들은 물론 에스겔 자신까지도 어떤 사람에게 회개가 주어지는지를 분명히 가르치고 있는 것이다.

16. 디모데전서 2:4과 기타 구절들의 증거

둘째로, 그들은 바울 서신에서 한 구절을 인용한다. 곧, "하나님은 모든 사람이 구원을 받으며 진리를 아는 데에 이르기를 원하시느니라"(딤전 2:4)라는 말씀이 그것이다. 이 구절은 물론 위의 경우와는 그 이유가 좀 다르지만, 그것과 공통된 점도 있다. 나는 이 구절에 대해서 이렇게 답변하고자 한다. 첫째로, 하나님께서 어째서 그것을 원하시느냐 하는 것이 문맥에서 분명히 나타난다는 것이다. 바울은 두 가지 사실을 함께 말하고 있다. 곧, 하나님께서 그들이 구원받기를 원하신다는 것과 그들이 진리를 깨닫기에 이르기를 원하신다는 것이 그것이다. 그러나 만일 이것이 하나님의 영원하신 계획으로 고정된 사실이라고 믿는다면, 모세의 다음과 같은 말씀은 무슨 의미인가: "우리 하나님 여호와께서 … 우리에게 가까이 하심과 같이 그 신이 가까이 함을 얻은 큰 나라가 어디 있느냐"(신 4:7)? 하나님께서 수많은 백성들에게는 복음의 빛을 거두시고 다른 백성들은 그것을 누리게 하시는 일이 어떻게 일어났단 말인가? 어떤 이들은 경건의 도리에 대한 순전한 깨달음을 한 번도 얻지 못했고, 또 어떤 이들은 그 도리를 그저 희미한 초보 정도도 거의 맛보지 못했는데, 어떻게 이런 일이 일어났단 말인가? 이런 사실을 볼 때에, 바울의 논지의 진정한 의도가 무엇이었는지를 쉽게 알 수 있다. 그는 디모데에게 교회 안에서 임금과 통치자들을 위해 엄숙히 기도하라고 명한 바 있다(딤전 2:1-2). 그러나 거의 소망이 없는 부류의 사람들을 — 이들은 그리스도의 몸 바깥에 있는 외인들일 뿐 아니라, 온 힘을 다하여 그리스도의 나라를 파괴하려는 의도를 가진 자들이니 — 위하여 하나님께 기도를 올린다는 것이 어쩌면 어리석은 일처럼 보였기 때문에, 그는 "이것이 우리 구주 하나님 앞에 선하고 받으실 만한 것이니 하나님은 모든 사람이 구원을 받으며 진리를 아는 데에 이르기를 원하시느니라"(딤전 2:3-4)고 덧붙이고 있는 것이다. 이 말씀을 통해서 바울이 말하고자 한 것은 다만 하나님께서는 어느 특정한 계층의 사람들이라 해서 그들에게 구원에 이르는 길을 닫아두신 것이 아니며, 오히려 그의 긍휼하심을 부어주셔서 구원을 받지 못하는 계층이 하나도 없도록 하셨다는 것이다.

다른 말씀들도 하나님께서 그의 은밀한 판단 가운데 모든 사람들에 대하여 결정하신 바를 선포하는 것이 아니다. 다만 죄인들이 다시 돌아와 용서를 구할 때에는 언제든지 그 모든 죄인들에게 용서가 있다는 것을 선포하는 것일 뿐이다. 만일 그들이 하나님께서 모든 사람들에게 긍휼을 베푸시기를 원하신다는 진술을 고집한다면(참조. 롬 11:32), 나는 그와 반대로 다른 곳에 기록되어 있는 말씀을 제시할 것이다: "오직 우리 하나님은 하늘에 계셔서 원하시는 모든 것을 행하셨나이다"(시 115:3). 그리고 이 말씀은 다음의 말씀과 일치하도록 이해해야 할 것이다: "나는 은혜 베풀 자에게 은혜를 베풀고 긍휼히 여길 자에게 긍휼을 베푸느니라"(출 33:19). 스스로 긍휼히 여기시는 자에게 긍휼을 베푸시는 분이시라면 그분은 모든 사람에게 다 긍휼을 베푸시는 것이 아닌 것이다. 거기서 바울은 사람들 개개인이 아니라 사람의 계층을 두고 말하는 것이라는 것이 분명히 드러나므로, 이에 대해서는 더 이상 논의하지 말라! 그러나 동시에 주목해야 할 것은 바울은 거기서 하나님께서 모든 시대에, 모든 곳에서, 모든 사람들에게 행하시는 일을 진술하는 것이 아니고, 비록 임금들과 통치자들이 눈이 어두워 하늘의 도리를 대적하고 있지만, 심지어 그들조차도 그 하늘의 도리에 함께 참여할 자들로 택하실 수 있는 자유가 하나님께 있다는 사실을 말하고자 하는 것이다.

그들은 베드로서에 있는 한 구절을 근거로 더 강력한 반론을 제기하는 것으로 보인다. 곧, "오직 주께서는 … 아무도 멸망하지 아니하고 다 회개하기에 이르기를 원하시느니라"(벧후 3:9)는 말씀이다. 그러나 이 난제의 해결점이 후반부에서 곧바로 나타나고 있다. 왜냐하면 회개하기에 이르기를 원하신다는 것은 일반적으로 가르치는 의미로만 이해할 수가 있기 때문이다. 회심은 분명 하나님의 손에 달려 있다. 하나님께서는 특정한 소수에게 부드러운 마음을 주시고, 나머지 사람들은 돌같이 굳은 마음의 상태로 내버려 두실 것이라고 약속하시는데(겔 36:26), 그렇다면 과연 하나님께서 모두를 회심하게 하기를 원하시는가? 만일 하나님께서 그에게 긍휼을 구하는 자들을 기꺼이 받아주시지 않는다면, "너희는 내게로 돌아오라 … 그리하면 내가 너희에게로 돌아가리라 만군의 여호와의 말이니라"(슥 1:3)라는 말씀이 모순이 될 것이다.

그러나 내가 말하고자 하는 것은, 하나님께서 그렇게 이끄시지 않으면 그 어느 누구도 하나님께 나아가지 않는다는 사실이다. 그리고, 만일 회개가 사람이 선택할 수 있는 것이었다면, 바울이 "혹 하나님이 그들에게 회개함을 주사"(딤후 2:25)라는 말을 하지 않았을 것이다. 만일 모든 사람에게 회개하라고 친히 권고하시는 그 하나님께서 또한 택한 자들을 그의 성령의 은밀하신 감동으로 자기에게로 이끌지 아니하신다면, 예레미야는 다음과 같이 말하지 않았을 것이다: "주는 나의 하나님 여호와이시니 나를 이끌어 돌이키소서 그리하시면 내가 돌아오겠나이다 내가 돌이킨 후에 뉘우쳤 … 사오니"(렘 31:18-19).

17. 추가적인 반론들에 대한 반박

그러나 여러분은, 만일 이것이 사실이라면, 복음의 약속들이 하나님의 뜻에 대하여 증거하는 가운데 결국 하나님께서 그의 불변하는 작정과 정반대되는 것을 뜻하신다고 선언하는 것이니, 그 약속들을 어떻게 믿을 수 있겠느냐고 말할 것이다. 그러나 절대로 그렇지 않다. 구원의 약속들이 아무리 보편적으로 주어졌다 할지라도, 그 약속들은 그 어떤 점에서도 버림받은 자들을 예정하신 사실과 모순이 없다. 그 약속들의 결과를 주목해 보면 이를 충분히 알 수가 있다. 우리가 믿음으로 그 약속들을 받아들이면, 그때에는 ― 그리고 오직 그때에만 ― 그 약속들이 우리 속에서 효력을 낸다는 것을 알게 된다. 그러나 반대로, 믿음이 없으면 그 약속도 동시에 사라지는 것이다. 만일 이것이 문제의 본질이라면, 하나님의 작정과 그의 뜻이 과연 서로 모순된 것인지를 살펴보기로 하자.

하나님께서는 사랑으로 품으실 뜻을 가지신 자들과 또한 그의 진노를 당하도록 뜻하시는 자들을 영원 전부터 작정하셨다고 한다. 그러면서도 동시에 그는 모든 사람들을 차별 없이 구원하시겠다고 선언하신다. 나는 이 두 진술이 서로 완전하게 일치한다고 주장하고자 한다. 그러한 약속은 단지 그의 긍휼하심이 모든 사람들에게 미친다는 의미일 뿐이다. 단, 그들이 그 긍휼하심을 찾고 구한다면 말이다. 그러나 오직 하나님께서 조명하여 주신 자들만이 그것을 찾고 구하는 법이다. 그리고 하나님께서는 구원에 이르도록 예정하신 자들에게 그렇게 조명하시는 것이다. 이 사람들은 복음의 약속들이 확실하고 어김없는 진리임을 알고 있으므로, 아무도 하나님의 영원하신 선택과 그가 신자들에게 베푸시는 은혜의 증거 사이에 모순이 있다는 말을 할 수 없는 것이다.

그런데 어째서 하나님은 "모두"라고 말씀하시는가? 그것은 경건한 자들로 하여금, 믿음이 있으면 죄인들 사이에 아무런 차이가 없다는 것을 깨닫게 하여, 그 양심이 더욱 안정을 누리도록 하기 위함인 것이다. 또한 반대로, 악인의 경우는 복음이 제시될 때에 무정하게도 그것을 거부하였으므로, 자기들이 죄의 속박에서 벗어나려 해도 피할 곳이 없다는 식으로 주장할 수가 없다. 그러므로 하나님의 긍휼하심이 복음을 통하여 이 두 종류의 사람들 모두에게 제시되는 것이므로, 경건한 자들과 불경건한 자들을 구별지어 주는 것은 바로 믿음 ― 하나님의 조명하심 ― 이다. 그리하여 경건한 자들은 복음의 역사를 느끼게 되고, 불경건한 자들은 복음에서 아무런 유익도 얻지를 못하는 것이다. 그리고 하나님의 조명하심 그 자체가 또한 하나님의 영원한 선택을 그 규범으로 하는 것이다.

그들은 또한 "예루살렘아 예루살렘아 … 내가 네 자녀를 모으려 한 일이 몇 번이더냐 그러나 너희가 원하지 아니하였도다"(마 23:37)라는 그리스도의 탄식을 인용하지만, 이 역시 그들의 논리를 뒷받침해 주는 것이 아니다. 그리스도께서는 사람의 성정으로 이렇게 말씀하시는 것이기도 하지만 동시에 그는 각 시대마다 사람들이 그의 은혜를 거부해온 사실에 대하여 책망하고 계신 것이라고 본다.

그러나 지금 우리가 논의하고 있는 하나님의 뜻이 과연 무엇인지를 분명히 정의해야 할 것이다. 하나님께서 사람들을 붙잡으시려고 얼마나 조심스럽게 노력하셨으며, 또한 높은 자나 낮은 자나 가릴 것 없이 사람들이 자기들의 정욕에 사로잡혀서 하나님께로 모이기를 얼마나 완악하게 거부했는가 하는 것은 너무도 분명한 사실이다. 그러나 그렇다고 해서 하나님의 계획이 사람의 악한 의도 때문에 허사가 되고 말았다고 할 수는 없다. 그 사람들은 하나님께서 이중적인 뜻을 갖고 계시다는 것만큼 하나님의 본성에 어긋나는 것이 없다고 하며 반론을 제기한다. 그들이 그 뜻을 올바로 설명한다면, 나도 거기에 동의할 것이다. 그러나 하나님께서 인간의 감정을 취하셔서 그 자신의 위엄으로는 용납될 수 없는 낮은 자리에까지 내려오시는 모습이 무수한 구절들에서 나타나는데, 어째서 그런 구절들은 고려하지 않는단 말인가? 하나님께서는 그가 손을 펴셔서 패역한 백성들을 부르시고(사 65:2), 그들을 다시 자기에게로 인도하시고자 온종일 수고하셨다고 말씀하신다. 이것이 비유적인 어법이라는 것을 무시하고 문자 그대로 하나님께 모두 적용하게 되면 온갖 쓸데없는 주장들이 나올 것이다. 그러나 인간들에게서 보이는 현상들을 하나님께 전이시킨 것이라고 보면 이는 간단하게 해결된다.

이에 대해서는 다른 곳에서 이미 제시한 해결책으로 충분할 것이라 여겨진다.[10] 곧, 우리의 지각에는 하나님의 뜻이 여러 가지로 느껴지지만, 하나님 자신은 이런 뜻, 저런 뜻을 품으시는 것이 아니고, 바울의 표현처럼 그의 "각종 지혜"에 따라서(엡 3:10) 우리의 감각을 무디게 하셔서 이런저런 일에 대해서 우리가 일시적으로 그의 뜻에 어긋나는 것처럼 느끼지만, 결국에 가서는 그런 일이 얼마나 놀라운 하나님의 뜻인가를 깨닫도록 하시는 것이다.

그들은 또한 경박스러운 논리를 갖고서 장난질 친다. 곧, 하나님께서 만인의 아버지이시니, 아직 죄를 지어 형벌을 받아 마땅한 상태가 되기도 전에 사람들을 버린다는 것은 불의한 일이라는 것이다. 이는 마치 하나님의 자비하심이 개나 돼지에게까지 미치지 않는다고 떠드는 것과도 같다. 그러나 이것이 사람들이 제기하는 문제라면, 하나님께서는 어째서 한 백성에게 그들의 아버지가 되시겠다고 하셔서 자신을 묶어 두시는지, 또한 어째서 그들 가운데서 소수를 마치 꽃처럼 뽑아내시는지 대답해 보기 바란다. 그러나 그들은 하나님을 폄하(貶下)하고 싶은 욕망에 사로잡힌 나머지 하나님께서 그 해를 악인과 선인에게 비추신다는 사실은(마 5:45) 전혀 생각하지 않고, 오로지 소수에게만 기업을 맡기시고 그들에게 장차 "내 아버지께 복을 받을 자들이여 나아와 … 나라를 상속받으라"(마 25:34)고 말씀하신다는 등등의 사실만 꼬집는 것이다.

그들은 또한 하나님께서는 자기가 지으신 것들을 하나도 미워하시지 않는다고 하며 반론을 제기한다. 이 점은 나도 인정한다. 그러나 그렇더라도 내가 가르치는 사실은 확고히 서 있다. 버림받은 자들은 하나님께서 미워하시며, 또한 거기에는 정당한 이유가 있다는 것이다. 왜냐하면 그의 성령이 없는 자들은 저주를 받을 일 외에는 아무것도 이룰 수가 없기 때문이다. 그들은 또한 "유대인이나 헬라인이나 차별이 없음이라"(롬 10:12)는 말씀을 덧붙여서 하나님의 은혜는 모든 자들에게 차별이 없이 임한다고 주장한다. 물론 그렇다. 그러나 분명히 말하지만, 바울이 진술하듯이 하나님께서는 그의 기쁘신 뜻을 따라서 "유대인 중에서 뿐 아니라 이방인 중에서도"(롬 9:24) 사람들을 부르시므로, 그는 아무에게도 매이지 않으신다는 사실을 그들도 인정해야 할 것이다. 이렇게 해서 우리는 그들이 "하나님이 모든 것을 죄 아래 가두어 두심은 모든 사람에게 긍휼을 베풀려 하심이로다"(롬 11:32, 갈 3:22과 섞여 있음)라는 구절을 인용하여 제시하는 또 한 가지 반론도 처리한 셈이다. 즉, 하나님께서는 구원받는 모든 자들의 구원이 자기 자신의 긍휼하심의 역사가 되기를 뜻하시기 때문에 그렇게 하시지만, 그런 은혜가 모든 사람에게 공통적으로 주어지는 것은 아니라는 것이다.

양쪽에서 여러 가지 주장들이 제시되고 있으니, 다음과 같은 말씀으로 우리의 결론을 삼고자 한다. 곧, 바울과 함께 그 깊은 신비 앞에서 두려워 떨어야 한다는 것이다. 그러나 완악한 자들이 혀를 놀려 대며 시끄럽게 떠든다면, 다음과 같은 바울의 말을 따라 외치기를 부끄러워하지 말아야 할 것이다: "이 사람아, 네가 누구이기에 감히 하나님께 반문하느냐?"(롬 9:20). 아우구스티누스가 올바로 주장하듯이, 하나님의 공의로우심을 인간의 정의의 잣대로 재려는 자들은 악행을 하고 있는 것이기 때문이다.[11]

주

1. 참조. 22장 10-11절.

2. Augustine, *On the Grace of Christ and Original Sin*, xiv, xv, xxxi.

3. Augustine, *On the Predestination of the Saints*, viii. 13, 14.

4. Augustine, *Enchiridion*, ix. 32.

5. Bernard, *Sermons on the Song of Songs*, xxiii. 15, 16.

6. 9절을 보라.

7. Gregory the Great, *Homilies on the Gospels*, II, hom. xxxviii. 14.

8. Augustine, *On Genesis in the Literal Sense*, XI. x. 13.

9. Chrysostom, *Homil. de convers*. Pauli.

10. 참조. 1권 18장 3절, 3권 20장 43절.

11. Pseudo-Augustine, *Of Predestination and Grace*, ii.

제 25 장

최후의 부활

(최후의 부활에 대한 논증. 1-4)

1. 부활의 소망의 중요성과 장애 요인

의로운 태양(말 4:2)이신 그리스도께서는 복음을 통하여 빛나시며, 또한 죽음을 이기셨으며, 바울이 증거하듯이 우리에게 생명의 빛을 드러내셨다(딤후 1:10). 그리하여 우리도 믿음으로 "사망에서 생명으로 옮겼으며"(요 5:24), "그러므로 이제부터 … 외인도 아니요 나그네도 아니요 오직 성도들과 동일한 시민이요 하나님의 권속이며"(엡 2:19), 하나님께서는 우리를 그의 독생자와 함께 하늘에 앉히셔서(엡 2:6), 우리로 하여금 아무것도 부족함이 없이 충만한 복을 누리게 하셨다. 그러나 마치 그리스도께서 이루신 승리가 우리에게 아무런 유익도 주지 못하는 것처럼, 힘겨운 전투 속에서 계속 한숨을 쉬며 괴로워하고 있어서는 안 되므로, 우리의 소망의 본질에 대해서 다른 곳에서 가르치는 바를 든든히 붙잡아야 할 것이다.

우리가 보지 못하는 것을 바라며(롬 8:25), 또한 다른 곳에서 말씀하듯이 "믿음은 … 보이지 않는 것들의 증거"(히 11:1)이니, 이 육체의 감옥에 갇혀 있는 동안, 우리는 "주와 따로 있는"(고후 5:6) 것이다. 그렇기 때문에 바울은 또한 다른 구절에서, "우리가 죽었고 우리 생명이 그리스도와 함께 하나님 안에 감추어졌음이라 우리 생명이신 그리스도께서 나타나실 그때에 우리도 그와 함께 영광 중에 나타나리라"(골 3:3-4)고 말하는 것이다. 그러므로 우리의 현재의 처지는 바로 이것이다: "신중함과 의로움과 경건함으로 이 세상에 살고 복스러운 소망과 우리의 크신 하나님 구주 예수 그리스도의 영광이 나타나기를 기다리게 하셨으니"(딛 2:12-13). 그러니 이런 처지에 있는 우리로서는, 지쳐서 거꾸로 돌이키거나 우리의 위치를 저버리는 일이 없도록 비상한 인내가 필요한 것이다.

그러므로, 지금까지 우리의 구원에 관하여 설명한 모든 내용을 통해서 우리는 마음을 하늘에까지 높이 들어 올려서, 베드로가 선언하듯이 우리가 "믿음의 결국 곧 영혼의 구원"을 받을 때까지 "그리스도를 보지 못하였으나 사랑하고 믿고 말할 수 없는 영광스러운 즐거움으로 기뻐하도록" 되어야 할 것이다(벧전 1:8-9). 그렇기 때문에 바울은 경건한 자들의 믿음과 사랑이 하늘에 쌓아 둔 소망과 연관되는 것으로 말하는 것이다(골 1:4-5). 그러므로, 우리가 그리스도에게 시선을 고정시키고 하늘을 바라보며 이 땅의 것들로 인하여 약속된 복을 향하여 나아가는 데 방해를 받지 않는다면, "네 보물 있는 그곳에는 네 마음도 있느니라"(마 6:21)는 말씀이 진정으로 이루어지는 것이다. 그렇기 때문에 이 세상에서 믿음이 그렇게 희귀한 것이다. 우리가 게으르고 더디므로, 무수한 장애물들을 넘어서 "푯대를 향하여 … 위에서 부르신 부름의 상을 위하여 달려가는"(빌 3:14) 것처럼 어려운 일이 없기 때문이다.

주변의 온갖 비참한 현실들이 우리를 압도할 뿐 아니라 게다가 불경한 자들의 조롱까지 우리를 공격한다. 이 세상의 유익한 것들을 덧없는 그림자처럼 여겨서 기꺼이 물리치고 감추어져 있는 복을 향하여 달려나갈 때에 그들의 조롱이 우리를 괴롭히는 것이다. 그리고 우리의 상하 전후 좌우에서 격렬한 유혹들이 우리에게 밀려들기 때문에, 우리의 마음이 세상의 것들에게서 자유하며 멀리 보이는 하늘의 생명에 붙잡혀 있지 않으면 도저히 이겨나갈 수가 없는 것이다. 그러므로, 그 복스러운 부활을 계속해서 묵상하는 일이 습관으로 되어 있는 사람만이 복음 안에서 충실히 유익을 얻었다 할 것이다.

2. 하나님과의 연합을 고대함이 부활의 소망의 동기임

고대의 철학자들은 최고선(the sovereign good)에 대하여 열심히 토론했고, 논쟁까지 하기도 했다. 그러나 사람의 최고선이 하나님과의 연합임을 깨달은 사람은 플라톤밖에 없었고, 플라톤도 그 본질에 대해서는 전혀 알지 못했다. 그 연합을 이루는 거룩한 끈에 대해서 전혀 배운 바가 없으니 그가 몰랐다는 것도 무리가 아닐 것이다. 이 땅의 나그네 생활 중에도 우리는 유일하고 완전한 행복을 알고 있으며, 이 행복이 날마다 우리의 마음을 더욱더 밝혀서 그 연합을 사모하게 하며, 그리하여 그 연합이 완전한 열매를 맺을 때에 우리는 완전한 만족을 얻게 될 것이다. 그렇기 때문에, 오직 부활에 대하여 마음을 쏟는 자들만이 그리스도의 은혜의 열매를 받는다고 말한 것이다. 그리하여 바울은 신자들에게 이 푯대를 지향하라고 말하면서(빌 3:8), 자기도 모든 것을 잊어버리고 그 푯대를 향하여 달려간다고 말하는 것이다(빌 3:13). 우리도 그 푯대를 향하여 더욱 열심히 달려가야 할 것이다. 만일 세상에 붙잡히게 되면, 게으름에 대하여 벌을 면하지 못할 것이기 때문이다. 그러므로 또 다른 구절에서 바울은 "시민권이 하늘에 있다"는 것과 거기로부터 "그리스도를 기다린다"는 특징으로 신자를 구별하는 것이다(빌 3:20).

그리고 신자들이 이 경주에서 용기를 잃어버리지 않도록, 바울은 모든 피조물들을 그들과 함께 경주하는 동반자들이라고 한다. 어디에서나 형체도 없는 폐허들을 보기 때문에, 그는 하늘과 땅에 있는 모든 피조물들이 새롭게 되기를 고대한다고 말한다(롬 8:19). 아담이 타락함으로 말미암아 자연의 완전한 질서에 혼란이 생겼고, 피조물들은 사람의 죄로 인하여 무겁고도 슬픈 속박에 굴복할 수밖에 없었다. 피조물들에게 무슨 지각이 있다는 뜻이 아니라, 다만 그들이 빠져 있는 현재의 처지에서 벗어나 해(害)가 없는 상태에 이르기를 고대한다는 뜻이다. 그러므로 바울은 그들이 "탄식하며" "고통을 겪고 있다"고 말하며(롬 8:22), 따라서 "성령의 처음 익은 열매를 받은" 우리(롬 8:23)가 부패한 가운데 무기력해져 있다면, 또한 그리하여 다른 존재의 죄로 인하여 형벌을 견디고 있는 그 생명 없는 피조물들을 닮기조차 하지 않는다면, 그야말로 부끄러운 일이라는 것이다. 우리를 더욱 강하게 자극하기 위하여, 바울은 그리스도의 마지막 재림을 가리켜 "우리의 속량"(롬 8:23)이라고 부른다. 우리의 부활의 모든 부분들이 이미 완성된 것이 과연 사실이다. 그러나 그리스도께서 죄를 위하여 단번에 제물이 되셨기 때문에 "구원에 이르게 하기 위하여 죄와 상관 없이 … 두 번째 나타나시"는 것이다(히 9:28; 참조. 10:12). 그 어떠한 어려움이 우리를 괴롭힌다 할지라도, 구원이 완성되기까지 이 그리스도의 "속량"이 우리를 지탱시켜 주도록 해야 할 것이다.

3. 신자의 부활과 그리스도의 부활

이 문제가 매우 중대하므로 우리는 더욱 예리하게 주시하여야 할 것이다. 바울이 올바로 증거하듯이, "만일 죽은 자의 부활이 없으면 … 우리가 전파하는 것도 헛것이요 또 너희 믿음도 헛것이며"(고전 15:13-14), 우리가 시시각각으로 위험에 처해 있고 수많은 사람들의 미움과 비난을 받으며 또한 "우리가 … 도살 당할 양 같이 여김을 받는다"는 사실을 볼 때에(롬 8:36; 시 44:22; 참조. 고전 15:30), 우리의 처지가 모든 사람 가운데서 더욱 불쌍할 것이다(고전 15:19). 그렇게 되면, 우리가 양자 됨으로 받아들이고, 또한 우리 구원을 실현시키는 복음의 권위가 부분적으로가 아니라 총체적으로 무너지고 말 것이다. 그러므로 무엇보다도 가장 심각한 이 문제에 대해서 주의를 기울여야 할 것이며, 혹 시간이 많이 들더라도 싫증을 내서는 안 될 것이다.

이 문제를 간단히 논의하는 일을 여기까지 미루어온 것은 바로 이런 목적 때문이다. 곧, 독자들로 하여금, 완전한 구원을 이루시는 주인이신 그리스도를 영접하고 난 다음 거기서 더 높이 올라가기를 배우게 하고, 그리하여 그리스도께서 하늘의 영생과 영광으로 옷 입고 계셔서 온 몸이 그 머리와 같아지게 하고자 하신다는 것을 알도록 하기 위함이다. 그리하여 성령께서는 거듭거듭 그리스도를 부활의 전형(典形)으로 우리 앞에 제시하시는 것이다.

완전히 썩어 버린 육체들이 때가 되면 결국 다시 살아나리라는 것은 믿기가 매우 어렵다. 그러므로, 철학자들 중에서도 영혼의 불멸은 공언하는 사람이 많지만, 육체의 부활을 인정하는 자들은 거의 없는 것이다. 이러한 관점을 위하여 변명할 생각은 없다. 그러나 이를 통해서 우리는 육체의 부활이라는 문제가 사람의 지성으로는 파악하기가 너무나도 어려운 것이라는 사실을 절감하게 된다. 그러나 성경은 믿음으로 이 큰 장애를 극복할 수 있도록 두 가지로 도움을 주는데, 그 하나는 그리스도의 부활의 실례요, 또 하나는 하나님의 전능하심이다.

부활을 생각할 때마다 우리는 항상 그리스도의 형상을 바라보아야 한다. 그는 인간의 본성을 취하신 상태로 완전한 삶을 사셨고, 그리하여 영원 불멸의 상태에 이르셨으니, 그분이야말로 장차 올 우리의 부활의 보증이시다. 온갖 어려움이 우리에게 닥쳐와도(참조. 고후 4:8-9) "우리가 항상 예수의 죽음을 몸에 짊어짐은 예수의 생명이 또한 우리 몸에 나타나게 하려 함이라"(고후 4:10). 그러므로 그리스도를 찢어 놓지 않는 한, 그를 우리와 분리시킨다는 것은 있어서는 안 되는 일이요 또한 가능한 일도 아닌 것이다. 그렇기 때문에 바울은 이렇게 말하고 있다: "만일 죽은 자가 다시 살아나는 일이 없으면 그리스도도 다시 살아나신 일이 없었을 터이요"(고전 15:16). 이렇듯 바울은, 그리스도께서 죽음에 굴복하신 일이나 그가 부활하심으로써 죽음을 이기신 일이나 그에게만 해당되는 것이 아니라는 원리를 당연시하고 있다. 그는 오히려, 각 지체의 위치와 계급에 따라서 그들 가운데서 완성되어야 할 일이 먼저 그 머리에게서부터 시작된 것으로 본 것이다. 지체들이 모든 면에서 그 머리 되신 그리스도와 완전히 동등하게 되는 것은 옳지 않기 때문이다. 시편에서는 이렇게 말씀한다: "주께서 … 주의 거룩한 자로 썩음을 당하지 않게 하실 것임이니이다"(시 16:10; 행 2:27). 이러한 신뢰가 부분적으로 우리들 각자에게 베풀어진 분량에 따라서 우리의 것인 것은 분명하지만, 그러나 이 신뢰의 충만한 효과는 오직 그리스도에게만 나타난다. 그는 모든 부패에서 벗어나 완전한 몸을 돌려 받으신 것이다.

그러므로 그 복된 부활에 있어서도 그리스도와 우리가 교제한다는 것을 의심해서는 안 될 것이다. 이러한 보증을 만족스럽게 받아들이도록 하기 위해서, 바울은 그리스도께서 하늘에 앉아 계시며(엡 1:20) 마지막 날에 그가 심판주로 임하셔서 우리의 낮은 몸을 그의 영광의 몸의 형체와 같이 변하게 하실 것이라고(빌 3:20-21) 선언하는 것이다. 또한 다른 곳에서(골 3:4) 바울은 하나님께서 그의 아들을 죽은 자 가운데서 살리신 것이 그의 권능의 단 한 가지 실례를 알리시기 위함이 아니라, 우리 신자들에게 성령의 동일한 역사하심을 보여 주시기 위함이라고 가르치고 있다. 그는 우리 안에 거하시는 성령을 가리켜 "생명"이라 부르는데, 이는 성령을 주신 목적이 바로 우리 속에 있는 죽을 것을 살리시고자 하는 데에 있기 때문이다(참조. 롬 8:11).

이 문제는 좀 더 충실하고도 더욱 찬란하게 다룰 만한 충분한 가치가 있으나, 여기서는 그저 간략하게 언급만 하는 것으로 그치고자 한다. 그러나 경건한 독자들이라면 이 짧은 몇 마디의 진술 속에서도 믿음을 굳게 세울 수 있는 충분한 재료를 얻으리라 믿는다. 그러므로, 그리스도께서 다시 사신 것은 장차 올 생명 가운데서 우리를 동지(同志)로 삼으시기 위함이다. 그는 아버지로 말미암아 부활하셨는데, 이는 그가 교회의 머리이셨고 또한 아버지께서 그가 교회와 분리되기를 절대로 허용하지 않으시기 때문이다. 그는 성령의 능력으로 부활하셨는데, 그는 또한 그리스도와 교제 가운데 있는 우리를 살리는 분이시다. 마지막으로 그가 부활하신 것은 그가 "부활이요 생명"이 되시기 위함이었다(요 11:25). 이 그리스도의 부활이라는 거울 속에 부활의 살아 있는 모습이 보인다고 말한 바 있거니와, 우리가 그 시기가 길게 지연되는 것 때문에 지치거나 초조해하지 않는다면, 그것이야말로 우리의 마음을 지탱시켜 주는 견고한 기초가 될 것이다. 우리의 임무는 우리의 뜻대로 이렇게저렇게 시기를 따지고 재는 것이 아니라 하나님께서 그의 정하신 때에 그의 나라를 회복하실 때까지 참고 기다리는 것이다. 바울은 이에 대해서 이렇게 권면하고 있다: "각각 자기 차례대로 되리니 먼저는 첫 열매인 그리스도요 다음에는 그가 강림하실 때에 그리스도에게 속한 자요"(고전 15:23).

그러나 우리 모두의 부활의 기반(基盤)이 되는 그리스도의 부활에 대해서 의문을 제기하지 않도록 하기 위해서, 그가 얼마나 자주, 그리고 얼마나 다양한 방식으로 그 부활을 우리에게 확증하셨는지를 살펴보기로 하자. 조롱하는 자들은 복음서 기자들이 역사로서 전해 주는 내용을 하나의 전설처럼 취급할 것이다. 초라한 여인들이 겁에 질려서 전해 주었고 제자들도 두려움으로 거의 사색(死色)이 되어 확인한 그 이야기가 무슨 가치가 있는가? 그리스도께서 성전 중앙에나 공공 장소에 그의 승리를 기념하는 찬란한 기념비를 세우셨을 만도 한데 어째서 그렇게 하지 않으셨는가? 그리스도께서는 어째서 빌라도 앞에 그 무서운 모습으로 나타나지 않으셨는가? 그는 어째서 자기가 부활하신 사실을 제사장들과 온 예루살렘 사람들에게 입증하지 않으셨는가? 세상 사람들은 그리스도께서 선택하신 목격자들이 합당하다는 것을 거의 인정하려 하지를 않는 것이다.

이에 대해서 나는 이렇게 답하고자 한다. 처음에는 그의 연약함이 멸시를 받으실 수 있었으나, 하나님의 놀라우신 섭리로 이 모든 일이 주도되었다. 그리하여 두려움에 완전히 압도된 그들이 그리스도에 대한 사랑과 경건을 위한 열심에서 무덤에까지 달려갔는데, 하나님께서는 이로써 그들로 하여금 두 눈으로 직접 사실을 목격하도록 하셨을 뿐 아니라, 눈으로 바라보는 그 사실을 천사들의 음성을 통해서 다시 들어서 확증하도록 하신 것이다. 그들이 처음 여인들로부터 부활의 사실을 전해 들었으나 헛된 이야기로 생각했다가 자기들이 직접 가서 사실을 확인하고서야 믿게 되었다면, 그들이 전해 준 내용의 진실성을 어떻게 의심할 수가 있겠는가? 예루살렘 사람들과 빌라도의 경우는, 부활의 사실이 이미 풍성한 증거를 통해서 그들에게 입증되었으므로 그들이 그리스도를 직접 목격하거나 기타 표증들을 접하지 못했다고 해서 전혀 이상할 것이 없는 것이다. 무덤이 인봉되어 있었고 경비병들이 지키고 있었는데(마 27:66), 사흘째 되던 날에 그의 몸이 사라졌다(참조. 눅 24:3; 마 28:6, 11; 참조. 27:24). 뇌물을 받은 군인들이 제자들은 그의 시신을 도둑질하여 갔다는 소문을 퍼뜨렸다(마 28:12-13, 15).

마치 제자들이 군대를 무찌를 수 있는 능력이 있었거나, 아니면 스스로 무장하고 있었거나, 아니면 그런 행동을 저지를 만한 충분한 경험들이 있기라도 했던 것처럼 말이다! 그러나 경비병들이 그들을 물리칠 만큼 용기가 없었다 할지라도, 어째서 그들을 뒤쫓아가지 않았단 말인가? 뒤쫓아갔더라면 사람들의 도움을 받을 수 있었을 것이니 그들 중의 일부라도 붙잡지 않았겠는가? 과연 빌라도가 그리스도의 부활을 몸소 인을 쳐 준 셈이고, 무덤을 지키던 경비병들은 침묵을 지키거나 아니면 거짓말을 함으로써, 결국 그리스도의 부활의 전령(傳令)들이 된 셈이다. 그리고 "그가 여기 계시지 않고 살아나셨느니라"(참조. 마 28:6; 눅 24:6)라는 천사의 음성이 울려 퍼졌다. 하늘의 광채가 그들이 사람이 아니라 천사임을 분명하게 보여 주었던 것이다.

그 후에 그리스도께서는 아직도 남아 있을지 모르는 의혹을 친히 말끔히 제거시켜 주셨다(눅 24:38). 제자들은 그를 한 번 이상 보았고, 심지어 그의 발과 손을 만져보기까지 했다(눅 24:40; 참조. 요 20:27). 그리고 그들의 불신앙이 우리의 믿음을 강건하게 하는 데 적지 않은 도움이 되었다. 그리스도께서는 제자들과 하나님 나라의 비밀에 대하여 말씀을 나누셨고(행 1:3), 마지막으로, 그들이 보는 앞에서 하늘로 올리셨다(행 1:9). 그 광경은 열한 제자들만 본 것이 아니었고, "오백여 형제에게 일시에 보이셨다"(고전 15:6). 그리고 그는 성령을 보내심으로써, 그가 친히 예언하신 대로 자신이 살아 계시다는 것은 물론 그가 친히 최고의 주(主)시라는 확실한 증거를 보여 주셨다: "내가 떠나가는 것이 너희에게 유익이라 내가 떠나가지 아니하면 보혜사가 너희에게 오시지 아니할 것이요"(요 16:7). 뿐만 아니라 어떻게 죽은 사람의 능력이 바울을 길바닥에 엎드리게 했다 할 수 있겠는가? 바울은 자기가 공격하고 해치려 하는 그분의 그 높으신 권능에 의하여 완전히 압도당한 것이다(행 9:4). 그리스도께서는 또한 스데반에게도 나타나셔서 그로 하여금 생명에 대한 확신으로 죽음의 두려움을 이길 수 있도록 해 주셨다(행 7:55). 이처럼 수많은 순전한 증거를 인정하지 않는다는 것은 불신앙일 뿐 아니라 그야말로 패역하고 심지어 제정신이 아닌 완악함일 뿐이다.

4. 하나님의 전능하심이 부활의 근거임

앞에서 말한 바와 같이, 부활을 증명함에 있어서 우리는 마땅히 하나님의 무한하신 권능을 생각해야 한다. 바울은 다음과 같이 이를 아주 간결하게 가르치고 있다: "그는 만물을 자기에게 복종하게 하실 수 있는 자의 역사로 우리의 낮은 몸을 자기 영광의 몸의 형체와 같이 변하게 하시리라"(빌 3:21). 그러므로 우리 앞에 무수한 이적들이 놓여 있고, 그 위대함이 우리의 지각을 완전히 압도하고 있는데도 부활을 자연의 과정에서 일어날 수 있는 방식으로 생각한다는 것만큼 부적절한 처사는 없을 것이다. 그런데 바울은 자연에서 증거를 취하여, 부활을 부인하는 자들의 어리석음을 공박하고 있다: "어리석은 자여, 네가 뿌리는 씨가 죽지 않으면 살아나지 못하겠고 네가 뿌리는 것은 … 다만 밀이나 다른 것의 알맹이 뿐이로되 하나님이 그 뜻대로 … 각 종자에게 그 형체를 주시느니라"(고전 15:36-38). 바울의 말은 곧, 씨를 뿌리면 그것이 썩어서 곡식이 돋아나는 현상에서도 부활의 모습을 볼 수 있다는 것이다.

또한 세상의 도처에서 우리 눈 앞에 일어나는 온갖 이적들을 제대로 주목해 보아도, 이 사실을 믿기가 그리 어렵지 않을 것이다. 그러나 하나님의 권능에 놀라움으로 사로잡혀 있고 그 권능에 합당한 영광을 돌리지 않고서는 어느 누구도 장차 올 부활을 진정으로 확신할 수 없다는 사실을 기억해야 할 것이다. 이사야 선지자는 이런 확신으로 외친다: "주의 죽은 자들은 살아나고 그들의 시체들은 일어나리이다 티끌에 누운 자들아 너희는 깨어 노래하라"(사 26:19). 다윗은 절박한 상황 속에서 생명의 주인이신 하나님께 자기를 맡기면서, "사망에서 벗어남은 주 여호와로 말미암는다"고 말한다(시 68:20).

욥도 마찬가지로 시체와 같이 되어 있는 처지에서 하나님의 권능을 의지하고서 자신이 온전한 사람으로 일어날 것을 의심하지 않는다: "내가 알기에는 나의 대속자가 살아 계시니 마침내 그가 땅 위에 서실 것이라"(즉, 거기서 그의 권능을 보이실 것이라는 뜻이다), "내 가죽이 벗김을 당한 뒤에도 내가 육체 밖에서 하나님을 보리라. 내가 그를 보리니 내 눈으로 그를 보기를 낯선 사람처럼 하지 않을 것이라"(욥 19:25-27). 우리의 반대자들은 이 구절들을 아주 교묘하게 왜곡시켜서 마치 부활에 대해서 적용되지 않는 것처럼 설명하지만, 그러나 이 구절들은 그들이 뒤집어엎기를 고대하는 그 사실을 오히려 확증해 준다. 왜냐하면 거룩한 사람들은 곤경 중에서 오직 부활을 위로의 근원으로 삼아서 거기서 위로를 얻기 때문이다.

이러한 사실은 에스겔서의 한 구절에서 더 잘 알 수 있다: 유대인들이 그들의 회복에 대한 약속을 믿기를 거부하면서, 그들이 회복되어 귀환한다는 것은 마치 죽은 시체가 무덤에서 걸어나오는 것과도 같다고 하며 반론을 제기하자, 선지자는 마른 뼈들이 가득한 들판에 대한 이상(환상)을 받는데, 그 이상 가운데서 그 뼈들이 하나님의 명령을 받아 살과 힘줄과 생기가 생겨나는 것이다(겔 37:1-10). 물론 선지자는 이 이상을 통해서 그 백성들에게 귀환에 대한 소망을 불러일으키고 있지만, 그는 그런 소망의 근거를 부활에서 취하고 있는 것이다. 이와 마찬가지로 우리에게도 부활이 신자들이 이 세상에서 경험하는 모든 구원의 사건들의 가장 주요한 모델인 것이다.

그리스도께서도 복음의 음성이 생명을 준다고 가르치신 다음, 유대인들이 그 말씀을 받아들이지 않자 즉시 이렇게 덧붙이신다: "이를 놀랍게 여기지 말라 무덤 속에 있는 자가 다 그의 음성을 들을 때가 오나니 … 부활로 나오리라"(요 5:28-29).

그러므로, 바울의 모범을 따라서 이제 우리는 우리의 싸움 가운데서 열심히 승리하도록 하자. 미래의 생명을 우리에게 약속하신 이가 또한 우리에게 의탁하신 것을 능히 지키실 것이기 때문이다(딤후 1:12). 그리고 의로우신 재판장이 우리에게 주실 의의 면류관이 우리를 위하여 예비되었으니 기뻐하고 즐거워하자(딤후 4:8). 그리하여, 우리가 당하는 온갖 괴로움들은 장차 우리에게 올 생명을 미리 보여 주는 것이 되는 것이다. "우리로 환난을 받게 하는 자들에게는 환난으로 갚으시고 환난을 받는 우리에게는 우리와 함께 안식으로 갚으시는 것이 하나님의 공의시니 주 예수께서 자기의 능력의 천사들과 함께 하늘로부터 불꽃 가운데에 나타나실 때에 하나님을 모르는 자들과 우리 주 예수의 복음에 복종하지 않는 자들에게 형벌을 내리시리니"(살후 1:6-8).

그러나 바로 그 다음에 덧붙여진 사실을 함께 깨달아야 할 것이다: "그날에 그가 강림하사 그의 성도들에게서 영광을 받으시고 모든 믿는 자들에게서 놀랍게 여김을 얻으시리니" 이는 그들이 복음을 믿는 믿음을 가졌기 때문이다(살후 1:10).

5. 부활을 증거하는 매장 풍습과 천년왕국론자들의 오류

부활에 대해서 계속해서 생각하는 것이 사람들로서 지극히 합당한 일인데도 불구하고, 마치 부활에 대한 모든 기억을 완전히 지워 버리고자 하는 계획적인 의도가 있기라도 한 것처럼, 사람들은 죽음을 가리켜 모든 것의 한계요 사람의 소멸이라고 불러오고 있다. "산 개가 죽은 사자보다 낫다"는 솔로몬의 말은 당시의 보통 사람들이 갖고 있는 일반적인 생각을 잘 표현해 주는 것이다(전 9:4). 그는 또한 "인생들의 혼은 위로 올라가고 짐승의 혼은 아래 곧 땅으로 내려가는 줄을 누가 알랴?"라고도 말한다(전 3:21). 각 시대마다 이러한 야만적인 어리석음이 널리 퍼져 있었고, 또한 그것이 교회에까지도 그 영향을 발휘하였고, 사두개인들은 부활이란 없으며 영혼은 죽는 것이라고 공공연하게 주장하였다(막 12:18; 눅 20:27; 행 23:8).

그러나 이러한 지독한 무지가 핑곗거리가 되지 않도록 하기 위해서, 도저히 믿을 수 없는 본성의 충동에 의하여 사람들은 언제나 눈 앞에서 부활의 형상을 보아왔다. 새로운 생명에 대한 보증이 아니라면 어째서 매장풍습을 신성 불가침한 것이라고 인정했는가? 아무도 그런 풍습이 오류에서 나온 것이라고 주장할 수는 없다. 왜냐하면 거룩한 족장들도 매장의 의식을 항상 지켰기 때문이다. 하나님께서는 그런 풍습이 이방인들 가운데도 남아 있도록 하셔서 부활의 형상(image)이 그들 앞에 세워져서 그들의 미련함을 흔들어 깨우셨다. 그런데 매장 의식은 무익했지만, 그 목적을 지혜롭게 살핀다면 우리에게 유익이 있을 것이다. 아무도 믿지 않은 것을 모든 사람이 함께 고백했다는 것이야말로 부활에 대한 불신을 깨뜨리는 중대한 반박거리가 되기 때문이다!

그러나 사탄은 사람들의 감각을 마비시켜서 시신을 묻을 때에 부활에 대한 기억도 함께 묻어 버리도록 만들 뿐 아니라 부활 교리의 이 부분을 온갖 거짓 것들로 부패시켜서 마침내 그것을 무너뜨리려 한 것이다. 바울의 시대에도 사탄이 부활의 교리를 무너뜨리려 했다는 사실에 대해서는 그냥 지나치기로 한다(고전 15:12 이하). 그러나 조금 후에 천년왕국론자들이 등장하여 그리스도의 통치를 천 년으로 제한하였다. 그들이 조작해 낸 논리는 너무나 유치하기 때문에 반박할 가치도 없다. 그리고 그들이 자기들의 오류를 뒷받침하는 의심의 여지가 없는 증거 구절로 제시하는 요한계시록의 구절도 사실은 그들을 뒷받침해 주지 않는다. "천"(千)이라는 숫자는(계 20:4) 교회의 영원한 복락의 상태를 뜻하는 것이 아니라, 교회가 지상에서 수고하는 동안에 당하게 될 온갖 고난의 기간을 지칭하는 것이다. 오히려 정반대로, 모든 성경은 택한 자들의 복락과 악인의 형벌에 끝이 없을 것임을 선포하고 있는 것이다(마 25:41, 46).

그런데, 우리의 눈에도 보이지 않고 우리의 지성의 능력으로도 도저히 가늠할 수 없는 문제들에 대해서는 하나님의 말씀을 근거로 믿든가, 아니면 철저하게 던져 버리든가 해야 한다. 하나님의 자녀들이 천 년 동안 장차 올 생명의 기업을 누린다고 주장하는 자들은 자기들이 그리스도와 그의 나라에 대해 얼마나 욕되게 하고 있는가를 깨닫지 못하고 있다. 만일 그들이 영원한 생명을 입지 않는다면 — 그들이 그리스도의 영광으로 화한다고 말하고 있으니 — 그리스도 자신도 죽음이 없는 영광에 들어가신 것이 아닌 것이 되어 버린다(고전 15:13 이하). 그리고 그들의 복락에 끝이 있다면, 그들의 복락을 든든하게 받쳐 주는 그리스도의 나라도 일시적인 것이 되어 버리는 것이다. 요컨대, 그런 사람들은 하나님에 관한 것에 대해서 철저하게 무지하든가, 아니면 악의를 갖고서 하나님의 은혜와 그리스도의 능력을 완전히 무(無)로 만들어 버리려고 애쓰고 있든가 둘 중의 하나일 것이다. 하나님의 은혜와 그리스도의 능력은 죄가 완전히 사라지고, 죽음이 삼키운 바 되고, 영생이 완전히 회복되었을 때에야 비로소 완전히 실현되는 것이다.

악인이 영원한 형벌에 처해지면 하나님께 지나친 잔혹함이 돌아갈까 두려워하는 이 사람들이 얼마나 어리석은 이야기들을 주고받는지는 맹인이라도 알 수 있을 것이다! 만일 주께서, 스스로 감사하지 않음으로 하나님 나라에 합당하지 않게 되어 버린 자들을 그 나라에서 제외시키신다면, 그것도 너무 가혹한 처사가 될 것이 아닌가! 그러면서 그들은 자기들의 죄가 일시적인 것이라고 말한다. 그렇다고 인정하자. 그러나 그들이 죄를 지음으로써 범한 그 하나님의 위엄과 그의 공의는 영원한 것이다. 그러므로 그들의 불법에 대한 기억이 사라지지 않는 것은 당연한 일이다. 그런데도 그렇게 되면 형벌이 과실에 비해서 너무 지나치다고 이야기하는 것이다. 하나님의 위엄을 아무리 모욕해도 한 영혼의 멸망이 더 큰 일이라고 여기는 이런 신성모독적인 처사는 절대로 용납할 수가 없는 것이다. 그러나 이런 쓸데없는 이야기를 지껄이는 자들에 대해서는 그냥 넘어가기로 하자. 그렇지 않으면, 앞에서 말한 것과는 반대로, 마치 우리가 그들이 떠드는 쓸데없는 비난들을 반박할 가치가 있는 것으로 판단하는 것으로 오해할 수도 있지 않겠는가!

6. 죽음 이후의 영혼의 상태

그 외에도 악한 호기심에 빠진 사람들은 두 가지 다른 망상을 드러내었다. 어떤 이들은 마치 사람 전체가 죽도록 되어 있기라도 한 것처럼 영혼이 육체와 함께 부활할 것이라고(즉, 영혼도 죽는다고) 생각하였다. 또 어떤 이들은 영혼이 불멸하다는 것은 인정하면서도 그 영혼들이 새로운 몸으로 옷 입게 되어 있다고 주장함으로써, 결국 육체의 부활을 부인하는 것이다.

앞에서 사람의 창조를 다루면서 전자의 사고에 대해서 이미 다소간 언급한 바 있으므로,[1] 이것이 얼마나 동물적인 오류인가를 독자들에게 주지시켜 주는 것으로 족할 것이다. 이런 사고는 하나님의 형상을 따라 지음 받은 영혼을 이 덧없는 이생에서만 몸을 살아 있게 해 주는 하나의 흘러가는 숨결로 만들어 버리며, 성령의 전을 말살시켜 버리며, 또한 마지막으로, 우리 속에서 신적인 요소가 특별히 빛나며 또한 불멸의 분명한 증거들이 있는 부분에서 이 선물을 제거함으로써 육체의 조건이 영혼의 조건보다 훨씬 더 좋고 탁월한 것으로 만들어 버리는 것이다.

그러나 성경은 이런 것과는 전연 다르게 가르친다. 성경은 몸을 오두막집에 비유하면서, 우리가 죽을 때 그곳을 떠나는 것이라고 말씀한다. 그리고 이런 점에서 우리가 짐승과 다르다고 가르친다. 그리하여 베드로는 죽음이 임박한 상태에서, 그의 "장막"을 "벗어날" 때가 왔다고 말하고 있다(벧후 1:14). 그러나 바울은 신자들에 대해서 말하면서, "만일 땅에 있는 우리의 장막 집이 무너지면 … 하늘에 있는 영원한 집이 우리에게 있는 줄 아느니라"(고후 5:1)라고 말한 다음, 곧바로 이어서 "우리가 … 몸으로 있을 때에는 주와 따로 있는 줄을 아노니"(6절) "우리가 … 원하는 바는 차라리 몸을 떠나 주와 함께 있는 그것이라"(8절)고 덧붙이고 있다. 만일 육체가 죽은 후에도 영혼이 계속 살아 있는 것이 아니라면, 그 영혼이 육체와 분리될 때에 하나님과 함께 있다는 말씀은 과연 무슨 의미인가?

사도는 우리가 "온전하게 된 의인의 영들"에게로 이르렀다는 가르침을 통해서 이에 대한 의혹을 말끔히 씻어 준다(히 12:23). 이 말씀은 곧 우리가 거룩한 족장들과 나누는 교제 속에 있는데, 그들은 이미 죽었으나 우리와 동일한 경건을 배양하고 있으므로 우리 자신이 그들과 연합하지 않으면 그리스도의 지체들이 될 수가 없다는 의미인 것이다. 그리고 또한 영혼이 육체를 벗어날 때에도 그 본질을 여전히 유지하며 복된 영광을 누릴 수 있는 상태가 아니라면, 그리스도께서는 십자가에 함께 달린 행악자에게 "오늘 네가 나와 함께 낙원에 있으리라"고 말씀하지 않으셨을 것이다(눅 24:43). 이러한 분명한 증거들을 의지하고서, 우리는 죽을 때 주저하지 말고 그리스도의 모범을 따라 우리의 영혼을 하나님께 맡기며(눅 23:46), 혹은 스데반의 모범을 따라서 그리스도께 영혼을 의탁해야 할 것이다(행 7:59). 그리스도야말로 신실한 "목자와 감독 되신 이"라 불림을 받으시기에 합당한 분이신 것이다(벧전 2:25).

자, 우리의 영혼의 중간 상태에 대하여 지나치게 호기심을 갖고서 탐구한다는 것은 정당하지도 않을 뿐더러 유익하지도 않은 일이다. 영혼이 어디에 있는가, 아니면 영혼이 과연 하늘의 영광을 이미 누리고 있는가 아닌가 하는 따위의 문제에 대해서 지나치게 논란을 벌이느라 수많은 사람들이 쓸데없이 고통을 받고 있다. 그러나 알려져 있지 않은 문제들에 대해서 하나님께서 허락하시는 한계를 넘어서 더 깊게 알려고 탐구해 들어간다는 것은 어리석은 일이요 또한 경솔한 짓이다. 성경은 그리스도께서 그들과 함께 계시다는 것과, 그가 그들을 낙원에 받아들이셔서(참조. 요 12:32) 그들로 하여금 위로를 받게 하신다는 것과, 또한 반대로 버림받은 자들의 영혼은 그들에게 합당한 고통을 당한다는 것을 말씀하는 것 외에는 더 나아가지 않는 것이다. 하나님께서 감추신 사실을 과연 어떤 선생이나 스승이 우리에게 알려 줄 수 있단 말인가?

영혼이 거하는 장소에 대해서 탐구한다는 것도 이에 못지않게 어리석고 헛된 것이다. 영혼이 육체와 같이 공간(空間)을 점유하지 않는다는 것을 우리가 잘 알기 때문이다. 성도들의 영혼들의 복된 모임을 가리켜 "아브라함의 품"(눅 16:22)이라 부른다는 사실만으로도, 우리로서는 이 나그네길이 끝나면 믿는 자들 모두의 조상인 아브라함이 우리를 영접하여 우리와 함께 그의 믿음의 열매를 함께 나누리라는 확신을 갖기에 충분한 것이다. 동시에 성경은 도처에서 우리에게 그리스도의 재림을 기대하고 기다리라고 명령하며, 영광의 면류관이 그때에 가서 우리에게 주어질 것을 말씀한다. 그러므로 우리는 하나님께서 우리에게 정해 놓으신 한계로 만족하도록 하자. 곧, 경건한 자들의 영혼이 이 세상의 싸움의 수고를 마치면 복된 안식에 들어가고, 거기서 약속된 영광을 누리기를 기쁨으로 기대하며 기다리고, 그리하여 구속자이신 그리스도께서 재림하시기까지 모든 것들이 미결 상태에 있다는 사실로 만족해야 할 것이다. 버림받은 자들의 운명은 의심할 나위도 없이, 유다가 언급한 마귀들의 상태와 동일하다. 곧, 그들에게 지정된 형벌을 받기 위하여 끌려갈 때까지 결박으로 흑암에 갇혀 있게 되는 것이다(유 6).

7. 영혼이 새로운 몸을 입는다는 논리에 대한 반박

이와 똑같이 정말 어처구니없는 오류는 곧 영혼이 지금 입고 있는 몸이 아니라 전혀 다른 새로운 몸을 부여받을 것이라고 상상하는 것이다. 마니교도들이 이런 상상에 무가치한 이유를 제시하였는데, 그들은 불결한 육체가 다시 부활한다는 것이 철저하게 부적절하다고 주장하였다. 그렇다면 영혼은 하늘의 생명을 소망하는 데서 제외되지 않았으니 영혼에는 불결한 것이 없다는 뜻이 아니겠는가! 이런 논리는 마치 "죄의 더러움에 오염된 것은 하나님께서도 깨끗하게 하실 수가 없다"는 것과 마찬가지인 것이다. 육체가 마귀로 말미암아 창조되었으므로 본질상 불결하다고 주장하는 망상에 대해서는 언급하지 않기로 한다. 다만 우리 속에 아무리 하늘에 합당하지 않은 것이 존재하고 있다 할지라도 그것이 부활을 막지는 못한다는 사실만을 입증하고 지나가기로 하자. 우선, 바울이 신자들에게 육체와 영혼의 모든 더러운 것을 깨끗이 씻으라고 명하고 있으므로(고후 7:1), 다른 곳에서 선언하는 심판은 그 결과가 될 것이다: "각각 선악간에 그 몸으로 행한 것을 따라 받으려 함이라"(고후 5:10). 이는 고린도 교인들에게 말하는 다음의 내용과도 일치한다: "예수의 생명이 또한 우리 죽을 육체에 나타나게 하려 함이라"(고후 4:11). 그렇기 때문에, 바울은 또 다른 곳에서 하나님께서 그들의 온 영과 혼과 몸이 "그리스도께서 강림하실 때"까지 흠 없이 보전되게 해 주실 것을 기도하는 것이다(살전 5:23).

이것은 전혀 이상할 것이 없다! 하나님께서 성전으로 자기 자신에게 바치신 성도들의 몸이(고전 3:16) 부활의 소망도 없이 더러움 속에 썩어 버린다면 그것이야말로 정말 모순된 일일 것이기 때문이다. 그 몸이 또한 그리스도의 지체들이라는 사실은 어떤가(고전 6:15)? 아니면, 하나님께서 그들의 전부를 거룩하게 드리라고 명령하신다는 사실은 어떠한가(롬 12:1)? 사람들이 혀로 그의 이름을 찬송하고(히 13:15) 거룩한 손을 들어 하나님께 기도하는 것이(딤전 2:8) 하나님께서 원하시는 제사라는 사실은 어떠한가? 하늘의 재판장께서도 사람의 이 부분을 그토록 찬란한 존귀에 합당한 것으로 여기시는데, 죽을 인간이 그것을 회복의 소망도 없는 먼지로 만든다는 것이야말로 얼마나 미친 짓인가? 이와 마찬가지로, 바울은 몸과 영이 모두 하나님께 속한 것이므로 몸과 영을 다 드려 주께 순종하라고 권면하는데(고전 6:19, 20), 이는 그가 하나님께 거룩한 것으로 주장한 그것이 저주를 받아 영원한 부패 상태에 빠진다는 것을 허용하지 않는다는 것을 시사하는 것이다.

성경은 또한 지금 우리가 입고 있는 육체의 부활처럼 분명하게 정리해 주는 것이 없다. "이 썩을 것이 반드시 썩지 아니할 것을 입겠고 이 죽을 것이 죽지 아니함을 입으리로다"(고전 15:53). 만일 하나님께서 영혼을 위하여 새로운 몸을 만드셨다면, 여기서 말씀하는 질(質)의 변화가 어떻게 있을 수 있겠는가? 만일 성경이 우리가 새로워질 것이라고 말씀했다면, 그 표현이 모호하여 그들의 트집에 빌미를 제공했을 수도 있을 것이다. 그런데 바울은 우리를 감싸고 있는 몸을 가리키면서 그것들이 썩지 아니할 것을 입겠다고 약속하고 있으니, 이는 새로운 몸이 생긴다는 것을 분명히 부인하는 것이다. 테르툴리아누스(Tertullian)는 말하기를, "그가 자기 손에 자기의 피부를 지니고 있지 않았다면 그 이상 명확하게 말씀하지 못했을 것이다"라고 하였다.[2]

뿐만 아니라 이들이 아무리 둘러댈지라도 바울이 다른 곳에서 그리스도께서 세상의 심판자가 되실 것임을 진술하면서(롬 14:11) 다음과 같은 이사야의 증언을 지칭하고 있다는 사실은 도저히 피할 수가 없을 것이다: "나 여호와가 이르노라 내가 나의 삶으로 맹세하노니"(사 49:18), "내게 모든 무릎이 꿇으리라"(사 45:23). 바울은 그의 편지를 읽을 독자들이 반드시 그들의 삶을 하나님 앞에 직고하게 될 것임을 분명히 선언하고 있다. 그런데 만일 새로운 몸을 입고서 심판대 앞에 나아가게 된다면, 이런 선언이 의미가 없어지고 말 것이다. 더 나아가서 다니엘의 다음과 같은 말씀 역시 의미가 매우 분명하다: "땅의 티끌 가운데에서 자는 자 중에서 많은 사람이 깨어나 영생을 받는 자도 있겠고 수치를 당하여서 영원히 부끄러움을 당할 자도 있을 것이며"(단 12:2). 하나님께서는 사람을 구성하는 네 가지 원소에서 새로운 물질이 생겨나게 하시는 것이 아니라, 죽은 사람들을 무덤에서 불러내시는 것이다.

그 이유는 너무도 분명하다. 왜냐하면 만일 죽음이 — 이는 사람의 타락에 그 기원이 있는 것인데 ― 우연이라면, 그리스도께서 이루신 그 회복도 그와 똑같은 몸에, 이미 죽음을 향해서 가고 있는 몸에 속하는 것이 되기 때문이다. 그리고 바울이 부활을 말했을 때에 아덴 사람들이 조롱했다는 사실(행 17:32)에서 우리는 바울이 전한 내용이 어떠했는지를 충분히 짐작할 수가 있다. 그리고 그들이 조롱했다는 그 사실은 우리의 믿음을 강건하게 하는 데 적지 않게 도움을 주는 것이다.

다음과 같은 그리스도의 말씀도 주목할 만한 가치가 있다: "몸은 죽여도 영혼은 능히 죽이지 못하는 자들을 두려워하지 말고 오직 몸과 영혼을 능히 지옥에 멸하실 수 있는 이를 두려워하라"(마 10:28). 우리가 지금 입고 있는 몸이 형벌을 받게 되는 것이 아니라면 두려워할 아무런 이유가 없을 것이기 때문이다. 그리스도께서 다른 곳에서 하신 말씀도 이와 똑같이 분명하다: "무덤 속에 있는 자가 다 그의 음성을 들을 때가 오나니 선한 일을 행한 자는 생명의 부활로, 악한 일을 행한 자는 심판의 부활로 나오리라"(요 5:28-29). 영혼들이 무덤 속에서 안식을 하고 있다가 거기서 그리스도의 말씀을 들을 것이라고 말할 것인가? 오히려 그리스도께서 명하실 때에 몸이 그 잃었던 활력을 회복하게 될 것이라고 말해야 옳지 않겠는가?

뿐만 아니라, 만일 우리가 새로운 몸을 입게 된다면, 머리와 지체들이 어떻게 서로 짝이 맞겠는가? 그리스도께서 다시 살아나셨다. 그러나 그가 친히 새로운 몸을 부여받아서 부활하셨는가? 아니다. 그가 미리 "너희가 이 성전을 헐라 내가 사흘 동안에 일으키리라"(요 2:19)고 예언하신 그대로 부활하신 것이다. 그는 죽으시기 전에 입고 계셨던 그 죽을 몸을 다시 받으신 것이다. 그리고 만일 속죄의 제물로 드려진 그의 몸이 파괴되고 전연 새로운 몸이 그것을 대신하여 주어졌다면, 우리에게 별 유익을 주지 못할 것이다. 바울 사도는 그리스도께서 부활하셨으니 우리도 부활하리라고 선언하고 있는데(고전 15:12 이하) 우리는 바로 이러한 연관성을 든든히 붙잡아야 하는 것이다. 우리가 그리스도 자신의 죽으심을 우리의 육체로 지고 있는데, 그 육체가 그리스도의 부활에는 참여하지 못한다는 논리보다 더 신빙성이 없는 것은 없을 것이다. 이는 한 가지 두드러진 실례에서도 잘 볼 수 있다. 곧, 그리스도께서 부활하셨을 때에 "무덤들이 열리며 자던 성도의 몸이 많이 일어났다"는 사실이다(마 27:52). 이 사건은 우리가 소망하고 있는 그 부활의 전주곡(前奏曲)이었다는 것을, 아니 오히려 그 부활의 보증이었다는 것을 부인할 수가 없다. 그 일은 일찍이 에녹과 엘리야에게서 일어난 일과 유사한 것이었다. 이들을 가리켜 테르툴리아누스는 "부활의 후보자들"이라 부르는데, 이는 육체와 영혼의 부패에서 자유함을 받아서 그들이 하나님의 보살피심 안으로 영접받았기 때문이다.[3]

8. 몸의 부활에 대한 증거

그렇게 명확한 문제에 대해서 이렇게 많은 말을 하는 것이 부끄럽다는 생각이 든다. 그러나 대담하고 악한 마음을 가진 자들이 단순한 자들을 속일 수 있는 틈을 남겨두지 않기 위해서는 이렇게 할 수밖에 없으니, 독자들께서는 불평 없이 이런 성가심을 잘 견뎌 주리라 믿는다. 내가 지금 상대하고 있는 그 경박한 사람들은 자기들의 머리로 짜낸 생각들을 마구 내어놓는다. 부활할 때에 새로운 몸이 창조될 것이라는 것이다. 그들이 그런 생각을 그렇게 고집하며 내어놓는 이유가 무엇이겠는가? 오랫동안 무덤 속에서 썩은 상태에 있던 시체가 그 본래의 상태로 돌아간다는 것이 도저히 믿어지지 않기 때문이 아니겠는가? 그러므로 순전히 불신앙이 이런 사고의 모체(母體)인 것이다. 그러나 성경에서는 하나님의 성령께서 우리 육체가 부활한다는 사실에 대해서 소망을 가지라고 계속해서 우리를 강권하고 계신다.

바울에 의하면 세례도 우리의 미래의 부활의 보증이다(골 2:12). 뿐만 아니라 성찬도 신령한 은혜의 상징물들을 입으로 받게 하여 우리에게 부활에 대한 확신을 갖도록 해 준다. 그리고 우리의 지체를 의의 무기로 내주어 거룩함에 이르라는 바울의 권면은(롬 6:13, 19), 그 후에 나타나는 다음의 진술과 연관되지 않으면 완전히 무의미한 것이 되고 말 것이다: "그리스도 예수를 죽은 자 가운데서 살리신 이가 … 너희 죽을 몸도 살리시리라"(롬 8:11; 참조. 6:13). 손과 발과 눈과 혀를 하나님께 드린다 해도, 만일 그것들이 그 열매와 상급에 참여하지 못한다면 전혀 소용이 없는 것이 아닌가? 바울은 이 사실을 자신의 말씀으로 분명하게 확증하고 있다: "몸은 음란을 위하여 있지 않고 오직 주를 위하여 있으며 주는 몸을 위하여 계시느니라 하나님이 주를 다시 살리셨고 또한 그의 권능으로 우리를 다시 살리시리라"(고전 6:13-14). 그 다음에 이어지는 말씀은 더 분명하다. 곧, 우리 몸이 그리스도의 지체이며 성령의 전이라는 말씀이 그것이다(고전 6:15, 19). 이 부분에서 우리는 그가 부활을 정절 및 거룩과 연관짓고 있는 것을 보게 된다.

그리고 조금 뒤에 가서는 몸을 속량한 값을 거론하고 있다(고전 6:20). 그러니, 바울이 그 몸에 그리스도의 흔적을 지녔고(갈 6:17) 또한 그 몸으로 그리스도를 영화롭게 하였는데, 그의 몸이 면류관의 상급을 받는 데서 제외된다는 것은 도저히 납득할 수 없는 일인 것이다. 바로 여기에서 다음과 같은 자랑이 나온다: "거기로부터 구원하는 자 곧 주 예수 그리스도를 기다리노니 그는 … 우리의 낮은 몸을 자기 영광의 몸의 형체와 같이 변하게 하시리라"(빌 3:20-21). 그리고 "우리가 하나님의 나라에 들어가려면 많은 환난을 겪어야 할 것"(행 14:22)이 사실이라면, 그 하나님 나라에 몸이 들어가지 못한다는 것은 도저히 받아들일 수가 없는 것이다. 하나님께서 십자가의 규범으로 몸을 훈련시키시니 또한 몸을 승리의 찬송으로 덧입히시는 것이다.

그러므로, 성도들 가운데는 그들이 장차 그리스도의 동료들이 될 소망을 가져야 한다는 사실에 대해서 아무런 의심도 없었다. 우리가 당하는 모든 환난을 그리스도께서 친히 자기에게로 돌리시면서 그것들이 생명을 주는 것임을 가르치시기 때문이다. 하나님께서는 심지어 율법 아래서도 외형적인 의식을 사용하셔서 거룩한 족장들을 이 믿음 가운데서 훈련시키셨다. 이미 말한 바와 같이, 땅에 묻히는 육체들을 위하여 새로운 생명이 예비되어 있다는 것을 사람들로 하여금 알게 하려는 것이 아니라면, 장례의 의식이 무엇 때문에 생겨났단 말인가?

향료를 비롯하여 불멸의 상징물들을 사용한 것도 희생 제물들의 경우와 마찬가지로, 율법 아래서 주어지는 가르침의 희미한 상태를 완화시키고자 하는 목적이 있었던 것이다. 이러한 장례의 풍습은 미신에서 나온 것이 아니다. 성령께서 믿음의 주요한 비밀들에 못지않게 이제 말하려고 하는 이 장례 의식에 대해서도 주의를 기울이시는 것을 보기 때문이다. 그리스도께서는 장례 절차를 결코 가벼운 일로 여기지 않으시는데(마 26:10), 이는 다른 이유에서가 아니라 그 의식이 우리로 하여금 모든 것을 썩게 하고 지워버리는 무덤을 바라보던 데서 눈을 돌려서 새로운 회복을 바라보도록 해 주기 때문이었던 것이다. 뿐만 아니라 족장들에게서도 나타나고 있는 대로 이 장례의 의식을 매우 조심스럽게 치렀다는 사실은 그 의식이 그들에게 희귀하면서도 아주 귀한 믿음을 돕는 도구였다는 것을 입증해 주는 충분한 증거인 것이다. 만일 신앙과 이 세상보다 더 높은 어떤 가치를 바라보지 않았다면, 아브라함이 자기 아내의 무덤에 대해서 그렇게 세밀하게 주의를 기울이지 않았을 것이다(창 23:4, 19).

다시 말해서, 자기 아내의 죽은 시신을 부활의 증표들로 장식함으로써, 그 자신의 믿음은 물론 그의 가솔들의 믿음까지도 강건하게 하고자 했던 것이다. 이 사실에 대한 더 명확한 증거를 야곱의 예에서 볼 수 있다. 그는 약속한 땅에 들어갈 소망이, 죽은 다음에도 그의 마음에서 떠나지 않는다는 것을 후손들에게 증거하기 위하여 자기의 뼈를 그리로 가져다 놓으라고 명령하고 있는 것이다(창 47:30). 여러분에게 묻고 싶다: 야곱이 만일 새로운 몸을 입게 되어 있었다면, 그 저 무(無)로 돌아가고 말 티끌 같은 자기의 뼈에 대해서 명령을 한다는 것이 얼마나 무의미한 일이었겠는가? 그러므로, 성경이 우리에게 조금이라도 권위가 있다면, 부활의 교리보다 더 분명하고 더 확실한 증거가 있는 교리가 없는 것이다.

심지어 어린 아이들조차도 "부활"과 "다시 산다"는 말을 이런 의미로 이해하고 있다. 새로 창조된 것을 가리켜 그것이 "다시 살아났다"고 말하지 않는 법이다. 그리고 새로운 몸이 창조되는 것이라면, "나를 보내신 이의 뜻은 내게 주신 자 중에 내가 하나도 잃어버리지 아니하고 마지막 날에 다시 살리는 이것이니라"(요 6:39)고 하신 그리스도의 말씀도 헛것이 되고 말 것이다. "잠 자다"라는 단어는 동일한 뜻을 내포하고 있다. 그것은 오직 몸에만 적용되기 때문이다. 그리하여 무덤을 가리켜 침소(寢所:cemetary)라 부르는 것이다.

부활의 양식

이제 남은 것은 부활의 양식(樣式)에 대해서 몇 가지를 시사하는 일이다. 이렇게 말하는 것은 바울이 부활을 가리켜 "비밀"이라고 부름으로써(고전 15:51) 우리에게 부활을 논의할 때에 지나치게 자유롭고 교묘하게 철학적인 사색을 금하고, 침착하고도 진지하게 다룰 것을 당부하기 때문이다. 첫째로, 이미 말한 바와 같이 우리가 동일한 몸으로 부활하는 것은 분명하지만 그 질(質)이 달라질 것이라는 것이다. 그리스도의 경우도 그 자신을 희생 제물로 드리셨을 때 지니고 계셨던 그 육체가 다시 살아난 것이지만, 그러나 질적인 면에서는 완전히 뛰어나서 마치 전혀 다른 육체인 것처럼 보이기까지 했다는 사실이다.

바울도 유사한 예를 들어서 이 사실을 증거하고 있다(고전 15:39). 사람의 육체와 짐승의 육체가 본질은 서로 동일하나 그 질에 있어서는 서로 같지 않고(39절), 또한 모든 광명체가 동일한 물질로 되어 있으나 그 찬란함에 있어서는 서로 다른 것처럼(41절), 우리 몸의 본체는 그대로 유지할 것이지만 거기에 변화가 생겨서 그 상태가 훨씬 더 뛰어나게 될 것이라고 가르치는 것이다(51-52절). 그러므로, 우리가 부활할 때에는 부패하는 성질을 가진 그 몸이 썩어 없어진다거나 사라지는 것이 아니라, 부패성을 벗어버리고 "썩지 아니함"을 입을 것이라는 것이다(53-54절). 하나님께서 모든 원소들을 그의 수중에 두고 계시므로, 흙과 물과 불을 명령하여 그것들이 소멸시켜 버린 것으로 보이는 그것들을 다시 회복시키도록 명령하시는 데에 조금도 어려움이 없는 것이다. 이사야 선지자도 비유적인 표현을 써서 이 사실을 선포하고 있다: "보라, 여호와께서 그의 처소에서 나오사 땅의 거민의 죄악을 벌하실 것이라 땅이 그 위에 잦았던 피를 드러내고 그 살해 당한 자를 다시는 덮지 아니하리라"(사 26:21).

그러나 이미 죽은 지 오래 되는 자들과 그날에 아직 살아 있을 자들 사이에 차이가 나타나고 있다. 바울은 "우리가 다 잠잘 것이 아니요 … 다 변화되리니"(고전 15:51)라고 진술하고 있다. 즉, 죽음과 그 이후의 두 번째 삶의 시작 사이에 시간적인 간격이 있을 필요가 없을 것이라는 뜻이다. 나팔 소리가 죽은 자에게 울려 퍼질 것이요 그들이 "순식간에 홀연히" 썩지 아니할 것으로 다시 살아날 것이며, 살아 있는 자들에게도 똑같은 나팔 소리가 울려서 그들 역시 홀연히 동일한 영광의 몸으로 변화할 것이라는 것이다(고전 15:52-53). 또한 그는 다른 곳에서 장차 죽게 될 신자들을 위로하면서, "우리 살아 남아 있는 자도 자는 자보다 결코 앞서지 못하리라 … 그리스도 안에서 죽은 자들이 먼저 일어나리라"(살전 4:15-16)고 말씀하는 것이다.

혹시, "한 번 죽는 것은 사람에게 정해진 것이요"(히 9:27)라는 사도의 진술을 인용하면서 반론을 제기한다면, 쉽게 설명할 수 있다. 본성의 상태가 변화할 때에는 죽은 모습이 있기 마련이며, 따라서 그것을 죽음이라고 불러도 무방하다는 것이다. 그러므로, 모두가 죽을 몸을 벗어버릴 때에 죽음을 통해서 새로워지지만, 그러나 변화(부활)가 갑자기 일어나는 곳에서는 육체와 영혼이 서로 분리되는 일이 필요하지 않을 것이라는 것이다.

9. 악인의 부활

그런데 여기서 다음과 같이 좀 더 어려운 질문이 제기된다: 부활이 그리스도의 독특한 은혜인데, 불경건한 자들과 하나님께 저주받은 자들이 무슨 권리로 동일한 부활에 참여하게 되는가? 우리가 아다시피 아담 안에서 모든 사람이 죽음에 이르도록 정죄를 받았다(참조. 롬 5:12; 고전 15:22). 그러나 그리스도께서 "부활과 생명"으로 오셨다(요 11:25). 그렇다면 그리스도께서 모든 인류에게 차별 없이 다 생명을 주기 위해서 오셨다는 말인가? 하나님을 예배하는 경건한 자들이 오직 믿음으로만 받는 그것을 그들은 완악하고 몽매한 가운데서 받아 누린다면, 그보다 어처구니없는 것이 어디 있겠는가? 그러나, 이 사실이 든든하게 서 있다. 곧, 하나는 심판의 부활이요, 또 하나는 생명의 부활이 될 것이라는 것이다(요 5:29). 그리스도께서는 오셔서 "양과 염소를 구분"하실 것이다(마 25:32). 이런 일은 이상스러울 것이 없다. 우리가 일상 생활에서 그와 유사한 일을 늘 접하기 때문이다.

우리는 아담 안에서 온 세상의 기업(유업)을 빼앗겼으며 또한 생명나무의 실과를 먹을 자격을 상실한 것과 똑같은 이유로 보통 음식을 먹을 자격도 상실하였다. 그렇다면, 하나님께서 "그 해를 악인과 선인에게 비추시며"(마 5:45) 뿐만 아니라 현세의 삶을 사는데 있어서 측량할 수 없는 너그러우심으로 풍성하게 모두에게 베풀어 주시는 일이 어떻게 있을 수가 있단 말인가? 그러므로, 그리스도와 그의 지체들에게 해당되는 것들이 악인에게도 풍성하게 베풀어진다는 것을 우리는 확실히 인정한다. 그러나 그것들이 그들의 정당한 소유가 되게 하기 위함이 아니라 그들로 하여금 핑계하지 못하도록 하기 위함인 것이다. 악인이 아주 두드러진 증거들을 통해서 하나님의 자비하심을 자주 경험하고, 때로는 경건한 자들의 모든 복들이 그늘에 가리기도 하지만, 이런 일들이 결국 악인으로 하여금 더 큰 정죄에 빠지게 하는 것이다.

덧없이 흘러가는 이 땅의 혜택도 누리고 게다가 부활까지 얻는다는 것은 적절하지 못하다며 반론을 제기하는 사람이 있다면, 나는 이렇게 답하고자 한다. 곧, 그들이 생명의 근원이신 하나님으로부터 끊어졌을 그때에 이미 그들은 마귀의 죽음을 당해 마땅한 처지가 되었고, 따라서 결국 그 죽음의 상태에서 철저하게 멸망하게 되었다. 그러나 하나님의 놀라운 계획으로 말미암아 중간 상태가 마련되어 그들은 생명에서 벗어나서 죽음 가운데서 사는 것이다. 만일 악인이 우연히 부활하여, 그들이 지상에서 그리스도를 주(主)로나 교사로나 인정하지도 않았고 그 말씀에 귀를 기울인 일도 없는데도 불구하고 자기들의 의사와는 상관 없이 그들이 그리스도의 심판대 앞에서 존귀를 받는 일이 있다면, 그것처럼 어처구니없는 일은 없을 것이다. 그들이 심판대 앞에 나와 서서 그들의 완악함에 대해서 형벌을 받지 않고 그저 죽음으로 완전히 소멸되어 버린다면 그 것이야말로 가벼운 형벌일 것이다. 그들은 자기들 스스로 그 끝없고 한이 없는 하나님의 진노를 자초하였으니 그에 대한 합당한 형벌을 받아 마땅한 것이다.

그러나, 물론 지금까지 말한 사실과 또한 바울이 벨릭스 앞에서 한 그 유명한 고백에 담겨 있는 내용 — 즉, 의인과 악인의 부활이 있을 것을 그가 기다리고 있다는 것(행 24:15) — 을 굳게 잡아야 하겠지만, 성경은 부활과 더불어 하늘의 영광을 하나님의 자녀들에게만 제시하는 경우가 더 많이 나타나고 있다. 그리스도께서 재림하시는 주된 목적은 세상을 멸하기 위함이 아니요 세상을 구원하기 위함이기 때문이다. 그러므로 사도신경에도 오직 복된 삶에 대해서만 언급하고 있는 것이다.[4]

(영원한 복락과 영원한 형벌의 상태. 10-12)

10. 영원한 복락

그러나 사망을 삼키고 승리할 것이라는 예언이(사 25:8; 호 13:14; 고전 15:54-55) 그때에 가서야 비로소 성취될 것이므로, 우리는 언제나 부활의 목표인 영원한 복락을 염두에 두도록 하자. 그 복락이 얼마나 탁월한 것인가 하는 것은 모든 사람들이 아무리 이야기한다 해도 그 조그마한 부분도 드러내지 못할 것이다. 하나님의 나라가 광채와 기쁨과 행복과 영광으로 가득 찰 것이라는 말씀을 듣지만, 이런 말씀은 여전히 우리의 지각에서 멀고, 말하자면 희미한 상태에 싸여 있어서, 그가 우리에게 자기의 영광을 드러내실 그날에 가서야 비로소 그 상태를 얼굴과 얼굴을 대면하여 볼 수 있을 것이다(참조. 고전 13:12).

요한은 말하기를, "우리가 … 하나님의 자녀라 장래에 어떻게 될지는 아직 나타나지 아니하였으나 그가 나타나시면 … 그의 참 모습 그대로 볼 것이니"(요일 3:2)라고 하였다. 그러므로, 선지자들은 그 신령한 복락의 본질을 표현할 말을 찾을 수가 없어서 그저 물질을 묘사하는 용어들을 써서 대강 진술하고 있는 것이다. 그러나 그 복락의 그 감미로운 맛을 조금이라도 맛보면 우리 속에서 그것을 사모하는 열심이 일어날 것이므로, 여기서 잠시 멈추고 이 점을 특별히 생각해 보기로 하자. 하나님께서 마치 마르지 않는 샘과도 같으셔서 자기 속에 모든 선한 것들을 충만히 지니고 계시다면, 최고의 선과 모든 복된 요소들을 추구하는 자들로서는 하나님을 넘어서서는 아무것도 찾으려 해서는 안 될 것이다. 여러 구절들에서도 이를 가르치고 있다.

"아브람아 나는 … 너의 지극히 큰 상급이니라"(창 15:1). 다윗의 진술도 이와 일치한다: "여호와는 나의 산업 … 이시니 … 나의 기업이 실로 아름답도다"(시 16:5-6). 또 다른 구절에서도 이렇게 말씀한다: "나는 … 주의 형상으로 만족하리이다"(시 17:15). 사실 베드로는 신자들이 이런 점에서 신성한 성품에 참여하는 자들이 되도록 부르심을 받았다고 선포하고 있다(벧후 1:4). 어째서 그런가? 왜냐하면 "그가 … 그의 성도들에게서 영광을 받으시고 모든 믿는 자들에게서 놀랍게 여김을 얻으실 것"이기 때문이다(살후 1:10).

주께서 그의 영광과 권능과 의를 택한 자들과 함께 나누실 것이라면, 아니 자기 자신을 그들에게 주셔서 그들로 하여금 누리게 하실 것이라면, 그리고 더 놀랍게 그들을 자기 자신과 하나가 되게 만드실 것이라면, 우리로서는 모든 종류의 행복이 이러한 은혜 속에 다 포함되어 있다는 사실을 기억해야 할 것이다. 그리고 우리가 이러한 것들에 대한 묵상에 있어서 상당히 전진해 있다 할지라도, 우리의 정신적인 능력을 이 비밀의 높이와 비교할 때 우리는 아직도 저 밑바닥의 것들을 넘지 못하고 있다는 사실을 인정해야 할 것이다. 이 문제에 있어서 우리는 더욱더 극단에 치우치지 않고 건전함을 유지해야 한다. 그렇지 않으면 우리의 한계성을 잊어버리고 더욱더 대담해져서 높이 날아오르려 하게 되고, 그리하여 하늘의 영광의 그 찬란함으로 말미암아 무너져내리고 말 것이기 때문이다. 또한, 정당한 한도 이상의 것을 알려고 하는 무절제한 욕망에 휩싸이기가 얼마나 쉬운가 하는 것도 우리 자신들이 몸소 절실하게 느끼고 있다. 그러므로, 하찮은 의문들과 해로운 의문들이 계속해서 흘러나온다. 하찮은 의문들이라고 했는데, 그런 의문들에서 얻을 유익이 아무것도 없으니 하찮은 의문일 수밖에 없다. 그러나 해로운 의문들은 그보다 더 나쁘다. 거기에 사로잡힌 자들을 위험한 상상에 빠지게 만들기 때문이다. 그렇기 때문에 그런 의문들을 가리켜 "해로운 의문들"이라고 한 것이다.

우리는 다음과 같은 성경의 가르침을 논란의 여지가 없는 분명한 사실로 받아들여야 한다. 곧, 하나님께서 그의 은사들을 세상의 성도들에게 다양하게 나누어 주시고, 그들에게 서로 다르게 빛을 비추어 주시듯이, 하나님께서 그 자신의 선물들로 면류관을 씌워 주실 그 하늘의 영광도 모두 동등하지 않을 것이라는 사실 말이다. 그리고 바울은 그리스도께서 강림하시는 날에(살전 2:19) "너희는 우리의 영광이요 기쁨이니라"(살전 2:20)고 말하는데, 이것은 모두에게 무차별하게 적용되는 것이 아니다. 또한 그리스도께서 사도들에게 하신 말씀도 마찬가지이다: "너희도 열두 보좌에 앉아 이스라엘 열두 지파를 심판하리라"(마 19:28).

바울은 하나님께서 이 땅의 성도들에게 신령한 은사들을 풍성하게 베풀어 주시듯이 하늘에서도 영광을 입히실 것이라는 사실을 잘 알고 있었으면서도, 또한 자기의 수고에 따라서 자기를 위해서 특별한 면류관이 예비되어 있다는 것을 의심하지 않는 것을 볼 수 있다(딤후 4:8). 또한 그리스도께서는 사도들에게 맡겨진 직무의 존귀함을 말씀하시면서, 그들에게 그 열매가 하늘에 예비되어 있다고 가르치신다(참조. 마 19:21). 또한 다니엘도 이를 가르치고 있다: "지혜 있는 자는 궁창의 빛과 같이 빛날 것이요 많은 사람을 옳은 데로 돌아오게 한 자는 별과 같이 영원토록 빛나리라"(단 12:3).

누구든지 성경을 면밀하게 공부해 보면, 성경이 신자들에게 영생을 약속할 뿐 아니라 각 개인에게 특별한 상급을 약속한다는 사실을 깨달을 것이다. 그리하여 바울도 이렇게 진술한다: "원하건대 주께서 그로 하여금 그날에 주의 긍휼을 입게 하여 주옵소서"(딤후 1:18). 이는 또한 그리스도의 약속을 통해서 확증되고 있다: "또 내 이름을 위하여 집이나 … 를 버린 자마다 여러 배를 받고 또 영생을 상속하리라"(마 19:29). 간단히 말해서, 그리스도께서 이 세상에서 여러 가지 다양한 은사들을 주셔서 그의 몸의 영광을 드러내시고 또한 점점 그 영광을 증대시키시듯이, 하늘에서도 그 영광을 그렇게 완성시키실 것이다.

11. 하늘에 대한 무익한 의문들

경건한 자들은 이러한 사실을 한 가지로 받아들인다. 이것이 하나님의 말씀으로 충분히 확증되기 때문이다. 그러나 이와는 달리, 방해가 되는 것으로 여겨지는 가시 같은 의문들에 대해서는 작별을 고하고, 정해진 한계를 넘어서지 않는다. 나의 경우를 말하자면, 쓸데없는 문제들을 공연히 탐구하기를 개인적으로 삼갈 뿐 아니라, 그런 문제들에 대해서 답변을 함으로써 다른 사람들의 경박함에 도움을 주지 않도록 스스로 조심해야 한다고 생각한다. 공허한 지식에 굶주려 있는 사람들은 선지자들과 사도들 사이의 차이가 얼마나 큰가를 탐구하고, 또 사도들과 순교자들은 서로 얼마나 차이가 있는지를 탐구하며, 처녀들과 기혼 여성들은 서로 어느 정도나 다를 것인지를 탐구한다.

요컨대, 그들은 하늘의 구석구석을 탐구하여 자기들의 손길이 미치지 않는 곳이 없도록 만들려 하는 것이다. 그리고 그들은 또 한가하게 묻는다. 세상을 회복하는 일이 대체 무슨 목적을 위한 것이냐는 것이다. 하나님의 자녀들이 마치 천사들처럼 되어서 음식을 먹지 않는 영원한 복락의 상징을 지니게 될 테니(마 22:30), 이 엄청나고도 측량할 수 없는 풍성한 물질들이 전혀 필요 없을 것이기 때문이라는 것이다. 그러나 이에 대해서 나는 이렇게 대답한다. 그것을 보기만 해도 놀라운 기쁨이 있을 것이며, 그것을 사용하지 않고 알기만 해도 놀라운 감미로움이 있을 것이니, 이런 행복은 우리가 지금 누리는 온갖 생활의 즐거움 따위와는 비교할 수 없는 놀라운 것이 될 것이라는 것이다. 우리가 이 땅의 가장 풍요로운, 즐거움에 부족함이 없는 곳에 거하고 있다고 생각해 보자. 그렇다 할지라도 우리 자신의 질병 때문에 하나님의 그런 은택들을 누리지 못하고 방해를 받을 때가 종종 있지 않겠는가? 또한 자기 자신의 무절제함 때문에 자기의 삶의 기조가 흔들리는 때가 자주 있지 않겠는가? 이렇게 볼 때에, 아무 결함(악)이 없이 순전하고 깨끗한 즐거움이 — 비록 썩 이 땅의 생명에게는 무익하다 할지라도 — 행복의 극치라고 생각하게 되는 것이다.

또 어떤 이들은 거기서 더 나아가서, 금속의 불순물과 찌꺼기 같은 것들이 회복과는 거리가 멀고, 또한 회복과는 모순된 것이 아니냐는 따위의 질문을 던지기도 한다. 나도 어느 정도 그런 논리를 인정하기는 하지만, 그러나 나는 바울과 함께 죄에서 비롯된 그런 결함 있는 상태가 원 상태로 회복되기를 기다린다. 피조물들이 그렇게 되기를 위하여 "속으로 탄식하는" 것이다(롬 8:22). 이들은 또 한 걸음 더 나아가서, 그때에 가면 사람에게 후손의 축복이 끝날 텐데, 그렇다면 사람을 위해서 더 좋을 것이 무엇이 있겠냐고 묻는다. 이러한 의문도 쉽게 해결된다. 성경이 자손의 복을 크게 찬양한다는 사실은 하나님께서 자연의 질서를 그의 정하신 목표를 향하여 계속 나아가게 하시는 데에 적용되는 것이다. 그러나 완전한 상태에서는 우리가 아다시피 경우가 다른 것이다.

그러나 이렇게 끝없이 호기심을 갖는 사람들은 온갖 미혹에 빠져서 미궁 속으로 더욱더 깊이 빠져 들어간다. 결국 각자 자기의 생각으로 만족하게 되어 논쟁이 끝이 나지를 않는 것이다. 그러므로 우리로서는 그런 데서 빠져 나올 수 있는 길을 찾아야 할 것이다. 그 길이란 곧, 우리가 얼굴과 얼굴을 대하여 보게 될 때까지 "거울"과 "희미한 것"으로 만족하는 것이다(고전 13:12). 무수한 무리들이 있어도 대부분이 어떻게 하늘에 들어가는지에 대해서는 전혀 관심이 없으면서, 모두들 거기서 일어날 일에 대해서는 미리 알고 싶어서 야단들인 것이다. 전투에서 승리하는 상황에 대해서는 모두들 미리 꿈꾸고 있으면서도, 거의 대부분이 게을러서 정작 전투에 나가서 싸우기는 싫어하는 것이다.

12. 버림받은 자들의 영원한 상태

악인을 향한 하나님의 형벌의 엄중함을 사람의 언어로는 온전히 묘사할 수가 없기 때문에, 그들이 당할 고통과 괴로움을 물리적인 것들을 빌려서 비유적으로 표현하고 있다. 즉, 어둠과 슬피 울며 이를 가는 것(마 8:12; 22:13), 꺼지지 않는 불(마 3:12; 막 9:43; 사 66:24), 그리고 죽지 아니하며 갉아먹는 벌레(사 66:24) 등이다. 이런 표현들을 통해서 성령께서는 우리의 모든 감각을 두려움과 끔찍함으로 떨게 하고자 하신 것이 분명하다. 마치 "대저 도벳은 이미 세워졌고 또 왕을 위하여 예비된 것이라 깊고 넓게 하였고 거기에 불과 많은 나무가 있은즉 여호와의 호흡이 유황 개천 같아서 이를 사르시리라"(사 30:33)라고 말씀하실 때처럼 말이다.

그런 상세한 진술들을 통해서 우리가 악인의 처지에 대해서 어느 정도 생각할 수 있게 되므로, 특히 다음과 같은 사실에 대해 생각을 고정시켜야 마땅할 것이다. 곧, 하나님과의 교제에서 끊어진다는 것이 얼마나 비참한 것이냐 하는 것이다. 그리고 그것뿐 아니라 하나님의 주권적인 능력이 악인을 대적하고 있다는 것을 느끼고 있어서 도저히 그 압박을 피할 길이 없는 것도 정말로 비참한 처지가 아닐 수 없다. 첫째로, 하나님의 진노는 마치 맹렬하게 타오르는 불과 같아서 거기에 닿는 모든 것을 삼키고 빨아들이기 때문이다. 그리고 둘째로, 모든 피조물들이 하나님을 섬겨 그의 심판을 실행에 옮기므로 공개적으로 주의 진노를 받는 자들은 하늘과 땅과 바다와 생물들과 모든 존재하는 것들이 그들에 대해 끔찍한 화를 쏟아내며 그들을 멸하려고 무장하고 있는 것을 느낄 것이기 때문이다. 그러므로, 다음과 같은 사도의 선언은 결코 하찮은 것이 아닌 것이다: "하나님을 모르는 자들과 우리 주 예수의 복음에 복종하지 않는 자들에게 형벌을 내리시리니 이런 자들은 주의 얼굴과 그의 힘의 영광을 떠나 영원한 멸망의 형벌을 받으리로다"(살후 1:8-9).

그러므로 선지자들이 물리적인 은유법을 사용하여 우리를 두려움에 몰아넣을 때마다, 그들이 물론 우리의 게으른 상태를 깨느라 과장법을 사용하지는 않지만, 그러나 그들은 그 메시지에 해와 달과 우주 전체의 현상을 섞어서 다가올 심판을 미리 그림자로 보여 주는 것이다(마 24:29 등). 그러므로, 불행한 양심들은 끔찍한 회오리 바람에 이리저리 밀리며 괴로움을 당하며, 자기들을 대적하는 하나님으로 말미암아 갈가리 찢김을 당하고, 무서운 창에 찔려 선혈이 낭자하고, 하나님의 벼락에 전율하며, 그의 손의 무게에 완전히 짓눌림을 당하는 것을 느끼며, 한순간도 안식을 찾을 길이 없는 것이다. 그러니 차라리 바닥이 없는 깊음이나 구렁텅이로 내려가는 것이 한순간이라도 이런 공포 속에서 괴로움을 당하는 것보다 더 견디기 쉬울 것이다.

하나님께로 말미암아 영원토록 끊임없이 포위를 당한다는 것이 얼마나 엄청난 것인지 모른다. 이에 대해서 시편 90편은 기억에 남을 만한 진술을 해 주고 있다. 한 번 흘끗 보시는 것만으로도 죽을 인생을 모두 흩으시고 소멸하게 하시는 하나님이시지만, 자기를 경배하는 자들이 세상에서 미미하므로 그들을 더욱 격려하시기를, 하나님께서 친히 "만유의 주로서 만유 안에 계시"기까지(고전 15:28) 십자가를 지고서 계속 전진하도록 그들에게 용기를 주실 것이라는 것이다(시 90:7 이하).

주 _____

1. 참조. 1권 5장 5절; 1권 15장 2절.

2. Tertullian, *On the Resurresction of the Flesh*, li.

3. Tertullian, *ibid.*, lviii.

4. 사도신경의 맨 마지막 부분의 "영원히 사는 것을 믿사옵나이다"를 참조하라.

● 독자 여러분들께 알립니다!

'CH북스'는 기존 '크리스천다이제스트'의 영문명 앞 2글자와
도서를 의미하는 '북스'를 결합한 출판사의 새로운 이름입니다.

세계기독교고전 45

기독교강요 (중)

1판 1쇄 발행 2003년 4월 15일
2판 1쇄 발행 2015년 11월 19일
2판 8쇄 발행 2024년 12월 6일

지은이 존 칼빈
옮긴이 원광연
발행인 박명곤 **CEO** 박지성 **CFO** 김영은
기획편집1팀 채대광, 김준원, 이승미, 김윤아, 백환희, 이상지
기획편집2팀 박일귀, 이은빈, 강민형, 이지은, 박고은
디자인팀 구경표, 유채민, 윤신혜, 임지선
마케팅팀 임우열, 김은지, 전상미, 이호, 최고은

펴낸곳 CH북스
출판등록 제406-1999-000038호
전화 070-4917-2074 **팩스** 0303-3444-2136
주소 서울시 강서구 마곡중앙6로 40, 장흥빌딩 10층
홈페이지 www.hdjisung.com **이메일** support@hdjisung.com
제작처 영신사

© CH북스 2015

크리스천의 영적 성장을 돕는 고전
세계기독교고전 목록